城市经济学
URBAN ECONOMICS 8E

经济学精选教材译丛

〔美〕阿瑟·奥莎利文（Arthur O´Sullivan） 著　周京奎 译

第8版

北京大学出版社
PEKING UNIVERSITY PRESS

著作权合同登记号图字:01-2013-1740
图书在版编目(CIP)数据

城市经济学:第8版/(美)奥莎利文(O'Sullivan,A.)著;周京奎译.—北京:北京大学出版社,2015.9
(经济学精选教材译丛)
ISBN 978-7-301-26068-5

Ⅰ.①城… Ⅱ.①奥…②周… Ⅲ.①城市经济学—高等学校—教材 Ⅳ.①F290

中国版本图书馆CIP数据核字(2015)第163043号

Arthur O'Sullivan
Urban Economics, eighth edition
ISBN 0-07-351147-1
Copyright © 2012 by McGraw-Hill Education.

All Rights reserved. No part of this publication may be reproduced or transmitted in any form or by any means, electronic or mechanical, including without limitation photocopying, recording, taping, or any database, information or retrieval system, without the prior written permission of the publisher.

This authorized Chinese translation edition is jointly published by McGraw-Hill Education and Peking University Press. This edition is authorized for sale in the People's Republic of China only, excluding Hong Kong, Macao SAR and Taiwan.
Copyright © 2015 by McGraw-Hill Education and Peking University Press.

版权所有。 未经出版人事先书面许可,对本出版物的任何部分不得以任何方式或途径复制或传播,包括但不限于复印、录制、录音,或通过任何数据库、信息或可检索的系统。

本授权中文简体字翻译版由北京大学出版社和麦格劳-希尔(亚洲)教育出版公司合作出版。 此版本经授权仅限在中华人民共和国境内(不包括香港特别行政区、澳门特别行政区和台湾)销售。
版权© 2015 由北京大学出版社与麦格劳-希尔(亚洲)教育出版公司所有。

本书封面贴有 **McGraw-Hill Education** 公司防伪标签,无标签者不得销售。

书　　　名	城市经济学(第8版)
著作责任者	〔美〕阿瑟·奥莎利文(Arthur O'Sullivan) 著　周京奎　译
责任编辑	贾米娜
标准书号	ISBN 978-7-301-26068-5
出版发行	北京大学出版社
地　　　址	北京市海淀区成府路205号　100871
网　　　址	http://www.pup.cn
电子信箱	em@pup.cn　QQ:552063295
新浪微博	@北京大学出版社　@北京大学出版社经管图书
电　　　话	邮购部62752015　发行部62750672　编辑部62752926
印　刷　者	三河市北燕印装有限公司
经　销　者	新华书店
	787毫米×1092毫米　16开本　28印张　664千字
	2015年9月第1版　2020年12月第6次印刷
定　　　价	66.00元

未经许可,不得以任何方式复制或抄袭本书之部分或全部内容。
版权所有,侵权必究
举报电话:010-62752024　电子信箱:fd@pup.pku.edu.cn
图书如有印装质量问题,请与出版部联系,电话:010-62756370

出版者序

作为一家致力于出版和传承经典、与国际接轨的大学出版社，北京大学出版社历来重视国际经典教材，尤其是经管类经典教材的引进和出版。自2003年起，我们与圣智、培生、麦格劳-希尔、约翰-威利等国际著名教育出版机构合作，精选并引进了一大批经济管理类的国际优秀教材。其中，很多图书已经改版多次，得到了广大读者的认可和好评，成为国内市面上的经典。例如，我们引进的世界上最流行的经济学教科书——曼昆的《经济学原理》，已经成为国内最受欢迎、使用面最广的经济学经典教材。

呈现在您面前的这套"引进版精选教材"，是主要面向国内经济管理类各专业本科生、研究生的教材系列。经过多年的沉淀和累积、吐故和纳新，本丛书在各方面正逐步趋于完善：在学科范围上，扩展为"经济学精选教材""金融学精选教材""国际商务精选教材""管理学精选教材""会计学精选教材""营销学精选教材""人力资源管理精选教材"七个子系列；在课程类型上，基本涵盖了经管类各专业的主修课程，并延伸到不少国内缺乏教材的前沿和分支领域；即便针对同一门课程，也有多本教材入选，或难易程度不同，或理论和实践各有侧重，从而为师生提供了更多的选择。同时，我们在出版形式上也进行了一些探索和创新。例如，为了满足国内双语教学的需要，我们改变了影印版图书之前的单纯影印形式，而是在此基础上，由资深授课教师根据该课程的重点，添加重要术语和重要结论的中文注释，使之成为双语注释版。此次，我们更新了丛书的封面和开本，将其以全新的面貌呈现给广大读者。希望这些内容和形式上的改进，能够为教师授课和学生学习提供便利。

在本丛书的出版过程中，我们得到了国际教育出版机构同行们在版权方面的协助和教辅材料方面的支持。国内诸多著名高校的专家学者、一线教师，更是在繁重的教学和科研任务之余，为我们承担了图书的推荐、评审和翻译工作；正是每一位推荐者、评审者的国际化视野和专业眼光，帮助我们书海拾慧，汇集了各学科的前沿和经典；正是每一位译者的全心投入和细致校译，保证了经典内容的准确传达和最佳呈现。此外，来自广大读者的反馈既是对我们莫大的肯定和鼓舞，也总能让我们找到提升的空间。本丛书凝聚了上述各方的心血和智慧，在此，谨对他们的热忱帮助和卓越贡献深表谢意！

"千淘万漉虽辛苦，吹尽狂沙始到金。"在图书市场竞争日趋激烈的今天，北京大学出版社始终秉承"教材优先，学术为本"的宗旨，把精品教材的建设作为一项长期的事业。尽管其中会有探索，有坚持，有舍弃，但我们深信，经典必将长远传承，并历久弥新。我们的事业也需要您的热情参与！在此，诚邀各位专家学者和一线教师为我们推荐优秀的经济管理图书（em@pup.cn），并期待来自广大读者的批评和建议。您的需要始终是我们为之努力的目标方向，您的支持是激励我们不断前行的动力源泉！让我们共同引进经典，传播智慧，为提升中国经济管理教育的国际化水平作出贡献！

北京大学出版社
经济与管理图书事业部

译者序

本书是阿瑟·奥莎利文教授所著的《城市经济学》的第 8 版，为充分展示城市经济理论、经验分析和政策演化的最新发展，他对上一版本的各章内容作了较多补充，几乎重写了第 11 章，并且增加了第 12 章关于教育内容的讨论。本书在美国被广泛应用于城市经济学、房地产经济、城市规划、公共政策、公共管理等专业，是一本经典的城市经济学教材。

正如作者所言，本书吸收了近些年城市经济学的最新发展成果，其内容仍由 6 篇构成：第 1 篇主要分析城市发展的市场推动力，由为什么会存在城市、为什么会出现企业集群、城市规模和城市增长四个章节组成；第 2 篇主要讲述土地租金和土地利用模式，由城市土地租金、土地利用模式、邻里选择和分区与增长控制四个章节组成；第 3 篇主要探讨城市交通问题，由汽车与公路和城市交通两个章节组成；第 4 篇探讨了城市的教育和犯罪问题；第 5 篇分析了住宅问题，由为什么住宅具有差异性和住宅政策两个章节组成；第 6 篇探讨了地方政府的职能和收入问题，由地方政府的职能和地方政府收入两个章节组成。本书逻辑严谨、结构清晰，尤其是作者利用诸多实例以及美国城市数据，对各种观点进行了分析和验证。作者严谨的治学风格、不断创新的精神令人钦佩。

虽然本书所反映的城市经济现象基本上以发达国家，尤其是美国的城市经济现象为主，较少涉及发展中国家和转型经济国家的城市经济现象，然而它的基本思路和研究方法，对分析发展中国家和转型经济国家的城市经济问题，仍有重要的借鉴意义。当前我国正处于城市化进程不断加快的时期，城市发展为社会经济发展带来了前所未有的机遇，但同时也成为城市理性、健康发展所面临的最大挑战之一。这意味着我们必须采用科学的理论和方法，解决城市经济发展、产业布局、城市规划、土地利用、公共财政、城市住房、基础设施、公共服务、城市环境等种种问题。因此，理解、掌握本书的基本内容，并不断推陈出新，对城市发展乃至整个国民经济的发展都是非常有益的。

本书各章的模型均以文字表述为主，不涉及高深的数学知识，其所应用的微观经济学理论也以本科阶段所学的基本理论为主，读者阅读本书不会有太大的困难。城市经济学作为一门重要的经济学分支学科，它所研究的对象是社会经济发展所面对的各种城市问题。基于上述认识和我国城市发展的现状，我们认为本书最佳的服务对象应该是高等院校城市经济、区域经济、房地产、城市规划、土地管理、经济地理、公共管理等专业的本科生和研究生，同时也可供政府官员、城市建设与房地产管理者、实际从业人员参考。我深信，本书深入浅出的理论、丰富的资料,定能使读者受益匪浅。

为避免在翻译口径上出现差异,本书由我本人独立翻译完成。本书终稿校对过程中得到了天津农学院吴晓燕老师,天津工业大学郑忠华老师,南开大学经济学院的博士研究生于静静、白极星、王贵东、靳亚阁、黄熊及硕士研究生赵晓莉、李奉潇、苏艳芳、张占国、周旭瑶、胡司琪、陈宇倩、董竞文、谢中豪、王岩岱、赵天爽、符贺银的帮助,在此一并表示感谢。

本书的顺利翻译出版得到了北京大学出版社经济与管理图书事业部林君秀主任、贾米娜女士的大力支持,在此深表谢意。

把这样一本经典的教材翻译成中文介绍给广大读者是一项艰巨而荣耀的工作,由于我的学识水平限制,书中难免有翻译不准确之处,敬请读者不吝赐教。

周京奎

2015 年 4 月于南开大学

献给 Ed Whitelaw 教授，Whitelaw 教授是我所见到的最有才华的教师。聆听 Whitelaw 教授的课至今已差不多三十年了，但是只要我思考怎样讲授一些新材料时，首先想到的就是 Whitelaw 教授将如何处理这些材料呢？

前言

本书是关于城市经济学的一部著作,城市经济学属于地理学与经济学的交叉学科,探讨家庭效用最大化的区位决策和企业利润最大化问题,并描述这些决策如何促使不同城市规模与城市形态的形成。本书的第 1 篇解释了城市为什么会存在及导致城市增长与衰退的原因。第 2 篇主要讲述城市形成的市场机制以及政府在决定土地利用模式中的角色。第 3 篇探讨了城市交通体系,包括分析公共交通体系的定价与设计、小汽车使用所产生的外部性问题(拥挤、环境破坏、碰撞)。第 4 篇探讨了城市教育与犯罪,以及这两个因素在家庭区位决策中所扮演的角色。第 5 篇解释了住宅市场的特性,检验了政府住宅政策的影响。第 6 篇解释了地方政府分割体系的理论基础,并探讨了地方政府对政府间补贴的反应及纳税人对地方税的反应。

本书的内容是为本科的城市经济学和城市事务课程所设计的。它还可以用于城市规划、公共政策和公共管理专业的研究生课程。本书中所使用的经济学概念均在典型的中级微观经济学的范畴内,因此修过该课程的学生可以迅速通读本书。为了那些把微观经济学当作导论课程来学习的学生或者仅对中级微观经济学课程中的概念有初步了解的学生更好地理解本书,我们提供了一个附录("微观经济学工具"),里面包括了所有关键的概念。

第 8 版更新

第 8 版的内容相对于上一版本有两个方面的改进。第一个改进是,作者吸收了交通领域最新的经济理论、经验结果和实践经验重写了第 11 章(城市交通),在这一章中,作者对交通补贴的合理性进行了全面分析,并对社会有效补贴的规模进行了讨论。另外,该章还对轻轨与公共汽车的相对成本问题进行了深入分析。

第二个改进是增加了教育这一章(第 12 章)。该章以教育的生产功能作为研究框架,对幼儿园到高中阶段的教育进行了经济学分析。该章定义了教育活动的关键投入——教师、内部环境和学生。有关教育生产功能的一个观点是,教师彼此之间的生产率水平存在显著差异。例如,如果我们用生产率高于平均水平的教师替代一个普通教师一年,那么这个替代收益大概是 21 万美元。在生产率水平的另一个方面,如果我们用普通教师替代生产率水平处于最低的 8% 的教师,国民经济的总收益将提高大约 112 万亿美元。我们在教育这一章还将讨论学校间支出不平等的问题，并评估政府拨款对于教育支出与绩效间不对等现象的影响。

网址

本书的网址（www.mhhe.com/osullivan8e）中有如下资源：
- 本书中地图的彩色版本。
- 其他城市的地图。
- 每一个章节中：
  - 有关文档中的所有图片和表格的课件；
  - 本书的讲稿。
- 有关"区域发展的核心——外围理论模型"的一个章节，在其中给出了经济地理理论的一些关键思想。
- 修正的目录。

上述网址还提供了教师使用的版本，在该版本中作者给出了本书练习题的答案。

致谢

我要感谢本书的众多读者以及为本书的封面和说明提出改进意见的人们。在这里要特别感谢参加《城市经济学》(第8版)审阅工作的教师们,他们的审阅工作是不可或缺的。下面列出他们的名字以示感谢,但并不等于他们认同本书的内容或方法。

Oliver D. Cooke
Richard Stockton College of New Jersey

Jonathan Diskin
Earlham College

Kristie A. Feder
Bard College

Gary Frimann
Gavilan College

Anthony Joseph Greco
University of Louisiana-Lafayette

Peter E. Howe
Cazenovia College

Haydar Kurban
Howard University

Thomas J. Muench
State University of New York Stony Brook

Steven R. Nivin
St. Mary's University

Joseph Michael Pogodzinski
San Jose State University

Jeffrey Pompe
Francis Marion University

Margaret A. Ray
University of Mary Washington

Jesse J. Richardson, Jr.
Virginia Tech

Paul Rivera
Wheaton College

Frederica Shockley
California State University, Chico

John D. Wong
Wichita State University

另外,还有许多教师对早期的版本提出了反馈意见,在此一并表示感谢。

Richard Arnott
Boston College

Randll Bartlett
Smith College

Steven Durlauf
University of Wisconsin

Ingrid Gould Ellen
Wagner School, New York University

Charles Becker
Department of Economics, Duck University

Charles Berry
University of Cincinnati

Bradley Braun
University of Central Florida

Jerry Carlino
University of Pennsylvania

Paul Carrillo
George Washington University

Suparna Chakraborty
Dept. of Economics and Finance, Zicklin School of Business, Baruch College, CUNY

Brian J. Cushing
West Virginia University

Maria N. DaCosta
University of Wisconsin-Eau Claire

Joseph Daniel
University of Delaware

Minh Quang Dao
Eastern Illinois University

Gilles Duranton
University of Toronto

Bruce K. Johnson
Center College

Christopher K. Johnson
University of North Florida

Stanley Keil
Ball State University

Sukoo Kim
Washington University

Erwin F. Erhardt, III
University of Cincinnati

David Figlio
University of Oregon

Edward J. Ford
University of South Florida

Tom Fullerton
University of Texas at El Paso

Andrew Gold
Trinity College

Alan Day Haight
SUNY-Cortland

Brid Gleeson Hanna
Rochester Institute of Technology

Julia L. Hansen
Western Washington University

Daryl Hellman
Northeastern University

Barry Hersh
Steven L. Newman Real Estate Institute, Baruch College, City University of New York

Diane Hite
Auburn University

Michael J. Potepan
San Francisco State University

David A. Quart
NYU-Wagner Graduate School of Public Service

Steven Raphael
University of California, San Diego

Donald Renner
Minnesota State University

Mary Jane Lenon, Ph. D
Providence College, Providence, RI

James P. LeSage
Texas State University-San Marcos

Kenneth Lipner
Florida International University

Roxanne Ezzet-Lofstrom
University of Texas at Dallas

Vijay Mathur
Cleveland State University

Dr. Warren McHone
University of Central Florida

Kevin J. Murphy
Oakland University

James K. O'Toole
California State University, Chico

Bruce Pietrykowski
University of Michigan-Dearborn

Florenz Plassmann
Binghamton University, State University of New York

Edward F. Stuart
Northeastern Illinois University

Timothy Sullivan
Towson University

Jacques-Francois Thisse
University Catholique de Louvain-la-Neuve

Wendine Thompson-Dawson
University of Utah

Jesse J. Richardson, Jr.
Virginia Tech

Craig Rogers
Canisius College

Jonathan Rork
Vassar College

Stuart S. Rosenthal
Syracuse University

Jeffrey Rous
University of North Texas

William A. Schaffer
Georgia Institute of Technology

Steve Soderlind
Saint Olaf College

Dean Stansel
Florida Gulf Coast University

Mary Stevenson
University of Massachusetts, Boston

Will Strange
University of Toronto

Mark R. Wolfe
University of California, Berkeley

Anthony Yezer
George Washington University

King Yik
Idaho State University

John Yinger
Syracuse University

阿瑟·奥莎利文

目 录
contents

第1章　导言和城市经济学公理　1
1.1　什么是城市经济学　1
1.2　什么是城市　2
1.3　城市为什么会存在　3
1.4　城市经济学的五个公理　7
 1.4.1　通过调整价格实现区位均衡　7
 1.4.2　自我强化效应产生极端结果　8
 1.4.3　外部性导致无效率　8
 1.4.4　生产受规模经济的影响　9
 1.4.5　竞争导致零经济利润　10
1.5　后续内容介绍　10
 参考文献和补充阅读　11
 附录:人口普查定义　11

第1篇　城市发展的市场推动力

第2章　为什么会存在城市　15
2.1　城市形成之前的地区——庭院生产　15
2.2　贸易城市　16
 2.2.1　比较优势与贸易　16
 2.2.2　交换中的规模经济　17
2.3　城市历史中的贸易城市　18
 2.3.1　世界历史中的贸易城市　18
 2.3.2　美国历史中的贸易城市　19
2.4　工业城市　20
 2.4.1　工资与产品价格决定　20
 2.4.2　工业城市的市场范围　21
2.5　工业革命与工业城市　22
 2.5.1　制造业创新　22
 2.5.2　运输业创新　23
 2.5.3　农业革新　23
 2.5.4　能源技术与区位决策　24
2.6　工业城市体系　24

2.7　资源导向型企业与加工型城市　25
 2.7.1　规模经济与市场范围　26
 2.7.2　加工型城市体系　27
 2.7.3　资源导向型产业的其他例子　27
2.8　创新型城市　27
 小结　29
 问题与应用　29
 参考文献和补充阅读　32
 附录:运输导向型企业的区位选择　33

第3章　为什么会出现企业集群　39
3.1　共享中间投入品　41
 3.1.1　服装与纽扣　42
 3.1.2　高技术企业　43
 3.1.3　电影产业的中间投入品　43
3.2　自我强化效应导致的产业集群　44
 3.2.1　集聚的成本和收益　44
 3.2.2　利润差和集聚规模　44
3.3　分享劳动力储备　46
 3.3.1　孤立企业　46
 3.3.2　集群内的企业　47
 3.3.3　企业集群内较高的期望利润　48
 3.3.4　电影产业中的劳动力储备　49
3.4　劳动力的匹配性　49
 3.4.1　劳动力匹配模型　49
 3.4.2　集聚经济:较多的工人提高了技能匹配性　51
3.5　知识溢出　52
3.6　地方化经济的实践　53
3.7　城市化经济　53
 3.7.1　分享机制、劳动力储备和技能匹配性　54

3.7.2 集团总部与功能专门化 54
3.7.3 知识溢出效应 55
3.7.4 城市化经济的经验证据 56
3.8 城市规模的其他收益 56
  3.8.1 双职工家庭劳动力供给 56
  3.8.2 学习机会 57
  3.8.3 社会交往机会 57
小结 57
问题与应用 58
参考文献和补充阅读 61

第4章 城市规模 63

4.1 效用与城市规模 63
  4.1.1 大城市的成本与收益 64
  4.1.2 城市内部的区位均衡、土地租金与效用 64
4.2 城市系统 66
  4.2.1 城市规模不能极小化 66
  4.2.2 城市规模可以极大化 67
4.3 专业化与综合性城市 68
  4.3.1 实验室城市模型 68
  4.3.2 案例:纽约的无线电通信产业 69
  4.3.3 实验室城市的经验证据 70
4.4 城市规模的差异 70
  4.4.1 地方化经济与城市化经济的差异 70
  4.4.2 本地产品与城市规模 71
  4.4.3 本地型就业规模与城市间的差距 72
4.5 城市规模分布 73
  4.5.1 等级规模法则 73
  4.5.2 城市巨人:大城市难题 74
小结 75
问题与应用 76
参考文献和补充阅读 79
附录:中心地理论 79
参考文献 82

第5章 城市增长 83

5.1 经济增长:人均收入的提高 83
5.2 城市特殊的创新与收入 84
    区域范围内的创新与收入 85
5.3 人力资本与经济增长 86
5.4 城市劳动力市场 86
  5.4.1 城市劳动力需求 87
  5.4.2 城市劳动力需求曲线的移动 88
  5.4.3 出口与本地就业和乘数效应 89
  5.4.4 劳动力供给曲线 90
  5.4.5 劳动力供给和需求变化的均衡效应 92
5.5 美国制造业集聚带的就业增长与下降 94
  5.5.1 人力资本的重要性 94
  5.5.2 衰落城市中的劳动者与住宅市场 94
5.6 公共政策与均衡就业 95
  5.6.1 税收与区位选择 96
  5.6.2 公共服务与区位决策 96
  5.6.3 补贴与激励计划 96
  5.6.4 专业运动、运动场与就业 97
  5.6.5 环境质量与就业 98
5.7 预测总就业规模的变化量 99
5.8 谁从就业增长中获益 100
  5.8.1 谁获得了新的就业岗位 100
  5.8.2 对人均实际收入的影响 101
小结 101
问题与应用 101
参考文献和补充阅读 104
附录:城市增长的区域背景 105
参考文献和补充阅读 109

第2篇 土地租金与土地利用模式

第6章 城市土地租金 113
6.1 土地租金导论 113
6.2 制造业部门的竞价租金曲线 114
6.2.1 负斜率租金曲线 115
6.2.2 洛杉矶工业用地的租金 116
6.3 信息部门的竞价租金曲线 116
6.3.1 企业为交换信息进行移动 116
6.3.2 供给规模固定时的写字楼竞价租金曲线 118
6.4 要素间存在替代性时写字楼的竞价租金曲线 119
6.4.1 建筑物选择:写字楼等产量曲线 119
6.4.2 要素替代性:选择建筑高度 121
6.4.3 要素替代性产生凸性竞价租金曲线 122
6.4.4 写字楼租金:洛杉矶和亚特兰大 123
6.5 住宅价格 124
6.5.1 线性住宅价格曲线:不存在消费者替代 124
6.5.2 消费者替代产生凸性住宅价格曲线 126
6.5.3 俄勒冈州波特兰市的公寓租金 127
6.6 住宅竞价租金曲线 127
6.6.1 固定的要素比例 127
6.6.2 要素替代 128
6.6.3 住宅密度 128
6.7 放松假设:时间成本、公共服务、税收和舒适特征 129
6.8 土地利用模式 130
6.8.1 商业企业竞价租金曲线 130
6.8.2 不同部门的影响范围 130
6.9 亨利·乔治和单一的土地税 133
小结 134
问题与应用 135
参考文献和补充阅读 137
附录:消费者与要素替代 138

第7章 土地利用模式 143
7.1 就业人口的空间分布 143
7.1.1 在中心区内及其外围的就业 143
7.1.2 近距离观察就业的空间分布:波特兰和波士顿 144
7.1.3 就业次中心:洛杉矶和芝加哥 147
7.1.4 写字楼就业和办公场所的空间配置 147
7.1.5 边缘城市 148
7.1.6 次中心城市在都市区经济中的角色 149
7.2 人口的空间分布 150
7.2.1 波特兰和波士顿的人口密度 150
7.2.2 世界城市的密度 151
7.2.3 通勤模式 151
7.3 单中心城市的发展 154
7.3.1 城市内运输工具的创新 154
7.3.2 建筑物建造技术 155
7.3.3 货物运输的基本技术 155
7.4 单中心城市的消亡 156
7.4.1 制造业分散:卡车与公路 156
7.4.2 其他因素:汽车、单层厂房和飞机场 158
7.4.3 写字楼就业的分散化 159
7.4.4 人口的分散化 159
7.5 城市蔓延 160
7.5.1 蔓延的事实 160
7.5.2 城市蔓延的原因 161

7.5.3 欧洲的政策 162
7.5.4 城市蔓延的结果 163
7.5.5 政策引起了城市蔓延吗 164
7.6 摩天大楼过高吗 164
小结 166
问题与应用 167
参考文献和补充阅读 169
附录：单中心城市模型与应用 170
问题与应用 176

第8章 邻里选择 178
8.1 多样化与种族隔离 178
8.2 地方公共产品的分类 180
   8.2.1 地方公共产品需求的多样性 180
   8.2.2 多数决定原则的问题与市政机构的形成 181
   8.2.3 征税商品消费规模的变化 181
8.3 邻里的外部性 183
8.4 邻里选择 184
   8.4.1 分离均衡 185
   8.4.2 整合是一个稳定的均衡 186
   8.4.3 混合型社区 187
   8.4.4 地块规模与公共政策 188
   8.4.5 最小地块分区制与分隔 189
8.5 邻里选择：教育和犯罪的作用 189
   8.5.1 教育和邻里选择 189
   8.5.2 犯罪和邻里选择 190
8.6 种族隔离 192
   8.6.1 种族偏好与邻里选择 193
   8.6.2 种族隔离的其他原因 194
8.7 种族隔离的后果 195
   8.7.1 非正向的邻里效应 195
   8.7.2 有限的就业机会：空间非匹配性 196
   8.7.3 迁移的机会 196
小结 197
问题与应用 197

参考文献和补充阅读 200

第9章 分区与增长控制 202
9.1 土地利用分区 202
   9.1.1 分区制早期的历史 203
   9.1.2 分区制等同于环境政策吗 203
   9.1.3 财政分区 204
   9.1.4 最小地块分区制与空间外部性 205
   9.1.5 开放空间的供给 205
9.2 分区的法律环境 207
   9.2.1 实质性正当程序 207
   9.2.2 平等保护 207
   9.2.3 公平补偿 208
9.3 无分区城市又会怎样呢 209
9.4 增长控制：城市增长边界 210
   9.4.1 精确的增长控制：限制土地面积和地块面积 211
   9.4.2 增长边界的受益者和受损者 211
   9.4.3 城市增长边界与密度 212
   9.4.4 波特兰的城市增长边界 214
   9.4.5 市政管辖区与都市区的增长边界 214
   9.4.6 增长边界与开放空间的权衡 214
9.5 其他增长控制政策 215
   9.5.1 限制发放建筑许可证 215
   9.5.2 开发税 216
9.6 住宅管制与住宅价格 216
小结 218
问题与应用 219
参考文献和补充阅读 222

第3篇 城市交通

第10章 汽车与公路 225
10.1 拥挤的外部性 228
   10.1.1 城市交通需求 228

10.1.2　出行的个人和社会成本　229
　　10.1.3　均衡与交通流量的最优
　　　　　规模　231
10.2　拥挤税　231
　　10.2.1　拥挤税的收益与成本　232
　　10.2.2　拥挤税与城市增长　233
10.3　拥挤税的实践　234
　　10.3.1　出行的高峰期与非高峰期　234
　　10.3.2　拥挤税效应评估　235
　　10.3.3　实施道路定价:收费和高承载
　　　　　收费道路　236
10.4　拥挤税的替代方案　237
　　10.4.1　汽油税　237
　　10.4.2　交通补贴　238
　　10.4.3　停车定价　238
10.5　道路容量决策　239
　　10.5.1　解释复式成本曲线　239
　　10.5.2　拥挤税收入高于道路修建成本时
　　　　　的道路宽度　240
　　10.5.3　道路容量扩展与潜在需求　241
　　10.5.4　谁将为修建公路付费　241
10.6　汽车与空气污染　241
　　10.6.1　外部性内部化　242
　　10.6.2　汽油税　242
　　10.6.3　温室气体与碳污染税　243
10.7　机动车交通事故　243
　　10.7.1　机动车安全政策:骑车的人
　　　　　应小心　244
　　10.7.2　驾驶许可付费政策　246
　　10.7.3　交通事故与道路拥挤　248
10.8　小汽车与贫困　248
　　小结　249
　　问题与应用　249
　　参考文献和补充阅读　252

第11章　城市交通　254
11.1　通勤与公共交通客流量　254
11.2　出行成本和模式选择　255
　　11.2.1　一个模式选择的例子　256
　　11.2.2　公共交通的需求弹性　258
11.3　有效客流量　259
　　11.3.1　系统和乘坐成本　259
　　11.3.2　最佳乘坐量和价格　261
　　11.3.3　交通补贴　262
　　11.3.4　交通补贴的理论说明:拥挤、
　　　　　环境和交通事故　264
　　11.3.5　交通补贴的激励效用　264
11.4　设计一个交通系统　265
　　11.4.1　公共交通的设计特征　265
　　11.4.2　选择一个系统:小汽车、火车和
　　　　　公交车　265
　　11.4.3　对轻轨的进一步分析　267
　　11.4.4　密度扮演的角色　267
11.5　解除管制:签订合同和构建辅助
　　　客运系统　269
　　11.5.1　签订交通服务合同　269
　　11.5.2　辅助客运系统　269
　　11.5.3　英国解除管制的经验　270
11.6　公共交通与土地利用模式　270
　　小结　271
　　问题与应用　272
　　参考文献和补充阅读　274

第4篇　城市的教育和犯罪

第12章　教育　277
12.1　支出和教育成绩　277
12.2　教育生产函数　279
　　12.2.1　家庭环境　279
　　12.2.2　同龄人效应　280
12.3　学校投入:教师的重要性　281
　　12.3.1　教师生产率的差异　281
　　12.3.2　高生产率水平教师的特征　282
　　12.3.3　班级规模效应　282

12.3.4 教师薪酬 283
12.4 创新:特许学校 285
  12.4.1 承诺学院 285
  12.4.2 寄宿学校 286
12.5 支出不平等和公共政策 286
  12.5.1 政府间资助:教育基金计划 287
  12.5.2 对教育基金补贴的反映 287
  12.5.3 匹配性补贴:保证性课税基础 289
  12.5.4 平等计划对教育支出和学习成绩差距的影响 289
12.6 中心城市的教育 290
小结 291
问题与应用 291
参考文献和补充阅读 293

第13章 犯罪 295
13.1 犯罪事实 295
  13.1.1 犯罪的受害者 296
  13.1.2 犯罪成本 297
13.2 理性的罪犯 298
  13.2.1 并排停车的经济学 298
  13.2.2 期望效用与犯罪决策 299
  13.2.3 预防犯罪 301
  13.2.4 道德与痛苦成本 302
13.3 犯罪的均衡数量 302
  13.3.1 描述供给曲线 302
  13.3.2 边际收益曲线与犯罪的均衡数量 304
  13.3.3 提高惩罚的确定性 304
  13.3.4 提高惩罚力度 305
13.4 合法的机会与教育 305
  13.4.1 合法的机会与犯罪 305
  13.4.2 教育:防止犯罪的政策 306
13.5 应用:大城市犯罪与犯罪率下降 306
  13.5.1 为什么大城市有较高的犯罪率 306

13.5.2 为什么20世纪90年代犯罪率出现下降 308
13.6 犯罪率高吗 310
  13.6.1 最优的犯罪数量 310
  13.6.2 犯罪替代与边际威慑原理 311
13.7 监狱的作用 313
  13.7.1 隔离 313
  13.7.2 改造 313
小结 314
问题与应用 314
参考文献和补充阅读 317

第5篇 住宅

第14章 为什么住宅具有差异性 321
14.1 异质性与特征价格 321
14.2 耐久性、质量退化与维护 323
  14.2.1 选择质量水平 323
  14.2.2 质量变化与退出 324
  14.2.3 废弃住宅与公共政策 326
  14.2.4 耐用性与供给弹性 326
14.3 搬迁成本与消费失衡 327
14.4 住宅市场的过滤模型 328
  14.4.1 过滤与住宅供给阶梯 329
  14.4.2 新住宅补贴 330
  14.4.3 增长控制效应 331
  14.4.4 收入增长与住宅过滤 332
  14.4.5 增长控制对价格的影响 332
小结 334
问题与应用 334
参考文献和补充阅读 337

第15章 住宅政策 338
15.1 公共住宅 338
  15.1.1 公共住宅与接受者福利 339
  15.1.2 私人住宅补贴 341
  15.1.3 低收入住宅税收信贷 341

15.1.4 受补贴住宅的市场效应 342
15.2 住宅优惠券 343
 15.2.1 优惠券与消费者福利 343
 15.2.2 优惠券的市场效应 344
 15.2.3 便携式优惠券:住房流动计划 346
15.3 社区开发与城市改造 346
 15.3.1 城市改造 346
 15.3.2 近期的社区开发计划 347
 15.3.3 无家可归者 347
15.4 哪项住宅政策是最优的 348
15.5 为抵押贷款利息提供补贴 349
 15.5.1 抵押贷款补贴与效率 349
 15.5.2 抵押贷款补贴与住房所有权 350
15.6 租金控制和租金管制 351
小结 353
问题与应用 353
参考文献和补充阅读 355

第6篇 地方政府

第16章 地方政府的职能 359
16.1 地方政府职能 360
16.2 地方公共产品:均衡规模与最优规模 361
 16.2.1 地方公共产品的有效规模 362
 16.2.2 中间投票者选择的均衡数量 363
 16.2.3 泰伯特模型:用脚投票 363
 16.2.4 收益税 364
16.3 自然垄断 365
16.4 外部性 366
 16.4.1 公共教育外部性与优惠券 366
 16.4.2 公共安全计划的外部性 367
16.5 联邦制度和都市区政府 368

16.6 进一步分析中间投票者结果 369
 16.6.1 一系列预算投票 369
 16.6.2 民主体制下的中间投票者 370
 16.6.3 中间投票者规则的隐含意义 371
 16.6.4 中间投票者模型的局限性 372
小结 373
问题与应用 373
参考文献和补充阅读 375

第17章 地方政府收入 377
17.1 谁支付住宅不动产税 377
 17.1.1 不动产税中的土地部分 380
 17.1.2 建筑物部分:局部均衡方法 380
 17.1.3 建筑物部分:一般均衡方法 382
 17.1.4 改变假设条件 384
17.2 从模型到现实 385
 17.2.1 出租型不动产所有者与自住型不动产所有者境况的差异 385
 17.2.2 对政策制定者的实践导向 385
 17.2.3 商业不动产税的情况如何 386
17.3 泰伯特模型与不动产税 386
17.4 限制不动产税 387
17.5 政府间补贴 389
 17.5.1 定额补贴 390
 17.5.2 等额补贴 391
 17.5.3 总结:补贴的激励效应 392
 17.5.4 福利改革:从等额补贴转向定额补贴 393
小结 394
问题与应用 394
参考文献和补充阅读 397

附录 微观经济学工具 398
1. 边际原理 398
 1.1 例子:要拍多少部续集电影 399
 1.2 度量剩余 400
2. 产出市场均衡与效率 401

  2.1 产品需求 401
  2.2 产品供给 402
  2.3 产出市场的均衡 403
  2.4 曲线移动 403
  2.5 市场剩余 405
  2.6 消费者剩余与生产者剩余 405
  2.7 外部性导致的无效率 406
 3. 劳动力市场 407
  3.1 劳动力需求 407
  3.2 劳动力供给 408
  3.3 劳动力市场均衡 409
  3.4 曲线移动 409
  3.5 市场剩余 410
 4. 消费者选择模型 411
  4.1 消费者约束：预算线 411
  4.2 消费者偏好：无差异曲线 412
  4.3 效用最大化法则 414
 5. 投入选择模型 416
  5.1 等产量线 416
  5.2 等成本线 418
  5.3 成本最小化：MRTS = 投入要素价格比率 418

第1章
导言和城市经济学公理

> 城市一直是文明的摇篮,在黑暗中散发光和热。
> ——西奥多·帕克(Theodore Parker)

> 我宁愿醒来以后无处可待,也不愿在地球上任何一座城市居住。
> ——史蒂夫·麦奎恩(Steve McQueen)

本书是研究城市和城市问题的经济学著作。帕克和麦奎恩的话反映了我们对城市的复杂感情。从正面来看,城市推动了创新、生产和贸易的发展,因而也提高了我们的生活水平;从负面来看,城市存在着诸如噪音、污染、拥挤等问题。我们将在本书第一部分讲到,厂商和居民之所以选址于城市,是因为城市内部集聚所产生的外部性可以抵消这些城市问题所带来的额外成本。本书后面将要讲到,制定解决拥挤、污染和犯罪等城市问题的政策可以增强城市活力,推动城市发展。

1.1 什么是城市经济学

城市经济学属于地理学和经济学的交叉学科。经济学研究在资源稀缺背景下人们的决策问题。家庭制定效用最大化决策,而厂商制定利润最大化决策。地理学是研究事物如何在空间上配置的学科,并回答人类活动的起源地问题。城市经济学将地理学和经济学融合为一体,研究家庭效用最大化和厂商利润最大化下的位置或区位选择。城市经济学还可以用于甄别无效率的区位选择,对可供选择的公共政策进行检验,以便作出有助于提高效率的决策。

城市经济学可以分为六个相关领域,分别与本书的六个部分相对应。

1. 市场在城市发展中的作用。 厂商和家庭在城市间所作的区位决策推动了城市形成,并使其在规模和经济结构上存在很大差异。我们将揭示:城市为什么会存在?为什么有大城市和小城市?

2. 城市土地利用。 厂商和家庭的区位决策使城市土地利用模式得以形成。同100年前人口高度集中的城市形成鲜明对比的是,现代城市中的就业广泛分布在大都市区内。我们将研究引起它们从高度集中向分散转变背后的经济力量是什么。我们还将用一个邻里选择模型揭示由种族、收入和教育水平差异所形成的种族隔离问题。

3. 城市交通。为解决城市拥挤问题，我们将对一些可行的解决方案进行探讨，并分析公共交通在城市交通系统中的作用。其中要解决的一个问题是，公共汽车交通系统是否比轻轨交通系统或地铁交通系统更有效，如旧金山的湾区快速交通系统（Bay Area Rapid Transit，BART）和华盛顿的地铁系统。

4. 犯罪和公共政策。我们将分析城市犯罪问题，并揭示犯罪与贫困、低教育水平等城市问题之间的关联性。

5. 住宅和公共政策。住宅区位具有固定性，使得住宅选择与区位选择之间存在很强的关联性。我们将探讨为什么住宅与其他产品不同，以及住宅政策是如何起作用的。

6. 地方政府支出与税收。在地方政府分片管辖的体制下，许多大都市区都有几十个地方行政机构，包括各个市政管辖区、学区和特区。家庭在进行区位选择时，会综合考虑税收和地方公共产品供给的影响。

1.2　什么是城市

城市经济学家把城市地区定义为在相对较小的面积里居住了大量人口的地理区域。换句话说，城市地区的人口密度要高于周边其他地区。这个定义适用于从小城镇到大城市等不同规模的城市地区。该定义之所以把人口密度作为基础，其原因就在于不同经济活动的频繁接触是城市经济的本质特征，而这只有在大量厂商和家庭集中于相对较小的区域内时才能发生。

美国人口普查局已经给出了多种地理区域的定义，它们与城市经济学都有直接关系。由于城市经济学的许多经验研究是基于人口普查的数据进行的，所以充分理解这些定义非常重要。本章的附录提供了人口普查定义的详细内容。在2000年的人口普查中，一些关键的人口普查定义被重新界定，具体如下：

1. 城市地区。它是指人口不少于2 500人，且每平方公里的人口密度不低于500人的固定地理区域。在2000年，美国有3 756个城市地区。

2. 城市人口。它是指生活在城市地区的居民。在2000年，城市人口占总人口的79%。

3. 大都市区。它是指拥有大量人口的核心区以及与其在经济上结为一体的邻近社区。作为大城市区，人口不应少于50 000人。在2000年，美国有361个大都市区。

4. 小都市区。它是比大都市区小一些的区域。人口一般在10 000—50 000人。在2000年，美国有559个小都市区。

5. 主要城市。它是指每一个大都市区或小都市统计区内最大的自治市。每个自治市都有一个自治机构，地方政府通过它来行使政治权力和提供政府服务，如污水处理、控制犯罪和消防。

本书使用三个术语来表述经济活动的空间集聚：城市地区、大都市区和城市。在谈及城市经济问题时，这三个术语可以互换（在人口密度高的地区，其内部经济联系必然很紧密），而作为政治城市来说时，这三个术语不能互换。在谈及政治城市时，我们将使用中心城市或自治市这样的术语。

1.3 城市为什么会存在

这是城市经济学的基础性问题。人类需要土地去生产粮食和其他资源,而在拥挤的城市中生活的人们完全与种植粮食的土地相脱离。正如 Bartlett(1998)所指出的,在动物世界中没有其他动物能建造类似城市的建筑。像羚羊那样的食草动物和美洲野牛都拥有巨大的兽群,但是它们为获得稳定的实物供给,必须不停地向长满鲜草的地区迁移。珊瑚虫集中在固定的暗礁上,但是海流会为这些珊瑚虫提供稳定的食物来源。在自然界中,蜂巢或蚁丘或许与城市形态最接近。那些群居的昆虫,如蜜蜂和蚂蚁,群体内集聚了成千上万个个体,并有很严格的等级制度——有兵蚁、雄蜂、饲养员、护士和保洁员。与人类的城市相比,这些昆虫的集聚具有非自然特征,它们的形成并不是以自愿交换为基础的。

城市之所以存在,是因为人类科技已经创造出了生产和交换系统,为人类向自然规律提出挑战奠定了物质基础。一个城市的发展必须满足下面三个条件:

1. 农业生产过剩。 城市以外的人口必须生产足够的粮食,来养活他们自己和城市居民。

2. 城市生产。 城市居民必须从事生产,生产出某种产品或服务,以便用这些产品或服务去交换农民种植的粮食。

3. 用于交换的运输体系。 为使农民种植的粮食与城市产品能更便利地进行交换,城市必须有一个高效的运输体系。

图 1-1 描述了 1800—2010 年美国城市人口比重的变化情况。在这一时期,城市人口的比重从 6% 增加到 82%。世界其他地区也发生了与此类似的变化态势。从本书接下来的三章

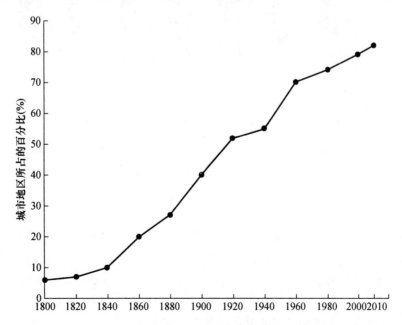

图 1-1　美国城市地区人口所占的比重(1800—2010)

中我们将看到,农村之所以转变为城市,是因为科技的发展提高了农业剩余(条件1),城市工人的劳动生产率大幅提高(条件2),运输和交换效率迅速提高(条件3)。

图1-2描述了世界不同地区的城市化水平现状及到2030年的变化趋势。1950年,非洲和亚洲的城市化水平相对较低,而大洋洲和北美洲相对较高。预计到2030年各大洲的城市化水平都会比现在有较大幅度的提高,其中非洲和亚洲的增幅将会最大。从世界整体来看,1950年的平均城市化率只有30%,但预期2030年的城市化率将比1950年提高一倍。

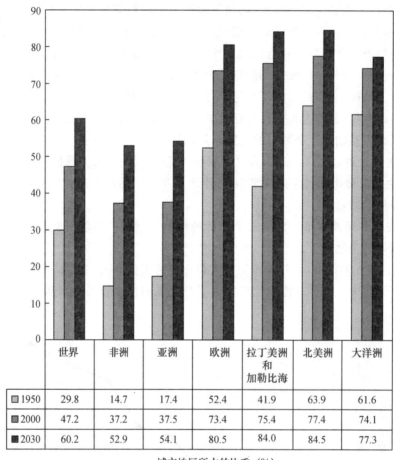

图1-2 世界各洲城市化比重(1950—2030)

资料来源:United Nations: World Urban Prospects, 2001 Revision。

表1-1给出了美国30个最大都市区的人口数据。纽约名列第一位,其后是洛杉矶、芝加哥、达拉斯和费城。第三列给出了2000—2009年间各大都市区人口增长率变动的数据。从中可以看出,位于南部、西部和山区各州的大都市区人口增长得最快。三个都市区——底特律、匹兹堡和克里夫兰——在这一时期人口规模均呈现下降的态势,而且下降幅度都在20%以上。其原因在于这些地区的制造业就业岗位大幅减少。

表 1-1 美国最大的都市区（2009）

都市区	人口（2009）	变化率(%)（2000—2009）	等级
纽约—北新泽西—长岛,纽约州—新泽西州—宾夕法尼亚州	19 069 796	4.1	1
洛杉矶—长堤—圣塔安那,加利福尼亚州	12 874 797	4.1	2
芝加哥—内伯威尔—约里特,伊利诺伊州—印第安纳州—威斯康星州	9 580 567	5.3	3
达拉斯—沃斯堡—阿林顿,得克萨斯州	6 447 615	24.9	4
费城—卡姆登—威密尔登,宾夕法尼亚州—新泽西州—特拉华州—马里兰州	5 968 252	4.9	5
休斯敦—糖城—贝顿,得克萨斯州	5 867 489	24.4	6
迈阿密—劳德代尔堡—庞帕诺海滩,佛罗里达州	5 547 051	10.8	7
华盛顿—阿灵顿—亚历山德里亚,华盛顿特区—弗吉尼亚州—马里兰州	5 476 241	14.2	8
亚特兰大—沙泉—玛丽埃塔,佐治亚州	5 475 213	28.9	9
波士顿—剑桥—昆西,马萨诸塞州—新罕布什尔州	4 588 680	4.5	10
底特律—沃伦—利沃尼亚,密歇根州	4 403 437	−1.1	11
菲尼克斯—梅萨—斯科特斯德,亚利桑那州	4 364 094	34.2	12
旧金山—奥克兰—弗里蒙特,加利福尼亚州	4 317 853	4.7	13
河畔—圣贝纳迪诺—安大略湖,加利福尼亚州	4 143 113	27.3	14
西雅图—塔科马—贝尔维尤,华盛顿特区	3 407 848	12.0	15
明尼阿波利斯—圣保罗—布鲁明顿,明尼苏达州—威斯康星州	3 269 814	10.1	16
圣地亚哥—卡尔斯巴德—圣马科斯,加利福尼亚州	3 053 793	8.5	17
圣路易斯,密苏里州—伊利诺伊州	2 828 990	4.8	18
坦帕—彼得斯堡—清水湾,佛罗里达州	2 747 272	14.7	19
巴尔的摩—托森,马里兰州	2 690 886	5.4	20
丹佛—奥罗拉—布鲁姆菲尔德,科罗拉多州	2 552 195	17.1	21
匹兹堡,宾夕法尼亚州	2 354 957	−3.1	22
波特兰—范库弗尔—比佛顿,俄勒冈州—华盛顿特区	2 241 841	16.3	23
辛辛那提—中镇,俄亥俄州—肯塔基州—印第安纳州	2 171 896	8.1	24
萨克拉曼多—雅顿—阿克德—罗斯威尔,加利福尼亚州	2 127 355	18.4	25
克里夫兰—伊利亚—门特,俄亥俄州	2 091 286	−2.6	26
奥兰多,佛罗里达州	2 082 421	26.6	27
圣安东尼奥,得克萨斯州	2 072 128	21.1	28
堪萨斯城,密苏里州—堪萨斯州	2 067 585	12.6	29
拉斯维加斯—帕拉代斯,内华达州	1 902 834	38.3	30

资料来源：U. S. Census Bureau，"Table 1-Annual Estimates of the Population of Metropolitan and Micropolitan statistical Areas：April 1,2000 to July 1,2009（CBSA-EST2009-01），" March 2010。

表 1-2 列出了美国以外世界最大都市区的人口数据,其中 1975 年、2005 年的人口数量为实际数据,2015 年的人口数量为预测数据。上述大都市区中有八个来自发展中国家,在预期的 10 年中它们的人口数量至少增长 20%。相反,三个发达国家的大都市区(东京、大阪和巴黎)的人口规模预计将出现缓慢增长。预计在这一时期美国纽约的人口规模将增长 6%,洛杉矶将增长 7%。

表 1-2　世界大城市人口数据及增长预期

城市	国家	人口(1975)(百万)	人口(2005)(百万)	人口(2015)(百万)	变化率(%)(2005—2015)
东京	日本	26.6	35.2	35.5	1
墨西哥城	墨西哥	10.7	19.4	21.6	11
圣保罗	巴西	9.6	18.3	20.5	12
孟买	印度	7.1	18.2	21.9	20
德里	印度	4.4	15.0	18.6	24
上海	中国	7.3	14.5	17.2	19
加尔各答	印度	7.9	14.3	17.0	19
雅加达	印度尼西亚	4.8	13.2	16.8	27
布宜诺斯艾利斯	阿根廷	8.7	12.6	13.4	7
达卡	孟加拉国	2.2	12.4	16.8	35
卡拉奇	巴基斯坦	4.0	11.6	15.2	31
里约热内卢	巴西	7.6	11.5	12.8	11
大阪	日本	9.8	11.3	11.3	0
开罗	埃及	6.4	11.1	13.1	18
拉各斯	尼日利亚	1.9	10.9	16.1	48
北京	中国	6.0	10.7	12.9	20
马尼拉	菲律宾	5.0	10.7	12.9	21
莫斯科	俄罗斯	7.6	10.7	11.0	3
巴黎	法国	8.6	9.8	9.9	0
伊斯坦布尔	土耳其	3.6	9.7	11.2	15

资料来源:United Nations. Urban Agglomerations 2005。

图 1-3 描绘了世界大城市形成的时间趋势,这些大都市区至少拥有 100 万人口。从该图可以看出发达地区和欠发达地区的差别。1970 年,这两类地区拥有的大城市的数量几乎相同。但到 1996 年,欠发达地区大城市的数量几乎是发达地区的两倍。到 2015 年,欠发达地区大城市的数量预计将是发达地区的四倍。

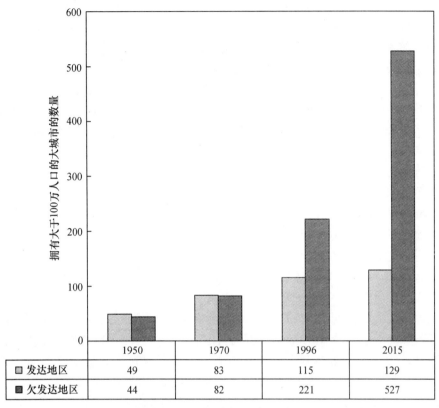

图 1-3　世界不同地区大都市区的数量（1950—2015）

资料来源：United Nations World Population Prospects（New York：United Nations，2001）。

1.4　城市经济学的五个公理

城市经济学主要研究家庭和厂商的区位选择问题，因此它必然假设厂商和居民是可移动的。然而，当环境发生变化时，人们不能立即改变他们的工作场所和居住地。因此，一个完全流动性模型可以告诉我们更多长期变化的信息而不是短期的。一般的家庭每七年要改变一次居住地，这意味着每年有 14% 的人口要进行迁移。虽然城市经济学的大多数模型都假设居民具有完全流动性，但是也有例外。我们将重点分析非完全流动性假设下的区位选择问题。

在本部分我们引入了城市经济学的五个公理。公理是指不证自明的、容易被大多数人理解和接受的真理。就我们的研究目的而言，此处的"大多数人"是指那些至少修过一门经济学课程的人。这五个公理是城市经济学的核心，它们一起构成了区位选择模型的基础。当读者通读本书时，会发现这五个公理出现的频率非常高。

1.4.1　通过调整价格实现区位均衡

当没有一个主体想进一步改变位置时，均衡区位便形成了。假设你和 Bud 共同竞争两套出租的住宅：一套位于美丽的海滩旁，另一套位于嘈杂的高速公路旁。如果两套住宅的价格相同(或租金相同),你将更偏好于海滩附近的住宅,而 Bud 也是如此。如果通过掷硬币的方式把靠近海滩的住宅给获胜的一方,将不会形成一个区位均衡,因为不幸运的一方获得了靠近高速公路的住宅,为了获得更满意的住宅,他还有进一步改变区位的动机。

获得区位均衡的条件是对靠近海滩的住宅收取更高的价格。为消除人们再次迁移的动机,靠近海滩的住宅价格要高到足以补偿较舒适的外部环境。但问题是,你愿意为在海滩附近居住支付多少钱呢？如果你愿意支付 300 美元,而 Bud 也同意该价格,那么,海滩附近住宅的价格将比高速公路附近的住宅价格高出 300 美元。一般来说,通过价格调整可以使人们在不同环境下获得相同的效用水平,并在各自满意的和不满意的区位上居住。

上述经济规则在劳动力市场中会产生同样的作用。工人们为获得理想区位上的就业岗位而展开竞争,会导致该区位上的工资下降。假设你和 Ricki 共同竞争两个就业岗位:一个在达尔斯镇(Dullsville);另一个在库尔斯镇(Coolsville),该镇拥有非常好的社会环境。如果每月工资存在 500 美元的差距,用以弥补城镇间社会环境的差异所带来的影响,那么库尔斯镇的均衡工资将比达尔斯镇的工资低 500 美元。此时,对于这两个工人来说在哪里工作是无差异的,因为到库尔斯镇工作,就意味着工资下降 500 美元。在劳动力市场中,通过工资的调整可以使人们在各自满意和不满意的环境中工作。

通过土地价格的调整也可以使厂商间达到区位均衡。写字楼企业为获得交通最便利的土地而展开竞争。中心城区的土地交通最便利,因而该区位上的土地价格也最高。当区位均衡得以实现时,该类型的企业选择远离城市中心、交通不甚便利的土地,其为此支付的土地价格也较低。而那些获利能力更强的厂商将选址于道路通达性最好的土地。

1.4.2 自我强化效应产生极端结果

自我强化效应是指促使已经发生变化的事物朝着相同的方向产生额外变化的过程。假设汽车销售商最初均匀分布在城市内部。如果一个销售商迁移到汽车一条街,与另一个销售商相邻,之后会发生什么呢？消费者在购买汽车之前会对不同品牌进行详细比较,而在汽车一条街上的两个销售商为了吸引更多的购买者,都会积极推出比较购物模式。在汽车一条街上不断增加的交易额进一步增加了该地区的吸引力,其他地区的销售商也将纷纷迁移到这里。最终的结果是,众多企业的集聚形成了汽车产业带,在产业带中,它们之间形成共同竞争的态势。

自我强化效应还可以发生在人们的区位决策方面。假设艺术家们最初均匀地分布在一个区域内的 12 个城市中。如果一些艺术家偶然来到一个城市,他们的集聚所营造的创作氛围将会产生如下影响:(1)这些艺术家会因此产生更多的创作灵感和创造技能;(2)他们可以共享工作室、印刷设备、工具供应商信息和其他设备。这些艺术家的集聚将会吸引这个地区的其他艺术家,使得艺术产品逐步向该城市集中。近几十年来,城市吸引了越来越多的艺术家,民间创作也随之得到了较快发展(Florida,2002)。

1.4.3 外部性导致无效率

在大多数交易中,消费者和销售商通常将交易成本及利润限定在一定的范围内。如果消费者支付的价格等于生产该商品的成本,那么没有哪一方愿意承担交易成本。也就是说,消费者仅想从该产品的消费中获取收益。相反，如果交易参与者以外的人承接了一部分交易成本或利润，那么将产生外部性，也就是说，这部分人承担了交易的外部性。

当一个消费者支付的价格低于产品的生产成本时，一个外部化的成本将产生。产品的价格通常包括劳动力成本、资本成本和产品的原材料成本，但是通常不包括生产产品所引起的环境成本。例如，小汽车燃烧汽油所产生的空气污染成本，部分地由呼吸该空气的人所承担。同样，当你在拥挤的公路上行驶时，你就会降低其他人的行车速度，意味着其他司机承担了一部分成本。

当消费者购买产品使其他人获得了额外收益时，就会产生外部化的利润。例如，我重新粉刷自己的旧房屋，将改善居住区的景观，邻居的住宅价值也会同我的住宅一样得到提升。教育之所以能产生外部性，是因为它可以提高人的交流和思维技能，使人们成为更优秀的劳动者。另外，在受过教育的劳动者的影响下，其同事的劳动生产率会有所提高，工资也会因此而上涨，最终该劳动者也会获得一部分教育的外部性收益。

当存在外部成本或收益时，我们认为市场均衡没有达到社会效率水平。正如驾驶汽车，在有外部成本的情况下，人们支付的价格低于社会成本，使得拥有汽车的人会越来越多。再如教育活动，在有外部收益的情况下，人们获得的收益少于整个社会的收益。因此，他们会采取行动以降低教育的社会效率水平。我们将在本书后面的章节中看到，城市内部有多种类型的外部成本和收益。在多数情况下，有一个简单的解决办法来解决外部性问题：采取征税或给予补贴的方式来使外部性内在化，以让所有人都为自己的行动承担全部的社会成本和获取全部的社会收益，并在此基础上决定要做什么。

1.4.4　生产受规模经济的影响

当生产的平均成本下降而产出上升时，便产生了规模经济。对大多数产品的生产而言，如果采取相对较小的生产规模和双倍的投入，平均生产成本将下降。用经济学术语来说，就是当长期平均成本曲线的斜率为负时，生产才达到规模经济。规模经济产生的原因有以下两点：

- 投入要素的不可分割性（indivisible inputs）。一些资本投入存在粗放性，不能随着生产规模的缩小而减少。其结果是，较小的生产规模需要投入与较大生产规模同样多的生产要素。例如，无论你每天生产一个飞盘，还是生产一千个飞盘，你都必须要有一个模具；同样，无论你每天只生产一个微处理器，还是每天生产一千个微处理器，你都需要一间清洁的房屋和其他昂贵的设备。由于该生产要素的成本平均分摊在增加的产出上，因此平均生产成本随着产出的提高而降低。

- 专业化因素（factor specialization）。在只有一个人的厂商内，一个工人担负着不同的生产任务；而在一个拥有大量工人的大厂商内，每个工人负责很少的任务。由于他们的工作具有连续性（很少把时间用在不同工作的转换上）和熟练性（从经验和学习中获得），这就大大提高了生产率。专业化的观念可以用一个俗语来表示："样样通，样样松。"对该表述作一个补充，我们可以得出专业化工人的概念，即那些精通某一工艺的人。

从本书后面的章节可以看出，规模经济在城市经济学中扮演着重要角色。实际上，我们将在第 2 章看到，如果没有规模经济，城市就不会存在。将产品从生产地运到消费地需要高昂的运输费用，因此，只要在城市内进行生产的成本节约足以弥补运输成本，那么在城市内进行生产就是明智的选择。

生产领域的规模经济的程度影响着所有的产品。生产微处理器的设备价值 50 亿美元，它有几百个复杂的工序，每个工人都具有很高的专业化水平，使其在生产中形成了巨大的规模经济；相反，用价值 5 000 美元的比萨饼烤箱制作比萨饼，仅有很少的几道工序，因此规模经济很快就会丧失。一般来说，规模经济的程度是由不可分割要素投入的数量和专业化机会共同决定的。

1.4.5　竞争导致零经济利润

如果厂商进入市场不受限制，我们预期会有更多的厂商进入市场，直到该市场的经济利润为零。这里的经济利润等于总收入超过总成本的部分，经济成本包括所有投入的机会成本。企业家的时间的机会成本和厂商获得的投资资金的机会成本是经济成本的两个关键组成部分。例如，假如一个企业家从其他投资中获得 60 000 美元的收入，同时又对该厂商投资 100 000 美元，而这 100 000 美元来源于利润为 8% 的共同基金，则该厂商所要支付的经济成本将包括 60 000 美元的时间成本和 8 000 美元的投资成本。一旦我们考虑所有的机会成本，零经济利润就意味着厂商有足够的资金支持企业运营，但是它并不足以支持外来厂商进入该市场。厂商获得零经济利润也意味着赚取了"正常"的会计利润。

在城市经济学中，竞争有一个空间维度。每一个厂商都在一定区位上进入市场，每个厂商的利润还受其他厂商区位条件的影响。空间竞争更类似于垄断竞争，厂商是在没有进入壁垒的市场中销售异质性产品的。虽然这听起来像矛盾修辞法中的"松—紧"和"巨兽—小虾"所揭示的内容，但其实并不矛盾，原因在于：每个厂商都因生产异质性产品而具有垄断性，但由于消费者偏好很容易在不同类型产品间转换，故市场进入的无壁垒性将导致厂商为争夺消费者而展开竞争。伴随着空间竞争的展开，每个厂商在自己公司周围都会形成区位垄断性，但是市场进入的非壁垒性使这些厂商保持了竞争状态，而其他厂商直到经济利润下降为零时才停止进入该市场。

1.5　后续内容介绍

本章介绍的内容是分析其他章节所涉及的城市经济问题的基础。我们将在后面的章节中探讨下列重大城市问题：

- 为什么城市会存在？
- 城市太大还是太小？
- 是什么引起城市经济增长？
- 为什么现代城市就业如此分散？
- 为什么有如此多的以种族和收入为标准的社区隔离？
- 为什么经济学家倡导对所有的汽车征收每英里 7 美分的税收，而对在拥挤公路上行驶的汽车征收每英里 27 美分的税收？
- 为什么乘坐公共交通工具的人会如此少？

- 什么是教育生产函数中的关键投入？
- 为什么城市的犯罪率很高？
- 为什么在大都市区有许多自治市？

在回答这些问题时，我们将用到城市经济学的五个公理。另外，我们将利用许多经济模型来揭示决策的空间特征。需要指出的是，本书所涉及的理论模型和经验分析，反映了近10—15年城市经济学所面临的前沿问题。

参考文献和补充阅读

1. Audretsch, David, and Maryann Feldman. "Knowledge Spillovers and the Geography of Innovation," Chapter 61 in *Handbook of Regional and Urban Economics 4：Cities and Geography*, eds. Vernon Henderson and Jacques-Francois Thisse. Amsterdam：Elsevier, 2004.

2. Bartlett, Randall. *The Crisis of American Cities*. Armonk, NY：Sharp, 1998.

3. U.S. Government. "Standards for Defining Metropolitan and Micropolitan Statistical Areas." *Federal Register* 65, no.249（December 17, 2000）.

4. Florida, Richard. *The Rise of the Creative Class*. New York：Basic Books, 2002.

附录：人口普查定义

美国人口普查局（The U.S. Census Bureau）已经给出了多种地理区域的定义，它们与城市经济学都有直接关系。由于城市经济学的许多经验研究是基于人口普查的数据进行的，所以充分理解这些定义非常重要。本附录提供了人口普查定义的详细内容。

城市人口

最前面的三个定义与城市人口有关，该定义以人口普查分块区（census block）这一人口数据统计中最小的地理单位为基础。一个人口普查分块区可以定义为在所有的边界上都具有显著特征（街道、河流或轨道）或无形特征（地界线或行政边界）的区域。典型的人口普查分块区的居民数量在十几人到上百人之间。一个街区群（block group）由若干个连续的人口普查分块区组成。该定义下的城市区主要有两种类型：

1. 城市化地区（urbanized area）。城市化地区是人口普查分块区中固定的核心区，其周边要有最低的人口密度。在大多数情况下，要求核心街区群的人口密度达到每平方英里1 000人，周边街区的人口密度达到每平方英里500人。一个固定街区群的人口不应少于50 000人。2000年，美国共有464个城市化地区。

2. 城市群（urban clusters）。一个城市群可以看作按比例缩小的城市化地区。由若干人口普查分块区组成的城市群的人口为2 500—50 000人。2000年，美国共有3 112个城市群。

3. 城市人口（urban population）。人口普查局将所有生活在城市化地区和城市群的人口称为城市人口。基于该定义，2000年美国共有79%的人口居住在城市地区。

大都市和小都市统计区

长期以来，人口普查局在不断变化其对大都市区（metropolitan area）的定义。一般认为，大都市区是一个包括大量人口的核心城区和那些与核心城区在经济上有紧密联系的相邻社区。经过这么多年，大都市区的分类已经从1949年的标准大都市区（SMA）变为1959年的标准大都市统计区（SMSA）、1983年的大都市统计区（MSA）和1990年的大都市区（MA）。1990年的大都市区包括大都市统计区（MSAs）、统一的大都市统计区（CMSAs——最大的都市区）和主要的大都市统计区（PMSAs——CMSAs的一部分）。

自2000年开始执行的新分类标准将大都市区当作核心统计区（CBSA）。每个核心统计区至少包括一个拥有10 000人口的城区（或者是一个城市化区，或者是一个城市群）。它既可以是大都市区，也可以是小都市区（micropolitan area）。

1. **大都市区**。大都市统计区至少包括一个城市化地区，人口不少于50 000人。
2. **小都市区**。小都市统计区至少包括一个城市群，人口为10 000—50 000人。

2000年，美国共有361个大都市统计区和559个小都市统计区。

大都市区和小都市区内部的建筑街区属于县区。对于一个特殊的核心统计区来说，中心县区至少要有5 000人口，或者其至少要拥有10 000人口，其中50%的人口居住在城市化地区。如果偏远的县区与中心县区之间的交通便利，那么它们也将被包括在核心统计区内。需要明确的是，此时偏远县区必须有25%的人口在其中任何一个中心县区工作，或者偏远县区内25%的工作由任何一个中心县区的居民来承担。

美国有93%的人口居住在统一的大都市统计区内，其中有83%的人口在大都市区，10%的人口在小都市区。在大都市统计区内的人口（93%）超过城市区的人口（79%），这是因为大都市统计区包括了全部县区，它们在城市区的外部（被称为最小的地理单位——人口普查分块区）。

主要城市

在大都市统计区或小都市统计区内最大的自治市被称为主要城市。如果其他城市满足人口规模的最低要求（至少250 000人）和就业的最低要求（至少100 000个就业岗位），它们将具有"主要城市"资格。每个大都市统计区或小都市统计区的名称是由该地区内三个主要城市的名称和它们所在州的名称组成的。例如，明尼阿波利斯（Minneapolis）都市区的区名是由明尼阿波利斯—圣保罗—布鲁明顿、明尼苏达州—威斯康星州（Minneapolis-St. Paul-Bloomington, MN-WI）组成的。也就是说，该都市区的区名包括两个州和另外两个自治市。对于大多数都市区而言，它们的区名仅含有一个主要城市。一些规模巨大的都市区还常被分成若干个联合县区，但它们仍然是都市区的组成部分。

第1篇

城市发展的市场推动力

第2章　为什么会存在城市

第3章　为什么会出现企业集群

第4章　城市规模

第5章　城市增长

1

在市场经济中,人们通过交换劳动获取工资收入,并用劳动所得去购买商品和服务。然而,这些市场交易行为对城市的存在和发展有怎样的影响呢?本篇第2章将主要解释城市存在的原因在于生产和市场集中会产生多种收益。通过该章对商业、制造业和原材料加工业的分析,我们将了解城市发展的基本规律。第3章主要研究城市集聚经济。通过对城市集聚经济的分析,可以了解企业之所以集聚于城市,是因为它们能够从中分享厂商中间产品投入、劳动力集聚及知识创新所产生的溢出效应,并能进一步优化工人和企业之间的技术匹配关系。第4章主要揭示推动不同规模城市发展的经济动力。我们在该章将深入探讨工人的效用是如何随城市规模的变化而发生改变的,同时也将解释为什么均衡的城市规模总是大于最优的城市规模。第5章主要阐述城市经济增长(包括人均收入增长)和城市就业增长的源泉。该章的研究内容还将进一步回答,谁会从城市就业增长中获益等问题,并介绍一些经济学家常用的预测就业增长的技术手段。

第 2 章
为什么会存在城市

> 从来没有看见一只狗会公平地、谨慎地同另外一只狗交换骨头。
> ——亚当·斯密(Adam Smith)

由于人类个体无法实现自给自足,所以产生了城市。如果我们每个人都能生产自己消费的所有商品,并且不希望有更多的交流,那么就没有理由在肮脏的、嘈杂的、拥挤的城市里生活。事实上,我们无法实现自给自足,我们当中的每个人还必须专注于某项劳动——编写软件、弹奏手风琴、进行脑部手术等,用赚取的收入去购买我们自己不能生产的商品。劳动专业化分工和大规模生产的出现,为我们生产和消费更多的产品创造了条件。正如本章后面将要得出的结论,城市内部既是生产活动的场所,也是人们居住和工作的地点。通过在城市内部生活和工作,我们获得了较高的生活水平,但是也不得不容忍更多的拥挤、噪声和污染。

为解释城市存在的原因,我们将从一个模型开始讨论。在这个庭院生产模型(the model of backyard production)中,每个消费者都是一个生产者,所有的产品都在庭院或者住宅的屋顶上生产。换句话说,那里不存在集中的生产或集中的人口。如果我们放松庭院生产模型中的假设条件,新构建的模型将暗示城市必然会出现。也就是说,新建模型中被放松的那些假设条件可以被看作导致城市出现的关键因素。

2.1 城市形成之前的地区——庭院生产

为了对庭院生产模型进行简化分析,可以假设没有城市存在的地区仅生产和消费两种产品:面包和衬衣。人们利用从土地上获得的原材料(羊毛和小麦)去生产这两种消费品。下面的假设条件排除了城市存在的可能性。

- **相同的生产率**。所有的土地在生产小麦和羊毛时具有相同的生产率,所有的工人在生产衬衣和面包时也具有相同的生产率。
- **交易的规模收益不变**。无论双方的交易量是多少,单位产品的交易成本(进行一次交易的成本包括交通成本)都是固定的。

- **生产的规模收益不变**。无论一个工人能够生产多少衬衣,他每小时生产衬衣的数量都是固定的。生产的规模收益不变的假设对于面包的生产同样适用。

这些假设条件基本上就排除了交易行为发生的可能性,并保证每个家庭都将实现自给自足。如果一个人主要从事面包的生产,她用所生产的部分面包去交换衬衣时,所产生的交易成本与执行该交易需要耗费的时间相一致。在生产效率相同的假设下,每个工人的生产率都保持在同一水平,他们不会从专业化生产中获得额外收益。在规模收益不变的假设条件下,所有生产衬衣的企业都不会获得利润,因为每个家庭都是一个工厂,而且它们具有相同的生产效率。总而言之,家庭间交换产品会产生成本,但不会获得任何收益,因此每个家庭都将生产自己消费的所有产品,使自身保持一种自给自足的经济状态。

正是由于人们之间缺少交易行为,因此人口分布呈现不规则性。如果人口能够在一些地区集聚,他们对土地需求的增加将加剧彼此之间的竞争,从而提高土地价格。在城市里生活的居民将支付更高的土地价格,但得不到任何补偿性收益,此时居民将具有离开城市到其他地区生活的倾向和动机。在达到区位均衡时,所有地区的土地将具有相同的价格,人口也将呈均匀分布状态。由此可以得出城市经济学的第一个公理:

通过调整价格实现区位均衡

在此情况下,所有地区都具有相同的吸引力,因为区位均衡要求所有地区的土地价格都相同。

2.2 贸易城市

前面给出了城市停止发展所应具备的一些条件,下面我们逐步放松这些假设,看看将会出现什么结果。我们首先放松所有工人具有相同劳动生产率的假设。假设北方地区的家庭在生产面包和衬衣方面有更高的生产效率,这种不同可能缘于土壤条件、气候条件和工人技能的差异。表 2-1 给出了南北两个地区工人每小时的产出数据。这些数据显示,在南方地区,每个工人 1 小时能生产 1 件衬衣或 1 块面包;在北方地区,工人生产面包的效率是南方地区工人的 2 倍,生产衬衣的效率是南方地区工人的 6 倍。

表 2-1 比较优势

	北方		南方	
	面包	衬衣	面包	衬衣
每小时的产出	2	6	1	1
机会成本	3 件衬衣	1/3 块面包	1 件衬衣	1 块面包

2.2.1 比较优势与贸易

如果一个地区在某种产品的生产上有较低的机会成本,那么该地区就具有生产这一产品的比较优势。以生产衬衣为例,北方地区生产 1 件衬衣必须放弃 1/3 块面包的生产,这就是北方地区生产衬衣的机会成本。对于南方地区来说,生产 1 件衬衣必须放弃 1 块面包,也就是说放弃

1 块面包的生产是南方地区生产衬衣的机会成本。在衬衣的生产上,北方地区有较低的机会成本,因此在衬衣的生产上有比较优势。虽然北方地区生产面包的效率是南方的 2 倍,但其生产衬衣的效率却是南方地区的 6 倍,显然,北方地区专门生产衬衣而不生产面包是明智之举。

在比较优势的驱使下,专业化生产和贸易逐渐出现。假设最初两个地区都处于自给自足的状态,每个家庭生产它们自己消费的所有面包和衬衣。表 2-2 给出了专业化生产及交易出现后南北地区家庭的收益状况(假设一个北方家庭将生产面包的时间转向生产衬衣,该时间为 1 个小时,而南方的一个家庭则将生产衬衣的时间转向生产面包,该时间为 2 个小时)。表中第一行反映了产出的变化:北方家庭生产 −2 块面包和 +6 件衬衣;南方家庭生产 +2 块面包和 −2 件衬衣。正如第二行和第三行数字所表明的,如果南方家庭用 2 块面包与北方家庭交换 4 件衬衣,那么在交换后每个家庭都获得了 2 件衬衣的额外收益,即专业化生产和交换出现后,每个家庭都获得了与以前一样数量的面包和额外的 2 件衬衣。

表 2-2 专业化和从交换中获取的收益

	北方		南方	
	面包	衬衣	面包	衬衣
专业化导致生产的变化	−2	+6	+2	−2
用 4 件衬衣换取 2 块面包	+2	−4	−2	+4
从交换中获取的收益	0	+2	0	+2

然而,交易成本都有哪些呢?由于交易产品需要时间,因此,这里的交易成本主要是指时间的机会成本,它等于在该时间内所能生产的产品数量。例如,一个北方家庭 1 小时能生产 6 件衬衣,那么每 10 分钟的机会成本就是 1 件衬衣。在这种情况下,交易的净收益是 2 件衬衣的总收益减去 1 件衬衣的交易成本。当交易时间少于 20 分钟时,也就是少于 2 件衬衣时,该交换行为对于北方家庭才是有意义的。由于南方家庭拥有较低的生产率,并由此具有较低的机会成本,因此它们的交易成本也相应较低。例如,如果机会成本是 10 分钟,交易成本是 1/6 块面包,其净收益就是 2 件衬衣减去 1/6 件衬衣,或者 11/6 块面包。对于一个南方家庭来说,其极限交易时间是 2 小时(2 块面包)。

2.2.2 交换中的规模经济

专业化和交换的出现并不必然推动城市的发展。庭院生产模型中的第二个假设是交换存在规模收益。在这个假设下,单个家庭像企业一样进行有效的产品交换行为,因此没有必要向企业购买产品。这样,每一个北方家庭都将与南方家庭建立经济联系,双方直接交换衬衣和面包,而不需要中介机构。

如果规模经济与交换、贸易有显著的互动关系,那么商业企业将会随之出现。由此可以得出城市经济学的第四个公理:

生产受规模经济的影响

一个商业企业可以利用自己购买的大型机器设备,如使用大卡车在北方和南方之间运送产品。但是,专门从事运输业务的工人的劳动效率,要高于那些以生产面包和衬衣为主要任务的工人的劳动效率。一般来说,商业企业有较低的交易成本,每个家庭只要向商业企业支付搬运费用即可。

众多商业企业的出现推动了城市的发展。为了进一步拓展规模经济,商业企业将选址于能更有效地收集和分配大型货物的地区。大量商业企业和工人的集聚,导致十字路口、河流汇合处和港口附近的土地价格上涨。土地价格的上涨将使人们更加注重土地的节约利用,开始使用占地面积更小的住宅。这种节约利用土地的结果仅在人口高度密集的城市才能出现。

2.3 城市历史中的贸易城市

我们在贸易城市模型中曾指出,运输和交易规模经济优势的出现才推动了贸易城市的发展。这一观点为研究19世纪工业革命以前的城市历史提供了新的视角。这些贸易城市中的大多数工人不生产产品;相反,他们收集和分配其他地区生产的产品,例如内陆地区生产的农产品和来自不同地区的工艺品。贸易是一种有风险的商业活动,贸易城市里的企业可以为这些商业活动提供保险、信贷、投资机会、金融和法律服务。

2.3.1 世界历史中的贸易城市

贸易城市有很长的历史。公元前3000年,腓尼基人(Phoenicians)就开始利用快速帆船为地中海盆地的商人服务,这些商人主要从事染料、原材料、食物、纺织品和珠宝贸易。他们沿着地中海沿岸,也就是今天的黎巴嫩,建立了众多的贸易城市。大约在公元前500年,雅典是一个区域贸易中心,商人们用家庭手工艺品、橄榄制品同周边国家换取食品和原材料。在11世纪和12世纪,意大利城邦(city-states)与东罗马帝国和伊斯兰教的统治者(Islamic rulers)达成了协议,被允许同北非国家和东方国家开展贸易往来。当时,欧洲人进行的贸易活动主要是用木材、铁、谷物、酒和羊毛换取药材、染料、亚麻布、棉花、毛皮及贵金属。这些贸易活动是威尼斯(Venice)、热那亚(Genoa)和比萨(Pisa)城市发展的主要推动力。

一些城市的建设资金主要来源于强迫进贡而不是自愿缴纳的财物。公元前5世纪在战胜了波斯以后,雅典帝国得到了快速发展。希腊各城邦在击退波斯进攻后,建立了得洛斯人联盟(Delian League),以共同进行防御。后来,它们将战争带入了小亚细亚地区。在这场战争即将胜利时,雅典完全控制了该联盟,并将各城邦自愿缴纳的财物变成了向自己缴纳的贡品。这种臣服和进贡体系使雅典帝国与斯巴达之间爆发了伯罗奔尼撒战争(the Peloponnesian War,公元前431年至公元前404年)。这场战争结束后,雅典放弃了它所统治的帝国,并拆除了所有防御工事。

到3世纪时,罗马人口已经超过了100万。罗马人在欧洲建立了众多殖民城市,在对这些城市的管理上,他们将目光主要集中到对农业剩余产品的掠夺上,忽视了城市的生产活动(Hohenberg and Lees,1985)。罗马帝国的统治者没有用城市产品去换取农产品,而是用战利品和贡品来供养它的民众。4世纪和5世纪时,日耳曼人的入侵打乱了罗马帝国的产品征集体系,罗马的外部地区对恢复"贸易"路线没有多大的兴趣,使得外部入侵所导致的损失不断扩大。如果罗马主要依靠自愿交换,那么这些殖民地对于保持现有的交换网络将有更大的兴趣,西方帝国也就可以从日耳曼人的袭击中得到恢复了。

雅典帝国和罗马帝国的兴起与衰败可以为我们提供哪些经验教训呢？在城市发展的早期，雅典在与其他地区所构建的自愿贸易体系下逐渐强盛起来，此时它们主要用城市产品去换取农村的粮食。后来，雅典人以征服和进贡机制代替了原先的产品自愿交换机制，由此引发了战争和城市的衰落。Mumford(1961)认为，罗马城主要依靠其他地区劳动者的供养而得以存在，因此可以把它称为"寄生城市"。罗马帝国衰落的部分原因是日耳曼人的入侵打乱了财物征集体系。这些城市的发展与衰落给我们的教训或许就是，建立在强迫转让支付基础上的城市发展是不可持续的。

2.3.2 美国历史中的贸易城市

美国城市发展的历史反映了运输成本和比较优势在贸易城市发展中的作用(Bartlett, 1998)。18世纪，大多数城市像商埠一样主要从事大洋贸易。在东海岸地区，一些城市从内陆地区收集农产品，再把它们转卖到西部地区或运往国外销售。然而，内陆地区泥泞的道路限制了贸易规模：在下雨天和积雪融化时期，道路的泥泞使得行车速度非常慢。宾夕法尼亚的收费公路始建于1792年，其路面完全由石头和沙砾砌成。在这条公路上的行进速度比较固定，一般为每小时2英里。道路的改善进一步扩大了宾夕法尼亚城的市场范围和贸易规模。

在更靠北部的地区，纽约州的发展速度非常快。1825年，纽约州就开凿完成了全长达360英里的伊利运河(Erie Canal)。该运河把纽约城与其附近的天然海港连接在一起，打通了纽约城与北方、西方广阔的农业地区之间的交通联系，使运输费用从每吨英里20美分降为每吨英里1.5美分。纽约城还有一条连接尚普兰湖(Lake Champlain)和哈德逊河(the Hudson River)的隧道，它把纽约城的市场扩展到了新英格兰地区的北部。这些巨大的运输网络不仅扩大了纽约城与其他地区的贸易额，而且也进一步拓展了其城市规模。到1850年，纽约城已拥有50万人口，约为美国革命结束时人口规模的20倍。其他城市，包括南方的巴尔的摩和费城，也修建了运河以连接内陆地区和港口。到1845年，在美国境内人工开凿的运河已经超过3 300英里。

在城市发展的历史中，比较优势仍然扮演着重要角色。伊利·惠特尼(Eli Whitney)发明的轧棉机(1974)为分离棉籽提供了一个高效的方法，使得棉花在南方地区得到广泛种植，15年中该地区棉花的总产量提高了50倍，其中大部分来自远离东部沿海港口的内陆地区。美国的棉花通常用船来运输，这些货船顺着河流把棉花运往新奥尔良(New Orleans)、新英格兰(New England)和欧洲地区的纺织厂。棉花贸易额的迅速提高也推动了位于密西西比河口的新奥尔良城市规模的扩展及河上游贸易城市的发展，如木比耳(Mobile)、阿拉巴马(Alabama)、纳齐兹(Natchez)和密西西比(Mississippi)。

后来，交通工具的创新进一步降低了运输成本，由此也推动了这些贸易城市的发展。在1807年引入汽轮船之前，货物只能顺着河流运输：货物在终点站被卸载完毕后，这些木船也随之破损，变成了一堆废木头。而汽轮船则可以在河道上双向运输，这一方面降低了运输费用，另一方面也扩大了各地区之间的贸易额和航道沿岸城市的规模。后来，蒸汽机被应用到火车上，铁路运输逐渐代替河流运输成为货物运输的主要工具。1850—1890年，铁路运输量与河流运输量的比例从0.10提高到2.0。铁路运输总量比原先提高了240倍。运输方式的改变使沿河的贸易城市逐渐走向衰落,而铁路沿线的城市则得到了快速发展。

2.4 工业城市

庭院生产模型中的第三个假设是生产的规模收益不变。我们将在面包生产中保持该假设,而在衬衣生产中应用城市经济学的第四个公理:

> **生产受规模经济的影响**

一个衬衣企业将使用不可分割的要素投入(机器),允许工人专门从事某一环节的工作,结果大幅提升了每个工人的产出,降低了平均生产成本。假设一个家庭每小时不是生产1块面包就是生产1件衬衣,那么衬衣厂工人的生产效率将是家庭劳动者的6倍,因此衬衣厂工人每小时可以生产6件衬衣。

2.4.1 工资与产品价格决定

假设工人是可以完全流动的,因此城市工人的劳动效率必须与农村工人的劳动效率一致。我们回顾一下前面得出的城市经济学的第一个公理:

> **通过调整价格实现区位均衡**

企业必须支付给工人足够高的工资,以使他们无论在农村地区工作还是在城市工厂里工作都具有无差异性。如果在农村地区工作的工人每小时能获得1块面包的收入,那么,城市工人每小时也必须获得1块面包及一些额外收入,以抵消城市较高的生活成本,如较高的土地价格。例如,如果在城市生活的成本比农村高50%,那么城市工人每小时将获得3/2块面包,他们将用其中的1/2块面包支付土地的租金,另外的1块面包为在工厂工作1小时的劳动所得,这样城市和农村的工人就具有相同的劳动收入了。

那么企业生产衬衣的价格是多少呢?衬衣的价格必须高于劳动成本以及生产衬衣所使用的不可分割要素的成本。在表2-3中,每小时的劳动成本是3/2块面包,它以工资的形式发放给工人,每小时不可分割要素的使用成本为1/2块面包。将这两个成本相加即可得到每小时的总生产成本为2块面包。本章前面已经给出城市工人每小时可以生产6件衬衣,由此可以计算出生产1件衬衣的成本。生产每件衬衣的成本是总成本的1/6,或者表示为2/6=1/3块面包。因此,为获得零经济收益,每件衬衣的价格必须等于1/3块面包。

表2-3 衬衣企业的成本

每小时的劳动成本	3/2块面包
每小时不可分割要素投入的成本	1/2块面包
每小时的总成本	2块面包
生产每件衬衣的成本	1/3块面包

假设在某地区有一家小型衬衣企业,它与家庭衬衣制造者展开竞争。由于企业生产衬衣的净价格必然要低于家庭生产衬衣的成本,因此企业生产的衬衣可以向任何一个家庭销售。

家庭生产 1 件衬衣的成本为 1 块面包,它可以理解为生产衬衣所放弃的面包生产量。企业生产每件衬衣的价格包括生产成本(1/3)和产品从生产地运往销售地所产生的机会成本。

2.4.2　工业城市的市场范围

图 2-1 给出了企业生产衬衣的净价格和衬衣企业的市场范围。图中点 f 对应的价格是消费者所在区位正好与企业所在的区位相交时的价格,它是生产价格,等于 1/3(4/12) 块面包。其他消费者要购买企业生产的衬衣必须支付一定的交通成本,因此衬衣价格会更高一些。假设消费者购买衬衣每往返 1 英里需要 1/12 小时:他在每个方向上往返 1 英里都需要 1/12 小时。在 1 个小时内,一个农村家庭能生产 1 块面包,因此,耗费 1/12 小时的交通成本意味着他要放弃 1/12 块面包的生产。例如,在点 g(距企业 2 英里处)企业生产衬衣的净价格是 6/12 块面包,其中 4/12 用于支付企业的生产成本,另外 2/12 是交通成本(不考虑家庭生产面包)。

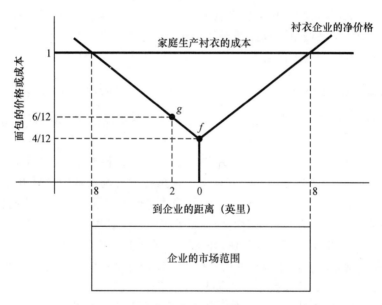

图 2-1　企业的市场范围

企业生产衬衣的净价格等于企业的生产价格(4/12 = 1/3 块面包)加上交通成本(每往返 1 英里需要耗费 1/12 块面包)。企业生产衬衣的销售价格低于家庭生产衬衣成本(1 块面包)的所有地区,都是衬衣企业的市场范围。

企业生产衬衣的销售价格低于家庭生产衬衣成本的所有地区,都是该企业的市场范围。在图 2-1 中,水平线表示的是家庭生产衬衣的机会成本,它等于 1 块面包。企业生产衬衣的销售价格包括两个部分:企业的生产成本 4/12 块面包和每英里 1/12 块面包的交通成本。在距离生产企业 8 英里处,企业生产衬衣的销售价格等于 1 块面包(4/12 + 8/12)。换句话说,在这 8 英里内企业生产衬衣的销售价格低于家庭生产衬衣的成本,因此在距离企业 8 英里的范围内,所有家庭都将购买企业生产的衬衣,而不是由家庭自己生产衬衣。而在 8 英里以外的地区,所有家庭都将自己生产面包和衬衣,即开始采取自给自足的生产模式。

衬衣企业建立后,一个工业城市将在其周边发展起来。衬衣企业的工人为减少上下班的交通成本,都倾向于在靠近企业的区域居住。众多职工在企业周边定居,对土地的需求量会大幅提升,这直接推动了该地区土地价格的上涨。较高的土地价格又将促使工人们更加节约利用土地,并会提高该地区的人口密度。随着衬衣企业周围地区人口密度不断提高,一个工业城市便开始出现了。值得注意的是,我们已经把较高的土地价格融入企业的工资和生产费用中了:工人们每小时的工资为 3/2 块面包,其中包括他们的时间机会成本(1 块面包)和土地租金(1/2 块面包)。

2.5 工业革命与工业城市

我们在工业城市模型中指出,一个工业城市之所以得到发展,是因为在规模经济条件下企业生产的衬衣比家庭生产的衬衣便宜。发生在 19 世纪的工业革命推动了制造业和交通运输业的创新,此时家庭作坊和小作坊生产模式开始消失,工业城市内产品的生产逐渐转移到大工厂里。与早期的贸易城市形成鲜明对比的是,工业城市的工人主要从事产品生产,而不仅仅是分配其他地区生产的产品。

2.5.1 制造业创新

大约在 1800 年,伊利·惠特尼发明了制造业零部件互换系统(system of interchangeable parts for manufacturing),它是工业革命最重要的发明之一。在传统的手工生产模式下,一个产品的各个零部件通常被分开生产,其精确度很低。众多有专业技能的工匠不得不共同生产这些零部件,并且还必须使这些零部件相互配套。在惠特尼的制造业零部件互换系统下,机器作为精确生产的工具,使得工人可以对每一个零部件进行大批量生产。这些同质的零部件之间可以互换,因此非技术工人经过短暂的培训后就可以装配各种零部件。手工生产被标准化的生产替代后,巨大的规模经济开始出现,并促进了制造业和工业城市的发展。

惠特尼还将这套系统应用于步枪的生产中。为向即将就任的美国总统杰斐逊(Jefferson)和其他政府官员证明,零部件互换系统也同样适用于没有技能的工人,他随机选取了一些零部件,并让这些官员自己组装步枪。这样,他获得了生产 10 000 支步枪的合同,并在康涅狄格州(Connecticut)的纽黑文(New Haven)靠近河流的地方建造了一座工厂,这条河可以为工厂提供生产动力。他的零部件互换系统就是著名的美国制造业体系(the American System of Manufacturing),成为大规模生产的标准体系。

新的制造业体系的出现推动了工业城市的发展。随着铁制机器取代木质机器,大量的新机器被开发出来,以满足大工厂生产产品的需要。从此,技术工匠的手工生产被机器生产取代,这些机器生产系统由可互换的零部件、专业工人和蒸汽动力机器组成。大规模生产降低了产品的制造成本,并导致了生产和就业不断向大工业城市集中。

为了描述规模经济在城市发展中的角色,我们以 19 世纪中期发明的缝纫机为例。19 世纪初期,美国 4/5 的衣服由家庭成员在家里手工缝制,其余部分由裁缝手工缝制。缝纫机(在 1846 年获得专利权)的应用,使得工厂可以低于家庭缝制的价格进行生产。到 1890 年,美国 9/10 的服装由工厂生产。一些新的城市开始在这些制衣厂周围出现,并得到发展。

制鞋业的发展也有类似的过程。1700年之前,鞋制品大多是在家庭内部或在村庄内部制造的。当时交通成本非常高,本地生产产品就变得很有效率。随着时间的推移,交通成本不断下降,18世纪外包制(the putting-out system)开始出现:制鞋者将原材料分配给乡下的工人,再把他们初加工的产品收集上来,在一个大作坊里把这些初级产品加工为成品。新的制鞋机出现以后,在作坊里加工的工序也随之增加。麦凯(McKay)制鞋机(Lyman Blake在1858年获得了该机器的专利权)使鞋帮和鞋底缝制在一起的过程机械化。鞋制品规模经济的出现,大大扩大了加工作坊的规模,使这些作坊变成真正的工厂,城市也开始在制鞋工厂周围出现和发展。

2.5.2 运输业创新

城市间运输业的创新推动了工业化和城市化。正如本章开始部分已经谈到的,在18世纪,泥泞的道路为收费公路所取代,多条运河的开凿建设,提高了内陆地区水路交通网络的密度。轮船被发明并被广泛应用后,人们可以在主要河流上进行双向旅行。铁路交通系统的建立进一步提高了运输速度,扩大了运输系统覆盖的范围。所有这些创新都降低了产品的相对价格,并推动了工业城市的发展。

2.5.3 农业革新

城市发展的三个前提条件之一是,存在农业剩余来供养城市居民。工业革命过程中产生了众多的革新活动,它们极大地促进了农业生产率的提升。农民用机器取代了人力和简单的耕作工具。机器种植方法的引入大大提高了农民的人均产出。农业生产率的提高使一部分农民成为剩余劳动者,于是这部分人开始向城市的工业和商业企业转移。1800—1900年,城市居民占总人口的比重从6%上升到35%,这意味着数量更少的农业人口要养活数量更多的城市人口。

我们首先从农业种植谈起。19世纪初期,犁通常是木制的,易碎并且用起来很笨拙。1830年前后,这种效率不高的木制犁被铸铁制成的犁取代,这些铁制的犁是由匹兹堡(Pittsburgh)和伍斯特(Worcester)的工厂制造的。1840年前后,John Deere引入了钢制犁。这种犁比较轻,更坚硬,而且容易操作。后来的革新允许农民自己调整深度和犁刀片的角度,进一步提高了农民的劳动生产率。

下面再看看农业收割方面的变化。1831年,McCormick将早期革新的技术应用于马拉的农作物收割机,这大幅提升了农作物收割的生产效率,而这部分劳动是农业生产中劳动力最密集的部分。使用马拉的收割机时,2个人收割的谷物数量,相当于8个人利用传统的收割方法收割的谷物数量。

其他领域的革新也促进了农业生产率的提高。农业科学的发展直接推动了栽培、种植、收割和加工领域的技术革新。运输业的技术革新活动降低了农作物的运输成本,使得每个农民都可以服务于一个更广阔的市场。农业劳动生产率的提升反过来降低了农业劳动者的规模。从19世纪到20世纪,美国农业人口占总人口的比重,从超过90%下降到低于3%的水平。

2.5.4 能源技术与区位决策

在工业革命期间,工业城市的区位模式反映了能源技术的变化。早期的工厂用水车蓄水,通过水流的快速运动使水产生机械运动。机械力通过带子和齿轮来传送。在新英格兰,纺织企业沿着偏僻的河流修建工厂,用水车推动纺织机器。当时有很多以水车为动力的城市,如洛威尔(Lowell)、罗伦斯(Lawrence)、霍利奥克(Holyoke)、路易斯顿(Lewiston)。

在19世纪后半叶,更高效的蒸汽机能够产生适于传输的能量。该机器应用了John McNaught于1845年发明的一种混合发动机(使用两次蒸汽,在压力递减的情况下驱动活塞)。蒸汽机可以在任何一个地点使用,唯一对它起到约束作用的是燃料煤的可获得性。那些燃料消耗量大的制造业通常集聚在宾夕法尼亚州的煤矿附近。其他的企业则在适于通航的河道及易于煤炭运输和卸载的地区选址。在新英格兰,纺织企业开始从偏僻的地区迁移到适于通航的河道附近。这样,纺织品生产主要集中于新英格兰南部海岸的福尔里弗—新贝德福德(Fall River-New Bedford)地区。铁路发展起来以后,煤炭使用者有了另外一种运输选择,并引导企业沿着巨大的铁路网络发展。总之,蒸汽机的出现扩展了企业的选址范围。

电能的发展同样改变了企业的选址模式。19世纪60年代发电机开始出现,电动机车在1888年也被开发出来。从此,企业开始把皮带齿轮传送系统(belt-and-gear systems)替换为由一个主要蒸汽机和多个小电动机组成的系统,这些小电动机为各个独立的机器提供动力。最早使用电能的企业位于尼加拉区(Niagara Falls)的一个水力发电厂附近。电力传送技术的发展,使得距离水力发电厂几百英里的企业也可以使用电能,同时煤炭发电工厂也得到了发展。1900—1920年,电动机在工厂中使用的比重从2%上升到33%。

电力的发展使企业选址更加自由。企业可以不靠近河流而利用水力发电厂的电能,同时也不需要运送大量的燃料给企业。总而言之,电力的发展降低了能源产地在企业选址中的重要性,使企业在选址时更加重视与其他生产要素产地和消费者的距离及其易达性。

2.6 工业城市体系

通过对整体区域的考察,我们进一步扩展了视野,并能够在此基础上继续探讨其他城市体系存在的可能性。企业可以通过采取在不同地区建立衬衣工厂的方式进入衬衣产业,每一个企业对其所在的周边地区都有一个区域垄断性。回想一下城市经济学的第五个公理:

竞争导致零经济利润

如果没有进入约束,企业将不断进入市场,直到该市场的经济利润等于零为止。

图 2-2 描述了一个区域的均衡状态。水平线代表的是到海岸线的距离。图中的矩形区域有 48 英里宽。在均衡状态下有三个衬衣企业,每个企业均距离市场 16 英里。企业市场范围横跨的区域为:每个企业的市场范围都位于其他企业的市场范围内。工人实行专业化分工:一部分工人在工业城市里生产衬衣(获得的工资用面包代替),另一部分工人在农村地区生产面包(通过出售面包来获得企业生产的衬衣)。

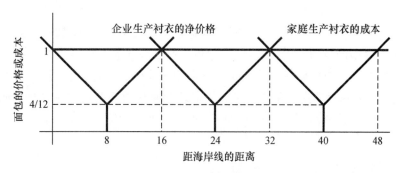

图 2-2 工业城市体系

每个企业的市场范围是 16 英里,故一个工业城市体系就在城市之间 16 英里的距离上发展。在均衡状态下,城市体系的工人实行专业化分工:在城市里生产衬衣的工人,以及在农村地区生产面包的工人。

这是一个均衡状态,每个企业获得零经济利润,农村和城市工人的生活水平具有无差异性:

- **零经济利润**。4/12 块面包的价格等于衬衣的平均生产成本,包括所有城市工人的工资和不可分割的生产要素的投入成本。
- **对工人来说区位具有无差异性**。城市工人的工资很高:(1) 足以弥补在城市工厂里工作,而不在农村地区生产面包的机会成本;(2) 足以抵消城市较高的生活成本(土地租金)。

农村居民的生活怎么样?对于工业城市外围的农村居民来说,企业生产衬衣的净价格是 4/12 块面包,而家庭生产衬衣的价格为 1 块面包。另一个极端的情况是,农村家庭到工厂的距离为 8 英里,他们购买 1 件衬衣所支付的净价格为 1 块面包(4/12 + 交通成本 8/12)。再回忆一下城市经济学的第一个公理:

通过调整价格实现区位均衡

这样,农村地区的土地价格将进行调整,直到农村家庭与衬衣企业之间距离上的差异可以忽略不计为止。距离衬衣企业较近的农村家庭,可以较低的价格购买衬衣,那么这些家庭将支付更高的土地价格。换句话说,通过调整土地价格可以完全消除各地区在交通距离上的差异。

土地所有者从生产的规模经济中获取收益,由此产生了以工业城市为主体的区域体系。在农村地区,越靠近城市,其土地价格就越高。在城市内部,工人为在工厂附近居住而展开竞争,其结果是抬高了该地区的土地价格。

2.7 资源导向型企业与加工型城市

到目前为止,在我们的讨论中并没有考虑原材料的运输成本,而这些原材料是城市产品(衬衣)生产所必需的。其实,在前面的讨论中已经暗含着这样的假设,即企业工人从工厂附近游荡的野羊身上获取羊毛。用城市经济学的语言来表述就是,假设生产产品的原材料无处不在——在任何地点都能以相同的价格获得。这是市场导向型产业的一个极端情况,即该产业的产成品运输成本要大大高于投入要素的运输成本。本章的附录将进一步讨论市场导向型企业的区位选择问题。

下面分析另一种极端情况。假设原材料的运输成本极为高昂,但是产成品的运输成本为零。这是资源导向型产业的一个极端例子,即该产业投入要素的运输成本相对于产成品的运输成本而言非常高。本章的附录讨论了市场导向型企业的区位选择。例如,甜菜中糖的成分大约为15%,生产1吨糖就需要7吨甜菜。以甜菜为原料的制糖企业应该在靠近甜菜种植地的区域选址,这样才能节约运输成本(Holmes and Stevens,2004)。最终,制糖企业将在气候和土壤条件都适于种植甜菜的地区集聚。

2.7.1 规模经济与市场范围

甜菜加工成糖的生产必须符合规模经济。蔗糖业者通过使用不可分割的投入,进行生产要素的替代,因此平均加工成本随着生产数量的提高而下降。典型的甜菜制糖工厂通常雇用186个工人,其雇用工人的数量是制造业企业的4倍。

加工企业的市场范围由农民获得的净价格决定。这个净价格等于加工企业支付给农民的价格减去甜菜从农场运到加工企业的运输成本。在图2-3中,水平轴代表到海岸线的距离。下面考虑加工工厂位于海岸线40英里的情形。如果加工者支付的价格为40美元,农民从加工者手中获得的净价格就是40美元(f点),距离增加20英里(g点),价格将下降到35美元。很显然,农民将把种植的甜菜全部卖给制糖工厂,这期间会产生一个最高的净价格,制糖工厂也因此获得了自己的市场范围,即从海岸线到内陆80英里的范围。

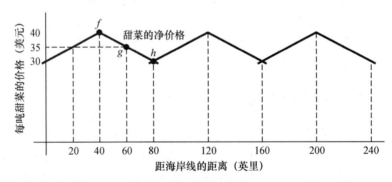

图2-3 加工型城市体系

(农民获得的)甜菜的净价格随着加工工厂距离的增加而下降。典型的甜菜制糖工厂的市场范围是80英里,因此一个加工型城市体系将在80英里的范围内发展。

图2-3描绘了一个包含三个加工工厂的区域均衡,每个工厂的市场范围都是80英里。每个工厂是80英里范围内所种植的甜菜的唯一购买者,因此它具有地区买方垄断性(与之相反的是卖方垄断性)。由此可以回想一下城市经济学的第五个公理:

竞争导致零经济利润

如果没有进入该产业的限制,其他企业将不断进入这个市场,直到各企业获得零经济利润为止。

2.7.2 加工型城市体系

甜菜制糖企业的选址推动了加工型城市体系的发展。在制糖企业附近居住的工人可以节省交通成本,其结果是在工厂附近形成了相对较高的人口密度。正如 Holmes 和 Stevens (2004)所指出的,甜菜制糖企业一般在盛产甜菜的地方选址,同时它们还可以将原料来源市场扩展到所有种植甜菜的地区。

值得注意的是,甜菜制糖产业与衬衣产业具有相似之处:衬衣产业的产成品运输成本相对较高,每个企业在一定区位上均具有垄断性,所有的消费者都在距离自己最近的企业购买衬衣;在甜菜制糖产业中,要素投入品的运输成本相对较高,每个企业都是本地区甜菜的买方垄断者,所有的农户都将种植的甜菜卖给离自己最近的制糖工厂。

2.7.3 资源导向型产业的其他例子

相同的分析逻辑可以应用于其他的资源导向型产业(Kim,1999)。皮革生产需要兽皮,而在制革过程中需要丹宁酸(从树皮中提取)。皮革中丹宁酸的成分占 10%,因此生产 1 吨皮革需要大量的树皮。1900 年,美国皮革业者在靠近森林的地方选址建厂,以节省丹宁酸的运输成本。20 世纪,随着提取技术的提高和人工合成丹宁酸技术的出现,企业对森林的依赖程度降低,开始向其他投入品的产地转移。

钢厂的选址决策也反映了其对煤炭和铁矿石需求的变化。在该产业发展的早期,生产 1 吨钢材需要 5 吨煤和 2 吨铁矿石,因此钢的生产主要集中在煤矿附近。随着炼钢技术的提高,对煤的需求量大幅下降,钢铁生产企业被吸引到铁矿石资源丰富的地区,这些地区包括北美五大湖地区(有丰富的水资源)和明尼苏达州的马萨壁山(Masabi Range,有丰富的铁矿石)。生产 1 吨钢需要 175 吨水,五大湖地区为钢的生产提供了大量的水源。

资源导向型产业的区位决策带动了加工型城市的发展。皮革城在制革厂附近发展起来,而钢城在钢铁厂附近发展起来。木材加工业者集中在森林附近,这样,锯木厂周边的地区就逐渐演变为木材加工型城市。矿石加工业者在矿山附近集聚,促进了采矿型城市的发展。

2.8 创新型城市

城市促进了知识溢出以及不同创新者之间知识与思想的交流,并因此成为创新的中心。在城市里,大量有关新产品和生产工艺的专利被注册。正如我们在下一章将要看到的,专利的影响范围(人均专利数量)随着城市规模和就业密度的提高而上升。创新中的一个关键因素是都市区劳动力的教育水平:拥有大学以上学历的劳动者所占比例的增加有助于提高专利注册强度。

为描述在城市发展中知识溢出的角色,我们首先考虑一个不存在生产和交易的规模经济区域。缺少规模经济意味着该区域没有贸易型城市或者加工型城市。除非工人们找到了可替代的收入来源,否则他们将只会获得自给自足的工资。这个可替代的活动就是创新——其产生的思想可以被销售给该区域以外的居民。这个创新可以是消费品创新,也可以是生产创新——在生产中使用的新的中间品或产品生产技术方面的改进。

这个模型的关键假设是创新活动是由合作推动的。分享知识和思想的人越多——正式的或者非正式的,人们对于创新的支付就越高。图 2-4 的上图表明,创新的收益随着工人数量的增加而提高,但收益增长率呈现下降的趋势。随着该城市工人数量的增加,人们对土地展开激烈竞争,进而提高土地价格,最终提高了该地区的生活成本。图 2-4 的下图表明,人们对创新的支付(收益减去城市生活成本)轨迹类似于山脊的形状,点 c 是其最高点。

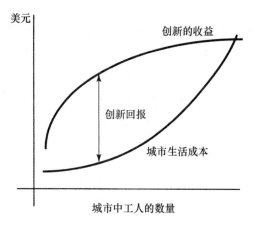

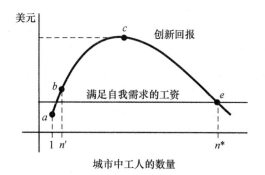

图 2-4 创新型城市

一个城市的创新回报等于创新的收益减去生活成本。单独的创新回报(点 a)要低于满足自我需求的工资,但是创新回报则超过了绝大多数工人的工资。在创新型城市中工人的均衡数量是 n^*。

在一个区域内,工人只有两种选择,要么选择自给自足的工资,要么选择在一个创新型城市与其他工人一起工作。在图 2-4 的下图中,水平线表示自给自足的工资水平。在这个例子中,工资超过了单独创新的回报(一个工人的创新束)。假设在初始阶段所有工人都是自给自足的类型。这是一个均衡配置,因为单独创新的收益要低于自给自足的工资。这意味着工人们不再有创新的动力。其结果是,人口分布是相同的——没有城市存在。

没有城市的均衡是不稳定的均衡。假设一小群工人组成一个创新群体,这个群体中有 n' 个工人。每个工人的创新回报用点 b 表示。现在创新回报超过了自给自足的工资,因此该群体里的每个工人的境况都要好于领取自给自足工资的工人。如果额外增加一个工人进入这个创新小组,其回报将提高,并呈山脊状的变化趋势。只要创新回报超过自给自足的工资,工人将持续进入该创新小组,并在点 e 达到均衡状态:创新回报等于自给自足的工资,因此在该点工人不再有加入创新小组的动力。此时,创新小组内有 n^* 个工人,该城市也因此成为创新型城市。该城市生产的创新产品将被销售到其他区域,由此获得的收入将用于本城市工人的消费品支出。

创新型城市的发展需要具备什么条件呢?一个关键的因素是工人的受教育水平。创新过程的合作本质是指受过教育的人与具有创造力的人相结合,将最大幅度地提高创新者的生产率。如果一个地区拥有众多教育程度较高的劳动力,那么"山脊状"的回报曲线将变得更高和更宽,因此创新型城市的人口规模也将相对较大。相反,如果一个地区的劳动力受教育程度较低,其"山脊状"的回报曲线将更低和更窄,因此形成一个小型的创新城市或者根本不产生创新。

在最近的几十年间,通信技术的变化已经提高了来自创新的回报。在现代世界中,人们以文字和视频方式实现即时通信,并使得创新有了更广阔的市场:一个好点子可以出售给全世界的购买者。从一个好点子获得的回报也将是巨大的,而形成一个金点子的最好的方式是与一个城市里受过良好教育的人和具有创造力的人合作。

■ 小结

城市之所以存在是因为,集中交换(贸易城市)和集中生产(工厂和加工型城市)可以获得更高的收益。我们重点探讨了影响城市存在的市场力量。关于推动城市存在和发展的其他可能的原因的讨论,诸如宗教、防御及其在城市发展之初的角色,可参看 Mumford(1961)和奥沙利文(O. Sullivan, 2005)的著作。本章的主要观点有:

1. 当比较优势和交换的规模经济同时存在时,贸易城市才能得以存在和发展。
2. 当存在生产的规模经济效应时,工业城市才能得以出现和发展。
3. 工业革命所引发的农业革新、运输业革新和生产革新,极大地推进了城市化进程。
4. 能源技术的发展改变了企业的选址决策:水力动力系统的出现使企业沿着溪流建厂,蒸汽动力系统的出现使企业沿着河流和铁路建厂,电力的出现使企业可以在内陆地区建厂。
5. 企业间的空间竞争使每个企业和每个城市体系都有自己的市场范围。
6. 创新型城市之所以得到发展,其原因在于从合作创新中可以获得较高的回报。

■ 问题与应用

在下面的练习题中,带"_____"的题目,需要读者在上面填上一个词或一个数字。对于带"……"的题目,需要读者用适当的词语完成该句话,并使陈述的内容与原题目相符。对于带"[ ]"的题目,需要读者用圆圈标记出括号中恰当的一个词。

1. 创新型城市和贸易型城市:数量

思考表 2-1、表 2-2 中的例子,假设一个数字发生了变化:北部家庭每小时的衬衣产出由原先的 6 件减少为现在的 4 件。为了实现专业化生产,北部家庭可以用 1 小时生产面包的时间转向衬衣的生产,南方家庭可以用 2 小时生产衬衣的时间转向面包的生产。交换率是 3 件衬衣换取 2 块面包。在交换中存在规模经济,而且交换需要花费 30 分钟才能完成。

a. 交易的收益是北方家庭获得_____,南方家庭获得_____。

b. 一个贸易城市[可以/不可以]发展起来,因为……

c. 假设交易过程的创新减少了交易时间。如果交易时间少于_____分钟,一个贸易城市将发展起来,因为……

2. 物质传送器和贸易城市

假定一个区域生产两种标准化的产品(面包和衬衣),并以马拉货车作为这两种商品的运输工具。有一个孤立的贸易城市。现在考虑一个新型物质传送器的影响,其独立的投入对于贸易企业来说是经济的,但对于单个家庭来说则是不经济的。传送器可以迅速地将产品从产地(农场或者工厂)运输到贸易企业,而且边际运输成本为零。

a. 把产品从产地运送到贸易企业所使用的劳动力将[上升,下降,不变],这是因为……

b. 该区域的贸易额将[上升,下降,不变],这是因为……

c. 在交易过程中(银行、会计、保险)雇用的劳动力将[上升,下降,不变],这是因为……

d. 如果_____超过_____,贸易城市将得到发展。

e. 假设传送器技术发生了变化,它对于单个家庭来说变得更经济。此时,贸易城市将[上升,下降,不变],这是因为……

3. 为城市发展开凿隧道

假设一个国家由一条山脉分隔成两个地区。最初,每个地区的衬衣和面包生产都是自给自足的,并且不存在城市。假设有一条通过该山脉的隧道被开凿,隧道通行后降低了两个地区间的出行成本。如果满足下面三个条件,该隧道将导致一个贸易城市的发展,这三个条件是……

4. 有弹簧的跑鞋

考虑图 2-1 给出的例子,该图呈现了"马提尼酒杯"的形状,它反映了厂商生产该产品的净价格。假设所有的消费者都穿一种有弹簧的跑鞋,他们往返 1 英里的时间从 1/12 小时减少到 1/18 小时。

a. 净价格曲线的斜率变成_____,其市场面积的宽度从 16 英里(距离每个方向的边缘为 8 英里)变为_____英里(距离每个方向的边缘为_____)。

b. 用图 2-2 作为研究的一个起点,有弹簧的跑鞋改变了 48 英里范围内企业的数量,这些企业从_____变为_____,每个企业都将拥有_____英里宽的市场范围。

5. 创新和市场面积

考虑图 2-1 给出的例子,用图形描绘下面给出的条件的变化对"马提尼酒杯"形状和企业的市场范围的影响。条件变化是累积的,具体内容如下:

a. 生产领域的创新使企业的劳动生产率提高了 2 倍,这将[缩短,扩大,不变]"马提尼酒杯"的支杆,其变化幅度是从_____块变为_____块,这是因为……

b. 市场面积的宽度从 16 英里(距离每个方向的边缘为 8 英里)提高到_____英里(距离每个方向的边缘为_____),这是因为……

c. 由于交通方面的创新,消费者出行的速度提高了 1 倍,上述变化将[降低,提高,不改变]"马提尼酒杯"的斜率,即从每英里_____块变为每英里_____块。

d. 市场面积的宽度将从_____英里(距离每个方向的边缘为_____)提高到

_____英里(距离每个方向的边缘为_____),这是因为……

6. 加工型城市中的物质传送器

考虑仅有一个孤立的加工型城市的区域,其中该城市的发展是由生产领域的规模经济推动的。现在考虑一个新型物质传送器的影响,该传送器可以迅速地将产品(不能运送乘客)从工厂运送给 12 英里外的任意一个消费者,其边际运输成本为 0。假设传送器每小时的运行成本是 1 块面包。以图 2-1 作为分析的起点,给出物质传送器对工厂市场面积的影响。"马提尼酒杯"仍然是该图的有效描述吗? 如果不是,那么一个更好的描述是怎样的?

7. 歌声与因特网

考虑如下情形:某一个地区的家庭生产和消费两种产品——面包和现场音乐表演。所有的劳动者在生产面包和制作音乐方面都具有相同的劳动生产率。面包的生产受约束于固定的规模收益,1 小时生产 1 块面包。在 1 小时内,一个人可以为自己生产 1 单位的音乐。一个由 20 个人组成的合唱团工作 1 小时(用于练习和表演)可以为 80 个人生产 1 单位的音乐。假设听音乐的机会成本为零。音乐消费者支付的通勤成本为每往返 1 英里需要花费 1/8 小时。

a. 合唱队音乐的均衡价格——每位听众需要支付的价格,是_____块面包,这是因为……

b. 与图 2-1 类似,用一个"马提尼酒杯"状(martini-glass)的图形描述合唱团所能影响的均衡市场面积。"马提尼酒杯"的支杆是_____,其斜率是每英里_____,因此每侧的市场面积是_____,这是因为……

c. 假设合唱音乐可以从因特网上下载,其费用为每首歌 1/2 块面包。与图 2-1 类似,用一个"马提尼酒杯"状的图形描述合唱团面对的新的市场面积。每侧的市场面积是_____英里,这是因为……

8. 瑞泰尔兰德市的弹射器

在瑞泰尔兰德市(Retireland),没有人需要通勤上班,每个人都消费一种商品(食品),它们是从其他地区进口的。人们可以从最近的自动售货机购买这些商品(每次只能购买一份食品)。食品还可以通过弹射器运送。在这种运送方式下,食品被放到一个槽中,然后由弹射器投放到消费者的屋顶上。弹射器运送食品的价格为 6 美元,而自动售货机销售的食品的价格为 2 美元。消费者每往返 1 米的交通成本为 0.04 美元(每米的交通成本为 0.02 美元)。

a. 与图 2-1 类似,用一个"马提尼酒杯"状的图形描述自动售货机的均衡市场面积。"马提尼酒杯"的支杆是_____,其斜率是每米_____,水平曲线描述的弹射器运送食品的成本是_____。每侧的市场面积是_____米,这是因为……

b. 用箭头指示向上、向下或者水平:当到自动售货机最近的距离下降时,土地价格将_____,人口密度将_____。

9. 表演型城市

考虑如下情形:某一个地区的家庭生产并消费音乐表演,这些表演有两种形式——现场表演或者免费录音后通过因特网传送到每个家庭。在对价格进行核算后,现场表演的效用是听取录音获得的效用的 3 倍。在该地区的中心区域有一个表演中心,该中心的音乐表演存在规模经济。

a. 以图 2-1 的内容作为分析的思路,用图形描述一种方法,通过该方法可以了解表演中心是如何影响市场面积的。提示:纵轴衡量的是效用而不是价格。

b. 假设人们对现场表演的需求具有收入弹性,而对表演录音的需求则与收入无关。用第二个图形描述消费者收入增加是如何影响表演中心的市场面积的。

10. 柴油机成本和市场面积

考虑图 2-3 描述的例子,该图给出了甜菜制糖工厂的市场范围。假设柴油机燃料价格上涨使得甜菜在农场与制糖工厂间的运输成本成倍提高。修改图 2-3,使得其能够反映较高的运输成本带来的影响。

a. 净价格曲线的斜率从每英里_____变为每英里_____。

b. 如果生产企业的数量保持在 3 个,距离其加工厂最远的农场面临的净价格从每吨_____变为_____。

11. 啤酒和葡萄酒

考虑一下啤酒厂和葡萄酒酿造厂的区位选择。

a. 大多数啤酒厂都位于消费市场附近(远离原料产地),这是因为……

b. 大多数葡萄酒酿造厂则位于原料产地附近(远离它们的消费者),这是因为……

c. 假设一个地区方圆 120 英里。啤酒的消费者均匀分布在整个区域内,而葡萄园则均匀分布在该地区的西半部。两个葡萄酒酿造厂和两个啤酒厂分别被均匀地分隔开。葡萄酒酿造厂将位于_____英里和_____英里,_____是上述两个工厂的分隔带。啤酒厂将位于_____英里和_____英里,_____是上述两个工厂的分隔带。

12. 考虑在一个区域内自给自足的工资是固定的,为 4 美元。假设在一个拥有 n(单位:千人)个人口的城市里,创新的回报是 $\pi(n) = 2 + n^{1/2} - (n/10)$。

a. 假设一个组群有 1 000 人,他们组成了一个城市。那么,其他劳动者有激励进入该组群吗?

b. 假设一个组群有 9 000 人,他们也组成了一个城市。那么,其他劳动者有激励进入该组群吗?

c. 计算一个创新型城市(稳定状态下)的均衡规模。

参考文献和补充阅读

1. Bartlett, Randall. *The Crisis of American Cities*. Armonk, NY: M. E. Sharp, 1998.
2. Combes, P., and H. Overman. "The Spatial Distribution of Economic Activities in the European Union." Chapter 64 in *Handbook of Regional and Urban Economics 4: Cities and Geography*, eds. V. Henderson and J. F. Thisse. Amsterdam: Elsevier, 2004.
3. Davis, Kingsley. "Urbanization." In *The Urban Economy*, ed. Harold Hochman. New York: W. W. Norton, 1976.
4. Ellison, Glen, and Edward Glaeser. "The Geographic Concentration of Industry: Does Natural Advantage Explain Agglomeration?" *American Economic Review* 89 (1999), pp. 311—316.
5. Fujita, Mashisa, and Jacques-Francois Thisse. *Economics of Agglomeration*. Cambridge: Cambridge University Press, 2002.

6. Hohenberg, Paul M., and Lynn H. Lees. *The Making of Urban Europe 1000—1950*. Cambridge, MA: Harvard University Press, 1985.

7. Holmes, T., and J. Stevens. "Spatial Distribution of Economic Activities in North America." Chapter 63 in *Handbook of Regional and Urban Economics 4: Cities and Geography*, ed. V. Henderson and J. F. Thisse. Amsterdam: Elsevier, 2004.

8. Kim, Sukkoo. "Regions Resources, and Economic Geography: Sources of U. S. Regional Comparative Advantage, 1880—1987." *Regional Science and Urban Economics* 29 (1999), pp. 1—32.

9. Mumford, Lewis. *The City in History*. New York: Harcourt Brace Jovanovich, 1961.

10. O. Sullivan, Arthur. "The First Cities." In *A Companion to Urban Economics*, ed. Richard Arnott and Daniel McMillen. Boston: Blackwell, 2005.

附录:运输导向型企业的区位选择

本附录将讨论运输导向型企业的区位选择问题。对于一个运输导向型企业来说,对其区位选择起关键作用的因素是投入品和制成品的运输成本。企业选择适当的区位来最小化其总的运输成本,该运输成本是采购成本和配置成本的总和。采购成本是指原材料从产地到生产企业的运输成本。配置成本是指将制成品从生产企业运送到市场的成本。

运输导向型企业的传统模型有四个假设,其中运输成本是决定区位选择的关键变量。

- **单一的可转移的制成品**。企业生产固定数量的单一产品,该产品需要从生产企业运送到消费市场。
- **单一的可移动的投入品**。企业可以使用多种投入品,但仅有一种投入品需要从原料产地运送到生产产品的工厂。其他所有的投入品是在任何地点都可以得到的,这意味着企业可以在任何地点以相同的价格取得这些投入品。
- **固定生产要素的比例**。企业在生产固定数量的产品时,每种投入品的需求量也是固定的。换句话说,企业是用单一的处方去生产产品,并忽略投入品的价格。这时不存在要素替代问题。
- **固定价格**。企业规模如此小,以至于它不能影响投入品的价格或者它生产的产品的价格。

在这些假设下,企业通过最小化运输成本来获取最大化利润。企业利润等于总收入(价格乘以产品数量)减去投入品成本和运输成本。在所有区位上,企业获得的总收入相同,是因为企业以固定价格出售固定数量的产品。企业投入品价格在所有区位上相同,是因为企业在固定的价格上购买固定数量的投入品。在所有类别的成本中,只有采购成本(企业运送可移动的投入品的成本)和配送成本(企业运送制成品的成本)在空间上存在差异。因此,企业将选择能使其总运输成本最低的区位。

企业的区位选择由这场拉锯战的结果决定。企业通常会选择距离投入品的产地较近的区位,它们也因此具有较低的采购成本。另一方面,企业也倾向于选择距离市场较近的区位,在该区位上可以降低企业的配置成本。

2A.1 资源导向型企业

资源导向型企业通常被定义为企业投入品运输成本较高的企业。表 2A-1 描述了生产棒球棒企业的运输特征。该类型的企业生产 3 吨球棒需要 10 吨木材。该企业的生产行为具有重量流失特征：它的产品要远轻于依靠运输的投入品，因为企业要削刮原木来制作球棒。

表 2A-1 资源型企业的货币数量

	投入品（木材）	制成品（球棒）
重量（吨）	10	3
运费（每吨每英里的成本）（美元）	1	2
货币数量（重量乘以运费率）（美元）	10	6

区位竞争的结果是由企业投入品和制成品的货币数量来决定的。投入品的货币数量等于投入品的重量（10 吨）乘以单位重量的运输费用（每吨每英里 1 美元），或者每英里 10 美元。同样，制成品的货币数量等于 3 吨乘以 2 美元，或者每英里 6 美元。由于投入品的运输费用高于制成品的运输费用，因此该企业是一个资源导向型企业。虽然制成品的单位运输成本较高（加工好的球棒需要进行包装，而原木可以直接放到卡车上），但在生产过程中重量的损失使其获得了较少的货币数量。

图 2A-1 描述了该企业的运输成本。x 代表从原料产地（森林）到生产点（工厂）的距离。企业的采购成本等于投入品的单位运输距离的货币数量（投入品重量 w_i 乘以单位距离的运输成本 t_i）乘以从森林到工厂的距离：

$$PC = w_i \cdot t_i \cdot x$$

采购成本曲线的斜率是投入品的货币数量，因此在采购成本为每英里 10 美元时，从市场到森林有 10 英里的距离，此时 PC 将从 0 上升到 100 美元。

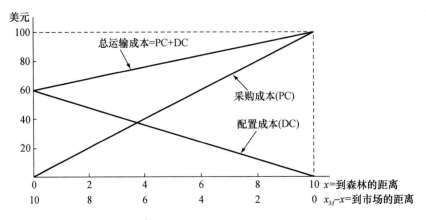

图 2A-1 在投入资源方面具有重量流失特征的企业

总运输成本（采购成本加上配置成本）在原料产地（森林）达到最小化，这是因为投入品的货币数量（10 美元）要多于制成品的货币数量（6 美元）。

配置成本的计算方法与上面给出的方法类似。用 x_M 代表森林和市场之间的固定距离（在本例中是 10 英里），企业的配置成本等于制成品的货币数量（重量 w_0 乘以单位距离的运输费用 t_0）乘以从森林到市场的距离：

$$DC = w_0 \cdot t_0 \cdot (x_M - x)$$

配置成本曲线的斜率是制成品的货币数量，因此当我们从森林移动到市场所在地时，每增加 1 英里，DC 将下降 6 美元，从森林到市场，DC 值将从 60 美元下降到 0。

总运输成本是采购成本与配置成本之和。在图 2A-1 中，总运输成本在森林所在的区位上达到最低，为 60 美元。在森林以外的任何一个区位上，向森林方向每移动 1 英里将使采购成本降低 10 美元（木材对应的货币数量），其配置成本则将提高 6 美元（球棒对应的货币数量），净减少幅度是 4 美元。位于原料产地的企业的总运输成本最低，因为投入品的货币数量超过了制成品的货币数量。靠近原料产地的企业大都属于重量流失型企业，有关该类型企业的例子包括制糖企业、矿石加工企业等。

一些企业之所以属于资源导向型企业，是因为它们的投入品的运输费用较高。例如，罐头制造商生产 1 吨水果罐头需要大约 1 吨的鲜水果。企业的投入品是易腐烂的，因此必须用冷藏卡车运输。但它的制成品可以用运费相对低廉的普通卡车运输。由于运送 1 吨鲜水果的成本超过了运送 1 吨水果罐头的成本，因此投入品的货币数量将多于制成品的货币数量，该类型的企业将选择在投入品产地（一个农场）建厂。一般来说，如果投入品是大件的、容易腐烂的、易碎的或者危险的物品，那么该投入品的运输费用都将很高。

有许多产业与上面给出的例子相似，这些产业的生产企业的区位靠近投入品产地（Ellison and Glaeser, 1999）。酱油和蔬菜油的生产企业集中在内布拉斯加州、北达科他州和南达科他州，这些企业的区位通常靠近当地生产大豆和玉米的农场。牛奶和干酪的生产企业集中在南达科他州、内布拉斯加州和蒙大拿州，它们都靠近奶牛农场。锯木厂和其他木质产品的生产企业集中在阿肯色州、蒙大拿州和爱达荷州，它们都靠近大森林。

2A.2 市场导向型企业

市场导向型企业可以被定义为制成品运输成本相对较高的企业。表 2A-2 描述了一个装瓶企业在运输方面的一些特征。该企业用 1 吨糖和 3 吨水（一个在任何地点都可以获得的投入品）去生产 4 吨瓶装饮料。该类型企业的生产活动属于重量获取型，也就是说它的制成品的重量要大于其依靠运输的投入品的重量，制成品的货币数量也因此多于投入品的货币数量。由此可见，该市场导向型企业将在靠近市场的区位上选址。

表 2A-2 市场导向型企业的货币数量

	投入品（糖）	制成品（饮料）
重量（吨）	1	4
运费（每吨每英里的成本）（美元）	1	1
货币数量（重量乘以运费率）（美元）	1	4

正如图 2A-2 所描述的，该类型的企业在市场所在的区位上选址将使其运输成本最低。由于制成品的货币数量超过了投入品的货币数量，因此企业的选址每远离市场 1 英里，其产

品的配置成本将上升,而采购成本则会相应地下降。具体来说,上述区位的变化将使配置成本提高 4 美元,而采购成本仅降低 1 美元,其净损失是 3 美元。对于该企业的经营活动来说,在投入品产地与市场之间的竞争中,市场最终会取得胜利,这是因为向市场方向运送制成品的物理重量更重。

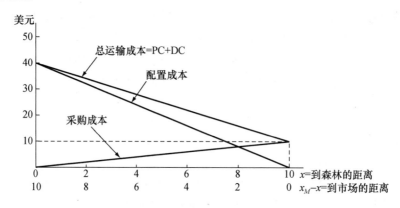

图 2A-2　在制成品方面具有重量获取特征的企业

　　总运输成本在市场所在的区位上达到最低,是因为制成品的货币数量(4 美元)超过了依靠运输的投入品的货币数量(1 美元)。重量获取型企业将在制成品市场所在的区位上选址。

　　由于一些企业的制成品运输成本较高,所以它们属于市场导向型企业。如果这些制成品是大件的、容易腐烂的、易碎的和危险的物品,那么它们的运输成本将更高。轿车装配企业(装配汽车)的产品属于大件物品,其体积要远大于投入品(例如,卷线、金属片)。小轿车每吨的运输成本要远高于组成部件的运输成本,因此该制成品的货币数量要多于投入品的货币数量,这促使该类型的企业在靠近市场的区位上选址。面包店的产品要比其投入品更容易腐烂,这使得面包店的选址要靠近消费者。武器生产企业用对他人没有伤害的投入品制造了对他人有致命伤害的产品,这类企业将选址于其产品的市场附近,从而避免了长距离运输带来的危险。一般来说,当企业产品属于大件的、容易腐烂的、易碎的和危险的物品时,市场所在区位将在区位竞争中获胜,这不是因为制成品过重,而是因为它的运输费用过于高昂。

2A.3　中间区位法则

　　运输导向型企业的传统模型假设企业有单一投入品产地和单一的市场。更复杂的模型则包含多元投入品和市场,这时我们可以用中间区位法则去预测企业将在哪里选址:

中间区位可以使总通行距离最小化

　　中间区位将目标区域分成两个相等的部分,每个方向都包含目标区域一半的面积。

　　Ann 是从事比萨制作,并在公路上进行销售的厂商。我们将用 Ann 的区位决策来解释中间区位法则。在下面的假设下,她的目标是使运输距离最小化:

　　1. 所有的投入(劳动力、面团原料、馅料等)是可以任意获取的(在所有的区位上以相同的价格获取所需要的投入),因此投入品的运输成本为零。

　　2. 比萨的价格是固定的,公路沿线的每位消费者每天都会购买一块比萨。

3. Ann 要为比萨支付每英里 1 美元的运输成本。每块比萨都需要单独递送。

图 2A-3 描述了公路沿线消费者的分布情况。公路最西边的点用 W 表示。在点 W 有两个消费者,在点 X 有 8 个消费者(距离点 W 有 1 英里的距离),在点 Y 有 1 个消费者,在点 Z 有 10 个消费者。

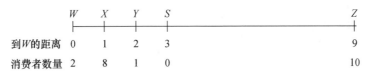

图 2A-3　中间区位法则

总运送成本在中间区位(Y)达到最小化,该点被定义为分隔点,它将目标区域分成两个相等的部分。

Ann 在点 Y 可以使总运送距离最小化,同时该点还处于中间区位。之所以认为点 Y 处于中间区位,是因为在西边有 10 个消费者(在点 W 和 X),而在东边也有 10 个消费者(点 Z)。为了显示中间区位的优势,假设 Ann 最初在点 Y,然后向东移动 1 英里到点 S。该区位变化降低了 Ann 运送比萨给点 Z 上的消费者的距离,距离缩减幅度为 10 英里,但是提高了位于西边的消费者(在点 W、X 和 Y)的通行距离,提高的幅度为 11 英里。她向这 10 个消费者所在区位移动的同时,与另外 11 个消费者的距离变得更远了,因此她运送比萨的距离反而增加了。一般来说,任何向着远离中间区位方向的移动,都将增加为主要消费者递送比萨的距离,因此总运送距离也会相应地增加。

值得注意的是,消费者间的距离对于企业的区位决策是不相关的。例如,如果点 Z 的消费者距离点 W 从 100 英里变为 9 英里,中间区位仍然是点 Y。总运送距离在点 Y 处仍然达到最小化(当然,这仍然处于一个较高的水平)。

中间区位法则对于大城市为什么变得更大提供了另外一种解释。假设图 2A-3 中,区位上的点(点 W、X、Y、Z)均是城市,城市 W、X、Y 的人口数量(百万)用图中消费者所对应的数字表示。例如,城市 W 的人口规模是 200 万人。另外,假设在水平线另一端的城市 Z 有 1 200 万人口,并使该位置上的点成为中间区位。在这种情况下,企业为使运送成本最小化将选择进入这个大城市,因此这个大城市将持续增长。一个企业在初始阶段位于城市 Z,然后开始向西迁移,其面对的是数量偏少的消费者(1 100 万人),向这些消费者运送的成本有所下降,但向主体消费者(1 200 万人)运送的成本则在上升,因此总运送成本将上升。这个例子给出的经验是大城市里的需求大量集中将进一步促进城市的增长。

2A.4　中转点和港口城市

中间区位法则还可以解释为什么工业企业要选址在中转点。中转点是指在该点上商品运输可以从一种模式转成另一种模式。在港口,商品的运输方式从卡车变成轮船;在铁路总站,商品的运输方式从卡车变成火车。

图 2A-4 描述了锯木厂的区位选择。该企业从 A 和 B 两个区位上获取原木,然后将原木锯成标准的或特定长度的木材,再将这些木材销售到海外市场 M。有一条公路连接着点 A 和点 B,一直到达港口,轮船可以从港口到达 M。锯木厂的经营活动具有重量流失特征:投入品的货币数量在点 A 和点 B 均为 15 美元,但制成品的货币数量则为 10 美元。

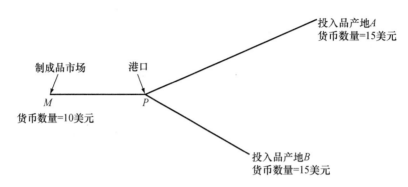

图 2A-4　中间区位和港口

企业将在港口(P)处选址,这是因为它是一个中间运输区位。从港口向投入品产地每移动1英里,将使制成品的运输成本提高10美元,同时来自两个产地 A 和 B 的投入品运输成本将会相互抵消。从港口向市场每移动1英里,将使投入品运输成本提高30美元,但仅会使制成品的运输成本降低10美元。

锯木厂将在哪里选址呢？虽然没有真正的中间区位,但港口最靠近中间区位。如果企业最初在港口(P)处选址,它可以选择移向一个投入品产地,或者移向市场。

● **移向投入品产地** A。从 P 向 A 每移动1英里,从两个投入品产地运输原木的成本将相互抵消：从 A 运输原木的成本降低,但从 B 运输原木的成本在上升。同时,运输制成品的成本将提高10美元。给定上述投入品运输成本的变化方式和制成品运输成本的增长幅度,那么港口所在的区位要优于 P 和 A 之间的任一区位。相同的讨论还适用于从 P 向 B 移动所带来的区位选择问题。

● **移向市场**(M)。除非企业想建立一个流动性的工厂,否则它不可能移向港口和海外市场 M 之间的任何一点。然而,它还是可以在市场所在的区位上选址。从 P 移向 M 将降低制成品的运输成本,其降低幅度为10美元(制成品的货币数量)乘以 P 与 M 之间的距离,同时将提高投入品的运输成本,其提高幅度为30美元(投入品的货币数量)乘以距离。因此,港口所在的区位要优于市场所在的区位。

虽然锯木厂属于重量流失型企业,但它将在港口选址,而不是在投入品产地选址。港口所在的区位之所以优于其他区位,是因为它可以成为企业投入品的一个集散地。

有许多港口城市的例子,这些城市的发展得益于加工型企业在这里选址。西雅图在1880年仅是一个锯木业集聚的小城镇：企业在西华盛顿地区砍伐树木,然后在西雅图的锯木厂加工原木,最后再将这些木质品用船舶运送到其他州或国家。巴尔的摩是美国第一个进入快速发展阶段的新兴城市：该城市的企业用磨粉机加工从周边农村地区收集的小麦,然后将面粉出口到西印度群岛。布法罗是中西部地区生产面粉的中心,这些面粉主要销售给东部城市的消费者。它们生产面粉用的小麦是用船从中西部各州经北美五大湖运输到布法罗,在那里小麦被加工成面粉后再用火车运送到美国东部的各个城市。与巴尔的摩通过轮船出口面粉的方式不同,布法罗是通过轮船来进口投入品(小麦)的。

第 3 章
为什么会出现企业集群

> 人们再也不会光顾那里,因为实在太拥挤了。
>
> ——约吉·贝拉(Yogi Berra)

如果两个企业共同争夺一个地区的消费者,那么它们将在相互靠近的地区选址建厂,还是在彼此相距较远的地区选址建厂呢?你可能很自然地想到,这两个企业将把该地区分成两部分,每个企业对自己所在地区的市场具有垄断权。那是在第 2 章的理论模型中所探讨的内容,在现实世界中许多企业都有类似的经历。然而,各种竞争性企业还是在彼此接近的地区集聚,其中包括了佐治亚州的地毯生产企业和洛杉矶的电视生产企业。为什么会这样呢?

本章将集中探讨集聚经济(agglomeration economies)现象及导致企业集聚的经济力量。某一产业内的企业向同一地区集中被称作地方化经济(localization economies),它暗示这些企业被"地方化"到某一特定的产业中。例如,众多软件企业集中在硅谷(Silicon Valley)。当集聚经济突破产业界限时,就被称为城市化经济(urbanization economies)。它所表达的思想是,如果同一产业内的企业在一个地区集聚,那么它们同样也会吸引其他产业的企业来这里从事经营活动。例如,不同产业的集团总部都集中在城市里。城市化经济促进了不同类型城市的发展。正如我们将要探讨的那样,地方化经济和城市化经济有共同的根源。

在我们探讨地方化经济形成的原因之前,先了解一下美国产业集群(industry cluster)发展的一些事件是非常有益的。表 3-1 展示了 6 个行业的就业集聚情况。生产航空发动机的企业集群主要位于 4 个都市区:哈特福德、菲尼克斯、辛辛那提、印第安纳波利斯。这些地区从事航空发动机生产的工人数量占美国该行业总雇佣人数的一半。生物制药企业大都集聚在纽约、芝加哥、费城和旧金山,而软件产业集群大都位于西雅图、旧金山湾区和波士顿。在一些小的都市区也集聚了就业规模相对较大的软件产业集群,它们是得克萨斯州的奥斯汀、北卡罗来纳州的罗利。印第安纳州的伯明顿的电梯及升降机产业集群雇用的工人数超过美国该行业就业人数的 1/5,而洛杉矶的音像制品产业集群雇用的人数占美国该行业就业人数的 2/5 以上。

表 3-1　美国大都市区的部分产业集聚(2004)

产品	都市区	2004 年就业	占全国就业的比例(%)
飞机引擎	哈特福德,康涅狄格州	15 619	22.67
	凤凰城,亚利桑那州	7 500	10.89
	辛辛那提,俄亥俄州	6 957	10.10
	印第安纳波利斯,印第安纳州	4 045	5.87
生物制药产品	纽约,纽约州	51 604	27.21
	芝加哥,伊利诺伊州	19 754	10.42
	费城,宾夕法尼亚州	11 383	6.00
	旧金山,加利福尼亚州	10 706	5.65
计算机软件	西雅图,华盛顿州	36 454	11.10
	旧金山,加利福尼亚州	31 353	9.54
	圣何塞,加利福尼亚州	29 221	8.89
	波士顿,马萨诸塞州	23 415	7.13
电梯和移动楼梯	布卢明顿,印第安纳州	1 750	20.03
	纽约,纽约州	1 170	13.39
金融服务	纽约,纽约州	427 296	12.97
	芝加哥,伊利诺伊州	151 499	4.60
	洛杉矶,加利福尼亚州	142 337	4.32
	波士顿,马萨诸塞州	133 342	4.05
视频制作和发行	洛杉矶,加利福尼亚州	161 561	44.00
	旧金山,加利福尼亚州	28 394	7.73
	纽约,纽约州	27 541	7.50

资料来源:Author's calculations based on data from Cluster Mapping Project, Harvard Business School。

当然,由于集聚经济效应的存在,并不是所有的产业都会形成集聚。我们在前一章已经讨论过,甜菜制糖企业通常集中在甜菜种植地区。类似地,烟草生产企业的就业一般集中在烟草种植地区:北卡罗来纳州大约31%的就业集中在该产业。对于服务业和旅游业来说,这两个产业的集聚常出现在赌博业合法的城市(拉斯维加斯和大西洋城)。

地图 3-1 和 3-2 描述了两个产业的就业集聚地。每个垂直柱代表了一个特定都市区内某一产业的就业岗位数量。在地图 3-1 中,垂直柱反映了地毯产业就业岗位的集聚状况。从该地图可以看出,地毯产业主要集中在佐治亚州的道尔顿,该产业在该地区提供了超过 17 000 个就业岗位,或者说道尔顿的地毯产业吸纳的就业人数占美国该行业就业人数的 41%。此外,在佐治亚州的亚特兰大和田纳西州东南部的查塔努加附近还有一些小的地毯产业集群。更远一些的地毯产业集群位于加利福尼亚州的洛杉矶和宾夕法尼亚州的哈里斯堡,这两个地区的地毯产业集群分别提供 2 300、750 个就业岗位。地图 3-2 描述了人造珠宝产业集群提供就业岗位的情况。垂直柱显示了人造珠宝产业的就业集聚情况,从该地图可以发现,罗得岛州的普罗维登斯存在人造珠宝产业集群(提供 4 100 个就业岗位,其就业规模大约占全美国该行业就业人数的55%）。而一些相对较小的产业集群则位于纽约、洛杉矶、坦帕、达拉斯。其他有关就业集聚分布的地图可从本书提供的网址中获取。

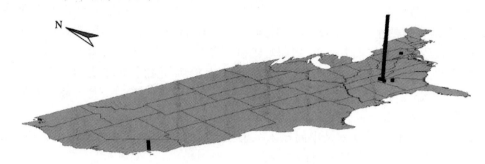

地图 3-1　地毯产业的就业集聚

垂直柱反映的是地毯产业的就业分布状况，其中佐治亚州的道尔顿有 16 790 个就业岗位，一些小的地毯产业集群则位于洛杉矶、亚特兰大、查塔努加、哈里斯堡和罗马。

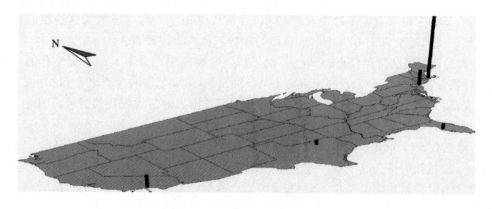

地图 3-2　人造珠宝产业的就业集聚

垂直柱反映的是人造珠宝产业的就业分布状况，其中普罗维登斯提供 4 100 个就业岗位，其他一些小的人造珠宝产业集聚则分别位于洛杉矶、纽约、坦帕、达拉斯。

3.1　共享中间投入品

一部分企业的所在地与其他企业的所在地相互靠近，那么它们就可以分享其他企业所提供的中间投入品（intermediate input）。生产要素投入一般包括劳动力、原材料和资本（机器、装备、建筑物），但是人们通常忽略了中间投入品对企业生存和发展的重要性。中间投入品不仅是一个企业最终生产的产品，同时也是另一个企业的中间投入品。例如，纽扣是纽扣生产企业的最终产品，但它同时也是服装企业的中间投入品。服装企业集聚于纽扣企业附近，是分享中间投入品的经典案例（Vernon，1972）。

3.1.1 服装与纽扣

考虑一下高级时装的制作。服装的需求受时尚理念的引导,因此,女装裁制企业必须是小规模的、反应敏捷的企业,时刻准备对时尚的变化作出快速反应。不同款式服装的需求导致对中间投入品的需求有很大差异,例如对纽扣的需求。一个制衣企业对不同类型纽扣的需求可能每个月都在变化,这种变化不是需求数量的改变,而是纽扣需求类型一直在变化。在某一个月,制衣企业可能使用蓝色的且表面光滑的正方形纽扣,下一个月可能需要粉红色的且表面粗糙的圆形纽扣。

下面再分析一下纽扣也就是中间投入品的生产。纽扣的生产必须服从三个假设条件。第一个假设条件是城市经济学的公理之一:

◎ 生产受规模经济的影响

由于纽扣生产者使用不可分割的生产要素投入和具有特殊技能的劳动者,故纽扣的生产成本随着数量的增加而下降。纽扣生产企业的规模经济与每个制衣企业的需求量有很大的相关性,这是因为制衣企业不独立生产纽扣,而是从纽扣生产者那里购买这些中间投入品。下面是服装纽扣模型(the dress-button model)中的其他两个假设条件:

- **面对面交流的时间(face time)**。用于高级时装的纽扣并不是一个标准化的投入品,它的内外特征可能来源于公开的出版物或某一网页,这就要求服装生产者和纽扣生产者之间要相互交流,共同设计和生产精美的纽扣,以满足每月推出的新款服装的需求。因此,为缩短彼此交流的时间,服装企业必须靠近纽扣供应商。
- **修正成本(modification cost)**。一旦服装生产者从供应商那里购买了纽扣,对于服装生产者来说,纽扣的修正成本就产生了。这是因为服装生产者还必须对购买的纽扣进行再加工,以使之与时装款式完全相符。例如,服装生产者不得不修整方形纽扣的边缘,把它变成六边形。

图 3-1 描述了服装生产者使用纽扣的平均成本。a 点给出了只有一个制衣企业时的成本,它使用纽扣的成本相对较高,其原因有两点:第一,纽扣生产企业只为一个制衣企业生产纽扣时,纽扣的需求量相对较小,导致纽扣的生产成本(价格)变得相对较高。第二,纽扣生产企业仅仅生产一种类型的纽扣(比如一种方形纽扣),这使得制衣企业的修正成本变得很高。当某个月的服装需要方形的纽扣时,制衣企业没有必要对其进行修正,但是在其他月份,制衣企业就会产生修正成本。

处于集群中的制衣企业使用纽扣的成本一般都较低,其原因有两点:第一,几个制衣企业形成的制衣企业集群,大大提高了纽扣的需求量,使纽扣生产企业可以进行规模生产,最终降低了纽扣的价格。第二,在大规模的纽扣需求下,纽扣生产企业可以对多种类型的纽扣进行专业化生产,从而降低了制衣企业的修正成本。在企业集群中,制衣企业可以随意选择方形的、六边形的或者三角形的纽扣。在图 3-1 中,只有一个制衣企业时(点 a),纽扣的平均成本(价格)为 0.50 美元;当企业集群由六个企业组成时(点 f),纽扣的平均成本为 0.25 美元。较低的成本促使制衣企业向同一地区集聚,以分享纽扣生产企业的产品。

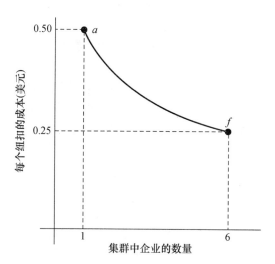

图 3-1 集聚和中间投入品的平均成本

只有一个制衣企业时,其使用纽扣的成本相对较高(a 点)。当企业集群中服装生产企业的数量增加时,单位纽扣的成本将下降。这是因为众多企业集中在一起,扩大了对纽扣的需求量,使纽扣企业可以进行规模生产,并实现品种的多样化。

3.1.2 高技术企业

纽扣-服装企业的经验同样适用于其他产业。目前,最尖端的技术和产品在不断变化,生产高技术产品的企业必须面对多变的市场需求。那些创新型小企业可以分享中间投入品的供给,例如电子元件。集群的出现使企业之间获得面对面交流的机会,有利于它们获得相匹配零件和新产品的信息。创新型高技术企业还可以分享产品检测企业的服务,它们之间的距离越近,享受检测服务的效率就越高。

3.1.3 电影产业的中间投入品

美国电影产业集聚在加利福尼亚州的好莱坞附近。该地区有七个主要的摄影棚和上百个电影制作企业。电影制作企业依靠其他企业提供各种中间投入品,例如剧本写作、电影制作和剪辑、乐团、场景的设计与布置。与生产这些中间投入品相关的规模经济同各企业的需求高度相关,因此,电影制造商们共享这些中间投入品的供给。这些中间投入品并不是标准化的产品,在它们的设计和生产过程中需要参与者之间进行面对面的合作。其结果是,电影制作者与中间投入品的生产者集聚在同一区位上。

电影道具市场提供了一个中间投入品的例子。电影布景使用的物品包括一些平常的东西,如台灯和椅子,特殊的物品包括废弃的医疗器具和古老的汽车,表明特征的道具包括精灵耳朵饰品和格兰芬多的围巾。虽然主要的摄影棚都有自己的道具部门,但是大部分独立的电影制作者还是要从道具市场中获得其需要的道具。在好莱坞地区,有三个具有集聚特征的道具市场。场景装饰工人和化妆师要从一个道具市场到另一个道具市场去寻找合适的道具物品,道具市场的集聚为货比三家提供了便利。

3.2 自我强化效应导致的产业集群

迄今为止,我们已经看到了,企业集聚有显著的正外部效应,这是因为它允许企业利用集聚经济去分享中间投入品。然而,它将产生哪些成本呢?在本章我们将以电影产业集群为例,分析企业集聚的成本和收益。当规模经济效应足够强,以至于可以抵消集聚成本时,企业将向一个地区集聚,形成产业集群,诸多专业化城市也会因此而得到发展。

3.2.1 集聚的成本和收益

下面分析一下电影制作者的区位决策。如果与电影道具生产相关的规模经济同各企业的需求高度相关,那么,电影制作者就不用运行自己的道具部门,而是从道具市场中购买这些中间投入品。电影制作者可以在产业集聚区分享道具市场的资源,并从较低的道具供给价格中获益。

图 3-2 描述了与集聚相关的区位权衡问题。在图 3-2 的上图中,曲线斜率为负,说明典型的电影制作者的道具成本随着电影产业集聚区内电影制作者数量的增加而下降。同时,在该产业集聚区内,道具的平均成本或者价格也将下降。正斜率曲线代表典型的电影制作者的劳动力成本。该曲线表明在电影产业集聚区内的企业数量越多,为获得适当的劳动力而展开的竞争也就越激烈,从而提高了电影从业者的工资,最终使电影产业成为劳动力成本较高的产业。U 形曲线代表企业的总成本,它是道具成本与劳动力成本之和。当企业数量从 1 个变为 2 个时,道具成本的节约数量要大于劳动力成本增加的数量。此时,市场上存在 2 位电影制作者,它们的总成本也因此达到最低点。超过该点,劳动力成本增加的数量占总成本增加额的比重相对较高,从而使得总成本曲线具有正斜率。

图 3-2 的中图描述了典型的电影制作者的利润是如何随着电影产业集聚区内电影制作者数量的变化而变化的。假定典型的电影制作者的固定收入是 82 美元,其利润等于固定收入减去道具成本和劳动力成本。1 位独立的电影制作者(集聚区内只有 1 位电影制作者)的利润可以用点 a 表示,它等于 10 美元,即 10 美元等于 82 美元减去 60 美元的道具成本和 12 美元的劳动力成本。随着产业集聚区内企业数量的增加,企业利润呈现先增加后下降的趋势。这个倒 U 形曲线反映了电影制作者的总成本具有先下降后上升的特征。当集聚区内有 5 位电影制作者时,每位制作者的利润再一次等于只有 1 位独立的电影制作者时的利润(点 e)。

3.2.2 利润差和集聚规模

图 3-2 的下图描述了一位产业集群内的电影制作者的利润与一位独立的电影制作者的利润(10 美元)之间的差距。在产业集群内只有 1 个企业时(点 A),它们的利润差为 0,然后利润差增长到 18 美元(在点 B,拥有 2 个企业),随后利润差开始下降。当产业集群内有 5 个企业时,利润差再次为 0(点 E)。

有多少电影制作者将进入这个产业集群呢?假设电影制作者的数量较大,初始时每个制作者都是独立的,他们赚取的利润均为 10 美元(图 3-2 的中图的点 a)。这种分散制作电影的

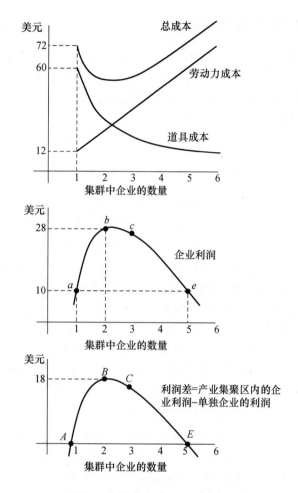

图 3-2 自我强化效应与产业集群

利润差等于产业集聚区内的企业利润减去一个单独企业的利润,该利润差的变化趋势是先增加后下降,这反映出企业在低道具成本与高劳动力成本之间的权衡。当集聚区内有 5 个企业时,利润差为 0,此时的企业数量为均衡数量。

模式会持续吗? 假设有一位独立的电影制作者在重新选择区位时选择靠近另一位制作者,从而形成一个包含 2 个企业的产业集群。正如图 3-2 所描述的,产业集群内的每个企业都将赚取 28 美元的利润(点 b),或者赚取的利润比孤立企业高 18 美元(点 B)。为获得这个较高的利润,那些仍然保持孤立的企业将有激励重新选择区位,并选择进入该产业集群。该产业集群内的第三个企业将获得 26 美元的利润,相对于其在孤立状态时获得的 10 美元利润,此时的利润差为 16 美元(点 C)。只要进入该产业集群获取的利润为正,也就是说该产业集群的区位要优于孤立企业所选择的区位,那么企业将持续进入该产业集群。在稳定的均衡状态,产业集群内有 5 个企业(点 E)。在该点上,每个企业赚取 10 美元的利润,这与孤立企业赚取的利润相同。

从分享中间投入品供给而获得的集聚经济产生了自我强化效应。回忆一下城市经济学的第二个公理:

自我强化效应会产生极端结果

在这个例子中,电影制作者对劳动力的竞争并没有分散和最小化劳动成本,但是通过形成产业集群实现了规模经济。这个例子还说明劳动力成本上升将导致规模不经济,从而限制了产业集群的形成。相同的逻辑还可以应用于其他规模不经济的例子,如土地成本上升或者交通成本上升对投入品和制成品产生了类似的影响。

3.3 分享劳动力储备

电视节目的制作者和计算机软件的编写者有共同之处吗?每年有几十套电视节目在播放,而被观看的电视节目仅占少数;发展迅速的软件产业,每年都有几百种新产品问世,但是仅有少数产品获得了成功。对于这两个产业来说,今年的新产品——电视节目或计算机程序——可能获得了巨大的成功,但是下一年可能会失败。在市场需求迅速变化的环境中,不成功的企业将解雇工人,而那些成功的企业会在同一时间雇用这些工人。企业集群的出现促进了工人从不成功的企业向成功的企业转移。

劳动力储备(labor pool)分享发生在企业从繁荣走向衰落的阶段,而不是产业从繁荣走向衰落的阶段。假设在整个期限内,某一产业的总需求是固定的,但是单个企业面对的需求每年都在变化。例如,电视节目的时段数量是固定的,一个电视公司(某个节目走红)的成功必然是以其他企业的失败(某个节目被取消)为代价的;类似地,某一企业编译密码软件的成功必然是以其他企业所引入的同类型产品的失败为代价的。

在本小节中,我们将发展一个正式的劳动力储备模型(a formal model of labor pool)。在产业层面上劳动力的总需求是固定的,但是每个企业的劳动力需求每年都在变化。所有企业对劳动力的需求都有两种可能性:高需求或低需求——每一种结果都具有相似性。正如我们在下面的分析中将要看到的,企业会被激励向一个地区集聚,去分享产业集聚所带来的劳动力储备效应。

3.3.1 孤立企业

下面探讨一下产业集群以外的孤立企业(isolated firm)的情况。在城镇内部,孤立企业不会面临任何劳动力竞争,为简化所要讨论的问题,我们假设在某一封闭的地区,劳动力供给完全没有弹性,固定为 12 个工人。这就是说,工人的工资将随着对企业产品需求的改变而上涨或下降。

当企业产品需求较高时,企业对劳动力的需求也会提高。图 3-3 中的 A 图反映了孤立企业的情况。当劳动力需求增加时,位置较高的需求曲线将与垂直的供给曲线相交于 b 点,该点为高需求均衡状态,此时工人的工资为 16 美元。如果该企业产品的市场需求下降,它将减少劳动力需求,并形成一个新的均衡工资(新均衡点在 h 点,均衡工资为 4 美元)。由此可以得出结论,孤立企业在产品市场需求较高或较低时会雇用相同数量的工人;但当产品的市场需求较低时,企业的劳动力需求下降,工人的工资也会随之降低。

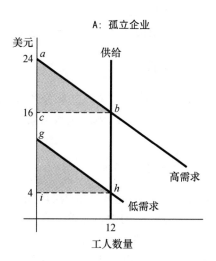

在一个封闭的地区,企业面对的是一个完全没有弹性的劳动力市场(12个工人)。在产品的市场需求较高和较低时,孤立企业将雇用相同数量的工人;但当产品的市场需求较高时,企业的劳动力需求上升,工人的工资也会随之提高。

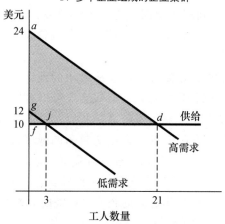

在企业集群中,企业面对的是一个具有完全弹性的劳动力供给市场,工资固定为10美元。当产品市场需求较高时,企业雇用21个工人;但当产品市场需求下降时,企业仅雇用3个工人。

图 3-3　通过集聚来分享劳动力储备

3.3.2　集群内的企业

封闭地区的孤立企业和企业集群之间关键的不同在于劳动力的竞争性和工资的可变性。集群内数量众多的企业为工人提供了大量的就业岗位。成功的企业要不断雇用工人,而这部分工人正是那些不成功的企业所富余的劳动力。因此,在企业集群内部劳动力的总需求量是固定的,由此也决定了均衡工资水平。

如果工人可以在封闭地区和企业集聚之间流动,那么在均衡状态下,这两个地区的工资水平将具有无差异性。我们回忆一下城市经济学的第一个公理:

通过调整价格实现区位均衡

在封闭的区域内,工资水平是不确定的。劳动力需求高时,工资为 16 美元;劳动力需求低时,工资为 4 美元。这两个结果具有相似性,因此工人的期望工资(各种概率下工人获得的工资总和)为 10 美元:

$$期望工资 = \frac{1}{2} \times 16 + \frac{1}{2} \times 4 = 10(美元)$$

为了使两个地区的工资具有无差异性,企业集群内的固定工资必须为 10 美元。

图 3-3 中的 B 图描述了企业集群内劳动力需求和工资变化的情况。每个企业都可以按照市场工资雇用任何数量的工人。一个典型的企业在劳动力需求较高时,最多可以雇用 21 个工人(d 点);在劳动力需求较低时,仅会雇用 3 个工人(j 点)。当企业的产品需求从高到低变化时,它将解雇 18 个工人;而当集群内另一个企业的产品需求从低到高变化时,它将在同一时间重新雇用这 18 个工人。

3.3.3 企业集群内较高的期望利润

在企业集群内企业的期望利润将很高。为了解其原因,我们可以分析一下,如果一个企业从封闭的地区迁移到企业集群内,第一年面临产品的高需求,而第二年面临产品的低需求时可能会发生哪些情况。

- **当产品的市场需求高时是好信息**。企业从封闭的地区迁移到企业集群内,其付给工人的工资在减少(从 16 美元降到 10 美元),同时该企业可以雇用更多的工人(从 12 个工人增加到 21 个工人),集群内的企业由此获得了较高的利润。
- **当产品的市场需求低时是坏信息**。企业从封闭的地区迁移到企业集群内,其付给工人的工资在增加(从 4 美元增加到 10 美元),迁移到集群内的企业由此获得了较低的利润。

高需求的好信息与低需求的坏信息究竟哪一个比较具有支配性?

好信息将支配坏信息,这是因为集群内的企业可以随时对产品的需求变化作出反应。当市场需求高时,在集群内较低工资(6 美元的差距)的驱使下,企业可以雇用更多的工人(21 个工人)。当市场需求较低时,集群内的企业为减少损失,可以解雇一部分工人(仅剩下 3 个工人)。由于企业根据产品市场需求的状况来改变雇用工人的数量,因此,好信息与坏信息之间具有很大的相关性,集群内各企业仍将获得很高的利润。

另一方面,通过计算企业在封闭地区和企业集群内的期望利润,也同样可以证明集群内的企业利润较高。正如在本书的附录"微观经济学工具"的第三部分中介绍的,劳动力需求曲线描述了劳动者的边际收益,它是边际工人生产的产品的价值。企业从雇用的工人那里获得的利润等于工人的边际收益减去工资。劳动力需求曲线与水平的工资曲线之间的距离,代表该企业从雇用的工人那里获得的总利润。图 3-3 中的 A 图,三角形 abc 代表需求较高时,封闭地区的孤立企业获得的利润(48 美元);三角形 ghi 代表需求较低时,孤立企业的利润(48 美元)。在 B 图中,产品的市场需求较高时,企业利润可用三角形 adf 表示(147 美元);产品的市场需求较低时,企业利润可用三角形 gif 表示(3美元)。如果这两种情况发生的概率相等,那么集群内企业的期望利润是 75 美元(147 美元和 3 美元的平均值),而在封闭地区内企业的期望利润为 48 美元。

3.3.4 电影产业中的劳动力储备

美国电影产业集聚在加利福尼亚州的好莱坞及其周边地区,它为我们提供了一个从劳动力储备中受益的例子。该劳动力市场的一个组成部分是该产业工艺和技术领域的工人。这些工人周期性地从一个电影制作者转向另一个制作者,依靠的是"经济让利"(economy of favors),构建和保持人际关系,以了解潜在的工作机会,并易于从一个电影制作公司转到另一个电影制作公司去工作。相同的例子还有艺术创作工作者(演员、导演、作家),他们可以在不同的电影中扮演不同的角色,还可以从一个电影的拍摄转向另一个电影的拍摄。在电影产业集群中,企业从劳动力储备中雇用劳动力,同时也促进了劳动力在企业间的流动。

同时也有一定数量的机构来促进地方劳动力市场的协调发展,并推动劳动力在企业间流动。这些中介机构,如代理人、星探和资深管理者,有助于使劳动力需求者和供给者之间实现需求匹配。许多从业者协会,如生产援助协会(Production Assistants Association)和特技表演者协会,可以为其成员提供诸多有用的信息和训练。该地区的学院和大学有一些专门培训学生制作电影和电视的项目。这些协作机制提高了劳动力市场的效率,也有助于电影产业集群保持竞争优势。

3.4 劳动力的匹配性

在一个典型的劳动力市场模型中,我们假设所有的工人和企业都是完全匹配的。每个企业都可以雇用到与自己企业需求相符的技术工人。在现实世界中,事情的发展并不总是令人满意的。工人的劳动技能与企业的需求之间并不总是十分匹配的,如果出现不匹配的现象,企业就必须支付高昂的培训成本。正如下面将要探讨的,在不完美的现实世界中,一个大城市可以促使工人和企业之间更匹配,从而降低培训成本和提高劳动生产率。

为了描述劳动力匹配问题,我们分析一下软件企业所雇用的计算机程序员。这些程序员有不同的技术背景:使用不同的编程语言(例如 C,C++,Java)和从事不同的编程工作(例如制图、数字运算、人工智能、操作系统、电子商务)。虽然一部分程序员的生产效率要高于其他程序员,但无论怎样,在匹配模型中他们的技术背景都是不同的。一个有特殊技术要求的企业进入市场后,它所雇用的工人必须为其提供最匹配的技术。

3.4.1 劳动力匹配模型

Helsley 和 Strange(1990)发展了一个劳动力匹配模型(a model of labor matching)。在这个模型中,对工人和企业作了一些关键的假设。

- **工人劳动技能的变化程度**。每个工人都有自己的专业技能,它们被描绘在拥有一个圆周的单位圆的不同位置上。图 3-4 中的 A 图,有 4 个工人,他们的劳动技能被均匀地标注在单位圆上。一个工人在单位圆上的位置可以用他的技能位置与圆圈上的北极点之间的距离来表示。这 4 个工人的位置分别为{0,2/8,4/8,6/8}。

- **企业进入**。每个企业进入市场后,开始选择自己要生产的产品及与之相匹配的技术。图3-4中的A图表示,一个企业进入后,其对技能的要求 $S=1/8$,第二个进入的企业对技能的要求 $S=5/8$。
- **培训成本**。工人的技能与企业所需要的技能之间的差距,就代表了工人培训成本的高低。
- **为争夺技术工人而展开竞争**。每个企业都为它们所需要的技术工人提供令其满意的工资,而每个工人都将选择那些能够提供最高净收入的企业,而工人的净收入等于工资减去为弥补技能差距而产生的培训成本。

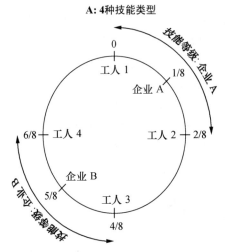

有4种技能类型,工人的位置分别为{0,2/8,4/8,6/8}。每个企业有2个工人。因此,2个企业进入后,对技能的要求分别为{1/8,5/8},每个工人面临的不匹配技能损失是1/8。

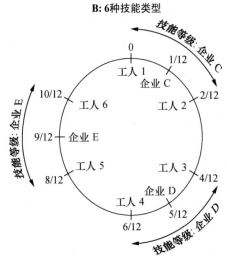

有6种技能类型,工人的位置分别为{0,2/12,4,12,6/12,8/12,10/12}。每个企业有2个工人。因此,3个企业进入后,对技能的要求分别为{1/12,5/12,9/12}。每个工人面临的不匹配技能损失是1/12。

图 3-4 技能匹配

匹配模型的其他两个假设条件与下面的城市经济学公理有关：

🅢 生产受规模经济的影响

由于在生产中存在规模经济，故每个企业要雇用超过 1 个工人。在规模经济存在的情况下，这个假设条件非常重要。如果每个企业只雇用 1 个工人，那么每个工人的技能必然与企业的要求相匹配。为了使讨论的问题简单化，我们假设规模经济要求每个企业必须雇用 2 个工人。最后一个假设条件是企业进入市场不受任何约束。因此，企业将不断进入该市场，直到经济利润等于零为止。

🅢 竞争产生零经济利润

在劳动力匹配模型中，进入市场的企业必须选择相关的技术以及与之相匹配的技术工人。换句话说，每个企业所需要的技能都是特定的，这使得这些企业变相获得了本地区特定技能的购买权（唯一的买主）。

图 3-4 中的 A 图描述了包含 4 个技能类型和 2 个企业的市场均衡。在均衡状态下，每个工人的技能匹配损失为 1/8。例如，有 2 个工人，他们的位置分别是 $S=0$ 和 $S=2/8$，而与企业需求相一致的位置是 $S=1/8$。这样，每个工人的技能差距均为 1/8。每个企业支付的总工资等于所有技术工人（这些工人的技能要与企业的需求完全匹配）生产产品的总价值。工人获得的净工资等于总工资减去培训成本：

$$净工资 = 总工资 - 技能差距 \times 单位培训成本$$

假设总工资为 12 美元，单位培训成本为 24 美元。图 3-4 中的 A 图处于均衡状态时，技能差距为 1/8，因此工人的净工资为：

$$净工资 = 12 - \frac{1}{8} \times 24 = 9(美元)$$

3.4.2 集聚经济：较多的工人提高了技能匹配性

城市经济的发展对劳动者技能匹配性有什么影响呢？我们可以用单位圆上增加的工人人数代表劳动力数量增加后的工人总数。劳动力数量的增加会进一步提高技术工人的密度，但是它并不能改变技能间的界限。正如在下面的分析中我们将要看到的，更多的工人向一个地区集聚，会进一步提高技能匹配性和工人的净工资水平。

图 3-4 中的 B 图反映了工人数量从 4 人增加到 6 人后对技能匹配性造成的影响。由于每个企业能够雇用 2 个工人，因此将有 3 个企业进入该市场。在 B 图中，这 6 个工人在空间上是均匀分布的，他们的位置分别为 $\{0,2/12,4/12,6/12,8/12,10/12\}$。进入该市场的 3 个企业对技能位置的要求分别为 $\{1/12,5/12,9/12\}$，这样每个工人的技能匹配性损失就下降为 1/12。例如，位于 0 和 2/12 的技术工人，将被位于 1/12 的企业雇用，每个工人的技能匹配性损失为 1/12。由于每个工人都产生了较低的培训成本，因此，他们的净工资就提高为 10 美元：

$$净工资 = 12 - \frac{1}{12} \times 24 = 10(美元)$$

一般来说，工人数量的增加会降低技能的不匹配性和培训成本，同时提高工人的净工资水平。这个结论可以在表3-2中得到进一步的证明。在该表中，工人数量增加到了12人。

表3-2　工人的数量、技能差距和净工资

工人数量	技能差距	培训成本（美元）	净工资（美元）
4	1/8	24/8 = 3	12 − 3 = 9
6	1/12	24/12 = 2	12 − 2 = 10
12	1/24	24/24 = 1	12 − 1 = 11

那么，技能匹配性对企业的集聚和城市发展又有哪些影响呢？大量劳动力集聚于同一地区，在对企业产生较大的吸引力的同时，也使得这些企业为争夺技术工人而展开竞争，其结果是产生了更高的技术匹配性和更高的工人净工资。较高的净工资又会对工人提供一个激励，使他们更愿意成群结队地在城市里生活，因此，企业和工人之间的吸引力是相互的。企业和工人都可以从更高的技能匹配性上获得利益。

3.5　知识溢出

集聚经济的第四个来源是一个产业内企业间的知识分享。正如Marshall（1920）所解释的：

> 如果一个产业选址于某一地区，那么它可能会在那里停留很长时间。这样，产业内的工人之间可以频繁地接触，并从相同技能的互换中获得巨大的利益。交换的神秘性将变得不神秘；它就像充斥于空气中一样，小孩子在无意中就能学到很多。好的工作要给予极高的重视；在机器的发明和改进过程中，一般性商业组织起到了一定的作用，这一点已经被讨论很多次了；如果某个人自己有了一个新的想法，它可能会被其他人占有，并将他们自己的意见融入其中，这样它又成为新思想的来源。

有大量的事实证明，知识溢出（knowledge spillovers）能够引起企业集聚。Dumais、Ellison和Glaeser（2001）指出，知识溢出增加了新企业诞生的数量，对各产业最大的影响是，企业开始注重雇用大学毕业生。他们的研究结果表明，在思想导向型产业（idea-oriented industries）中，知识溢出效应是决定企业区位的重要因素。Rosenthal和Strange（2001）指出，那些最具有创新性的产业往往更倾向于形成产业集群。他们还指出，知识溢出效应具有极强的区域性，只要距离稍微增加一点儿，这种效应就会逐渐消失。

然而，仍然有事实证明，知识溢出对那些竞争性强的小企业来讲更重要。一项研究曾比较了两个电子产业集群，它们分别是加利福尼亚州的硅谷和波士顿附近的128号公路（Saxenian，1994）。在硅谷，知识溢出效应非常重要，是因为这里的专业化网络公司之间形成了相互协作、借鉴和分享知识的氛围。相反，128号公路沿线的企业常缺少相互依赖性，因此很少有知识溢出。

3.6 地方化经济的实践

大量的经济学文献探讨了地方化经济的重要性。在对地方化经济进行实证研究的过程中,学者们重点关注了产业集聚对工人劳动生产率、新企业的数量、产业雇用工人数量增长的影响。如果某一地区存在地方化经济现象,我们就可以预期,该地区产业集群的出现将极大地推动劳动生产率的提高,同时也将促进企业数量和就业人数以更快的速度增长。

首先考虑一下集聚经济对工人劳动生产率的影响。Henderson(1986)估计了工人的产出对产业产出的弹性,该弹性表示一个产业产出的单位百分比的变化,导致单个工人产出变化的百分比。以电机产业为例,它的产出弹性为0.05,也就是说,该产业的产出每增加10%,每个工人的产出将增加0.5%。美国其他产业的产出弹性为0.02—0.11,其中纸浆和造纸产业的产出弹性为0.02,石油产业的产出弹性为0.11。

Mun和Hutchinson(1995)用多伦多的数据估计了写字楼市场的集聚经济效应。他们估计出该部门的生产率弹性为0.27,并指出商业部门的集聚经济效应要远高于制造业的集聚经济效应,城市中心区域的劳动生产率往往比其他地区要高,其经济形态更具有地方化特征。

下面再考虑一下产业集聚对新企业区位选择的影响。Carlton(1983)分析了三个产业的区位选择:塑料制品、电子传输设备、电子元件。他所估计的新进入企业数量对该产业产出的弹性为0.43:该产业的产出每增长10%,新进入该产业的企业数量将增加4.3%。在近些年的研究中,Head、Reis和Swenson(1995)指出,日本公司在选址时,常把新工厂建在与其他同类型日本企业相接近的地区。Rosenthal和Strange(2003)指出,在同一产业内就业相对集中的地区附近,常会集聚大量的新生企业。

下面再分析一下产业集聚对就业增长的影响。Henderson、Kuncoro和Turner(1995)指出,夕阳产业增长迅速的地区,其发展源于产业集聚规模的扩大。Rosenthal和Strange(2003)计算了六个产业的地方化经济效应,其中包括计算机软件产业。他们的计算结果是,如果一个邮政编码区域内软件企业的就业岗位比其他邮政编码区多1 000多个,那么该地区软件产业的就业人数也将迅速增加——大约增加12个以上的就业岗位。平均来说,地方化经济效应将以每英里50%的速度下降。地方化经济效应衰减的速度如此之快,更进一步揭示了"地方化经济"的地方性。

3.7 城市化经济

到目前为止,本章主要研究了产业内部的集聚经济效应,也就是大家所熟知的地方化经济。这些地方化经济形成的是生产同类产品的企业集群。相反,城市化经济——一种被称为横跨多个产业的集聚经济——引起不同产业的企业向同一地区集中。同时,在它的推动下形成了不同类型的大城市,并使之得到发展。就像前面已经提到的,导致地方化经济形成的四个集聚经济因素,同时也是促进城市化经济形成的主要诱因。

3.7.1 分享机制、劳动力储备和技能匹配性

首先分析一下要素投入分享的概念。虽然一些中间投入品,例如纽扣,仅被一个特定的产业使用,但其他中间投入品则被不同产业的不同企业使用。例如,大多数企业都需要商业服务,例如银行、会计、建筑维护和保险。类似地,不同产业的企业都需要旅馆和运输服务。另外,企业还分享公共基础设施,例如公路、交通系统、港口和大学。通过分享这些中间投入品,选址于大城市的企业不仅可以选择不同种类的投入品,而且其支付的价格也相对较低。

集聚经济的另一个来源是劳动力储备。回想一下,当每个企业生产的产品和对劳动力的需求都有很大的差别,且该产业的总需求保持稳定时,劳动力储备的存在可以为集聚型企业带来更高的收益。因为同一产业内的企业集聚在某一地区,有利于促进工人从一个企业向另一个企业流动。当不同产业的需求出现变化,也就是一些产业的劳动力需求上升,而另一些产业的劳动力需求下降时,劳动力储备便促进了城市化经济的出现。

再分析一下劳动力技能匹配效应。在本章前面的分析中已经讨论过,城市工人总规模的扩大,提高了技术工人的密度,缩小了工人的技能和企业技术要求之间的差距,减少了技能不匹配所带来的损失。这是因为一些技术可以应用于多个产业,劳动力技能匹配性的提高可使众多产业都从中受益。例如,许多产业中的企业都需要计算机程序员,而如果一个城市能够培养众多的程序员,以至于他们在城市内的密度非常高,那么这些产业中的企业都将从中受益。

3.7.2 集团总部与功能专门化

集团公司一般将总部设在城市内部,以使其能够分享城市化经济效应。企业管理人员执行着不同的任务——制定开拓市场的策略、为新工厂选址、组织法律诉讼和引导其他企业完成这些任务。企业集团在法律问题、会计和广告服务方面的支出大约等于它们工资支出的2/3(Aarland, Davis, Henderson, Ono, 2003)。

集团企业集聚在一起,还可以分享商业企业提供的服务。例如,由于企业从事的是大规模的生产活动,产品的销售必须依靠恰当的广告策略,因此,集团企业集聚在广告企业附近,可以较低的成本获得更专业化的服务。类似地,在曼哈顿的中心区、芝加哥城内的环形区和旧金山的金融区集聚着大量的专门提供金融和商业服务的企业,这些企业集聚的地区对那些大企业集团也形成了极大的吸引力。

在过去几十年中,城市的专业化功能已经有了根本性的改变。大城市在管理方面的专业化功能已经变得越来越显著,而小城市变得越来越专注于产品的生产。Duranton 和 Puga (2005)分别计算了全国范围内及大都市区内管理工人与生产工人的比例。表3-3给出了全国的比例与不同规模都市区的比例的差异。例如,1950年在最大的都市区内,管理工人和生产工人的比例比全国高出10.2%,这表明都市区的专业化管理功能开始出现。另一个极端的例子表明,在一个极小的区域内,都市区内的比例要比全国低4.0%,表明生产的专业化已初步显现。

表 3-3 都市区的专业化功能的变化情况

人口	都市区范围内管理工人与生产工人的比例与全国范围内该比值的差距		
	1950	1970	1990
5 000 000—20 000 000	+10.2	+22.1	+39.0
1 500 000—5 000 000	+0.30	+11.0	+25.7
75 000—250 000	-2.1	-7.9	-20.7
67 000—75 000	-4.0	-31.7	-49.5

资料来源：Gilles Duranton and Diego Puga. "From Sectoral to Functional Specialization," *Journal of Urban Economics* 57(2005), pp.343—370。

表 3-3 中的数据说明,在过去的 40 年间,城市的专业化职能发生了显著变化。到 1990 年,最大型城市中管理工人与生产工人的比例,要比全国的水平高出 39%,这意味着最大型城市在管理功能上变得更加专业化。另一个极端的例子是,在最小的城市中该比例要比全国的水平低将近 50%,表明小城市在生产领域的专业化程度很高。各城市专业化程度所出现的差异,主要是由远距离管理生产设备的成本降低造成的。企业装备更先进的设备后,设在大城市的集团总部可以同时控制多个生产企业,在集聚经济的影响下,这些企业集团获得了较低的生产成本。最重要的成本削减来源于电信技术的革新,特别是复制技术的发展(影印、传真机和电子邮件)大大便利了信息传递,降低了协调成本。

3.7.3 知识溢出效应

地理上的相互接近使得人们相互交换知识变得更加容易,这是知识溢出效应的基本特征。在知识溢出效应的影响下,新思想不断出现,不仅促进了新产品的生产,而且还可以创造出生产旧产品的新方法。一些知识溢出效应不仅出现在产业内部,而且经常跨越产业界限。一个生产多种产品的城市就是培育新思想的沃土,这些思想可以用于新产品的设计与生产。

Carlino 和 Hunt(2009)研究了决定专利跨区域影响的因素。在综合考虑了专利数量及其重要性(该专利被其他专利引用的次数)之后,他们计算了专利强度相对于下面一些变量的弹性：

- **就业密度(每平方英里拥有的就业岗位数量)**。其总弹性为 0.22：就业密度每提高 10%,专利强度将提高 2.22%。提高就业密度所带来的收益是逐渐降低的：这种正相关关系在每平方英里拥有 2 200 个就业岗位时趋于稳定。
- **总就业量**。其总弹性为 0.52：总就业水平每提高 10%,专利强度将提高 5.2%。总就业水平提高所带来的收益是逐渐降低的：上述正相关关系在每个都市区拥有 180 万就业人口时趋于稳定。
- **人力资本(受过高等教育的劳动力所占的比例)**。其弹性为 1.05：受过高等教育的劳动力所占的比例每提高 10%,专利强度将提高 10.5%。
- **公司规模**。其弹性为 -1.4：公司平均规模每提高 10%,专利强度将降低 14%。显然,如果人们居住在一个竞争非常激烈的城市,他们将具有很强的创新偏好。

这两个作者还证明了专利强度在都市区之间偏离的程度。平均专利强度为 2.0。强度值的等级从 0.07(麦卡伦,得克萨斯州)到 17(圣何塞,加利福尼亚州)。强度值等级排在圣何塞之后的分别是纽约州的罗切斯特、新泽西州的特伦顿、密歇根州的安娜堡、得克萨斯州的奥斯汀、特拉华州的威尔明顿、北卡罗来纳州的罗利—达勒姆、马萨诸塞州的波士顿和加利福尼亚州的旧金山。

3.7.4　城市化经济的经验证据

已经有很多学者在研究城市化经济。这些研究的结论是,生产率对人口的弹性为0.03—0.08(Rosenthal and Strange, 2004)。换句话说,人口增加1倍,将使每个工人的产出提高3%—8%。有两项研究(Glaeser, Kallal, Scheinkman and Schleifer, 1992;Henderson, Kuncoro and Turner, 1995)指出,这种差异性推动了就业增长,对于新的、创新性产业更是如此。Hanson(2001)在对该问题进行研究后得出结论:一个拥有众多不同产业的城市,其长期产业增长速度往往很快,也就是说,差异性推动了经济增长。

3.8　城市规模的其他收益

到目前为止,我们讨论了城市化经济的要素投入分享效应、劳动力储备效应、技能匹配效应和知识溢出效应,它们产生了较高的劳动生产率和较低的生产成本。在本章的这一部分,我们还将讨论与大规模城市经济相关的其他三个有利因素:为家庭提供更多的就业机会、为工人提供更好的学习环境和社会机会。

这些规模优势进一步增强了大城市的吸引力,从而增加了大城市的劳动力供给。但是,它们是如何促成城市企业集群的形成的呢?回想一下城市经济学第一公理:

> **通过调整价格实现区位均衡**

大城市吸引力的提高将吸引更多的工人到城市里生活和工作,由此会降低工人的工资水平和企业的生产成本。这类似于第1章给出的达尔斯镇和库尔斯镇的例子:城市可以为家庭提供更好的就业机会、学习机会和社会交往的条件,但这又会降低工人工资,直至所有参与者的收益都相等为止。

3.8.1　双职工家庭劳动力供给

大多数家庭有两个工人,他们拥有同一个固定的居住地。换句话说,每个家庭都面临着两个劳动力供给问题。如果这两个工人的劳动技能与不同产业的需求相匹配,那么这个家庭将被吸引到多个产业混合集聚的地区。因此,双职工家庭劳动力供给(joint labor supply)进一步推动了不同产业的企业向同一地区集聚。在解决双职工家庭劳动力供给问题上,城市一直扮演着重要角色。19世纪,采矿企业和金属加工企业(雇用男性)常常靠近纺织企业(雇用女性),每个产业都能从其他产业那里获得好处。最近,"实力派夫妇"(被定义为一对大学毕业生)更倾向于在大城市居住,在那里他们双方都可以获得更好的就业机会。

3.8.2 学习机会

城市规模化的另一个好处就是可以从城市内部获得更多的学习机会。人力资本常被定义为知识和技能,这些知识和技能是工人从正规教育、工作经验和社会交往中获得的。人力资本可以在模仿学习中得到提高,也就是说,观察其他工人,模仿其中劳动生产率最高的工人。大城市为工人提供了众多榜样,吸引工人们不断地去寻找学习机会。

城市中相互学习的事实可以用移居到该城市的工人赚取的工资数据来说明(Glaeser, 1999)。城市工人工资较高,说明在该城市中工人具有较高的劳动生产率。但是,当一个工人刚从农村移居到城市时,她并不能立刻获得较高的工资。而随着她通过学习不断提高自己的劳动生产率,其工资水平也在不断提高。当该工人离开城市时,她的工资水平不会倒退到她来城市之前赚取的工资水平,而且,她在城市中通过学习获得的较高的劳动生产率,将使她在城市以外的地区仍可以赚取较高的工资。换句话说,在城市中通过学习获得的技能,将使其在任何一个地区都可以赚取较高的工资。

3.8.3 社会交往机会

城市规模化的第三个收益来源于社会交往。第2章庭院生产模型中一个内在的假设是,人们并不重视社会交往,但事实是,人们喜欢和另外一些人交往,而大城市就为人们提供了更多的进行社会交往的机会。

为了从社会维度分析城市,我们回想一下劳动力匹配模型。假设用社会兴趣替代劳动技能:人们有不同的业余爱好、交谈话题和社会活动。另外,用寻找具有相同兴趣的朋友网络的个人,替代那些雇用具有高匹配性工人的企业。在社会兴趣匹配性模型中,大城市可以产生更高的兴趣匹配性,每个网络(类似于每个企业)都将成为一个社会兴趣的集合点。生活在城市中的居民可以有更多的机会去实现社会兴趣的匹配。

为了描述大城市社会收益的概念,假设你想成立一个读书俱乐部,来讨论你所喜欢的一本书——《羊孩贾尔斯》(*Giles Goat Boy*, John Barth 著)。在一个小镇,你可能是唯一一个读过这本书的人。但是,在大城市可能有数千人读过这本书,或许不少人都渴望讨论这本名著。通过便捷的网络搜索能够发现,大城市有众多讨论不同话题的读书俱乐部,这进一步支持了大城市可以提供更好的社会匹配机制的观点。

小结

企业集群所引致的集聚经济,包括在产业水平上的地方化经济和在城市水平上的城市化经济。本章的主要观点如下:

1. 如果规模经济决定着中间投入品的使用,并且要求产品的设计和生产必须相互靠近,那么企业通过集聚可以分享中间投入品的供给。
2. 如果在企业层面上产品需求的变化幅度大于在产业层面上的变化幅度,那么企业通过集聚可以分享劳动力储备所带来的好处。
3. 大城市可以提供更好的技能匹配机制,进而提高劳动生产率和工人的工资水平。

4. 城市之所以对个人和企业都具有吸引力，就是因为他们可以很容易地获得知识溢出效应、学习机会和社会交往机会。

5. 集聚经济在某一区位上可以产生自我强化效应：一个企业向城市迁移，会激励另一个企业也向该城市迁移。

问题与应用

在下面的练习题中，带"_____"的题目，需要读者在上面填上一个词或一个数字。对于带"……"的题目，需要读者用适当的词语完成该句话，并使陈述的内容与原题目相符。对于带"[ ]"的题目，需要读者用圆圈标记出括号中恰当的一个词。

1. 关注大商场的购物者

在美国出售的大多数服装是由大工厂生产的，这些工厂是分散分布的，而不是集聚在同一个地区。这个事实与本章讨论的地方化经济一致，同时，地方化经济还会导致制衣企业集聚在一起形成产业集群。

2. 劳动力储备：什么是固定的和可变的

考虑一下劳动力储备模型，每个企业可以在孤立的区位上选址，也可以和其他企业在产业集群内选择。将"固定的"或者"可变的"填充在下面的空格里。

a. 在孤立的区位上，工资是_____，企业的劳动力是_____，这是因为……

b. 在产业集群中，工资是_____，企业的劳动力是_____，这是因为……

c. 用两个图形举例说明，其中一个图形描述孤立区位的情形，另一个图形描述存在产业集群的情形。

3. 用于劳动力储备的集聚水平权衡问题

考虑以下劳动力储备模型，每个企业可以在孤立的区位上选址，也可以和其他企业在产业集群内选择。假设好的时期（高需求）和坏的时期（低需求）的可能性是相等的。下表给出了不同时期和区位上的工资数量及劳动力数量。

	孤立状态		集聚状态	
	工资	劳动力	工资	劳动力
好的时期（高需求）	40美元	50	30美元	60
坏的时期（低需求）	20美元	50	30美元	40

a. 用类似图3-2的图形描述上面给出的状态。

b. 在好的时期内，进入产业集群获得的收益相对于孤立区位上的企业收益是_____，用如下式子计算得到……

c. 在坏的时期内，进入产业集群获得的成本相对于孤立区位上的企业成本是_____，用如下式子计算得到……

4. 姆莱特先生的狂欢节

姆莱特先生开始进行狂欢节旅行，每参观一个城市，他都要雇用一个本地工人。对狂欢节各种活动的需求是不确定的，低需求或者高需求在任何一个给定的城市都会以相同的概率

出现。在这一年年末,姆莱特先生回顾了一下财务记录,发现他在大城市和小城市的花费有很大的差异:

i. 他在大城市通常支付相同的工资(9美元),但在小城市要支付不同的工资(6美元或12美元)。

ii. 他在小城市通常雇用相同数量的工人(20个工人),但在大城市所雇用的工人数量则不完全相同(10个工人或30个工人)。

a. 用类似图3-3给出的模型画出两个图形,其中一个用于分析典型的小城市,另一个用于分析典型的大城市。假设劳动力的需求曲线是平行和线性的,其在纵轴的截距分别为18美元(高需求)、12美元(低需求)。

b. 在典型的大城市里如果面对的是高需求,则利润是_____,用如下式子计算得到……

c. 在典型的大城市里如果面对的是低需求,则利润是_____,用如下式子计算得到……

d. 在典型的小城市里如果面对的是高需求,则利润是_____,用如下式子计算得到……

e. 在典型的小城市里如果面对的是低需求,则利润是_____,用如下式子计算得到……

f. 与在小城市获得的预期利润_____相比,在大城市里获得的预期利润是_____。

5. 工人数量和净工资

以表3-2给出的例子为起点,假设总工资是36美元,单位训练成本是48美元。请完成下面的表格。

工人数量	技术差距	训练成本	净工资
4	_____	_____	_____
8	_____	_____	_____
24	_____	_____	_____

6. 车模

对于模特管理产业来说,其经营的内容就是要为汽车广告提供模特。工人(模特)们的肤色可以划分为12种,与彩色车轮(the color wheel)的12种颜色相对应。企业带着对某种特定肤色的需求进入市场雇用模特。如果一个模特的肤色与企业所要求的颜色不一致,这个模特就必须花费一定的化妆成本以弥补色调上的差距。每单位色调的弥补成本是3美元。例如,从颜色#2转向颜色#4,其成本是6美元。假定模特管理产业存在规模经济,每个企业管理3个模特。总工资是20美元。

a. 斯莫维尔(Smallville)有6个模特,其颜色均匀分布于彩色车轮的12:00、2:00、4:00,等等。如果企业A位于12:00,那么该城市有_____个企业,其他企业将位于_____。

b. 用类似于图3-4的图形描述上述内容。

c. 对于典型的企业,不匹配的是_____肤色,平均的化妆成本是_____美元。扣除化妆成本后的净工资是_____,用如下式子计算得到……

d. 贝格博格(Bigburg)拥有的模特数量与斯莫维尔相同。它将拥有_____个企业。它的平均化妆成本将是[低的,高的],其平均净工资是[低的,高的]。

e. 完成下面的表格:

工人数量	颜色差距	化妆成本	净工资
6	_____	_____	_____
12	_____	_____	_____

7. 广告和企业集聚

企业通常利用广告公司来开展市场营销活动。每个企业每年都将购买一个营销计划,每个营销计划的成本是 $120/n$ 美元,其中 n 是产业集群内(每年营销计划)的企业数量。每个企业的劳动力成本是 $30n$ 美元。一个企业的利润等于 200 美元的总收入减去市场营销成本和劳动力成本。有两个区位选择:一个是独立的地区($n=1$),另一个是由 5 个企业组成的企业集群所在的区位。

a. 用类似于图 3-2 的图形描述企业数量从 1 个到 5 个时企业利润差的变化(集聚企业的利润 − 独立企业的利润)。

b. 如果在初始状态下所有的企业都是孤立的,其中一个企业向另一个企业集聚,从而形成由两个企业组成的企业集群,则其他企业[有,没有]激励加入该企业集群,这是因为……

c. 在长期均衡中,将由_____企业组成一个企业集群,每个企业将获得_____利润,它与孤立企业的利润差是_____。

8. 集聚经济和自动排序

在第 1 章中我们把自动排序当作自我强化机制的例子,它可以产生极端的结果。下面考虑一下,在城市内部有三个独立的汽车经销商,每个经销商每天接待三个顾客。每辆汽车的销售利润是 1 000 美元。一个由两个经销商组成的企业集群可以吸引更多的顾客(18 个人),是它们独立经营时的 6 倍。一个由三个经销商组成的企业集群可以吸引更多的顾客(36 个人),是它们独立经营时的 12 倍。

a. 用类似于图 3-2 的图形,描述一个经销商与由两个经销商、三个经销商组成的企业集群之间的利润差距(企业集群内一个企业的利润减去独立企业的利润)。

b. 如果在初始阶段所有的经销商都是独立的,然后一个经销商加入另一个经销商所在的区位形成一个由两个经销商组成的企业集群。那么,其他企业[有,没有]激励加入该企业集群,这是因为……

9. 在迷你购物中心进行个人美容和宠物美容

假设个人美容和宠物美容是互补的产品。Betty 可以将她的美容院从孤立的地区迁移到迷你购物中心,Peter 的宠物美容院也在这里。如果她采取迁移行动,她将吸引部分 Peter 的消费者,她获得的利润将达到 180 美元。她目前交纳的租金是 100 美元,但在时尚购物中心,她将支付 300 美元的租金。

a. Betty[会,不会]采取迁移行动,这是因为……

b. Betty 迁移到时尚购物中心将使 Peter 的利润提高 100 美元。如果你是购物中心的管理者,你有权根据承租人的特点设定租金水平,那么你将怎样做?

10. 使经济多样化吗

根据有关城市经济发展的一个传统名言,一个拥有多种产业的城市将发展成一个多样化的经济。根据有关地方化经济和城市化经济发展的事实,对上述建议的价值给出适当的评价。

参考文献和补充阅读

1. Aarland, K., J. C. Davis, J. Henderson, and Y. Ono, *Spatial Organization of Firms: The Decision to Split Production and Administration*. Providence, RI: Brown University Press, 2003.

2. Audretsch, David, and Maryann Feldman. "Knowledge Spillovers and the Geography of Innovation." Chapter 61 in *Handbook of Regional and Urban Economics 4: Cities and Geography*, eds. Vernon Henderson and Jacques-Francois Thisse. Amsterdam: Elsevier, 2004.

3. Carlino, Gerald, and Robert Hunt. "What Explains the Quantity and Quality of Local Inventive Activity?" *Brookings-Wharton Papers on Urban Affairs 2009*, pp. 65—124.

4. Carlton, D. W. "The Location and Employment Choices of New Firms." *Review of Economics and Statistics* 65 (1983), pp. 440—449.

5. Dumais, Guy, Glen Ellison, and Edward Glaeser. "Geographic Concentration as a Dynamic Process." *Review of Economics and Statistics* 84 (2002), pp. 193—204.

6. Duranton, Gilles, and Diego Puga. "Micro-foundations of Urban Agglomeration Economies." Chapter 48 in *Handbook of Regional and Urban Economics 4: Cities and Geography*, eds. Vernon Henderson and Jacques-Francois Thisse. Amsterdam: Elsevier, 2004.

7. Duranton, Gilles, and Diego Puga. "From Sectoral to Functional Specialization." *Journal of Urban Economics* 57 (2005), pp. 343—370.

8. Fujita, Mashisa, and Jacques-Francois Thisse. *Economics of Agglomeration*. Cambridge: Cambridge University Press, 2002.

9. Glaeser, Edward. "Learning in Cities." *Journal of Urban Economics* 46 (1999), pp. 254—277.

10. Glaeser, Edward L., Hedi D. Kallal, Jose A. Scheinkman, and Andrei Shleifer. "Growth in Cities." *Journal of Political Economy* 100 (1992), pp. 1126—1152.

11. Hanson, Gordon. "Scale Economies and the Geographic Concentration of Industry." *Journal of Economic Geography* 1 (2001), pp. 255—276.

12. Harvard Business School, Cluster Mapping Project. http://data.isc.hbs.edu/isc/

13. Head, K., J. Ries, and D. Swenson. "Agglomeration Benefits and Location Choice." *Journal of International Economics* 38 (1995), pp. 223—248.

14. Helsley, R., and W. Strange. Matching and Agglomeration Economies in a System of Cities." *Regional Science and Urban Economics* 20 (1990), pp. 189—212.

15. Henderson, J. V., "Efficiency of Resource Usage and City Size." *Journal of Urban Economics* 19 (1986), pp. 47—90.

16. Henderson, J. V., Kuncoro, A., and M. Turner. "Industrial Development and Cities." *Journal of Political Economy* 103 (1995), pp. 1067—1081.

17. Jacobs, Jane. *The Economy of Cities*. New York: Random House, 1969.

18. Marshall, Alfred. *Principles of Economics*. London: Macmillan, 1920, p. 352.

19. Mun, Seil, and Bruce G. Hutchinson. "Empirical Analysis of Office Rent and Agglomeration Economies: A Case Study of Toronto." *Journal of Regional Science* 35 (1995), pp. 437—455.

20. Rosenthal Stuart and William Strange. "The Micro-Empirics of Agglomeration." Chapter 1 in *A Companion to Urban Economics*, eds. R. Arnott and D. McMillen. London: Blackwell, 2005.

21. Rosenthal, S. S., and W. C. Strange (2001). "The Determinants of Agglomeration," *Journal of Urban Economics* 50 (2001), pp. 191—229.

22. Rosenthal, S. S., and W. C. Strange. "Geography, Industrial Organization, and Agglomeration," *Review of Economics and Statistics* 85 (2003), pp. 377—393.

23. Rosenthal, Stuart, and William Strange. "Evidence on the Nature and Sources of Agglomeration Economies." Chapter 49 in *Handbook of Regional and Urban Economics 4: Cities and Geography*, eds. Vernon Henderson and Jacques-Francois Thisse. Amsterdam: Elsevier, 2004.

24. Saxenian, Annalee. Regional Advantage: *Culture and Competition in Silicon Valley and Route 128*. Cambridge, MA: Harvard University Press, 1994.

25. Scott, Allen J. *On Hollywood: The Place, the Industry*. Princeton, NJ: Princeton University Press, 2005.

26. Vernon, Raymond. "External Economies." In *Readings in Urban Economics*, eds. M. Edel and J. Rothenberg. New York: Macmillan, 1972.

第4章
城市规模

> 没有必要仅关注规模。艾萨克·牛顿(Isaac Newton)先生要比河马小很多,但是我们不能忽视他的价值。
>
> ——伯特兰·拉塞尔(Bertrand Russell)

纽约是美国最大的城市,其人口超过1 800万,而最小的城市(得克萨斯州的安德鲁)仅有大约1.3万人口。正如表4-1所示,大型及特大型城市的数量较少,中等规模的城市数量居中,而小城市的数量最多。在本章,我们将探讨推动不同规模城市发展的经济动力。我们还将分析为什么各城市的经济规模会有很大的差异——从高度专业化城市到多功能城市。

表4-1 城市规模分布(2000)

人口等级	城区数量
超过1 000万	2
500万到1 000万之间	4
100万到500万之间	43
10万到100万之间	324
少于10万	549

4.1 效用与城市规模

上一章解释了集聚经济推动企业集群形成的过程。在本章中我们将看到,集聚经济提高了劳动生产率和工人工资,使得大城市的工人具有更高的工资水平。在一个城市成长的过程中,较高的工资水平至少可以部分抵消大城市所带来的一些令人不愉快的问题,这些问题包括更长的交通时间、更大的密度、更高的拥挤程度和污染水平。为权衡利弊得失,要解决的关键问题是:

城市规模(人口)的增长是如何影响典型工人的效用的?

4.1.1 大城市的成本与收益

我们对城市规模与典型工人效用水平之间的关系很感兴趣。假设城市的生产在一个孤立的地点进行,工人从住宅区乘交通工具到达这个生产中心。我们首先分析大城市所带来的收益,然后再分析成本。

正如我们在上一章所讨论的,集聚经济——企业可以从中分享要素投入品、劳动力储备、技能匹配和知识溢出效应——提高了劳动生产率。在充分竞争的劳动力市场上,企业间的竞争确保了工人工资直接反映劳动生产率,因此,在大城市工人的工资水平较高。表4-2给出了一些简单的例子,用以说明工资水平和城市规模之间的关系。在表中的第2列,工资以递减的速度增长,这暗示了下面一个假设,即集聚经济减缓了城市增长:劳动生产率随着城市职工总人数的增加而提高,但是以递减的速度提高。

表 4-2 效用与城市规模

工人总数(百万)	工资(美元)	劳动收入(美元)	通勤成本(美元)	效用(美元)
1	8	64	5	59
2	10	80	10	70
4	11	88	22	66

为了简化分析,我们假设人口增加的成本仅为通勤时间的增加。同时,把通勤时间看作对休闲时间的耗费,这样就可以计算休闲时间减少所引起的货币损失。表4-2第4列的数字显示,通勤成本随着城市规模的扩大而提高。工人数量从100万增加到200万时,他们的通勤成本也随之翻倍,从每天5美元增加到10美元。工人数量继续翻倍增长,将导致通勤成本以高于两倍的速度增长。

表4-2中最后一列数字反映了典型工人的效用水平。目前,我们暂时把效用定义为收入减去通勤成本增加导致的休闲时间价值的损失。我们假设每个工人一天工作8小时,他的收入就是8小时的工资。从一座100万人的城市迁移到200万人的城市,(较高的劳动生产率推动的)工资上升与通勤成本的增加有显著的相关性,因此它的效用水平从59美元提高到70美元。在图4-1中,可以用从S点到M点区间上的效用曲线来表示这种变化。换句话说,集聚经济效应要高于由通勤成本增加所导致的规模不经济,因此整体效用水平在提高。相反,工人数量从200万增加到400万时,每个人的效用水平都将下降,这是因为集聚经济效应低于通勤成本增加导致的规模不经济。在图4-1中,当工人数量为200万人时,城市效用水平达到效用曲线70美元所指定的位置。

4.1.2 城市内部的区位均衡、土地租金与效用

到目前为止,我们并未考虑城市内部工人的区位决策所带来的影响。假设有一个200万人口的城市(可以用图4-1中的M点表示),工人在不同的居住地与城市生产中心之间通勤。显然,工人的通勤成本有很大的差异。回想一下城市经济学第一公理:

通过调整价格实现区位均衡

在这种情况下,通过调整住宅土地价格,可以使居住在不同区位上的居民的效用水平具有无差异性。

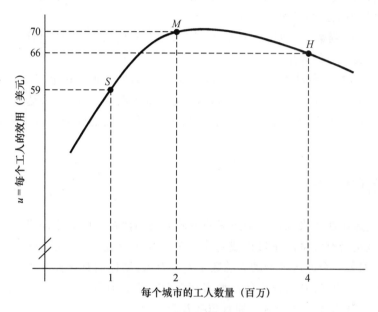

图 4-1 效用与城市规模

城市规模扩大的同时也提高了工资水平,这是因为存在集聚经济和较高的通勤成本。只要集聚经济效用很强,效用水平就会随着城市规模的扩大而提高。当集聚经济效用低于由通勤成本增加所导致的规模不经济时,效用水平将随着城市规模的扩大而降低。

表 4-3 中的数字表明,通勤成本的不同直接导致了土地租金的差异。让我们比较一下在有两个工人时,会发生哪些情况。这两个工人中的一个居住在生产中心附近,他没有通勤成本;而第二个人的通勤成本则为 10 美元。如果在生产中心居住的工人需要支付 25 美元的租金,其他工人则要少支付 10 美元或 15 美元的租金。按照相同的逻辑假设,在距离生产中心 10 英里处居住的工人仅需支付 5 美元的土地租金。由于土地租金的变化可以抵消通勤成本的差异所带来的效用损失,因此在城市中三个居住区居住的工人的效用水平具有无差异性。

表 4-3 城市内部的通勤成本、土地租金与效用

A 通勤距离(英里)	B 通勤成本(美元)	C 土地租金支出(美元)	D 劳动收入(美元)	E 租金收入(美元)	F 效用(美元)
0	0	25	80	15	70
5	10	15	80	15	70
10	20	5	80	15	70

谁能获得土地租金呢?为简化所讨论的问题,我们假设工人自己拥有土地,土地租金在

所有城市工人之间平均分配。平均的土地租金为 15 美元（距离城市中心 5 英里处的工人将支付 15 美元的租金）。正如表 4-3 中的第 E 列所示，每个工人都可以获得 15 美元的土地租金收入。对于每个距离市中心 5 英里的工人来说，他支付的土地租金等于其获得的土地租金收入。但是，居住在城市中心的工人，其土地租金支出要高于土地租金收入，而在距离城市中心 10 英里处居住的工人的情况则正好相反。

表 4-3 中最后一列数字表明，在城市中不同区位上居住的工人具有相同的效用。我们可以用下列公式定义工人的效用：

$$效用 = 劳动力收入 + 土地租金收入 - 通勤成本 - 租金支出$$

每个工人赚取的总收入是 95 美元（劳动力收入加上租金收入）。为达到区位均衡，不同的通勤成本正好弥补了土地租金支出上的差异，因此，在不同地区居住的工人将获得相同的效用，即 70 美元。

4.2 城市系统

我们可以用效用曲线来揭示一个地区的劳动力是如何在不同城市间进行分布的。然而，问题是一个地区是否有大量的小城市或者少量的大城市存在，或者在这两种极端情况之间。现在考虑一下，如果一个地区的劳动力总数是 600 万人，则他们有三种可能的分配模式：

- 6 个城市{A,B,C,D,E,F}，每个城市拥有 100 万劳动力。
- 3 个城市{D,E,F}，每个城市拥有 200 万劳动力。
- 2 个城市{E,F}，每个城市拥有 300 万劳动力。

4.2.1 城市规模不能极小化

我们利用图 4-2 来揭示不同分配模式的可行性。首先考虑 6 个城市的情形，在该模式下每个城市拥有 100 万人口。图中的 S 点表示，在这 6 个城市中每个工人都获得 59 美元的效用。这是一个稳定的均衡吗？工人们还有从一个城市向另一个城市迁移的动力吗？

为了证明 6 个城市划分的结果具有不稳定性，我们可以推测一下，如果部分工人从城市 A 迁移到城市 D，将会出现什么情况。那时，城市 D 的就业人数将增加，沿着效用曲线斜率为正的部分向上移动，工人的效用水平得到了提高，例如 60 美元。同时，城市 A 的就业人数将减少，沿着效用曲线向下移动，工人将获得较低的效用水平，例如 58 美元。换句话说，工人从城市 A 迁移到城市 D，会产生 2 美元的效用差，这将鼓励工人从城市 A 迁移到城市 D。

由于效用曲线在接近 S 点时具有正斜率，故劳动力流动过程具有自我强化的特征。工人迁移的数量越多，两个城市之间的效用差就越大，在城市间进行迁移的动力也就越大。例如，如果城市 D 的就业人数增加到 120 万，那么城市 A 的就业人数将减少到 80 万，在城市 D 中工人将获得 61 美元的效用，而在城市 A 中工人将获得 57 美元的效用。回想一下城市经济学的第二公理：

自我强化效应产生极端结果

极端的结果是，所有的人都将从城市 A 迁移到城市 D，因此，城市 A 将消失。

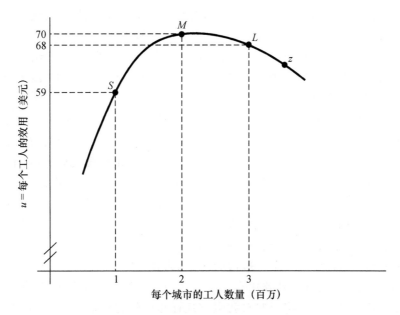

图 4-2 城市规模可以过大但不能太小

在拥有 200 万劳动力的城市里,每个工人获得的最大效用水平可以用效用曲线上的 M 点表示。因此,一个拥有 600 万劳动力的地区,其内部的三个城市的效用水平都达到了最大化,其中每个城市都拥有 200 万劳动力。六个小城市的分配模式(S 点)是不稳定的,因为效用曲线具有正斜率;而两个大城市的分配模式(L 点)是稳定的,因为效用曲线具有负斜率。

自我强化迁移的逻辑同样可以应用于本地区的其他城市。假设城市 A、B 和 C 的规模缩小,最终消失,而城市 D、E 和 F 的规模扩大,最终每个城市的规模都会翻番。在这种情况下,工人的效用水平将位于图 4-2 中的 M 点,该区域内每个城市都将有 200 万就业人口,工人的效用水平将达到 70 美元。因此,三个城市的划分模式是最好的结果,在该划分模式下工人可以获得最高的效用。

4.2.2 城市规模可以极大化

如果仅存在少量的大城市,将会发生什么情况呢?我们假设该地区有两个大城市,每个城市拥有 300 万就业人口。在图 4-2 中,每个城市的起始点可以用 L 点表示。每个城市(E、F)都有 300 万就业人口,工人获得的效用水平为 68 美元。对本地区所有的工人而言,该效用水平要比最高的效用水平低。那么,两个城市的划分结果是一个稳定均衡吗?

为了解释该城市的发展模式是一个稳定均衡,可以考虑一下工人从城市 E 向城市 F 迁移将会产生的影响。在此情况下,城市 F 的就业人口会不断增加,城市效用水平将沿着效用曲线斜率为负的部分向下移动(从 L 点移向 z 点),达到一个较低的效用水平(例如 67 美元)。同时,城市 E 的就业人口将减少,该城市的效用水平将沿着效用曲线向上移动,达到一个较高的效用水平(例如 69 美元)。换句话说,工人的流动导致了 2 美元的效用差距,但是在相对较小的城市,其效用水平要更高一些,而在相对较大的城市则相反。

在这种情况下,工人的迁移行为将发挥自我调整的作用,而不是自我强化的作用,并产生相反的结果。迁移到新城市的工人必须面对较低的效用水平,因此他们将懊悔自己的迁移行动,并可能会返回他们原先工作的城市。现在大城市里的其他工人也都获得了较低的效用,该效用水平比在更小的城市获得的效用还低,这会刺激他们向外迁移,其结果是他们与初始迁移者相互调换了位置。无论哪种情况,迁移行动都会产生相反的结果,最终使这两个城市的就业人口和效用水平恢复到初始状态。

为什么这种情况下小城市具有不稳定性,而大城市则具有稳定性呢?这可以用效用曲线来解释。小城市的效用曲线具有正斜率,这是因为集聚经济效应要高于交通成本增加所引致的规模不经济。工人迁移后的效用会提高,其原因在于新城市的规模更大、效率更高,而留下来的人的效用会降低,这是因为他们仍居住在小城市中。相反,对大城市而言,其效用曲线具有负斜率,这是因为集聚经济效应要低于交通成本增加所引致的规模不经济。由于新城市规模过大,且缺乏效率,因此迁移后工人将获得更低的效用,而留下来的工人的效用反而会提高,这是因为他们现在生活在相对较小且更有效率的城市中。

从上面的分析中可以得出一个一般性的规律,那就是城市规模往往会过大而不是过小。如果某一区域至少有一个城市,其效用水平位于效用曲线斜率为正的部分,就会出现城市规模过小所带来的负面影响。这将引起自我强化式迁移现象的出现,并导致小城市逐渐消失,同时也会促进其他城市的发展。当城市规模过大时,这种自我强化效应将不会出现,因此这些大城市将继续保持无效率状态。

4.3 专业化与综合性城市

城市仅在狭窄的经济领域从事专业化经营,还是从事多元化经营,生产多种混合的产品呢?显然,该问题中的"还是"一词用得不恰当:典型的区域内包含了多种不同类型的城市,其中不仅包括高度专业化的城市,也包括高度综合性的城市(Henderson,1988)。地方化经济的存在促进了专业化城市的发展,而城市化经济的存在则促进了综合性城市的发展。

事实上,专业化城市和综合性城市具有互补性,在市场经济中分别扮演着不同的角色。许多企业首先在一个综合性城市内发展,最终才迁移到专业化城市。综合性城市能够培育众多新思想和新经验,因此它们可以被称作创新型企业的实验室,为这些企业提供服务。一旦某一企业决定进行产品设计和开展产品生产,那么在专业化城市进行生产显得更有效率,可以充分利用地方化经济。换句话说,综合性城市鼓励创新,而专业化城市则更容易提高生产效率。

4.3.1 实验室城市模型

我们可以利用 Duranton 和 Puga(2001)发展的一个模型去探讨城市在创新及生产中的角色。考虑一下,某一企业正在探索新产品的生产流程。通过试验不同的生产工艺,企业最终找到了一个理想的生产工艺。在那一点上,企业可以迅速转向大规模生产,并开始获得利润。那么企业将在哪里选址——在综合性城市还是在专业化城市呢?

首先考虑企业在综合性城市进行实验,直到其发现了理想的生产工艺后再转向专业化城市。企业必须在实验中用特定的生产工艺制造新产品的样板。假设有六个潜在的生产工艺。

准备进行试验的企业会发现,在综合性城市中有许多企业正在使用这些生产工艺。这样,该企业将会模仿那些企业去生产一种产品。另外,假定企业一般要花费三年的时间发现理想的生产工艺。一旦企业家发现理想的生产工艺,企业就将迁移到专业化城市,它也将由此开始获取利润。

另一种情况是在区域性的专业化城市寻求理想的生产流程。通常,企业在作出决策时要进行多种权衡。

- **有利的信息:较低的产品样板生产成本**。在专业化城市生产产品样板的成本将会较低,这是因为每个城市都能给企业的生产过程提供专业的投入。
- **不利的信息:较高的迁移成本**。为搜寻理想的生产流程,要求企业从一个专业化城市迁移到另外一个。一般来说,相对于那些在综合性城市仅发生一次迁移的企业而言,采用这种战略的企业将进行三次迁移。如果企业的迁移成本要高于生产产品样板时所节约的成本,那么在专业化城市进行试验的企业将获得较低的利润。

这个实验室模型显示了综合性城市和专业化城市在产品生产周期中所扮演的角色。综合性城市有种类繁多的产品和生产流程,为新思想的创造提供了肥沃的土壤,这些新思想可以用于指导新产品的生产。一旦企业发现了理想的生产流程,其在综合性城市内获得的利润就会减少,因此企业开始向专业化城市迁移,在那里地方化经济可以使企业面临较低的生产成本。

4.3.2 案例:纽约的无线电通信产业

Vernon(1972)把纽约的无线电通信产业看作在综合性城市得到发展的产业的典型案例:

> 20世纪20年代,无线电通信产业进入了初步发展时期,此时它严重依赖于外部经济(集聚经济)、发展速度和人们之间的交往。该产业所使用的技术不是很成熟,而且处在迅速变革之中;产品的生产方法并没有经过测试;市场具有不确定性。因此,在这一时期,生产者的规模普遍很小、数量普遍很少、流动性普遍很低,次级承包商和供给者的信誉度也很低。产业的失败率很高。在这样的环境下,城市地区(如纽约都市区)具有特别大的吸引力。

纽约之所以具有吸引力,是因为它可以提供种类繁多的中间投入品和大量多样化的劳动力。该地区还可以提供一些生产方面的知识——包含在多种生产流程中——实践已经证明,这些知识促进了无线电通信产业的发展。

Vernon解释了为什么无线电通信产业会离开纽约大都市区:

> 然而,在10年或20年后,产业技术逐渐成熟。此时,生产方法已经被标准化,生产设备开始长期运转。现在运输成本和劳动力成本方面所出现的问题,要比产品设计上出现的问题更严峻。一般来说,大装配厂主要面向国内市场,当它们在城市中心附近的低端区位出现以后,小企业将逐步淡出该产业。

当一种产品达到成熟阶段,产品的设计和生产流程都基本保持稳定,生产者不需要再从综合性城市获得更多的知识时,他们可以将企业迁移到生产成本较低的专业化城市,因为在这种类型的城市中存在地方化经济、较低的工资水平和较低的土地租金。

4.3.3 实验室城市的经验证据

Duranton 和 Puga(2001)提出这样一个观点,就是说在产业创新过程中综合性城市可以被看作企业的实验室,并对这个观点进行了证明。他们利用法国企业的数据对有迁移行为的企业进行分析后发现,每 10 个企业中有 7 个从综合性城市迁移到了专业化城市。企业进入成熟阶段后,将逐步放弃具有城市化经济特征的综合性城市,而转向具有地方化经济特征的专业化城市。

大多数创新型产业都具有很高的区位波动性,企业厂址一般是从综合性城市迁移到专业化城市。例如,在厂址迁移率很高的企业中,93% 的企业属于研究和开发型产业,88% 的企业属于制药和化妆品产业,82% 的企业属于信息技术产业。其他迁移频率较高的产业,还包括商业服务业、印刷和出版业、航空设备制造业和电子设备制造业。相反,向专业化城市迁移频率不是很高的产业,常是那些创新程度不高的产业,如家具业、食品业、饮料业、服装业和皮革制造业。

近期关于城市化经济的诸多研究,主要集中在城市间的差异如何影响企业生存和就业增长上。Rosenthal 和 Strange(2004)对近期的研究成果进行了总结,得出城市间的这种差异性既可以促进企业成长,又能够促进就业增长,对高新技术产业来说更是如此。

4.4 城市规模的差异

表 4-1 显示出美国城市规模存在巨大差异。其他国家的城市规模也存在类似的情况。本部分将主要探讨地方化经济和城市化经济在决定城市规模过程中所扮演的角色。我们还将探讨消费品在城市发展中的作用。

4.4.1 地方化经济与城市化经济的差异

图 4-3 显示了一个区域经济体内三个不同类型城市的效用曲线。左侧的效用曲线代表的是具有地方化经济特征的产业,它雇用相对较少的劳动力。在这种情况下,交通成本增加所引致的不经济效应将超过集聚经济效应,因此最优的城市规模必然会相对较小。中间的效用曲线代表的是专业化城市,它拥有显著的地方化经济效应,因此最优的城市规模必然会相对较大。最后,右侧的效用曲线所代表的城市拥有显著的城市化经济效应,在它的影响下该城市必然会有相对较大的最优规模。

区位均衡要求该地区所有城市的工人都是无差异的,这意味着三个城市中的所有工人必须获得相同的效用。假设该地区共有 1 000 万就业人口。在图 4-3 中,不同城市规模的均衡点分别用 s、m 和 b 来表示。u^* 表示这三个城市具有相同的效用水平,每个城市的就业人口(小城市有 100 万就业人口,中等城市有 300 万就业人口,大城市有 600 万就业人口)相加等于该地区总的就业人口数量(1 000 万人)。正如本章前面所分析的,这是一个稳定均衡,原因在于每个城市都处在效用曲线的负斜率部分。

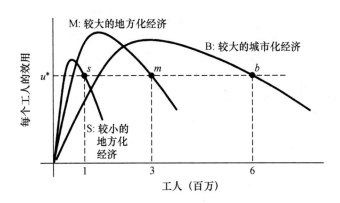

图 4-3　从集聚经济角度分析城市规模的差异

城市 S 有较小的地方化经济,它的最优人口比城市 M 小,而城市 M 有更大的地方化经济。城市 B 有较大的城市化经济和较多的人口。点 $\{s,m,b\}$ 显示了一个可能的均衡,此时所有居民都获得相同的效用水平 u^*,各城市的人口分别为 100 万(城市 S)、300 万(城市 M)和 600 万(城市 B),这些城市的人口加起来共计 1 000 万,是该地区的总人口数量。

4.4.2　本地产品与城市规模

到目前为止,我们在讨论城市规模时主要关注地方化经济和城市化经济对就业的影响,而没有对城市经济中的消费问题作深入分析。我们可以对不同产业的就业规模进行区分,其中既包括将自己生产的产品输出到其他城市,以供其他城市居民使用的产业,也包括将自己生产的产品在本市销售,以供本市居民使用的产业。例如,底特律生产的汽车主要销往其他城市,而底特律生产的油炸圈饼主要向本市居民销售,大多数理发店和食品杂货店也是如此。总而言之,一个城市的就业规模等于产品输出部门的就业量与为本地区服务的经济部门的就业量之和。

无论大城市还是小城市,本地区生产的一些产品在这些城市都可以买到。如果产品的人均需求量与生产该产品的规模经济有很大的关系,那么即使小城市也能产生足够的需求,以支撑该产业的发展。例如,几千个居民就可以供养一个理发师,因此即便是一个小城市也至少需要一个理发师。类似地,几千个居民可以支撑一家比萨饼店,因此一个小城市甚至可以有几家比萨饼店和许多与比萨饼相关的就业岗位。当然,在大城市可以有更多的人需要理发,也有更多的人需要吃饭,因此在大城市将有更多的理发师和比萨饼店员。事实上,我们可以预期,理发师和比萨饼店员的数量将会随着城市规模的扩大成比例地增长。

一些地方性产品只有在大城市才能获得。如果产品的人均需求量与生产该产品的规模经济没有显著的相关性,那么它将导致大城市产生足够大的需求量,以支撑生产该产品的企业的发展。例如,歌剧的人均需求量相对很小,因此需要 100 万人去支撑一个歌剧院。其结果是,在大城市我们可以找到几家歌剧院,但在小城市却找不到。类似地,脑外科手术的人均需求量与规模经济没有明显的相关性,因此脑外科手术只能在大城市进行。

大一些的城市都有种类丰富的消费品。在大城市,消费者可以购买到任何在小城市出售的产品或服务(比萨饼和理发师),也可以购买到在小城市买不到的产品或服务(歌剧和脑外科手术)。实际上,小城市里的居民可以到大城市旅行,并购买那些在小城市买不到的产品。相反,大城市里的居民可以购买到任何他们需要的产品,因此他们很少到小城市旅行。

4.4.3 本地型就业规模与城市间的差距

图4-4显示了不同城市的本地型就业规模与出口型就业规模之间的差异。假设某一城市的出口型就业人数为100万,每个出口型就业岗位派生出0.5个本地型就业岗位。这样该城市的总就业人数将为出口型就业人数的1.5倍,或者说该城市的总就业人数为150万。我们知道一个大城市可以吸纳种类繁多的消费品。假设某一城市有出口型就业人口300万,每个出口型就业岗位派生出1个本地型就业岗位。如图4-4所示,该城市的总就业人数将为600万(300万个出口型就业岗位加上300万个本地型就业岗位)。最后,假设某一城市的出口型就业人数为600万,每个出口型就业岗位能够派生出2个本地型就业岗位。那么,在这种情况下该城市的总就业人数将为1800万(600万出口型就业岗位加上1200万本地型就业岗位)。

如图4-4所示,本地型就业规模扩大了城市人口之间的差异。小城市的总就业人数增加了0.5倍(从100万增加到150万),中等城市的就业人数增加了2倍(从300万增加到600万),而大城市的就业人数则增加了3倍(从600万增加到1800万)。将不同类型的就业人数加总后,大城市的就业人数将是小城市就业人数的12倍,远高于仅考虑本地型就业人数时的6倍。这种现象之所以会发生,是因为大城市有巨大的消费能力,它可以支撑多种产品的生产和消费。

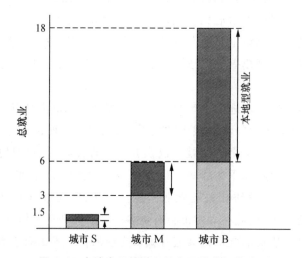

图4-4 本地产品的引入扩大了城市间的差距

引入本地消费者后,不仅城市间出口型就业规模的差距在扩大,而且各城市的人口规模差距也在扩大。小城市人口数量增加了0.5倍,而中等城市人口数量增加了2倍,大城市人口数量增加了3倍。

4.5 城市规模分布

图 4-5 描述了城市规模分布,它由两个小图表示,其中一个小图表示 50 个最大城市区,另一个小图表示其他规模的城市区。该图使用了新定义的城市区统计数据,其中包括大都市区(城市人口在 5 万以上)和小都市区(小城市区)。

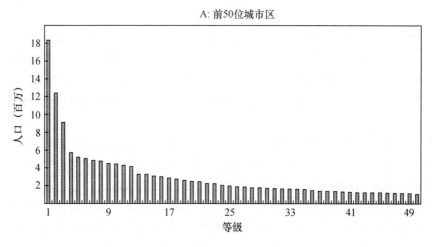

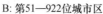

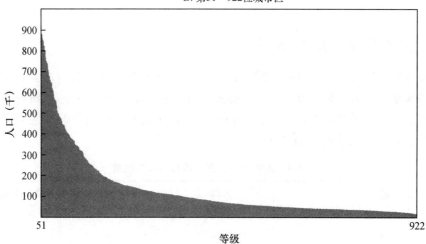

图 4-5　美国城市规模分布(2000)

4.5.1　等级规模法则

地理学家和经济学家已经估计出城市等级与城市规模之间的关系。一种可能是,两者之间存在以下关系:

> **对于任何一个城市来说，城市等级乘以人口数量是一个常数**

换句话说，如果最大城市（等级1）有2 400万人口（2 400×1=2 400），第二大城市将有1 200万人口（1 200×2=2 400），而第三大城市将有800万人口（800×3=2 400），以此类推。

Nitsche(2005)利用世界各国的数据对城市等级规模关系的29项研究结果进行了分析。他假设存在如下关系：

$$等级 = \frac{C}{N^b}$$

其中C是常数，N代表人口，指数b可根据等级和人口的数据进行估计。如果$b=1.0$，可以很容易理解等级规模法则。在Nitsche的研究中，他所估计的b值中，有2/3介于0.80和1.20之间，其中值为1.09。这与早期的跨国研究的结论是一致的，这些跨国研究的文献一般认为b值为1.11—1.13。换句话说，城市人口均匀地分布在各城市，比等级规模法则预测的要更均匀一些。

这个结论需要的一个重要的条件就是，许多研究都使用行政意义上的城市定义，而不是经济学意义上的定义。一个行政意义上的城市通常以行政权限边界来划分。相反，经济学意义上的城市常常忽略行政边界，它是以特定城市经济体中的城市人口来划分的。实际上，经济学意义上的城市经济体可以被定义为一个都市区（例如旧金山湾区），它包括中心城市（行政中心）及周边所有的社区。为研究城市等级规模法则，我们使用经济学意义上的城市定义，而不是行政意义上的定义。b的中间估计值为1.02，它更接近于城市等级规模法则所给定的结果。

4.5.2 城市巨人：大城市难题

在许多发展中国家，特大型城市吸纳的人口占全国人口的比重往往很高。表4-4给出了一些国家特大型城市人口数量及其占全国总人口的比重。作为一个参考点，纽约都市区的人口仅占美国总人口数量的6.5%。与之形成对比的是，在该表中所列出的其他国家都市区的人口占该国总人口的比重则为11%—39%。

表4-4 大城市人口占国家总人口的比重

都市区	人口	占国家总人口的比重（%）
东京	19 037 361	15.76
墨西哥城	16 465 487	20.97
圣保罗	15 538 682	11.46
布宜诺斯艾利斯	10 759 291	35.47
圣地亚哥（智利）	4 227 049	34.87
蒙得维的亚（乌拉圭）	1 157 450	39.36

许多经济学家已经构建了一些模型去解释，为什么在主要的大城市会产生巨大的人口集聚现象。其中的一个理论是以交易的规模经济为基础的，该理论表明规模经济极大地激励了大商业城市的发展，而对小城市的激励作用则不是很明显。例如，对一个港口进行连续性投

资,将促使国家将其列为一个主要的港口城市。1520—1670年,英国的贸易额增长迅速,这是它在军事上战胜西班牙的一个结果,同时也促进了船舶运输技术的发展,并使它的市场遍布亚洲和美洲地区。在这期间伦敦的人口数量迅速从5.5万人增加到47.5万人,占英国总人口的比重也从2%上升到10%。1887—1914年,阿根廷出口增长了4倍,布宜诺斯艾利斯——典型的贸易城市——的人口增加了110万(增长了265%)。

在城市集聚过程中,交通基础设施扮演着重要角色。在许多发展中国家,对道路和无线电通信的投资很不协调,在首都附近可能会更多一些,而在首都以外的地区对道路的投资相对较少,这使得国家内部不同地区间存在较高的运输成本,并进一步激励了主要大城市的发展。

那么国家政策在主要大城市发展过程中扮演着什么角色呢?Ades 和 Glaeser(1995)指出,独裁政府要比民主政府更容易造就超大规模的城市。一个独裁者可以利用手中的权力从腹地(首都以外的地区)征集资源,再把这些资源运往首都地区。如果独裁者对地方政府给予补偿,则将鼓励一部分人移居到首都地区以从中获得一些补偿,而另一些人为获得工作机会则会迁往本城市的工业区。一般来说,这些工业区是以贿赂的方式建成的。Ades 和 Glaeser 在对85个国家进行研究后得出,独裁国家的首都要比其他国家的首都大45%。

罗马的经验显示了再分配政策在城市集聚过程中的作用。公元前130—公元前50年,罗马的人口从37.5万增加到100万,是当时任一城市的两倍多。罗马军事上的成功,使罗马帝国的疆域扩展到高卢地区和亚洲的东部地区,这也为其提供了广阔的腹地,使其在这些地区榨取了大量的资源。为了应对罗马地区不稳定的政治状况,统治者制定了居民谷物免费分配政策,还安排了声名狼藉的罗马马戏表演(价格非常昂贵)。

小结

本章解释了城市规模为什么存在很大差异,主要的观点有:

1. 效用曲线显示了城市发展过程中对人口增长的权衡:集聚经济提高了劳动生产率和工资水平,但是规模不经济将增加通勤成本,进而降低劳动者的效用水平。

2. 城市规模不可能过小,因为此规模不是一个稳定的均衡:城市的快速发展带动了劳动生产率的提升,而在逐渐衰落的城市,其劳动生产率也将下降,由此使得迁移行为产生一种自我强化效应。

3. 城市规模可能过大,这是因为该城市规模是一个稳定的均衡:城市规模的缩小将会提高劳动生产率,而城市规模的扩张则会降低劳动生产率,因为此时的迁移行为会产生自我纠正效应。

4. 本地型就业增大了城市间在就业和人口数量方面的差距。

5. 综合性城市有利于企业进行实验,并导致产品设计和生产上的创新。

6. 城市等级规模法则要求城市规模分布具有相似性。

问题与应用

在下面的练习题中,带"＿＿＿"的题目,需要读者在上面填上一个词或一个数字。对于带"……"的题目,需要读者用适当的词语完成该句话,并使陈述的内容与原题目相符。对于带"[ ]"的题目,需要读者用圆圈标记出括号中恰当的一个词。

1. 向波特兰迁移

在过去的几个月,开往波特兰的挂有华盛顿州汽车牌照的汽车数量有了显著的增加。假设这反映了人口从西雅图向波特兰迁移。在图形中用两个效用曲线代表迁移行为,其中一个代表波特兰,另一个代表西雅图。假设两个城市的效用曲线具有负斜率。

a. 用 P 标出波特兰(200 万人口)所在的位置,用 S 标出西雅图(300 万人口)所在的位置。用箭头标出居民沿着每条效用曲线运动的方向。

b. 在波特兰,迁移[降低,增加]效用,这是因为从＿＿＿获得的规模＿＿＿要显著高于从＿＿＿获得的规模＿＿＿。

c. 用 Q 标记出在波特兰的长期均衡点,用 T 标记出在西雅图的长期均衡点。

2. 用于运送工人的太阳-赛格威

考虑这样一个区域,它拥有 600 万工人和 2 个城市(A 和 B),每个城市最初拥有 300 万工人(效用最大化的就业规模)。假设用太阳-赛格威(Heli-Segways,一种私人运输机)代替汽车,这样可以减少通勤成本,并将每个城市的效用最大化城市劳动力数量增加到 500 万。新效用曲线斜率为正的部分要比斜率为负的部分更加陡峭。

a. 描述在典型城市中太阳-赛格威对城市效用曲线的影响。

b. 工人数量达到 300 万[是,不是]一个稳定的均衡,这是因为……

c. 用一个新的效用曲线描述两个城市工人数量的变化趋势,其中一个城市的工人数量在增加,另一个则在减少。标记出初始位置 i,并用箭头指出变化的趋势。

d. 在新的均衡状态下,城市数量是＿＿＿,每个城市拥有＿＿＿人口。

3. 一个免费的马戏团和城市规模

现在考虑一个拥有 200 万固定人口的区域。在人口达到 100 万时,城市效用曲线中效用值达到最大。在初始状态下,有两个城市,分别用 R 和 S 代表,每个城市均有 100 万人口。城市效用曲线斜率为正的部分比斜率为负的部分更陡峭。假设城市 R 的执政者开始提供免费的马戏表演,其费用可以通过对外来人口征收强制性迁移费(coersive transfer)的方式获得。

a. 描述免费马戏表演对城市 R 效用曲线的影响。这里假设效用最大化条件下的最优人口规模不变。

b. 人口将从城市＿＿＿迁移到城市＿＿＿,这是因为……

c. 将向上或者向下的箭头填入空格中:迁移＿＿＿城市 R 的效用和＿＿＿城市 S 的效用。

d. 描述一下两城市间人口分布状况新的均衡。城市 R 的人口规模是＿＿＿,城市 S 的人口规模是＿＿＿。

4. 新城市的形成

考虑一个区域内存在一座工人总数为 1 200 万的孤立城市。在工人数量达到 300 万时，城市效用曲线上的效用值达到最大。此时，工人数量和效用组合如下（W = 工人数量；U = 效用，用美元表示）：

W	1	2	3	4	5	6	7	8	9	10	11	12
U	32	56	70	65	60	55	50	45	40	35	30	25

假设政府新建了一个拥有 100 万人口的城市，剩余的 1 100 万工人将继续居住在旧城市。假设该区域城市数量始终保持为 2 个。

a. 新城市建立后，在规模较小的新城市获得的效用是_____，在规模较大的旧城市获得的效用是_____。

b. 在效用曲线上用 N 代表新城市，用 D 代表旧城市（新城市建成后的规模）。用箭头表示城市间迁移的方向。

c. 在长期均衡中，新城市工人数量 = _____，效用 = _____；旧城市工人规模 = _____，效用 = _____。

5. 新城市走向繁荣还是衰退

考虑一个区域内存在一座工人总数为 1 200 万的孤立城市。在工人数量达到 600 万时，城市效用曲线上的效用值达到最大。此时，工人数量和效用组合如下（W = 工人数量；U = 效用，用美元表示）：

W	1	2	3	4	5	6	7	8	9	10	11	12
U	23	33	43	48	52	55	50	45	40	35	30	25

假设政府新建了一个拥有 100 万人口的城市，剩余的 1 100 万工人将继续居住在旧城市。假设该区域城市数量始终保持为 2 个。

a. 新城市建立后，在规模较小的新城市获得的效用是_____，在规模较大的旧城市获得的效用是_____。因此，新城市规模将［缩小，扩大］，旧城市规模将［缩小，扩大］。

b. 在长期均衡中，旧城市工人数量是_____。

c. 如果新城市初始的工人数量至少达到_____，那么在长期均衡中建立新城市将是可行的，这是因为……

6. 对比农村和城市发展

在初始均衡中，一个国家拥有的 2 400 万工人在城市和农村间进行平均分配。初始的效用水平是 50 美元。城市效用曲线具有传统的驼峰曲线特征，在 800 万工人所在位置上效用水平达到最大。工人数量为 800 万—1 200 万时，效用曲线的斜率是每百万工人 -2 美元。农村效用曲线受规模收益增长水平的影响。在工人数量达到 1 200 万—1 600 万时，效用曲线的斜率是每百万工人 1 美元。假设国家对农村基础设施进行投资，农村劳动生产率因此得到提高，并使效用曲线向上移动 3 美元。

a. 用图形描述基础设施投资对城市和农村的影响。

b. 工人将从_____向_____迁移,这是因为……

c. 迁移[提高,降低]了农村的效用,[提高,降低]了城市的效用,其中一个[较大,较小]的变化发生在[城市,农村]。

d. 描述新均衡状态下农村和城市之间的劳动力配置状况。在新均衡状态下,城市工人数量是_____,农村工人数量是_____,均衡效用水平是_____。

7. 规模分布的例子

考虑一个拥有3个产业的区域,这些产业受地方化经济的影响,每个产业雇用300个工人。产业L有1个孤立的产业集群(该产业的所有企业位于一个孤立的城市,该城市用L表示),产业M有3个产业集群(该产业的所有企业平均配置到3个城市,分别用M1,M2,M3表示),产业S有5个产业集群(该产业的所有企业平均配置到5个城市,分别用S1,S2,…,S5代表)。上述城市不存在城市化经济。在一个拥有300个外贸型就业岗位的城市,每个外贸型就业岗位需要3个本地型就业岗位;在一个拥有100个外贸型就业岗位的城市,每个外贸型就业岗位需要2个本地型就业岗位;在一个拥有60个外贸型就业岗位的城市,每个外贸型就业岗位需要1个本地型就业岗位。

a. 完成下面的表格。

	外贸型就业岗位	本地型就业岗位	总数
城市 S	_____	_____	_____
城市 M	_____	_____	_____
城市 L	_____	_____	_____

b. 与规模最小的城市相比,规模最大城市的外贸型就业规模是其_____倍,总就业规模是其_____倍。总就业规模差距较大,是因为……

8. 大城市的专业化服务

完成如下描述:大城市可以提供专业的文化、法律、医疗、金融和其他服务,但是小城市很难获得这些服务,其原因在于专业化服务具有的特征是……

9. 令人烦恼的首府型城市

一些人常抱怨州首府(加利福尼亚州的萨克拉曼多、俄勒冈州的塞勒姆、华盛顿州的奥林匹亚)在感观上是令人厌烦的城市,因为相对于同等规模的城市而言,这类城市所能提供的商品和服务的种类都很少。浏览一下地图,然后解释一下为什么这些城市是令人烦恼的。

10. 一个城市的规模

假设某一地区有两种出口产品(手套和袜子)以及两种本地区消费的产品(文身和修指甲)。每种出口产品必须符合地方化经济,因此每个城市都专门生产一种出口产品。正如Wizard所说:"如果我的两个假设(一个是有关出口产品的假设,另一个是有关本地消费品的假设)是正确的,那么本地区所有的城市都将具有相同的规模。"假设Wizard的逻辑是正确的。列出他的假设,解释一下为什么他会暗示所有的城市都将具有相同的规模。

参考文献和补充阅读

1. Andes, Alberto F., and Edward L. Glaeser. "Trade and Circuses: Explaining Urban Giants." *Quarterly Journal of Economics* (1995), pp. 195—227.

2. Abdel-Rahman, H., and A. Anas. "Theories of Systems of Cities." Chapter 52 in *Handbook of Regional and Urban Economics 4: Cities and Geography*, eds. V. Henderson and J. F. Thisse. Amsterdam: Elsevier, 2004.

3. Audretsch, D., and M. Feldman. "Knowledge Spillovers and the Geography of Innovation," Chapter 61 in *Handbook of Regional and Urban Economics 4: Cities and Geography*, eds. V. Henderson and J. F. Thisse. Amsterdam: Elsevier, 2004.

4. Duranton, G., and D. Puga. "Nursery Cities: Urban Diversity, Process Innovation, and the Life Cycle of Products." *American Economic Review* 91 (5)(2001), pp. 1454—1477.

5. Gabaix, X., and Y. Ioannides. "Evolution of City Size Distributions," Chapter 53 in *Handbook of Regional and Urban Economics 4: Cities and Geography*, eds. V. Henderson and J. F. Thisse. Amsterdam: Elsevier, 2004.

6. Glaeser, E. "Learning in Cities." *Journal of Urban Economics* 46 (1999), pp. 254—277.

7. Henderson, V. *Urban Development: Theory, Fact, and Illusion*. Oxford: Oxford University Press, 1988.

8. Nitsche, V. "Zipf Zipped." *Journal of Urban Economics* 57 (2005), pp. 86—100.

9. Rosenthal, S., and W. Strange, "Evidence on the Nature and Sources of Agglomeration Economies," Chapter 49 in *Handbook of Regional and Urban Economics 4: Cities and Geography*, eds. V. Henderson and J. F. Thisse. Amsterdam: Elsevier, 2004.

10. U.S. Department of Transportation. *Summary of Travel Trends: 2001 National Household Travel Survey*. Washington D.C., December 2004.

11. Vernon, Raymond. "External Economies." In *Readings in Urban Economics*, ed. M. Edel and J. Rothenberg. New York: Macmillan, 1972.

附录:中心地理论

中心地理论由 Christaller(在 1966 年翻译成英文)发展起来,此前 Losch(在 1954 年翻译成英文)还对该理论进行了提炼式的讨论。中心地理论描述了不同产业的区位模式是如何组合形成一个既有少量大城市又有众多小城市的区域性城市系统的。中心地理论的研究对象是不同产业中各企业的市场区域,该研究对象也是中心地理论的研究起点。如果生产领域的规模经济相对于人均产品需求是足够大的,则每个企业都将需要一个相对大的区域去销售其生产的大量产品。例如,脑外科手术的人均需求非常低,脑外科手术需要的专业工具则是按照规模经济进行生产的。其结果是,脑外科中心在一个大的区域吸收该类病人,该中心也会选址在一个大城市。相反,理发店的人均需求相对于其规模经济而言是高的,因此一个理发店所能影响的区域相对较小,甚至在小城镇至少拥有一个理发店。

考虑一个拥有三种消费品的区域:书、比萨饼、珠宝。该地区有如下特征:

1. 人口密度。初始的人口是均匀分布的,该区域的总人口是 80 000 人。

2. 没有购物的外部性。 购物的外部性常发生在购买互补品（一站式服务）和不完全替代品（边比较边采购）的情况下。简化的中心地理论假定不存在购物的外部性。

3. 到处存在的投入品。 所有的投入品都可以在任何地点以相同的价格获取。

4. 相同的需求。 在整个区域内，对于每一种产品的人均需求都是相同的。

5. 商店的数量。 这三种商品的人均需求和规模经济均不同：

a. 珠宝。 相对于人均需求而言，其拥有较大的规模经济。每个珠宝店需要由一个拥有 80 000 人口的市场来支撑，而一个珠宝商的服务范围则是整个区域。

b. 书籍。 相对于人均需求而言，其规模经济处于中等水平。每个书店需要辐射拥有 20 000 人口的区域，因此，在这个区域共有 4 个书店。

c. 比萨饼。 相对于人均需求而言，其规模经济处于较低水平。每个比萨店需要辐射拥有 5 000 人口的区域，因此该区域将有 16 个比萨店。

在中心地理论模型中，企业基于它们的区位决策来获取特定的消费者。由于在所有区位企业拥有相同的生产成本（投入品是到处存在的），珠宝商将通过最小化出行成本使总成本最小化。由于人口密度是相同的，通行成本在区域中心处达到最低，因而珠宝商将在这里选址。一个城市将在珠宝店周边发展起来。珠宝企业的工人将居住在珠宝店附近，这样可以节省通勤成本。珠宝商附近的人口密度将提高，进而在该区域的中心形成一个城市（人口密度较高的地区）。在图 4A-1 中，一个城市在点 L 处发展起来。

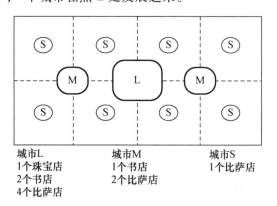

图 4A-1 中心地层级

在这个区域内有 11 个城市：1 个大城市（L），2 个中等规模城市（M），8 个小城市（S）。在大城市有更多种类的商品出售。

书店使一个区域划分为多个市场，并带动其他城市的发展。如果一个区域的人口密度是相同的，书店将把整个市场划分为 4 个相同的部分。然而，在该区域的中心有一个围绕珠宝商建立的城市，因此在城市 L 将有足够的需求来支撑 1 个以上书店的运营。假设城市 L 位于该区域的周边地区，该城市有足够的消费者来支撑 2 个书店的运营。那么，另外 2 个书店将剩余的区域分成 2 个市场区。在图 4A-1 中，在 M 地区发展起来 2 个以上的城市。

比萨店也将把该区域划分成不同的市场区，由此带动了更多城市的发展。上面谈及的城市大多是在珠宝店和书店周边发展起来的，这些城市有较高的人口密度，那么在城市 L 和 M 中比萨店的数量将超过 1 个。假设城市 L 的人口数量足以支撑 4 个比萨店，每个城市 M 有足够的人口支撑 2 个比萨店。最终，在城市 L 和 M 中将有 8 个比萨店，其他市场区也将被这些比萨店划分,并逐步变成上述 8 个比萨店所控制的市场区。正如图 4A-1 所示,8 个比萨店也在其他附属城市(用 S 代表)销售比萨。

这个矩形的区域共有 11 个城市。位于区域中心的大城市分别销售珠宝、书和比萨。城市 L 有 20 000 人口,这意味着它所拥有的人口数量足以支撑 4 个比萨店(每个比萨店需要 5 000 人口)。这个城市向来自周边 4 个城市 S 的消费者出售书籍,因此其覆盖的消费者数量是 40 000 人(20 000 人口来自城市 L,4 个城市 S 中每个城市有 5 000 人口),这些人口足以支持 2 个书店。2 个中等城市出售书籍和比萨。每个城市 M 都有 10 000 人口,这意味着每个城市足以支撑 2 个比萨店。每个城市还向周边的 2 个城市 M 的消费者出售书籍。因此,每个城市 M 面对的购书的消费者总数是 20 000 人(10 000 人来自城市 M,每个城市 S 有 5 000 人),这些人口足以使每个城市 M 有 1 个书店。每个城市 S 拥有 5 000 人口,说明每个城市可以支撑 1 个比萨店。

图 4A-2 描述了该区域内城市规模的状况。纵轴度量的是城市规模(人口),横轴度量的是城市等级。最大城市(L)有 20 000 人口,第二、第三大城市(M 代表的城市)均有 10 000 人口;第四大城市到第十一大城市均有 5 000 人口。

这个简单的中心地理论模型给出了一个城市层级系统。有三个差异较大的城市:L(高等级)、M(中等级)和 S(低等级)。城市规模越大,出售商品的种类也就越多。每个城市需要从高等级城市进口商品,并向较低等级的城市出口商品。相同等级的城市间的相互联系较少。例如,城市 M 从城市 L 那里进口珠宝的同时,向城市 S 出口书籍,但是它并不与同等级的城市 M 有直接的联系。类似地,城市 S 从大城市进口珠宝和书籍,但它与同类型的城市 S 没有贸易关系。城市系统是按照等级配置的,在这个系统中城市类型和贸易优势具有较大的差异。

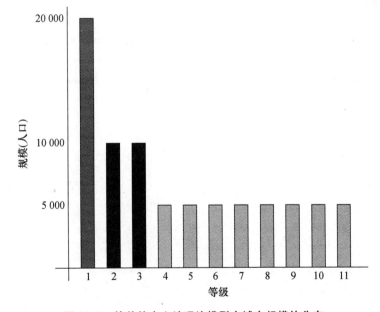

图 4A-2　简单的中心地理论模型中城市规模的分布

简单的中心地理论模型描述了一个城市系统,其中包括 1 个大城市(L),拥有 20 000 人口;2 个中等城市,每个城市拥有 10 000 人口;8 个小城市,每个城市拥有 5 000 人口。

简单的中心地理论模型讨论了企业的市场范围决策是如何综合考虑城市等级特征的,并给出了如下一些重要的观点:

1. 多元化和规模经济。 一个区域内的城市在规模和影响范围方面都有所差别。产生这种多元化特征的原因在于,不同城市的规模经济相对于人均需求来说存在差异,而这种差异又进一步使各城市拥有不同的市场规模。相反,如果3种产品相对于人均需求有相同的规模经济,其中在该区域内有16个珠宝商、16个书店和16个比萨店。这3种商品的市场区将进行组合,最终这个区域拥有16个同质的城市,而每个城市都将提供和出售这3种产品。

2. 城市规模大意味着城市数量少。 一个区域拥有的大城市数量较少,而小城市数量较多。一个大城市可以比小城市提供更多种类的商品,其原因在于那些仅由大城市提供的商品需要相对较大的规模经济。只有较少的商店销售受规模经济约束的商品,因此规模较大的城市数量将较少。在我们的例子中,城市 L 的规模最大,是因为那里有唯一的珠宝店。

3. 购物轨迹。 消费者通勤到大城市,而不是到小城市或者类似的城市。例如,消费者从城市 M 通勤到城市 L 去购买珠宝,但是他们没有通勤到其他的城市 M 或者城市 S 去购买书籍或者比萨。相反,他们会在自己的城市购买这些商品。

虽然中心地理论提供了一些有关城市层级的重要观点,但它所关注的消费品的例子在现实城市中的适用性还存在局限性。对于大多数企业而言,其区位决策部分取决于地方投入品成本(例如,劳动力、原材料、中间投入品)和集聚经济——地方化经济和城市化经济。中心地理论忽略了这些区位因素,因此它仅在城市经济的部分领域有适用性。

■ 参考文献

1. Christaller, Walter. *Central Places in Southern Germany*, trans. C. W. Baskin. Englewood, NJ: Prentice Hall, 1966.

2. Losch, August. *The Ecomomics of Location*. New Haven, CT: Yale University Press, 1954.

第 5 章
城市增长

> 一个经济预测者就像一个以斜视的目光投掷标枪的人:他虽然不能赢得每一场比赛,但他引起了大众的关注。
>
> ——匿名

城市经济一般有两种增长:首先,经济增长可以被定义为城市平均工资的增长或人均收入的增长;其次,就业增长可以被定义为城市总就业人数的增长。在本章,我们将探讨不同的收入和就业增长来源,分析城市总就业增长所引发的后果。所要解决的关键问题之一是,当就业规模扩大时,谁能从中受益?

5.1 经济增长:人均收入的提高

经济增长一般是指人均收入的提高。传统的、非地理意义的经济增长来源主要包括以下几个方面:

- **资本深化**。物质资本包括人类用以生产所有产品和服务的物质资料,如机器、装备和建筑。资本深化常被定义为工人人均资本数量的提高——它意味着劳动生产率和收入的提高,因为工人在工作中使用了更多的资本。
- **人力资本增长**。一个人的人力资本包括知识和技能,它们是通过学历教育和实践获取的。人力资本的增长也促进了劳动生产率和收入的提高。
- **技术流程**。任何提高劳动生产率的思想——从工人改进组织生产的常识,到科学家发明的高速计算机,都是技术流程的改进。其结果是提高了劳动生产率和每个工人的收入。

正如本书前面已经探讨的,从地理学角度来看,经济增长还有其他四个来源:

- **集聚经济**。地理位置上的相互接近提高了劳动生产率,这是因为它们可以分享中间投入品、劳动力储备、劳动力匹配效应和知识溢出效应。

城市发展之所以能够提高劳动生产率和收入,就是因为它可以为生活过程提供中间投入品,并使人们更容易进行面对面的交流。Lucas(2001)认为,城市就是经济增长的发动机。

区分城市收入水平的变化与城市收入增长率的变化,是一个很重要的研究内容。假设城市居民年人均收入从20 000美元增加到21 000美元,并保持在这个较高的水平上。虽然此时该城市的收入水平有了较大幅度的提高,但该城市的长期经济增长率并没有发生变化,为零。相反,假设某一城市的年均收入增长率从1%提高到了3%,如果该城市的收入连续多年保持较高的增长率,那么它的长期经济增长率必然是递增的。一个城市的经济增长率是由资本深化程度(人均资本每年是如何递增的)、技术进步率(每年开发出多少种新设想)、人力资本的增长率共同决定的。

为描述收入水平和经济增长效应之间的差别,可以首先考虑人力资本增长的影响效应。假设某一城市受过高等教育的人口从30%上升到35%,并保持在这个较高的水平上。如果劳动生产率的提高使人均资本收入从20 000美元增长到21 000美元,我们就可以把增长的这1 000美元当作测度经济增长的数据。一般来说,人力资本的增长还不能孤立地影响城市的长期经济增长率。然而,如果受过良好教育的劳动者每年都能开发出更多、更好的设想,那么技术进步率将会提高,并由此导致较高的长期经济增长率。

5.2 城市特殊的创新与收入

我们可以利用第4章给出的城市效用曲线来描述技术进步和人均收入之间的联系。下面考虑一下,一个地区有两个城市,总人口数量为1 200万,这两个城市在初始状态下具有同质性。图5-1显示了两个城市的效用曲线,在初始状态下这两条效用曲线具有相同的形状,且都呈凸状,这反映了集聚经济和规模不经济(增加的通勤时间,更加拥挤和更多的噪音、污染,较大的密度)之间有很强的关联性。在初始状态下,两个城市的效用曲线相同,初始均衡用点 i 表示。该地区的人口由这两个城市平均分配,每个城市各拥有600万人口,每个工人都有相同的效用水平,即70美元。

假设其中的一个城市通过技术革新提高了工人的劳动生产率。在图5-1中,该城市的效用曲线开始向上移动,那么在每一个就业水平上,工人都将具有较高的劳动生产率(和较高的收入)。例如,当这个创新型城市拥有600万就业人口时,工人的收入将从70美元(点 i)提高到80美元(点 j)。因此,在不存在迁移行为时,创新型城市的效用将比另一个城市的效用高出10美元。为缩小效用差,工人们将从生产效率低的城市迁往生产效率高的城市,也就是向创新型城市迁移,且工人的迁移行动将一直持续到两个城市的效用水平相等时才会停止。

新的均衡点可分别用点 s 和 b 表示。这是一个区位均衡,因为每个城市都有相同的效用(75美元),这两个城市的就业人口相加即为该地区的总就业人口:创新型城市(由点 b 表示)获得100万就业人口,另一个城市(点 s 所代表的城市)将减少同等数量的就业人口。这两个城市的工人效用水平将从70美元提高到75美元,意味着这两个城市的工人都将从技术革新中受益。另一个城市的工人之所以也能获得收益,原因就在于随着该城市人口数量的下降,其效用将沿着斜率为负部分的效用曲线向上移动,最终达到一个更高的效用水平。

图5-1给我们的一个启示是,一个城市的创新所产生的外部效应会向本地区的其他城市扩散。城市间效用水平的差距将随着劳动力迁移现象的出现而逐渐消失,劳动力迁移的行为直到城市间效用差距消失时才会停止。在我们的两城市区域模型中,城市间初始效用水平的

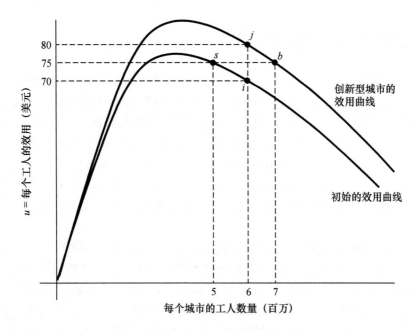

图 5-1 技术进步导致城市经济增长

初始的均衡可以用点 i 来表示,一个地区的劳动力总量由两个城市平均分配,每个城市都将拥有 600 万人口。其中的一个城市进行技术创新后,将推动该城市的效用曲线向上移动。在劳动力缺乏流动性的条件下,创新型城市的均衡点将移向点 j。当存在劳动力迁移行为时,产生了均衡点 b(创新型城市)和 s(另一个城市)。创新提高了这两个城市的效用水平,并使人口向创新型城市转移。

差距为 10 美元(由点 i 和点 j 表示),在均衡状态下,每个城市的效用水平都得到了提高,效用水平增加额等于初始效用差距的一半(5 美元):效用水平从 70 美元提高到 75 美元。

在一个范围较大的地区,人均效用水平提高的幅度将很小。当该地区有 10 个城市,而不是两个城市时,将会有 5 倍于原来人口的人共同分享创新的外部性收益。例如,初始的效用差距为 10 美元,由 10 个城市来承担这个效用差的结果是,每个城市的人均效用仅增加 1 美元。

区域范围内的创新与收入

下面考虑一下两个城市都进行创新时将会产生的影响。假设有两个城市经历了相同的创新过程,并且城市效用曲线以相同的幅度向上移动。在这种情况下,城市效用曲线均从点 i 移向点 j,点 j 是新的均衡点。由于这两个城市经历了相同的劳动生产率变化,因此它们之间不存在效用差和劳动力迁移问题。其结果是,每个城市均将维持拥有 600 万就业人口的状态。

我们已经发现,技术创新——由效用曲线向上移动表示——可以提高整个区域内的均衡效用和人均收入。相同的逻辑同样适用于能够推动生产率提高的其他因素,比如资本深化、人力资本的增长,以及地方化和城市化经济带来的生产率的提高。

5.3 人力资本与经济增长

城市经济学家已经探讨了人力资本对城市劳动生产率和收入的影响。随着工人受教育水平和劳动技能的提高,其劳动生产率也会相应提高,而雇主间的相互竞争,又会进一步抬高企业所需要的高技术工人的工资。另外,工人还可以从其他人那里学到知识——以正式的或者非正式的形式——一个拥有较高人力资本的工人,可以有更多的知识与别人分享,他本人也会有较高的沟通技能。如果具有较高教育水平的工人产生了更多的创意,那么人力资本的增加同时也会增大技术创新的概率。Glaeser、Scheinkman 和 Shleifer(1995)指出,1960—1990 年,较高的人力资本促进了城市人均收入水平的提高,由此可以得出人力资本和技术革新率之间有着某种联系。

最近几十年,大都市地区受过高等教育的居民占总人口的比例有了显著提高。1980—2000 年,美国大都市地区该比例从 0.17 上升到 0.23。2000 年,各城市高等教育人口占总人口的比例有相对固定的变化,均从 0.11 上升到 0.44。自 1990 年以来,高等教育人口份额增长迅速,增幅超过平均数,各大都市区间的差距也因此逐渐扩大。例如,高等教育的份额位于前七位的城市中,有三个城市是近十年发展起来的,但其高等教育人口的份额却经历了最大幅度的增长。

有证据表明,低技术工人是教育溢出效应最大的受益者。据估计,城市就业者中受过高等教育的人数比例每增加 1%,那些具有高中学历的就业者的工资就将增长 1.9%;而具有高中学历的就业者的工资每增长 1.6%,那些具有高等学历的就业者的工资就将增长 0.4%(Moretti, 2004)。这反映了一个一般性规律,即城市经济增长趋向于缩小收入差距(Wheeler, 2004)。

最近关于生物工程产业的研究表明,该产业顶尖人才的集聚是影响生物工程企业建立的一个重要因素(Zucker, Darby, Brewer, 1998)。生物工程企业一般在该产业人力资本丰富的地区选址,在生物工程科学家集聚的地区更是如此(这些特殊的人力资本包括研究遗传基因的专家)。虽然许多科学家与大学和研究中心建立了联系,但是关键的影响因素是科学家的人力资本,而不是大学或者研究中心本身。

在欠发达国家,中等教育(中学)是影响收入增长的一个重要因素。根据近期对中国城市的研究(Wody and Wang, 1997),在符合上学条件的城市人群中,当中等教育入学比例从 30% 提高到 35% 时,总产出增长率就会提高 5 个百分点。随着入学比例的提高,它的影响也逐渐消失:当入学率从 55% 增加到 60% 时,产出增长率仅提高 3 个百分点。在外商投资水平相对较高的城市中,中等教育极大地推动了生产率的提高,这暗示着外商投资和人力资本投资之间是一种互补性投入的关系。

5.4 城市劳动力市场

我们可以用一个城市劳动力市场模型解释城市中均衡工资与总就业背后的市场驱动力。我们假设大都市区是区域经济的一部分,家庭和企业可以在该地区的不同城市间自由流动。

劳动力需求来自本城市的企业,而劳动力供给则来源于生活在本城市的家庭。该模型描述了劳动力需求和劳动力供给变化对均衡工资及总就业水平的影响。

5.4.1 城市劳动力需求

正如附录"微观经济学工具"所解释的那样,劳动力需求曲线也是一条边际收益曲线,它表明了雇用一单位额外劳动力的边际收益。劳动力的边际收益也是一单位额外劳动力所产生的边际收入,即:

$$边际收益产品 = 边际产品 \times 产品价格$$

边际产品(又叫边际物质产品)可以定义为随着一单位额外劳动力的增加而增加的产品。劳动力需求曲线具有负的斜率,这是因为随着劳动力数量的增加,劳动力的边际产品递减,从而减少了边际收益产品(即边际收益)。企业一开始自然会雇用生产率最高的工人,但是随着劳动力数量的不断增加,他们不得不雇用生产率更低的工人。随着生产率较低的工人不断加入城市劳动力队伍中,劳动力的边际产品也就减少了,从而也减少了劳动力的边际收益产品。

正如我们在第 3 章所看到的,集聚经济提高了劳动生产率。因此,随着城市总就业量的增加,劳动力的边际产品增加了,也就提高了劳动力的边际收益(也就是边际收益产品)。如果我们先分析没有集聚经济的需求曲线,然后再分析集聚经济的生产率效应,就会发现存在集聚经济的情况下的需求曲线更平坦了:集聚经济及其产生的生产率的提高减缓了由于劳动力扩张而导致的一般生产率的下降。换句话说,集聚经济产生了一条更平坦的劳动力需求曲线,其劳动力需求弹性相对较大。

图 5-2 表明了集聚经济对于城市劳动力需求的意义。图中相对陡峭的需求曲线是一条没有引入集聚经济的传统意义上的需求曲线。与此相对应,相对平坦的是引入集聚经济的需求曲线。随着总就业量的增加,集聚经济提高了生产率,并且减缓了企业雇用生产率较低的工人时所发生的边际生产率的降低。

为了证明集聚经济对城市劳动力市场的重要性,我们考虑市场工资增长的影响效应。在图 5-2 中,我们假设工资从 w' 增加到 w''。当不存在集聚经济时,劳动力需求的总规模将从 N' 下降到 N'',这时企业会解雇那些边际收益产品(边际产品乘以产品价格)低于拥有较高工资的工人;当存在集聚经济时,劳动力需求规模缩小得更多,将下降到 N^*。当总的就业量减少及经济萧条时,集聚经济的影响就会消失(共享投入品、劳动力蓄水池、劳动力匹配性和知识溢出效应下降的结果),其结果是降低了劳动生产率及工人的边际收益产品。这时,企业将解雇那些边际收益产品降到新工资水平以下的工人。由此我们可以得出结论,集聚经济提高了城市劳动力规模缩小的速度,这是因为集聚经济效应的消失使工人的生产率变得更低。

同样的逻辑可以用来分析工资的降低。当工资降低时,将会有更多工人的边际生产率超过一个较低的工资。当就业量增加、经济增长时,集聚经济可以产生较高的收益(共享投入品、劳动力蓄水池、劳动力匹配性和知识溢出效应提高的结果),提高了劳动生产率和工人的边际收益产品,这时企业将扩大那些边际收益产品高于新工资的工人的雇佣规模。集聚经济增加了城市就业总人数,这是因为集聚经济效应使工人变得更有效率。

我们也可以通过工资变化对劳动力需求数量的影响来解释劳动力需求曲线的斜率。对于传统的需求曲线,工资的增长有两方面的效应:

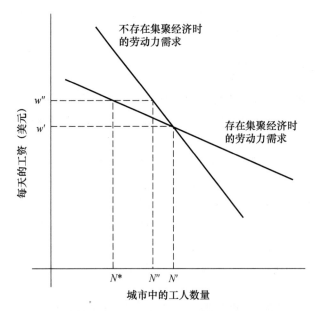

图 5-2　集聚经济与城市劳动力需求

集聚经济产生了一条相对平坦的劳动力需求曲线,当工资从 w' 增加到 w'',且不存在集聚经济时,劳动力需求数量从 N' 下降到 N'';当存在集聚经济时,劳动力需求数量下降到 N^*。

1. 替代效应。 城市工资的增长促使企业用其他投入品(资本、土地和原材料)替代价格相对较高的劳动力。

2. 产出效应。 城市工资水平的提高进一步增加了生产成本,企业也会因此提高产品价格。面对较高的产品价格,消费者将减少产品消费量,这样企业就不得不降低产量和雇用少量的工人。

对于城市劳动力市场来说,集聚经济的出现使工资的增长产生了第三种效应。

3. 集聚效应。 工资的增长及其带来的劳动力需求规模的缩小削弱了集聚经济,降低了劳动生产率,也进一步缩小了劳动力需求规模。

劳动力需求曲线之所以有负的斜率,是因为工资的增长产生了替代效应、产出效应以及集聚效应。

5.4.2　城市劳动力需求曲线的移动

是什么因素导致需求曲线向右或向左移动呢?下面几个因素决定着需求曲线的位置:

1. 出口产品的需求量。 城市出口需求的上升导致企业提高出口产品的产量,使得产品需求曲线向右移动:在每一个工资水平下,有更多的工人将被雇用。

2. 劳动生产率。 劳动生产率的提高降低了产品的生产成本,并允许企业降低产品价格、增加产出和雇用更多的工人。正如本章前面所谈到的,劳动生产率促进了资本深化、技术进步,同时也导致了人力资本和集聚经济效应的增加。

3. 商业税率。 商业税率的提高(公共服务质量不相应提高)进一步增加了产品的生产成本,企业进而会抬高产品价格,消费者需求量下降,又会使企业降低产品的产量,同时缩小劳动力需求规模。

4. 产业公共服务。产业公共服务质量的提高(税率不相应提高)降低了产品的生产成本,这样企业就会增加产出并扩大劳动力需求规模。

5. 土地利用政策。工业企业需要生产场所:(a)该生产场所必须与市内和城市间的交通网有很好的通达性;(b)还必须提供完善的公共服务(供水、排污设备、电力)。根据土地利用和基础设施使用政策,必须确保工业用地有适当的供给。对于城市来说,它必须能够留住现存企业,创造条件保证它们的生产运作产生外部扩散效应,同时还必须对新企业产生较强的吸引力。

5.4.3 出口与本地就业和乘数效应

我们可以将城市经济生产部门分为两种类型:出口部门和本地部门。出口产品被卖给其他城市的居民。例如,钢铁生产者将他们生产的大部分产品卖给本城市以外的消费者。相反,本地产品则仅销售给本市居民。一个城市的总就业规模等于出口部门的就业与本地部门的就业之和。

两种类型的就业通过乘数效应使彼此之间产生联系。假设钢铁生产者通过雇用100个额外生产工人来扩大其生产规模,这些工人生产的产品主要用于出口。工人们用赚取的部分收入购买本地产品或服务,如食品、理发服务和书籍。那些生产本地产品的企业可以雇用更多的工人去增加产出,因此出口部门就业的增加将导致本地部门就业的增加。新增加的本地就业人员反过来又会用他们的部分收入购买本地产品,从而支撑了本地部门的就业。本地经济部门的消费和再消费行为支撑了本地型就业,因此总就业增加的规模将超过出口部门就业的初始增加额。

出口部门就业的增加会创造出多少个本地型就业岗位呢?为了回答这个问题,政策制定者检验了城市经济体内企业间的相互影响程度,并估计了其就业乘数(它被定义为出口部门就业每增加1单位将导致的总就业规模的变化量)。如果乘数为2.10,说明出口部门就业每增加1单位,将直接导致出口部门就业人数增加1单位,同时将间接导致本地型就业人数增加1.10单位,这样它就将导致总就业人数增加2.10单位。

表5-1给出了波特兰都市区不同产业的就业乘数值。从表中可以看出,不同产业的就业乘数值有很大的差异,最低为1.46(光学仪器和透镜制造部门),最高为2.77(独立的艺术部门)。对于服务部门(法律、建筑、规划、计算机、咨询、科技及广告部门)来说,就业乘数为1.51—2.21。对423个产业进行估计后得出,这些产业平均的就业乘数为2.13,也就是对于大都市区而言,出口部门就业每增加1单位,总就业规模平均将增加2.13单位。

表 5-1 大都市区的就业乘数值

产业	波特兰都市区的就业乘数
冷冻食品制造	2.40
葡萄酒酿造业	2.74
纺织业	1.82
地毯制造业	1.88

(续表)

产业	波特兰都市区的就业乘数
制鞋业	1.92
包装业	2.13
照相胶片和化学制品业	2.53
光学仪器和透镜制造业	1.46
纤维光纤电缆制造业	2.71
重型卡车制造业	2.55
摩托车、自行车及其配件制造业	1.92
软件发行业	2.17
保险服务业	2.49
法律服务业	1.76
建筑设计和工程服务业	1.74
计算机程序设计服务业	1.58
计算机系统设计服务业	2.21
其他计算机相关服务业	1.60
管理咨询服务业	1.66
环境和其他技术咨询业	1.78
科学研究和发展服务业	1.51
广告及相关服务业	1.67
医院部门	2.13
大众体育部门	1.54
独立艺术家、作家及表演业	2.77
博物馆、历史文化遗址和公园	2.19

资料来源：ECONorthwest。

图 5-3 描述了出口规模扩大对城市劳动力需求曲线的影响。假设出口规模扩大导致出口部门的雇工数量增加 10 000 人。此时，城市需求曲线将从 D_1 向右移动到 D_2，这些被额外雇用的 10 000 人每天的工资为 100 美元。如果就业乘数为 2.10，每个出口部门的就业岗位可以派生出 1.10 个本地部门的就业岗位，因此需求曲线将向右移动，本地部门将增加 11 000 个就业岗位（从 D_2 移动到 D_3）。该城市总的劳动力需求将增加 21 000 人（是出口部门就业总量的 2.1 倍）。

5.4.4 劳动力供给曲线

下面考虑一下劳动力市场中的供给因素。供给曲线具有正斜率，这意味着工资水平越高，城市工人数量就越多。本节针对劳动力供给曲线给出两个简单的假设：

• **每个工人的工作时间固定**。关于劳动力供给的经验证据表明，工资水平的提高对总劳动时间没有显著影响，部分工人的工作时间可能长一些，其他工人的工作时间可能短一些，但平均来说，人们的工作时间基本上相同。

• **劳动力参与率固定**。我们假设工资的变化并不会改变就业人口占城市人口的比重。在这两个假设下，工资上涨将导致劳动力供给增加，因为此时会有更多的工人迁移到城市。

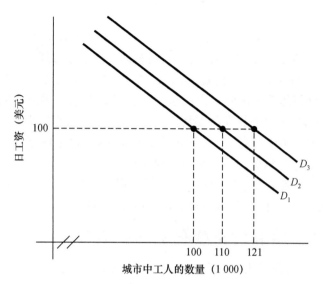

图 5-3　出口部门就业增长的直接效应和乘数效应

如果出口部门的就业增加 10 000 人,劳动力需求曲线将向右移动(从 D_1 到 D_2),这是因为存在直接效应(增加 10 000 个工人所导致的),而在乘数效应的作用下(额外增加的 11 000 个本地工人),劳动力需求曲线将进一步向右移动(从 D_2 到 D_3)。

为什么供给曲线具有正斜率呢? 因为一个城市的就业总量增加,自然会扩大住宅和土地的需求,促使其价格上涨。回想一下城市经济学第一公理:

通过调整价格实现区位均衡

为了实现劳动力市场均衡,增长型城市必须提供足够高的工资,以补偿城市工人所面临的较高的生活成本。城市生活成本对劳动力供给规模的弹性为 0.20(Bartik,1991):

$$e(C,N) = \frac{生活成本的变化率}{劳动力供给规模的变化率} = 0.20$$

例如,劳动力供给增长 10%,将导致生活成本增加 2% 左右。这意味着,在实际工资保持固定不变的情况下,工资对劳动力供给规模的弹性也必定等于 0.20:

$$e(W,N) = \frac{工资的变化率}{劳动力供给规模的变化率} = 0.20$$

我们可以用这些数字来计算劳动力供给弹性,该弹性被定义为工资的单位变化率所引起的劳动力供给数量的变化率。它正好是工资对劳动力供给规模弹性的倒数。

$$e(N,W) = \frac{劳动力供给规模的变化率}{工资的变化率} = 5.0$$

劳动力供给弹性为 5.0,那么工资增长 2%,将导致劳动力供给以 5 倍于该比例的速度增长,或者说劳动力供给规模将增长 10%。该弹性主要适用于独立的城市,它要远远高于全国的劳动力供给弹性(接近于零),这是因为全国范围内的劳动力迁移规模要小于城市间的劳动力迁移规模。

引起劳动力供给曲线向左或向右移动的因素有哪些呢? 劳动力供给曲线的位置主要由

以下几个因素决定：

1. 舒适性。提升城市吸引力的任何事情（除工资以外）都会导致劳动力供给曲线向右移动。例如，空气质量或者水质量的改善，将吸引更多的人向该城市迁移，其结果是劳动力供给增加。简而言之，消费品或服务种类（餐饮、娱乐）的增加，会引起劳动力供给的增加。

2. 非舒适性。任何降低城市吸引力的事情都会导致劳动力供给下降，并使劳动力供给曲线向左移动。例如，犯罪率的提高将促使人们离开该城市，从而减少劳动力供给。

3. 住宅税。住宅税率的提高（公共服务质量不相应提高）会降低城市的相对吸引力，引起居民向其他城市迁移，导致劳动力供给曲线向左移动。

4. 住宅区的公共服务。住宅区公共服务质量的提高（税率不相应提高）会提高该城市的吸引力，引起居民向该城市迁移，导致劳动力供给曲线向右移动。

5.4.5 劳动力供给和需求变化的均衡效应

图5-4描述了出口规模扩大对城市劳动力市场的影响。工人数量增加21 000人后，劳动力需求曲线向右移动，这是出口部门增加10 000个就业岗位所产生的效应。然而，随着城市人口的增加，住宅和土地价格也必然上涨，由此需要支付给工人较高的工资，以弥补其较高的生活成本。换句话说，城市将沿着供给曲线向右上方移动。均衡工资从每天100美元增加到每天103美元，均衡劳动力数量从100 000人增加到115 000人。

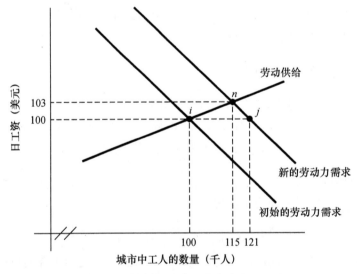

图 5-4 出口部门就业增长所引发的均衡效应

出口部门的就业增长将导致需求曲线向右移动，其中包括直接效应和乘数效应。随着工资和总就业的增长，劳动力市场均衡点将从点 i 移到点 n。

图5-4还表明，预测出口部门就业增加的影响效应时需要讲究技巧。利用就业乘数预测总就业人数的变化情况是一个很简单的方法，其中总就业人数的变化是由出口部门的就业发生改变引起的。以一组数字为例，用这种方法所预测的总就业人数变化量为21 000人（10 000人的2.1倍）。这种方法告诉我们的是需求曲线水平位移的情况，而不是均衡就业的

变化情况。为了正确地预测总就业的变化量,我们还必须知道供给和需求曲线的斜率。

我们可以利用下面两个简单的公式,来预测一下就业需求增长对城市均衡工资和均衡就业的影响。均衡工资变化的公式为:

$$均衡工资变化的变化率 = \frac{就业需求的变化率}{E_d + E_s}$$

其中就业需求的变化率是需求曲线的水平位移,E_s是供给弹性,E_d是需求弹性的绝对值。在图5-4描述的例子中,需求曲线水平位移到了21%的水平(等于21 000/100 000)。假设需求弹性的绝对值是2.0,供给弹性是5.0,那么工资的变化率就可以表示为:

$$均衡工资的变化率 = \frac{21\%}{2+5} = 3\%$$

由于劳动力市场沿着供给曲线向上移动,因此我们可以利用供给弹性计算就业规模的变化率[①]:

$$就业规模的变化率 = E_s \times 工资的变化率$$
$$就业规模的变化率 = 5 \times 3\% = 15\%$$

在这种情况下,劳动力需求增长21%将导致工资增长3%,总就业规模扩大15%。

图5-5描述了劳动力供给增长效应。假设城市完善了住宅公共服务,例如,城市改进了其公共安全计划,或者通过改进交通体系降低了通勤成本。在图5-5中,劳动力供给曲线向右移动:在每一个工资水平上,有更多的人愿意在城市里工作和生活。供给曲线的移动提高了均衡就业水平,降低了均衡工资。Eberts和Stone(1992)研究了地方基础设施改善对工资及总就业的影响,图5-5所描述的内容与他们的研究结果相一致。在那些提供高等级混合公共产品的城市,工人们能够接受较低水平的工资。

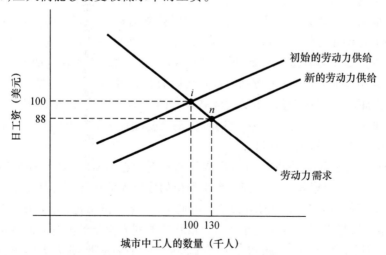

图5-5 公共服务改善产生的均衡效应

住宅公共服务的改善促进了劳动力供给规模的扩大,并使劳动力供给曲线向右移动。随着工资的下降和总就业规模的扩大,劳动力市场均衡点将从点i移动到点n。

---

① 在均衡状态下,劳动力供给规模等于劳动力就业规模。——译者注

5.5 美国制造业集聚带的就业增长与下降

城市劳动力市场模型为分析美国东北和大湖地区制造业集聚带就业先增长后下降的特征提供了思路。美国东北和五大湖地区制造业集聚带发展于19世纪后半叶,生产领域的创新使企业能利用规模经济,许多生产流程需要大量的相对不流动的资源(例如煤炭、铁矿石),制造业集聚带有先天的优势,能够更容易地获得这些资源。因此,制造业都集中在那些有丰富的不流动资源的地区。1947年,该制造业集聚带就业人口占到全国制造业就业总人口的70%。

20世纪后半叶,美国的制造业生产变得更加分散。1987年,全国有9个州有制造业集聚带,其中7个州的制造业就业人口在全国制造业就业所占的17.6%的份额中所占的比例在2.4%以内。到2000年,传统的制造业集聚带仅占全国制造业就业的40%,刚好高于它在总就业中的份额。制造业分散的一个重要原因是交通成本的降低削弱了传统制造业集聚带的自然优势。

制造业的分散降低了整个传统制造业集聚带对制造业工人的需求。在一些城市,均衡总就业量的下降导致人口流失,1970—2000年这一时期中存在流失人口的城市包括底特律(7%的流失率)、克利夫兰(28%的流失率)和匹兹堡(5%的流失率)。与此相反,尽管存在制造业就业人口的流失,许多城市仍然得到了发展。在过去三十多年间,人口增长的城市包括波士顿(11%的增长率)和明尼阿波利斯(50%的增长率)。

5.5.1 人力资本的重要性

什么能解释这些城市不同的经历呢?正如Glaeser(2009)所指出的那样,关键的因素在于人力资本的储备。在诸如底特律、克利夫兰和匹兹堡这样一些衰落的城市中,拥有大学学位的工人队伍的比例相对较低,而相反,在诸如波士顿和明尼阿波利斯这样的成长型城市中,拥有大学学位的人数相对较多。在20世纪的后40年中,对低技术含量的体力劳动力(在制造业和其他行业中)的需求下降了,然而,对高技能的脑力劳动力(在金融、法律服务、医疗行业)的需求却增加了。那些拥有众多受过较高教育的劳动力的城市,可以更容易地向以高技能的脑力劳动就业为主导的经济转型。相反,劳动力受教育水平较低的城市将很难应对经济环境的变化,因此其经济将陷入衰退。

许多研究已经证实了人力资本与城市增长的关系。在Glaeser对1980—2000年这段时期的研究中,估计的人口增长相对于拥有大学学位的成年人的份额的弹性是1.2,即大学学位10%的增加带来了城市人口12%的增长率。由此Glaeser得出结论,对于旧的制造业集聚带来说,人力资本在解释不同城市间就业和人口增长的差别方面是最强有力的变量。以1900—2000年间的城市样本为例,Wolman及其同事(2008)的研究表明,拥有大学学位的人口份额增加1个百分点会使城市就业增长0.60个百分点。

5.5.2 衰落城市中的劳动者与住宅市场

从前面章节的讨论中我们已经了解到,城市劳动力供给曲线具有正斜率,这是因为大城市有更高的住宅价格。对于既定职业来说,要实现地区劳动力市场的区域均衡,各城市的实际工资(市场工资除以生活成本)必须相等。假如一个较大的城市有更高的住宅价格的话,那么,它就必须拥有更高的市场工资来弥补更高的生活成本。

衰落城市最近的实践为我们分析城市劳动力与住宅市场的相互作用提供了一些重要的思路。正如我们在本书的后面部分将要看到的,由于住宅属于不动产,因此它具有自己的特性:一栋维护较好的住房能持续使用几十年。其结果是,旧住宅的供给是相对无弹性的,并且呈下降的趋势。正如图 5-6 所显示的,供给曲线在最初的市场均衡数量处呈现弯折。在价格上涨时,住宅供给数量呈现一定幅度的增加;但是,在住宅价格下降时,住宅供给数量下降的幅度则相对较小。其结果是,需求下降——由总就业和人口的减少所导致——导致价格出现较大幅度的下降,而供给数量下降的幅度则相对较小。

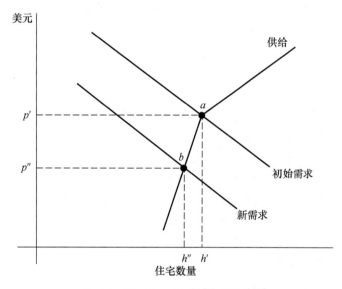

图 5-6 耐用住宅与弯折的供给曲线

住宅是耐用品,因此在初始均衡状态下(点 a),其供给曲线呈弯折状,需求下降使价格有较大幅度的下降(从 p′ 到 p″),但供给数量减少的幅度相对较小(从 h′ 到 h″)。

弯折的供给曲线对区域劳动力市场有重要的意义。当城市衰落时,可以通过住宅价格的大幅下降和市场工资水平的小幅降低来实现区域劳动力市场的区位均衡(等于不同城市间的实际工资)。换句话说,在不同的城市间,工人们的工资可能大致相同,但是面对的住房价格却有很大的不同。将典型的衰落城市与典型的成长型城市作比较(Gyorko,2009),衰落城市的工资较成长型城市低 2%(14.49 美元∶14.75 美元),住房价格低 37%(71 560 美元∶112 540 美元)。

5.6 公共政策与均衡就业

公共政策将通过改变劳动力供给曲线和劳动力需求曲线的位置,来影响城市的均衡就业水平。正如本章前面所解释的,地方政府可以通过制定本地教育、公共服务、商业基础设施和税收等政策,来改变劳动力供给曲线和劳动力需求曲线的位置。在本部分,我们将集中研究不同公共政策对企业——劳动力市场需求的主体——选址决策的影响。要解决的问题是，判断一项特定的政策是否对企业产生吸引力或者排斥力。

5.6.1 税收与区位选择

在最近几十年，有许多学者研究了地方税收政策对企业区位选择和城市就业增长的影响。Bartik(1991)对这些研究进行了总结。事实证明，本地税收政策对就业增长有较强的负面影响：在其他条件相同的情况下，高税率城市的就业增长率低于税率较低的城市。当然，这里所说的其他条件包括公共服务政策。经验研究表明，那些具有相同的公共服务水平但纳税义务存在差异的城市进行比较时，税率较高的城市的就业增长速度较慢。

我们可以区分两种类型的商业区位决策：城市间区位决策（选择一个城市区或都市区）和城市内区位决策（选择某一城市内或都市区内的一个地区）。商业活力对纳税义务的弹性被定义为纳税税率的单位变化率导致的商业活力的变化率。

- **城市间区位决策**。在城市之间，商业活力对纳税义务的弹性为 -0.10 — -0.60：都市区税率每提高10%，其商业活力将下降1%—6%。
- **城市内区位决策**。在城市内部，商业活力对纳税义务的弹性为 -1.0 — -3.0：如果市政当局将税率提高10%，那么该城市的商业活力将下降10%—30%。

城市内区位决策的弹性较大，因为企业在都市区内的流动性要比都市区间的流动性高。显然，都市区内不同区位间的替代性要高于都市区之间的替代性。

最近的两个经验研究值得我们关注。首先，制造业企业比其他类型的企业更关注税收的差异。这是显而易见的，因为制造业企业面对的是全国的市场，国内有众多可供其选择的区位。其次，大都市区对资本征收较高的税率（以向商业不动产征税的形式），这将会驱除资本密集型产业，吸引劳动密集型产业。

5.6.2 公共服务与区位决策

事实证明，地方公共服务对区域商业发展有很显著的正向影响。如果两个城市仅在公共服务质量上存在差异，那么公共服务质量较好的城市将以更快的速度发展。类似地，在其他条件（包括税收）相同的情况下，如果一个城市改善了其公共服务，那么它也将以较快的速度发展。公共服务中的教育和基础设施对商业发展有最显著的正向影响。

税负和公共服务支出同时提高是如何影响企业区位选择和商业活力的呢？Helms(1985)和Munnell(1990)在研究该问题时指出，税负提高的影响效应取决于额外税收如何进行配置。如果额外税收用于本地公共服务投资（基础设施、教育或者公共安全），那么税收计划或者支出计划将提高城市的吸引力，并推动就业的增长；相反，如果额外税收用于对穷人的再分配计划，那么税收的变化会降低该城市的吸引力以及城市就业的增长率。

5.6.3 补贴与激励计划

许多城市试图提供特殊的补贴来吸引新企业落户于此。其中的一个方法是用特殊的税收减免政策吸引企业，例如，免除10年的房地产税的政策。一些城市直接贷款给开发商，其他企业则可以从私人机构获得政府担保贷款。一些城市则对土地利用和公共服务的新开发项目给予补贴。城市也可以购买一块土地,平整该土地并修建道路和下水管道,然后再卖给开发商,这样开发商就可以较低的成本获取及开发这块土地。

对经济发展规划的经济绩效进行的研究表明,这些规划的影响效果并不显著。对底特律地区 16 个案例进行研究时发现,仅有 5 个案例能够说明本地经济发展政策对商业活动有正向影响(Wassmer, 1994)。而对其他 11 个案例来说,不是对其商业活动没有影响,就是有负向影响。对保税区(城市内部的一部分地区,在那里企业可以支付较低的税率,获得培训员工的补贴以及免受地方性法规的限制)进行研究时发现,区内企业的运营效率实际上并不高。

一项有关房地产税免除的研究(Anderson and Wassmer, 1995)探讨了,为达到吸引企业的目的,城市间是如何进行竞价的。下面是一个典型的案例。一个企业实际上已经决定了要在一个特定的城市选址,但它还是向较差一级的城市提出了税收减免要求。由于手中握有较差一级城市的竞标机会,于是该企业向它希望落户的城市也提出了类似的税收优惠申请,使该城市与较差一级的城市展开竞标。如果企业首选的城市满足了其税收优惠要求,那么该企业自然会落户于这个城市。然而,事实上即使企业首选的城市不提供税收优惠,该企业也会选择这个城市。

5.6.4　专业运动、运动场与就业

1997 年,环绕旧金山都市区的广告牌上写着:"建造运动场,创造就业。"那是为旧金山 49 人队(San Francisco 49ers)建造新的足球场,号召市民筹集 1 亿美元建设资金而设立的标语。虽然这项活动在旧金山进行得不是很顺利,但是许多城市都对专业运动设施的建设给予了补贴(Noll and Zimbalist, 1997)。1989—1997 年,美国建造了 31 个新运动场,平均建设成本约 1.5 亿美元。建造运动场是推动经济发展的有效手段吗?它们能创造就业机会吗?

通过建造运动场创造就业岗位的逻辑是容易理解的。一个新运动场可以吸引一支专业运动队,或者维持一支现有的运动队。像其他组织一样,专业运动队可以出售品牌,雇用职员,其中包括运动员、场地维护员、售票员、会计和媒体工作者。另外,运动队的雇员又可以用赚取的收入在本地进行消费,从而产生乘数效应,提高餐馆、牙医门诊和五金商店的就业数量。然而,一个专业运动队能够创造多少额外就业呢?

虽然建造运动场的支持者的宣传有些夸张,但是修建运动场所产生的就业创造效应却并不显著。亚利桑那州 Diamondbacks 运动场的建造成本为 2.4 亿美元,但是它仅给该地区带来 340 人的就业增加量。这些数字包括直接效应(运动队雇用的职员)和乘数效应(本地区的就业岗位)。换句话说,每个就业岗位的成本是 705 882 美元。其他城市建造运动场所产生的就业效应也同样不显著。在丹佛、堪萨斯城和圣地亚哥,它所带来的就业额外增加量为 128—356 人。通过城市间的比较研究发现,在大约 1/4 的城市中,专业运动队仅产生了较小的正向效应(Baade and Sanderson, 1997)。在大约 1/5 的城市中,运动队的存在反而缩小了总就业规模。

为什么一个运动队会产生如此低的就业效应呢?一般来说,消费者用于专业运动项目上的绝大部分的费用,是以牺牲本地产品如电影和餐饮方面的消费为代价的。当一个运动队来到某一城镇时,将有很大一部分资金从本地产品的消费上分流出来,用于运动项目上的消费。例如,如果在运动场内有许多爆米花销售者,那么在电影院附近就很少有他们的身影。类似

地,一项体育活动只不过为人们提供了喝啤酒的场所。因此,即使消费者的消费产品从电影和其他本地产品转向了运动项目,运动队所产生的就业效应也还是非常低的。

运动队推动就业增长的实际动力,来源于他们吸引都市区以外资金的能力。当一些旅行者从普罗维登斯(Providence)去波士顿看红袜队(the Red Sox)的比赛时,在门票、纪念品和食品上要花费50美元,那么它将扩大波士顿的经济规模,而普罗维登斯的经济规模要有同样数量的缩小。其结果是,波士顿的总就业和消费支出都在增加。然而,由于大多数花费在运动项目上的资金都来源于本地消费者,因此这些运动项目并不会创造更多的就业岗位。

5.6.5　环境质量与就业

环境质量与就业之间需要进行权衡吗?下面分析一个仅有两个产业的城市:污染较重的钢铁产业和一个清洁产业。假设该城市征收污染税:钢铁企业每生产1吨污染物,必须支付100美元的污染税。污染税对劳动力市场有如下几个方面的影响:

1. 需求曲线的移动。税收提高了钢铁企业的生产成本,推动钢铁价格上涨。对于消费者来说,他们将减少钢铁的购买量,导致钢铁企业降低钢铁产量,其劳动力需求也会随之下降。在图5-7中,劳动力需求曲线将向左移动。

2. 污染的降低。污染税之所以可以降低空气污染,主要有两个原因:第一,钢铁企业为降低污染税支出(安装污染物净化设备,改变原材料投入或者改进生产流程),将减少污染物的排放量,从而降低了每吨钢铁产生的污染物。第二,钢铁价格的上涨还会导致钢铁总产量的下降。

3. 供给曲线的移动。城市空气质量的改进提高了该城市的相对吸引力。对空气质量非常敏感的居民将会迁移到该城市,使得劳动力供给曲线向右移动。

图5-7描述了污染税所能产生的一个结果。由于劳动力供给增加,而需求减少,该征税计划导致均衡工资从100美元(点i)下降到76美元(点n)。环境比较清洁的城市,其工资水平也会相对较低,这与城市经济学第一公理相一致:

通过调整价格实现区位均衡

为了使在不同城市及不同经济体内的劳动者获得无差异的效用水平,环境质量较高的城市的工人的工资水平必定要低一些。本章给出的例子表明,劳动力供给曲线向右位移的幅度要大于劳动力需求曲线向左位移的幅度。这样,均衡就业规模将从100 000人增加到110 000人。如果大多数家庭对环境质量的变化很敏感,就意味着将有数量众多的家庭迁往环境质量更好的城市。

那么污染税是如何影响污染产业与清洁产业之间的就业配置的呢?当工资下降时,这两个产业的生产成本都将下降。对于钢铁产业来说,工资水平的降低仅能部分地抵消污染税,因此其生产成本仍会上升,并减少劳动力的雇用数量。相反,清洁产业仅支付较低的工资,它的生产成本将会降低,同时也会增加工人的雇用数量。在图5-7中,清洁产业就业规模的扩大量超过了钢铁产业就业人数的减少量,因此,总就业规模呈扩大趋势。

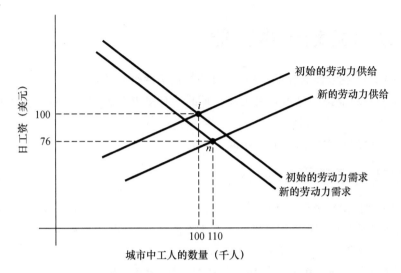

图 5-7　污染税的均衡效应

污染税提高了生产成本,使劳动力需求下降。它还有利于改进空气质量,从而增加劳动力供给。劳动力均衡位置将从点 i 移到点 n。在这个例子中,供给曲线位移的幅度要大于需求曲线位移的幅度,因此均衡的就业规模必然要扩大。同时,污染税也进一步降低了均衡工资的水平。

当然,污染税确实能缩小城市总就业规模。如果家庭对于环境质量的改善没有强烈的责任感,那么劳动力供给曲线位移的幅度将会变得相对较小,工资下降的幅度也不会很大。在这种情况下,清洁产业的就业增加量不会大到足以抵消钢铁产业的就业减少量,因此总就业规模将缩小。一般来说,如果一项政策使得劳动力供给曲线位移的幅度小于需求曲线位移的幅度,那么最终总就业规模将会缩小。

5.7　预测总就业规模的变化量

一个城市有时必须对未来的就业规模进行预测。城市利用预测的就业规模去规划公共服务,例如道路和学校,而企业则利用这些就业数据,预测未来该企业的劳动力需求规模。可用如下公式预测总就业规模的变化量:

总就业规模的变化量 = 出口部门的变化量 × 就业乘数

正如我们从表 5-1 所看到的,各种类型的产业都有自己的就业乘数。根据就业乘数和出口部门就业规模的预计变化量,政策制定者和企业可以预测该城市未来的就业规模。但考虑到那些与预测未来事件相关的不确定情况,则就业规模的预测更具有艺术性,而非科学性。

就业乘数方法仍然面临诸多问题,这限制了其应用性。第一个问题是,正如我们在本章开始所探讨的,用预测城市劳动力需求曲线水平位移的方法进行分析,并不能获得均衡的就业变化量。第二个问题是,该方法更关注就业岗位,而不是人均收入。第三个问题是,该方法似乎暗示着,城市经济发展的命运掌握在外人的手上——那些购买出口产品的人。如果出口决定一个城市的命运,那么为什么全球经济在没有任何出口的情况下仍然出现了增长呢?

5.8 谁从就业增长中获益

本部分将探讨就业增长的收益问题,主要关注以下两个问题:
- 有多少个新就业岗位是由外来人口满足的?有多少个新就业岗位是由本地居民满足的,而这些居民原本并没有就业?
- 总就业规模的扩大如何影响实际的人均收入?

5.8.1 谁获得了新的就业岗位

Bartik(1991)利用89个都市区的数据,研究了就业增长对失业率、劳动力参与率和迁移率的影响。他的结论显示,如果一个城市的就业规模以100 000个就业岗位为起点,那么就业岗位每增加1%(1 000个就业岗位),将产生如下影响:
- 失业率(没有找到工作的人数除以总就业人数)从5.4%下降到5.33%。
- 劳动力参与率(劳动力人数除以成年人数量)从87.50%上升到87.64%。
- 就业率(就业数量除以成年人口数量)从82.78%上升到82.97%。

图5-8描述了新就业岗位在外来人口和本地居民之间进行配置的模式。在1 000个新增就业岗位中,外来人口占了770个,剩下的230个就业岗位被本地居民占有。占据这230个就业岗位的本地居民又可以被分成两个部分:一部分是失业的本地居民(占据70个就业岗位),另一部分属于非劳动力人口(占据160个就业岗位)。从图5-8可以得出简单的结论:就业的增长有利于吸引迁入者,并推动人口总量的增加,因此本地居民仅获得新增就业岗位中的一小部分。

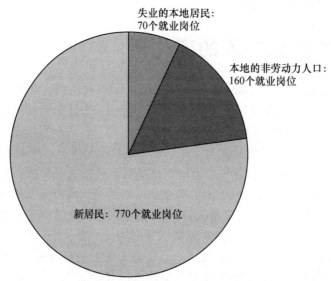

图5-8 1 000个新增就业岗位在本地居民和外来人口中的分配

资料来源:Timothy Bartik. Who Benefits from State and Local Economic Development Policies? Kalamazoo, MI: Upjohn Institute, 1991。

5.8.2 对人均实际收入的影响

总就业的增长如何影响城市的人均实际收入？提高收入的方法主要有如下几种：

1. 实际工资的增长。正如本章开始部分所探讨的，总就业出现增长之后，名义工资的上涨将与生活成本的增加相互抵消，因此工人获得的实际收入并没有受到影响。

2. 职务晋升。Bartik(1991)指出，总就业的增长加快了工人向更高等级职务晋升的步伐。随着劳动力需求的增长，企业将以更快的速度推动工人转向高薪岗位。职位晋升速度最快的工人主要是那些受教育程度较低的人、年轻人或者黑人。

3. 就业率的提高。前面曾经解释过，总就业的增长可以同时降低失业率、提高就业参与率，因此它能够提高适龄工作人口就业的比重。

表 5-2 给出了实际工资、职业等级、失业率和参与率的变化所带来的混合影响。对于一般家庭来说，就业每增加 1% 将导致实际人均收入增长 0.40%。高收入背后最重要的影响因素是晋升效应（向高薪岗位晋升）和参与率（较高的劳动力参与率）。该类型的家庭面对的收入就业弹性较大，而其他类型的家庭则具有更高的晋升效应（受教育程度低的人、年轻人或者黑人）。

表 5-2 总就业增长 1% 对实际人均收入的影响

	一般家庭	低教育水平的家庭	年轻家庭	黑人家庭
实际收入增长百分比(%)	40	47	41	49

资料来源：Bartik, Timothy J. *Who Benefits from State and Local Economic Development Policies*? Kalamazoo, MI: Upjohn Institute, 1991。

小结

本章探讨了城市收入和就业增长的决定因素。下面给出本章的主要观点：

1. 人均收入的增长是资本深化、人力资本增长、技术进步和经济集聚的结果。
2. 在乘数效应的作用下，出口型就业规模的增长带动了本地型就业规模的扩张。
3. 城市劳动力供给曲线具有正斜率，是因为大城市有较高的住宅价格，企业必须支付较高的工资，以补偿工人们所面临的较高的生活成本。
4. 城市绝大部分新增就业岗位被外来人口占据，而剩下的就业岗位则被本地居民占据。
5. 城市总就业规模扩张促进了实际人均收入的增长，这种影响效应主要通过以下两个方面来实现：(a) 以较快的速度向高薪岗位转移；(b) 提高劳动力参与率。

问题与应用

在下面的练习题中，带"_____"的题目，需要读者在上面填上一个词或一个数字。对于带"……"的题目，需要读者用适当的词语完成该句话，并使陈述的内容与原题目相符。对于带"[ ]"的题目，需要读者用圆圈标记出括号中恰当的一个词。

1. 革新与增长数量

假如一个地区的劳动力人数最初有1 400万,在城市X和Y中平分,城市效用曲线在工人数量为400万时达到最大值,超过这一点时的斜率为每百万工人 −3美元,最初的均衡效用水平是60美元。假设城市X进行技术革新使它的效用曲线向上移动12美元。

a. 画出两条效用曲线,分别代表城市X和城市Y,用 x 标注城市X革新后(移动前)的位置,用 y 标注城市Y革新后的位置,并沿着效用曲线用箭头标明移动的方向。

b. 在新的均衡中,效用水平是_____;城市X的人口是_____万,而城市Y的人口是_____万。

2. 教育溢出收益

考虑一个城市的高中退学者的最初工资是10美元。假设受过大学教育的工人比例提高了2%。用"5.3 人力资本与经济增长"部分提供的数据为高中退学者作一个劳动力市场需求供给图,用该图来表明对退学工资的影响。

3. 软件劳动力的需求弹性

考虑计算机软件行业。假设[i] 劳动力成本占生产成本的80%;[ii] 软件是用固定的要素比例生产的(没有资本−劳动力的替代);[iii] 没有集聚经济;[iv] 生产成本的改变会通过更高的价格转嫁给消费者;[v] 软件的需求价格弹性是 −1.50。假设软件工人的工资增长了20%。

a. 软件的价格将增长_____%,软件的需求数量将_____ _____%。

b. 软件的劳动力需求数量将_____ _____%。

c. 软件劳动力的需求弹性是_____,其计算过程为……

d. 如果放宽假设条件[i],那么软件劳动力的需求将会有[更高,更低]的弹性,这是因为……

4. 劳动力供给弹性:岛屿城市与平原城市

岛屿城市位于一个较小的岛上而平原城市则位于一个较大的、平坦的而且地势平缓的平原,为这两种城市各画一条劳动力供给曲线。

a. 岛屿城市的供给曲线变得[更陡峭,更平坦],这是因为……

b. 岛屿城市的劳动力供给弹性变得[更高,更低]。

5. 预测工资和就业

在格林维尔(Growville),均衡就业规模是100 000人,均衡工资是每天100美元,劳动力的需求弹性是1.0(绝对值),劳动力的供给弹性是5.0,就业乘数是2.0,假设出口生产领域的劳动力需求增加6 000人。

a. 用城市劳动力市场的供给需求图来描述劳动力需求增加的影响。

b. 均衡工资[增加,减少]了_____%(达到_____),其计算方法是……

c. 均衡就业量[增加,减少]了_____%(达到_____工人),其计算方法是……

6. 卡特里娜飓风降低了劳动力供给

考虑一种像卡特里娜飓风那样的自然灾害对市民经济的影响。在最初(飓风前)的均衡中,市区的总就业量是500 000个工人,每天的工资是100美元,劳动力的供给价格弹性是4.0,劳动力的需求价格弹性是 −1.0。假设飓风劳动力供给(供给曲线的水平移动)减少了

100 000 个工人。

a. 用一个城市劳动力市场的供给需求图来描述飓风的影响。

b. 均衡工资[增加,减少]了_____%(达到_____美元),其计算方法是……

c. 均衡就业量[增加,减少]了_____%(达到_____工人),其计算方法是……

d. 均衡就业量的减少[大于,小于]劳动力供给最初的减少,这是因为……

7. 增长控制与均衡工资

如果一个城市的均衡工资为每天 80 美元,均衡就业为 100 000 人,住宅需求面积为 1 亿平方英尺。政府的增长控制政策使该城市目前的面积达到了最大值。可以修建新住宅,但是新住宅面积每增加 1 平方英尺,就必须有 1 平方英尺的旧住宅退出市场。

a. 画出两条劳动力供给曲线,一条是传统的劳动力供给曲线,另一条是在城市增长控制政策下的劳动力供给曲线。

b. 增长控制政策下的供给曲线更[陡峭,平坦],是因为……

c. 再画出两条劳动力需求曲线,一条是最初的需求曲线,另一条是劳动力需求增长 20% 时的需求曲线。

d. 劳动力需求的增加[提高,降低,没有影响]均衡工资,在增长控制下工资变得[更高,更低]了,这是因为……

e. 在增长控制政策下,劳动力需求的增加[提高,降低,没有影响]均衡就业量,由于住房价格的升高,每个工人的住房消费是[增加,减少,没有变化]。

8. 环境政策的影响

假如一个城市征收了一种新的污染税,这种税收使一个污染企业的产品平均成本(和价格)提高了 4%,并使城市的环境质量提高了 20%,城市的出口需求价格弹性是 -1.5。

a. 污染企业的总产量将降低_____%,其计算方法为……

b. 城市的均衡工资将[增加,降低],这是因为……

c. 如果劳动力供给关于环境质量的弹性是相对[大,小],那么城市的均衡就业量将增加。

d. 用一个城市劳动力供给需求图来证明你对问题 c 的回答。

9. 无效率的环境政策

如果城市内每个污染企业最初都生产 2 吨污染物。一半的污染者(类型 L)可以每吨 4 美元的成本削减污染物,另一半污染者(类型 H)可以每吨 30 美元的成本削减污染物。该城市有两个不同的环境政策:

i. 污染税。每个企业都可以为排放每单位污染物支付 5 美元的污染税。

ii. 统一减少污染物。每个企业都将被要求减少一半的污染物,也就是减少 1 吨。

a. 税收政策比统一减少政策有[更高,更低]的效率,这是因为……

b. 污染税导致城市劳动力需求曲线出现[更大,更小]的移动,这是因为……

c. 城市或许在_____政策下会实现总就业量的增加,这是因为……

d. 用两个图形描述上述两个政策的影响效应。

10. 足球队的经济效应

下面考虑一名顾问所作的研究报告。该报告主要分析了突袭者队(Raiders———支专业橄榄球队)迁移到萨克拉门托(Sacramento)可能产生的经济影响。该顾问估计,这支球队可

以使萨克拉曼多市每年的总消费支出增加6 160万美元,其计算方法为:

$$消费支出增长 = 每个球迷的消费 \times 出席人数 \times 消费乘数$$
$$6\,160\,美元 = 40\,美元 \times 700\,000 \times 2.2$$

a. 该城市的平均乘数在两个令人讨厌的假设下才能使用。请列出这两个假设,并解释为什么这两个假设是令人讨厌的。

b. Wizard 女士最近说:"如果我的假设是正确的,那么在萨克拉曼多经济中的总支出实际上是下降的。"假设她的逻辑是正确的,请列出她的两个假设条件。

参考文献和补充阅读

1. Anderson, John E., and Robert W. Wassmer. "The Decision to 'Bid for Business': Municipal Behavior in Granting Property Tax Abatements." *Regional Science and Urban Economics* 25 (1995), pp. 739—757.

2. Baade, Robert A., and Allen R. Sanderson. "The Employment Effects of Teams and Sports Facilities." *Sports, Jobs and Taxes*, eds. Roger Noll and Andrew Zimbalist. Washington, D.C.: Brookings, 1997.

3. Bartik, Timothy J. *Who Benefits from State and Local Economic Development Policies?* Kalamazoo, MI: Upjohn Institute, 1991.

4. Black, Duncan, and Vernon Henderson. "A Theory of Urban Growth." *Journal of Political Economy* 107 (1999), pp. 252—284.

5. Boarnet, Marion, and William T. Bogart. "Enterprise Zones and Employment: Evidence from New Jersey." *Journal of Urban Economics* 40 (1996), pp. 198—215.

6. Dowall, David. "An Evaluation of California's Enterprise Zone Programs." *Economic Development Quarterly* 10 (1996), pp. 352—368.

7. Eberts, Randall W., and Joe A. Stone. *Wage and Adjustment in Local Labor Markets*. Kalamazoo, MI: Upjohn Institute, 1992.

8. Glaeser, Edward, Jose Scheinkman, and Andrei Shleifer. "Economics Growth in a Cross-Section of Cities." *Journal of Monetary Economics* 36 (1995), pp. 117—143.

9. Glaeser, Edward. "Growth: The Death and Life of Cities." Chapter 2 in *Making Cities Work*, ed. Robert P. Inman. Princeton, NJ: Princeton University Press, 2009.

10. Gyourko, Joseph. "Housing: Urban Housing Markets." Chapter 5 in *Making Cities Work*, ed. Robert P. Inman. Princeton, NJ: Princeton University Press, 2009.

11. Helms, L. Jay. "The Effect of State and Local Taxes on Economic Growth: A Times Series-Cross Section Approach." *Review of Economics and Statistics* 68 (1985), pp. 574—582.

12. Lucas. Robert. "On the Mechanics of Economic Development." *Journal of Monetary Economics* 22 (1988), pp. 3—22.

13. Lucas. Robert. "Externalities and Cities." *Review of Economic Dynamics* 4 (2001), pp. 245—274.

14. Mody, Ashoka, and Fang-Yi Wang. "Explaining Industrial Growth in Coastal China: Economic Reforms... and What Else?" *World Bank Economic Review* 11 (1997), pp. 293—325.

15. Moretti, Enrico. "Human Capital Externalities and Cities." Chapter 51 in *Handbook of Regional and Urban Economics* 4: *Cities and Geography*, eds. V. Henderson and J. F. Thisse. Amsterdam: Elsevier, 2004.

16. Munnell, Alicia H. "How Does Public Infrastructure Affect Regional Economic Performance?" *New Eng-

land Economic Review, (1990), pp. 11—33.

17. Noll, Roger G., and Andrew Zimbalist. "Build the Stadium—Create the Jobs!" *Sports*, *Jobs and Taxes*, eds. Roger Noll and Andrew Zimbalist. Washington D.C.: Brookings, 1997.

18. Papke, Leslie. "Tax Policy and Urban Development: Evidence from the Indiana Enterprise Zone Program." *Journal of Public Economics* 54 (1994), pp. 37—49.

19. Papke, Leslie. "What Do We Know about Enterprise Zones?" In *Tax Policy and the Economy*, ed. James Poterba. Cambridge, MA: MIT Press, 1993.

20. Rauch, J. E. "Productivity Gains from Geographic Concentration of Human Capital: Evidence from the Cities." *Journal of Urban Economics* 34 (1993), pp. 380—400.

21. Robak, Jennifer. "Wages, Rents, and the Quality of Life." *Journal of Political Economy* 90 (1982), pp. 1257—1278.

22. Wassmer, Robert W. "Can Local Incentives Alter a Metropolitan City's Economic Development?" *Urban Studies* 31 (1994), pp. 1251—1278.

23. Wheeler, Christopher H. "On the Distributional Aspects of Urban Growth." *Journal of Urban Economics* 55 (2004), pp. 1371—1397.

24. Wolman, Harold, Edward Hill, Pamela Blumenthal, and Kimberly Furdell. "Understanding Economically Distressed Cities," in *Retooling for Growth: Building a 21st Century Economy in America's Older Industrial Areas*, eds. Richard McGahey and Jennifer Vey. Washington DC: Brookings, 2008.

25. Zucker, L. G., M. R. Darby, and M. B. Brewer. "Intellectual Human Capital and the Birth of U. S. Biotechnology Enterprises." *American Economic Review* 88 (1998), pp. 290—306.

附录:城市增长的区域背景

在本附录中,我们将拓展所研究的地理范围,把区域看作国家经济的组成部分。这样,城市的增长还将受到来自区域经济力量的影响,并会反过来对这些力量产生影响。我们首先讨论区域发展的新古典模型,然后用该模型解释区域经济集聚的一般趋势。

5A.1 新古典模型

区域发展的新古典模型重点关注工人的区位决策,并假设两个区域之间劳动力可以自由流动。在该模型最简单的版本中,假设两个区域具有相同的资源禀赋。在图 5A-1 中,横轴表示该区域的工人数量。两条曲线分别表示劳动力的边际收益产品(MRP),它等于劳动的边际产品乘以出口产品的价格。MRP 曲线具有负斜率,它隐含着边际收益逐渐降低的假设:当区域的劳动力呈扩张趋势时,劳动的边际产品将减少,并导致 MRP 值下降。

在这个简单的新古典模型中,这两个区域是同质的。由于工人具有完全的流动性,因此为了实现区位均衡,要求这两个区域具有相同的工资水平。这两个区域还拥有相同的 MRP 曲线,因此只有一个方法能使两个地区的工人赚取相同的工资,即将工人数量分成均等的两部分,每个区域都获得相同数量的工人。在图 5A-1 中,初始的均衡可用点 s(南方)和点 n(北方)表示。当工资水平在 30 美元时,全国人口被划分成两个相等的部分,并在这两个区域之

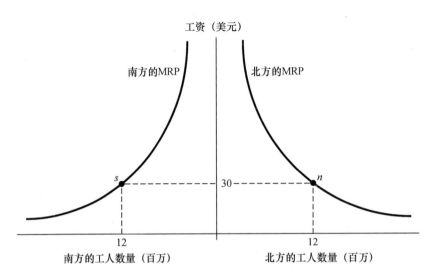

图 5A-1　区域发展的新古典模型

在区域集聚的新古典模型下,收入差的逐渐缩小,将使 MRP 曲线呈现负斜率。由于具有充分的流动性,两个地区的工资都相等(30 美元)。当不存在自然优势时,全国的劳动力将在这两个地区之间平均分配(每个地区都获得 1 200 万就业人口)。

间进行平均分配,每个区域的就业人口均为 1 200 万人。

5A.1.1　自然优势的差异促进了集聚

下面分析一下两个区域之间在自然优势方面存在差异时将给我们带来哪些启示。例如,北部地区有铁矿和煤矿,因此该地区的企业运送原材料的成本为零。相反,南部地区必须进口铁矿和煤炭来生产钢铁,在这个过程中将产生运输成本。

北部地区的自然优势将会吸引更多的外来移民,这扩大了该地区的经济规模。如图 5A-2 所示,北部地区更接近原材料产地,这使得该地区的工人具有更高的劳动生产率,并产生较高的 MRP 曲线。如果每个地区最初都有 1 200 万人,北部地区(由点 i 表示)的 MRP 为 80 美元,而南部地区的 MRP 仅为 30 美元(用点 s 表示)。工人们获得的工资等于他们的 MRP,因此北部地区较高的工资水平将吸引更多的人向该地区迁移。当出现人口迁移时,北部地区的 MRP 曲线将向下移动,而南部地区的 MRP 曲线将向上移动。

当两个地区具有相同的工资水平时,将重新实现区位均衡。换句话说,移民行动将一直持续到点 t 和点 j 为止,此时工人们将获得相同的工资水平(50 美元)。由于北部地区具有自然优势,因此该地区将具有更大的就业规模(1 600 万人)。总而言之,自然优势明显的地区将具有更大的经济规模。

5A.1.2　交通成本的降低导致区域经济扩散

交通成本的降低是如何影响经济活动在不同区域间的配置的呢?在我们的例子中,北部地区有自然优势,因为在该地区的企业不用支付铁矿石和煤炭的运输费用,但南部地区的企业必须支付这些费用。运输成本的降低,使北部地区的自然优势逐渐减弱,并会缩小两个地区之间的经济差距。

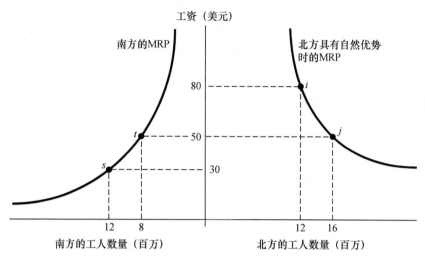

图 5A-2 自然优势与区域经济规模

北部地区有自然优势(例如接近原材料产地),有较高的 MRP 曲线。均衡状态发生在点 t(南方)和点 j(北方),此时两个地区的工资水平相同,但北部地区的就业规模更大一些。

图 5A-3 描述了运输成本降低产生的影响。当南部地区工人的劳动生产率提高时,该地区的 MRP 曲线会随之向上移动,从而也提高了本地区的工资水平。工人开始向南部地区迁移,这种迁移行动将一直持续到两地区的工资水平一致时为止。此时,点 u 和点 k 分别为新的均衡点。均衡工资上升到 60 美元,南部地区的就业人数增加了 200 万人,北部地区则减少了相同规模的就业人数。

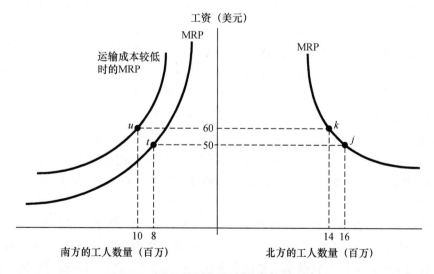

图 5A-3 运输成本的降低引起区域经济扩散

在需要进口原材料的地区(南方),运输成本的降低将会促进该地区劳动生产率的提升。南部地区的 MRP 曲线向上移动将产生一个新的均衡,并会得到一个相对较高的均衡工资(从 50 美元提高到 60 美元),由此南部地区的就业规模也会扩大(从 800 万人增加到 1 000 万人),而北部地区的就业规模会缩减(从 1 600 万人减少到 1 400 万人)。较低的运输成本进一步缩小了两个地区之间的经济差距。

运输成本的降低削弱了自然优势,而其本是引起区域间差异的首要因素。因此,运输成本的降低有利于缩小区域经济间的差距。正如前面的章节已经分析的,运输成本的降低需要很长的时间才能实现,这样我们通过新古典模型就可以预测出,区域间的差距要经历相当长的时间才能逐渐缩小。

5A.2 美国区域经济的集中与扩散

从美国经济史可以看出,区域集中化发生在区域经济扩散之后(Kim,1998)。在殖民地时期,国民经济以农业、开采业(extraction)和渔业为主。土壤、气候和地理位置上的差异,使不同区域形成各自的比较优势,而区域经济的专业化正是基于区域间的自然比较优势产生的。大多数非农产品是在家里生产或者由城镇和城市里的工匠制造的。

19世纪上半叶,产品生产从工匠作坊转向了机械化或非机械化工厂生产。在工厂里生产的产品包括鞋帽、货车、纸和纺织品。工厂主要集中在东北地区。1840年,大约有36%的工人在生产非农产品(这个比例在全国为21%,在南方地区为9%)。

19世纪下半叶,东北地区和北美五大湖地区出现了制造业带。生产方面的创新促使企业去开拓规模经济。许多生产流程都需要大量的相对稳定的资源(例如煤炭和铁矿石)。制造业带在处理这些资源方面有明显的优势,因此制造业开始向该地区集中。1947年年末,制造业带吸纳了全国70%的制造业就业人口。1954年,制造业大约雇用了占全国28%的工人。在全国9个地区中,有3个地区的制造业占据的份额远远高于全国的平均数;剩下的6个地区占据的份额要低于全国的平均数。20世纪下半叶,经济活动变得更加分散。1987年,制造业就业人数占全国就业总人数的17.6%,而全国9个地区中有7个地区的制造业就业人数占上述比例的2.4%以内。到了2000年,传统的制造业带吸纳的就业人数占全国制造业就业人数的40%,即使这样,它在总就业人数中所占的份额仍然很高。导致制造业分散的一个重要因素是运输成本迅速降低,削弱了传统的制造业带所具有的自然优势。另外一个重要因素就是,制造企业在原材料的使用方面有了更多的选择,它们可以循环使用投入品。

图5A-4描述了1860—1987年制造业转向集中的时间趋势。集中指数用于度量两个地区间经济混合度的差异。如果两个地区有相同的混合度(制造业、服务业、农业和商业中的就业比例相同),那么该指数值为零。如果该指数的最大值为2,那么就表示这些地区的经济具有完全不同的混合性。图5A-4给出了美国9个地区平均指数的变化趋势。该指数在1890—1910年处于上升阶段,随后经历了大约30年的平稳阶段,然后处于稳定的下降阶段。

美国的经验与新古典区域发展模型的结论相一致。制造业带之所以得到发展,是由于存在自然优势(接近原材料产地,例如煤炭和铁矿石),而它之所以陷入萧条,是因为投入品运输成本有了较大幅度的降低。较低的运输成本弱化了自然优势(其在制造业带发展时期曾扮演了关键角色),导致制造业向其他地区分散。

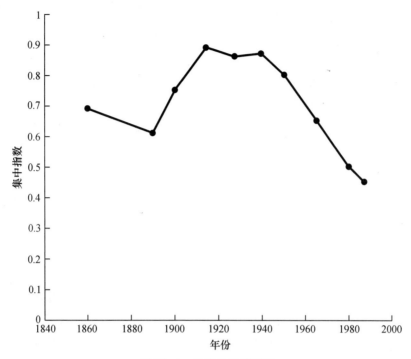

图 5A-4 制造业区域集聚

资料来源:Kim, Sukkoo. "Economic Integration and Convergence: U. S. Regions, 1840—1987". *Journal of Economic History* (1998), pp.659—683。

参考文献和补充阅读

1. Fujita, Masahisa, and Jacques-Francois Thisse. *Economics of Agglomeration.* Cambridge: Cambridge University Press, 2002.

2. Henderson, Vernon, and Jacques-Francois Thisse, eds. , *Handbook of Regional and Urban Economics* 4: *Cities and Geography.* Amsterdam: Elsevier, 2004.

• Chapter 63: Holmes, Thomas and John Stevens. "The Spatial Distribution of Economic Activities in North America."

• Chapter 64: Combes, Pierre-Philippe and Henry Overman. "The Spatial Distribution of Economic Activities in the European Union."

• Chapter 65: Fujita, Masahisa, Tomoya Mori, Vernon Henderson, and Yoshitsuga Kanemoto. "The Spatial Distribution of Economic Activities in Japan and China."

• Chapter 66: Kim, Sukkoo and Robert Margo. "Historical Perspectives on U. S. Economic Geography."

3. Kim, Sukkoo. "Economic Integration and Convergence: U. S. Regions, 1840—1987." *Journal of Economic History* (1998), pp.659—683.

4. Kim, Sukkoo. "Regions Resources, and Economic Geography: Sources of U. S. Regional Comparative Advantage, 1880—1987." *Regional Science and Urban Economics* 29 (1999), pp.1—32.

第2篇

土地租金与土地利用模式

第6章　城市土地租金

第7章　土地利用模式

第8章　邻里选择

第9章　分区与增长控制

2

　　本部分将通过分析决定都市区土地利用模式的市场力量和政府政策，来研究城市空间结构。在第6章，我们将把城市经济分成三部分——制造业、写字楼市场和家庭——我们从中可以了解到，每个部分对城市不同区位土地的意愿支付价格。土地通常转给出价最高的竞标者，因此一旦知道每个部分愿意支付的土地价格，我们就可以预测土地的用途。第6章的附录将利用经济选择模型，来解释为什么土地租金曲线呈凸性，而不是线性。在第7章，我们将验证现代城市的实际土地利用模式，从中可以发现，过去100年间土地利用模式所发生的变化。在单中心城市的繁荣时期，大多数就业岗位都靠近市中心。而在现代城市中，就业岗位通常分布在中央商务区、次中心地区和其他地区。我们将探讨推动城市空间结构变革的经济动力，并分析导致城市蔓延的原因和后果。第7章的附录还将介绍单中心城市模型及其应用。在第8章，我们将探讨邻里选择经济学，重点关注地方公共物品、学校和犯罪率是如何影响人们的居住决策的。在这一章我们还将进一步评述，为什么有如此多的人根据收入、教育水平和种族状况对家庭进行分类。在第9章，我们将讨论地方政府在城市土地市场中扮演的角色，并分析城市分区和增长控制所产生的市场效应。

第6章
城市土地租金

> 土地所面临的问题是，它具有不可再生性。
> ——威尔·罗杰斯(Will Rogers)

当从一个都市区的郊区向市中心散步时，你会发现沿途有许多新奇的变化。在最初阶段，土地价格上涨得很缓慢，有时还会下降。但是最终该价格将以指数的形式上升。在接近市中心时，建筑物的高度也将以指数的形式增加，因此市中心附近的建筑物远高于周围的建筑物，即便只相隔几个街区。在本章，我们将解释为什么城市土地价格会出现如此大幅的变化，并阐述昂贵的土地与高层建筑物之间的关系。

本章是城市空间结构部分包含的四章中的第一章。在本章，我们将把城市经济划分为三个部分——制造业、写字楼市场和家庭。我们从中可以了解到，每个部门愿意向城市不同区位的土地所支付的价格。土地通常转给出价最高的竞标者，因此一旦知道每个部门愿意支付的土地价格，我们就可以预测土地的用途。在下一章(即本书第7章)，我们将考察现代城市的实际土地利用模式，从中可以发现过去100年间土地利用模式所发生的变化。在关于城市空间结构部分的第三章(即本书第8章)，我们将探讨邻里经济学，在第四章(即本书第9章)讨论政府政策对土地利用模式的影响。

6.1 土地租金导论

首先给出两个术语的定义：土地租金和市场价值。土地租金是指土地使用者向土地所有者定期支付的费用。例如，企业把一块空地用作停车场，它为此每月要支付9 000美元。相反，土地的市场价值是指土地所有者获得的土地收益的总和。在本书中，土地价格指的是土地租金，它由土地使用者定期向土地所有者支付。这是非常容易理解的，因为有许多其他经济变量也是以定期支付的形式来表示的，其中包括家庭收入、企业利润和利息。

特定地块的土地租金通常由使用该地块而获取利润的能力来决定。大卫·李嘉图(David Ricardo,1821)赞同这样一个观点，即农业土地价格由土地的肥沃程度决定。假设农村地区种植谷物的土地有两种类型:高肥力土地和低肥力土地。谷物的价格是 10 美元,它由全国市场决定。农场主从土地所有者那里租赁土地,对于进入谷物市场没有任何约束。

表 6-1 给出了土地租用人愿意支付的最高地租额。每公顷低肥力土地可以生产 2 单位谷物,这样每公顷土地的总收入为 20 美元。其中,非土地投入成本(资本、劳动和肥料)是 15 美元,因此在支付土地租金之前农场主的利润为 5 美元。这是农场主种植每公顷低肥力土地的最大意愿支付值(WTP)。相反,以相同的成本种植 1 公顷高肥力土地,其产出将是低肥力土地的 2 倍。肥力更高的土地可以产生 20 美元的额外收入,这样种植该类型土地的农场主的意愿支付额将超过 20 美元。

表 6-1 肥力和土地租金

	谷物价格	生产数量	总收入	非土地成本	土地的 WTP 值	土地的竞价租金
低肥力	10 美元	2	20 美元	15 美元	5 美元	5 美元
高肥力	10 美元	4	40 美元	15 美元	25 美元	25 美元

农场主的意愿支付(竞标价格)是多少呢?回忆一下城市经济学第五公理:

竞争导致零经济利润

由于进入谷物种植市场没有任何约束,同时,我们假设所有的农场主都有权使用相同的生产技术和相同的投入。因此,农场主间的竞争将抬高土地价格,直到经济利润等于零为止。种植高肥力土地的农场主的意愿支付值为每公顷 25 美元,这也是他们的竞标价格。如果一个农场主的竞标价格低于 25 美元,土地所有者会发现其他农场主会愿意为使用该土地而支付 25 美元。这就是剩余原理:由于农场主之间存在竞争,土地所有者将获得剩余部分,它等于总收入减去非土地成本。低肥力土地有较低的租金(5 美元),这是因为在支付了非土地成本后仅有很少的货币剩余的缘故。

6.2 制造业部门的竞价租金曲线

在城市环境中,人们的意愿支付值取决于土地的可获得性,而不是土地的肥力。假设该城市的制造业企业主要进行自行车装配,它们要使用土地、劳动力和进口的部件(例如车轮和车架),然后向其他城市输出自己的产品。进口的部件和装配完成的自行车将用卡车通过高速公路运往其他城市。我们假设自行车的价格由国际市场决定,并不受某一城市产量变化的影响。

我们可以利用剩余原理判断自行车生产企业对城市不同区位土地的竞标价格。我们所感兴趣的是每公顷土地的竞价租金,它等于企业的意愿支付值(收入减去成本)除以工厂占据的土地规模(用公顷表示)。

$$每公顷土地租金 = \frac{总收入 - 非土地生产成本 - 运输成本}{土地规模(土地的数量)}$$

假设每个企业生产 5 单位的产出,单位产出价格为 50 美元,这样企业将有 250 美元的收入。企业非土地生产成本为 130 美元。正如表 6-2 第一行所反映的,在高速公路附近的企业没有运输成本,这样该企业的意愿支出值(土地租金表达式中的分子)为 120 美元。如果企业占据 2 公顷土地,那么它对每公顷土地的意愿支出值将是 60 美元。

表 6-2 计算制造业企业的竞价租金

距离	总收入（美元）	非土地生产成本（美元）	运输成本（美元）	土地的 WTP 值（美元）	生产地点（公顷）	竞价租金（每公顷）
0	250	130	—	120	2	60
1	250	130	20	100	2	50
2	250	130	40	80	2	40
3	250	130	60	60	2	30

6.2.1 负斜率租金曲线

企业的竞价租金将随着到高速公路距离的增加而减少。假设单位运输成本为 4 美元,这里的单位运输成本是指单位产出每英里的运输成本。企业每天生产 5 单位产出,因此距离高速公路 1 英里的企业,每天要支付 20 美元的运输成本,距离高速公路 2 英里的企业则要支付 40 美元的运输成本,以此类推。正如表 6-2 最后一列所示,在距离高速公路 1 英里的区位上,企业的竞价租金为 50 美元,在距离高速公路 2 英里的区位上,企业的竞价租金则为 40 美元,以此类推。

在图 6-1 中,制造业企业的竞价租金曲线具有负斜率,它反映出随着企业远离高速公路,其运输成本也在增加。曲线斜率表示距离每增加 1 单位引起的竞价租金的变化量:

$$\frac{\Delta R}{\Delta x} = -\frac{\text{单位运输成本} \times \text{产出}}{\text{占地面积}} = -\frac{4 \times 5}{2} = -10(\text{美元})$$

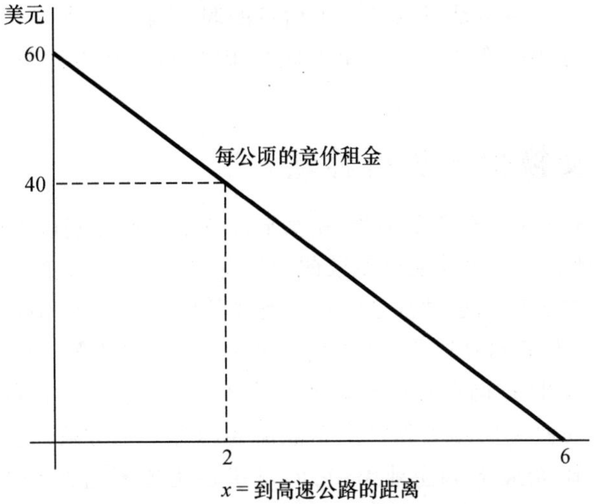

图 6-1 运输成本和制造业企业的竞价租金曲线

运输成本随着到高速公路距离的增加而提高,因此土地的竞价租金也将下降,最终使任何一个区位上的经济利润都为零。

距离高速公路每增加 1 英里,单位产品的运输成本也将增加(4 美元),它乘以产出(5 单位),可以得到总运输成本为 20 美元。该数字再除以企业占地面积(2 公顷),就可以得出竞价租金曲线的斜率为 −10 美元。到高速公路的距离每增加 1 英里,每公顷土地产出的运输成本将增加 10 美元,而土地竞价租金则将下降 10 美元。回想一下城市经济学第一公理:

> **通过调整价格实现区位均衡**

在这种情况下,差别化的竞价租金可以使不同区位上的企业获得无差异的效用水平;不同的运输成本正好抵消了土地租金的差异。

6.2.2 洛杉矶工业用地的租金

Sivitanidou 和 Sivitanides(1995)研究了洛杉矶地区工业用地租金的差异问题。他们计算了每平方英尺工业用途土地的年租金。在整个都市区内,租金从 3.12 美元到 8.12 美元呈梯级变化,平均租金是 5.35 美元。在高速公路密度大的工业区(每平方英里高速公路的里程数)和靠近主要高速公路交叉口的地区,土地租金相对较高。另外,靠近主要飞机场的工业区的土地租金也较高。

6.3 信息部门的竞价租金曲线

下面考虑一下城市的写字楼市场(office sector)。虽然写字楼企业(office firm)所提供的服务多种多样,但是它们都有共同的投入和产出:信息。企业要采集、处理和分配相关信息,这些信息是指还没有被百科全书或年度报告作系统陈述的信息。由于存在隐含信息,这就要求人们进行面对面的接触,以交换彼此的信息——典型的高技术工人将面临较高的信息传输成本。一些例子表明,用这种方法输入和输出信息的职业通常为会计、金融咨询师、市场战略家、设计师和银行家。写字楼企业有向一个地区集聚的激励,因为这样可以更容易获取其他企业所提供的信息。

6.3.1 企业为交换信息进行移动

假设在中央商务区(CBD)有 7 个企业,在水平位置上它们之间以方格相互区隔。每个企业的工人必须移到其他企业那里才能交换彼此的信息,其在往返每个企业时均产生独立的通勤里程。换句话说,每个方向的通勤都是以企业所在的区位为起点和终点。在图 6-2 中,A 与 G 之间的每个企业都以方格相互区隔,并均匀分布在 CBD 的两侧,其中企业 D 处在中心位置。正如表 6-3 所示,企业 D 向西可以移动到企业 C(1 个方格)、企业 B(2 个方格)、企业 A(3 个方格),因此它向西单向移动到每个企业需要经过 6 个方格。类似地,该企业还可以向东单向移动到企业 E、企业 F 和企业 G,它向东移动也要经过 6 个方格。每个企业移动的总距离是 12 个方格,即向西和向东移动距离的总和,因此其双向或者总通勤距离为 24 个方格。

随着企业向 CBD 外围移动,企业总的移动距离将上升。对于中心以东第一个方格内的企业 E 来说,它向西单向移动的距离更远(分别经过企业 A、B、C、D,要移动 10 个方格),向东单向移动的距离较短(经过企业 F、G,仅要移动 3 个方格),它总的单向移动距离为 13 个方格,总的移动距离为 26 个方格。企业 F 总的移动距离为 32 个方格,企业 G 总的移动距离为 42 个方格。如图 6-2 所示,位于中心地带的企业总的移动距离最短。

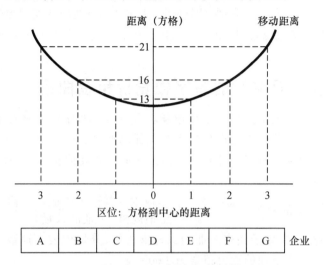

图 6-2 为交换信息而移动的距离

在 CBD 内,每个写字楼企业都通过与其他写字楼企业相互接触来交换信息。在 CBD 中心,为交换信息而移动的距离最短,且移动距离随着到 CBD 中心的距离的增加而增加。

表 6-3 CBD 范围企业的移动距离

企业	区位	移动距离(向西)	移动的距离(向东)	总的移动距离
D	0	6 = 1 + 2 + 3	6 = 1 + 2 + 3	12 × 2 = 24
E	1	10 = 1 + 2 + 3 + 4	3 = 1 + 2	13 × 2 = 26
F	2	15 = 1 + 2 + 3 + 4 + 5	1	16 × 2 = 32
G	3	21 = 1 + 2 + 3 + 4 + 5 + 6	0	21 × 2 = 42

为什么中心地带的企业移动的距离最短呢?CBD 中心是该区域的中间位置,根据企业移动的目的地,该区域被分成两个均等的部分。中间区位法则(the principle of median location)是区位理论中最基本的概念之一:

中间区位可使总的移动距离最小化

当一个企业向中间区位(CBD 中心)外围移动时,其总的移动距离将增大,这是因为它到最远企业的距离比原先给定的目标企业的距离至少多出一半,而与最近企业的距离则比到原先给定的目标企业的距离至少少一半。为解释上述内容,假设企业 D 和企业 E 互换位置,这意味着企业 D 移向了距离中心地带 1 个方格的位置。现在企业 D 与另外三个企业(A、B、C)的距离更远,而与其他两个企业(F、G)的距离缩短了 1 个方格,这样该企业的单向移动距离将增加 1 个方格(从 12 增加到 13),其总的移动距离将增加 2 个方格,从 24 增加到 26。

正如表 6-3 和图 6-2 所示,当我们离开中心地带时,企业移动的距离将以递增的速度增加。当我们将企业向东迁移 1 个方格时，其移动的距离将从 24 增加到 26、32、42。企业向东移动时之所以会出现这种情况，是由于该企业与西面众多企业的距离越来越远，而与东面企业的距离更接近，但这些企业的数量却很少。例如，如果企业 E 与企业 F 交换位置，那么企业 E 仅与一个企业（G）更接近，而与其他四个企业（A、B、C、D）的距离变得更远。在极端的情况下，当企业 F 与企业 G 交换位置时，企业 F 与其他五个企业的距离都在增加，但其东面没有一个企业与之接近。

6.3.2　供给规模固定时的写字楼竞价租金曲线

本节我们将用剩余原理来分析写字楼市场。假设每个写字楼企业都有一座占地 1/4 公顷的四层建筑物。每个企业每天生产价值 510 美元的产品，它们的生产成本包括两种类型：建筑物资本成本（100 美元）和其他成本（劳动力、原材料和其他投入品）150 美元。在经济利润为零时，土地租金的计算公式如下：

$$每公顷土地的租金 = \frac{总收入 - 资本成本 - 其他生产成本 - 移动成本}{土地规模（土地的数量）}$$

正如前面所讨论过的，分子代表企业的意愿支付值，分母代表土地数量。当企业的移动成本为 10 美元时，每公顷土地的竞价租金为 1 000 美元：

$$每公顷土地的租金 = \frac{510 - 100 - 150 - 10}{0.25} = 1\,000（美元）$$

表 6-4 给出了到中心地带不同距离的土地竞价租金值。当我们远离中心地带时，移动成本将增加，土地的竞价租金则将下降。如果一个方格的移动成本是 46 美元，那么土地的竞价租金则为 856 美元：

$$每公顷土地的租金 = \frac{510 - 100 - 150 - 46}{0.25} = 856（美元）$$

类似地，如果 5 个方格的移动成本是 210 美元，则土地的竞价租金将为 200 美元。

表 6-4　要素间不存在互换性时写字楼的竞价租金

距离（方格）	建筑高度（层数）	总收入（美元）	建筑物的资本成本（美元）	其他非土地成本（美元）	移动成本（美元）	土地的 WTP（美元）	生产场地（公顷）	每公顷土地的竞价租金（美元）
0	4	510	100	150	0	250	0.25	1 000
1	4	510	100	150	46	214	0.25	856
5	4	510	100	150	210	50	0.25	200

在图 6-3 中，竞价租金曲线的斜率为负，且呈凹性。斜率为负是因为距离中心地带越远，需要支付的移动成本就越高。曲线呈凹性是因为，随着我们远离中心地带，移动成本将以递增的速度上升，因此土地租金也将以递增的速度下降。例如，从中心地带往外移动一个方格，其移动成本将增加 36 美元，每公顷土地的竞价租金将下降 144 美元（点 a）。从第四个方格移向第五个方格时，其移动成本将增加 50 美元，每公顷土地的竞价租金将下降 200 美元（从点 d 转到点 e）。离中心地带越远，移动成本增加得越多，土地的竞价租金下降的幅度就越大。回想一下城市经济学第一公理：

通过调整价格实现区位均衡

为交换信息而产生的差异化移动成本,可以完全被土地租金的变化抵消,最终所有区位上的经济利润均为零。

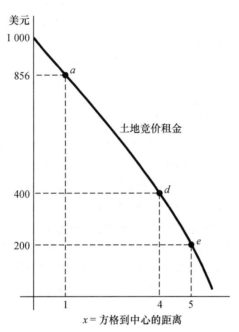

图 6-3 要素间不存在替代性时写字楼的竞价租金曲线

随着我们向 CBD 外围移动,为交换信息而产生的移动成本在增加,因此写字楼企业的竞价租金曲线的斜率为负。该曲线呈现凹性,是因为移动成本以递增的速度增加。

6.4 要素间存在替代性时写字楼的竞价租金曲线

在图 6-3 中一个关键的假设是,每个企业均使用标准化的写字楼,它们占据的土地面积相同。换句话说,所有区位上的写字楼均有相同的高度。但实际上,靠近中心地区的企业往往在较小的地块上修建很高的建筑。

6.4.1 建筑物选择:写字楼等产量曲线

写字楼企业一般在权衡了土地与资本成本之后,才对建筑物高度作出决策。假设设写字楼企业每天的产出数量相同,办公楼面积为 10 000 平方米(100 米的平方,等于 1 公顷)。写字楼的空间布局有两种选择:在小的地块上修建较高的建筑或在较大的地块上修建较低的建筑。表 6-5 的第一行给出了三种选择:在 1/25 公顷的土地上修建 25 层的建筑,在 1/4 公顷的土地上修建 4 层建筑,在 1 公顷土地上修建 1 层建筑。

表 6-5 占地规模、建筑物高度和资本成本

	高层建筑	中等高度建筑	低层建筑
土地（公顷）	0.04	0.25	1.0
建筑高度（层数）	25	4	1
资本成本（美元）	250	100	50

如果每个写字楼都有 1 公顷的办公空间，那么它们都有相同的资本投入吗？显然，高层建筑需要更多的资本投入，这是因为该类型的建筑需要采取额外的加固措施，以支撑其沉重的建筑体和额外的运输设备（电梯）。为了弄清楚高层建筑的造价更加昂贵的原因，我们想象一下，如果你借助起重机把不同的移动房屋相互叠加在一起，建造一座 25 层高的写字楼，除了相互协调问题（accordion problem）外（上一层楼面挤压下一层楼面），由于缺少垂直运输系统，工人不得不利用绳索从一个楼层向另一个楼层转运货物。在建造高层建筑时为了避免这些问题，就必须增加资本投入量。正如表 6-5 第三行的数字所示，最高层建筑，也就是比最低层建筑高 25 倍的建筑，其资本投入量是后者的 5 倍（250 美元∶50 美元）。

图 6-4 给出了 1 公顷写字楼面积的等产量曲线（isoquant），它是用于描述能生产出固定数量产品（iso 是希腊语，有相等的意思）的不同投入品（在这个例子中是土地和资本）的组合。图 6-4 中的等产量曲线可以看作对表 6-5 第一行和第三行数字的一个简单描述。点 t 表示建造高层建筑的混合投入点，点 m 表示中等高度建筑物的混合投入点，点 s 表示低层建筑的混合投入点。

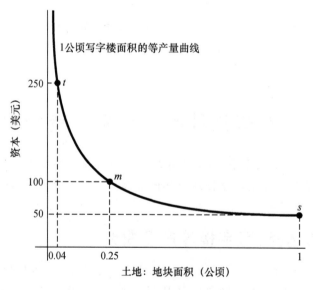

图 6-4 写字楼建筑的等产量曲线

建筑物等产量曲线描述了可以生产出固定数量的写字楼面积（1 公顷 = 10 000 平方米）的土地和资本投入的不同组合。高层建筑需要更多的资本投入以提高承重能力和购买垂直运输设备，因此等产量曲线的斜率为负。

6.4.2 要素替代性:选择建筑高度

等产量曲线描述了写字楼企业对建筑物类型的可能选择,我们可以用它来解释,为什么高层建筑物都靠近市中心。企业的目标是最小化建筑成本,它等于土地成本与资本成本之和。现在的问题是,等产量曲线上的哪个点是最小建筑成本点呢?要回答该问题,我们必须从土地和资本的价格入手。

根据前面的分析,我们已经可以看出,写字楼企业对城市中心的土地有更大的支付意愿。相反,城市中所有区位上的资本价格都是相同的。表6-6继续以三种类型的建筑物为例,描述了总建筑成本是如何随着土地租金的变化而改变的。

- 低租金(40美元)。修建低层建筑(等产量曲线上的s点)存在最小总成本(90美元)。当土地很便宜时,企业便没有动力去开发高层建筑,这是因为减少土地使用量所带来的成本节约,已经被高层建筑的高资本成本取代。例如,修建中等高度的建筑时,土地成本节约值为30美元(40美元−10美元),而其资本成本支出将增加50美元(100美元−50美元)。
- 中等租金(200美元)。修建中等高度建筑(等产量曲线上的m点)存在最小总成本(150美元)。土地成本足够高,但仅适于开发4层建筑物,而不是更高层的建筑物。修建高层建筑物可以节约42美元的土地成本,但是资本成本的增加额却是150美元。
- 高租金(1600美元)。修建高层建筑(等产量曲线上的t点)也存在最小总成本(314美元)。当土地非常昂贵时,减少土地使用量而带来的土地成本节约值,要大于修建高层建筑所产生的额外资本成本。

表6-6 占地面积、建筑高度和建筑成本

	高层建筑	中等高度建筑	低层建筑
土地(公顷)	0.04	0.25	1.0
资本成本(美元)	250	100	50
租金=40美元时的建筑成本			
土地成本	1.6	10	40
总成本	251.6	110	**90**
租金=200美元时的建筑成本			
土地成本	8	50	200
总成本	258	**150**	250
租金=1600美元时的建筑成本			
土地成本	64	400	1600
总成本	**314**	500	1650

当土地价格上涨时,企业将用资本替代土地,该过程被称为投入品替代性或要素替代性。

企业从要素替代性中能获得多少利润呢?让我们以中等高度的建筑物作为参照物。一个企业在价格昂贵(1600美元)的土地上修建一座高层建筑的成本为314美元,而修建中等高度建筑的成本为500美元,这样修建高层建筑将会节约186美元(即要素替代性将节约186美元)。相反,企业在更廉价的土地上修建低层建筑的成本为90美元,而修建中等高度建筑的成本为110美元,这样因要素替代将会节约20美元的成本。

6.4.3 要素替代性产生凸性竞价租金曲线

图6-5描述了写字楼竞价租金曲线的要素替代特征。当不存在要素替代性时,该竞价租金曲线呈现凹性(如图6-3所示)。假设一个地区离市中心有5个方格的距离,此时它修建4层建筑是最有效的。正如我们在表6-4中所看到的,该区位上的竞价租金为200美元(在图6-5中可用点e表示)。如果写字楼企业移动到距离市中心1个方格的位置,并且继续修建4层建筑,那么它的竞价租金将提高到856美元(点a,可用表6-4第二行的数字计算得到)。竞价租金的增加是移动成本节约的反映,因为越靠近市中心,移动成本就越低。

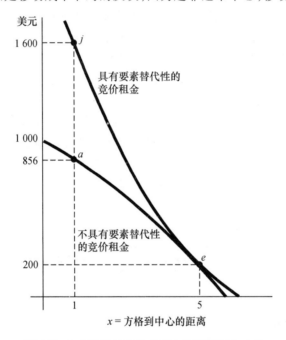

图6-5 存在要素替代性的写字楼竞价租金曲线

不存在要素替代性的写字楼竞价租金曲线呈凹性,而存在要素替代性的竞价租金曲线则呈凸性。从第5个方格移向距离市中心仅1个方格的位置时,竞价租金有了较大幅度的增加,这是移动成本下降的缘故(点e与点a相比)。此时,要素替代性的存在将节约建筑成本(点a与点j相比)。

要素替代加大了竞价租金曲线的斜率。靠近城市中心的土地更加昂贵,因此在该区位上修建高层建筑是理性的选择。假设一块土地距市中心仅1个方格,有效的建筑高度是25层。正如表6-7中的第一行所示,每公顷的竞价租金为1 600美元。

$$每公顷土地的租金 = \frac{510 - 250 - 150 - 46}{0.04} = \frac{64}{0.04} = 1\,600(美元)$$

换句话说,要素替代性促使土地的竞价租金从856美元提高到了1 600美元。因此越靠近市中心,土地的竞价租金就越高,其原因为:(1)移动成本降低;(2)要素替代性降低了写字楼的建造成本。

表 6-7　存在要素替代性的写字楼竞价租金

距离 （方格）	建筑高度 （层数）	总收入 （美元）	建筑物的 资本成本 （美元）	其他非土 地成本 （美元）	移动 成本 （美元）	总租金 支出 （美元）	生产场地 （公顷）	每公顷土地 的竞价租金 （美元）
1	25	510	250	150	46	64	0.04	1 600
5	4	510	100	150	210	50	0.25	200

相同的逻辑可以应用于远离市中心的情形，其结果仅有很小的偏差。假设企业最初在距离市中心第 5 个方格的位置，然后继续向市中心以外的地区移动。如图 6-5 所示，在更远的位置上修建 4 层建筑时，它的竞价租金将下降，其下降幅度等于移动成本的增加额。但是，如果更远区位上的土地价格更低，修建低层建筑将是有效的，替代效应所带来的成本节约额，在一定程度上抵消了较高的移动成本。在要素替代性效应的作用下，竞价租金的下降额要低于移动成本的增加额。

要素替代的一般影响是，它提高了写字楼企业的土地竞价租金额。如果要素替代性能降低生产成本，企业将愿意进行要素替代，这样就可以提高其支付土地租金的能力。在图 6-5 中，要素替代性促使凹性的竞价租金曲线转变为凸性曲线。这意味着，当我们靠近市中心时，土地价格将以递增的速度上升。土地价格的迅速上涨又会激励更多的要素替代，其结果是城市中心附近修建的高层建筑越来越多。

我们已经用一些数字解释了等产量曲线的要素替代效应。在本章的附录中，我们将利用全要素投入模型（等产量曲线和等成本曲线），对要素替代性及其与土地租金的关系作更一般性的分析。

6.4.4　写字楼租金：洛杉矶和亚特兰大

写字楼租金通常指每平方米写字楼楼面面积的年租金。目前，许多文献讨论了写字楼租金的空间差异。Sivitanidous(1995,1996) 总结了洛杉矶写字楼租金变化规律，具体表现为以下几个方面：

1. 写字楼租金曲线的斜率为负：写字楼租金随着距离市中心的距离增加而下降。负斜率反映了洛杉矶市中心具有很强的吸引力。

2. 靠近大的就业次中心（就业集群）的写字楼的租金较高。次中心的密度越高，其对写字楼租金的影响就越大。

3. 靠近高速公路和主要航空站的写字楼的租金较高。

Bollinger、Khlanfeldt 和 Bowes(1998) 总结了亚特兰大写字楼租金的变化规律，具体如下：

1. 写字楼租金曲线相对平坦些，从市中心到南部地区，该租金曲线具有较小的负斜率；但从市中心到北部地区，该租金曲线具有较小的正斜率。

2. 1990—1996 年间，南部地区的租金曲线斜率变得更加平坦（更小的负斜率），而北部地区的租金曲线斜率变得更陡峭（更大的正斜率）。

3. 如果人们在写字楼所在的区位上有更多的面对面交流的机会，那么该地区写字楼的租金较高。某一区位为人们提供交流机会多寡的度量方法为：(a) 附近专业人才的数量；(b) 附近为写字楼入驻企业提供服务的产业工人数量。

4. 靠近高速公路交叉口的写字楼的租金较高。

6.5 住宅价格

下面分析城市经济中的住宅市场。我们的目标是推导出住宅竞价租金曲线，它所反映的是开发商对城市不同区位土地的意愿支付价格。他们对土地的意愿支付价格，取决于有多少消费者愿意购买该地块上的住宅，因此我们将首先分析城市中的住宅价格是如何发生变化的。

我们的住宅市场模型主要关注通勤成本，并把它当作影响家庭住宅选择的关键性区位因素。

1. 通勤成本具有严格的货币性（strictly monetary），它可以用每英里 t 美元表示。我们忽略通勤的时间成本。
2. 每个家庭都有一个成员要通勤到就业地点，既可以是 CBD，也可以是制造业园区。
3. 非通勤性质的活动可以忽略不计。
4. 所有区位上的公共服务和税率相同。
5. 城市所有区位的舒适特征如空气质量、景观和气候等都相同。

这些关于城市就业区的假设条件都是城市居民所关注的。另外，人们关心的其他条件（例如公共服务、税收和城市舒适特征）则在整个城市范围内均匀分布。在本章的后面，我们将放松这些假设，并揭示它们与住宅价格的关系。

6.5.1 线性住宅价格曲线：不存在消费者替代

假设目前家庭并不遵循需求法则。如果不考虑住宅价格，每个家庭都拥有一套 1 000 平方英尺的标准住宅。假设典型家庭每月有固定的收入（800 美元）用于住宅和交通支出。每月每英里的通勤成本为 50 美元：距离就业区 1 英里的家庭每月将产生 50 美元的通勤成本，在 2 英里的位置上将产生 100 美元的通勤成本，以此类推。住宅价格被定义为每平方英尺的住宅每月要支付的费用。如果一个家庭要为 1 000 平方英尺的住宅（标准住宅）支付 600 美元的租金，那么每平方英尺的住宅价格将为 0.60 美元（600 美元/1 000）。

图 6-6 描述了均衡状态下的住宅价格曲线。对于靠近就业区的标准住宅来说（$x=0$），通勤成本为 0，这样家庭就可以将 800 美元的预算全部用于住宅消费，拥有 1 000 平方英尺住宅的消费者将为每平方英尺住宅支付 0.80 美元（点 z）。相反，在距离就业区 4 英里的位置上，家庭的通勤成本为 200 美元（等于每英里 50 美元乘以 4 英里），因此家庭会将 800 美元预算中的 600 美元用于住宅消费，其对于每平方英尺标准住宅的意愿支付价格为 0.60 美元（点 d）。类似地，在距离就业区 10 英里的位置上，家庭的意愿支付价格为 0.30 美元，可用点 j 表示。

为了分析斜率为负的住宅价格曲线，下面考虑一下，当该曲线呈水平状态时，将会发生什么情况。此时，城市中所有区位上的住宅价格均为 0.60 美元。对于居住在离就业区 10 英里远的一个家庭来说，迁移到就业区后将节约 500 美元的通勤成本，而住宅成本没有任何变化。其他家庭也会有相同的激励，逐渐向就业区附近迁移。这样，就业区附近的住宅需求将上升，从而推动住宅价格上涨。同时，偏远地区的住宅需求将下降，并导致该地区的住宅价格下跌。

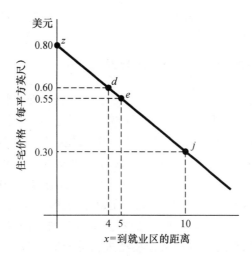

图 6-6　不存在消费者替代时的住宅价格曲线

当远离就业区时,住宅价格开始下降,其减少额抵消了通勤成本,并保证所有区位上的家庭获得相同的效用。在不存在消费者替代的条件下,住宅价格曲线呈线性。

换句话说,水平的住宅价格曲线将转变成斜率为负的曲线。

均衡住宅价格曲线将使所有区位上的居民获得无差异的效用。回想一下城市经济学第一公理:

通过调整价格实现区位均衡

无论靠近还是远离就业区,都会改变通勤成本,它等于距离的变化量(Δx)乘以每英里的通勤成本(t)。而住宅成本的变化量等于住宅价格的变化量(ΔP)乘以住宅的消费量(h)。为了使不同区位的效用具有无差异性,这两个变化量之和必须等于零:

$$\Delta P \cdot h + \Delta x \cdot t = 0$$

我们可以重新改写上面的公式,以使得住宅成本的变化量等于负的通勤成本的变化量:

$$\Delta P \cdot h = - \Delta x \cdot t$$

在图 6-6 中,如果一个家庭从 $x=10$ 的位置移动到 $x=5$ 的位置,单位面积的住宅价格将增加到 0.25 美元,此时总住宅价格的增加额为 250 美元,而通勤成本的下降额也为 250 美元,两者正好相互抵消。

$$0.25 \times 1\,000 = -(-5) \times 50 = 250(美元)$$

我们可以用均衡的表达式来求得住宅价格曲线的斜率方程。在上述公式的两边同时除以 Δx 和 h,可得:

$$\frac{\Delta P}{\Delta x} = \frac{-t}{h}$$

在我们的例子中,$t=50$ 美元,$h=1\,000$ 平方英尺,因此住宅价格曲线的斜率为 -0.05 美元:

$$\frac{\Delta P}{\Delta x} = \frac{-t}{h} = \frac{-50}{1\,000} = -0.05(美元)$$

图 6-6 中的点 e 和点 d 直接给出了曲线的斜率值：向就业中心每移动 1 英里，每平方英尺的住宅价格将上涨 0.05 美元。

6.5.2 消费者替代产生凸性住宅价格曲线

图 6-6 中的线性住宅价格曲线反映了住宅需求具有完全非弹性的假设。生活在面积为 1 000 平方英尺住宅里的居民，很少考虑住宅价格。实际上，真实的家庭要遵循需求法则，也就是说，当价格较高时，将消费面积较小的住宅。那么，住宅价格曲线都有哪些隐含意思呢？

我们前面已经分析了，向就业区靠近所导致的通勤成本和住宅成本的变化可以相互抵消。向城市中心移动 5 英里，其通勤成本将下降 250 美元（它等于 50 美元乘以 5 英里），住宅价格将上涨 0.25 美元。因此，家庭可以用减少的通勤成本的支出来购买更高价格的住宅。但是，如果消费者能买得起 1 000 平方英尺的住宅，那么消费者的货币得到最优利用了吗？

在本章的附录中，我们利用消费者选择模型进行分析时可以发现，住宅价格较高时消费者的实际住宅消费量将下降。这个结论也可以从如下经济实践中得出。当住宅价格上涨时，购买住宅的机会成本将增加：购买的住宅面积每增加 1 平方英尺，其他商品的消费量将相应减少。例如，如果每平方英尺的住宅价格从 10 英里位置上的 0.30 美元，上涨到 5 英里位置上的 0.55 美元，100 平方英尺住宅的机会成本则相当于从 30 美元增加到 55 美元。由于存在较高的机会成本，消费者将租赁较小面积的住宅，同时花费更多的货币在食品消费上。

如图 6-7 所示，消费者替代性加大了住宅价格曲线的斜率。下面我们用 $h(x)$ 替换 h，重新改写斜率的表达式：

$$\frac{\Delta P}{\Delta x} = \frac{-t}{h(x)}$$

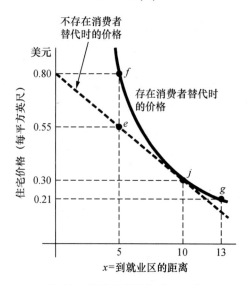

图 6-7　消费者替代与住宅价格

消费者替代性使住宅价格曲线呈凸性，而不是线性。当距离（x）减小，价格上涨时，住宅消费量（平方英尺）将下降，住宅价格曲线的斜率（绝对值）则会加大。

当我们靠近就业区（x 值下降）时，住宅价格将上涨，在这种情况下住宅消费量将下降。因此，它减小了该斜率方程的分母，最终导致斜率值增加（绝对值）。如果住宅价格曲线变得更加陡峭，并且靠近就业区，就意味着该曲线呈凸性，而不是线性。例如，如果在 $x=5$ 的位置上住宅消费量是 500 平方英尺，那么它的斜率为：

$$\frac{\Delta P}{\Delta x} = \frac{-t}{h(x)} = \frac{-50}{500} = -0.10（美元）$$

6.5.3 俄勒冈州波特兰市的公寓租金

近期有关俄勒冈州波特兰市公寓市场的研究表明，交通易达性较高的就业中心所在区位的住宅价格也相对较高。该观点表明，住宅单元——住宅或者公寓——的价格或价值是由住宅单元的不同特征决定的，住宅特征模型（hedonic model of housing）就是基于上述观点构建的。例如，住宅区位、面积或者房龄。住宅特征模型可以用于测量每个特征的内含价格（implicit price）。Wilson 和 Frew（2007）的研究显示，额外增加一个卧室将使月租金提高 85 美元，拥有游泳池将使月租金提高 2 美元。

在都市区内公寓的月租金存在怎样的差别呢？2002 年，在距离城市中心 2 英里的区位上公寓的月租金大约为 700 美元，而在距离市中心 20 英里的区位上公寓的月租金仅为 300 美元。在这个例子中，从城市中心向城市边缘区移动第一个 10 英里的距离，公寓的月租金将从 700 美元降到 400 美元。10—14 英里时，月租金有明显的上升。在超过 14 英里处，月租金迅速下降，直到在距离城市中心 20 英里处，月租金降到 300 美元。同其他都市区一样，在波特兰的郊区也有环城公路，靠近环城公路的区位具有很高的交通易达性，从这里可以很方便地到达就业集聚区。其结果是，在 14 英里处，公寓租金曲线达到了最高点。

6.6 住宅竞价租金曲线

我们可以用住宅价格曲线推导出住宅竞价租金曲线，它反映了开发商对不同区位土地的意愿支付价格。与制造业和写字楼企业所面临的情况一样，住宅企业也要遵循剩余原理：竞价租金导致每个区位上的经济利润均为零。

6.6.1 固定的要素比例

首先考虑住宅生产中使用固定比例投入要素的情形。假设每个住宅开发商生产 Q 平方英尺的住宅，需要 1 公顷的土地和 K 美元的资本。一旦企业建成了一座建筑，它就能获一套独立的住宅（其面积为 Q 平方英尺），或者该住宅被分成 q 个单元，每个单元有独立的活动空间（Q/q）。例如，一座 10 000 平方英尺的建筑可以被分成 10 个单元，每个单元的面积为 1 000 平方英尺。

在图 6-8 中，根据到就业区距离的差异，我们推导出相应的住宅土地竞价租金。企业的总收入等于每公顷的住宅产量（Q）乘以住宅的价格 $P(x)$，该值随着到就业区距离的减少而增加。其原因在于，住宅价格曲线具有负斜率，且呈凸性，因此它也是企业的总收入曲线。总收入曲线和成本曲线之间的差距，反映了企业对每公顷住宅用地的意愿支付价格。如果每个企业都占据 1 公顷的土地,那么它们的竞价租金将等于其意愿支付价格。

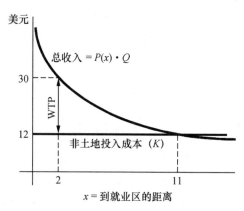

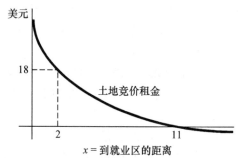

图 6-8　住宅竞价租金曲线

住宅开发商的土地竞价租金等于总收入减去非土地成本(K)。由于住宅价格曲线具有负斜率,且呈凸性,这使得竞价租金曲线的斜率也为负,且呈凸性。在 $x=11$ 的位置上,总收入等于总的非土地成本,因此其竞价租金为零。

6.6.2　要素替代

图 6-8 中给出的竞价租金曲线是基于如下假设而推导出来的:住宅生产使用固定的要素投入比例。在所有区位上,忽略土地的价格,企业在每公顷土地上生产出相同数量的住宅。那么,如果住宅企业存在要素替代,其结果会发生哪些变化呢?

正如我们在本章开始所看到的,土地价格的上涨将促使企业用资本替代土地,建造高层建筑可以节约土地。当我们靠近就业区时,土地价格呈上涨趋势,住宅开发商必然要在更小的地块上建造高层建筑。要素替代引发的成本节约被融入竞价租金曲线中,从中可以看出,距离城市中心越近,土地竞价租金上涨得就越快。换句话说,要素替代使得住宅竞价租金曲线的凸性变得更加明显。

6.6.3　住宅密度

城市内的人口密度有哪些差异呢?当我们靠近就业区时,人口密度开始上升,其原因主要有两点:

- **消费者替代。** 住宅价格上涨时,家庭的反应就是减少住宅的消费量。在表 6-8 中,城郊住宅的面积为 2 000 平方英尺,而中心城区的住宅面积为 1 000 平方英尺。

- **要素替代**。土地价格上涨时,住宅开发商的应对措施就是缩减住宅用地规模。在表 6-8 中,城市郊区的住宅面积是中心城区住宅面积的 2 倍,而中心城区居民的住宅一般为 10 层,每平方英尺的住宅占用 0.10 平方英尺的土地。

表 6-8　城郊与中心城区的人口密度　　　　　　　　　　　　　　　单位:平方英尺

	住宅面积	每平方英尺住宅占用的土地面积	每个家庭占据的土地面积
城郊	2 000	2	4 000
城市中心	1 000	0.10	100

综合这两个因素,可以得出中心城区的居民将使用 100 平方英尺的土地,而城郊居民将使用 4 000 平方英尺的土地。因此,在这个例子中,中心城区的人口密度是城郊人口密度的 40 倍。

6.7　放松假设:时间成本、公共服务、税收和舒适特征

　　如本章前面所阐明的,住宅土地利用基本模型进行了简化,设定了一些不符合实际的假设。首先假设不存在通勤的时间成本。实际上,通勤时间是以牺牲工作或者休闲时间为代价的,因此也就存在机会成本。在研究人们的通勤行为时,假设典型的居民将通勤时间估价为工资的 1/3 或者 1/2。通勤的机会成本越高,住宅价格曲线和住宅竞价租金曲线也就越陡峭。

　　该模型同时也假设每个家庭只有一个工人。然而,事实上每个家庭也可能有两个工人,我们也必须考虑存在两个通勤者时的情形。如果该家庭的两个工人在相同的地点工作,那么他们向就业区迁移将节省两倍的通勤成本,住宅价格曲线的斜率也会增大。如果这两个工人在不同的地区工作,情况就会变得更加复杂。此时,住宅价格曲线可能会变得更为陡峭或更为平坦,甚至具有正斜率。

　　这个基本模型同时也假设非工作目的的出行——购物、娱乐和其他活动的通勤成本——是无足轻重的。如果非通勤活动的目的地均匀地分布在整个城市,那么这个假设将不会带来任何影响。在某一个方向上居住地点的改变,可能会降低他的移动成本,但是其他人的移动成本可能会因此而增加,总移动成本的变化量将会非常小。相反,当非通勤地点相当集中时,这些地区就成为除就业区外具有很强吸引力的居住地点。在其他条件相同的情况下,当远离非通勤目的地时,住宅价格将下降。

　　第四个假设是所有地区的公共服务和税收相同。假设该城市有两个学区(school district),每个学区的税率相同,但是其中一个学区的教学质量更高。家庭间的竞争提高了高质量学区附近的住宅价格。如果用较高的税收取代对高质量学校的直接付费,就相当于人们间接支付了较高的住宅价格。相同的逻辑也可以应用于税率存在差异的情形。如果两个社区的公共服务水平相同,但是税率不同,则家庭间的竞争将推动低税率社区的住宅价格上升。

　　该模型同时也假设城市中的所有区位具有相同的环境质量。假设一个污染企业迁移到

某一城市的中心,该城市原先非常清洁,而现在污染企业排放的烟和气味对中心城区造成了最严重的影响。这样,该企业使城市中心附近住宅的吸引力下降,降低了这一地区的住宅价格。那些具有正舒适特征的情况则正好相反,拥有更好的景观或者更接近公园的地区,其附近的住宅价格也会相对较高。

6.8 土地利用模式

城市不同土地使用者的竞价租金曲线共同决定了均衡土地利用模式。在均衡市场状态下,土地被分配给出价最高的竞标者。在我们给出的城市经济学简单的模式中,存在三个为企业使用土地而相互竞争的部门:制造业企业、写字楼企业和居民。

决定城市土地利用模式的第一步是,确定城市交通系统的特征。我们将假设城市区内的制造业企业出口自己的产品,这些货物被装载在卡车上,利用城市间的高速公路进行运输。城市间的高速公路直接通向都市区的中心,环形高速公路(环形公路)与城市间的高速公路相连接。写字楼企业需要在 CBD 交换信息。居民在写字楼里工作,他们都乘坐汽车去上班。

6.8.1 商业企业竞价租金曲线

图 6-9 描述了写字楼市场和制造业部门的竞价租金曲线平面图。A 图给出了写字楼市场的竞价租金。在都市区的中心,土地竞价租金达到了最高值。由于写字楼市场在交换信息时需要面对面的接触,故它们的竞价租金曲线相对陡峭一些。当写字楼企业远离市中心时,其与其他写字楼企业接触的成本会快速增加,因此它们的竞价租金曲线会迅速降低。如表 6-9 中的 B 图所示,在高速公路(以平直的山脊表示)和环形公路(用距城市中心 4 英里的圆形公路表示)附近,制造业企业的竞价租金达到最高值。当我们远离高速公路或环形公路时,城市内的运输成本将增加,从而降低了制造业企业的竞价租金。

图 6-9 中的 C 图给出了两个商业竞价租金曲线族,并显示了商业企业的最大竞价租金值。在城市中心,写字楼竞价租金要高于制造业竞价租金,这意味着在城市中心,写字楼市场可以获得更高的利润,这是显而易见的,因为包括人们的旅行成本在内的写字楼企业的交通成本,要高于货物的运输成本。当远离城市中心时,写字楼的竞价租金迅速下降。在更偏远的区位上,制造业企业的出价高于写字楼企业。制造业企业将在距离城市中心 1.5 英里的高速公路附近选址(在此处,高速公路与写字楼竞价租金的锥体相遇)。环形公路离城市中心较远,它对写字楼企业的吸引力远不如对制造业企业的吸引力强。

6.8.2 不同部门的影响范围

在我们的城市经济学简化模型中,每个家庭都倾向于在就业区附近居住。有三个就业区:CBD 商圈、高速公路附近和环形公路周围。如果我们画出所有的住宅竞价租金曲线,使得每条曲线都对应一个就业区,那么就可以区分出不同的居住区和商业区。

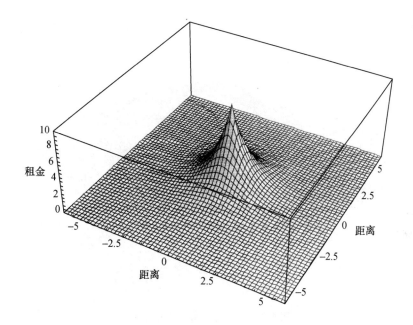

图 6-9　A：写字楼市场的竞价租金

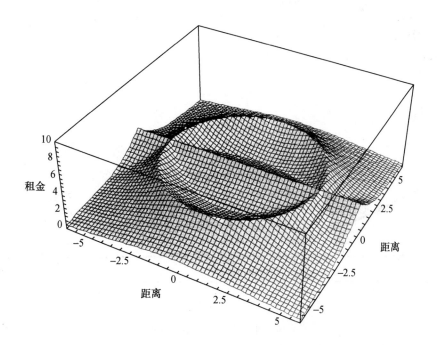

图 6-9　B：制造业部门的竞价租金

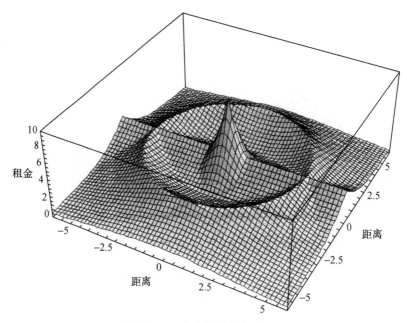

图 6-9　C：雇主的最大竞价租金

下面用图 6-10 中的二维图来描述不同分区的空间范围，其水平轴表示到城市中心的距离。这个图忽略了高速公路附近的制造业区，但是包括了环形公路附近的制造业区。写字楼市场的竞价租金曲线具有负斜率，在城市中心其租金达到最高值。第一条住宅竞价租金曲线

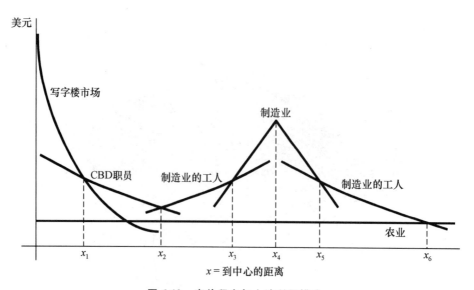

图 6-10　竞价租金与土地利用模式

均衡土地利用模式由企业和居民的竞价租金曲线决定。写字楼企业对 CBD 的出价要高于其他类型的使用者（从 $x=0$ 到 x_1）。CBD 的职员主要在 x_1 和 x_2 之间的地区居住。制造业工人一般在 x_2、x_3、x_5 和 x_6 之间的地区居住。制造业雇主则在 x_3 和 x_5 之间的地区集聚。

代表的是写字楼职员的意愿支付价格,他们一般在 CBD 中心工作。环形公路距离城市中心 x_4 英里,制造业部门的竞价租金在环形公路附近达到了最高值。在该图中有两条制造业工人的竞价租金曲线,其中一部分工人向城市外围移动,另一部分工人则向城市内部移动。

图 6-10 描述了工人和企业对城市土地区位而展开的竞争。土地被最高出价者占据,写字楼企业和写字楼职员的竞价租金曲线的交点,是商业区和住宅区的分界线,用 x_1 表示。类似地,写字楼职员和制造业工人之间的分界线可以用 x_2 表示,它是这两类劳动者竞价租金曲线的交点。在区位 x_3 和 x_5 之间,制造业企业的出价要比该企业职员的出价高,该地区被称为制造业区。在外围的居住区,制造业工人的出价要高于他们的雇主和非城市土地利用(农业),该地区的范围在 x_5 和 x_6 之间。

6.9 亨利·乔治和单一的土地税

我们已经了解到,农地价格是由它的肥力决定的,而城市土地价格是由它的易达性决定的。19 世纪末,城市快速发展导致土地价格持续上涨。1880 年,亨利·乔治(Henry George)建议对土地租金征收 100% 的土地税。该税收被称作"单一税",这是因为在那个时期,通过该税收获得的收入足够支撑各级政府的花费。乔治本人对单一税的精髓给出了最恰当的描述。下面是戴维·达德利·菲尔德(David Dudley Field)对他的一个访谈内容(1885 年发表在 *North American Review* 上)。

菲尔德:假设 A 是哈得孙(Hudson)的一个土地所有者,他拥有 1 000 英亩土地,这些土地大都是耕地,但同时还有住宅、谷仓、牛、马、马车和家具。按照您的理论,他该如何规划他的土地?

乔治:将根据土地价值对他征税;而不是根据他改良后的价值和存量……现行的税收制度是向他的劳动和资本创造的价值征税,该制度安排对于产业发展是有利的,但抑制了改良行为。一个国家拥有更多的住宅、谷物、建筑物,对所有人都是有利的。然而,我们对这些产品的生产征税的同时也伤害了我们自己。

菲尔德:那么您将对拥有价值 1 000 美元的农场的农场主征税。同时,毗邻地块的土地所有者拥有相同数量的土地,他拥有增加的改良价值 100 000 美元,您对他也征收相同的税。这是您的想法吗?

乔治:是的。改良是由资本家自己创造的,其本身并没有损害农场主的利益,但该改良价值对整个社会都是有益的,所以我不会采取任何阻碍它的政策。

菲尔德:一个大业主在纽约拥有 100 套住宅,每套按 25 000 美元计算(在城市的不同部分呈离散分布)。您将以怎样的比例对他征税?

乔治:对他的住宅不征税。我将对其住宅占用的土地的价值征税。

菲尔德:那么对于闲置的地块呢?

乔治:好像特殊用途的地块都是闲置的,其周边土地保持着相同的改良水平。

菲尔德:好,您预期该制度的最终结果如何?

乔治:对全部土地的年价值征税将使全体民众受益。我持有的观点是土地应该属于大家,正是大家共同的影响导致了土地价值的提高,因此土地价值应该由大家分享。

乔治给出了单一税具有公平性和效率性的原因。在公平性的问题上,乔治认为土地租金是由自然和社会决定的,而不仅仅是土地所有者努力的结果。城市土地租金是由土地所在区位到达其他经济活跃区的易达性决定的。在乔治的观点里,交通公共投资(铁路、缆车)提高了交通易达性,因此提高了城市的土地需求和土地租金。乔治还认为从城市增长中获得的意外之财应该通过税收的方式消除其对公平性的影响。在效率问题上,乔治认为土地税改变了原有的对地上建筑物改良部分征税的制度安排,从而提高了人们对住宅和建筑物的投资。相反,土地供给是固定的,土地税仅影响土地再分配,而不影响土地供给数量。乔治还认为用土地税替代改进税将增加社会总财富。

单一税受到批评的原因表现在三个方面。第一,单一税将降低土地所有者(净土地租金)的净收益,使其趋于零,从而使土地的市场价值为零。换句话说,它意味着政府没收了土地。这将对所有人产生冲击,因而该税收制度是不公平的。第二,如果土地净租金为零,土地所有者将放弃他们的土地,并让政府机构决定谁使用这些土地。同私有者不同的是,在土地私有的环境中,如果土地被有效利用,土地所有者就可以获得更高的收入,而政府机构不能从土地有效利用中获得任何收益。因此,政府控制的土地市场并不能实现土地的最有效利用。第三,测量土地租金(和适当的税收)有很大的难度。大多数土地都有建筑物或者其他改良设施。很难将生地(raw land)的价值从土地改良后的价值中分离出来。

对于单一税有两个选择。第一,在不完整的土地税下,税率要低于100%。不完整的土地税可以使土地所有者获得正的净收益,因此土地市场将继续存在,在该市场中土地将出让给出价最高的投标者。第二,实行两类税率(two-rate tax)或者分离不动产税(split property tax)。在传统的不动产税下,对土地和地上改良物征收相同的税率。3%的不动产税实际上是指对土地征收3%的税,同时也对地上改良物征收3%的税。在分离税收模式下,对土地的税率可能是9%,而对地上改良物的税率可能是1%。分离税被广泛应用于澳大利亚和新西兰。它也被宾夕法尼亚州的一些城市采用。通过对地上改良物征收较低的税,分离税提高了人们对住宅、建筑物和其他土地改良物的投资。

■ 小结

在本章我们已经分析了城市土地价格由其可获得性决定。下面是本章的主要观点:
1. 剩余原理告诉我们,土地的竞价租金等于总收入中超过非土地成本的部分。
2. 制造业企业对与其他城市的市场直接相连的高速公路附近的区域有更强的偏好。城市中的运输成本随着到高速公路距离的增加而提高,因此其竞价租金曲线具有负斜率。
3. 写字楼企业需要交换信息,中间区位具有最低的交通成本和最高的竞价租金。
4. 为应对高土地价格,在要素替代作用下产生了高层建筑。要素替代所导致的生产成本的节约,提高了土地竞价租金。
5. 居民对就业区附近的区域有很强的偏好,在通勤成本的作用下,其住宅竞价租金曲线不仅具有负斜率,而且呈凸性。

6. 土地通常被最高出价者占据,因此我们可以用不同土地使用者的竞价租金曲线来预测土地的利用模式。

7. 亨利·乔治建议征收单一的土地税,取消对地上改良物征税。

问题与应用

在下面的练习题中,带"＿＿＿"的题目,需要读者在上面填上一个词或一个数字。对于带"……"的题目,需要读者用适当的词语完成该句话,并使陈述的内容与原题目相符。对于带"[ ]"的题目,需要读者用圆圈标记出括号中恰当的一个词。

1. GreenGene 的租金

Greengene 先生从 Lauren 那里承租土地来种植谷物,最初每公顷土地价格为 500 美元。假设 Greengene 先生开发了一个种植谷物的新方法,使种植谷物的成本减少 300 美元/公顷。Lauren 很高兴,根据剩余法则,她希望用 800 美元的租金替代原先的 500 美元的租金。

a. 如果……Greengene 的租金将提高 300 美元/公顷。

b. 如果……Greengene 的租金将不发生变化。

2. 甘地与剩余法则

1917 年,圣雄甘地(Mahatma Gandhi)解决了一起印度农民和英国土地所有者之间的争端。在谷物分享机制下,每个种植蓝色染料(靛蓝)的农民要将收成的 15% 支付给土地所有者。当土地所有者听说了关于开发合成蓝色染料(synthetic indigo)的事情后,他们迅速将土地出售给了那些不知道合成蓝色染料以及蓝色染料价格即将暴跌的人。当蓝色染料价格下降后,那些已经购买土地的农民要求返还他们支付的那部分钱。经过甘地的调解,原有土地所有者返还了一部分资金。假设你是甘地的研究助手,现在需要计算一下对新土地所有者的适当返还额。

• 如果蓝色染料的初始价格是 10 美元,每公顷土地每年的产出是 100 单位,每年的非土地成本是 850 美元。

• 为了购买土地,农民以每年 10% 的利率向别人借款。

• 假设农民原本种植的谷物是大米,其单位价格是 8 美元,每年的产出是 100 单位,非土地成本(包括农场主的机会成本)等于蓝色染料的非土地成本。

a. 在原先的谷物分享机制下,有效的年租金是每公顷＿＿＿,其计算方法是……这暗示着每公顷的非土地成本是＿＿＿,其计算方法是……

b. 在农场主发现合成蓝色染料之前(他们假定其价格为 10 美元),他们种植染料的年预期利润是每公顷＿＿＿,其计算方法是……农场主愿意为每公顷土地支付的租金是＿＿＿,其计算方法是……

c. 假设合成蓝色染料的开发使染料的价格降低到 5 美元。从每公顷土地获得的年利润是＿＿＿,其计算方法是……

d. 农场主对每公顷土地的意愿支付是＿＿＿。原有土地所有者向新土地所有者返还的金额是＿＿＿,其计算方法是……

3. 计算制造业的竞价租金

考虑一个占地面积达 2 公顷的制造业企业。该企业每天生产 10 吨产品,并以每吨 80 美元的价格出售。当土地价格变化时,企业没有采取要素替代的策略。城市内的运输以卡车为主,其单位运费是每吨每英里 12 美元。企业的非土地成本为每天 200 美元。企业通过环形公路运送其出口的产品。

a. 画出在与环形公路距离不同的区位上企业的竞价租金曲线,这个距离大约是在从零到 5 英里之间的区位上。

b. 环形公路附近的竞价租金是每公顷_____,竞价租金曲线的斜率是_____每英里,其计算方法是……

4. 制造业企业的批量物质传送器

考虑如下情形,制造业产业用轮船运送出口产品。每个企业每月的总收入是 1400 美元,每月非土地的生产成本是 400 美元。每个企业最初用卡车从企业所在的区位 x 运送出口货物到港口($x=0$)。企业的运费为 100 美元每街区。假定第二个运输方法被发展起来:每月的租赁成本是 300 美元,该企业可用传送器运送产品,最远可以达到 7 个街区的距离。使用传送器的边际成本为零。

a. 如果一个制造业企业用卡车运送货物,另一个企业用传送器运送货物,那么当企业与港口相距 10 个街区的距离时,试画出两条制造业企业竞价租金曲线。

b. 在以下区间企业将继续使用卡车运送货物:_____ 到 _____;_____ 到 _____。

c. 在 _____ 到 _____ 区间上,企业使用传送器运送货物。

5. 从街道的改进中获益

假定城市拓宽了工业区的街道,使卡车向州际公路方向行驶更加便利。

a. 最后,拓宽街道将使[工人,运输企业,土地所有者,制造业企业]受益。

b. 用图形描述上述结论。

6. 机会成本和写字楼竞价租金曲线

以表 6-4 和图 6-3 为本问题的起点,假定写字楼职员出行的机会成本提高了 25%。

a. 在 5 个方格的距离上,出行成本 = _____;对土地的意愿支付 = _____;每公顷土地的竞价租金 = _____。

b. 画出写字楼部门原有的和新的竞价租金曲线。

c. 新的竞价租金曲线更加[扁平,陡峭],在 $x=$ _____ 的距离上,竞价租金的值等于零。

7. 信息工人使用的两轮自平衡电动车

两轮电动滑行车是一个能自己实现平衡的运输工具,它不仅清洁(以电池为动力),而且占地面积小(与地面接触的地方仅 19—25 英寸长)。因此它可以用于人行道和建筑物内。假设该运输工具被引进 CBD,信息交换的速度可以提高 2 倍。

a. 在以下两种环境下描述两轮自平衡电动车对写字楼部门竞价租金曲线的影响:

• 固定的建筑高度。写字楼企业不采取要素替代的策略。原有的竞价租金曲线与新的竞价租金曲线之间的差距随着距离的增加而[提高,下降]。

• 可变的建筑高度。

b. 最后,两轮自平衡电动车将给[写字楼企业,写字楼职员,土地所有者]带来更大的收益。

8. **住宅价格和土地竞价租金数量**

考虑在一个单中心城市,每月每英里的通勤成本为40美元。一个家庭居住在距离城市中心8英里远的区位上,该家庭的住宅面积为1 000平方英尺,其月租金为600美元。每套住宅的非土地成本为250美元,每公顷土地上有10套住宅。

a. 在距离市中心8英里的区位上,住宅价格是每平方英尺_____,其计算方法是……

b. 在距离市中心8英里的区位上,土地的竞价租金是每公顷_____,其计算方法是……

c. 假设住宅需求是完全无弹性的。在距离市中心5英里的区位上,住宅价格是每平方英尺_____,其计算方法是……

d. 假设住宅开发企业不采取要素替代策略。在距离市中心5英里的区位上,土地竞价租金是每公顷_____,其计算方法是……

e. 假设消费者采取消费替代策略,企业采取要素替代策略。在距离市中心5英里的区位上,土地竞价租金将[大于,小于]问题d给出的租金水平,这是因为……

9. **违反需求法则**

考虑一个有两个城市的区域:奥北博格(Obeyburg,B)和韦尔维尔(Vioville,V)。每个城市居民的住宅需求曲线都存在差异。奥北博格市的消费者遵循需求法则,其需求曲线具有负斜率。韦尔维尔市的消费者违反需求法则,其需求曲线具有正斜率。假设在距离市中心5英里的区位上有 $P_B = P_V$,请画出两个城市的住宅价格曲线。提示:传统的消费者替代如何影响住宅价格曲线?反向的消费者替代如何影响该曲线的形状?

10. **犯罪率与住宅价格**

下面考虑一下这种情况:每个城市居民都通勤到城市中心去上班,其每月每英里的通勤成本是40美元。每个家庭拥有1 000平方英尺的住宅,在住宅内有价值7 000美元的财产。任何一个特定家庭被盗后都将损失所有财产(没有保险)的概率是0.10,每远离城市中心1英里,该比例将下降0.01(在离市中心1英里的位置上,概率为0.09,在2英里的位置上,概率为0.08,以此类推)。在城市中心每平方英尺的住宅价格为1美元。

a. 从城市中心开始,向外每移动1英里,人们预期的犯罪引起的财产价值损失将从_____变为_____,每平方英尺的变化幅度为_____。

b. 住宅价格曲线的斜率是_____,其计算方法为……

c. 画出从城市中心移向距其5英里位置时的住宅价格曲线。在城市中心,住宅价格为_____,而在距离城市中心5英里的区位上,该价格则变为_____。

参考文献和补充阅读

1. Bollinger, Christopher, Keith Ihlanfeldt, and David Rowes. "Spatial Variation in Office Rents within the Atlanta Region." *Urban Studies* 35 (1998), pp. 1097—1118.

2. Fujita, Mashisa, and Jacques-Francois Thisse. *Economics of Agglomeration.* Cambridge: Cambridge Univer-

sity Press, 2002.

3. George, Henry. *Progress and Poverty*. New York: Schalkenbach Foundation, 1954.

4. O'Hara, D. J. "Location of Firms within a Square Central Business District." *Journal of Political Economy* 85 (1977), pp. 1189—1207.

5. Sivitanidou, Rena, "Urban Spatial Variations in Office-Commercial Rents: The Role of Spatial Amenities and Commercial Zoning." *Journal of Urban Economics* 38 (1995), pp. 23—49.

6. Sivitanidou, Rena. "Do Office-Commercial Firms Value Access to Service Employment Centers?" *Journal of Urban Economics* 40 (1996), pp. 125—149.

7. Sivitanidou, R., and P. Sivitanides. "Industrial Rent Differentials: The Case of Greater Los Angeles." *Environment and Planning* A 27 (1995), pp. 1133—1146.

8. Wilson, Beth, and James Frew. "Apartment Rents and Locations in Portland, Oregon: 1992—2002." *Journal of Real Estate Research* 29 (2007), pp. 201—217.

附录：消费者与要素替代

在本附录中，我们将对第6章的两个结论作更严密的分析。首先，消费者遵循需求法则，住宅消费量随着住宅价格的上涨而下降。这个结论说明住宅价格曲线呈凸性。其次，企业要进行要素替代，也就是说，当土地的相对价格上涨时，他们将用资本代替土地。这个结论说明了为什么写字楼市场的竞价租金曲线是凸性的而不是凹性的。为了进一步了解消费者选择模型和要素投入选择模型，请看本书最后的附录部分："微观经济学工具"。

6A.1 消费者选择与需求法则

消费者选择模型是一个有约束条件的最大化模型。它主要描述在收入和其他商品价格一定的情况下，消费者为获取最大化效用而作出的选择。

消费者的预算束是指在预算下可以购买的两种商品组合。在图6A-1的A图中，阴影部分代表在就业区10英里外居住的家庭的预算束。消费者购买的两种商品分别是住宅（用平方英尺表示）和其他所有商品（用美元表示）。假设该家庭每月的收入是2 000美元，其每月的通勤成本是500美元（每月每英里50美元乘以10英里）。距市中心10英里处的住宅价格为每平方英尺0.30美元。预算线 AB 代表消费者用其收入所能购买的住宅和其他商品的各种组合。下面分析预算线上的两个点：

• 点 A。如果住宅消费量为0，则该家庭可以把1 500美元全部用于购买其他商品：1 500美元＝2 000美元收入－500美元通勤成本。

• 点 i。如果住宅面积为1 000平方英尺，则家庭用于住宅的支出为300美元，用于通勤的支出为500美元，剩下的1 200美元用于其他商品的消费。

预算线的斜率表明消费者要在住宅和其他商品之间进行权衡。该斜率可用其他商品消费量增加导致住宅消费量的下降规模来表示。如果住宅价格是0.30美元，每消费1平方英尺的住宅，其他商品的消费量就下降0.30美元。换句话说，该斜率可以用住宅价格来表示。

消费者偏好可以用无差异曲线来表示。每条无差异曲线都代表两种产品的不同组合，它们可以给消费者带来相同的效用。边际替代率(MRS)是指消费者为获得更大面积的住宅而愿意放弃其他商品的消费量,它可以用无差异曲线的斜率来表示。例如,如果斜率是 -0.50 美元,表示该家庭为增加 1 平方英尺的住宅消费而愿意放弃其他商品的消费量是 0.50 美元;MRS = 0.50。

6A.1.1 最大化效用:MRS = 价格比率

为了使效用最大化,消费者必须在其预算内寻找最高的无差异曲线。在图 6A-1 的 A 图中,无差异曲线 U_1 是消费者预算约束内的最高无差异曲线,因此在点 i 处消费者的效用水平最高,此时他的住宅消费量是 1 000 平方英尺,其他商品的消费量是 1 200 美元。在这一点上,无差异曲线与预算线相切,意味着预算线的斜率(商品间的价格比率 = 0.30)等于无差异曲线的斜率(边际替代率)。实际上,这就是效用最大化法则:

$$边际替代率 = 商品间的价格比率$$

如果商品间的价格比率(市场的权衡)等于边际替代率(消费者自己的权衡),那么消费者就不会获得更高的效用了。

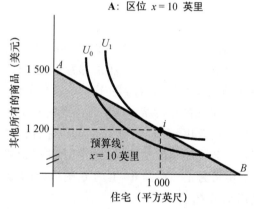
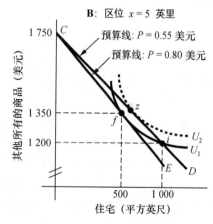

在区位 x = 10 英里时,预算线与无差异曲线相切时(点 i),消费者获得了最大的效用,此时的 MRS 等于价格之比 0.30 美元。

当区位 x = 5 英里时,通勤成本下降了 250 美元,而住宅价格则有了较大幅度的提高。虽然点 i 是可支付点,但它并不是最优效用点,而在点 f,则可以重新恢复区位均衡,此时的住宅价格等于 0.80 美元,消费者获得了与在 x = 10 英里处相同的效用。

图 6A-1　经济选择模型

6A.1.2 消费者替代

图 6A-1 中的 B 图描述了距就业区 5 英里处消费者的预算线。当家庭从 10 英里处迁移到 5 英里处时,他的通勤成本下降了 250 美元。假设在 5 英里处的住宅价格是每平方英尺 0.55 美元,CD 是其预算线。

- **点 C**。如果住宅消费量为 0,则该家庭可以把其所有的收入都用于购买其他商品,其中包括通勤成本节约的那部分资金(250 美元)。其他商品的最大消费量从 1 500 美元(在 A 图中的 A 点)增加到 1 750 美元。

- **点 i**。如果住宅消费量保持在 1 000 平方英尺,住宅的单位价格为 0.55 美元,通勤成本的变化量(250 美元)正好抵消了住宅成本的增加额(250 美元),因此点 i 所表示的最初商品组合仍然具有可支付性。

虽然点 i 仍然具有可支付性,但该家庭并不会选择它。给定这个较高的住宅价格(从 0.30 美元增加到 0.55 美元),无差异曲线 U_1 并不与点 i 相切,因此点 i 不再是最大效用点。点 i 违反了最大效用法则 MRS = 商品间的价格比率:商品间的价格比是 0.55,但是 MRS 仍然是 0.30。因此,该家庭还可以获得更高的效用。

住宅消费量将增加还是下降呢? 在 0.55 美元的价格水平上,该家庭为获得 1 平方英尺的住宅,将要放弃消费 0.55 美元的其他商品,但是他更愿意仅放弃消费 0.30 美元的其他商品(给定 MRS)。此时,由于他占据的住宅面积过大,将降低住宅的消费量。住宅面积每减少 1 平方英尺,该家庭就可以获得 0.55 美元的其他商品——它高于此家庭获得无差异效用时的货币值(在点 i,MRS = 0.30)。如果住宅价格保持在 0.55 美元,则该家庭将移向预算线 CD,以获得更高的无差异曲线(U_2)和更高的效用水平,此时他将消费较少的住宅和更多的其他商品(用点 z 表示)。

6A.1.3 区位均衡

如果在 $x=5$ 的区位上住宅价格不是 0.55 美元而是更高时,消费者的境况将变得更糟。假设在 $x=5$ 区位附近的居民可以获得 $U_2 > U_1$ 的效用水平。每个居民都希望在 $x=5$ 的区位上居住,其结果是扩大了住宅需求量,并使住宅价格不断提高,直到在这两个区位上($x=5$ 和 $x=10$)居住的居民获得无差异的效用为止。为了实现区位均衡,$x=5$ 区位上的效用必须与 $x=10$ 区位上的效用相同(等于 U_1)。为了获得均衡效用,在 $x=5$ 区位上的住宅价格必须上涨到 0.55 美元,并使预算线向内倾斜,从而获得一条更陡峭的预算线。实际上住宅价格将持续上涨,直到新预算线与初始的无差异曲线 U_1 相切为止。在图 6A-1 的 B 图中,点 f 即是如此:当住宅价格为 0.80 美元时,达到最大化效用水平 U_1。

通过上述分析可以看出家庭是如何选择居住地以获得相同的效用水平的。与居住在距就业区 10 英里处的家庭相比,在 5 英里处居住的家庭要消费较小的住宅(500 平方英尺与 1 000 平方英尺相比),但是可以消费更多的其他商品(1 350 美元与 1 200 美元相比)。在这两个位置上的家庭之所以获得相同的效用,是因为点 i(靠近 10 英里处的家庭)和点 f(靠近 5 英里处的家庭)位于同一条无差异曲线上。当住宅价格较高时,住宅消费量将下降,这与需求法则相一致。

6A.2 要素投入决策与要素替代

下面分析一下写字楼企业的要素投入决策。正如本章所讨论的,等产量曲线描述了为生产相同的办公楼空间(1 公顷),企业可以使用的土地和资本的各种组合。写字楼企业的目标是在等产量曲线上寻找最优的投入组合,以使其获得最低的建筑成本,该成本等于资本成本和土地成本之和。

图 6A-2 描述了企业如何挑选投入组合以获得最低的成本。等成本曲线是一条线性曲线,它类似于消费者预算线。该等成本曲线是指在固定的要素投入预算下所有投入要素成本

的组合。等成本曲线的斜率取决于两种要素投入的比例,如果资本价格(在纵轴上)除以土地价格(在水平轴上)等于 1 美元,那么该斜率将等于土地价格。较高的等成本曲线(更偏向东北方)代表较高的预算(有更多的钱用于要素投入支出)。为了最小化要素投入成本,企业将位于最低的等成本曲线最西南方与等产量线相切的位置。

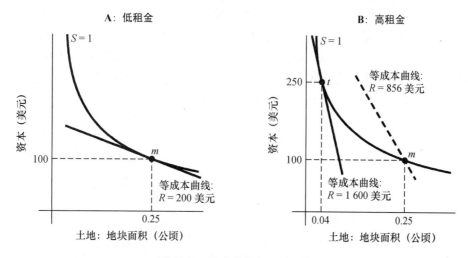

图 6A-2 要素替代与土地价格

A:当土地租金 = 200 美元时,最低的成本点位于点 m,等成本曲线与等产量曲线相交于该点。
B:随着土地和交通成本被逐步抵消,企业仍然可以选择点 m,但是由于土地租金较高,要素替代性将降低企业的生产成本。其结果是提高了土地竞价租金和等成本曲线的斜率,使企业在点 t 获得了最低成本。

图 6A-2 中的 A 图描述了当土地价格为每公顷 200 美元时企业所作出的决策。在点 m 的位置上,企业的成本最低,要素投入分别为 0.25 公顷的土地和 100 单位的资本。点 m 的成本之所以最低,是因为它位于最低的等成本曲线上。两条曲线相交于最低成本点,与要素投入决策中的最低成本法则相一致:

$$边际技术替代率 = 投入要素的价格比率$$

边际技术替代率(MRTS)与边际替代率类似。在产出数量固定的条件下,资本对土地的 MRTS 等于每单位土地的变化量所引起的资本的变化量。当 MRTS 等于投入要素的价格比率时,两种投入要素间的产出均衡(production trade-off)要等于市场均衡(market trade-off),因此企业将不能在更低的成本水平上生产出同等数量的产品。在点 m,MRTS = 200,它等于投入要素的价格比率(土地价格 = 200 美元,资本价格 = 1 美元)。

假设企业从距离市中心 5 个街区的位置上向城市中心移动,最终移动到距离市中心 1 个街区的位置上。如果企业不进行要素替代,那么出行成本的节约正好抵消了租金的增加量,因此在初始预算下,点 m 是其可能的选择。企业将把节约的出行成本投入到土地消费中。利用剩余法则,租金等于 856 美元。

$$每公顷土地租金 = \frac{510 - 100 - 150 - 46}{0.25} = \frac{214}{0.25} = 856(美元)$$

虽然点 m 是可供选择的对象点,但是企业并不会选择它。较高的土地价格可以产生更陡峭的等成本曲线:在图 6A-2 的 B 图中,实线表示的等成本曲线要比虚线表示的初始状态下的等成本曲线更陡峭。其结果是,点 m 并不是最低成本点。其 MRTS 值(在点 m 仍为 200)要低于投入要素价格比率(现在是 856),因此企业将用资本替代更加昂贵的土地,并沿着等产量曲线向较低的等成本曲线(较低的成本)移动。

  要素替代削减了企业成本,提高了土地竞价租金。剩余法则告诉我们,要素替代所导致的成本的节约促进了土地价格的上涨,使等成本线变得更加倾斜,大大提高了该曲线的斜率。在图 6A-2 的 B 图中,点 t 是成本最低点,其建筑高度为 25 层,使用 250 单位的资本。此时,MRTS 值等于两种投入要素的价格比例 1 600。在存在消费者替代的情况下,土地租金的提升是促进要素替代的主要诱因,它反过来又会推动土地竞价租金的上涨。

第7章
土地利用模式

> 无论市场发生什么变化,奥蒂斯电梯(升降机)始终可以装进无数的飞机中。①
>
> ——雷姆·库哈斯(Rem Koolhaas)

在现代都市区内,就业主要分布在CBD、城郊次中心和"其他任何地区"。这种分布使得就业可以在城市的任何地方——广泛地分布在整个都市区内——并使大部分居民在远离市中心的地区工作和生活。本章我们将首先描述城市就业和人口的空间分布,然后回顾一下100年前城市的各种真实形态。在单中心城市最鼎盛的时期,有2/3或3/4的就业集中在市中心附近。我们还将分析城市转型背后的市场力量并讨论一下城市蔓延的原因及影响。

7.1 就业人口的空间分布

在典型的都市区就业是如何分布的?解决该问题的一个方法是将都市区分成两部分:中心区和都市区的其他地区,然后描述就业是如何在这两个地区之间划分的。第二个方法是关注就业在整个都市区内的空间配置。在该方法下将使用较小的地理单位,例如一个人口普查单元——一个郡里相对持久的统计区,在该统计区内人口规模为2 500—8 000人。我们将首先讨论中心区与都市区其他地区之间的就业分布情况,然后转而利用人口统计区的数据进行分析。

7.1.1 在中心区内及其外围的就业

回想一下都市区中心城市的定义,它是指一个大的中心自治区。换句话说,一个中心城市的边缘区是行政意义上的边界,而不是经济意义上的。典型的都市区有许多非中心自治区;这些自治区组成了城郊地区——都市区的其他地区。表7-1给出了都市区就业在中心城

---

① 也就是说,它总能找到自己的买主。

市、非中心城市的分布情况。1980年,中心城市吸纳的就业人口超过了总就业人口的11%。1980—2000年间,中心城市就业的增长速度要低于都市区的其他地区。到了2000年,中心城市吸纳的就业人口占总就业人口的比重低于10%。在就业分散化趋势长期存在的条件下,上述变化趋势也将持续下去。回溯到1948年,那时中心城市的就业规模大约是城郊地区的2倍。

表7-1 在中心区内及其外围的就业人口,1980—2000　　　　　　　　　单位:百万

	1980	1990	2000
中心城市内	35.21	46.47	49.03
其他自治区	31.58	43.75	53.75

资料来源:U.S. Census, Journey to Work。

我们可以对固定的中心区和都市区的其他地区进行区分。在100个最大的都市区中,大约22%的就业集中在中心城市周边3英里的区域,其他65%的就业集中在中心城市周边10英里的区域(Glaeser, Kahn, and Chu, 2001)。中间区位(一半的就业靠近中心城市,另一半远离中心城市)是7英里的区域。从美国4个地区(东北部、中西部、南部和西部)的对比中可以看出,在10英里范围内的就业比例非常接近。所有4个地区的就业比例均在64%到67%之间。除了东北部地区(就业比例为29%)以外,在其他所有地区,3英里范围内的就业比例均类似,在19%到21%之间。

表7-2给出了美国各都市区中心城市周边3英里和10英里范围内就业份额的差异。在洛杉矶,3英里范围内的就业比例为8%,而在波士顿为40%;在10英里范围内,洛杉矶的就业比例为28%,而印第安纳波利斯则达到79%。从中心城市周边3英里范围内的就业比例可以发现,就业最集中的都市区并没有被列到该表中:纽约市中心3英里范围内拥有140万个就业岗位,芝加哥则有53万个就业岗位。

表7-2 城市中心周边3英里内和10英里内的就业岗位:部分城市

	印第安纳波利斯	波特兰	波士顿	明尼阿波利斯	亚特兰大	洛杉矶
总就业岗位(个)	635 818	762 677	1 152 387	1 294 873	1 604 716	4 680 802
3英里内的就业岗位(个)	179 893	235 057	459 936	267 798	221 986	382 465
3英里内的份额(%)	28	31	40	21	14	8
10英里内的份额(%)	79	76	76	64	43	28

7.1.2 近距离观察就业的空间分布:波特兰和波士顿

地图7-1描述了从西南方向观察波特兰都市区内的就业分布状况。每个人口普查区由锯齿状的区域表示,其突出的高度代表了就业密度,被定义为每公顷范围内的工人数量。地图中的带状线条代表高速公路,贯穿了整个都市区。在中心地区就业密度达到最高水平,达到每公顷539人(每平方英里137 890人)。在中心区外围,高速公路附近区域的就业密度最高,在一些地区达到25(高速公路带状的高度)。

第 7 章　土地利用模式　　145

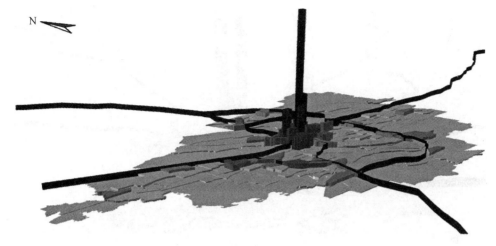

地图 7-1　就业的空间分布：波特兰

每个锯齿状的人口普查区突出的高度代表了它的就业密度,其被定义为每公顷范围内的工人数量。带状的线条代表高速公路,其高度达到 25。在 CBD,最高就业密度达到每公顷 539 人。

波特兰地区的就业是如何在就业密度不同的地区间进行划分的呢？正如表 7-3 第一列所示,在就业密度最高的人口普查区内集聚了大约五分之一的就业人口——每公顷至少 50 个工人。城市经济学家对就业次中心的定义是：一个地区的就业密度至少达到每公顷 25 个工人,总就业人口不少于 10 000 人。在地图 7-1 中,该城市的一些地区的就业密度超过了每公顷 25 人,这些地区包括西南地区（俄勒冈州的比弗顿）和北部地区（华盛顿州的温哥华）。表 7-3 第一列还显示,都市区内 8% 的就业分布在就业密度达到每公顷 25—50 人的地区。其他就业则集中在密度较低或者极低的地区：16% 的就业分布在就业密度达到每公顷 12.5—25 人的人口普查区,57% 的就业分布在就业密度低于每公顷 12.5 人的人口普查区。

地图 7-2 描述了波士顿都市区内的就业密度分布状况。上面的地图是一个全景图。在城市中心附近就业密度达到最高,此时的密度为每公顷 1 953 个工人（每平方英里 500 001 个工人）。下面的地图是一个近视角地图,其覆盖了就业密度高于 976 的人口普查区：中心城区的实际密度大约是该地图给出密度的 2 倍。同其他有关就业密度的地图一样,高速公路用带状线条表示,其高度值为 25。该带状线条可以帮助我们识别哪里的就业密度超过了就业次中心的上限。

表 7-3 给出了波士顿和其他都市区就业岗位在不同就业密度区域分布的具体数字。相对于波特兰来说,波士顿就业高密度区的就业岗位份额是它的 2 倍,而在波士顿就业密度低的区域,就业岗位份额则远小于波特兰地区。洛杉矶就业高密度地区的就业岗位份额大约与波特兰、印第安纳波利斯、明尼阿波利斯相同,但是中等就业密度地区的就业岗位份额相对较大,这使得就业密度最低的两个区域的就业岗位份额相对较小。亚特兰大突出的特点是高就业密度地区的就业岗位份额相对较小,而低就业密度地区的就业岗位份额则最大。在印第安纳波利斯和亚特兰大,大约有超过五分之四的就业位于就业密度低于每公顷 25 人的地区。

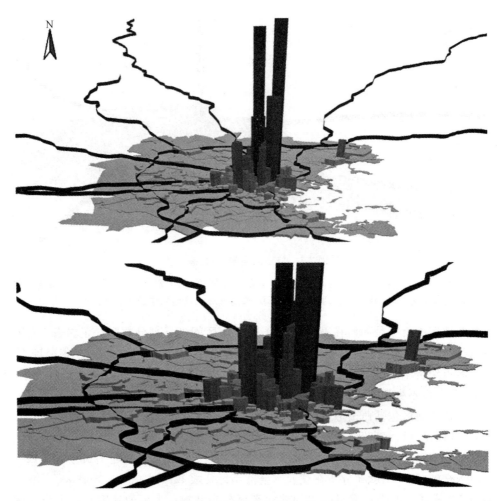

地图 7-2　就业的空间分布：波士顿

每个人口普查区突出的高度等于它的就业密度，其被定义为每公顷范围内的工人数量。带状的线条代表高速公路，其突出的高度达到25。在 CBD，就业密度达到每公顷 1 953 人。最上面的地图是一个全视角地图，下面的地图是一个近视角地图，排除了就业密度低于每公顷 976 人的人口普查区。

表 7-3　不同等级就业密度区的就业岗位分布：部分城市

	波特兰	波士顿	印第安纳波利斯	明尼阿波利斯	亚特兰大	洛杉矶
总就业岗位（个）	762 677	1 152 387	635 818	1 294 873	1 604 716	4 680 802
就业岗位比例（%）						
高密度（$D>50$）	18	37	18	17	10	17
中等密度（$25<D<50$）	8	10	3	12	8	22
低密度（$12.5<D<25$）	16	22	14	24	12	28
极低密度（$D<12.5$）	57	31	65	47	70	32

7.1.3 就业次中心:洛杉矶和芝加哥

正如我们在第3章已经分析的,集聚经济促进了企业从一个地区向另一个地区集聚,结果导致次中心地区的形成。例如,制造业企业集聚可以扩大对同一供应商的养护与维修服务的需求,写字楼企业的集聚可以使它们从同一印刷企业购买到印制精美的小册子。另外,写字楼企业的集聚还可以使其共同分享周边的餐饮和旅馆服务。根据经验法则,面积为250万平方英尺的写字楼可以支撑一家拥有250个客房的旅馆。

Giuliano 和 Small(1991)研究了洛杉矶都市区就业的空间分布。洛杉矶都市区的 CBD 共有就业人口49.6万(占总就业人口的11%),人口密度是每公顷90个工人。他们把次中心定义为就业密度至少为每公顷25人,总就业人数至少为10 000人。1990年,该都市区有28个次中心,平均就业密度为每公顷45人。次中心共吸纳都市区23%的人口,剩下的大约2/3的就业人口都处于分散状态——在城市中心和次中心的外围。Giuliano 和 Small 根据各次中心生产产品的种类,将洛杉矶28个次中心分成五个类型:

- **混合工业次中心**。这种类型的次中心最初发源于交通节点(飞机场、港口和码头)附近的低密度制造业集聚区,在吸引了其他经济活动后,该次中心才得以发展。
- **混合型服务业次中心**。类似于传统的市区,提供多种类型的服务,在纳入都市区经济体系之前,这些多种类型的服务功能都是独立的中心。
- **专业化制造业次中心**。既包括原有的制造业产业区,也包括飞机场附近的主要生产航空设备的新制造业产业区。
- **服务导向型次中心**。雇用从事服务活动的工人,例如医疗保健、娱乐和教育。
- **专业化娱乐服务次中心**。雇用从事电视和电影工作的职员。

McMillen 和 McDonald(1998)研究了芝加哥都市区就业的空间分布。他们使用 Giuliano 和 Small 给出的城市次中心的定义,把整个地区划分成20个次中心,包括9个旧工业区、3个旧卫星城、2个从事新兴产业和零售业的次中心、3个从事服务业和零售业的次中心。

7.1.4 写字楼就业和办公场所的空间配置

正如前面的章节讨论的,在城市中心附近选址将有助于不同企业的员工进行面对面的交流,企业也会因此而受益。地图7-3描述了在波特兰和波士顿市 FIRE(金融、保险、房地产)领域就业的空间分布情况。人口普查区突出的高度代表就业密度值(每公顷就业人数),高速公路带状线条向上的突出值为12.5(它是上一幅地图给出的高速公路突出值的一半)。这两个都市区的 CBD 都有很高的写字楼就业比例,但沿着高速公路,就业的集聚水平则相对较低。

下面分析一下写字楼的空间分布。一个写字楼次中心(office subcenter)常被定义为在一个狭小的区域内至少拥有500万平方英尺的写字楼面积。最近关于美国13个大都市区的研究发现,在这些都市区内总共有81个写字楼次中心(Lang, 2003)。如果把这13个城市看作一个整体,那么 CBD 内的写字楼面积约占写字楼总面积的38%,次中心约占26%,分散地区约占36%。表7-4描述了写字楼办公场所在 CBD、次中心和其他地区(分散化的)的空间分布。对于这三个都市区——纽约、芝加哥和波士顿——来说,有一半以上的写字楼都位于

CBD。但是在其他都市区,分散分布的份额则超过了 CBD 所占的份额。

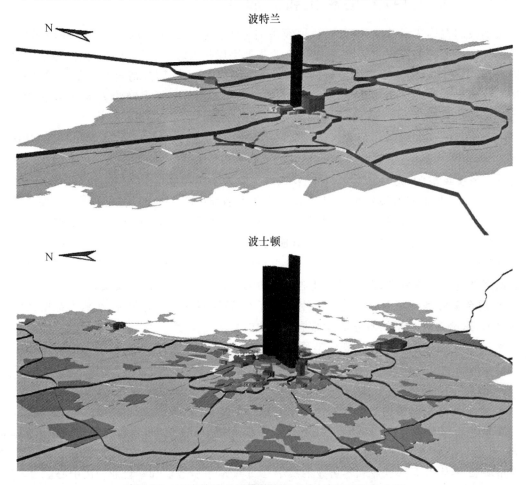

地图 7-3 写字楼就业规模的空间分布:波特兰和波士顿

每个人口普查区突出的高度代表写字楼就业密度,其被定义为每公顷范围内从事 FIRE(金融、保险、房地产)工作的人数。带状的线条代表高速公路,其高度等于 12.5。

7.1.5 边缘城市

Garreau(1991)提出了边缘城市的概念,并将其定义为写字楼和零售业重新集聚的地区。目前,更多的研究集中在写字楼总面积上,写字楼面积常被看作边缘城市的特征,其进入门槛为 500 万平方英尺(Lang, 2003)。我们可以根据边缘城市经济近期的发展状况把它与其他次中心城市区别开来。表 7-4 的后两列给出了选定都市区的边缘城市数量及其写字楼面积占总建筑面积的比例。

表 7-4 选定都市区的写字楼分布

	CBD 中写字楼占的比例(%)	城市次中心中写字楼所占的比例(%)	分散分布的写字楼所占的比例(%)	边缘城市数量(个)	边缘城市内写字楼所占的比例(%)
亚特兰大	24	35	41	2	25
波士顿	57	23	32	4	19
芝加哥	54	20	27	6	20
达拉斯	21	45	35	6	40
丹佛	30	34	36	4	29
底特律	21	40	39	2	40
休斯敦	23	38	39	6	38
洛杉矶	30	33	37	6	25
迈阿密	13	21	66	2	17
纽约	57	13	30	6	6
费城	34	12	54	2	9
旧金山	34	23	43	4	14
华盛顿	29	40	32	8	27

资料来源：根据 Robert E. Lang. *Edgeless Cities*（Washington DC：Brookings, 2003）的相关资料计算得到。

7.1.6 次中心城市在都市区经济中的角色

根据目前的研究，我们已经能够详细描述都市区次中心的特征和角色，并可以从中得出一些结论（Anas, Arnott and Small, 1998；Sivitanidou, 1996；McMillen, 1996；Schwartz, 1992）。

1. 在新旧都市区内都有数量众多的次中心。
2. 在大多数都市区，CBD 和次中心内的分散型就业岗位数量要多于集中型就业岗位。
3. 许多次中心都有高度专业化的特征，它暗示着次中心就是一个巨大的地方性经济体。
4. 次中心的存在并不能削弱主要中心城区的地位。Lang(2003)在对 13 个城市中的 7 个城市进行研究时发现，在规模最大的次中心，CBD 内写字楼面积与次中心写字楼面积之比至少等于 4。该比值最大的城市分别为纽约(32)和芝加哥(12)。在这些都市区中仅有底特律的比例小于 1。
5. 在典型的都市区内，尽管市中心占总就业人数的比重较小，就业密度仍会随着到市中心距离的增加而下降。
6. 次中心的企业与市中心有紧密的联系，靠近中心城市的企业，其附近的土地价格相对较高。
7. 不同次中心间的企业相互联系，这意味着次中心有不同的职能，而且它们之间存在互补性。

CBD、周边的次中心以及分散的企业之间有哪些经济关系呢？CBD 可以为服务型行业提供更多面对面交流的机会,例如广告、会计、法律咨询和投资银行业务。虽然现代通信技术的发展已经降低了对一些交流模式的需求,但是在交换那些复杂的和隐含的信息,以及增进彼此的信任感时,仍需要人们进行面对面的交流。

7.2 人口的空间分布

下面讨论都市区人口的空间分布问题。如果把美国都市区看作一个整体,那么有36%的人口居住在中心城市,其他64%的人口居住在其他自治市中。在100个最大的都市区中,有20%的人口居住在中心城市周边3英里的区位上,有65%的人口居住在中心城市周边10英里的区位上(Glaeser, Kahn, and Chu, 2001)。中间的居住区位是指距离中心城市8英里的地方,这要比中间就业区位远1英里。换句话说,城市人口分布要比就业人口分布更加分散一些。

7.2.1 波特兰和波士顿的人口密度

地图7-4和7-5描述了两个都市区的人口密度:波特兰和波士顿。每个人口普查区都用锯齿状的地块表示,其突出的高度代表了人口密度,它被定义为每公顷范围内居住的人口数量。同前面的讨论类似,都市区内的高速公路用带状线条表示,其突出的高度值为25。在波特兰,中心地区的人口密度最高,最高值达到每公顷91人(每平方英里23 376)。在波士顿,中心地区附近的人口密度最高达到每公顷420人(每平方英里107 760)。

地图7-4　人口密度:波特兰

带状线条代表高速公路,其高度值为25。每个人口普查区突出的高度代表人口密度(每公顷人数)。在中心城区人口密度达到最大值每公顷91人。

正如前面的章节所谈到的,当远离城市中心时,土地价格将下降,这意味着中心城区有更高的易达性。从而,人们都向城市中心集聚,导致该地区具有更高的人口密度。地图7-5描

地图 7-5　人口密度：波士顿

带状的线条代表高速公路,其高度值为 25。每个人口普查区突出的高度代表人口密度(每公顷人数)。在中心城区人口密度达到最大值每公顷 420 人。

述了波士顿人口密度分布的情况。从该地图可以看出,人口密度随着到市中心距离的增加呈现下降的趋势。在巴黎,中心城区的人口密度大约是距离市中心 20 英里处人口密度的 6 倍。在纽约,中心城区附近的人口密度大约是距离市中心 20 英里处人口密度的 4 倍。密度梯度被定义为每远离市中心 1 英里的距离人口密度变化的比例。例如,波士顿的密度梯度是 0.13,这意味着到市中心的距离每增加 1 英里,人口密度将下降 13%。对于美国大多数大都市区来说,其密度梯度为 0.05—0.15。

7.2.2　世界城市的密度

图 7-1 描述了世界若干城市的人口密度。在该图中,城市人口密度的测度方法是用都市区总人口除以城市土地利用面积,这里的城市土地包括住宅区、工业区、商业区、道路、学校和城市公园。这常被称为组合密度(built-up density),而不是居住密度(residential density)。亚洲城市位于最前列,美国城市位于最末端。纽约是美国人口最密集的都市区,但它的密度仅为巴黎的 1/2、巴塞罗那的 1/4、孟买的 1/10。洛杉矶的密度在美国都市区中位居第二位,大概仅有纽约的一半。几乎所有欧洲城市的密度都要高于洛杉矶,而且大部分城市的密度也高于纽约。

7.2.3　通勤模式

我们已经看到大部分就业集中在中心城市以外的地区,他们组成了都市区人口的主体。由此不难得出这样的结论:中心城市外围的两个自治区之间拥有最高的通勤频率。正如图 7-2 所示,大约 44% 的通勤行为发生在城郊地区,29% 发生在中心城市。19% 的通勤者居住在中心城市外围,并且向中心城市方向通勤,8% 的通勤者则向与城市中心相反的方向通勤。

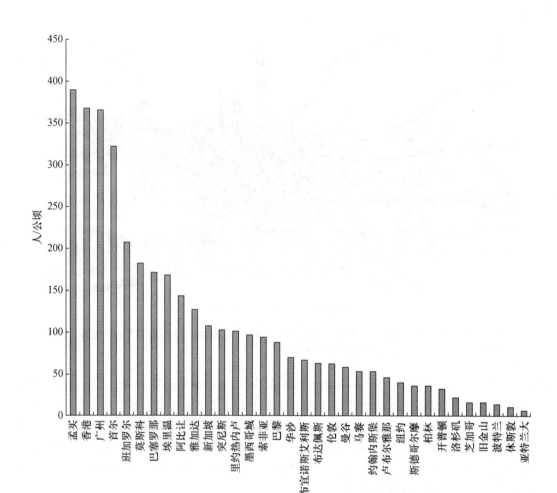

图 7-1　世界城市的人口密度

资料来源：Alain, and Stephen Malpezzi. "The Spatial Distribution of Population in 48 World Cities: Implications for Economies in Transition." Working Paper, Center for Urban Land Economics Research, University of Wisconsin, 2003。

地图 7-6 描述了波士顿都市区通勤模式的一些例子。每幅地图都描述了从都市区内一个特定的自治市（用一个圆盘标记出）向另一个自治市通勤的人数。最上面的地图描述了从布鲁克林向外通勤的情况：最高的柱状体代表了向波士顿方向通勤的人数（占布鲁克林通勤人数的 50%），第二高的柱状体代表在布鲁克林市内通勤的工人数量（19%）。较短的柱状体代表向其他自治市通勤的人数。中间的地图描述了萨默维尔向外通勤的情况。萨默维尔大约 30% 的通勤者要通勤到波士顿工作，而 22% 的通勤者要向附近的一个自治市通勤，17% 的通勤者则在萨默维尔市内通勤。最下面的地图显示，沃尔瑟姆大约 39% 的通勤者在自治市内通勤，16% 的通勤者要通勤到波士顿工作。

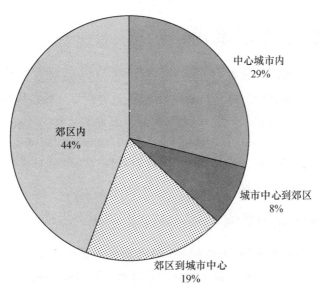

图 7-2　都市区的通勤模式（2000）

资料来源：U.S. Census, Journey To Work。

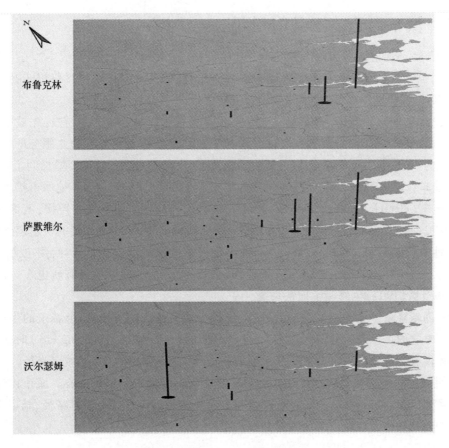

地图 7-6　波士顿地区的通勤模式

7.3 单中心城市的发展

现代城市与 100 年前的城市有很大的不同。20 世纪初期,就业主要集中在城市中心附近。制造业企业一般集聚在铁路终点站和港口附近,这样可以节约投入品和产出品在城市内的运输成本。办公型企业通常集聚于 CBD,这样可以方便其交换信息。工人既可以生活在中心城市附近,步行到工作地点,也可以从城郊乘坐有轨电车到城市中心。

在研究导致单中心城市消失的原因之前,我们将探讨为什么单中心城市会首先发展起来。回想一下城市经济学第四公理:

生产受规模经济的影响

正如我们在第 2 章所看到的,19 世纪的工业革命促进了生产和能源创新,扩大了生产规模。企业开始使用不可分割的要素投入和专业化劳动进行大规模生产,它们通常位于城市内部,以尽可能获得集聚经济效应。工业革命还推动了城市间运输工具的创新,使得企业可以根据各自的比较优势来拓展业务,从而促进了贸易增长和大规模贸易城市的发展。

7.3.1 城市内运输工具的创新

工业革命还促进了城市内诸多运输工具的创新,这大大降低了通勤成本。在 17 世纪 20 年代以前,虽然有少部分富裕家庭可以乘坐马车出行,但是城市居民出行仍以步行为主。自 17 世纪 20 年代初期以来,运输工具的创新主要包括以下几个方面:

- 公共马车(omnibus, 1827)。公共马车是第一种公共运输方式,它首先被引入纽约。该运输工具的名称是指"为所有人"(法文和拉丁文),这意味着它具有公共服务的特征,是一种专业化的"公交车"(bus)。当把马车放到轨道上时,每小时通行的速度增加到了 6 英里。
- 缆车(cable cars, 1873)。旧金山引入了蒸汽机动力缆车,并向其他城市扩展。
- 电车(electric trolley, 1886)。通过车载电动机与架空的电线相连接,就像在拖拽城市中的居民一样。芝加哥在 1895 年修建了一条电动机车线(与一条专用的快速道路相连)。
- 地铁(subways, 1895)。1890 年,世界第一条地铁在伦敦开始运行,用电力牵引代替蒸汽动力。波士顿也修建了美国第一条地铁,全长 1.5 英里,使用的是有轨电车。随后纽约(1904)和费城(1907)也修建了地铁系统。

这些创新降低了通勤成本,扩大了城市半径。从拇指法则可知,一个城市的半径是指人们在 1 小时之内可以通行的距离。在 19 世纪早期的"步行城市"(walking city)时期,城市的最大半径仅有 2 英里。城市交通的一系列创新提高了通行速度,扩大了城市半径。

19 世纪的城市交通系统在设计上使大量的就业岗位集中于城市中心。城市内部的集中型网络系统(hub-and-spoke system)从网络中心向外辐射。沿着这个辐射路径,城市交通系统可以把工人和购物者从城市郊区输送到城市中心。

7.3.2 建筑物建造技术

另一个限制城市规模的因素是为工人提供居住所必需的高密度住房的成本。19世纪早期,木质建筑物是由柱型和长方形的木材构成的,这些木材都有16英寸宽,建筑物的实际高度限制在三层。一座三层的建筑需要富有技术的工人去捆绑这些木料,因此城市建筑物是非常昂贵的。石制建筑物可以建得更高一些,而且很坚固,这是因为每一面墙都是承重墙。

在1832年引入了轻木质框架结构(balloon-frame)建筑物,它可以由并未受过高难度技术培训的工人使用较少的木材,用钉子固定住。第一座轻木质框架结构的建筑物是芝加哥的一个仓库。轻木质框架结构建筑技术得以推广的一个关键因素是,机器制造的钉子开始出现,使得钉子的价格大幅降低。在19世纪30年代机器制造的钉子被引入之前,手工制造的钉子非常昂贵,人们往往把这些钉子列入财产清单中(Bartlett,1998)。轻木质框架结构和机器制造的钉子相结合,极大地降低了城市建筑物的建造成本,促进了单中心城市的发展。

写字楼建筑从石制结构转向了钢制结构。1848年,纽约的一座五层建筑用铸铁材料取代了石制墙体。随后又转向钢制材料,从而提供了比铸铁材料更为坚固、更有弹性和更适于使用的建筑材料。世界上第一座摩天大楼修建于1885年,它是一座11层的钢框架建筑,属于家庭保险公司(Home Insurance Company)。

限制建筑高度的一个因素是垂直运输成本。楼梯的负载直接限制了建筑高度。1854年,Elisha Otis验证了蒸汽机动力升降机的安全性。该升降机的关键创新在于提供了一个安全门闩,当连接滑轮和升降机的绳索断裂时,安全门闩可以阻止升降机坠落。到了1857年,奥蒂斯升降机已经开始在五层建筑物上使用。当蒸汽发动机被电动机取代后,电梯的运行成本大大降低,它们的应用范围也在扩展。在世界上第一座摩天大楼内,电梯可以每分钟500英尺的速度搭载人们上升或者下降。

电梯改变了写字楼不同楼层的价格。回想一下城市经济学第一公理:

通过调整价格实现区位均衡

在区位均衡状态下,高层写字楼内的企业无论位于哪一个楼层,都将获得无差异的效用。在使用电梯之前,高、低楼层的租金差要正好抵消爬到四层或者五层所需的成本。电梯的出现降低了垂直通行的成本,较高的楼层变得更有吸引力,并改变了写字楼的价格曲线:由于较高的楼层更引人关注,租金的升值部分要远高于贴现部分(Bartlett,1998)。

7.3.3 货物运输的基本技术

最后分析一下19世纪货物运输的技术。正如在本书前面章节所看到的,大部分城市间的货物运输要通过铁路或者水路(河流或者海洋)进行。而在城市内部,制造业企业使用马车把它们的货物从工厂运送到城市港口或者铁路车站。当然,这是最原始的和最昂贵的运输体系,它把制造业企业紧紧地拴在中心运输枢纽附近——铁路站点或者港口。

7.4 单中心城市的消亡

单中心城市的市中心曾经是巨大的就业中心,但是哪些因素导致了单中心城市的消亡呢?我们将讨论制造业、办公活动和人口转向分散的过程。

7.4.1 制造业分散:卡车与公路

在都市区的中心,制造业雇佣人数所占的份额已从1948年的2/3,下降到2000年的1/2以下了。Mills(1972)提供了一个事实,那就是在1948年以前,制造业从集中转向分散经历了相当长的时间。然而,是什么导致制造业就业呈现郊区化趋势呢?

Moses和Williamson(1972)解释了制造业郊区化过程中市内卡车运输所扮演的角色。卡车大约在1910年发展起来,它为人们提供了更多的可供选择的运输工具,而在早些时候,马车是往返于工厂和港口或者铁路站点之间的主要运输工具。卡车可以比马车快2倍的速度及一半的成本进行运输,其单位运输成本仅为每吨每英里0.15美元。1910—1920年间,芝加哥卡车的数量从800辆增加到23 000辆。

下面分析一下制造业企业离开中心港口,迁往郊区所必须进行的一些权衡:

- **高运输成本**。把产品运送到港口的成本在提高。
- **低工资**。当企业靠近工作地点时,通勤成本在下降,工资也会随之降低。

在马车和有轨电车时代,运输成本要高于工人的通勤成本,因此如果一个企业迁往距离市中心较远的位置时,其运输成本的提高额要高于工资的减少额。将工人从城郊运往市中心工厂的成本,要远低于将产品从城郊的工厂运往出口节点所需要的成本。

图7-3描述了城市内运输技术对制造业区位选择的影响。考虑一个企业将其生产的货物用马车从工厂运送到城市中心的一个港口。正如图7-3上面的图形所示,企业每天每英里的运输成本为8美元。运输成本在工厂附近为零,到了距离工厂10英里处的港口所在的区位时,运输成本则为80美元。企业职工生活在城市郊区,每天搭乘有轨电车上班。工人对工资的要求随着通勤距离的增加而提高。在城市郊区,企业每天的劳动成本为0,而在城市中心,该成本则提高到了60美元。企业的总成本等于运输成本加上劳动成本,因此在城市中心(点c)时总成本为60美元,而在城市郊区(点s)总成本则为100美元。从城市中心出发,向郊区每移动1英里,劳动成本将降低4美元,但运输成本要提高8美元,因此总成本将提高4美元。当企业从市中心向外移动10英里到达郊区时,企业的总成本会从60美元提高到100美元。在城市中心,总成本最低,这是因为通过马车运送货物的成本要比工人乘坐有轨电车的成本高。

图7-3的下图描述了用卡车替代马车运输而产生的影响。在我们的例子中,企业运输成本从每英里8美元降到每英里1美元,运输成本曲线的斜率也变得相对较小。相反,劳动成本曲线没有变化。从城市中心地区(点c)开始,向郊区每移动1英里,劳动成本将降低4美元,但是运输成本仅增加了1美元,因此总成本降低了3美元。从城市中心向外移动10英里达到城市郊区时,总成本将从60美元降低到30美元。在城市郊区(点S),总成本达到最小,这是因为相对于工人乘坐有轨电车的成本,用卡车运送货物的成本更低。卡车的使用允许企

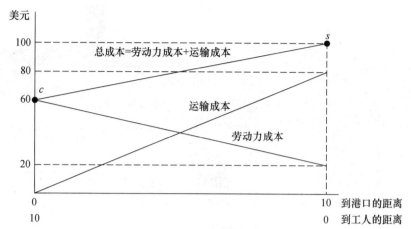

在城市中心（港口）总交通成本（劳动成本＋运输成本）最低，这是因为运输产品的成本（用马车）要高于工人通勤的成本（乘坐有轨电车）。

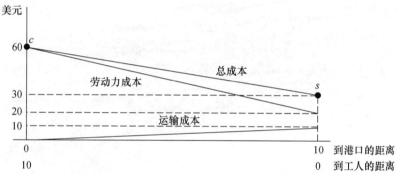

在城市郊区（工人居住的区位）总交通成本（劳动成本＋运输成本）最低，这是因为运输产品的成本（用卡车）要低于工人通勤的成本（乘坐有轨电车）。

图 7-3　卡车和制造业郊区化

业在不需要支付更高的运输成本的情况下，以较低的工资雇用郊区的工人。因此，许多企业迁移到城市郊区。

在卡车被引入 20 年以后，制造业企业开始将其用于城市间的运输。卡车性能的改进使它更适于长距离运输，另外，城市间公路系统的扩展为在城市间使用卡车进行运输提供了更加便利的条件。最终，在城市间运输方面，卡车与火车、轮船之间出现了竞争。当制造业企业的运输从以火车和轮船为主，转向以卡车为主时，它们便不再依靠城市中心的铁路和港口，而是转向了更易于到达城际公路的地区。在现代城市中，制造业企业常集聚于交通枢纽和环城公路附近，这样可以更容易地利用州际交通系统。

地图 7-7 描述了两个都市区制造业的空间分布情况：芝加哥和洛杉矶。人口普查区突出的部分代表每公顷范围内制造业的就业水平。高速公路用带状线条表示，其突出的高度值代表每公顷 4 个工人。在这两个都市区内，大部分制造业就业出现在城市郊区。

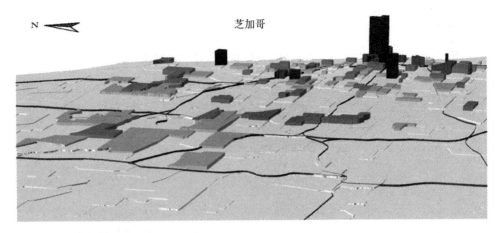

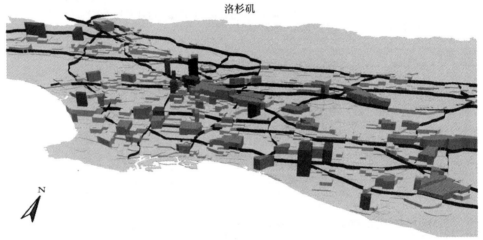

地图7-7 制造业就业分布：芝加哥和洛杉矶

人口普查区突出的部分代表制造业的就业密度，定义为每公顷范围内制造业的就业水平。高速公路用带状线条表示，其突出的高度值代表每公顷4个工人。

7.4.2 其他因素：汽车、单层厂房和飞机场

汽车的应用促进了制造业企业的郊区化。在一个使用有轨电车的城市，那些在有轨电车系统沿线居住的工人，将搭乘有轨电车去就业中心。而在以汽车为主的城市，企业常选址于交通枢纽和环形公路附近，在那里更方便都市区工人出入。因此，企业有更多的选择余地，甚至可以把企业迁往城市郊区。

其他两个因素也同样促进了制造业企业的郊区化。第一，19世纪传统的多层厂房向现代的单层厂房的转变，提高了城郊地区的吸引力，而那里的土地价格更低。第二，航空运输的重要性在提升，也促进了企业向城市郊区的飞机场附近集聚。对于一些企业来说，城郊飞机场已经取代了港口而成为新的定位点。

7.4.3 写字楼就业的分散化

20世纪70年代初期以前,许多写字楼企业都位于CBD内,这是由于城市中心的区位更便于它们与其他企业接触。在城郊地区也有一些办公活动(office activity),但它们大多是后勤工作——而不是信息交换。对于绝大部分办公活动来说,CBD的区位优势(能及时地与其他企业接触)要超过其不利因素(高工资和高租金)。

在过去的30年中,通信技术的发展已经允许更多的办公活动转向CBD以外的地区。先进的电子传输技术允许在不见面的情况下相互交换各种信息。在城郊地区,企业利用信息技术后可以削减操作流程,降低了对CBD内进行面对面交流活动的需求。例如,企业的会计可以在城郊地区办公,将电子报告传送给位于CBD的主管,该主管随后可以利用这些报告信息与其他企业进行交流。

7.4.4 人口的分散化

我们可以使用人口密度梯度这一概念,它是指随着距离的增加,人口密度下降的比例。该定义常用于判断人口的郊区化程度。较小的梯度意味着,距离增加时密度下降的幅度较小,人口呈非集中状态分布。正如Mills(1972)所说,在过去的120年间,美国城市人口密度梯度有了明显的降低。1880年,四个城市(巴尔的摩、密尔沃基、费城、罗切斯特)平均的梯度是1.22,其中88%的人口居住在距市中心3英里的范围内;1948年,这个梯度已经降到0.50(3英里范围内的人口占44%);而到了1963年,该梯度则降到0.31(3英里范围内的人口占24%)。

都市区人口的分散化是一个世界趋势(Anas, Arnott and Small, 1998)。1801—1961年,伦敦的密度梯度从1.26降到0.34,它意味着在距离市中心3英里范围内居住的人口的比例从88%降到28%。在巴黎,密度梯度从1817年的2.35降到1946年的0.34。环顾整个世界,不同地区的城市人口都已经从城市中心向外围地区转移。

然而,在过去几十年,是什么因素促进了城市人口的分散化呢?一个因素是收入的增长。随着收入的增长,住宅需求也在上升。由于在城郊地区住宅价格一般较低,迅速增长的收入也进一步提高了城郊区位的吸引力。当然,收入的增长也相应提高了通勤的机会成本,增强了工作单位附近区位的吸引力。因此,在理论上还没有弄清楚,高收入是否能促使人们到离市中心更远的地区居住。但有一个很明确的事实,那就是收入的增长促使了郊区化(Anas, Arnott and Small, 1998)。

另一个影响人口郊区化的因素是较低的交通成本。正如本章开始部分所讨论过的,在过去180年间,也就是从1827年使用的公共马车到今天便捷、快速的汽车,技术创新已经大大降低了通勤费用和通勤的时间成本。通勤成本的节约也会进一步降低在远离城市中心地区居住的生活成本,从而促进了郊区化。另外,就业岗位的郊区化和人口的分散化之间的相互推动也是不可忽视的因素:就业机会随着工人转向了城郊,同时工人又随着就业岗位移居到城郊。

此外还有一些因素也促进了人口的郊区化：

1. 旧住宅。 中心城区住宅功能的退化也促进了家庭向城郊迁移，而在城郊，大部分住宅都是新建造的。

2. 中心城区的财政问题。 许多中心城区都有相对较高的税率，这促使家庭向低税率的郊区转移。这是互为因果关系的两个方面：财政问题导致了郊区化，而郊区化又使中心城区出现了财政问题。

3. 犯罪。 大部分中心城区都有相对较高的犯罪率，这也促使家庭向城郊转移。在本书的后面，我们将探讨中心城区犯罪率高的原因。

4. 教育。 城市郊区学校的教学质量要比中心城区的学校高，这也是家庭向城郊转移的一个诱因。在本书的后面，我们还将继续探讨中心城区学校和郊区学校质量存在差异的原因。

一些经验研究所提供的事实，也证明了这些因素在郊区化过程中发挥的重要作用。Bradbury、Downs和Small,(1982)指出，在都市区尤其是在中心城市出现的快速郊区化的原因主要有：(1) 有大量的旧住宅；(2) 相对较高的税率；(3) 有数量众多的黑人；(4) 有数量众多的郊区政府。Frey(1979)发现，高税率、高犯罪率和低的教育支出，促进了都市区迅速向郊区化转型。Cullen 和 Levitt(1999)估计了犯罪率的影响，他们发现中心城市犯罪行为每增加1件，就会有1个人从市中心迁往郊区。

7.5 城市蔓延

关于城市蔓延问题，经济学家和政策制定者之间激烈争论了十几年。当一个城市的人口出现增长时，将修建更高的楼房，或者占据更多的土地以满足需求。人们之所以关注城市蔓延问题，是因为城市很少向"上"发展，而更多的是向"外围"发展。1950—1990年，美国因城市化使得土地的数量增长了245%，但人口仅增长了92%。典型都市区扩展的"足迹"明显快于人口增长的速度，因此城市密度在下降。

7.5.1 蔓延的事实

度量城市蔓延的一个指标是经济活动的密度。密度越低，说明都市区内需要容纳固定人口的区域越大，它扩张或者蔓延的速度也就越快。在本章的前面我们曾讨论过，美国城市的密度要低于世界其他城市，其中包括欧洲的城市，但美国城市和欧洲城市却拥有相同的教育、收入水平。德国大都市区的密度是美国都市区的4倍，法兰克福的密度则是纽约的3倍。

表7-5对巴塞罗那和亚特兰大进行了比较。巴塞罗那的密度是亚特兰大的28倍，人均土地利用面积为58平方米，而在亚特兰大，人均土地利用面积则为1 712平方米。亚特兰大市区内相距最远的两个地方的距离为86英里，而在巴塞罗那仅为23英里。作为高密度的结果，巴塞罗那居民出行时以乘坐公共交通工具和步行为主。

表 7-5 亚特兰大和巴塞罗那的人口密度

	亚特兰大	巴塞罗那
1990 年的人口(百万)	2.5	2.8
平均密度(每公顷土地承载的人数)	6	171
每个人拥有的土地数量(平方米)	1 712	58
两个区位间的最大距离(公里)	138	37
步行所占的份额(%)	少于 1	20
乘坐公共交通工具所占的份额(%)	4.5	30

资料来源: Computations based on Alain Bertaud. "The Spatial Organization of Cities: Deliberate Outcome or Unforeseen Consequence?" Working Paper, Institute of Urban and Regional Development, University of California, Berkeley, 2004。

美国都市区间的人口密度有明显的不同(Fulton, Pendall, Nguyen, Harrison, 2001)。在 20 个人口密度最高的地区中,纽约的人口密度最高,为每公顷 40 人;圣巴巴拉(Santa Barbara)的人口密度最低,为每公顷 14 人。在前 20 个都市区中,密度的中值是每公顷 18 人。与流行的观点相比,前 14 个都市区中有 12 个都市区(前 20 个都市区中的 13 个都市区)在西部,包括加利福尼亚州的 8 个城市。西部城市拥有较高的密度,这暗示着其较高的土地价格。实际上,两个典型的蔓延城市,洛杉矶(第 2 位,每公顷 21 人)和菲尼克斯(第 11 位,每公顷 18 人),比芝加哥(第 15 位,每公顷 15 人)和波士顿(第 19 位,每公顷 14 人)的密度都要高。

在过去几十年间,美国的城市密度有了显著的降低。计算城市化土地(城市土地利用的百分比变化)对人口(城市人口的百分比变化)的弹性,是判断城市密度变化的一种方法。表 7-6 给出了 1982—1997 年不同地区的弹性值。在美国,城市化土地扩张速度要比城市人口增长速度快 2.76 倍。最大的弹性——密度最大的降低额——产生在东北部地区和中西部地区。1970—1990 年,芝加哥城市化土地面积增长了 46%,而人口仅增长了 4%。同一时期,克里夫兰城市化土地面积增长了 33%,而人口数量实际上却下降了 8%。

表 7-6 城市土地和人口的变化(1982—1997)

地区	城市土地增长的百分比(%)	城市人口增长的百分比(%)	城市土地对城市人口的弹性
美国	47	17	2.76
西部	49	32	1.53
南部	60	22	2.73
东北部	39	7	5.57
中西部	32	7	4.57

资料来源: 基于 William Fulton, Rolf Pendall, Mai Nguyen, and Alicia Harrison. "Who Sprawls Most? How Growth Patterns Differ across the U.S." *The Brookings Institution Survey Series*, July 2001, pp.1—23 的资料计算得到。

7.5.2 城市蔓延的原因

哪些因素引起了城市蔓延——低密度城市呢?在低密度城市居住意味着要消费大量的土地。土地是一种正常商品,收入越高,土地消费量就越大,人口密度就越低。第二个因素是低出行成本,它允许工人和购物者在距离就业场所、商店和社交场所较远的地方居住。土地价格随着距离的增加而下降,因而土地占用量很大,人口密度较低。将这两个因素综合起来不难看出,高收入促使人们增加土地的需求量,而较低的出行成本又进一步激励人们迁往土地价格相对较低的郊区。因此,我们可以得出结论,距离城市中心较远的地区将具有较低的密度,它通常被称为城市蔓延。

文化因素会影响城市密度和城市蔓延吗?Bertaud 和 Malpezzi(2003)指出,文化差异可以部分地解释世界各地区的城市密度存在显著差异的原因。亚洲比其他地区有更高的城市密度,这种较高的城市密度可以用其他因素来解释,例如收入。类似地,其他地区间城市密度的差异,也反映出不同地区的城市居民对住宅空间的偏好有很大的差异。在美国都市区内,移民现象的存在促进了城市密度的提高,这进一步证明文化和城市密度之间具有相关性(Fulton, Pendall, Nguyen, Harrison, 2001)。

美国政府的诸多政策鼓励了大都市区以低密度模式发展。

- **拥挤的外部性**。正如本书后面将要讨论的,在交通高峰时期人们使用街道或者公路,将降低其他司机的行车速度,从而产生一个外部成本。当前拥挤的城市交通促使人们向距离市中心相对远的地方迁移,在那里较低的土地价格激励了人们占用大面积的地块。
- **抵押补助金**。住宅抵押利息可以使人们免于被征收联邦或者州的收入税,这相当于对住宅提供了补贴,从而刺激了住宅消费。土地和住宅是互补品,因此抵押补助金也增加了人们对土地的消费量,降低了城市密度。
- **城市边缘区基础设施的定价**。在一些都市区,城市边缘地带基础设施的建设成本并不完全由开发商和消费者承担。而许多州则以土地开发费(影响费)的形式,将边缘区的开发成本强加给开发商和消费者。
- **分区制**。许多郊区的市政当局采用分区制,将郊区土地划分成最小的可利用地块。实行分区制的一个动机就是要排除低收入家庭,这些家庭的税收贡献远低于它们给市政当局带来的成本。

Glaeser 和 Kahn(2004)认为,城市蔓延主要是由汽车和卡车引起的。这两种出行方式削弱了企业和工人对市中心附近交通基础设施的依赖。他们认为,无论收入、财产和政府破碎化(government fragmentation)水平及程度如何,所有都市区都存在城市蔓延问题,这意味着还有一些其他的因素——内部机制——推动了城市蔓延。他们还认为对公路和住宅的补助金太少,以至于不会产生明显的影响。

7.5.3 欧洲的政策

为什么欧洲的城市人口密度高呢?Nivola(1998)讨论了不同的公共政策,这些公共政策推动了欧洲城市向高密度方向发展。一个因素是个人较高的交通成本。由于较高的税率,意大利的汽油价格几乎是美国的 4 倍。另一个因素是政府征收的消费税远远高于收入税。在欧洲,汽车销售税要比美国高许多——荷兰的汽车销售税是美国的 9 倍,丹麦的汽车销售税则是美国的 37 倍。

欧洲的一些政策促进了大量邻近的小商店的发展,使得高密度城市更适于居住。在欧洲,用电的成本很高,因此修建一个巨大的冷藏库和制冷器将会非常昂贵;而在美国,这一成本相对较低,因此人们能够接受不那么经常地到郊区的大型购物中心购物。其结果是,欧洲人必须频繁地到邻近的商店去采购所需的商品。另外,许多欧洲国家对大零售商的定价和区位进行限制,以保护小商店,使其免于竞争。在该政策的推动下,欧洲城市出现了许多邻近的商店——对于消费者来说,这些商店的商品价格相对较高。

欧洲国家制定的其他一些政策也促进了居住空间的高密度化。大量的农业补贴使得城市边缘区附近的少部分农民对土地的出价要高于城市居民。1995年,欧洲联盟国家内每公顷的补贴是791美元,而美国的农业补贴则是79美元。在欧洲,交通基础设施投资中公共交通投资所占的比重要大于公路投资。英国和法国交通投资中的40%—60%都投向了公共交通网络,而在美国该比重仅为17%。

7.5.4 城市蔓延的结果

最近的一项研究探究了美国低密度居住空间所产生的一些影响(Kahn,2000)。从典型的中心城市家庭和城郊家庭的对比来看,城郊家庭所占用的土地面积要高出58%(1 167平方米对739平方米)。一个城郊家庭事实上消费着同样数量的能源:虽然城市郊区的住宅面积很大,但它们是新建的,能更有效地利用能源。城郊家庭开车的概率要比中心城区家庭高30%。一般来说,低密度意味着更多的出行:行车里程对城市密度的弹性是-0.36,这意味着城市密度降低10%,城市居民的行车里程将增加3.6%。

空气污染状况又怎样呢?在过去几十年间,城市密度在下降,城市出行里程在增加,但是城市空气质量实际上是在改善。1980—1995年,洛杉矶每年超过臭氧标准的天数减少了27天。虽然行车里程在增加,但是排放技术的改进降低了每英里的排放量。即使1975年之前"最脏"的汽车已经被淘汰,但是随着汽车数量的增加,空气质量变好的可能性仍然越来越小。

温室气体状况又怎样呢?它是由空气中二氧化碳排放量过多造成的吗?汽车燃料的燃烧量决定了其所排放的温室气体数量。每加仑汽油大约排放20磅的温室气体。1983—1990年,行车里程每年增加4%,但是燃料的燃烧效率并没有大的改变,因此温室气体排放量在增加。从那以后,行车里程仍在继续增加,而平均的燃料效率则在下降——原因在于运动型多功能车(SUVs)、厢型车(vans)、敞篷小型载货卡车(pickup truck)的流行——因此温室气体的排放量一直在增加。

正如我们在本章前面所看到的,在过去几十年中,城市土地数量在大幅增加。1980—1990年,城市土地总量从1 890万公顷增加到2 240万公顷。那些出现城市蔓延的国家丧失了大量农业用地,不过这种影响相对较小。如果将全国的城镇作为一个整体来看待,农地面积对人口的弹性是-0.02:人口每增加10%,将导致农地面积减少0.2%。对于部分州(伊利诺伊、印第安纳、密歇根、北卡罗来纳和宾夕法尼亚)来说,这个弹性更大(-0.20)。

城市边缘区农地的丧失,意味着在城市土地利用中土地的价值会更高。正如在本章前面所讨论的,不同的公共政策提高了城市边缘区的住宅价值,其解决的方法是纠正那些扭曲的政策。没有证据表明城市蔓延导致了农地或者农产品的短缺。如果存在上述短缺,农产品价格将上涨,农民对土地的意愿支付价格也会随之提高,他们的出价将高于开发商对城市边缘区土地的竞标价格。

Bertaud(2004)讨论了向低密度地区提供公共交通时所面临的挑战。当公共汽车站或者中转站密度足够高,以至于能够吸引大量的乘客时,公共交通是可行的。对于大多数人而言,到达交通站点的最长步行时间大约是 10 分钟,因此交通站点将为 800 米范围内的家庭提供服务。为使公交系统提供中等水平的服务(每小时 2 辆公交车,两条线路相距 1/2 英里),其服务所覆盖区域的人口密度至少为每公顷 31 人。美国有 2 个都市区的人口密度至少是每公顷 31 人——纽约(40 人)和檀香山(31 人)。当然,在靠近市中心和次中心的地区往往有很高的密度,这些地区的人口密度完全可以支撑公共交通。例如,纽约城的密度是每公顷 80 人(而纽约都市区的人口密度是每公顷 40 人)。在本书的后面,我们将探讨与公共交通供给和定价有关的各种问题。

从巴塞罗那与亚特兰大的比较中,可以揭示出美国城市所面临的交通挑战(Bertaud,2004)。如表 7-5 所示,巴塞罗那的密度是亚特兰大的 28 倍。在巴塞罗那,60% 的人口居住在距离交通站点 600 米的范围内,而与之形成对比的是,在亚特兰大仅有 40% 的人口居住在距离交通站点 800 米的范围内。为了使易达性和乘客人数达到巴塞罗那公交系统的水平,亚特兰大将不得不额外修建 3 400 公里的地铁和超过 2 800 个车站。相反,巴塞罗那公交系统仅有 99 公里的地铁和 136 个车站。

7.5.5 政策引起了城市蔓延吗

在城市蔓延背后有许多影响因素。它部分地反映了消费者的选择——在缩小其他产品消费规模的情况下,作出扩大土地需求面积的理性选择。大量的公共政策促进了城市蔓延,而正确的选择就是尽力消除这些政策带来的扭曲。那么,土地利用模式将会发生较小或者较大的变化吗?如果美国低密度城市在很大程度上是由其高收入、低交通成本和较强的空间偏好引起的,那么消除政策扭曲也不会明显改变城市密度。但是如果扭曲政策——拥挤的外部性、抵押补助金、城市边缘区基础设施的过低定价和大块土地的分区——是主要影响因素时,我们可以预期,城市密度将会发生巨大变化。

一个可选择的方法是采取反蔓延政策,如城市增长边界和开发税。在本书的后面我们将对这些相关政策进行权衡。如果一项反蔓延政策成功地提高了城市密度,那么其成本和收益分别是什么呢?

7.6 摩天大楼过高吗

我们在前面的章节中已经讨论过,当土地价格较高时,企业倾向于用资本替代价格相对高的土地,其供给的建筑物也因此变得更高。较高的土地价格能完全解释现代城市中出现的摩天大楼吗?最近的研究结果暗示,摩天大楼是企业间为建造一个城市最高的建筑而展开竞争的产物(Helsley and Strange, 2008)。为获得最高建筑而展开的竞争降低了效率和利润。

考虑仅有一个企业的情形,该企业在给定的地块上建设一栋写字楼。企业将选择建筑高度,它们用楼层来度量高度。企业可以用边际原理来决定建筑物高度,也就是说,在企业选择的建筑物高度上,它获得的边际收益等于其支付的边际成本。

- 建筑物高度产生的边际收益是指企业从额外增加一个楼层获得的租金收入。在图 7-4 的上图中,边际收益曲线具有负斜率,因为一个高层建筑需要更多的空间用于垂直运输(电梯),从而减少了用于出租的空间。随着建筑物高度的增加,总租金在上升,但是以递减的速度增长。

- 建筑物高度产生的边际成本是指企业额外增加一个楼层需要支付的建筑成本。在图 7-4 中,边际成本曲线具有正斜率,这是因为一个高层建筑需要采取额外的加固措施,以使得地基能够支撑更大的重量。随着建筑物高度的增加,总建筑成本将以递增的速度提高。

企业的最大化利润发生在 a 点,此时该建筑高度的边际收益等于边际成本。在这个例子中,达到利润最大化的高度是 50 层。图 7-4 的下图给出了不同建筑高度下的企业利润。对于一个特定的高度,利润可以用边际收益曲线和边际成本曲线之间的面积表示。企业的总利润在建筑物高度达到 50 层时达到最大。对于一个高层建筑,一个楼层的边际收益(额外获得的租金)低于边际成本(额外的建筑成本),因此总收益也相应较低。

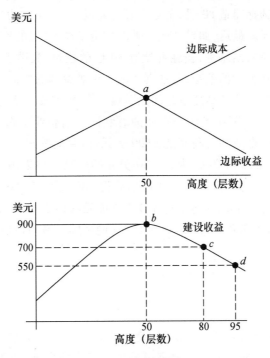

图 7-4 摩天大楼过高吗

在边际收益等于边际成本的建筑高度上企业获得的利润达到最大。对于一个 80 层的大楼,企业的建造收益要比 900 美元的最大化利润低 200 美元。如果建造最高的建筑物可以获得 200 美元的奖金,那么第一个企业将在建造不少于 80 层大楼的竞争中获胜。

考虑对城市最高建筑竞争的另一个暗示。假设第二个企业进入该城市,它与第一个企业有相同的建筑技术、建筑成本和潜在的租金收入。假设每个企业向最高建筑投入的价值为 v,这也是企业从最高建筑称谓中获得的企业广告的价值。作为一个选择,v 对潜在投资者具有信号作用,从而促使它们将更多的资源投向高层建筑。

假设两个企业进行一个序贯博弈:企业 1 第一个进行建筑开发,企业 2 随后也进行类似的开发。在企业 1 决定建造的建筑物的高度之前,它必须预期企业 2 的反应。如果企业 1 的想法很简单,它假设企业 2 将选择建造 50 层的大楼(在此高度上边际收益等于边际成本),则企业 1 预期建造最高的大楼将获得奖励 v,因此它将选择建造 51 层高的大楼。问题是企业 2 也想获得该奖励。如果企业 1 建造 51 层的大楼,企业 2 将选择建造 52 层的大楼,从而使自己赢得该竞争。企业 1 了解到这些信息后,它将倾向于建造 53 层的大楼。那么,它们最终将建造多高的大楼呢?

企业 1 必须决定用怎样的建筑高度来阻止企业 2 建造更高的建筑。如果建造最高的建筑获得的奖励 v = 200 美元,企业 2 将愿意付出 200 美元的成本来建造更高的建筑,并以此获得上述奖励。假设企业 1 选择建造 79 层,意味着企业 2 不得不建造 80 层才能赢得该奖励。正如图 7-4 的下图所示,建造 80 层获得的利润是 700 美元,要比建造 50 层获得的利润低 200 美元。此时,企业 2 在下列选择中将获得无差异利润:① 退出竞争,选择建造 50 层的大楼,此时它将获得 900 美元的利润;② 建造 80 层的大楼,赢得竞争,得到 700 美元的利润和 200 美元的奖励。如果企业 1 选择建造 80 层,企业 2 必定要退出,否则它为赢得 200 美元奖励而牺牲的利润将超过 200 美元。最后,如果企业 1 采取建造至少 80 层的策略,它将赢得该竞争。

对最高建筑进行竞争的结果是,获胜者建造 80 层的建筑,失败者建造 50 层的建筑。这两个高层建筑的高度存在很大的差距,与在真实城市中观察到的实际情况相符。在美国最大的 20 个城市中,最高建筑和第二高建筑之间的差距大约为 27%。上述分析中的第二个暗示是,竞争是无效率的,因为它削减了两个企业的总利润。当企业 1 选择 80 层的建筑,企业 2 选择 50 层的建筑时,两个企业的总利润是 1 600 美元,该利润等于 1 600 美元(企业 1 获得的 700 美元加上企业 2 获得的 900 美元)加上 200 美元的奖励。如果用 51 层的建筑替代 80 层的建筑作为最高建筑,其中的一个企业仍然可以获得 200 美元的奖励。在这种情况下,两个企业的总利润将低于 2 000 美元,它等于低于 1 800 美元的建筑利润(企业 1 获得的低于 900 美元,企业 2 获得的也低于 900 美元)加上 200 美元的奖励。换句话说,为获得奖励而产生的竞争降低了建筑利润。

小结

在现代城市中,大部分就业都是分散的,绝大部分居民在远离城市中心的地区生活和工作。在过去的 200 年间,运输的创新既促进了单中心城市的发展,也促使其走向消亡。下面是本章的主要观点:

1. 中间位置的就业区位于距市中心 7 英里的地方,中间位置的住宅区则位于距市中心 8 英里的地方。
2. 美国的城市密度远低于世界其他国家的城市密度。
3. 推动大型单中心城市发展的关键因素有两个:(1) 城市内运输方式的创新,降低了运输和通勤成本;(2) 建筑模式的创新,降低了建筑成本。
4. 导致就业和居住分散化的关键因素是:卡车、汽车和公路体系的发展,收入的增长和向单层厂房的转变。
5. 1950—1990 年,城市土地数量的增长速度比城市人口的增长速度快 2 倍。
6. 对最高建筑的竞争导致高层建筑建造的无效率。

问题与应用

在下面的练习题中,带"_____"的题目,需要读者在上面填上一个词或一个数字。对于带"……"的题目,需要读者用适当的词语完成该句话,并使陈述的内容与原题目相符。对于带"[　]"的题目,需要读者用圆圈标记出括号中恰当的一个词。

1. 电梯和写字楼垂直的空间

在下列条件下,用一条曲线来描述一个建筑物内办公空间的价格(每平方英尺),其横轴度量的是它到街道的距离(单位为米)。

　　a. 人们步行上下楼,没有好看的风景。

　　b. 人们乘坐电梯上下楼,没有好看的风景。

　　c. 人们乘坐电梯上下楼,在较高的楼层有更好的风景。

2. 通勤方法和住宅价格

19 世纪,通勤方式有许多变化,即从步行变为乘坐公共汽车、电动车(有轨电车)和地铁。

　　a. 在每个通勤方式下,画出单中心城市中的住宅价格曲线,在每条曲线上标明该通勤方式引入的时间。

　　b. 随着时间的推移,城市的可达范围[提高,下降],这是因为……

3. 制造业:劳动与运输成本

考虑一个制造业企业位于城市中心,该企业出口其生产的产品,其雇用的工人居住在距离城市中心 6 英里的地方。每天的运输成本是每英里 9 美元。企业每天的劳动成本在城市郊区为 20 美元,在城市中心为 50 美元。

　　a. 把图 7-3 看作一个模型,用该图描述从城市中心到城市郊区企业的劳动成本、运输成本和总成本。总成本在[城市中心,城市郊区]最低。

　　b. 假设卡车被引入城市内,它降低了每天的运输成本。如果每天的运输成本是每英里_____,企业在城市中心和城市郊区选址将具有无差异性。用图形描述该结论。在这个例子中,城市郊区的总成本是_____,其计算方法是……

　　c. 假设每天每英里的运输成本是问题 b 给出的运输成本的 3/5。总成本在[城市中心,城市郊区]达到最低,该值为_____,其计算方法是……用图形描述该结论。

　　d. 在问题 c 中,企业在[城市中心,城市郊区]选址,这是因为产品每英里的运输成本是_____,而工厂迁移每英里的运输成本是_____。

4. 丁克的通勤行为

下面对丁克(双职工家庭但没有孩子)行为作一个分析。丁克家庭中的先生要到城市中心上班($x=0$),而妻子要乘车去距离城市中心 4 英里以东的城郊次中心上班。在所有区位上,丁克家庭的住宅消费量相同。他们在两个方向上出行的速度相同。

　　a. 画出该类型家庭在 7 英里位置上的住宅价格曲线。

　　b. 假设他们向城市中心方向通勤的速度(早晨通勤到城市中心,晚上离开城市中心)是其向城市外围地区出行速度的一半,请画出该类型家庭的住宅价格曲线。

　　c. 假设在这两个方向上出行的速度相同,但丁克家庭中的妻子具有更高的出行机会成本，试画出该类型家庭的住宅价格曲线。

5. 汽油税和城市郊区与城市中心

考虑一个拥有10个工人的软件企业，这些工人居住在城市东部的郊区，他们乘坐小汽车上班的通勤成本是每天每人20美元。企业在城市中心与其他软件企业交易产品和信息。相对于在城市郊区选址，该企业在城市中心选址每天可以节省300美元的交易成本。

a. 在［城市中心，城市郊区］，企业愿意支付更高的土地租金，这是因为……

b. 假设汽油税使每天的通勤成本提高了1倍。企业将愿意为在［城市中心，城市郊区］选址支付更高的租金，这是因为……

c. 假设工人乘坐公共交通工具上班的通勤成本是每人每天28美元。保持征收汽油税。企业将愿意为在［城市中心，城市郊区］选址支付更高的租金，这是因为……

6. 改进公共交通和郊区化

考虑一个现代城市，该城市存在写字楼就业人口沿着环形公路从城市中心转向城市郊区的现象。假设城市改进了公共交通系统，降低了出行的货币和时间成本。假设公共交通系统的改进不影响居民的空间分布。那么，公共交通的改进将使企业向郊区移动的速度［提高，降低］，这是因为……

7. 单中心城市都呈爪状吗

考虑这样一个陈述："19世纪，传统的单中心大城市一般呈爪状，它是城市内运输技术创新的特殊次序所导致的。如果创新次序发生了些许变化，那么单中心大城市将永远不会发展起来。取而代之的是，我们将从18世纪的小城市直接转向今天多中心的、郊区化的大城市。"

a. 对于下面给出的城市内出现的每个交通技术，指出它被投入使用的时间（被引入的年份）：马车（四轮马车）_____；公共马车_____；电缆车_____；电车（有轨电车）_____；电梯_____；卡车_____。

b. 如果运输工具从_____向_____引入的时间发生变化，大的单中心城市将永远不会发展起来，这是因为……

8. 城中村：两个假设

传统的单中心城市是一个被分隔的城市，其所有的就业都集中在城市核心区，大部分居民生活在城市核心区的外围。现代城市则很少有相互隔离的现象，其就业是分散的。Wizard先生曾指出："如果我的假设是正确的，那么美国典型城市的土地利用将被迅速整合，每个制造业企业和办公型企业都要处于就业者的包围中。每个工人到就业地点的通勤距离都不超过1英里。"假设Wizard的推断是正确的。我们还假设每个家庭有一个工人。

a. 最重要的假设是……

b. 另一个较为重要的假设是……

9. 地面运输还是空中运输

假设在矩形的城市中有一个占地1公顷的制造业企业。该企业每天生产10吨产品，这些产品中的3/5要用卡车经距城市中心东面4英里（$x=4$）的州际公路向外运输，剩下的2/5产品用飞机向外运输，所使用的飞机场在城市中心东面7英里处（$x=7$）。在城市内部主要使用卡车运输，运费为每吨每英里20美元。当土地价格发生变化时，该企业不进行要素替代。为简化分析，假设劳动成本在任何区位都相同。在城市中心企业愿意支付的土地竞价租金是

500 美元。

 a. 画出从市中心到城东 10 英里之间该企业的土地竞价租金曲线。

 b. 在 $x=0$ 与 $x=4$ 之间,竞价租金曲线的斜率是_____,其计算方法是……

 c. 在 $x=4$ 与 $x=7$ 之间,竞价租金曲线的斜率是_____,其计算方法是……

 d. 在 $x=7$ 与 $x=10$ 之间,竞价租金曲线的斜率是_____,其计算方法是……

10. 对最高建筑给予更高的奖励

以图 7-4 为例,假定对最高建筑的奖励从 200 美元提高到 350 美元。

 a. 对最高建筑竞争的结果是产生一栋_____层的建筑,另一栋建筑则为_____层,这是因为……

 b. 随着奖励的提高,获胜者的建筑收益(不包括奖励)是_____,失败者的建筑收益是_____。

 c. 奖励的提高使得企业的总盈利[提高,下降,不变化],它等于建筑利润与奖励之和。

参考文献和补充阅读

1. Anas, Alex, Richard Arnott, and Kenneth A. Small. "Urban Spatial Structure." *Journal of Economic Literature* 34 (1998), pp. 1426—1464.

2. Bartlett, Randall. *The Crisis of American Cities*. Armonk, NY: Sharp, 1998.

3. Bertaud, Alain. "The Spatial Organization of Cities: Deliberate Outcome or Unforeseen Consequence?" Working Paper, Institute of Urban and Regional Development, University of California, Berkeley, 2004.

4. Bertaud, Alain. "Clearing the Air in Atlanta: Transit and Smart Growth or Conventional Economics?" *Journal of Urban Economics* 54 (2003), pp. 379—400.

5. Bertaud, Alain, and Stephen Malpezzi. "The Spatial Distribution of Population in 48 World Cities: Implications for Cities in Transition." Working Paper, The Center for Urban Land Research, University of Wisconsin, 2003.

6. Bradbury, Katharine L., Anthony Downs, and Kenneth A. Small. *Urban Decline and the Future of American Cities*. Washington DC: Brookings Institution, 1982.

7. Brueckner, Jan K., Jacques-Francois Thisse, and Yves Zenou. "Why Is Central Paris Rich and Downtown Detroit Poor? An Amenity-Based Theory." *European Economic Review* 43 (1999), pp. 91—107.

8. Cullen, J. B., and S. D. Levitt. "Crime, Urban Flight, and the Consequences for Cities." *Review of Economics and Statistics* 81 (1999), pp. 159—169.

9. Frey, W. H. "Central City White Flight: Racial and Non-Racial Causes." *American Sociological Review* 44 (1979), pp. 425—488.

10. Fulton, William, Rolf Pendall, Mai Nguyen, and Alicia Harrison. "Who Sprawls Most? How Growth Patterns Differ across the U. S." *The Brookings Institution Survey Series*. July 2001, pp. 1—23.

11. Garreau, Joel. *Edge City: Life on the New Frontier*. New York: Doubleday, 1991.

12. Giuliano, Genevieve, and Kenneth Small. "Subcenters in the Los Angeles Region." *Regional Science and Urban Economics* 21 (1991).

13. Glaeser, Edward, and Matthew Kahn. "Decentralized Employment and the Transformation of the American City." NBER Working Paper, March 2001.

14. Glaeser, Edward, and Matthew Kahn. "Sprawl and Urban Growth." Chapter 56 in *Handbook of Regional and Urban Economics 4: Cities and Geography*, eds. Vernon Henderson and Jacques-Francois Thisse. Amsterdam: Elsevier, 2004.

15. Glaeser, Edward, Matthew Kahn, and Chenghuan Chu. "Job Sprawl: Employment Location in U.S. Metropolitan Areas." *Brookings Institution Survey Series*, May 2001, pp. 1—8.

16. Helsley, Robert, and William Strange. "A Game Theoretic Analysis of Skyscrapers," *Journal of Urban Economics*. (2008).

17. Hohenberg, Paul M., and Lyann H. Lees. *The Making of Urban Europe 1000—1950*. Cambridge, MA: Harvard University Press, 1986.

18. Kahn, Matthew. "The Environmental Impact of Suburbanization." *Journal of Policy Analysis and Management* 19 (2000).

19. Lang, Robert E. "Office Sprawl: The Evolving Geography of Business." *The Brookings Institution Survey Series*, October 2000.

20. Lang, Robert E. *Edgeless Cities*. Washington DC: Brookings, 2003.

21. McMillen, Daniel P. "One Hundred Fifty Years of Land Values in Chicago: A Nonparametric Approach." *Journal of Urban Economics* 40 (1996), pp. 100—124.

22. McMillen, Daniel P., and John F. McDonald. "Suburban Subcenters and Employment Density in Metropolitan Chicago." *Journal of Urban Economics* 43 (1998), pp. 157—180.

23. Mills, Edwin S. *Studies in the Structure of the Urban Economy*. Baltimore: Johns Hopkins, 1972.

24. Moses, Leon, and Harold Williamson. "The Location of Economic Activity in Cities." *In Readings in Urban Economics*, eds. Matthew Edel and Jerome Rothenberg. New York: Macmillan, 1972.

25. Nivola, Pietro. "Fat City: Understanding American Urban Form from a Transatlantic Perspective." *Brookings Review*, Fall 1998, pp. 17—20.

26. Schwartz, Alex. "Corporate Service Linkages in Large Metropolitan Areas: A Study of New York, Los Angeles, and Chicago." *Urban Affairs Quarterly* 28 (1992), pp. 276—296.

27. Sivitanidou, Rena. "Do Office-Commercial Firms Value Access to Service Employment Centers? A Hedonic Value Analysis within Polycentric Los Angeles." *Journal of Urban Economics* 40 (1996), pp. 125—149.

28. Wheaton, William. "Income and Urban Residence: An Analysis of Consumer Demand for Location." *American Economic Review* 67 (1977), pp. 620—631.

附录:单中心城市模型与应用

单中心城市作为一种流行的城市形态一直发展到20世纪早期。本附录将主要介绍单中心城市模型的内容及其应用。在描述完该模型及其推论后,我们将在两个方面应用这个模型。首先,我们将探讨低收入家庭向中心城市集中的原因。其次,我们将开发一个城市经济学一般均衡模型,并利用该模型分析城市劳动力市场和土地市场之间的互动关系。

7A.1 单中心模型

我们先概述一下单中心城市的交通技术:

- **中心输出节点**。制造业企业通过城市内的中心输出节点——火车站或者港口,向外输出它们的产品。
- **马车**。制造业企业使用马车将它们生产的产品从工厂运送到中心节点。
- **有轨电车网络系统**。工人乘坐有轨电车从住宅区通勤到位于 CBD 的就业地点。
- **在中心区交换信息**。不同类型的办公型产业的职工在城市中心交换信息。

在这些假设下,城市中心是都市区的集聚点:制造商会倾向于选址于出口枢纽地,写字楼企业选址于可以相互临近的地方,家庭则会选址于接近制造业和写字楼企业的区域。

图 7A-1 描述了单中心城市的土地分配。在写字楼集聚区,写字楼企业的竞价租金要高于制造业企业的竞价租金,在该图中写字楼集聚区位于以 x_1 为半径的区域内。在该区域的外围,制造业企业的出价要高于其他企业,该区域的范围在 x_2 至 x_1 之间。在 x_3 至 x_2 之间的区域内,居民的竞价租金最高,因此住宅区位于宽为 x_3 至 x_2 的环形区域内。

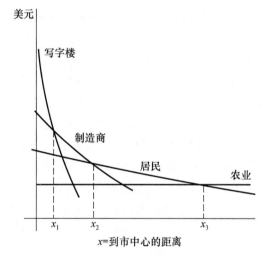

图 7A-1 竞价租金和单中心城市土地利用

均衡的土地利用模式是由企业和居民的竞价租金曲线决定的。在写字楼集聚区,写字楼企业的出价高于其他企业(从 $x=0$ 到 x_1)。在 x_1 和 x_2 之间是制造业集聚区。而居民在 x_2 和 x_3 之间的区域居住。

在单中心城市中,制造业企业和写字楼企业都是以 CBD 为导向的。为什么写字楼企业都集聚于城市中心区呢?从几何图形上看,土地竞价租金曲线的斜率越陡峭,其越接近市中心。正如我们在第 6 章所讨论的,竞价租金曲线的斜率是由交通成本决定的。写字楼企业有较高的运输成本,是因为它用其所雇用的职员——拥有很高的通勤时间成本——传送本企业的产品。相反,制造业企业则用马匹和车夫运送产品。

土地市场能有效地配置土地吗?用土地开发商的术语来说,就是土地能分配到"出价最高和最优使用者"的手中吗?由于写字楼企业有较高的交通成本,因此它们位于最靠近市中心的区域。这种配置方式是有效的,因为写字楼企业可以从靠近市中心的地区获取更高的利润。如果一个写字楼企业同一个制造业企业交换区位,写字楼企业的交通成本将大幅提高,而制造业企业的运输成本下降的幅度则相对较小。其结果是,总交通成本在提高。在市场配置下,即将城市中心的土地分配给写字楼企业,可以节约交通成本。

单中心城市模型的第二个特征是,就业向城市中心集中,没有分散在整个都市区内。为什么制造业企业和写字楼企业都会集聚于城市中心呢？正如我们在本章所讨论的，乘坐有轨电车的通勤成本要低于用马车运送货物的成本，因此从郊区运送工人到市中心工厂的成本，要低于从城郊地区向城市中心运送货物的成本。相同的逻辑也可以应用于写字楼市场：企业迁移到城市郊区，将会提高其交换信息的成本，并使工资出现小幅下降。

7A.2　收入与区位

在美国城市中，富裕家庭倾向于选择到城郊居住，穷人则倾向于在市中心居住。换句话说，当家庭收入提高时，他们将迁移到远离城市中心的地区居住。由于城市中心附近的土地价格最高，因此这种区位模式就会很令人迷惑：为什么穷人占据着最昂贵的土地呢？

7A.2.1　通勤与住宅成本之间的替换

传统的收入分隔理论（the traditional theory of income segregation）表明，中心区为穷人在通勤成本与住宅成本之间进行最优替换提供了机会，而郊区则为富人进行最优替换提供了机会。假设一个家庭正考虑从市中心向外迁移，每向外迁移1英里都将产生成本和收益。

- **低住宅成本**。此时，住宅价格将下降。向外迁移的边际收益等于价格变化量乘以住宅消费规模变化量。例如，一个家庭的住宅面积是2 000平方英尺。如果每平方英尺的住宅价格下降0.10美元，那么向外迁移的边际收益是200美元（等于0.10美元乘以2 000）。
- **高通勤成本**。向外迁移的边际成本可用边际通勤成本表示。

图7A-2描述了两种类型——低收入和高收入——的家庭是如何选择住宅区位的。边际成本曲线是一条水平线，其假设是每英里的通勤成本固定，不随着距离发生变化。高收入家庭的边际成本更高，这是因为其通勤时间的机会成本更高。在图7A-2中，高收入家庭的边际

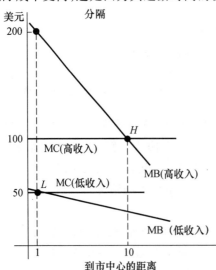
如果住宅需求的收入弹性大于通勤成本的收入弹性，那么收益曲线间的距离要大于成本曲线间的距离，低收入家庭将选择在更靠近市中心的区位居住。

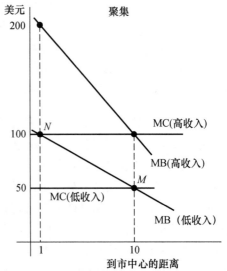
如果住宅需求的收入弹性等于通勤成本的收入弹性，这两种类型的家庭将选择相同的区位。

图7A-2　单中心城市内的收入与区位

成本是 100 美元,而低收入家庭则为 50 美元。

边际收益曲线的斜率为负,暗示着住宅价格曲线呈凸性。在向外移动的过程中,在最初的 1 英里范围内住宅价格下降的幅度,要大于第二个 1 英里范围内住宅价格下降的幅度,以此类推。例如,假设在最初的 1 英里范围内住宅价格下降 0.10 美元,而在随后的第二个 1 英里范围内住宅价格将下降 0.095 美元。对于一个拥有 2 000 平方英尺住宅的家庭来说,向外迁移第一个 1 英里的边际收益是 200 美元,而第二个 1 英里的边际收益是 190 美元。由于高收入家庭消费了更多的住宅,因此其边际收益曲线较高。在这个例子中,高收入家庭对住宅的消费量是低收入家庭的 4 倍(2 000 平方英尺与 500 平方英尺相比)。点 L 表明,低收入家庭外移第一个 1 英里的边际收益是 50 美元(价格降低量等于 0.10 乘以 500 平方英尺)。

在图 7A-2 的 A 图中,低收入家庭生活在市中心,高收入家庭生活在郊区。对于低收入家庭来说,从市中心向外迁移 1 英里的边际收益等于边际成本(点 L)。再向更远的地区迁移所产生的额外成本是 50 美元,其额外收益要低于 50 美元,因此低收入家庭在靠近市中心的地区居住将会获得更高的福利。高收入家庭的住宅消费规模相对较大,这意味着在 10 英里的范围内,其向外迁移的边际收益高于边际成本(点 H)。低收入家庭在市中心附近居住,是因为他们的住宅消费规模相对较小,从向外迁移中不能获得什么收益。

图 7A-2 的 A 图所描述的收入分隔的结果是基于特定的假设作出的,这些假设条件涉及收入、通勤成本和住宅消费之间的相互关系。特别需要明确的是,它假设住宅消费增长要快于收入增长。高收入家庭的住宅消费量是低收入家庭的 4 倍,而通勤成本仅是低收入家庭的 2 倍。换句话说,住宅需求的收入弹性要比通勤成本的收入弹性大。从几何学上来看,收益曲线间的差距大于成本曲线间的差距,因此高收入家庭在远离市中心的地区居住。

7A.2.2 其他解释

Wheaton(1977)提供的经验事实证明了上述结论的正确性。他的观点是住宅需求的收入弹性几乎与通勤成本的收入弹性相等。因此,收益曲线间的差距将与成本曲线间的差距相等。在图 7A-2 的 B 图中,高收入家庭的住宅消费量是低收入家庭的 2 倍(2 000 平方英尺与 1 000 平方英尺相比),其通勤成本也是低收入家庭的 2 倍,因此其收益曲线间的差距将与成本曲线间的差距对称。其结果是,这两个家庭都将选择在距离市中心 10 英里处居住。

这说明上述收入分隔模式并不能用通勤成本与住宅成本间的相互替换来解释,我们必须寻找其他的解释:

1. 城郊地区的新住宅。如果高收入家庭对新住宅的偏好高于旧住宅,他们将被吸引到城郊,因为那里开发了许多新住宅。

2. 逃避中心城区出现的问题。高收入家庭对犯罪和其他问题相对比较敏感,因此他们更愿意购买郊区的住宅。

3. 郊区的分区制。正如本书后面将要解释的,郊区政府使用分区制来排除低收入家庭。

其他国家有不同的收入分隔模式。根据 Hohenberg 和 Lees(1986)的研究,欧洲城市的高收入家庭大多集聚在城市中心。欧洲模式一个很好的例子是巴黎都市区,该城市中心居民的平均收入要高于郊区周边居民的平均收入。

Brueckner、Thisse 和 Zenou(1999)对巴黎及底特律作了比较研究。巴黎有大量的文化休闲场所(博物馆、餐厅、公园和街头生活),使得巴黎市中心比郊区更有吸引力。随着收入的增加,人们对文化休闲活动的需求迅速提高,从而推动了富人向市中心迁移(更接近就业和文化场所),驱使穷人向城市郊区移动(较低的住宅价格)。相反,底特律市中心没有很浓厚的文化氛围,相对于城郊较低的住宅价格而言,市中心对居民的吸引力显得很微弱。

7A.3 单中心城市的一般均衡模型

我们可以利用单中心城市模型来揭示城市劳动力市场和土地市场之间的互动关系。该模型假设该城市的规模很小(全国众多城市中的一个),且是开放的(人们可以自由地在城市间流动)。居民的效用水平是由全国的效用水平决定的,它不随城市的变化而发生改变。换句话说,城市居民的效用水平是固定的,但是城市人口是变化的。

7A.3.1 土地与劳动力市场之间的互动关系

为简化所要研究的问题,我们引入两个假设。第一,我们假设目前暂不存在消费者替代或者要素替代。因此,所有住宅区的人口密度相同,所有商业区的就业密度(每平方英里的工人数量)也相同。随后我们将探讨密度的变化是如何影响本问题的研究的。第二,假设城市不是圆形而是矩形的,其宽度为 1 英里。

图 7A-3 的 A 图描述了城市土地市场。在该图中,商业竞价租金曲线与住宅竞价租金曲

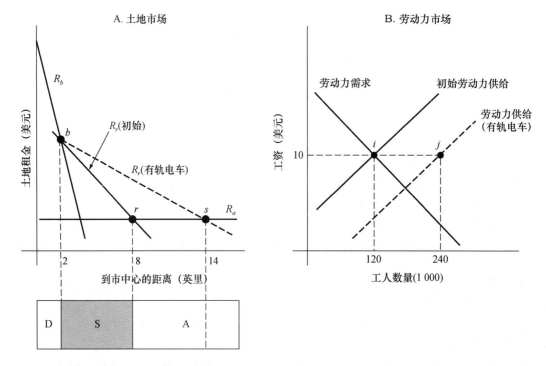

A:在初始的均衡中,商业竞价租金曲线与住宅竞价租金曲线相交于点 b,形成2英里宽的商业区。住宅竞价租金曲线与农业竞价租金曲线相交于点 r,产生6英里宽的住宅区。
有轨电车降低了通勤成本,并使住宅竞价租金曲线在向外移动的过程中变得更加倾斜。新曲线与农业竞价租金曲线在14英里处相交,扩大了住宅区范围。
B:初始均衡状态可用点 i 表示,工资是10美元,有 120 000 个工人。有轨电车扩大了劳动力供给,使供给曲线向右移动,导致劳动力供给过剩。

图 7A-3 土地市场、劳动力市场和有轨电车之间的互动关系

线相交于点 b，形成 2 英里宽的 CBD 地带。该城市劳动力总需求等于 CBD 土地面积（2 平方英里）乘以就业密度（每平方英里的工人数量，60 000 人），为 120 000 个工人。住宅竞价租金曲线与农业竞价租金曲线相交于点 r，形成 6 英里宽的住宅区（8 英里减去 2 英里）。该城市劳动力总供给等于住宅区土地面积（6 平方英里）乘以住宅密度（每平方英里的工人数量，20 000 人），为 120 000 个工人。

图 7A-3 的 B 图描述了城市劳动力市场，在该市场中劳动力需求曲线的斜率为负，劳动力供给曲线的斜率为正。

- **需求曲线的斜率为负**。工资上涨提高了生产成本，降低了商业区土地的竞价租金，这将导致商业区面积减少，劳动力需求数量下降。
- **供给曲线的斜率为正**。工资上涨将提高住宅土地的竞价租金，进而扩大劳动力供给部门的范围。

初始均衡可用点 i 表示，在该均衡状态下，工资是 10 美元，劳动力需求数量（来自商业区）等于劳动力供给数量（来自居住区），总数是 120 000 人。

7A.3.2　有轨电车对一般均衡的影响

下面将有轨电车引入单中心城市，并分析其所带来的影响。从图 7A-3 的 A 图可以看出，有轨电车降低了居民的单位通勤成本，因此它使住宅竞价租金曲线在向外移动的过程中变得更加倾斜。住宅区在向原先的农业区扩展的同时（在点 s，住宅区扩展了 2 倍），也扩大了劳动力供给规模。这种变化在 B 图中表现为，劳动力供给曲线向右平移，在初始的工资水平下出现了劳动力过度供给。

劳动力过度供给将降低城市的工资水平。工资下降对城市土地市场产生了两个方面的影响：

- 住宅竞价租金曲线向下移动，这是由居民收入下降引起的。
- 商业竞价租金曲线向上移动，这是因为工资水平下降的同时，也降低了企业的生产成本。

土地市场的这些变化消除了劳动力过度供给。住宅竞价租金曲线向下移动，缩小了居住区面积，从而减少了劳动力供给数量。商业竞价租金曲线向上移动，扩大了商业部门的范围，提高了劳动力需求数量。

图 7A-4 描述了新的均衡。在 A 图中，点 c 表明商业区扩大到 3 英里的范围内。点 t 表明住宅区将位于 9 英里的范围内（从 3 英里到 12 英里）。与初始的均衡相比，商业区和住宅区内的土地租金都会更高一些。在整个住宅区内，工资的降低带动了土地租金的下降，而通勤成本的降低则推动了土地租金的上涨。在距离新的边界 3 英里的区位上，低工资产生的负向影响超过低通勤成本产生的正向影响，因此土地租金将下降。在更远的区位上，工资以相同的幅度下降，但是会节约更多的通勤成本，因此土地租金将上升。在商业区，有轨电车提高了土地租金，这是因为它促进了劳动力供给的增加，降低了工资和企业的生产成本。在 B 图中，新均衡可用点 f 来表示：工资为 7 美元（从 10 美元下降到 7 美元），城市工人总数为 180 000 人（从 120 000 人增加到 180 000 人）。

迄今为止,我们假设就业密度和居住密度均为固定的。如果放松这个假设,有轨电车将提高这些密度值,并会进一步加强其影响,该影响程度要大于前面所提到的。有轨电车的影响一般表现为,提高土地租金和通过土地租金提高密度:家庭为节约土地,将居住在更小的地块上;企业为节约生产用地,将在更小的地块上修建更高的厂房。

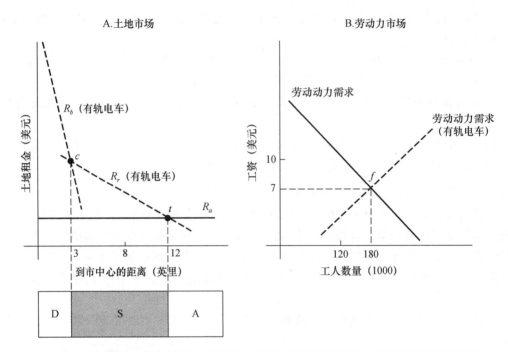

A:在有轨电车的均衡中,商业竞价租金曲线与住宅竞价租金曲线相交于点c,商业区的范围将达到3英里(从2英里增加到3英里)。住宅竞价租金曲线与农业竞价租金曲线相交于点t,因此住宅区将位于9英里的范围内(从6英里扩展到9英里)。

B:有轨电车引入后的均衡点用点f表示,此时工资是7美元(从10美元下降到7美元),工人总数为180 000人(从120 000人增加到180 000人)。

图7A-4　引入有轨电车后的均衡

问题与应用

1. 巴黎与底特律

假设图7A-2中的曲线描述的是底特律高收入家庭的收益曲线与成本曲线。而巴黎高收入家庭往返市中心(去工作和分享文化活动)的出行距离超过其出行总距离的一半。底特律的居民乘坐有空调的快艇车(land yacht)、金枪鱼渔船(tuna boats)和城郊快递车,而巴黎的居民通常要乘坐拥挤的公交车。这些人腋下的体味(想象一下巴黎人抬高手臂拉住头顶的吊环,站在拥挤的公交车上)使巴黎居民出行的单位价格提高了1/3。用类似于图7A-2的图形预测高收入家庭将居住在哪里。

2. 全球变暖与海平面上升

分析一下图 7A-3 所描绘的一个矩形的单中心城市——埃奎威尔(Aquaville)的情形。假设全球变暖推动了海平面上涨,CBD 的 1/5 被洪水淹没。用几何图形表示洪水对如下变量的影响:(1) 城市工资;(2) CBD 内的土地租金;(3) 住宅区的土地租金;(4) CBD 的规模;(5) 住宅区的规模。假设洪水淹没了 CBD 1/5 的地区,该地区包括从市中心出口节点向外扩散的每一个地方。

第 8 章
邻里选择

> 要像爱自己一样爱你的邻居,但是首先要选择你的邻居。
> ——比尔·路易丝(Louise Beal)

当家庭在选择一套住宅或公寓时,他所选择的东西已远远超过住宅本身。他还要选择当地的公共产品(学校、公园和公共安全)以及为公共产品提供融资的税收体系。家庭还要选择其邻居,因为邻居为其提供了社会交往的机会,而他们的孩子通常就读于同一个学校。在本章,我们将探讨邻里选择经济学。与前面所讨论的以通勤成本为基础的住宅选择形成对比的是,本章的分析主要考虑不同的邻里特征。

8.1 多样化与种族隔离

我们在讨论邻里选择时必须面对多样化的问题。一个极端的情况是,城市居民邻里间呈分散状态,每个家庭都代表不同的种族和收入水平。另一个极端的情况是,城市居民按照不同的类型进行分隔,这些不同类型的家庭包括富人和穷人、黑人和白人。

美国城市的居住区分隔程度很高,主要以收入和教育水平来划分。地图 8-1 描述了波士顿人口普查区的人均收入状况。在人口普查区水平上,人均收入在 8 774 美元到 117 316 美元之间,中间收入为 33 598 美元。图中的阴影框代表人均收入区间的 1/5 部分。第一个 1/5 包含了人口普查区中最穷的人口(人均收入从 8 774 美元到 21 866 美元),第五个 1/5 则包含了最富有的那部分人群(人均收入从 51 153 美元到 117 316 美元)。人口普查区中较高的人均收入用较深颜色的阴影表示。对于每个收入等级,人口普查区并不是在都市区内随机分布的,而是有一定的集中性。

美国城市内居住区根据受教育程度呈现明显的分隔。地图 8-2 描述了丹佛市人口普查区内居民的受教育水平,用每 1 000 个成人中受过 4 年高等教育的人数来度量受教育水平。每个普查区内受教育人数在 0 到 801 之间,中间的比例是每 1 000 人中有 303 人。对于每个受教育程度组来说,它们不是在都市区内随机分布的,而是呈现一定的集中性。

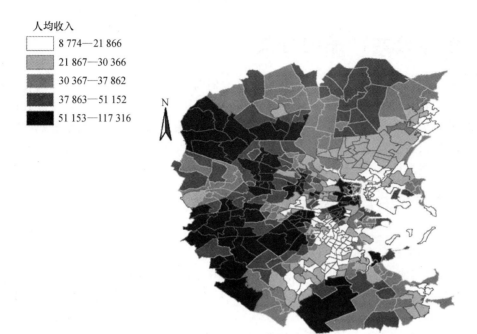

地图 8-1　收入分隔：波士顿

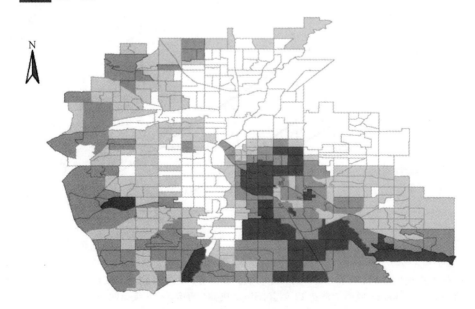

地图 8-2　根据受教育水平进行的分隔：丹佛

8.2 地方公共产品的分类

在一个典型的都市区内,有数十个市政机构,它们向地方提供不同的公共产品,征收不同的税负。另外,该都市区还有许多学区,每个学区实行不同的教育计划。众多的市政机构和学区有利于居民"用脚投票"(vote with their feet),来选择最好的公共服务供给和税收的征缴机构。在本部分,我们将探讨地方公共产品和税收在邻里选择中所扮演的角色。本书的后面,我们将用大量的篇幅讨论地方公共产品和税收问题。

8.2.1 地方公共产品需求的多样性

考虑一个有三个人的城市,它提供一种地方公共产品,即一个公园。公园之所以是公共产品,是因为它的消费具有非竞争性:实际上一个城市居民在从公园消费中获益的同时,并没有降低该公园给其他人带来的利益。如果该公园的收益仅能由本市居民获得,那么该公园就是一种地方公共产品。城市居民对公园面积有不同的需求,他们将共同决定公园的大小。

图 8-1 描述了三条独立的公园需求曲线,每条曲线代表一个城市居民的需求。正如本书后面的附录"微观经济学工具"2.1 部分所谈到的,需求曲线是用于说明消费者为多消费一单位产品而愿意支付的价格,因此它也是一条边际收益曲线。Lois 对公园规模的需求相对较低,其边际收益曲线(MB_L)也相对较低。例如,点 l 代表她愿意为第六英亩的土地支付 20 美元。相反,Marian 偏好于中等规模的公园,从她的边际收益曲线(MB_M)可以看出,她愿意为第六英亩的公园(点 k)支付 28 美元。Hiram 对公园规模的需求较高(MB_H),他愿意为第六英亩的公园(点 j)支付 48 美元。

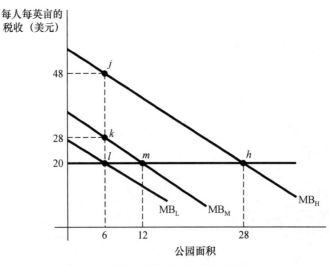

图 8-1 地方公共产品需求的多样化

市民独立的需求曲线反映了每英亩的边际收益。如果每人为每英亩公园支付 20 美元的税收,则 Lois 倾向于消费 6 英亩,Marian 倾向于消费 12 英亩,Hiram 则倾向于消费 28 英亩的公园。

这三个市民必定要集体选择公园规模。假设每英亩公园的成本是 60 美元，城市通过修建公园来偿还市民为每英亩公园所支付的 20 美元税收。在图 8-1 中，20 美元处的水平线表示每个市民所支付的公园面积的边际成本。每增加 1 英亩，每个市民将多支付 20 美元，也就是 60 美元成本的 1/3。对于每个市民来说，首选的公园面积将位于他的边际收益等于 20 美元边际成本的地方。Lois 倾向于消费 6 英亩（点 l），Marian 倾向于消费 12 英亩（点 m），Hiram 则倾向于消费 28 英亩的公园（点 h）。换句话说，公园面积需求的多样化，意味着城市居民对公园规模的大小有不同的意见。

8.2.2 多数决定原则的问题与市政机构的形成

在多数决定原则下，城市将选择 Marian 的偏好，即 12 英亩的公园。如表 8-2 所示，假设城市举行一系列会议，在 6 英亩（Lois 的偏好）和 12 英亩（Marian 的偏好）之间选择公园的规模。可以预见的是，Hiram 将加入 Marian 的队伍，支持 Marian 的选择，因为 12 英亩与他的偏好更接近。在 Marian 的偏好与更大面积（28 英亩）的公园之间进行选择时，Lois 将加入 Marian 的队伍，支持 Marian 的选择。Marian 的选择之所以能在这两次选择中获胜，是因为她是一个中间投票者（median voter），中间投票者是指将其他公共投票划分成两个相等部分的投票者。Marian 之所以获胜，是因为她总能获得另一个投票者的支持，从而战胜任何与其偏好相背离的选择。

表 8-1 中间投票者总会获胜

选举	中等规模公园的得票数	非中等规模公园的得票数
6 英亩对 12 英亩	Marian 和 Hiram	Lois
28 英亩对 12 英亩	Marian 和 Lois	Hiram

多数决定原则（majority rule）使得 2/3 的市民对当地政府不满意。此时，公园对于 Lois 来说太大，他更偏好于 6 英亩的公园，而此规模的公园对于 Hiram 来说又显得太小，因为他更偏好于 28 英亩的公园。为那些拥有不同偏好的市民选择公园的规模是必要的，但这同时也意味着 2/3 的市民将不满意目前的选择，并会继续寻找可行性的选择。

一个可行的选择是由那些具有相似偏好的市民建立新的市政机构。考虑一下，如果一个都市区最初有三个不同的市政机构：每个市政机构最初都有一种类型的市民，他是三种类型（Lois、Marian、Hiram）中的一种。在多数决定原则下，每个市政机构都将有两个不满意的市民，他们会继续寻找可能的选择。例如，Lois 类型的市民可能离开旧行政区，而建立 Loisville 镇，这个新的城镇将提供一个 6 英亩的公园。类似地，Marian 建立的 Marianville 镇将提供一个 12 英亩的公园，而 Hiram 建立的 Hiramville 镇将提供一个 28 英亩的公园。居民通过用脚投票使自己集聚于同一类型的社区，每个居民都可以得到他所偏好的公园规模。

8.2.3 征税商品消费规模的变化

在上述分析中，我们已经假定地方公共产品是通过对市民征收人头税来融资的。在 Loisville 镇，每人的人头税是 120 美元（每英亩 20 美元乘以 6 英亩），这样每个市民上缴的税收将足够用于支付公园总建造成本 360 美元（每英亩 60 美元乘以 6 英里）的 1/3。假设政府转向于征收人头税的一种变形：人头越重，征收的税率就越高。假设在 Loisville 镇有三个头部尺寸不同的人：Pin 的重 2 磅，Avner 的重 10 磅，Gordo 的重 24 磅。正如表 8-2 第一行给出的数字，每磅的税收是 10 美元，此时 Pin 将要支付 20 美元的税收（10 美元乘以 2 磅），Avner 面对的税收是 100 美元，Gordo 则要支付 240 美元。这样，税收与城市公园的供给成本 360 美元正好相等。

表 8-2　为实现税收目标而构建的市政机构　　　　　　　　　　单位：美元

结果	每磅的税率	税收账单		
		Pin（小人头）	Avner（中等人头）	Gordo（大人头）
混合型市政机构	10	20	100	240
仅有小人头	60	120	—	—
仅有中等人头	12	—	120	—
仅有大人头	5	—	—	120

虽然 Loisville 镇的每一个居民对公园都有相同的偏好，并且从中获取的收益也相同，但他们有不同的税收账单。Gordo 所缴纳的税收是 Pin 的 12 倍，因此他很愿意与那些人头税负较重的居民，共同建立新的市政机构。正如表 8-2 最后一行所示，如果 Gordo 和其他两个人建立了新的市政机构，他们每个人上缴的税额将减少到 120 美元，此时税率是每磅 5 美元（5 美元 × 24 = 120 美元）。换句话说，这个市政机构将人头税削减了一半。类似地，人头水平居中的市民也有建立新的市政机构的激励，这里不包括 Pin 这一类型的市民。正如表 8-2 第二行所示，Pin 这一类型的人构建的市政机构对每磅征收 60 美元的税，每个人将要支付 120 美元，以支持建设与其偏好面积相同的公园。

引入个体间的差异化税收后，市政机构的均衡数量在增加。在本例中有 9 个市政机构，等于消费者类型（3 个）乘以人头类型的数量（3 个）。在均衡状态下，将有 3 个低需求的市政机构，每个机构有不同的人头规模。类似地，有 3 个中等需求的市政机构和 3 个高需求的市政机构。

实际上，市政机构并不征收人头税，而是用财产税作为替代为地方公共产品融资。我们可以把按照人头规模进行分类的基本逻辑，应用于以住宅消费量为税基的税收征缴中。此时，可以用对大户型住宅和小户型住宅进行管理的市政机构，来代替大人头和 Pin 类型的人头所对应的市政机构。那些拥有相对昂贵住宅的市民更希望与同类型的其他市民，共同组建新的市政机构，以避免支付更高的税额。因此，如果对地方公共产品（低、中和高）和住宅面积（小、中和大）存在 3 种类型的偏好，那么将会出现 9 个市政机构。

根据对地方公共产品和征税产品的需求来对家庭进行分类，促进了收入隔离现象的出现。如果家庭对地方公共产品和征税产品的需求完全依靠其收入，这个分类的结果将促使形成多个市政机构，它们是在与不同收入水平相对应的基础上形成的。在本书的后面，我们将开发一个有关分类过程的正式模型，并探讨它将带来的一些结果。特别需要指出的是，我们将描述在对公共产品和税基进行分类的过程中，地方政府的碎片体系（fragmented system）是如何形成的，在该碎片体系下每个都市区都将有数十个市政机构。我们还将讨论碎片化政府的运行效率。

8.3 邻里的外部性

邻居间的相互交流可以产生邻里外部性（Durlauf，2004）。回想一下城市经济学第三公理：

> **外部性导致无效率**

正如我们在第 1 章所讲到的，外部性是非价格因素相互作用的结果，它既可以是正效应，也可以是负效应。当一个人并没有因为他的行为给其他人带来收益而得到补偿时，就会产生正外部效应；而当一个人并没有因为他的行为给其他人带来损害而付出额外的成本时，就会产生负外部效应。在邻里的相互接触中，无论对孩子还是对成人，均会产生不同类型的外部性。

首先考虑一下邻里给孩子带来的外部性。孩子很容易模仿成人，邻里间那些受过良好教育和成功的人士可以为孩子提供很好的榜样。那些成功人士没有因为他们每次不经意地鼓励孩子们留在学校而获得任何收入，因此这里存在正外部性。学生在学校学习的过程中，同年龄组的同学是影响他们的一个最重要的因素：当周围都是积极上进、精力充沛的学生时，他可以从这些同学身上学到很多东西。积极上进的孩子并不会因为写家庭作业而获得 1 美元，因此这里存在正外部性。经常惹麻烦的学生并不会因为破坏了课堂秩序而支付 1 美元，因此这里存在负外部性。

孩子的外部性的一个很重要的方面是模仿或者自我强化行为。一个人在加入一个团体以后，可以从社会接触中获得利益，不仅如此，他也会模仿该团体成员好的或坏的行为。模仿是基于如下三个原因形成的：

- 从模仿他人的举动中获得心理上的补偿。
- 一个团体可以为其成员提供很多机会。例如，国际象棋俱乐部或者戏剧俱乐部可以为人们提供与其他成功人士接触的机会。
- 在团体内可以产生更多的关于未来机会的信息。例如，学院招聘人员把国际象棋俱乐部和戏剧俱乐部的优秀学生当作选聘的对象。

虽然国际象棋俱乐部或者戏剧俱乐部在社会层面上类似于一个街头组合，但是在自我强化机制或者模仿方面可以产生非常不同的长期就业预期。

下面分析与成年人相关的外部性。除了有规则的社会接触外，成年人可以从他的邻居那里获得很多关于就业机会的信息。许多关于就业机会的信息来源于非正式渠道，如邻居和朋友。其负向影响表现为，邻里间毒品泛滥致使生活环境非常不和谐。这些都是外部性，因为邻居们并不会为其获得的就业信息而付费，吸毒者也不会因其破坏了社区环境而给予邻居们补偿。

这些邻里的外部性影响了家庭对邻居的选择。大多数家庭对成年人中的楷模和学校中的优等生都有相同的偏好，因此他们倾向于选择相同类型的邻居。一个具有正外部性的邻居可以提高其收入和教育水平，因此人们更倾向于在高收入家庭和高学历家庭聚集的地区居住。当然，一个地区家庭的数量是有限的，那么，谁将成为他们的邻居呢？

8.4 邻里选择

家庭为获得理想的邻里区位而展开竞争,这种竞争通过对邻里的住宅和土地展开竞价的方式进行。在本部分,我们将主要探讨邻里区位的竞标价格,以及在混合收入条件下竞标价格的异同。假设邻里的正外部性随着收入的提高而增加。这意味着,随着高收入家庭数量的增加,该区域的邻里吸引力也在提高。由高收入家庭和低收入家庭组成的社区会融为一体还是出现分隔?

我们将使用由 Becker 和 Murphy(2000)设计的模型进行分析。假设一个城市有两个社区(A 和 B)及两个收入群(高收入和低收入),每个收入群有 100 个家庭。两个社区之间的差异仅表现为收入的混合度和邻里间的外部性方面。每个家庭占据 1 单位土地,每个社区的土地数量固定——仅够容纳 100 个家庭。在图 8-2 中,水平轴度量的是社区 A 中高收入家庭的数量。由于每个社区都有 100 个家庭,则每个社区中的低收入家庭的数量等于 100 减去高收入家庭的数量。

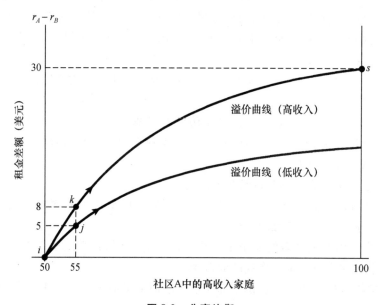

图 8-2 分离均衡

如果高收入家庭的溢价曲线较为陡峭,整合的结果(用点 i 表示,此时,在社区 A 中每种类型的家庭数量都是 50 个)将是不稳定的均衡。分离的状态(用点 s 表示)才是均衡状态,此时,社区 A 中集聚了全部 100 个高收入家庭。均衡时的土地租金差是 30 美元:社区 A 的土地租金要比另一个社区高 30 美元。

图 8-2 中的纵轴用于度量两个社区间土地租金的差异。特别需要指出的是,它等于高收入社区的土地租金减去低收入社区的土地租金。在水平轴上最初有 50 个高收入家庭,根据本部分的假设,在榜样和同伴的影响下,高收入家庭将产生正外部性,土地租金溢价也一直为正。高收入家庭的数量越多,溢价就越高。

8.4.1 分离均衡

图 8-2 中的正斜率曲线代表两个收入群的租金溢价。例如，假设社区 A 有 55 个高收入家庭和 45 个低收入家庭，社区 B 的高、低收入家庭数量正好与此相反。正如点 k 所示，在社区 A 居住的高收入家庭的意愿支付值，要比社区 B 中的高收入家庭高 8 美元。类似地，点 j 代表低收入家庭为获得在社区 A 的居住权愿意支付 5 美元的额外费用。在点 i，两个社区的居民具有同一性（每个社区都有 50 个高收入家庭和 50 个低收入家庭），租金的溢价是 0。溢价曲线具有正斜率，反映了高收入人口具有正外部性。

在均衡状态下，一个特定社区内的所有家庭都要支付相同的租金。如果不是这样，低价土地的所有者将有激励抬高价格。此时，在高价土地上居住的家庭将有改变区位的激励。在两种类型家庭的模型达到均衡状态时，特定社区内的高收入家庭和低收入家庭要支付相同的租金。

点 i 是一个整合的结果，它是一个对称的但不稳定的均衡。其对称性表现为这两个社区具有同一性。其均衡性表现为，两条溢价曲线相互交叉，这意味着两种类型的家庭为获取在社区 A 的居住权，所支付的租金溢价相同（当社区具有同一性时，溢价为 0）。点 i 是不稳定的均衡，这是因为即使很少的人口流动也会产生一个不同的均衡。假设由 5 个高收入家庭组成的一个小组从社区 B 移向社区 A，替代社区 A 中原有的 5 个低收入家庭（这 5 个低收入家庭移向了其他社区）。此时，在社区 A 中有 55 个高收入家庭，它比社区 B 更偏好混合型家庭，而两种类型的家庭都愿意到社区 A 居住。

- 高收入家庭愿意支付 8 美元的溢价（点 k）。
- 低收入家庭仅愿意支付 5 美元的溢价（点 j）。

高收入家庭的出价要高于低收入家庭，因此第一批 5 个高收入家庭移向了社区 A 后，其他高收入家庭也会效仿，从而取代原先的低收入家庭，导致我们离开点 i，最终也不会向该点回归。

背离整合的结果将引发自我强化效应。在图 8-2 中，溢价曲线上的箭头指的是移动的方向。无论何时，高收入家庭的溢价曲线都要高于低收入家庭的溢价曲线。高收入家庭的出价要高于低收入家庭，高收入人口将会迅速增加（向右移动）。无论在何处，高收入家庭的溢价曲线都在低收入家庭曲线之上，因此高收入人口将持续增加，从而使低收入人口持续降低，直到社区 A 仅有高收入家庭为止（用点 s 表示）。回想一下城市经济学第二公理：

自我强化效应产生极端结果

在这种情况下，自我增强的变化表现为社区 A 中的高收入家庭数量的增加。这种变化使得该社区对于高收入家庭来说更具吸引力，其极端的结果是，所有的高收入家庭都到一个社区内居住。

点 s 代表收入分隔时的结果，这时所有的高收入家庭都位于社区 A 内，而所有的低收入家庭都集聚在社区 B 内。虽然低收入家庭的估价接近于高收入家庭，但是高收入家庭的估价与其他高收入家庭更接近，甚至比它们更高，因此高收入家庭的出价要高于低收入家庭，并以此来争夺众多家庭都偏好的土地资源。从图 8-2 中可以看出，分隔之所以会出现，是因为高收入家庭的溢价曲线更陡峭,这反映了在高收入家庭附近居住,可以获得更高的边际收益。高收入家庭的数量增加1单位,将导致其溢价出现更大幅度的增长。因此,高收入家庭为获得在自己所偏好社区的居住权,出价必然要高于低收入家庭。

8.4.2 整合是一个稳定的均衡

从上面的例子我们可以看出,收入的整合是一个不稳定的均衡。那么,在什么环境下收入的整合是一个稳定的均衡呢?整合的均衡由溢价曲线的斜率决定。

图8-3描述了整合条件下的一个稳定均衡。在这种情况下,低收入家庭的溢价曲线更陡峭。假设我们把点i作为起始点,有5个家庭移向社区A。下一步将会发生什么?

- 如点h所示,低收入家庭为获得拥有55个高收入家庭的社区的居住权,其溢价支付将是12美元。
- 如点k所示,高收入家庭为获得拥有更多高收入家庭的社区的居住权,其溢价支付将是8美元。

低收入家庭的出价比高收入家庭高,因此低收入家庭的数量将增加,而高收入家庭的数量将减少。

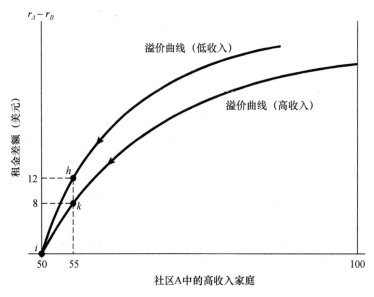

图8-3 整合是一个稳定的均衡

如果低收入家庭的溢价曲线更陡峭,整合的结果(用点i表示,此时在社区A中每种类型的家庭数量都是50个)将是一个稳定的均衡。出现任何偏离整合的结果时,都会进行自我纠正。在均衡状态下,这两个社区的土地租金是相同的。

除整合结果(点i)之外,溢价曲线上的任何点均指向变化的方向。如果高收入家庭的数量超过低收入家庭(假设高收入家庭的数量超过50个),那么低收入家庭的出价将高于高收入家庭,我们将重新移向点i。换句话说,出现任何偏离整合的结果时,都会进行自我纠正,而不是自我强化。整合是一个稳定的均衡,是因为低收入家庭为了能够到高收入家庭所集聚的社区居住,愿意比高收入家庭支付更高的价格。

8.4.3 混合型社区

第三种可能是混合型社区,它是处于完全分隔和完全整合之间的一种收入混合型社区。例如,一个社区中高收入家庭占70%,另一个社区中低收入家庭占70%。这可以用图8-4来表示:社区A有两条溢价曲线,它们在高收入家庭的数量等于70(低收入家庭的数量为30)的位置上相交。剩下的30个高收入家庭和70个低收入家庭则位于社区B内。

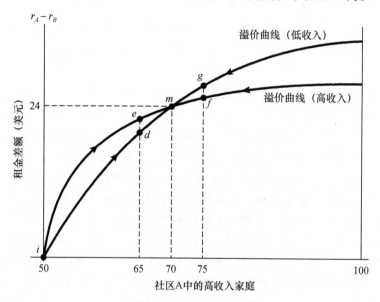

图8-4 混合型社区均衡

如果两条溢价曲线相交,且低收入家庭的曲线斜率更大,此时的交点是一个稳定均衡点。在点m,社区A内100个家庭中有70个家庭是高收入家庭,租金差距是24美元。

点m是一个稳定的均衡。由于这两条溢价曲线相交于该点,因此点m是一个均衡点,这暗示着在社区A中,两种类型的家庭愿意支付的溢价相同。点m也是一个稳定点,这是因为在该点低收入家庭的溢价曲线的斜率更大。为检验它的稳定性,分析一下背离点m的两种情况:

- **更多的高收入家庭。** 假设高收入家庭的数量从70个增加到75个,在图形上可以用点f和点g表示。从中可以看出,低收入家庭愿意支付的溢价要高于高收入家庭,因此高收入家庭的数量将从75个缩减到70个。
- **较少的高收入家庭。** 假设高收入家庭的数量从70个减少到65个,在图形上可用点d和点e表示。从中可以看出,高收入家庭愿意支付更高的溢价,其出价要高于低收入家庭,此时高收入家庭的数量将增加到70个。

在混合社区的均衡中,均衡溢价为24美元。回想一下城市经济学第一公理:

通过调整价格实现区位均衡

在社区市场达到均衡时,每一个家庭类型,无论是高收入家庭还是低收入家庭,在这两个社区内都是无差异的。在溢价为 24 美元时,说明社区 A 的每个家庭为了能够在自己更偏好的收入混合型家庭所在的社区生活,都愿意支付 24 美元的溢价。这个溢价正好抵消了那些对收入混合型社区有很强偏好的家庭的收益,因此我们得到了一个区位均衡。

8.4.4 地块规模与公共政策

到目前为止,我们一直假设每个家庭仅占据 1 单位的土地。当然,土地是正常商品,其消费量随着收入的提高而提高。那么,地块规模变量对于邻里选择和收入分隔有哪些隐含意义呢?

正如我们将看到的,当高收入家庭消费更多的土地时,更易于产生整合现象。在图 8-2 中设定一个起始点,在该点上高收入家庭为了居住在拥有 55 个高收入家庭的社区中,愿意支付的溢价是 8 美元,而低收入家庭愿意支付的溢价仅为 5 美元。如果两种类型的家庭均占据 1 单位土地,那么高收入家庭的出价要高于低收入家庭,并导致社区分隔。

当高收入家庭消费更多的土地时,结果将完全不同。假设高收入家庭占据 2 单位土地,而低收入家庭仍然占据 1 单位土地。这时高收入家庭愿意为每单位土地支付的溢价从 8 美元变为 4 美元。正如表 8-3 所示,高收入家庭对每单位土地愿意支付较低的溢价,因此低收入家庭为获得自己偏好的社区,其出价将高于高收入家庭。其结果是,任何偏离整合均衡的现象(例如,55 个高收入家庭),都将导致自我修正行为(而不是自我强化行为)出现,使得低收入家庭的出价高于高收入家庭。最终,各社区又回到整合状态,在两种类型的家庭都是 50 个的点上达到对称均衡。

表 8-3 地块规模与整合

	高收入社区的溢价(美元)	地块规模	单位土地的溢价(美元)
低收入	5	1	5
高收入	8	2	4

另一个分析路径是从土地所有者的角度,来研究地块规模所产生的影响。当然,土地所有者要最大化其租金收入。如果你有 2 单位土地用于出租,则你既可以 8 美元的价格将其租给 1 个高收入家庭,也可以将其租给 2 个低收入家庭,每个家庭支付 5 美元的租金,两个家庭共计 10 美元。显然,把土地租给低收入家庭是一个更好的选择。高收入家庭之所以输掉了这次竞价博弈,是因为它要同时与两个低收入家庭竞争。

这个例子说明,在邻里选择和社区多样化过程中,土地消费量起到很重要的作用。如果两种类型的家庭在土地的消费量上存在很大的差异,那么它们愿意支付的溢价也会有较大的不同。低收入家庭愿意为每单位土地支付较高的溢价,由此将产生整合的结果。另一方面,如果土地消费量没有显著差异,则将产生分隔的结果。例如,如果高收入家庭仅占据 1.33 单位土地,它愿意为每单位土地支付 6 美元的溢价(8/1.33 美元),社区分隔的结果仍将持续下去。

8.4.5 最小地块分区制与分隔

一些地方政府利用最小地块分区(minimum lot size zoning)来控制土地利用。在这些政策下,政府把最小地块用于住宅开发,并禁止开发高密度住宅。正如我们在后面的章节将要看到的,采取这种政策的一个动因是排除那些纳税额较少而给地方政府带来较高成本的居民。

这种分区政策的一个后果是收入分隔。从表 8-3 中可以看出,当高收入家庭占据的土地面积是低收入家庭的 2 倍时,整合将是一个稳定的均衡。假设政府规定最小的地块是 2 单位,这个数量正好是高收入家庭所选择的数量。这个政策显然使低收入家庭支付了额外的成本——它们不得不购买 2 倍于自己需要的土地——这就降低了它们愿意支付的溢价(2.5 美元),比高收入家庭愿意支付的 4 美元还要低。一旦低收入家庭被迫消费与高收入家庭同样数量的土地,那么它们将丧失这场争夺自己所偏好社区的竞价战争。其结果是,整合(市场均衡的结果)为分隔所取代。

8.5 邻里选择:教育和犯罪的作用

我们已经发现,当高收入家庭对具有较好邻里环境的地块的出价高于低收入家庭时,就会产生收入分隔现象。我们将在本部分看到邻里特征差异的两个来源:学校和犯罪。对于这两个特征来说,如果高收入家庭愿意为更舒适的环境支付更高的价格,那么收入分隔现象就会出现。

8.5.1 教育和邻里选择

在典型都市区内,不同学校的教学质量是不同的。表 8-4 给出了俄勒冈州波特兰市学区(school district)内 8 个高中的学生成绩、毕业率和社会经济特征的数据。学生成绩用达到或者超过该州的数学考试要求的学生比例表示。高中的学习成绩存在显著的差异,这些差异大致为 44%—80%。第二列数字给出了来自低收入家庭的学生的百分比。来自贫穷家庭的学生的比例为 12%—70%。最后一列给出了少数族裔学生的比例,该比例为 19%—74%。

表 8-4 波特兰公立学校中高中的质量差异 单位:%

高中	在数学课程上达到或超过基本要求的比例	来自贫困家庭的比例	非白种人比例
Lincoln	80	12	21
Franklin	73	50	46
Wilson	72	18	19
Cleveland	69	30	28
Grant	68	26	36
Benson	49	61	71
Madison	45	70	66
Jefferson	44	68	74

资料来源:Oregon Department of Education Report Cards,2009—2010。

家庭的邻里选择影响到其子女的受教育水平。有一系列的事实证明,不同学校的教学成绩有很大的差别,包括教师、风纪和学生构成上的差别。本书后面将讨论教育生产函数,用其来确定哪些投入决定了学生的学习成绩。正如我们将要看到的,一个关键的投入是与他同年龄组的人(同学或者校友)。当他的周边都是非常聪明的、上进的和无破坏行为的学生时,他可以从这些学生那里学到很多东西。好的同年龄组的人来自那些鼓励学生获得好的成绩的家庭。

学校质量的差异导致各家庭为进入那些拥有高质量同年龄人群的学校而展开竞争。所有的家长都希望将自己的孩子送到好学校,使他们拥有高质量同年龄人群,但问题是谁能进入最好的学校和拥有最好的同年龄人群呢?正如我们前面所讨论的,如果高收入家庭对拥有高质量学校和同年龄人群的意愿支付高于低收入家庭,就会产生收入分隔现象。

8.5.2 犯罪和邻里选择

影响邻里选择的另一个因素是犯罪。地图 8-3 描述了克利夫兰自治市(而不是整个都市区)各人口普查区的犯罪成本的空间分布。犯罪对受害者产生的成本包括工作时间损失的机会成本、现金损失和其他损害成本。Miller、Cohen 和 Wiersema(1996)估计了不同的犯罪成本:每项盗窃罪是 370 美元,每项入室行窃罪是 1 500 美元,每项偷窃汽车罪是 4 000 美元,每项持械抢劫罪是 13 000 美元,每项性骚扰罪是 15 000 美元,每项强奸罪是 70 000 美元,每项杀人罪是 240 万美元。在地图 8-3 中,锯齿状的地方代表人口普查区,其突出的高度代表人均犯罪成本。在城市中心附近该成本达到最高值,为 12 973 美元,在自治市内不同人口普查区的犯罪成本有很大的差别。

地图 8-3　犯罪成本:克利夫兰

本地图描述了克利夫兰自治市(而不是整个都市区)各人口普查区的年人均犯罪损害成本。在城市中心附近,犯罪损害成本达到最大值,为 12 973 美元。地图中的线条代表高速公路。

地图 8-4 从更广阔的视角上讨论了犯罪成本的空间差异,该地图以波士顿都市区为例,描述了各自治市的人均犯罪成本。每个柱状体代表了都市区内的一个自治市,柱状体的高度代表年人均犯罪成本。在波士顿自治市内,犯罪成本最大,达到 587 美元。

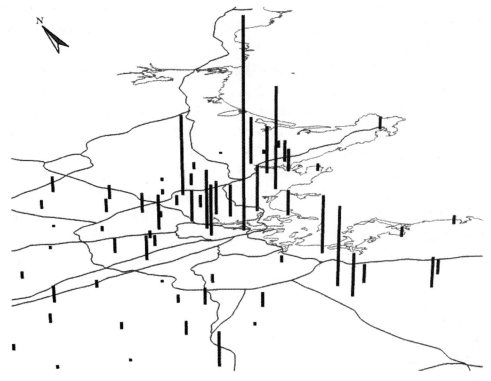

地图 8-4　犯罪成本的空间差异:波士顿都市区

本地图描述了波士顿都市区内各人口普查区的年人均犯罪损害成本。在波士顿自治市,犯罪损害成本达到最大值,为 587 美元。地图中的线条代表高速公路。

犯罪率的差异意味着,家庭的邻里选择还受犯罪率的影响。家庭愿意对低犯罪率社区支付一个溢价。一项关于财产犯罪的研究(Thaler, 1977)估计了财产价值对犯罪率的弹性,该弹性值为 -0.067:犯罪率每提高 10%,将导致住宅的市场价值下降 0.67%,或者导致一套价值 200 000 美元的住宅下降 1 340 美元。

犯罪率对收入分隔有什么影响呢? 一般来说,高收入社区的犯罪率较低,这对所有的家庭都具有吸引力,包括高收入家庭和低收入家庭。那么,哪一种类型的家庭更愿意为获得低收入社区而支付更高的溢价呢? 最近的一项研究表明,人们对低犯罪率社区的意愿支付值随着收入的提高而有所增加(Cohen, Rust, Steen and Tidd, 2004)。Cullen 和 Levitt(1999)通过研究得出结论,高收入家庭对犯罪更敏感:当犯罪率提升时,它们当中的大多数家庭都会选择逃离该社区。从上述研究可以看出,高收入家庭比低收入家庭更偏好低犯罪率(高收入)社区,并愿意为此支付更高的价格,因此犯罪率促进了收入分隔。

8.6 种族隔离

我们所使用的收入隔离的研究框架同样可以用于研究种族隔离的问题。在美国都市区内,有超过 2/3 的黑人居住在中心城区,剩下 1/3 的黑人居住在城郊。对于白人来说,这个比例正好相反:1/3 的白人居住在中心城区,2/3 的白人居住在郊区。

确定都市区种族隔离程度的一种方法是构建差异指数(the index of dissimilarity)。这个指数表示为了实现种族融合而必须重新配置某一种族的比例(例如,黑人或者非洲裔美国人),以使每个都市区的普查区都有相同的种族结构。对于美国来说,该指数值为 0.64,这意味着为达到完全融合必须有 64% 的黑人(或者白人)需要重新配置。美国东北部都市区的种族差异指数较高(0.75),而西部都市区的指数较低(0.48)。

1980—2000 年,220 个都市区中有 203 个都市区的种族隔离指数在下降,平均的下降幅度为 12%,43 个最大都市区中有 13 个都市区的下降幅度不低于 15%,其中有 6 个都市区的下降幅度超过 20%。2000 年,6 个隔离程度最高的都市区是底特律、密尔沃基、纽约、纽瓦克、芝加哥和克利夫兰。1980—2000 年,这些都市区的种族隔离程度仅有小幅下降。

地图 8-5、地图 8-6 描述了两个都市区亚特兰大和匹兹堡各人口普查区内黑人占总人口

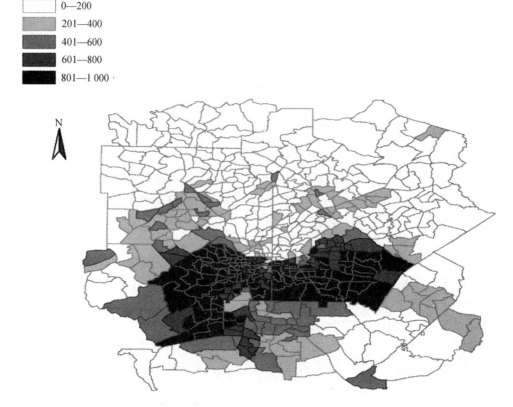

地图 8-5 种族隔离:亚特兰大

的比例。在亚特兰大,黑人所占比例的中间值是每 1 000 人中有 256 个黑人,波动范围在 1 到 992 之间。该城市的差异率是 0.69,从地图中可以发现该城市的种族隔离水平较高。匹兹堡的差异率是 0.73,人口普查区内黑人所占比例的中间值是 46,波动范围在 0 到 982 之间。该地图还显示,阿勒格尼河(Allegheny)和莫农加希拉河(Monongahela)流经该城市,最终汇集成俄亥俄州河。大部分黑人比例较高的人口普查区都集中在这些河流的沿岸。

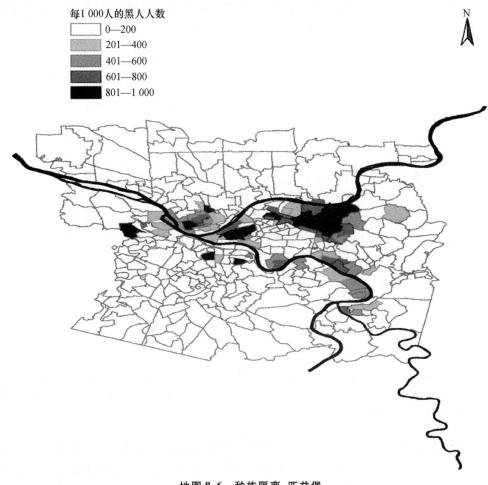

地图 8-6　种族隔离:匹兹堡

8.6.1　种族偏好与邻里选择

是什么因素引起了种族隔离呢?一个因素是家庭对种族混合社区的偏好。最近的一项研究调查了白人和黑人所偏好的理想的混合社区的水平(Vigdor, 2009)。该调查揭示了上述偏好的基本差别。

1. 对于 19% 的白人来说,理想的混合社区是全是白人的社区。
2. 81% 的白人被调查者认为理想的混合社区是黑人少于 20% 的社区。
3. 有关黑人邻居的中等水平的理想比例(一半被调查者给出了较高的比例,一半被调查者给出了较低的比例),白人被调查者为 13%,而黑人被调查者为 33%。

图 8-5 是邻里选择模型的一个应用,它主要分析了种族偏好和种族隔离问题。较高的曲线反映了白人的一般偏好,他们的理想社区是白人占 87%,黑人占 13%。相反,黑人的溢价曲线的最高点在白人、黑人分别占 67%、33% 的社区。由于白人的溢价曲线总是高于黑人的溢价曲线,因此此时唯一的均衡将是一个种族隔离均衡。正如我们以前所讨论的,虽然整合结果(点 i)是一个均衡,但它是一个不稳定的均衡。如果有一个或更多的白人家庭移向社区 A,白人家庭的溢价将超过黑人家庭的溢价,这样白人人口在增长的同时,黑人家庭的数量在下降。因此,点 s 代表的分离均衡是唯一的一个稳定均衡。

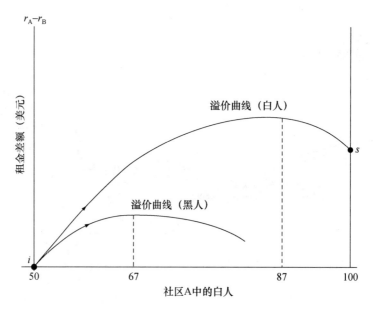

图 8-5 种族隔离

溢价曲线反映了种族偏好:对于白人家庭来说,其理想的混合社区是白人占 87%。对于黑人家庭来说,其理想的混合社区是白人占 67%。由于白人的溢价曲线总是高于黑人的溢价曲线,因此在这种情况下所达到的均衡属于分离均衡(点 s)。

在什么条件下会产生稳定的整合均衡呢?黑人家庭的溢价曲线的斜率必然要大于白人家庭的溢价曲线(在社区 A 内有 50 个白人家庭和 50 个黑人家庭)。在这种情况下,家庭将对背离整合结果的行为进行自我修正,这是因为如果白人家庭的数量超过 50 个,为获得该社区内为数不多的空间,黑人家庭的出价将要高于白人家庭。

8.6.2 种族隔离的其他原因

我们已经看到种族隔离能够导致完全分隔的极端结果。导致种族隔离的第二个原因是收入分隔。平均来说,黑人家庭的收入较低。正如 Mills 和 Lubuele(1997)所指出的,中心城区的住宅价格较低,这对低收入家庭形成了较强的吸引力,其中包括一部分黑人家庭。一些研究已经证实,收入分隔可以部分地解释种族隔离现象。

另一个相关的因素是城郊政府所制定的排外性分区制。正如我们在本章前面所讲到的,最小规模地块的分区制促进了收入分隔,其他的一些政策,如禁止建造多单元住宅、限制最高密度、要求建造两车位停车库并缴纳开发费等,也促进了收入分隔。平均来说,黑人家庭的收入要低于白人家庭,因此这种排外性分区制对黑人家庭有很大的影响。

导致种族隔离的另一个因素是房地产经纪人的种族歧视。他们所使用的一种方法是种族导向(racial steering):经纪人引导购房者远离白人主导的社区。根据 Yinger(1998)的研究,黑人受到的待遇与白人完全不同:向黑人提供的住宅信息较少,把黑人引向特定的社区,在融资方面给予很少的建议和帮助。例如,有 1/10 的黑人租赁者被排斥在白人租赁者所能租到的住宅之外,有 1/4 的黑人不了解空置住宅的信息。

到目前为止,联邦政府的政策也间接促进了种族隔离。从历史上看,大部分公共住宅被建在低收入地区,直到现在,房屋券(housing vouchers,用于帮助支付个人购房款的优惠券)只能在房屋券发行地即接受者所居住的城市使用。最近,联邦政府将大部分房屋券变为可转移的优惠券,因此更多的接受者可以利用其去租赁郊区的住宅。

8.7 种族隔离的后果

我们为什么要关注收入分隔和种族隔离问题呢?我们已经看到,地方公共产品和住宅的多样化供给使得家庭向自己喜欢的社区集中。另外,对一些消费品需求的多样化也引起了分隔现象。例如,一些家庭被社区的快餐店和零售店吸引,而另一些家庭则被社区的咖啡店和书店吸引。犯罪的空间差异也促使那些在社区安全方面有较高支付意愿的家庭的居住区位选择呈现分隔趋势。一般来说,对与地理区位相关的商品的需求导致家庭在教育和收入方面出现分隔现象。现在的问题是,种族和收入分隔是否限制了一些家庭的就业机会,并因此降低了他们的收入,从而引起贫困呢?

8.7.1 非正向的邻里效应

关注收入分隔现象的一个原因是低收入家庭的集聚将产生负面的邻里效应。例如,在一个就业率较低的社区,有关就业的信息将是非常稀缺的,这使得那些需要就业的家庭更难找到工作。在一个高中毕业生和大学毕业生较少的社区,将有很少的榜样促使学生取得更好的成绩,并由此为未来的工作作出准备。

有许多文献讨论了种族隔离对黑人青年的影响。Cutler 和 Glaeser(1997)的研究显示,分隔程度增加提高了黑人青年的高中退学率,从而提高了这部分人处于空闲的概率(既不上学也不工作)。分隔还导致低就业率和较高的单亲家庭比例。在这些负面影响中,一个重要的影响因素是生活在高分隔比例社区和低收入环境中的青年人,与正面的具有模范效应的居民——受教育的人和事业成功的人——接触的机会变得更少,他们自己也因此不可能取得成功。

最近的研究讨论了美国移民家庭所面临的社区分隔问题(Cutler and Glaeser,2008)。一般性的结论是,拥有较低人力资本(较低的受教育程度)的移民家庭更容易面临分隔的社区环境,而在一个大的移民聚居的社区,拥有较高人力资本的移民家庭可以做得更好。

8.7.2 有限的就业机会:空间非匹配性

种族和收入分隔备受关注的第二个原因与分隔的地理区位有关。区位影响城市的劳动力市场,在远离就业中心地区居住的劳动者将有相对较低的就业率。换句话说,居住和就业区位的空间非匹配性将导致较低的就业率。

有许多研究讨论了黑人劳动者面临的空间非匹配问题。Ihlanfeldt 和 Sjoquist(1990)利用 50 个都市区的数据检验了非匹配性假说,他们的研究结论主要有以下几点:

- 总的来说,易达性较差的就业区位解释了,为什么黑人和白人的就业率之间存在 25% 的差距,而西班牙裔和白人的就业率之间存在 31% 的差距。
- 在大都市区空间非匹配性现象更为明显。空间非匹配性现象解释了,为什么在小城市黑人和白人的就业差距仅为 3%,在中等城市该比例为 14%,而在大城市该比例则为 25%。

Hellerstein、Neumark 和 McInerney(2008)揭示了种族与空间(区位)之间微妙的相互关系。他们测量了特定邮政区和邻近的邮政区内可获得的就业岗位数量。他们的第一个结论是,与空间非匹配性的一个影响效应不同的是,黑人劳动力获得就业的机会通常比白人多。黑人劳动力的就业密度(可获得的就业岗位除以劳动力总数)是 0.77,而白人劳动力则是 0.73。相反,在那些仅要求拥有高中学历的就业岗位中,黑人的就业密度是 0.64,白人则是 0.73。换句话说,与白人劳动力相比,黑人劳动力接触低技术就业岗位的机会更少一些。这是因为从平均水平上看,黑人劳动力有较低的人力资本。类似地,对于不要求高中学历的就业岗位,黑人的就业密度是 0.50,而白人则是 0.66。一般来说,黑人劳动力面临的问题是低技术岗位,而不是一般意义上的就业岗位的可得性问题。

上述作者还讨论了就业率和就业密度之间的关系,并检验了高就业密度导致高就业率这一观点。

1. 对于一般性的就业岗位来说,就业密度提高对黑人就业率没有显著影响。
2. 对于低技术就业岗位(要求高中以下学历)来说,就业密度和黑人就业率之间有正向关系。就业率对就业密度的弹性是 0.06,其含义是就业密度每提高 10%,就业密度将提高 0.6%。
3. 如果低技术就业岗位由黑人劳动力和其他类型劳动力共同分享,那么对于黑人劳动力来说,就业密度和就业之间有很强的相关性。在离就业岗位的距离方面,黑人劳动力靠近黑人就业岗位要比靠近白人就业岗位更重要。

上述作者还总结了种族在城市劳动力市场中所扮演的关键角色。黑人劳动力所面临的问题不是附近的就业岗位过少,而是能雇用他们的就业岗位过少。难以被附近的雇主雇用的原因可能是由歧视、缺乏信息网络导致的,也可能是由低学历产生的低生产率或者缺少更有利的邻里效应导致的。

8.7.3 迁移的机会

一个被称作迁移机会(Moving to Oportunity,MTO)的政策试验被用于探讨低收入家庭流动性提高的影响效应。在这个试验中,几百个居住在高贫困社区公共住房的家庭获得了住房优惠券,它们可以用这些优惠券到其他社区购买私人住宅。设计该政策的想法是帮助获得优惠券的家庭迁移到更好的社区,使它们分享到更多邻里外部性和接触更多的就业机会。那么,结果怎样呢?

通过研究发现,MTO项目对于接受者的经济环境有很小的影响。那些获得优惠券的家庭往往从一个收入水平非常低的社区迁移到中等贫困程度的社区(Quigley and Rafael,2009)。平均而言,优惠券接受者从贫困百分位数为96的社区(96%的社区居民为高收入者)迁移到贫困百分位数为88的社区。新的社区有较低的犯罪率,年轻女孩的"妇女恐惧症",如性骚扰和性压迫也有显著的降低。类似地,对一些成年人的调查显示,该政策有助于提高他们的精神健康水平。相反,迁移到新社区后,他们接触的就业机会并没有显著变化。其结果是,该政策并没有显著改变获得优惠券家庭的收入水平和就业机会。对于年轻人来说,迁移到新社区的行动没有影响他们的考试成绩。虽然家庭的迁移行动使女孩的行为变得更好,但男孩的行为则变得更糟糕,因此从总体来看迁移行动并没有影响年轻人的行为。

从MTO试验可以得到哪些暗示呢?正如Rafael和Quigley(2009)所解释的那样,该试验并没有对生活环境所包含的邻里效应或者空间非匹配性产生大的影响。他们还指出,该试验产生的收益太小以至于难以弥补低技术黑人劳动力所面临的不利条件,因此该试验是不具有应用价值的。

小结

本章基于家庭对地方公共产品、税收、收入和种族的需求,讨论了家庭将自身划入不同社区的条件。下面是本章的主要观点:

1. 如果对地方公共产品的需求具有差异性,家庭将组成不同的市政机构和学区,在那里可以提供不同水平的公共产品。

2. 如果家庭对本地税收品种的需求存在很大差异,则那些对该类公共产品需求较高的家庭,将有激励与其他同类型家庭共同组成新的市政机构。

3. 邻里间之所以会产生外部性,是因为邻居可以提供角色榜样,共享学校资源,提供有关就业的信息。

4. 收入分隔之所以会产生,是因为高收入家庭为了获得高收入社区的居住权,愿意支付的溢价高于低收入家庭愿意支付的溢价。

5. 最小地块分区制促进了收入分隔,这是因为它要求低收入家庭消费更多的土地。

6. 种族隔离提高了不利后果的发生率,如提高了辍学率和无所事事居民的数量,也加剧了贫困化。

问题与应用

在下面的练习题中,带"_____"的题目,需要读者在上面填上一个词或一个数字。对于带"……"的题目,需要读者用适当的词语完成该句话,并使陈述的内容与原题目相符。对于带"[　　]"的题目,需要读者用圆圈标记出括号中恰当的一个词。

1. 财产税与平方英尺税

在地铁线路中,有三个典型的住宅:E(昂贵的)、M(中等的)和 C(廉价的)。所有的家庭对公共教育的支出偏好相同。学校通过政府征收财产税(基于市场价值)来为其提供经费。在初始状态下,有三个学区。假设财产税被每平方英尺税代替(例如,每平方英尺的居住空间每年支付 2 美元)。如果……学区的均衡数量将降低到一个,这是因为……

2. 有多少个学区

在都市区内,家庭对公立学校的需求存在较大的差异:一半属于低需求者(L),一半属于高需求者(H)。另外,住宅价值存在较大的差异:一半属于价格较高的住宅(E),一半属于价格较低的住宅(C)。家庭的区位选择是基于房地产税和公立学校的支出水平作出的。

　　a. 通常,我们将预期出现_____学区,因为家庭将把资金按照_____和_____进行分类。

　　b. 如果……将只有两个学区。

3. 年龄分组

假设一个城市有 200 个人(100 个年纪较大的人,100 个年轻人),同时有两个社区(每个社区有 100 个人)。人们通常会比较喜欢在年纪较大的人周边居住。画出一条租金溢价曲线,横轴表示社区 A 中年长者的人数(从 50 个到 100 个)。年长者的溢价曲线具有凹性。在一个拥有 100 个年长者的社区中,租金溢价为 30 美元。如果年轻人的溢价曲线是线性的,在一个拥有 100 个年长者的社区中,租金溢价为 50 美元。这两个溢价曲线在年长者人数为 70 个时相交,此时的租金溢价为 20 美元。

　　a. 画出这两条溢价曲线。

　　b. 一个整合型的社区(50 个年长者,50 个年轻人)[是,不是]一个稳定均衡,这是因为……

　　c. 一个混合型的社区(70 个年长者,30 个年轻人)[是,不是]一个稳定均衡,这是因为……

　　d. 一个分离型的社区(100 个年长者,0 个年轻人)[是,不是]一个稳定均衡,这是因为……

　　e. 一些社区规定了社区居民的最小年龄,例如 50 岁。那么,最小年龄是多少才是合理的呢?

　　f. 设计一个政策来产生一个年龄分隔的社区,其中居民的年龄是不受限制的。描述一下该政策对你的图形的影响。

4. 整合与分隔

考虑一个有 200 个人的城市(100 个高个子,100 个矮个子),同时有两个社区(每个社区有 100 个人)。人们通常会比较喜欢在矮个子居民周边居住。画出一条租金溢价曲线,横轴表示社区 A 中矮个子居民的人数(从 50 个到 100 个)。高个子居民的溢价曲线具有凹性,那么在一个拥有 100 个矮个子居民的社区中,溢价为 30 美元。如果矮个子居民的溢价曲线是线性的,那么在一个拥有 100 个矮个子居民的社区中,溢价为 50 美元。这两个溢价曲线在 $S=70$ 和溢价值 $=20$ 美元时相交。

　　a. 画出这两条溢价曲线。

b. 一个整合型的社区(50 个矮个子,50 个高个子)[是,不是]一个稳定均衡,这是因为……

c. 一个混合型的社区(70 个矮个子,30 个高个子)[是,不是]一个稳定均衡,这是因为……

d. 一个分离型的社区(100 个矮个子,0 个高个子)[是,不是]一个稳定均衡,这是因为……

5. 太空飞机的空间配置

假设一个企业提供太空飞机运输服务,太空飞机可以像飞机一样起飞。它起飞后一直向远离地球的方向飞行,直到快要进入轨道时,才重新向地球的方向飞行。这将是一个单纯的旅行,其所载乘客的总重量限制在 20 000 磅。这个企业的目标是使总收入最大化。有两组收入类型:低的和高的。人们对该旅行的意愿支付随着收入的提高而增加。

a. 如果低收入者有一个较大的_____,那么太空飞机的所有乘客都将来自低收入组。

b. 通过下面带有数字的例子证明你的回答:高收入者对该旅行的意愿支付是 1 200 美元,低收入者的意愿支付是 600 美元,但是与高收入者相比,低收入者……

c. 那又怎么样?谁关心这个?这个练习与本章所探讨的内容有什么联系?

6. 配置高质量社区的土地:MLS

考虑一个城市有空闲土地(6 000 平方英尺)用于社区开发。由于该社区拥有高质量的学校,因而它属于舒适性较高的社区。有两个家庭类型:低收入家庭(L)和高收入家庭(H)。每个 L 类型家庭对其所居住社区的意愿支付为 40 000 美元,每个 H 类型家庭对其所居住社区的意愿支付为 60 000 美元。L 类型家庭所偏好的面积是 1 000 平方英尺,而 H 类型家庭偏好的面积则是 3 000 英尺。

a. 如果对占地面积没有限制,闲置的土地将分配给[L,H],这是因为……

b. 假设城市设定了一个最小占地面积。如果最小占地面积至少为_____,那么该闲置土地将分配给 H 类型家庭,这是因为……

7. 教师的等产量曲线和成本最小化

考虑一个教师的等产量曲线,它表示能生产出既定数量产品的不同的投入品组合。假设产生教师生产率的投入是毕业生课程讲授年度(横轴,区间为 0—10 年)和语言能力(纵轴,用教师的 SAT 语文成绩表示)。在典型的支付结构下,毕业生课程讲授年度每增加 1 年,教师获得的支付将提高 4 000 美元。假设教师的语言表达能力每提高 1 单位,该教师获得的支付将提高 500 美元。

a. 用本书引用的经验事实描述教育的等产量曲线。毕业生教育和语言表达能力之间的边际技术替代率是毕业生课程讲授的每个年度对应_____ SAT 分数。

b. 假设 MRTS 值很小,但是为正值,毕业生课程讲授的每个年度对应的 SAT 分数为 2。画出等产量曲线,标出语言表达能力和毕业生课程讲授年度的最小成本组合。为了在给定产出水平下实现成本最小化,学区将雇用拥有_____年毕业生授课经历的教师。

8. 平衡教育成绩

教育平等状态的目标是平衡各学区的教育成绩。这些学区的教育成绩用在校学生的平均测验成绩表示。请对以下表述作出评论:"该状态可以通过平衡各学校的支出以及使每个学校的每名学生拥有相同的支出来实现它的目标。"

9. 种族的多重均衡

把图 8-5 作为起始点,假设黑人家庭的溢价曲线是一条倒 U 形曲线,当白人家庭的数量为 50—60 时,黑人家庭的溢价曲线位于白人家庭溢价曲线的上方,但是当白人家庭的数量很大时,黑人家庭的溢价曲线位于白人家庭溢价曲线的下方。换句话说,这两条溢价曲线在白人家庭数量为 60 时相交。

a. 画出溢价曲线。

b. 一个整合型的社区(50 个白人,50 个黑人)[是,不是]一个稳定均衡,这是因为……

c. 一个混合型的社区(60 个白人,40 个黑人)[是,不是]一个稳定均衡,这是因为……

d. 一个分离型的社区(100 个白人,0 个黑人)[是,不是]一个稳定均衡,这是因为……

10. 通勤和就业率

考虑来自本书空间非匹配部分的一个陈述:"(黑人)有较低就业率的一个原因是黑人的平均通勤时间为 26 分钟,而白人仅为 19 分钟。"

a. 用城市劳动力市场的供给需求图形描述上面所陈述内容的逻辑。画出一条需求曲线,包含白人和黑人劳动力;两条供给曲线,一条对应白人(标记为 19 美元),另一条对应黑人(标记为 26 美元)。

b. 箭头向上或者向下:通勤时间从 19 分钟提高到 26 分钟将使劳动力供给_____,同时将使均衡工资_____,均衡劳动力数量_____。

参考文献和补充阅读

1. Becket, G., and K. Murphy. *Social Economics*. Cambridge: Harvard University Press, 2000.

2. Card, David, and Alan Krueger. "Labor Market Effects of School Quality: Theory and Evidence." In *Does Money Matter*? ed. Gary Burtless. Washington DC: Brookings, 1996.

3. Cohen, M., R. Rust, S. Steen, S. Tidd. "Willingness-to-pay for Crime Control Programs." *Criminology* 42 (2004), pp. 89—109.

4. Cullen, J. B., and S. D. Levitt. "Crime, Urban Flight, and the Consequences for Cities." *Review of Economics and Statistics* 81 (1999), pp. 159—169.

5. Cutler, David M., and Edward L. Glaeser. "Are Ghettos Good or Bad?" *Quarterly Journal of Economics* (1997), pp. 827—872.

6. Durlauf, Steven. "Neighborhood Effects." Chapter 50 in *Handbook of Regional and Urban Economics* 4: *Cities and Geography*, eds. Vernon Henderson and Jacques-Francois Thisse. Amsterdam: Elsevier, 2004.

7. Gabriel, Stuart A., and Stuart S. Rosenthal. "Household Location and Race: Estimates of a Multinomial Logit Model." *Review of Economics and Statistics*, 1989, pp. 240—249.

8. Heckman, James, Anne Layne-Farrar, and Petra Todd. In "Does Money Matter?" Chapter 7 in *Does Money Matter*? ed. Gary Burtless. Washington DC: Brookings, 1996.

9. Hellerstein, Judith, David Neumark, and Melissa McInerney. "Spatial Mismatch or Racial Mismatch." *Journal of Urban Economics* 64 (2008), pp. 464—479.

10. Ihlanfeldt, Keith R., and David L. Sjoquist. "Job Accessibility and Racial Differences in Youth Employ-

ment Rates."*American Economic Review* 8 (1990), pp. 267—276.

11. Institute on Race and Poverty. *Examining the Relationship between Housing, Education, and Persistent Segregation: Final Report.* Minneapolis: Institute on Race and Poverty, 1998.

12. Kain, John F. "Housing Segregation, Negro Employment, and Metropolitan Decentralization."*Quarterly Journal of Economics* 82 (1968), pp. 175—197.

13. Krueger, Alan. "Experimental Estimates of Education Production Functions."*The Quarterly Journal of Economics* 114 (1999), pp. 497—532.

14. Krueger, Alan and Diane Whitmore. "The Effect of Attending a Small Class in the Early Grades on College-Test Taking and Middle School Test Results: Evidence from Project STAR."*The Economic Journal* 111 (2001), pp. 1—28.

15. Meldrum, Christina, and Susan Eaton. "Resegregation in Norfolk, Virginia: Does Restoring Neighborhood Schools Work?" Report of the Harvard Project on School Desegregation (1994).

16. Miller, T., M. A. Cohen, B. Wiersema. *Victim Costs and Consequence—A New Look.* Washington DC: National Institute of Justice, 1996.

17. Mills, Edwin S.; and Luan Sende Lubuele, "Inner Cities."*Journal of Economic Literature* 35 (1977), pp. 727—756.

18. O'Regan, Katherine M., and John M. Quigley. "Cars for the Low-income."*Access* 12 (Spring 1998), pp. 20—25.

19. Orfield, Gary. "Desegregation, Resegregation, and Education." Part I of *In Pursuit of a Dream Deferred: Linking Housing and Education.* Minneapolis: Institute on Race and Poverty, 1995.

20. Popkin, Susan, Tama Leventhal, and Gretchen Weismann. "Girls in the Hood: How Safety Affects the Life Chances of Low-Income Girls."*Urban Affairs Quarterly* 45 (2010), pp. 715—744.

21. Quigley, John, and Steven Rafael. "Neighborhoods, Economics Self-Sufficiency, and the MTO program." Brookings-Wharton Papers on Economic Affairs 2008. Washington DC: Brookings, 2009.

22. Rafael, Steven. "The Spatial Mismatch Hypothesis and Black Youth Joblessness: Evidence from the San Francisco Bay Area."*Journal of Urban Economics* 43 (1998), pp. 79—111.

23. Rivkin, Steven G., Eric A. Hanushek, and John F. Kain. "Teachers, Schools, and Academic Achievement." NBER Working Paper No. 6691 (1998).

24. Schiller, Bradley. *The Economics of Poverty and Discrimination*, 6th ed. Englewood Cliffs, NJ: Prentice-Hall, 1995.

25. Thaler, Richard. "Econometric Analysis of Property Crime—Interaction between Police and Criminals."*Journal of Public Economics* 8 (1977), pp. 37—51.

26. Vigdor, Jacob. "Race: The Perplexing Persistence of Race." Chapter 7 in *Making Cities Work*, ed. Robert P. Inman. Princeton NJ: Princeton University Press, 2009.

27. Yinger, John. "Evidence on Discrimination in Consumer Markets."*Journal of Economic Perspectives* 12, no. 2 (Spring 1998), pp. 23—40.

第 9 章
分区与增长控制

> 对城市发展持反对态度的人并不是那些行为谨慎者。对这种现象的新的描述是:绝对不能在任何人旁边的任何地方建任何东西。
> ——《经济学家》,1993 年 4 月 17 日

> 一个法律完善、建筑精美和街道整洁的安静城市,就好像一个坐满了听话的傻瓜的教室,而无政府状态的城市才是有前途的城市。
> ——马克·赫尔普林(Mark Helprin)

本章将探讨政府在城市土地市场中所扮演的角色。迄今为止,我们已经作了土地将配置给最高竞价者的假设。实际上,在土地利用分区规划的指引下,可将不同类型的城市土地——商业用地、工业用地和住宅用地——进一步划分成不同的区,如住宅区可以被划分为低密度住宅区和高密度住宅区。我们将探讨土地分区的原因和后果,并关注谁将从中受益,谁将受到损失。

此外,市政机构还可以采取不同的政策来限制人口增长。一些城市征收新的开发税以抑制城市增长,还有些城市限制建筑许可证发放的数量。一些城市限制土地开发数量,既包括限制城市服务部门的扩张,如道路、下水道和供水系统,也包括建立城市增长边界。在波特兰地区,都市区的权力机构监督着整个都市区的城市增长边界。我们将探讨如何权衡城市增长与控制,并分析谁将从中受益,谁将受损。

9.1 土地利用分区

城市土地利用分区最早始于 1870 年的德国,美国的纽约市也在 1916 年实行了分区制。分区制的基本思想是,将那些在功能上"不协调"的土地分开利用。正如我们将要看到的,地方政府对"不协调"往往给予非常灵活的解释。

9.1.1 分区制早期的历史

Fischel(2004)总结了美国土地利用分区制发展的历史。在实行总体分区控制法规(comprehensive zoning)之前,许多城市利用条例来控制特定地区的土地利用。例如,人们都非常担心摩天大楼会阻挡视线和光线,因此各城市禁止建造高层建筑。纽约市在1916年首先执行了总体分区规划,同年,其他城市也相继采用了分区规划。到了1936年,分区制已经扩展到全国1 300多个城市。

为什么早期的分区制没有得到发展呢?Fischel认为,19世纪后期和20世纪初期的城市交通技术不可能产生分区制,至少在城郊居住的家庭不会希望实行分区制。正如我们在本书前面所讲到的,这一时期制造业企业主要用马车运送它们的货物,那是一种耗费时间长、运费昂贵的运输方式。这种运输方式同时也要求企业位于城市中心的港口或者铁路枢纽站附近。公共交通主要采用集中型有轨电车系统(hub-and-spoke streetcar system)。低收入家庭在城市中心附近或者有轨电车沿线居住。商业活动和住宅都位于有轨电车沿线,就形成了土地混合利用的社区。大多数家庭生活在距离有轨电车沿线很近的较小的地块上——有轨电车辐射状系统的内部——在社区内,工业、商业和住宅是彼此分隔的。在安静的、低密度的社区,房主会自己抬高房屋的估价,这样就可以阻止有轨电车线路的扩展,否则,就将会破坏该地区安静的环境。

交通技术的创新扩大了人们对商业区位的选择范围,并可以从中设置工业区。在市内卡车应用之前,工业和商业所带来的外部性(污染、噪音、拥挤)仅限于城市中心地区,城郊房屋所有者并不受其影响。随着卡车的应用(大约在1910年),企业可以迁离城市中心的交通枢纽站,并把厂址选在与城郊工人居住地非常接近的地区。当企业选址变得更加自由时,城市将实行分区制,以将工业与住宅分离。这可以反映在1916年《纽约时报》的大字标题上:"分区法令消除了对商业入侵的担忧。"

大众交通技术的创新扩大了工人对区位的选择范围,从而促进了住宅分区的形成。1920年发明了摩托化的大客车,允许低收入工人在有轨电车系统的辐射线之间居住,在那里房屋所有者已经远离高密度住宅区。另外,城市还通过住宅分区制使公寓与自己拥有住宅的社区相分离。在有关分区制法规的案例中(Euclid v. Ambler, 1924),美国最高法院法官Sutherland曾写道,公寓住宅是"一个渺小的寄生虫,它的存在就是为了利用开放的空间和由所在区的住宅特征组成的有吸引力的环境"。

9.1.2 分区制等同于环境政策吗

分区可以将污染源与住宅区分离。回想一下城市经济学第三公理:

外部性导致无效率

工业企业制造了各种类型的外部性,包括噪音、强光、灰尘、异味、振动和烟尘。之所以把分区制看作一项环境政策,是因为它易于操作:它是避免暴露污染物的最有效的方法,是在污染者和受损者之间设置一个缓冲区。把分区制看作一项环境政策所面临的问题是,它不能使污染降低到与社会效率相一致的水平,而仅仅是将污染转移到了周边地区。

抑制污染的经济方法是征收污染税,使污染者支付的税收等于该污染给社会造成的外部性成本。污染税将迫使企业为其污染支付相同的费用,它如同购买原材料、资本和劳动力所需的费用。其结果是,企业将有激励最小化其污染,这如同企业有激励节约其原材料和劳动力。换句话说,污染税降低了污染,并使其与社会的效率水平相一致。

在不同地区的污染税有很大差异的情况下,如果我们简单地用污染税替代分区制,将会发生什么情况呢?我们可以预期一些污染企业将向住宅区附近迁移,因此部分地区的污染物将增加。一种解决的方法就是将污染税与分区制相结合:通过把污染者转移到工业区内,同时征收污染税,使其污染降低到与社会效率相一致的水平,只有这样,污染物才能被控制。事实上,如果分区制降低了污染物的影响,它也可以减少污染的外部成本,从而降低污染税。

零售商能够产生诸多外部性,影响周边的居民。如交通容易导致拥挤、污染、噪音和停车冲突。一个传统的分区规划可以通过限制特定地区的零售商来降低这些外部性。一种更可行的方法是,只要零售商能够满足停车、交通和噪音的功能标准(performance standards),就可以给零售商更多的区位选择权。例如,城市可以要求零售商在街道上提供足够的停车场,为交通基础设施的改善支付相关费用,规划零售场地以控制噪音和其他外部性。

高密度住宅也可能产生外部性。像零售活动一样,公寓住宅和其他不动产的综合体增加了交通拥挤度,导致噪音、拥挤和停车等问题出现。另外,高层建筑还可能阻挡视线和阳光。传统的分区制通常禁止在中心城区修建高层建筑,而与传统的分区制相区别的另一种可供选择的方法,则是采用功能分区标准来防止这些外部性发生。在这种分区模式下,通过改善街道可以减少交通问题,通过设置街道停车场可以避免停车问题。另外,建筑物在设计时要充分考虑其遮挡视线和阳光的问题。

9.1.3 财政分区

另一个推动分区的因素是确保家庭或者企业能够产生足够的财政剩余,而不是出现赤字。当土地使用者支付的税收超过公共服务成本时,就会产生财政剩余。例如,大零售商要支付高昂的财产税和销售税,但不需要更多的地方公共服务。如果一个商业或者工业土地使用者能够产生财政剩余,那么这个剩余将部分地抵消负的外部性,如噪音、交通堵塞或者污染。一些社区在吸引企业方面显得很积极,这样它可以得到财政剩余,并以此来削减税率和增加地方公共服务支出。一般来说,低收入社区要频繁地在环境质量和财政收益之间作权衡(Evenson and Wheaton, 2003)。

当企业或者家庭支付的税收少于它们所获得的公共服务时,就会出现财政赤字。地方政府3/4的税收收入来源于财产税,因此家庭的税收支付义务在很大程度上取决于住宅或者公寓住宅的价值。一个家庭所享受的地方公共服务,如教育、娱乐和公共安全,部分地取决于其家庭人口数量。居住在小户型住宅里的大户家庭通常会使地方政府出现财政赤字。

降低财政赤字的一种方法是划分最小地块。住宅和土地属于互补品,一般来说,在较大的地块上不动产(住宅和土地的混合体)的市场价值也较高。在最小的地块上将不包括那些产生财政赤字的家庭。例如,假设一个城市仅有一个家庭,该家庭的住宅价值是 200 000 美元:家庭的税收义务等于该市所提供的公共服务的成本。由经验法则可知,不动产的市场价值是土地价值的 5 倍。这样,该家庭所占地块的价值至少是 40 000 美元,它与该家庭所居住的价值 200 000 美元的住宅相对应。

我们可以用一个简单的公式来确定最小地块的面积。给定经验法则，不动产的价值是土地价值的 5 倍：

$$v^* = 5 \times r \times s$$

其中，v^* 代表不动产的目标（盈亏平衡的）市场价值，r 代表每英亩土地的价格，s 代表地块（用面积表示）。重新整理该表达式，我们能够得出目标地块面积的表达式：

$$s = \frac{v^*}{5 \times r}$$

例如，如果目标价值是 200 000 美元，每英亩土地的价格是 80 000 美元，那么目标地块的面积就是 0.5 英亩：

$$s = \frac{200\ 000}{5 \times 80\ 000} = 0.50(英亩)$$

9.1.4 最小地块分区制与空间外部性

推动最小地块分区制的另一个因素是住宅空间外部性的内部化（Evenson and Wheaton, 2003）。人们要对不同住宅的空间进行评价，大地块意味着住宅之间有较大的空间，会给社区内的每个人带来较高的效用。你的邻居将从你的地块面积决策中受益，但不需要他支付任何费用，因此这将产生一个外部性。回想一下城市经济学第三公理：

外部性导致无效率

在这种情况下，正的空间外部性是指此时的地块面积要小于社会有效规模面积。在选择地块时，人们往往会忽视邻居的利益，因此地块面积变得非常小。

为应对空间外部性而采取的一个政策是实行最小地块分区制。在该分区制下，住宅之间的最小空间等于每个家庭的空间配置。例如，如果分区制使住宅之间形成 100 英尺的距离，那么每个家庭在购买住宅和不动产时，购买的是住宅与地界线之间 50 英尺的空间。随着地块面积的增加，最小地块分区制可以使空间决策实现互惠。

9.1.5 开放空间的供给

地方政府通过两个途径供给开放空间：第一，提供公共土地用于建造公园和绿化带；第二，通过分区来限制私人土地利用，例如，分区可以防止农业用地细分成用于住宅或者商业开发的小块土地。

分区能够提高开放空间的利用效率吗？可供选择的一个方法是购买用于公共利用的土地。当一个城市为开放空间付费时，同时也意味着它要为消防、学校付费，这样城市将承担起其所提供服务的全部成本。在这种情况下，城市将权衡开放空间的成本和收益，并从中选择与社会效率相一致的规模。相反，当一个城市仅仅将部分土地划分成开放空间用地时，公共产品的成本将转嫁到不动产所有者身上。政府和选举人所支付的成本要低于开放空间的全部成本，这样他们也将有激励去提供更多的开放空间。

我们可以用图 9-1 来描述开放空间分区的无效率性。其边际收益曲线具有负斜率，反映了这样一个假设:随着开放空间规模的扩大,城市居民愿意为开放空间支付的费用反而会下降。开放空间的机会成本是土地的市场价值,它是开发商愿意为这些土地支付的价格。在图 9-1 中,土地的市场价值是每英亩 60 000 美元,它可以被看作开放空间的边际成本。

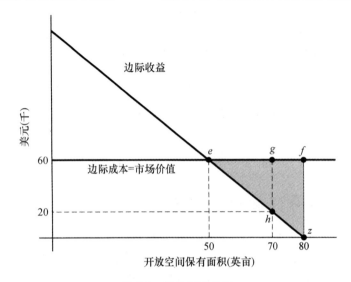

图 9-1 开放空间分区

开放空间的边际成本是某一用途土地的市场价值。点 e 表示开放空间的社会有效规模,其中边际收益等于边际成本。如果土地仅仅被划分为开放空间而没有任何补偿,城市将选择点 z。阴影部分的三角形代表净损失。

我们可以利用边际原理去描述开放空间的社会有效规模。本书后面的附录"微观经济学工具"1.1 部分回顾了边际原理。社会有效规模是边际收益等于边际成本时的规模,在图 9-1 这种情况下的开放空间供给规模是 50 英亩(点 e)。如果政府按照市场价格购买土地,我们将达到有效点 e。当开放空间规模为 50 英亩时,政府的出价要高于开发商,此时的供给规模与政府购买的规模相一致。

假设城市将土地划分为开放空间,但不对土地的所有者给予补偿(实际上土地被限制使用后,土地所有者将损失该土地的市场价值)。从城市和投票者的预期来看,开放空间的边际成本为零。在理性条件下,开放空间的规模将处于边际收益等于零的位置。在图 9-1 中,该城市将选择点 z,此时开放空间的规模是 80 英亩。当政府不用支付开放空间的市场价值时,它将提供大于社会有效规模的开放空间。

我们可以利用边际原理计算开放空间分区所导致的福利损失。回顾一下本书后面的附录"微观经济学工具"1.2 部分,剩余指的是开放空间范围内边际收益曲线与边际成本曲线之间的区域。开放空间分区政策导致的开放空间规模过大时,其所带来的福利损失可用阴影部分的三角形 efz 表示。例如,70 英亩时的成本为 60 000 美元,而其收益仅为 20 000 美元,因此该规模的开放空间所带来的福利损失是 40 000 美元。为计算政策所导致的福利损失,我们可以用同样的方法计算超过有效规模 29 英亩时的福利损失,此时每英亩产生的损失额相加就等于代表福利损失的三角形的面积。

9.2 分区的法律环境

地方政府是州政府的派生机构，它们从州政府那里取得控制土地利用的权力。在大多数州，分区授权法是效仿《州分区授权法案标准》而制定的，该法规是美国商务部于1926年制定的。该法规第一部分的内容是：

> 权力的授予。为了达到改善健康、安全、道德或者社区一般福利的目的，城市和一体化乡村的立法主体，被授权管理和限制楼层的高度与数量，建筑物与其他构造物的面积，被占用土地的比例，停车场与院子及其他开放空间的面积，人口密度，建筑物与构造物的区位与用途，以及商业、工业、住宅和其他用途的土地。

如果分区制可以促进公共健康、安全和福利，那么它就可以被看作地方政府管理权(police power)的一个合法实践。

现行的分区法是过去六十多年法律决策的结果。在过去六十多年里，受特定的分区法影响的个人对地方政府提起了诉讼，迫使州和联邦法院对分区法规的合宪性进行裁决。如果某种特定类型的分区法被宣布不符合宪法，那么所有的城市都将从法院获得该信息，并在这之后修改它们的分区法规，以减少违法行为。此外，如果某一分区法规被认为是合宪的，那么这种分区行为将扩散到其他地方政府。法院决议为分区制的合宪性构建了三个标准：实质性正当程序(substantive due process)、平等保护(equal protection)和公平补偿(just compensation)。

9.2.1 实质性正当程序

欧几里德对安布勒(Euclid v. Ambler)的案例(1924)确立了实质性正当程序的标准。根据正当程序标准，分区制必须采用合理的手段来实现合法的公共目的。20世纪20年代初期，俄亥俄州的欧几里德市颁布了分区法令，以限制不同类型建筑物的区位、面积和高度。安布勒不动产公司在铁路和主要干道之间的区域购买了一些不动产，并打算将这些土地卖给工业开发商。当城市将该土地划分为住宅用地后，安布勒向法院提起了诉讼。最高法院驳回了安布勒的诉讼，认为分区法令符合实质性正当程序这一标准，因为它与改善"健康、安全、道德和大众福利"有一些"合理的关系"。换句话说，将土地按用途分成不同的区是城市管理权的合理使用，因为它改善了公共健康和安全。

对欧几里德对安布勒一案的结果的一个解释是，只要分区法规为地方社区带来了利益，它就是符合宪法的。法院并没有说分区的收益一定要超过它的成本，仅仅要求收益必须是正数。Fischel(1985)把这称为收入分析法，与之相对应的是收益成本分析法。从广义上说，法院所定义的来自分区的社会收益包括货币的、物质的、精神的和艺术的收益。

9.2.2 平等保护

《美国宪法第十四修正案》的平等保护条款要求在法律面前人人平等(非歧视的)。分区制具有排外性，这意味着它将把某种类型的人排除在一个城市之外，例如，居住在公寓里而不是拥有自己独立住宅的人。在最近的法院案例中，起诉人出示证据证明分区法违反了平等保护条款,其原因在于,它没有满足人人平等的原则,而是对不同的人群实行差异化的政策。

联邦法院支持了排外分区制的合宪性。在欧几里德对安布勒的案例中,最高法院指出,虽然分区法规必须给本地区内的居民(社区内的市民)带来利益,但是它对本地区以外居民的影响并不重要。在瓦尔特对塞尔登(Warth v. Selden)的案例(1975)中,由于区外居民无法证明分区制给特定人群带来了损害,因此法院驳回了他们的诉讼。在阿林顿高原村庄与都市区住房公司(Village of Arlington Heights v. Metropolitan Housing Corporation)的案例(1977)中,法院同样驳回了区外居民的诉讼,原因在于他们不能证明执行分区制的部分官员有歧视性倾向。在亿芭利对洛斯阿尔托斯山(Ybarra v. Town of Los Altos Hills)的案例中,法院裁定,虽然建立在种族歧视基础上的分区制是违反宪法的,但是建立在收入基础上的歧视性分区制则是合法的。一般来说,联邦法院对排外性分区制采取不干涉的政策。

一些州法院在这些方面扮演着更积极的角色。在南伯灵顿郡的 NAACP 对月桂山市(Southern Burlington County NAACP v. Mount Laurel, 1975)的案例中,新泽西州最高法院作出裁决,月桂山市制定的排外倾向的分区制损害了本地区以外低收入居民的利益。在法院的引导和监督下,该市制定了新的分区规划,在此分区规划下,城市将为所有低收入居民提供"公平份额"的服务。法院还在各社区实行住宅配额制,以在距离就业地点合理的距离内,为中低收入劳动者提供充足的住宅。但是该政策并没有产生显著的影响,部分原因是州立法机构对配额进行了修改,甚至允许社区购买和销售占配额数量一半的住宅(Mills and Lubuele, 1997)。

其他州同样对排外性分区制作出了裁决。联合住宅建筑公司对利弗莫尔城(Associated Home Builders Inc. v. City of Livermore)的案例(加利福尼亚最高法院,1976)显示,法院将根据分区制对区内居民和区外居民的影响来评价分区制。如果分区法规不能协调区内居民与区外居民间的竞争性利益,那么它可能被宣布违法。在俄勒冈州,州法律要求市政机构在制定规划和进行土地分区时,必须本着使住宅类型多样化和收入水平差异化的目标。

9.2.3 公平补偿

判断分区制是否符合宪法的第三个标准是公平补偿。《美国宪法第五修正案》规定"……如果不进行合理的补偿,不能将私人财产用做公共用途。"这是"充公条款"(taking clause):如果政府将私人土地转变为公共用地,土地所有者必须得到补偿。大多数分区法规并没有将土地转换成公共用地,仅仅限制了私人土地利用。例如,工业分区禁止土地所有者在住宅区内修建厂房,最小地块分区则禁止开发高密度住宅。通过限制私人土地利用,分区制将降低不动产的市场价值。

政策问题是,在分区制导致不动产价值损失的情况下,土地所有者是否应当得到补偿。例如,如果大地块分区使土地所有者的不动产价值下降了 5 000 美元,地方政府将支付 5 000 美元的赔偿金吗?根据 Fischel(1985)的研究,法院向地方分区权力机构提供了混乱的信号。法院通常像例行公事一样,支持导致不动产价值损失的分区法。同时认为,只要土地所有者能从土地利用中获得利润,那么就不需要补偿。法院已经制定了一些规则,以此来决定是否需要补偿。

1. 实质入侵(physical invasion)。如果地方政府占用了私人土地,一般都需要补偿。只有当政府确实占用私人土地时,入侵法规才起作用。该法规并不适用于大多数分区活动,因为在那些活动中政府仅限制私人土地利用。

2. 价值降低与合理的有益用途。这个规则起源于宾夕法尼亚煤炭企业诉马洪案（Pennsylvania Coal v. Mahon, 1922），该案件的法官 Holmes 陈述道，"……财产的管制应有一定的限度，如果管制过于严厉，它将被看作一种索取"。换句话说，如果分区制大幅度降低了财产价值，那么它必须要为此进行补偿。遗憾的是，法院并没有规定分区管制达到什么程度时才需要补偿。一个相关的法则是收益合理利用法则：如果分区制使土地所有者享有能够提供一个合理的收益率的选择权，那么就不需要进行补偿。

3. 损害阻止（harm prevention）。在这个规则下，如果分区法规能够阻止不利的土地使用，则不需要给予补偿。换句话说，如果分区制能够控制土地所有者的土地利用方向，使其不损害一般公众的利益，则其将不被视为一种索取。损害阻止规则指出，土地所有者类似于汽车所有者，拥有有限的财产权。汽车所有者有权驾驶他的汽车，但是红灯时他必须停车。由于从红灯变为绿灯需要一定的时间，驾驶员在等待期间所耗费的时间机会成本应该得到补偿吗？由于交通信号灯有利于提高汽车的行车安全，因此不需要对此进行补偿。类似地，土地所有者拥有有限的财产权：如果分区制能够阻止土地所有者在住宅区建造一个有污染的工厂，那么对它的补偿就是不必要的，因为分区制阻止了对土地的有害利用。大多数分区法规都可以用损害阻止规则来评价：如果一项法规促进了公共健康、安全或者福利，那么通常不需要为此进行补偿。

9.3 无分区城市又会怎样呢

那些无分区城市具有什么特征呢？胶水工厂与比萨饼店融合在一起会打破住宅区的安宁吗？土地利用会向混乱的、可能带来麻烦的方向发展吗？Siegan(1972)对休斯敦的分析中对这些问题做了初步回答。休斯敦是美国唯一没有实行分区制的大都市，在休斯敦，城市土地利用主要通过土地所有者之间有约束性的契约、资源的协议来进行控制，其中的契约和协议都是为了限制土地的利用及建筑物的结构。这些契约控制着住宅区（在数量上超过 7 000 个）的详细规划，它比传统的分区制更严格。它们对建筑设计、外部形态、地块维护都有详细的规定。关于工业停车场的契约明确规定禁止在其范围内从事其他活动。

休斯敦与其他分区城市相比有哪些不同呢？虽然对不同土地利用模式进行严格的比较是不可能的，但可以作一些趋势性的观察：

1. 工业的分散性。休斯敦工业企业的空间分布形态，与那些实行分区制的城市有类似之处。像其他城市一样，休斯敦的工业企业都位于交通网络附近（在铁路和公路附近），而且为了实现地方化经济，这些企业往往集聚在一起。

2. 零售商。一般来说，零售商很少位于安静的住宅区内。像大多数城市的零售商一样，休斯敦的零售商主要位于主要干道两旁的带状发展区和购物中心，以利用这里的行人和汽车所带来的巨大的客流量。

3. 带状发展区（strip development）。休斯敦看起来似乎比那些实行分区的城市有更多的带状发展区（沿着主要干道分布的零售企业和商业企业）。

4. 公寓住宅。低收入住宅的数量非常大，而且价格相对便宜。公寓住宅的密度有很大的浮动空间,富人居住在开放空间大、密度低的公寓里,而穷人则居住在密度较高的公寓里。

休斯敦没有实行分区制,它可以给我们带来两点启示:第一,在缺少分区的情况下,土地所有者有激励通过谈判来限制土地利用。这似乎是说,社区的外部性已经足够大,仅考虑开发成本和实施限制性契约就能达到预期的效果。这就是解决外部性的科斯解(Coase solution)(以罗纳德·科斯的名字命名):受外部性影响的人通过谈判签订合同来解决外部性问题。第二,在没有实行分区制的情况下,大多数工业企业向交通网络附近集聚,而大多数零售企业则向购物中心和零售带集中。

9.4 增长控制:城市增长边界

各城市制定大量的政策来限制土地开发数量和人口数量。城市可以宣布那些超出增长边界的开发行为违法,或者限制某一地区的公共产品(如道路、供水管道和下水道)的供给数量。1991年完成的一项调查发现,大约有1/4的城市通过城市服务边界来限制土地利用。在本部分中,我们将探讨这些土地限制类型所带来的后果。

我们可以用在第4章所开发的效用曲线,来描述一个区域经济体内不同城市的增长边界所带来的影响。我们还将把 Helsley 和 Strange(1995)开发的理论作为本部分研究的理论框架。首先假设在一个区域经济体内有两个完全相同的城市。为了使问题简单化,我们将假设所有的城市居民都是承租人,城市土地没有所有者。在本章的后面,我们还将探讨放松这个假设后会发生哪些变化。图9-2描述了典型城市的初始效用曲线。每个城市的效用水平都是72美元,因此我们可以得到一个区位均衡:没有工人会有激励去改变自己的区位。

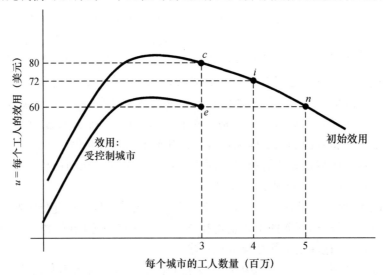

图9-2 在包含两个城市的区域内的精确的增长控制的效应

初始均衡可用点 i 表示:两个城市中的每一个都有400万人口。一项增长控制政策使受控制的城市人口下降到300万人(点 c),而不实行增长控制政策的城市人口则增加到500万人(点 n),该增长控制政策使两个城市的效用差距达到20美元(=80美元-60美元)。其结果是导致执行控制政策的城市土地价格上涨,并使城市效用曲线向下移动直至实现均衡为止,点 e 和点 n 是均衡点。

9.4.1 精确的增长控制:限制土地面积和地块面积

首先考虑精确的增长控制所带来的影响。假设一个城市在其内部挑选一定数量的工人,并给出如下条件:(1) 给定每个人的最小地块面积(lot size);(2) 城市土地总面积固定。如果受控制城市的就业总人数是 300 万人,不受控制城市的就业总人数必须增加至 500 万人,才能容纳本地区内固定的就业人数。一个城市的增长控制促使就业人口向其他城市转移。

该政策的直接影响是在这两个城市之间形成了一个效用差距。在图 9-2 中,受控制城市的效用从 72 美元(点 i)增加到 80 美元(点 c),并导致城市人口下降。相反,另一个城市的人口数量却在增长,而其效用则从 72 美元(点 i)下降到 60 美元(点 n)。工人可以在这两个城市之间自由流动,因此效用差距不会持续下去。回想一下城市经济学第一公理:

通过调整价格实现区位均衡

在这种情况下,受控制城市的工人将为固定数量的地块展开竞争,该类型城市的土地价格将上升,直至两个城市具有相同的效用为止,此时这两个城市的工人获得的效用具有无差异性。

受控制城市土地租金的上涨,将使其效用曲线向下移动。我们曾经假设所有的工人都是承租人,而不是不动产的所有者。随着土地租金的上涨,工人们在其他商品上的货币支出数量将下降,因此他们的效用水平也会降低。效用水平是如何降低的呢?假定在受控制城市有 300 万人,不受控制城市有 500 万人,其效用水平为 60 美元(点 n)。换句话说,点 n 代表共同的(整个区域内的)效用水平。受控制城市的土地租金必须上升,达到效用水平 60 美元所在的位置。该类型城市所在的效用曲线的位置较低,这一点可用其效用曲线上的点 e 表示。在新的均衡位置上,在小城市生活的居民获得的收益(较低的通勤成本、噪音、污染和拥挤)完全抵消了其所面临的较高的土地租金。

我们的增长控制分析框架也适用于分析拥有更多城市的区域。如果受控制城市是本地区内 11 个城市中的 1 个,而不是 2 个城市中的 1 个,则在增长控制政策的驱使下,该城市的部分劳动者将向其他 10 个城市转移。每个不受控制城市的就业人数都有一个小幅增长(10 万人,而不是 100 万人),这样该类型城市的效用水平下降的幅度也就变得很小。工人转移的地区更加分散,意味着人均效用损失变得更小。这是显而易见的,因为当受控制城市仅是区域经济体中很小的一部分时,控制政策引起的单位资本影响效应也就变得相对较小。

9.4.2 增长边界的受益者和受损者

增长控制政策降低了本地区所有工人的效用。不受控制城市的工人的效用水平会下降,这是因为这种类型的城市规模在扩张,驱使工人的效用沿具有负斜率的效用曲线向下移动。两个城市的规模最初都很大,但是不受控制城市的规模扩张得更快,越来越远离最优城市规模。在受控制城市,工人的效用水平下降的幅度很大,这是因为区位均衡产生了一个共同的效用水平,在不受控制城市较低的效用水平的拖拽下,受控制城市的效用水平自然会下降。

共同效用水平的下降,说明两个同样规模的城市向一个大城市和一个小城市转变的过程是无效率的。回想一下用点 c 和点 n 表示的增长控制政策的直接影响。小规模城市具有较高的效用(80 美元,与其相对的是 60 美元),因此一个有效的政策是使人口从大城市向小城市转移。增长控制政策阻止了工人的有效流动,从而使得在均衡点所获得的共同效用低于两个城市初始的效用。

下面考虑一下受控制城市的增长边界对土地所有者的影响。在图 9-3 中,较细的负斜率曲线是初始的城市竞价租金曲线,它代表住宅和商业土地竞价租金曲线。在初始均衡状态下,城市土地竞价租金曲线与水平的农地竞价租金曲线相交于点 i。城市的初始半径是 12 英里。引入增长边界后,城市增长边界位于 8 英里处,那么过去所开发的 8 英里以外的区域就要限制开发,这样在该区域内土地租金将下降到农地租金的水平(可用点 v 和点 i 之间的水平线表示)。显然,城市边界以外区域的土地所有者是受损者。相反,城市边界以内的土地所有者将是受益者。正如我们前面所讲到的,在受控制城市内,工人间为争夺固定数量的土地而展开的竞争提高了土地竞价租金。在图 9-3 中,城市竞价租金曲线向上移动至粗线所在的位置,这说明边界以内区域的土地租金会变得更高。

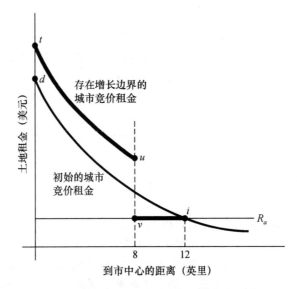

图 9-3 城市增长边界与土地市场

初始均衡可用点 i 表示:城市竞价租金曲线与农业竞价租金曲线在 12 英里的位置上相交。距离市中心 8 英里处设为城市增长边界,它将抬高 8 英里内的土地租金(用点 t 和点 u 相连接的曲线表示),同时会降低 8 至 12 英里之间的土地租金(用点 v 和点 i 相连接的线段表示)。

9.4.3 城市增长边界与密度

迄今为止,我们已经分析了增长控制政策控制城市人口的方法,即通过限制城市土地面积和地块面积来控制人口增长。假设城市制定了一个增长边界,但不限定地块面积。那么,增长边界的直接影响与前面讨论过的政策效果类似,图 9-2 及其衍生图图 9-4 都说明了这一点。我们从点 i(每个城市拥有 400 万就业人口)分别移向受控城市所在的位置点 c(300 万就业人口)和另一个城市所在的位置点 n(500 万就业人口)。这两个城市之间的效用差距是

20美元(等于80美元-60美元)。下一步将会发生什么呢?

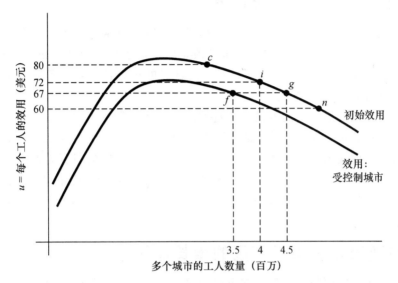

图9-4 在包含两个城市的区域内城市增长边界效应

初始的均衡可用点 i 表示:两个城市中的每一个城市都拥有400万人口。如果受控制城市不受地块规模的限制,那么在增长边界政策的驱使下,土地价格将上涨,由此会提高建筑密度,使得该城市的人口达到350万人(点 f)。在点 f 和点 g,该区域又重新实现了均衡。此时,共同的效用水平是67美元。这两个城市的总人口是800万人,其中,受控制城市有350万人,另一个城市有450万人。

像以前一样,效用差距提高了受控制城市的土地价格。当土地价格上涨时,建筑密度也会随之提高,因为企业和居民都倾向于节约土地。独户住宅(single-family home)将修建在较小的地块上,同时会有更多的人居住在高密度公寓住宅和公共住宅里。企业将占据面积更小的地块并修建更高的建筑物。增长边界可以被看作一项人口控制政策,显然建筑密度的提高弱化了增长边界:高密度将部分抵消城市土地面积的缩减。在图9-4中,新的均衡可用点 f 和点 g 表示,这个制定增长边界的城市将拥有350万就业人口,而另一个城市则有450万就业人口。新的效用水平是67美元,而在早期的政策下效用水平则是60美元。由于增长控制带来的扭曲影响可以部分地被密度提高抵消,因此在更为灵活的密度控制下,城市居民可以获得更高的效用。

既然城市增长边界提高了建筑密度,那么它可以用于解决城市蔓延问题吗?正如我们在本书前面探讨过的,美国城市所制定的一系列公共政策促进了城市蔓延(低密度),其中包括对出行和地方公共服务制定较低的价格、提供住宅补助金和制定排外性分区制。在允许个人选择有效的社会区位和建筑密度的情况下,针对这些扭曲现象的有效方法就是直接治理它们。增长边界在解决上述扭曲现象方面并不是一个很有效的工具,其原因有以下两点:

1. 虽然增长边界可以使建筑密度向正确的方向变化,但这种变化不是过大,就是不够大。
2. 增长边界自身也会导致扭曲现象出现。

9.4.4 波特兰的城市增长边界

俄勒冈州波特兰的城市增长边界是一个都市区的增长边界,它与该城市周期性的发展相适应。在法律上,城市边界以内的空置土地必须要能够满足未来20年的供给,1998年该边界扩展了400英亩,2004年则扩展了1 940英亩。最近的边界扩展是为了适应工业发展的需要,提高土地供给的结果。

波特兰城市增长边界与我们前面讨论过的增长边界政策的不同之处主要体现在两个方面:第一,波特兰增长边界的扩展是该都市区人口增长的结果。第二,增长边界政策与一系列促进而不是抑制密度增长的政策相结合。波特兰增长边界政策的目标是通过直接开发边界内的土地,提高公共基础设施的有效利用,这些基础设施包括学校、道路和高速公路。换句话说,增长边界是城市规划的一部分,与此相关的一系列政策决定着本都市区经济活动的空间结构。

9.4.5 市政管辖区与都市区的增长边界

我们对增长边界问题的讨论是以都市区边界为例的。这个分析适用于美国的两个大都市区——波特兰和明尼阿波利斯—圣保罗——这两个城市利用增长与服务边界政策控制都市区的人口。服务边界政策在独立的城市产生的效果要优于在整个都市区实施的效果。增长边界的基本逻辑并不会随着地理范围的变化而改变。如果一个城市采用增长边界政策,那么它将促使本市居民向本都市区内的其他城市迁移。最终,每个城市的公共效用水平和土地租金都会发生类似的变化。

市政管辖区与都市区的增长边界有两点不同:第一,各城市之间人口的流动性要高于都市区之间的流动性,由此我们可以预期城市增长边界会更快地产生影响。第二,在城市增长边界驱使下进行迁移的一部分居民,将到本都市区内的其他城市定居,因此城市拥挤和污染等问题也会随之转移到本都市区内的其他城市。如果受控制城市的居民到邻近城市去工作、购物或者交际,那么他们也将会遭遇那些由他们的城市转移过来的拥挤和污染等问题。

9.4.6 增长边界与开放空间的权衡

我们已经知道,增长边界可以降低本地区的效用水平,提高受控制城市的土地租金。土地和住宅价格的上涨损害了承租人的利益,而增长边界以内的土地所有者将从较高的土地价格中获益。这就会产生两个问题:

增长边界对住宅所有者的利益会有哪些影响呢?同土地所有者一样,住宅所有者将从高地价中获益。在实行增长控制的城市,促使土地价格上涨的政策,同时也提高了房屋所有者的收益。相反,新到的移民必须支付更高的住宅价格,因此他们的利益会受到损失。

如何比较增长边界的收益与成本呢?很难回答这个问题,而且不同城市的答案也会有很大的差异。最近的一项研究表明,英国一个城市的增长边界产生的成本要大于它的收益(Cheshire and Sheppard,2002)。增长边界的关键特征——城市内的绿化带或者开放空间——是在损害私人空间的基础上提供公共空间。城市周边的公共开放空间提供了一个田园式的环境和到户外娱乐消遣、欣赏风景的机会。需要权衡的是,限制可开发土地供给将导致较高的土地价格和较高的建筑密度以及较小的私人空间。这些学者认为,如果适度放松雷丁(Reading)的开放空间和增长边界政策,英国每户家庭每年将获得 384 美元的净收益,约等于他们每年收入的 2%。

9.5 其他增长控制政策

除了增长和服务边界外,城市还利用其他一些政策控制增长。在本部分中,我们将探讨两个政策效应:限制发放建筑许可证和征收开发税。

9.5.1 限制发放建筑许可证

假设一个城市限制发放用于新建住宅和商业设施的建筑许可证。如果发放的许可证数量少于开发商的需求数量,那么这个政策将降低在该城市生活和工作的居民的数量。就像城市增长边界一样,建筑许可证限制政策促使一部分居民从一个城市向另一个城市迁移。这个过程可以用图 9-4 来说明,其中受控制城市的居民向另一个城市转移的数量是 50 万人。

图 9-5 描述了对新住宅价格实行许可限制可能产生的后果。初始的均衡可用点 i 表示,此时新住宅的价格是 200 000 美元,每年新住宅的供给数量是 120 座。如果城市每年仅发放 80 个建筑许可证,那么新住宅供给曲线将是一条折线,其中包括了点 b、c 和 d:新住宅的最大数量是 80,该曲线在住宅数量为 80 的位置上呈垂直状。新住宅供给曲线与需求曲线相交处的均衡价格为 250 000 美元,这意味着限制政策使住宅价格上涨了 50 000 美元。

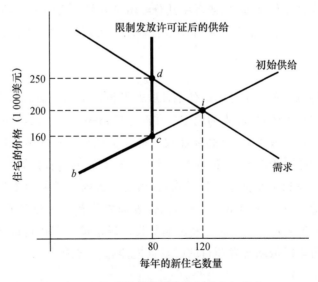

图 9-5 限制发放建筑许可证的市场效应

如果建筑许可证的数量为 80,住宅供给曲线可用折线 bcd 表示。点 d 是新的均衡点(住宅价格 = 250 000 美元)。点 c 表示建造住宅的边际成本(160 000 美元)。住宅价格与边际成本之间的差距是开发商为获得建筑许可证而愿意支付的货币额(90 000 美元)。

限制政策也降低了建造住宅的成本。回顾一下本书后面的附录"微观经济学工具"2.2部分中的内容,供给曲线同时也是一条边际成本曲线。与其他供给曲线类似,住宅供给曲线也可用来表示建造住宅的边际成本。例如,在初始均衡状态下,均衡价格是 200 000 美元,开发商的供给数量是 120 座。第 120 座住宅不能以 199 000 美元销售,因为它的建造成本超过了 199 000 美元;200 000 美元的住宅价格正好可以弥补建造成本,因此边际成本等于 200 000 美元。沿着供给曲线进一步向下移动,在点 c 的位置,第 80 座住宅的供给成本是 160 000 美元。限制政策使住宅建造数量从 120 座降为 80 座,因此其边际建造成本也在下降。

限制政策之所以会降低建造住宅的边际成本,是因为该政策降低了土地需求和土地价格。例如,如果在 1/4 英亩的土地上建造住宅,那么限制政策使得人们对空置土地的需求从每年 30 英亩(120 座住宅乘以每座住宅的占地面积 0.25 英亩),下降到每年 20 英亩。土地需求的减少又降低了土地的市场价格,进而降低了住宅建造成本。比较一下图 9-5 中的点 i 和点 c,限制政策使建造住宅的边际成本下降了 40 000 美元。

城市必须就如何在开发商之间分配这 80 个建筑许可证作出决策。一个选择就是将许可证拍卖给出价最高的竞价者。那么,一个建筑许可证的货币价值是多少呢?住宅的市场价格(250 000 美元,用点 d 表示)与住宅的建造成本(160 000 美元,用点 c 表示)之间的差距,就是拥有建筑许可证的人获得的利润值,这样一个建筑许可证的货币价值就是 90 000 美元。如果该城市将许可证拍卖给出价最高的竞价者,那么它的市场价格就将是 90 000 美元。另一个选择就是以促进城市发展为目标,将建筑许可证在各开发商之间进行分配。该城市可以将这些建筑许可证分配给高密度住宅项目,或者将其分配给某开发区内的一个项目。该城市也可以举行一次"选美竞赛",将许可证分配给那些最符合政府规划的开发项目。

9.5.2 开发税

限制城市人口的另一种方法是对新住宅征收开发税。正如本书后面将要详细解释的,地方政府通过征收不同种类的税收,来为地方公共产品供给融资。当征收的不动产税不足以抵消提供公共产品所支付的成本时,就必须征收一种开发税来弥补成本缺口。在这种情况下,开发税是解决财政问题最简单的方法,同时它也是一种真正的增长控制政策。

一些城市则向商业和工业企业征收影响费,用这部分收入扩展地方交通网络。例如,在洛杉矶的威彻斯特地区(the Westchester area),开发商将为新商业建筑所引发的每个旅游高峰期一次性支付 2 010 美元的费用。这些影响费收入通常被用于拓宽道路,以供新办公楼的职工使用。影响费可以降低新开发项目的财政负担,减少发展的阻力。

9.6 住宅管制与住宅价格

地方政府用差异化政策来管制住宅开发。分区管理局(zoning boards)、城市议会和环境评价委员会制定住房管制政策,这些政策控制建筑设计样式,限制用地面积,征收基础设施建设费,为公共空间获取土地。平均来说,一个项目需要花费 6 个月的时间获取建筑许可。住宅管制降低了住宅供给的价格弹性,导致了较高的住宅价格。

最近开发的一个住宅管制环境指数显示,住宅管制的严厉水平在不同城市间有很大的差别(Gyourko, Saiz, and Summers, 2008)。表 9-1 第一列给出了一部分都市区的沃顿管制指数(以沃顿住宅用地管制指数而闻名)。该指数被标准化为零值:对于那些住宅管制处于平均水平的城市,该指数值等于零。正的指数值表明管制程度超过平均水平,而较高的指数值则说明管制程度更高。那些有较高指数值的城市通常具有以下特征:

- 再分区和细化分区许可需要长时间才能被许可;
- 基础设施的影响费相对较高;
- 许可需要得到多个评价机构的赞同;
- 建筑许可的数量是有限的;
- 最小地块的面积相对较大;
- 建筑商被要求提供开放空间。

表 9-1 住宅管制与住宅价格

	都市区		自治市	
	沃顿指数	溢价（美元）	沃顿指数	溢价（美元）
亚特兰大	0.04	5 120	0.70	89 606
波士顿	1.54	197 132		
芝加哥	0.06	7 680	-1.15	-147 209
达拉斯	-0.35	-44 803	-0.14	-17 921
旧金山	0.90	115 207	1.96	250 896
西雅图	1.01	129 288	2.39	305 939
每单位指数的溢价		128 008		128 008

资料来源:Gyourko, Saiz, and Summers (2008); Gyourko (2009)。

表 9-1 第二列的数字代表的是每个都市区中居住建筑管制导致的住宅溢价。管制指数每提高 1 单位,将使典型住宅价格提高 128 008 美元。管制指数暗示,达拉斯相对较松的管制使居民的购房成本节约了 45 000 美元,而波士顿相对严格的管制产生了超过 197 000 美元的溢价。在管制指数和家庭财富之间存在正相关关系:在比较富裕的城市有更严格的管制政策,因此富裕城市通常有更高的住宅价格。

图 9-6 描述了住宅管制产生溢价背后的经济学含义。点 a 为初始均衡点,住宅供给曲线呈弯曲状,当住宅供给数量的增长幅度较大时,该曲线有更大的斜率。换句话说,住宅供给是相对无弹性的。需求增加使得需求曲线向右移动,并且当我们沿着弯曲的供给曲线移动时,新的均衡价格有较大幅度的提高(从 p' 提高到 p'' 点,其增幅要大于从 p' 提高到 p^* 点产生的增幅)。相反,均衡数量提高的幅度相对较小,从 N' 提高到 N'' 点,其增幅要大于从 N' 提高到 N^* 点产生的增幅。换句话说,严格的住宅管制产生了较小但消费成本更加高昂的城市。

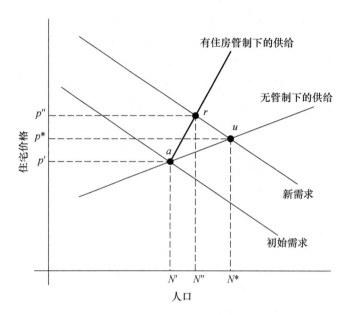

图 9-6 住宅管制与住宅价格

住宅管制产生了一个相对无弹性的住宅供给,初始均衡点处于供给曲线的弯曲点上(点 a)。住宅需求的增加使住宅价格有一个较大幅度的提高(达到 p'' 点),同时使住宅供给有一个相对较小幅度的提高(达到 N'' 点)。

Glaeser、Gyourko 和 Saks(2005)计算了图 9-6 所分析内容背后的一些数字。在采取严格管制措施的都市区,人口每增加 10%,将使住宅价格提高大约 60 000 美元。相反,在管制措施相对较松的都市区,人口每增加 10%,仅使住宅价格提高 5 000 美元。采取更严格管制措施的城市通常要经历住宅价格的快速上涨,这是因为其住宅供给是相对无弹性的。

表 9-1 的第三、四列的数字描述了自治市(政治城市或者中心城市)的沃顿指数和住宅溢价。芝加哥自治市有相对较松的管制,相对于管制水平处于中等水平的城市来说,它产生的成本节约在 147 000 美元左右。相反,西雅图采取严格的管制措施,其产生的溢价大约是 306 000 美元。

小结

本章描述了分区制的历史和它的法律基础,同时还探讨了各种增长控制政策的效应。下面是本章的主要观点:

1. 分区制在控制污染方面并不是一项有效的政策,因为它只是将污染转移到了其他城市。一项可供选择的政策是同时征收污染税和实行分区制。

2. 地方政府可以使用最小地块分区制,以排除那些给本地政府带来财政赤字的土地使用者——那些人支付的税金低于他们获得的公共服务的价值。

3. 通过分区制提供开放空间可能导致开放空间的过度供给,因为投票者不能负担公共产品供给的全部成本。

4. 在由两个城市组成的区域内,一个城市所制定的增长边界会降低这两个城市的效用水平。另外,城市增长边界最终还提高了城市的土地租金。

5. 限制建筑许可证的过度发放提高了住宅的均衡价格,降低了空置土地的价格。

6. 在采取严格住宅管制措施的城市,增长压力使住宅价格有了一个较大幅度的提高,同时,人口增长幅度则相对较小。

■ 问题与应用

在下面的练习题中,带"_____"的题目,需要读者在上面填上一个词或一个数字。对于带"……"的题目,需要读者用适当的词语完成该句话,并使陈述的内容与原题目相符。对于带"[ ]"的题目,需要读者用圆圈标记出括号中恰当的一个词。

1. 为开放空间投票

在麦狄安威尔城(Mediaville)有100个居民,他们的收入在20 000美元到70 000美元之间,平均收入是50 000美元,中等收入是60 000美元。每个人对开放空间的需求规模取决于收入状况,个人需求曲线(边际收益曲线)在纵轴上的截距是收入的1/1 000,曲线的斜率是每英亩开放空间 -0.50美元。开放空间的边际成本是2 000美元。该城市通过征收人头税来为开放空间融资,并利用多数规则决定需要提供多少开放空间。

a. 起决定性作用的投票者——一个决定投票结果的人——是_____投票者,其收入 = _____。

b. 用类似图9-1的图形描述这个起决定作用的投票者所处的环境状况。这个城市将为公共空间提供_____英亩的土地,这是因为……

c. 如果该城市通过实行分区制来提供开放空间,而且在分区制下不需要向土地所有者支付任何补偿,那么它将为公共空间提供_____英亩的土地,这是因为……

2. 土地所有者为城市增长边界投票

考虑一个城市的闲置土地所有者将对一项城市增长边界提案进行表决。有12块闲置土地(每个所有者拥有1块),4个地块位于该提案提出的边界之内,8个地块位于该边界之外。每个地块的初始价格是20美元。增长边界将使边界之外的土地价格降为零。

a. 如果增长边界使边界内的土地价格提高2倍,那么该政策将使土地总价值从_____[提高,降低]到_____。

b. 如果增长边界使边界内的土地价格提高4倍,那么该政策将使土地总价值从_____[提高,降低]到_____。投票结果将被_____土地所有者赞同,_____土地所有者反对。

c. 假设该城市提出了一个混合提案,该提案既提出了增长边界的设定内容,也提出了对土地价格变化征收80%的资本收益税。税收收入将以相同的比例分配给增长边界以外的土地所有者。增长边界内的每个土地所有者支付的税额将是_____,边界以外的土地所有者获得的补偿将是_____。投票结果将被_____土地所有者赞同,_____土地所有者反对。

3. 对增长边界的补偿

考虑一个居住型城市,在初始状态下该城市没有采取城市增长控制政策。预计它的半径将从 6 英里提高到 9 英里。假设城市在现有的半径(6 英里)基础上宣布一个新的增长边界。你的工作是开发一个自我融资项目,在该项目中那些从增长边界设定中获益的土地所有者,将补偿那些受损失的土地所有者。对于下面的每一个人,指出他们是否属于一个补偿者或者被补偿者,同时指出该支付是否相对较高或者较低。用图形描述你的回答。

a. Bennie 拥有一块距离城市中心 3 英里的土地。他是[补偿者,被补偿者],这个补偿金额相对[大,小]。

b. Remus 拥有一块距离城市中心 6.5 英里的土地。他是[补偿者,被补偿者],这个补偿金额相对[大,小]。

c. Margie 拥有一块距离城市中心 8.5 英里的土地。她是[补偿者,被补偿者],这个补偿金额相对[大,小]。

4. 增长边界与城市劳动力市场

考虑一下增长边界对城市劳动力市场的影响。假设增长边界仅对居住用地产生影响,而对商业用地和工业用地不产生影响。

a. 用劳动力市场的供给-需求曲线描述增长边界对城市均衡工资和总就业的影响。

b. 画出向上或者向下的箭头:该政策_____均衡工资和_____均衡就业。

c. 我们预期商业和工业土地所有者将[支持,反对]增长边界政策,这是因为……

5. 排队等候许可证:嗨,不要插队!

分析一下图 9-5 所描述的建筑许可政策。假设该城市在 1 月 1 日宣布,300 天以后(10 月 28 日)它将向在规划办公室门口等候的前 70 个建筑合同订约人发放建筑许可证。警察局局长宣布了排队规则:

i. 不准插队。如果有人插队,那么他必须到队伍的最后重新排队。

ii. 不准替代。在排队等候的队伍中不准有人为其他人预留位置。

许可证的价格是获得者花费在排队上的时间。有四种类型的许可证签约人,每种类型有 25 个签约人;对于类型 A,排队时间的机会成本是每天 300 美元;对于类型 B,机会成本是每天 500 美元;对于类型 C,机会成本是每天 1 000 美元;对于类型 D,机会成本是每天 2 000 美元。

a. 画出许可证市场的供给-需求曲线,用价格度量花费在排队上的天数。

b. 均衡排队时间是_____天,这是因为……

c. 如果城市取消不准替代的规则,那么均衡排队时间将[上升,下降,不变化],这是因为……如果……人们将立刻去排队。

d. 如果城市取消了不准排队的规则,那么人们将根据_____来分配许可证,价格将根据……来确定。

6. 需求下降与许可证价格

在图 9-5 中，建筑许可证的均衡价格是 90 000 美元。考虑一下需求变化的影响。

a. 如果需求曲线向下移动 25 000 美元，住宅的均衡价格是_____，许可证的均衡价格是_____＝_____减去_____。

b. 如果需求曲线向下移动 100 000 美元，许可证的均衡价格是_____，这是因为……

7. 许可证与剩余原理

本章通过图 9-5 对建筑许可证限制进行分析时发现，住宅价格呈上涨趋势，而土地价格呈下降趋势。换句话说，住宅和土地价格向相反的方向变化。

a. 住宅和土地价格向相反的方向变化，是因为许可证政策影响住宅市场的_____和土地市场的_____。用两个图形描述上述问题，每个图形描述一个市场。

b. 重新考虑剩余原理：土地租金＝总收入－非土地成本。如果有 80 个许可证被免费发放，它们可以被再出售给其他人，那么价格变化幅度与剩余原理一致，这是因为……

8. 许可证约束与城市劳动力市场

考虑一下住宅建筑许可证政策对劳动力市场的影响效应。

a. 用城市劳动力市场的供给与需求曲线描述许可证政策对城市均衡工资和总就业的影响。

b. 画出向上或向下的箭头：许可证政策使均衡工资_____，使均衡就业_____。

c. 我们可以预期商业和工业土地所有者将［支持，反对］许可证政策，这是因为……

9. 开发税的影响范围

一个呈蛙跳状的城市有两个适宜开发住宅的环形空置土地。其中的一块距离城市中心 3 英里，另一块则位于城市边缘区，它距离城市中心的距离为 6 英里。预计这两个环状土地在下一年度将被开发。假设该市实施了一项新的开发税，该税收政策规定向每栋新住宅征收 20 000 美元。在法定支付期内，该税收由开发住宅的建筑企业支付。

a. 用供给-需求曲线描述开发税对城市住宅市场的影响。

b. 画出向上、向下或者水平的箭头：该税收使得新建住宅的均衡价格_____，住宅的均衡数量_____，对空置土地的需求_____，土地价格_____。

c. 根据 Wizard 女士的观点："该税收将会阻碍环外（距离市中心 6 英里以外）空置土地的开发。"用图形描述 Wizard 的观点。

10. 土地利用政策与土地价格

考虑下面的情形：依靠土地利用政策控制的变量，城市政策可以提高也可以降低未开发土地的价格。这个"变量"是特定类型土地的供给或者需求。考虑下面的土地利用政策：增长边界（GB）；限制开发许可（BP）；开发税（DT）。在下面的句子中填上适当的政策。每项政策控制两个变量，因此下面的每个句子由两部分内容组成：

一项_____政策将［提高，降低］_____的［需求，供给］，均衡价格也会因此［提高，降低］。

参考文献和补充阅读

1. Brueckner, Jan K. "Strategic Control of Growth in a System of Cities." *Journal of Public Economics* 57 (1995), pp. 393—416.

2. Cheshire. Paul, and Stephen Sheppard. "The Welfare Economics of Land Use Planning." *Journal of Urban Economics* 52 (2002), pp. 242—269.

3. Engle, Robert, Peter Navarro, and Richard Carson. "On the Theory of Growth Controls." *Journal of Urban Economics* 32 (1992), pp. 269—283.

4. Evenson Bengte, and William C. Wheaton. "Local Variation in Land Use Regulations." *Brookings-Wharton Papers on Urban Affairs*: 2003. Washington DC: Brookings, 2003.

5. Fischel, William. *The Economics of Zoning Laws*. Baltimore: Johns Hopkins, 1985.

6. Fischel, William. "An Economic History of Zoning and a Cure for its Exclusionary Effects." *Urban Studies* 41 (2004), pp. 317—340.

7. Glaeser, Edward, Joseph Gyourko, and Raven Saks. *American Economic Review* 95 (2005), pp. 329—333.

8. Gyourko, Joseph. "Housing: Urban Housing Markets." Chapter 5 in *Making Cities Work*, ed. Robert P. Inman. Princeton NJ: Princeton University Press, 2009.

9. Gyourko, Joseph, and Edward Glaser. "Urban Growth and Housing Supply," *Journal of Economic Geography* 6 (2006), pp. 71—89.

10. Gyourko, Joseph, Albert Saiz, Albert Summers, and Anita Summers. "A New Measure of the Local Regulatory Environment for Housing Markets: The Wharton Residential Land Use Regulatory Index." *Urban Studies* 45 (2008), pp. 693—729.

11. Helsley, Robert W., and William C. Strange. "Strategic Growth Controls." *Regional Science and Urban Economics* 25 (1995), pp. 435—460.

12. Lillydahl, Jane H., Arthur C. Nelson, Timothy V. Ramis, Antero Rivasplata, and Steven R. Schell. "The Need for a Standard State Impact Fee Enabling Act." *Journal of the American Planning Association* 54 (Winter 1988), pp. 7—17.

13. Mills, Edwin S., and Luan Sende Lubuele. "Inner Cities." *Journal of Economic Literature* 35 (1997), pp. 727—756.

14. Siegan, Bernard. *Land Use without Zoning*. Lexington, MA: D. C. Heath, 1972.

第3篇

城市交通

第10章 汽车与公路

第11章 城市交通

3

　　城市区位的一个优势是,都市区内的许多经济活动都集中于此。本部分将分析城市交通系统的两个主要组成部分。第10章主要研究汽车/高速公路系统,重点关注汽车所引起的三个外部性:拥挤、环境恶化和交通事故,并探讨应对这些外部性的各种政策。第11章探讨城市公共交通经济学,重点关注消费者出行模式的选择(例如汽车与公共交通工具)和城市规划人员对公共交通系统的选择(例如公共汽车与轻轨及与重轨),解释了为什么在美国有如此少的消费者使用公共交通,为什么轻轨、重轨交通系统的效率通常要比公交系统低。

第10章
汽车与公路

> 住宅是人们等待其他家庭成员开车归来的地方。
> ——赫伯特·普罗斯诺(Herbert Prochnow)
>
> 我们正试图缩减规模,但交通量要比我们想象中的更具固定性。
> ——来自一个汽车保险索赔单

在城市交通这一篇的第一章中,我们首先讨论汽车的作用。在美国,乘坐汽车出行的模式占了通勤总量的88%和所有出行总量的90%以上。我们将探讨汽车产生的三个外部性——拥挤、空气污染和交通事故——同时也将讨论应对这些外部性的政策。回想一下城市经济学第三公理:

外部性导致无效率

应对这些外部性的经济方法是使其内部化,即向外部性制造者征税,征税额等于制造外部性的边际成本。我们还将探讨用于解决外部性的其他一些政策,这些政策包括对公共交通进行补贴、按英里里程计算运费(mileage charges)以及征收汽油税。

图10-1描述了美国工人使用不同出行模式的比例。大约有3/4的人选择独自驾驶汽车,另外有12%的人选择合伙使用汽车(carpool)。在俄亥俄州和阿拉巴马州的各城市内,选择独自驾驶汽车的比例最高。在选择此类出行模式人数最多的前10个城市中,这两个州就占了6个。在加利福尼亚州和得克萨斯州,合伙使用汽车的比例最高,在选择此类出行模式人数最多的前10个城市中,这两个州就占了8个,并且该比例为18%—20%。在城市郊区范围内通勤的工人所使用的通勤工具主要以小汽车为主,而在中心城市内通勤的工人使用小汽车的比例最低。

从全国的水平来看,有5%的通勤者使用公共交通,但使用该交通模式的人数在不同城市之间有很大的差别。其中,有两个大都市区所占的比例在10%以上,它们分别是纽约(25%)和芝加哥(12%)。7个大都市区使用该交通模式的比例在6%以上:旧金山、华盛顿、波士顿、费城、火奴鲁鲁(Honolulu)和匹兹堡。美国其他都市区使用公共交通的比例都低于6%。一

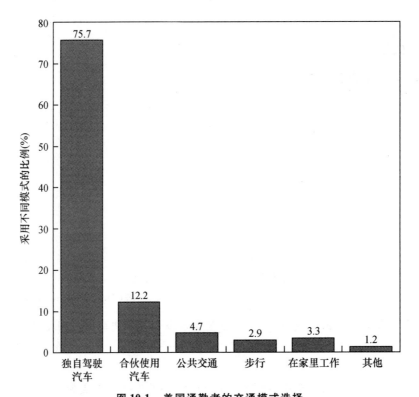

图 10-1　美国通勤者的交通模式选择

资料来源：U.S. Census Bureau. *Journey to Work*：2000. Washington DC：U.S. Census Bureau, 2004。

一般来说，居住在城市中心的居民使用公共交通的比例为 11%，而郊区居民使用该交通模式的比例仅为 2%。

如表 10-1 所示，使用私人汽车进行通勤（往返于就业地点）的出行量仅占总出行量的 1/5。以交际和娱乐为目的的出行所占的比例最高，大约为 30%。每个家庭每年平均出行的里程超过 35 000 英里，其中通勤距离约为 6 700 英里。表 10-1 描述了平均出行距离：通勤的平均出行距离为 12 英里，交际与娱乐方面的平均出行距离为 11 英里。

表 10-1　出行的目的

	出行的比例(%)	平均出行距离(英里)
交际与娱乐	30	11.36
往返就业地点	19	12.11
所有其他家庭和个人的商务活动	19	7.84
购物	14	7.02
与工作相关的商务活动	9	28.26
学校/教堂	6	6.00
其他	4	43.08

资料来源：U.S. Department of Transportation. *Summary of Travel Trends*, 2001 National Household Travel Survey (2004)。

图 10-2 描述了出行距离、时间和通勤速度（单程出行的数量）的变化趋势。1983—2001年，出行距离增长了约 37%，而出行时间增长的比例较低（28%），这是出行速度不断提升导致的。1990—2001 年，出行速度在降低，而出行距离在增加，因此出行时间增长了 18%。

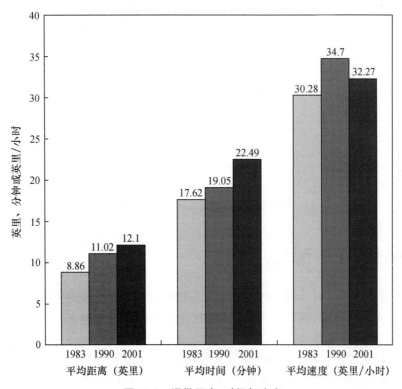

图 10-2　通勤距离、时间与速度

资料来源：U. S. Department of Transportation. *Summary of Travel Trends*, *2001 National Household Travel Survey*. Washington, DC：U. S. Department of Transportation, 2004。

正如在本书前面的章节所看到的，最频繁的通勤发生在城郊各行政区之间。正如图 7-2 所描述的，中心城区以外的通勤里程大约占 44%，而中心城区间的通勤里程仅占 29%。

地图 10-1 给出了旧金山湾区的一些例子。每幅地图均描述了从都市区内一个特定行政区（用一个圆状体表示）到其他行政区的通勤者数量。地图 A 描述了从圣马特奥（San Mateo）出发的通勤者数量：最高的柱状体表示在圣马特奥城内通勤的工人数量；第二高的柱状体表示从圣马奥特出发向该城市以北旧金山行政区方向通勤的工人数量，向圣马奥特以东方向通勤的工人则分布在大量的行政区之间。地图 B 描述了从靠近旧金山湾区南部边缘的森尼韦尔（Sunnyvale）出发的通勤者数量。大约有 23% 的工人在森尼韦尔城内通勤，其他通勤者中向南部湾区的行政区通勤的人数最多。地图 C 描述了从东部湾区的奥尔巴尼（Albany）出发的通勤者数量。大约有 16% 的工人要通过湾区到旧金山工作，而 40% 的工人在奥尔巴尼城内通勤或者通勤到伯克利（Berkeley）附近。最后，地图 D 描述了从旧金山以东 23 英里的康科德城（Concord）出发的工人数量。大约 44% 的工人在康科德城内通勤或者通勤到沃尔纳特克里克（Walnut Creek）工作（用图中第二高的柱状体表示），而有 10% 的工人要通勤到旧金山工作。

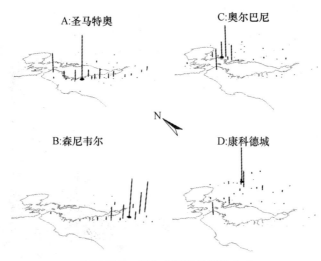

地图 10-1　旧金山湾区的通勤方式

10.1　拥挤的外部性

按照得克萨斯州的交通体制,2003 年美国典型的通勤者由于交通拥挤而浪费的时间大约是 47 小时。在一些城市,典型的通勤者因此而浪费的时间可能更多:在洛杉矶是 93 小时,在旧金山是 72 小时,在华盛顿特区是 69 小时,在亚特兰大是 67 小时,在休斯敦是 63 小时。除了时间损失外,由于出行延迟和缓慢的交通,我们每年还要浪费价值 50 亿美元的汽油和柴油。将所浪费的时间价值与燃料价值相加,每年的总成本将达到 630 亿美元。这大约是 1982 年拥挤成本支出的 5 倍。

我们将用一个简单的模型去解释拥挤的外部性,并评价那些抑制外部性的公共政策。假设都市区内的一条出行路线具有如下特点:

- **距离**。出行路线长 10 英里,一条放射状的公路通过这个城市,或者一条环形的公路将城市郊区连接起来。
- **出行的货币成本**。乘坐小汽车出行的货币成本是每英里 20 美分,或者每 10 英里 2.00 美元。
- **时间成本**。出行的时间成本可用时间乘以每分钟的机会成本(0.10 美元)表示。

出行的总成本是 2.00 美元的货币成本加上时间成本,显然它取决于出行里程的长短。假设每辆车仅有一个人,则我们可以用"汽车数量"替代"驾驶员数量"。

10.1.1　城市交通需求

首先分析一下城市交通需求。在图 10-3 中,横轴用于度量每小时每条道路上行驶的汽车数量,纵轴用于度量通勤成本,它等于货币成本和时间成本之和。需求曲线反映了作为实际出行者的汽车驾驶员的数量,其出行里程取决于出行成本。例如,如果出行成本是 7.87 美元,在点 h 处就有 1 200 人,这些出行者的收益高于成本,因此交通流量是每小时每条道路上有1 200辆汽车。当出行的成本降低时,会有更多人的收益超过成本,因此我们可以沿着需求曲线向下移动,在出行成本是6.10美元时,交通流量为1 400辆汽车,而当出行成本是4.33美元时,交通流量增加到1 600辆汽车。

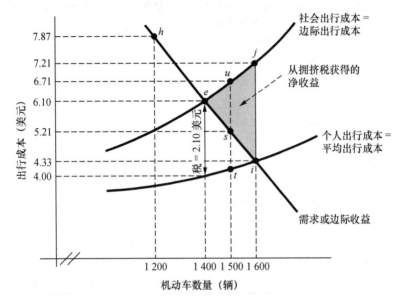

图10-3 拥挤的外部性和拥挤税

均衡点可用点 i 表示:当驾驶员自己支付出行成本时,交通流量是1 600辆汽车。最优的规模可用点 e 表示,该点的边际收益(用需求曲线表示)等于边际成本(为进行交际而支付的出行成本),交通流量是1 400辆汽车。征收拥挤税获得的净收益可以用图中的阴影部分表示。

正如本书后面的附录"微观经济学工具"2.1部分所解释的,需求曲线同时也是边际收益曲线。图10-3描述了边际出行者愿意为出行支付的货币值。例如,在价格达到7.87美元时,出行的人数为1 200人。如果出行成本是7.87美元,第1 200个出行者将愿意出行。但是如果出行成本高于这个值,比如说是7.88美元,该出行者将不愿意外出。这告诉我们,第1 200个人的收益正好低于7.87美元。类似地,第1 400个出行者的边际收益是6.10美元,第1 600个出行者的边际收益是4.33美元。当我们沿着需求曲线向下移动时,人们使用高速公路的边际收益会越来越低。

10.1.2 出行的个人和社会成本

表10-2描述了交通流量与出行时间之间的关系。纵列B列出了不同交通流量下的出行时间。当交通流量为400辆汽车时,将不存在拥挤问题:每个出行者都以每小时50英里的法定速度行驶,他们的出行时间是12分钟。但是后来,交通流量超过400辆汽车的拥挤上限,每个人的出行时间均开始增加。例如,在交通流量为600辆汽车时,出行时间提高到了12.48分钟;在交通流量为1 200辆汽车时,出行时间为17.28分钟;而在交通流量为1 800辆汽车时,出行时间则为27.12分钟。当公路变得更加拥挤时,汽车之间的空间在缩小,为使两辆汽车之间保持安全的距离,驾驶员逐渐降低了行驶速度。

表 10-2　交通流量、出行时间和拥挤的外部性

A 流量(每条道路上的汽车数量)	B 出行时间(分钟)	C 个人出行成本(美元)	D 每增加一辆汽车导致出行时间的增加量(分钟)	E 总出行时间的增加量(分钟)	F 额外的出行成本(美元)	G 社会出行成本(美元)	H 边际收益(需求)
200	12.000	3.20	0.000	0.00	0.00	3.20	16.73
400	12.000	3.20	0.000	0.00	0.00	3.20	14.96
599	12.476						
600	12.480	3.248	0.004	2.40	0.24	3.49	13.19
1 199	17.268						
1 200	17.280	3.728	0.012	14.40	1.44	5.17	7.87
1 399	19.985						
1 400	20.000	4.000	0.015	21.00	2.10	6.10	6.10
1 599	23.262						
1 600	23.280	4.328	0.018	28.80	2.88	7.21	4.33
1 799	27.100						
1 800	27.120	4.712	0.020	36.00	3.60	8.31	2.56

纵列 C 给出了个人出行成本,它可以被定义为典型的驾驶员产生的成本。时间成本等于出行时间(用纵列 B 表示)乘以机会成本(每分钟 0.10 美元)。例如,交通流量为 400 辆汽车时,出行的时间成本是 1.20 美元;交通流量为 600 辆汽车时,出行的时间成本是 1.248 美元⋯⋯如果出行的时间成本再增加 2 美元的货币成本,我们将得到个人出行成本,在图中用纵列 C 表示。个人出行成本随着交通流量的增加而上涨。当交通流量为 400 时,个人出行成本为 3.20 美元;当交通流量为 600 时,个人出行成本为 3.248 美元;当交通流量为 1 200 时,个人出行成本为 3.728 美元;直到交通流量为 1 800 时,个人出行成本为 4.712 美元。

纵列 D、E 和 F 分别表示拥挤所导致的各种外部性的数量。纵列 D 给出了交通流量每额外增加 1 单位,导致每辆汽车出行时间增加的数量。例如,交通流量为 599 辆汽车时,每个出行者的出行时间是 12.476 分钟;而当交通流量增加到 600 辆汽车时,每个人的出行时间则会增加 0.004 分钟,总出行时间达到 12.480 分钟。换句话说,当第 600 辆汽车驶入公路后,它使其他每辆汽车的行驶速度都有所下降,最终导致每辆汽车的行驶时间增加 0.004 分钟。用 0.004 分钟乘以 599 辆汽车,当第 600 辆汽车进入后,总出行时间的增加量是 2.40 分钟。最后,总出行时间的增加量乘以出行时间的机会成本(每分钟 0.10 美元),我们就可以得到第 600 辆汽车进入后所产生的外部成本是 0.24 美元。这告诉我们,第 600 辆汽车的进入,给其他所有的出行者带来的成本是 0.24 美元。用类似的计算方法,我们可以得到第 1 200 辆汽车所导致的外部成本是 1.44 美元,第 1 400 辆汽车导致的外部成本是 2.10 美元,等等。显然,外部成本随着交通流量的增加而提高。

纵列 G 给出了社会出行成本,它等于个人出行成本与交通流量的外部成本之和。当不存在交通拥挤(交通流量低于 400 辆汽车)时,交通流量的外部成本为零,因此其社会成本等于

个人成本(纵列 C)。但是,一旦交通流量超过拥挤的上限,社会出行成本将高于个人成本。例如,当交通流量为 1 400 辆汽车时,社会出行成本为 6.10 美元,而个人成本则为 4.00 美元。

个人出行成本和社会出行成本分别代表着不同的含义。个人出行成本是每个驾驶员所面临的出行成本,因此我们称其为平均出行成本(the average cost of travel)。社会出行成本表示与最后的或者边际的车辆相关联的社会成本,因此我们可以称其为边际出行成本(the marginal cost of travel)。

10.1.3 均衡与交通流量的最优规模

交通流量的均衡规模是多少呢?当一个人愿意为出行支付的费用(边际收益)超过个人的出行成本时,他将会使用这条公路。图 10-3 给出了出行的需求曲线和个人出行的成本曲线。需求曲线与个人的成本曲线相交于点 i,该点所对应的均衡交通流量是 1 600 辆汽车,均衡出行成本是 4.33 美元。对于第 1 600 个驾驶员来说,他的意愿支付值高于或等于个人出行成本,因此他会在公路上驾驶汽车出行。对于第 1 601 辆汽车的车主来说,他的意愿支付值低于个人出行成本,因此他将不会使用这条道路。

那么,交通流量的最优规模是多少呢?我们可以用边际原理判断交通流量的社会效率。本书后面的附录"微观经济学工具"1.1 部分回顾了边际原理。根据边际原理,我们可以扩大社会经济活动规模,直到边际社会收益等于边际社会成本时为止。此时,出行并没有产生正的外部性,因此需求曲线可以用于表示出行的边际社会收益。边际社会出行成本可以用图 10-3 中的社会出行成本曲线表示。需求曲线与社会出行成本曲线相交于点 e,因此最优交通流量是 1 400 辆汽车。对于这 1 400 辆汽车的车主来说,出行的社会收益(意愿支付)要高于或者等于社会成本,因此他们对公路的利用是社会有效的。相反,第 1 401 辆汽车产生的社会成本超过了社会收益,因此他再利用公路并不会实现社会效率。

均衡的交通流量要高于最优的交通流量,这是因为每个驾驶员都会忽略自己给他人带来的拥挤成本。额外增加的一个车辆降低了行驶速度,迫使其他驾驶员在公路上花费更多的时间。假设 Lois 是第 1 500 个驾驶员,她的意愿支付值是 5.21 美元(用点 s 表示)。当有 1 500 辆汽车时,个人出行成本是 4.16 美元(可用点 t 表示),而社会出行成本是 6.71 美元(可用点 u 表示)。此时她将使用这条公路,其原因在于她的意愿支付值超过了她的个人出行成本(5.21 美元 > 4.16 美元)。但是使用这条公路是一种无效率选择,因为她的意愿支付值小于社会出行成本(5.21 美元 < 6.71 美元)。她的行为给社会带来的负担等于 5.21 美元的社会收益(她的收益)与 6.71 美元的社会成本之间的差额——1.50 美元。Lois 忽略了她的决策所带来的外部成本,因此她所作的是一个无效率选择。

10.2 拥挤税

解决拥挤问题最简单的方法是征收拥挤税(the congestion tax),以使拥挤的外部成本内部化。如图 10-3 所示,当对每次出行征收 2.10 美元的拥挤税时,个人出行成本曲线将向上方移动 2.10 美元,均衡交通流量将从 1 600 下降到 1 400。对于 Lois(在 1 500 辆汽车范围内)来说,她出行的收益仍然为 5.21 美元,但是如果这 1 500 辆汽车继续在公路上行驶,那么她的成本将等于 4.16 美元的个人出行成本(点 t)加上 2.10 美元的拥挤税,或者说 Lois 的出行成本增加到了 6.26 美元。现在她的成本已经高于她的意愿支付值,因此她将不再使用该公路。类似地,第 1 401—1 600 辆汽车的所有车主的意愿支付值,现在均低于出行成本,因此他们将放弃使用该公路。拥挤税可以确保决策制定者面对全部的社会出行成本,此时各种类型的道路才会被有效利用。

10.2.1 拥挤税的收益与成本

对个人出行者而言,征收拥挤税既可以带来好消息,也可以产生坏消息。首先分析一下那些支付了拥挤税但仍然在公路上驾驶汽车的人。在图 10-3 中,Hiram 处于需求曲线的点 h 位置。坏消息是他要支付 2.10 美元的拥挤税。至于好消息,则主要包括以下两个方面的内容:

- **降低了时间成本**。征收拥挤税后,交通流量明显降低,因此它加快了人们的出行速度,减少了出行时间。从图 10-3 可以看出,在拥挤税的推动下,个人出行成本从 4.33 美元下降到 4.00 美元,Hiram 和其他出行者都可以从中节约 0.33 美元。
- **较低的收入税**。拥挤税是政府财政收入的一部分。在实施拥挤税以后,政府可以同时削减一些地方税种。因此,拥挤税具有收入中性特征。假设政府把所征收的拥挤税在 1 600 人之间平均分配,这些人是最初在公路上驾驶汽车的出行者,此时他们每个人的收入税将减少 1.84 美元。

如表 10-3 第一行所示,在征收拥挤税的情况下,Hiram 的净收益是 0.07 美元,它等于 2.17 美元的收益减去 2.10 美元的拥挤税。

表 10-3 拥挤税的收益与成本   单位:美元

	成本		收益		净收益
	税收支付	消费者剩余损失	时间成本降低额	收入税降低额	
Hiram	2.10	—	0.33	1.84	0.07
Lois	-	0.88	—	1.84	0.96

下面分析一下类似 Lois 这样的人的情况,在征收拥挤税后她将不再使用公路。好的消息是她的收入税减少了 1.84 美元,这与那些在初始阶段使用公路的人相类似。坏消息是她将损失一个消费者剩余(可以回顾一下本书后面的附录"微观经济学工具"2.6 部分描述的消费者剩余的概念)。在征税以前,她使用公路获得的消费者剩余可以用她的意愿支付(5.21 美元)与个人出行成本之间的差距表示。当交通流量为 1 600 时,她的出行成本是 4.33 美元,此时她获得的消费者剩余为 0.88 美元。表 10-3 的第二行,Lois 的税收降低额高于消费者剩余的损失额,因此征收拥挤税将提高她的福利水平。

我们可以用边际方法度量交通流量从市场均衡数量转向最优数量后,给社会福利带来的影响。本书后面的附录"微观经济学工具"1.2 部分回顾了相关概念。图 10-3 中的阴影部分描述了社会福利的变化情况。为解释导致福利发生变化的原因,假设出行人数从均衡数量向最优数量方向移动,但移动的幅度很小。如果我们能够说服第 1 600 个出行者不使用公路,那么收益和成本将是多少呢?

- **收益**：社会出行成本与第 1 600 个出行者（在点 j 处，出行成本是 7.21 美元）有关系，此时社会总出行成本将下降。
- **成本**：出行者损失了在公路上行驶所获得的收益，她对出行的意愿支付可用需求曲线表示（在点 i 处，其意愿支付值是 4.33 美元）。

通过转移第 1 600 个出行者，可以节约 7.21 美元的社会出行成本，而仅损失 4.33 美元的出行收益，最终可以获得 2.88 美元的净收益。这可以用图 10-3 表示，在该图中第 1 600 个出行者的位置上，社会出行成本曲线与需求曲线之间的差距就是净收益值。

为了计算向最优规模移动所导致的社会福利增加，我们可以重复上面的逻辑，分别计算第 1 599 个出行者、第 1 598 个出行者，一直到第 1 401 个出行者的决策行为变化对社会福利增加的影响。第 1 599 个出行者转移后带来的净收益仅略微低于第 1 600 个出行者的净收益，这是因为第 1 599 个出行者的社会出行成本较低（在成本曲线上较低的位置），而意愿支付值却较高（在需求曲线上较高的位置）。当我们降低交通流量时，转移一辆汽车所带来的净收益会逐渐降低，也就是说社会出行成本与需求曲线之间的差距在缩小。向最优交通流量转移的过程中所获得的社会收益（福利增加）等于这些被转移车辆获得的净收益之和，它可以用社会成本曲线和需求曲线之间的阴影部分来表示。

10.2.2 拥挤税与城市增长

通过前面的分析我们已经知道，由于拥挤税将外部性成本内部化，因此提高了经济运行效率，提高了社会福利水平。我们可以利用本书前面讨论过的效用曲线来分析拥挤税对城市增长的影响。我们从下面的分析中将要了解到，征收拥挤税的城市在走向增长的同时，会损害本地区其他城市的利益。

图 10-4 描述了同一区域内两个城市的效用曲线。在初始阶段，这两个城市并没有对拥挤定价，最初的均衡点可用点 i 表示：每个城市都有 400 万人口，效用水平是 70 美元。假设其中的一个城市开始征收拥挤税，并把征收的拥挤税作为政府财政收入的一部分，同时削减城市居民的收入税。在图 10-4 中，拥挤税推动城市的效用曲线向上移动，这是因为将拥挤的外部性内部化的政策大大降低了城市规模的不经济性。回想一下，一个城市内所出现的诸多不经济现象（更多的噪音、污染和人口增长导致的拥挤），会降低其效用水平。拥挤程度的降低对效用曲线的影响主要体现在两个方面：

- 在较大的人口区间内，效用曲线具有正斜率，这是因为集聚经济效应占据着支配地位，其经济效应要高于大规模人口集聚所产生的不经济问题。
- 效用曲线的斜率为负的部分较为平缓：不经济性被弱化，这说明随着人口规模的扩大，城市效用以递减的速度下降。

效用曲线向上移动促进了征收拥挤税的城市的增长，但这种增长是以牺牲另一个城市的利益为代价的。直接的影响是两个城市之间存在一个效用差，可用点 i 和点 j 之间的距离表示：当每个城市均有 400 万人口时，征收拥挤税的城市获得的效用要比另一个城市高出 14 美元，这主要是外部性内部化之后所产生的效率收益（the efficiency gain）。此时工人们将向征收拥挤税的城市迁移，从而使该城市的效用曲线向下移动（从点 j 移向点 c）。当工人们离开另一个城市时，初始效用曲线会向上移动（仍然与另一个城市有关），即从点 i 向点 n 移动。

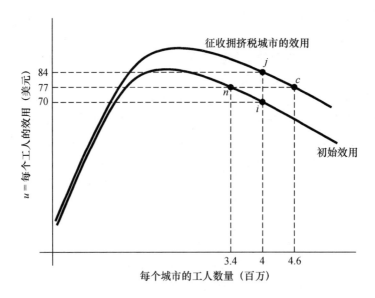

图 10-4　拥挤税导致城市增长

初始均衡可用点 i 表示：有两个城市，它们当中的每一个都拥有 400 万人口。将拥挤成本内部化可以降低城市增长所导致的不经济性，使效用曲线向上移动，在这两个城市之间形成一个效用差距（用点 i 和点 j 表示）。向征收拥挤税的城市移民可以逐渐消除这个效用差距，重新恢复到均衡状态，均衡位置可用点 n（不征收拥挤税）和点 c（征收拥挤税）表示。征收拥挤税的城市的增长是以损害其他城市的利益为前提的，但这两个城市的效用均得到了提高。

在点 n 和点 c，这两个城市又重新恢复到均衡状态：征收拥挤税的城市从另一个城市那里获得了更多的人口。另外，这两个城市的效用都得到了提高。

10.3　拥挤税的实践

我们已经知道，征收拥挤税可以将外部性内部化，产生效率收益并促使城市增长。在本部分，我们将讨论与实施拥挤税相关的一些实践方面的问题。我们可以提出如下三个问题：

1. 如何在不同的时间段征收有差异的拥挤税？
2. 拥挤税将会高到什么程度？
3. 城市在为居民出行定价方面都有哪些经验？

10.3.1　出行的高峰期与非高峰期

拥挤税要等于个人出行成本与社会出行成本之间的差额，并且这个差额会随着时间和空间的不同而发生变化。如图 10-5 所示，在出行高峰时期（peak travel），出行需求曲线相对较高，个人出行成本与社会出行成本之间的差额就会更大，此时所征收的拥挤税也会很高。相反，在非高峰时期（off-peak travel），出行需求相对较低，所征收的拥挤税自然也会相对较低。从历史经验来看，通勤交通流量大都集中在早晨的高峰时期（6：30—8：30）和傍晚的高峰时期（16：30—18：30）。

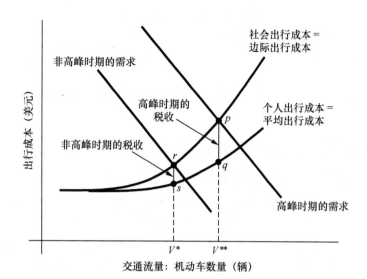

图 10-5　高峰时期和非高峰时期的拥挤税

在出行高峰时期，交通流量相对较大，个人出行成本和社会出行成本之间形成了一个较大的差额（用点 p 和点 q 表示），在此情况下，可以征收较高的拥挤税；在出行非高峰时期，社会成本和个人成本之间的差额在逐渐缩小（用点 r 和点 s 表示），因此所征收的拥挤税也会较低。

"高峰时间"（rush hour）可以用于表示出行高峰时期，但是这个词的含义要比字面意思更具有讽刺意味。虽然人们都很忙，但他们的出行速度仍然很慢。现代城市一般都有较高的交通流量，在大多数工作日期间，人们出行的速度非常缓慢，他们所遭受的损失不仅是几个小时的时间成本，还有其他方面的损失。那些拥有至少 100 万人口的城市，在交通拥挤期间没有中午休息时间：在早晨很早的时候出行速度就开始下降，一直持续到晚上 7 点，在晚上 7 点以后出行速度开始上升。在中等规模的城市（人口为 50 万—100 万），有一个午后交通平静期（13:00—16:00）。在日本，"高速列车"（rush hour express）已经应用于地铁，在交通高峰时期，有一类被称为"臀部推动器"（fanny pushers）的工人，他们专门被雇用来在交通高峰期把乘客"塞"进地铁里。

10.3.2　拥挤税效应评估

有效的拥挤税随着空间和时间的不同而有较大的差异。Parry 和 Small（2009）的研究表明，把美国大都市区看作一个整体，在 2005 年有效的拥挤税大约是每英里 0.056 美元。在出行高峰期，该地区征收的拥挤税的税率较高：每英里 0.085 美元。从总平均数来看，有效拥挤税在都市区内的差异并不明显。

表 10-4 给出了三个都市区的拥挤税的估计值，这三个地区包括华盛顿地区、洛杉矶和伦敦。在出行高峰期，华盛顿征收每英里 0.21 美元的拥挤税，洛杉矶为 0.26 美元，伦敦为 1.23 美元。与预期的类似，非出行高峰期征收的拥挤税的税率相对较低。在更加拥挤的伦敦，其出行高峰期与非高峰期之间交通流量的差距较小，因此在出行非高峰期征收的拥挤税的税率为每英里 0.49 美元。

表 10-4　部分都市区的拥挤税

	华盛顿地区	加利福尼亚州的洛杉矶	伦敦
高峰期的税率（每英里）	0.21 美元	0.26 美元	1.23 美元
非高峰期的税率（每英里）	0.02 美元	0.03 美元	0.49 美元

资料来源：改编自 Parry 和 Small（2009）。

10.3.3　实施道路定价：收费和高承载收费道路

现代技术已经能够高效、便利地征收拥挤税。在车辆识别系统（vehicle identification system，VIS）的帮助下，每辆汽车都安装了一个异频雷达收发机（transponder）——它是一个电动设备，当汽车经过时，街道上安装的传感器就可以识别出这辆汽车。这个系统将会记录每辆汽车在拥挤路段行驶的次数，并在每个月的月末向驾驶员寄出拥挤税单（congestion bill）。例如，如果拥挤税的税率是每英里 0.21 美元，某司机每次在拥挤的公路上行驶的距离为 10 英里，每个月行驶的次数为 20 次，那么他每月要支付的拥挤税是 42.00 美元（20×2.10 美元）。另一个可供选择的方案是，为了保护个人隐私权，可以使用无记名的借记卡（debit cards），向在拥挤的道路上行驶的车辆征收拥挤税。

新加坡是第一个通过收费控制交通流量的国家。新加坡自 1975 年开始实施区域通行证制度（the area licensing system，ALS），在市中心收费区行驶的汽车，每天要支付 2 美元。1998 年，新加坡开始采用公路电子收费系统（electronic road pricing system，ERP），借记卡系统的收费将随着拥挤程度的增加而提高。该系统的特点是拥有 28 个信号台，在白天这些信号台向进入中心区的车辆收费。另外，还有 14 条在早上出行高峰期收费的公路。在周末，车辆出行均不收费。

美国许多城市为高承载机动车（high-occupancy vehicle，HOV）设计了专用车道——公共汽车和合伙使用汽车（有两个或两个以上的乘客）。设计 HOV 专用车道的目的是鼓励合伙使用汽车。但是，如果没有大量的单独驾车者转而合伙搭乘一辆汽车或者乘坐公共汽车，HOV 专用车道将处于低效利用状态，其他车道则会变得更加拥挤。对该问题最新的一个解决方案是，不仅高承载机动车可以使用该专用车道，那些愿意付费的独立驾车者也可以使用该车道。这些快速车道或者 HOT 车道（高承载机动车及付费车道）已经在洛杉矶、圣地亚哥、休斯敦和明尼阿波利斯—圣保罗等地区投入使用，其他许多城市也开始考虑建设该专用车道。在圣地亚哥，付费水平随着一个既定的汽车行驶速度水平下的道路的拥挤程度的不同而有所不同。该费用通常会保持在 0.50 至 4.00 美元之间，最高曾经达到 8.00 美元（Small and Verhoef，2007）。HOT 车道使用频率较高的人群包括高收入者、高学历拥有者、妇女和年龄在 35 岁至 45 岁之间的人群。

在快速车道定价方面有一些重要的权衡因素。如果价格相对较高，快速车道上的汽车流量将相对较小，而其他车道的拥挤程度会变得相对较高。传统的 HOV 车道的例子反映了上述规则。当快速车道的价格下降时，一些出行者将转而从快速车道通勤，从而降低了普通车道的拥挤程度。一般来说，快速车道将吸引那些对速度有较高的意愿支付的出行者：这类出行者通勤时间的机会成本相对较高，因此他们愿意使用快速车道，而那些拥有较低机会成本的出行者则更倾向于使用低速车道。

最近的研究讨论了加州的橘子郡(Orange County)快速车道的影响(Small, Winston, and Yan, 2005, 2006)。长达 10 英里的 91 号州际公路每个方向有 4 条普通车道、2 条快速车道。快速车道的付费标准随着交通流量的波动而有较大的差异,该收费标准对合伙乘车的出行者给予了补贴。在这项研究进行期间,出行高峰期的收费是 3.30 美元,在这条快速车道上行驶 10 英里的路程大约可以节约 3.4 分钟。出行者的选择大致有以下几种类型:

- 出行者面对的通勤时间成本不同,其中间值为每小时 21.46 美元,或者为平均工资率的 93%。
- 出行者对快速车道需求的价格弹性是 -1.59:价格提高 10%,将导致快速车道使用人数提高 15.9%。
- 出行者对普通车道需求的出行时间弹性是 0.73:出行时间提高 10%,将导致快速车道使用人数提高 7.3%。

10.4 拥挤税的替代方案

解决拥挤问题的一系列替代政策已经被提出。为了给备选方案的分析创造条件,我们先总结一下拥挤税导致交通流量降低的四个途径:

1. 出行方式替代(modal substitution)。税收提高了独自驾车出行的成本,使这类出行者面临的成本高于合伙搭乘一辆汽车以及使用公共交通工具(公共汽车、地铁、轻轨)的成本,由此导致一部分出行者转而使用其他类型的交通工具。

2. 出行时间。在交通高峰期征收较高的拥挤税,可使部分出行者改变出行时间。由于工作时间和学校上课时间相对固定,因此,相对于其他出行者(例如购物者)而言,通勤者和学生很少能改变他们的出行时间。虽然如此,企业仍可以有动力去改变它们的工作时间,以使它们的工人避开交通高峰期,降低通勤成本。

3. 出行路线。最拥挤的路线往往征收最高的拥挤税,这使得一些出行者转向其他路线。

4. 区位选择。拥挤税提高了出行的单位成本(每英里的出行成本),使得一部分出行者减少了他们的出行里程。一些工人甚至搬迁到就业地点附近居住,另一些工人可能会换一个离居住地较近的工作。

上述四个方面的反应使出行需求沿着需求曲线向上移动。在图 10-3 中,实行拥挤税后出行者改变了出行方式、时间、路线和里程,从而使交通流量从 1 600 辆降到 1 400 辆。

10.4.1 汽油税

拥挤税的一个替代方案是征收汽油税。其简单的逻辑是,如果每英里的出行成本提高,人们将减少出行里程和出行次数。但问题是汽油税提高了所有车主的成本,而不仅仅是那些在交通高峰期沿着拥挤路段驾驶汽车的人。汽油税降低了备选出行方式的相对成本,使交通方式替代在正确的方向上进行(如前面的第一种途径)。它还会提高每英里的出行成本,使区位选择向正确的方向进行(如前面的第四种途径)。征收汽油税还会降低汽油的使用量,但对出行时间(第二种途径)和出行路线(第三种途径)却没有显著的影响。

由此我们可以把汽油税的影响归结为两个方面(方式和区位),与征收拥挤税的四个方面的影响相比,这显然是一个不错的替代方案。但是汽油税可以使交通高峰期产生的拥挤外部性内部化。如果每英里的拥挤税是 0.21 美元,平均每辆汽车行驶 20 英里要消耗 1 加仑汽油,那么每加仑汽油就要征收 4.20 美元的汽油税。但问题是,该税种要应用到所有购买汽油的消费者身上,而不仅仅是那些在交通高峰期在拥挤的路段上驾驶汽车的出行者。正如我们在本章后面将要讲到的,征收汽油税可以产生一些环境收益,但是适当的拥挤税要远远低于每加仑 4.20 美元的汽油税。值得一提的是,征收 4.20 美元的汽油税,可使美国的汽油价格与西欧一些国家的汽油价格更接近。

10.4.2　交通补贴

替代拥挤税的另一个备选方案是给公共交通提供补贴。其基本思路是使小汽车出行的低估价格与乘坐公交车、地铁、火车和轻轨出行的低估价格相等。交通补贴使交通方式向正确的方向变化,但是它不直接影响出行时间、出行路线或者区位选择。虽然交通补贴减少了小汽车出行者的数量,使交通拥挤程度有所减轻,但它永远不会像拥挤税那样有效。与该补贴相应的一个基本问题是,它使交通普遍定价过低,并产生过多的通勤人数。在本书的下一章,我们将转向公共交通补贴问题,讨论合理的补贴水平,并通过该补贴抵消汽车出行定价过低引起的扭曲问题。

10.4.3　停车定价

办公场所制定较低的停车价格使员工开车上班的成本较低。许多企业向员工提供免费停车设备:企业承担购置停车设备的成本,以此作为商业运营成本的一部分。一个可行的方法是向员工收取停车费,并把收取的停车费用于提高所有工人的工资,包括合伙乘车的工人、乘坐公共交通工具的工人、步行及骑自行车的工人。这种模式被称作"套现"(cash out)方式下的免费停车,它提高了驾车上班的成本,并鼓励工人使用其他类型的交通工具。在图 10-3 中,消除价格扭曲后使单独驾车的需求曲线向左移动,降低了均衡的交通流量,同时也降低了拥挤成本。

实证经验给出了出行者对停车价格变化的反应。Shoup(1998)的研究表明,雇主支付停车费模式将使 25% 的出行者转向独立驾车出行,驾车上班的人数也提高了 19%。当加拿大渥太华把政府雇员的停车费从零提高到市场价格的 70% 时,驾驶汽车上班的职员人数下降了 23%,小汽车使用率从 1.33 增加到了 1.41,公共汽车乘客则增加了 16%(DiRenzo, Cima and Barber, 1981)。在洛杉矶有 4 个办公场所取消了免费停车的政策,这使得独立驾车的人数下降了 19%,达到原先的 81%(Small and Verhoef, 2007)。加利福尼亚州政府要求雇主采取套现免费停车政策,有关该法规实施效果的案例研究结果显示,独立驾车数量平均降低了 17%。

在城市中,停车产生的真实的社会成本是什么?Small 和 Verhoef(2007)估计了在都市区内不同地点停车每天产生的社会成本。其中,对城郊地段的影响成本是每天 4.44 美元,对城郊建筑物的影响成本是每天 9.18 美元,对城市建筑物的影响成本是每天 15.04 美元。根据城郊图,他们估计出行者每英里的停车成本是 0.28 美元。每英里的成本相对较高,这是因为:(1) 用于停车的土地的机会成本相对较高;(2) 出行者停车对场地和建筑物产生的固定成本覆盖了整个通勤里程，但不是所有的出行里程。

10.5 道路容量决策

政府如何从社会的角度确定道路的最优容量呢？正如我们将要看到的，征收拥挤税的政府还可以使用一个简单的标准来确定道路的宽度：如果从征收拥挤税获得的总收入超过修建道路的成本，那么政府将修建更宽的道路。当拥挤税收入正好能够支付修建道路的成本时，道路宽度就达到了最优规模。

10.5.1 解释复式成本曲线

上述简单标准或规则需要在出行结构和道路成本存有差异的背景下实施。图 10-6 给出了两套成本曲线：一套代表两车道公路，另一套代表四车道公路。第一眼看上去，这个图像一

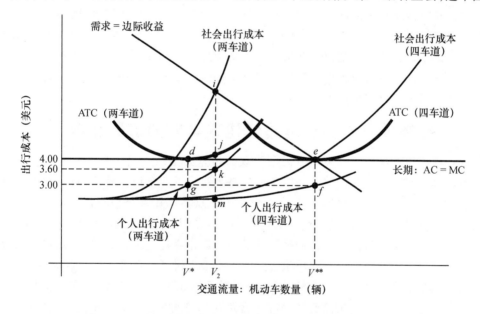

图 10-6　道路容量扩展直到拥挤税收入等于修路成本时为止

每辆汽车的拥挤税可用个人出行成本与社会出行成本之间的差距表示（对两车道公路来说，可用点 i 和点 k 之间的差距表示）。平均的道路修建成本可用平均总出行成本与私人出行成本之差表示（对于两车道公路来说，可用点 j 和点 k 之间的差距表示）。对于两车道公路来说，从每辆汽车获得的税收超过平均的道路修建成本，因此该公路的容量将会被扩展。对于四车道公路来说，拥挤税可用点 e 和点 f 之间的差距表示，因此平均的道路修建成本就等于为最优规模道路支付的拥挤税。由于在点 e 处，长期边际成本（4 美元）等于边际收益（从需求曲线获得的），因此四车道公路更具社会效率。

堆无规则的意大利细面条，但仔细研读后能够发现，这些曲线还是有一定逻辑性的。标记为 ATC 的曲线代表平均出行总成本。这些曲线包括修建道路的成本和个人出行成本（在前面的图形中已经描述过）。例如，ATC（两车道）曲线是一个 U 形曲线，在点 d 处达到了最低点，此时的交通流量为 V^*，平均成本为 4 美元。当交通流量增加时，两个相互冲突的力量影响着平

均总成本:

- **平均道路修建成本降低**。修建两车道公路的成本是固定的,交通流量越大,每辆汽车所分担的修建公路的成本就会随之下降。
- **个人出行成本上升**。一旦突破拥挤上限,个人的出行成本就将上升。

ATC 曲线呈 U 形,这是因为平均道路修建成本的下降仅减少了一小部分的交通流量,而出行成本的上升则对交通流量的变化起着支配作用。ATC 曲线的另一个重要特征是,ATC 曲线与个人出行成本曲线之间的差距代表平均道路修建成本(平均固定成本)。

四车道公路的修建成本曲线描述了修建大容量公路可以获得的收益。平均总成本曲线在两倍于初始均衡交通流量的位置上达到最小值(V^{**} 是 V^* 的两倍)。另外,个人出行成本曲线在水平位置上的交通流量是两车道交通流量的两倍,而且任何一个交通流量对应的成本曲线上的点都较低。类似地,四车道公路的社会出行成本要低于两车道公路的社会出行成本。然而,四车道公路的修建成本也是两车道公路修建成本的两倍。

让我们再从两车道公路的均衡位置开始分析。如果政府征收拥挤税,则均衡位置可以用点 i 表示,其对应的交通流量为 V_2。该拥挤税可用社会出行成本(点 i)和个人出行成本(点 k)之间的差距表示。平均的道路修建成本可用平均总成本曲线(点 j)和个人出行成本(点 k)之间的差距表示。每辆汽车支付的拥挤税超过了每辆汽车负担的道路修建成本,这意味着总拥挤税收入超过了道路修建成本。

10.5.2　拥挤税收入高于道路修建成本时的道路宽度

从拥挤税获得的额外收入可以专门用于政府拓宽公路的支出。为了使道路容量增加一倍,政府可以增加两个车道,修建一条四车道公路。修建了四车道公路后,新的均衡点可用点 e 表示,此时社会出行成本曲线与需求曲线相交于该点。现在拥挤税可用点 e 和点 f 之间的差距表示。这同时也是个人出行成本和平均总成本之间的差额,或者说是平均道路修建成本。换句话说,修建四车道公路后,拥挤税等于平均道路修建成本,因此总的税收收入恰好能够满足修建该公路的费用支出。使用该公路的出行者支付了修建公路的全部成本。

容量规则给政府提供了一个经验,即政府可以不断拓宽道路,直到拥挤税收入等于道路修建成本时为止。除了要求按照公平、公正(道路使用者付费)的原则外,这个规则还有利于产生社会有效的道路宽度。回想一下,四车道平均成本曲线的最低处与两车道公路的最低平均成本(4 美元)相等,但前者的道路容量是后者的两倍:V^{**} 是 V^* 的两倍。如果道路修建成本是固定的话,很显然会出现该结果。如果真是如此,我们就可以两倍的道路修建成本建造拥有更多车道的公路(平均的道路修建成本不变),而且在个人出行成本相同的情况下,该公路可以容纳更大的交通流量(每辆汽车的出行成本不变)。换句话说,长期平均成本(包括道路修建成本和出行成本)是固定的。如果平均成本是固定的,那么这个平均成本就等于边际成本,可用成本曲线水平处的位置表示,此时的成本是 4 美元。

点 e 是效率最优点,因为它满足了边际原理,即出行的边际收益等于边际成本。在需求曲线上的点 e 处,边际收益等于 4 美元。边际成本可用水平的长期边际成本曲线(等于平均成本)表示,此时它取固定值 4 美元。如果政府修建更宽的道路,那么边际成本仍会保持在 4 美元,但是需求曲线告诉我们,实际的需求量要高于最优交通流量 V^{**},此时人们的意愿支付额低于 4 美元。新增加的出行者并不愿意支付道路拓宽的全部成本,因此在这种情况下拓宽道路是没有效率的。相反,当我们从两车道公路(点 i)开始分析时,拓宽道路是有效的,因为新增加的出行者的意愿支付超过了拓宽道路以容纳更大的交通流量所支付的成本。

10.5.3 道路容量扩展与潜在需求

人们经常使用的公路会发生很多奇怪的事情,主要表现为当这些道路拓宽后,拥挤状况并没有得到改善。出现这种情况的原因是,交通高峰期的出行需求具有很大的弹性。许多出行者都会避开拥挤的公路,因为在这些公路上行驶的速度很慢。但是当一条拥挤的公路被拓宽以后,最初的出行速度得到了提升,受拥挤路段影响的出行者就会转而使用这条公路。可以把这个现象称为"潜在需求"。用 Small(1992)的话来说就是,当道路被拓宽且提高了出行速度后,一个"没有派上用场的储备部队"将转而使用这条曾经很拥挤的公路。这个潜在需求可以在交通高峰期时占满所有新增加的车道。

在图 10-6 中,道路拓宽使个人的出行成本有一个中等幅度的降低。在初始的交通流量 V_2 范围内,点 k 告诉我们,个人的出行成本是 3.60 美元。道路拓宽一倍后,交通流量增加到 V^{**},该点可用点 f 表示,个人的出行成本是 3.00 美元。如果不考虑对公路出行的需求,我们可以设想,道路容量增加一倍后将使出行时间大幅减少,出行成本大幅降低。例如,如果我们假设出行需求完全没有弹性(它位于 V_2 的位置),我们将从点 k 转向点 m,此时出行成本会更低。但是由于消费者对低出行成本的反应是增加出行次数,因此出行时间和出行成本降低的幅度会很小。

10.5.4 谁将为修建公路付费

把拥挤税用于支付公路修建费是一种公平和有效的方法。在美国,修建公路的资金来源于不同的税费收入。小汽车和卡车主要向联邦和所在州支付汽油税、停车税。另外,卡车司机还要根据卡车的载重量和出行里程支付道路使用费。20 世纪 60 年代,使用税收入超过了公路建造成本的 25%,但是自那以后,汽油税没有与通货膨胀同步增长,因此从使用费获得的收入不再高于修建公路和高速公路的成本。从历史经验来看,在补偿道路修建成本方面,城市道路使用者的支出要高于农村出行者。

10.6 汽车与空气污染

汽车的使用可以引起两种类型的环境外部性:空气污染和温室气体。机动车可以产生挥发性有机化合物(VOC)、一氧化碳(CO)、氮氧化物(NO_x)和二氧化硫(SO_2)。大气中挥发性有机化合物与 NO_x 相结合可以产生臭氧(O_3)和另外一种特殊的物质。在美国,交通工具排放了大约 2/3 的 CO、1/2 的 VOC 和 2/5 的 NO_x(Small and Kazimi,1995)。日益糟糕的空气质量可能会引起呼吸系统疾病,引起病人过早死亡。正如我们在本书前面讲到的,在过去 20 年间,由于汽车每英里排放的污染气体在减少,并且足以抵消汽车行驶里程的增加量,因此城市空气质量有了极大的改善。另外,汽车出行还会产生温室气体,导致全球气候发生变化。

10.6.1 外部性内部化

应对污染的一种经济方法是使外部性内部化。如果征收的污染税等于污染的边际外部成本,那么出行者会在综合考虑所有成本的基础上作出出行决策,从而使污染达到社会有效的水平。征收污染税促使人们去购买排放量更小的汽车,同时也使人们减少出行里程。直接的方法是在每辆车上安装一个监视装置,用它来测量尾气的排放量,然后根据检测的结果向车主征税。

另一种可行的方法是向每一辆新车一次性征收污染税。征收的税额随着汽车型号的不同而有所差异,它将等于汽车行驶周期所排放的尾气量乘以每单位尾气产生的外部性成本。例如,如果一个特定的模型预测某一辆汽车在使用周期内将排放5 000单位的污染气体,每单位污染气体的外部性成本是0.20美元,那么一次性污染税将是1 000美元。在该征税体系下,汽车购买者将有激励去购买排放量更小的汽车,但是消费者一旦购买了汽车,该政策并不能促使其减少出行里程。

10.6.2 汽油税

还有一种方法是使用汽油税来提高驾驶汽车的出行成本。该税种将提高每英里的出行成本,因此将降低总的出行里程,进而减少空气污染。征收汽油税所面临的一个问题是,每个出行者都要为每加仑汽油支付相同的税收,而没有考虑每加仑汽油可以产生多少污染。因此,汽油税是通过降低行车里程来减少空气污染的,并没有鼓励人们购买排放量更小的汽车。当然,如果政府排污标准对不同型号汽车每加仑汽油的排放量具有较小的差异性,购买排放量更小的汽车激励的弱化性问题将会在一定程度上得以解决。

图10-7描述了使用汽油税将空气污染外部性内部化所产生的效应。点 i 代表初始均衡点,此时的供给曲线不包括任何污染或者温室气体。均衡价格是2.00美元,均衡数量是1亿加仑汽油。Small和Kazimi(1995)通过估计,发现与污染相关的外部性成本大约为每辆汽车每英里0.02美元(或者一辆汽车在使用周期内会产生大约2 400美元的成本)。每加仑汽油平均可以行驶20英里,转换成汽油税就是对每加仑汽油征收0.40美元的汽油税。在图10-7中,该污染税使供给曲线向上移动0.40美元,其均衡价格从2.00美元提高到2.20美元,而均衡数量则从1亿加仑下降到9 000万加仑。

在图10-7中,均衡价格的增加额仅是所征收税额的一半。这与征收汽油税对汽油价格的影响相似(Chouinard and Perloff, 2004)。消费者仅支付一半的税收,其余部分将由那些供给石油的人支付。在图10-7中,税收使汽油的消费数量降低了10%,因此对石油的需求量也会减少。石油需求量的减少也进一步降低了石油的销售价格,因此一部分汽油税被转嫁给了石油供给企业,这些企业一般位于得克萨斯州、沙特阿拉伯和其他石油产区。

降低汽车污染的另一个可供选择的方案是给公共交通提供补贴。公共交通补贴政策将鼓励人们去转乘公共汽车和地铁,这些交通工具可以使每个乘客产生较少的污染。正如我们从前面的"拥挤的外部性"部分所看到的,提供交通补贴可以减少小汽车出行所产生的一些问题。出行者一般对出行价格的变化不会作出很强烈的反应,因此交通补贴政策并不会大幅降低汽车尾气污染。另外,如果乘坐小汽车出行的价格低估与乘坐公共交通工具出行的价格低

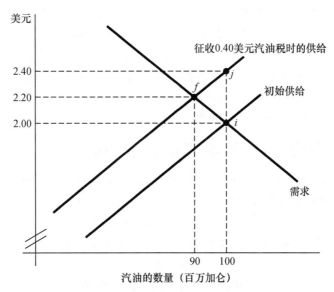

图10-7 征收汽油税的市场效应

对每加仑汽油征收 0.40 美元的汽油税将使供给曲线向上移动 0.40 美元,此时均衡价格提高,均衡数量下降。如果消费者仅支付一半的汽油税,那么另一半费用将由石油供给者承担。

估相匹配,将使整个交通系统出现价格低估,并导致资源配置不当,因为有过多的劳动力、资本和能源被配置到了交通部门。

10.6.3 温室气体与碳污染税

温室气体积聚所引起的环境与经济后果都具有不确定性。当含碳气体排放规模增大时,科学家预测庄稼的收成将会减少,同时还会存在防止沿海地区海平面上升的潜在费用,但是估算这些结果是非常困难的。在现行的环境政策体制下,每吨含碳气体的外部成本是一个关键的数据,它决定着碳污染税(carbon tax)的大致规模。目前的估计是每吨 25 美元到 100 美元之间。若每吨征收 50 美元的碳污染税,就相当于征收每加仑 0.13 美元的汽油税。我们可以拓展图 10-7,用其来描述碳污染税的效应。一个 0.13 美元的税收将导致供给曲线向上移动 0.13 美元,从而提高了均衡价格,减少了均衡数量。此时,价格的提高量大约是税收的一半(0.065 美元),这意味着将有一半的税收被转嫁给石油供给者。

10.7 机动车交通事故

使用小汽车产生的第三个外部性是机动车交通事故——与其他机动车、自行车和行人相撞。碰撞的结果是造成财产损失、人身伤害(美国每年大约有 310 万人)和死亡(美国每年大约有 4 万人)。最近的一项研究对交通事故的损失作了估计,从研究的结果可以发现,机动车每年碰撞造成的成本超过 3 000 亿美元,或者说每人将承担超过 1 000 美元的成本(Miller,1993)。这些外部性之所以会出现,其中的一个原因是个人驾车行为,但大约有 1/3 的成本是由其他一些人的行为导致的。

与汽车交通事故相关的外部性成本取决于汽车行驶的里程。你驾驶汽车行驶的里程越长,你就越容易与其他人相撞,给你和其他人带来的成本就会越高。当然,机动车碰撞的可能和后果还取决于交通条件,也与人们驾驶汽车是否专心有关。Parry(2004)通过研究发现,与机动车交通事故相关的外部成本大约是每英里4.4美分。通过比较发现,每英里的燃料成本大约是10美分。在本部分中,我们还将讨论一项被提及的改进交通安全的政策,也就是每个人都要为其驾驶汽车出行的每一英里付费。

10.7.1 机动车安全政策:骑车的人应小心

1966年的《机动车安全法案》为新汽车制定了安全标准,后来的立法又扩展了这些标准。这些标准中受管制的特征有头枕、缓冲仪表板(padded dashboards)、安全带、防碎的挡风玻璃(shatterproof windshields)、双制动系统(dual braking systems)、折叠式转向管柱(collapsible steering columns)和气囊(air bags)。在小汽车中,这些安全项目的价格加起来大约为1 000美元(Small, 1997)。

在世界范围内,已经有几十个国家制定了相关法律,要求汽车必须配置安全带。这些研究以及其他有关汽车安全的法规仍然没有解决下面两个难题:

1. 虽然预测小汽车车主的死亡率会大幅下降,但结果恰恰相反,死亡率仅有小幅降低。
2. 行人和骑自行车的人的死亡率在上升。

风险补偿理论(Peltzman, 1975)对这些难题作了解释。其思路是在决定开车的速度应该多快时,人们将会在权衡收益和成本之后,再选择一定水平的行车速度,由此来最大化其效用。一项强制性安全措施,例如汽车内配置安全带,降低了快速驾驶汽车产生的成本——撞击性伤害变得不是很严重——因此人们开车的速度可能更快,同时也会出现更多的相撞事故。汽车相撞事故发生率的提高,部分抵消了撞击性伤害不是很严重这一事实所产生的影响。另外,车速较快对行人和骑自行车的人来说,意味着较高的死亡率。

我们可以用一个简单的出行速度的例子,来解释强制性安全措施对冒险行为的影响。Duke每个星期六都要开车到位于哈泽德城(Hazard city)的歌舞厅,他必须决定行驶的车速。速度的收益是指在路上花费更少的时间,使他有更多的时间与Daisy跳舞。在图10-8中,边际收益曲线具有负斜率,这说明跳舞时间的边际收益在逐渐下降。例如,点 s 所对应的每小时出行速度是40英里而不是39英里,这可以给他留下一段额外的跳舞时间,他对此的估价是30美元。沿着边际收益曲线向下移动,每小时46英里的速度取代了每小时45英里的速度,这也可以给他剩下一段额外的时间,他对此的估价是20美元。

速度的成本是指汽车快速行驶提高了碰撞和给别人造成伤害的可能性。边际成本曲线具有正斜率,表明速度成本是以递增的速度上升的。当Duke将行驶速度从每小时39英里提高到40英里时,碰撞和给别人造成伤害的可能性以适中的速度增长,出行的预期伤害成本上升到12美元(用点 c 表示)。当他的速度从每小时45英里提高到46英里时,碰撞和给别人造成伤害的可能性变得很大,预期的伤害成本则提高到20美元(点 i)。

初始的均衡可用点 i 表示,在该点处初始边际成本曲线与边际收益曲线相交。如果Duke暂时性地选择一个较慢的速度,比如说每小时39英里,那么他还有更优的选择。正如点 s 和点 c 所示,速度提高到每小时40英里可以产生更大的收益(额外增加的跳舞时间价值30美

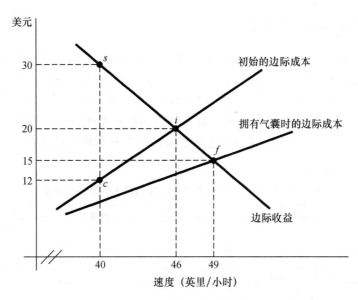

图 10-8 速度与安全措施

一个出行者选择能使其边际收益(时间节约的价值)等于边际成本(预期的意外事故成本)的速度。安全措施(如气囊)的引入降低了边际成本,使出行速度从每小时 46 英里(点 i)提高到每小时 49 英里(点 f)。

元),该收益要比成本高出许多(预期的伤害成本将提高到 12 美元)。因此他仍会继续提高行驶速度,直到达到点 i 为止,此时的速度是每小时 46 英里。此时他的行驶速度就不能再快了,其原因是超过点 i,额外提高的速度带来的边际收益要小于边际成本:额外增加的跳舞时间不够多,不足以抵消预期伤害成本的增加。

那么,强制安全措施对 Duke 的速度选择有怎样的影响呢?假设政府要求所有的汽车必须安装气囊。气囊减少了碰撞造成的伤害,因此驾驶汽车的预期成本有了大幅降低。在图 10-8 中,边际成本曲线向下移动,此时边际收益与边际成本相等点可用点 f 表示。如果没有气囊,行驶速度在每小时 47 英里到 49 英里之间时,他的预期行驶成本要高于额外增加的跳舞时间所带来的收益。而在有气囊的情况下,他的预期成本较低,这样他就会以更快的速度行驶。此时,他知道碰撞的可能性在增加,但是碰撞给他带来的伤害程度在减弱,因此他通过以较快的速度行驶,来补偿相对较低的冒险成本。

有一个事实可以用于说明强制性安全措施有一个风险补偿机制。Peltzman(1975)指出,在实施强制性安全措施之后的那些年,车辆碰撞率比预期值要大,而且行人的死亡率也很高。Crandall 等(1986)在研究中发现,行人和骑自行车的人的死亡率与汽车安全指数呈正相关关系,而且驾驶更安全汽车的人更容易冒险,并危及他人的安全。总而言之,机动车安全措施的实施降低了交通死亡率,因为驾驶员死亡率降低的幅度大于行人和骑自行车的人的死亡率提高的幅度。

10.7.2 驾驶许可付费政策

近几年,一项新的应对机动车碰撞事故的政策已经提出。由于驾驶汽车的外部性成本取决于行车里程,那么对行车里程征税就是很自然的事情,这就是大家熟知的机动车行驶里程(VMT)税。表 10-5 描述了不同类型机动车的边际外部成本和驾驶员的不同年龄。年轻驾驶员的外部成本几乎是中年驾驶员的三倍。在所有类型的汽车中,皮卡车(pick-up trucks)的外部成本最高,小型货车(minivans)的外部成本最低。小汽车有相对较高的外部成本,说明驾驶小汽车的人群以年轻人为主。

表 10-5 不同类型机动车的外部交通成本和驾驶员年龄

	小轿车	大轿车	运动型多功能车	小货车	皮卡货车	<25 岁	25—70 岁	>70 岁
每英里的成本(美分)	4.8	3.94	3.59	3.04	5.76	10.87	3.42	5.43

资料来源:Parry, Ian W. H. "Comparing Alternative Policies to Reduce Traffic Accidents." *Journal of Urban Economics* 56 (2004), pp. 346—368。

我们可以用边际的方法来测定交通事故外部性的无效率性。本书后面的附录"微观经济学工具"的第一部分回顾了与此相关的一些概念。在图 10-9 中,驾驶汽车的需求曲线可用于代表驾驶汽车的边际收益。较低的边际成本曲线代表个人驾驶汽车的成本,假设该成本为每英里 10 美分。个人成本主要包括燃料成本和其他与行车里程相关的成本。这其中不包括保险金,因为它在每一年都是固定的,不随着行车里程的增加而增加。上面的成本曲线代表驾驶汽车的边际社会成本,它是由边际个人成本与每英里 4.4 美分的边际外部成本组成的。

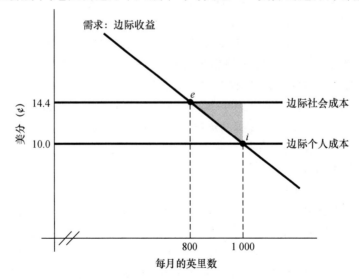

图 10-9 交通事故成本与 VMT 税

小汽车出行容易导致交通事故,其平均外部成本是每英里 4.4 美分。有关出行多少英里的个人决策是在个人成本的基础上作出的,因此均衡的英里数(在点 i 处为 1 000 英里)超过了社会有效数量(在点 e 处为 800 英里)。出行价格低估引发的交通事故所导致的福利损失可用图中阴影部分表示。

初始均衡点可用点 i 表示。人们依据自己所要承担的成本,即个人成本,制订出行计划。根据边际原理,出行者将选择边际收益等于个人边际成本的出行里程,在这个例子中出行里程是 1 000 英里(点 i)。社会有效状态可用点 e 表示,在那里边际收益等于边际社会成本。在 801 英里到 1 000 英里之间,出行者的边际收益(在图中用需求曲线表示)低于边际社会成本,因此在这个区间内驾驶汽车会导致社会无效率。

图 10-9 中的阴影三角形表示出行定价偏低导致的社会福利损失。点 i 代表出行的最终里程(1 000 英里),在该点处个人出行收益是 10 美分,社会成本是 14.4 美分,因此社会福利净损失是 4.4 美分。类似地,当行车里程数是 900 英里时,个人收益是 12.2 美分,社会成本是 14 美分,此时社会福利净损失是 2.2 美分。从第 801 英里处一直到第 1 000 英里处所产生的社会福利损失加总,就是社会成本超过收益的部分,这个差距可用社会成本曲线和需求曲线之间的差额表示。因此,阴影三角形就代表碰撞外部性导致的社会福利损失。

显然,解决外部性问题的一个有效的方法,是让出行者自己支付那些由社会承担的交通事故成本。每英里 4.4 美分的税收可以使外部性内部化,使点 i 移向点 e。从中所获得的社会收益是从社会福利损失转化过来的,仍然用阴影三角形表示。如表 10-5 所示,不同型号的机动车以及不同年龄段的出行者所产生的外部性也各不相同,因此有效的汽车驾驶税政策将是对那些产生最高外部成本的车辆和司机征收较高的税额。特别需要指出的是,这些税率最高的汽车驾驶税将主要由年轻的车主和皮卡货车的车主承担。

Parry(2004)估计了有关交通事故外部性的不同定价方案。在一个完善的 VMT 税收体系下,将根据出行者的年龄(年轻人每英里支付 10.87 美分)和机动车型号(皮卡货车车主支付 5.76 美分,小货车车主支付 3.04 美分)征收不同的税额。在这个案例中,他所估计的福利收益将是每英里 0.38 美分,或者说全美国是每年 94 亿美元。表 10-6 描述了从不同的征税方案所获得的福利收益。征收统一税(没有差异)所获得的社会福利仅是最大社会收益 94 亿美元的 3/4。

表 10-6 不完善的 VMT 税

不同的类型	占最大福利收益的比重(%)
非统一税	76
年龄	98
机动车型号	78

Parry 还分析了有关 VMT 税的两个备选方案。首先,如果保险金是严格根据行车里程来确定的,那么出行效果和效率将大约是完善的 VMT 税收体系的 2/3。其次,用征收汽油税的方法将交通事故外部性内部化的结果会很糟糕,它所获得的收益仅是差别 VMT 税收体系下取得的总收益的 1/4。其基本的问题是个人支付的汽油税额是根据汽油消费量而不是出行者的行车里程来确定的。一加仑汽油所行驶的里程(gas mileage)随着机动车型号的不同而有所差别,因此汽油税在抑制出行里程方面是一项非有效政策。另外,为应对较高的汽油税,消费者可能要购买燃料效率更高的汽车,从而进一步弱化了税收与事故外部性之间的联系。

10.7.3　交通事故与道路拥挤

交通事故所产生的一个外部成本是交通阻塞。Parry(2004)通过研究发现,在美国由于交通事故导致的交通延误每年会造成 50 亿美元的损失。虽然征收 VMT 税可以减少交通流量,降低混乱交通事故的发生率,但地方政府还需要制定相应的政策以应对发生的交通事故。

各城市为应对交通事故已经制定了若干快速反应政策,清理完全失去行驶能力的机动车以尽快恢复交通流量。装备有拖车的事故反应小组能迅速对交通事故作出反应。在一些城市,安装有无线电通信设备的拖车一般会在公路上巡逻,以便能够及时清理附近的交通事故现场。一些城市在路基上安装环形探测器,探测交通路况不畅的情况,并立即向政府部门汇报。还有一些城市使用微型照相机监控交通状况。

一些城市为应对特殊活动时期可能发生的交通拥挤问题,已经制订了一些特殊的预防计划。1984 年,洛杉矶市为防止在奥运会期间出现交通拥挤现象,制订了一项疏导交通的计划,就是用重型直升机从空中直接吊起完全失去行驶能力的机动车,并将其转移到其他地区。一个较早的富于幻想的报告称,直升机装备一块大型磁铁后,可以吊起不能行驶的汽车,并可以通过拖拽缆绳的末端,将其转移到废车堆积场。但事实是,奥运会期间交通压力相对较小,因此这些直升机从来就没有被使用过。

10.8　小汽车与贫困

在"邻里选择"那一章(第 8 章),我们已经讨论了中心城区的工人和城郊就业之间在空间上的非匹配性。中心城区集中了低收入工人,距离城郊就业地点较远,进而产生较高的通勤成本、低工资和低就业率。那么,小汽车在降低空间非匹配性方面扮演什么角色呢?

虽然中心城区的许多黑人居民要通勤到郊区上班,但是他们的反向交通(reverse commuting)成本很高,而且需要消耗大量的时间,因为低收入家庭自己没有汽车。大约有 27% 的城市低收入家庭(收入低于 20 000 美元)没有汽车,相比较而言,收入在 20 000 美元以上的城市家庭的这个比例仅为 3%。在中心城区生活的黑人家庭中,没有汽车的比例大约为 45%。对于低技术工人来说,拥有汽车可以给他们带来三个好处(O'Regan and Quigley, 1998):

- 对于需要乘坐公共交通工具到郊区工作的中心城区的工人来说,如果转乘小汽车,他们每天可以节省 19 分钟的通勤时间。
- 拥有汽车的低技术工人可以在更大的区域内寻找工作并发现更多的就业机会。
- 拥有汽车的低技术工人更倾向于先完成职业技能培训,然后再参加工作。

上述研究对于社会福利政策的制定有一些很重要的启示。近几年,福利政策已经将注意力转移到如何使人们脱离社会福利,转而依靠工作收入生活上。

O'Regan 和 Quigley(1998)总结了小汽车可能产生的作用:

> 如果离开政府援助的家庭所使用的交通工具与那些工作较差的家庭类似,则政府政策必须对拥有汽车的机会给予更多的关注……因此,通过提供援助项目,使他们获得使

用汽车的机会——为购买汽车提供担保贷款、实施出租计划、提供循环式的信贷安排——这样可以提供一个实际的承诺,尤其在低密度地区和非中心城区。

小结

乘坐汽车出行可以产生如下外部性:交通拥挤、污染、碳排放物和交通事故。下面是本章的主要观点:

1. 汽车驾驶员一般是根据个人成本而不是社会成本来确定自己的出行决策的,因此均衡条件下的交通流量要大于社会有效交通流量。
2. 拥挤税可以将拥挤的外部成本内部化。
3. 要使汽车产生的环境成本内部化,需要征收的汽油税为每加仑0.53美元。
4. 驾驶安全性能较高的汽车的司机不会太谨慎地驾驶,这往往会给骑自行车的人和行人带来更大的危险。
5. 平均来说,交通事故的外部成本是每英里4.4美分。其中,年轻司机和皮卡货车所导致的外部成本最高。

问题与应用

在下面的练习题中,带"_____"的题目,需要读者在上面填上一个词或一个数字。对于带"……"的题目,需要读者用适当的词语完成该句话,并使陈述的内容与原题目相符。对于带"[ ]"的题目,需要读者用圆圈标记出括号中恰当的一个词。

1. 使用"砰砰"声数据

一些城市将电缆(有塑料涂层传感器)安置在路面上,以此收集交通流量和速度的数据。出行者知道他们驾驶汽车通过这些电缆时会产生"砰砰"声。根据这些"砰砰"声数据,你可以推断出在车流量(V)为1500时,每走10英里需要花费24分钟,同理,花费23.98分钟则可以通过1499辆汽车。出行的货币成本是1美元,时间的机会成本是每分钟0.10美元。

a. 在$V=1\,500$时,个人出行成本是_____,其计算方法是……

b. 在$V=1\,500$时,外部性的出行成本是_____,其计算方法是……

c. 在$V=1\,500$时,社会出行成本是_____,其计算方法是……

d. 用类似图10-3的图形描述$V=1\,500$时的均衡交通流量和$V=1\,300$时的最优交通流量。提供尽可能多的数据。

e. 在你画出的图形中,用"｜"标记出均衡条件下外部性出行成本,用"["标记出最优的拥挤税。

f. 最优的拥挤税要[大于,小于]均衡状态下的外部性出行成本,这是因为……

2. 均衡与最优

考虑下面的表格：

数量	出行时间	每个驾驶员出行时间增加	总出行时间增加	外部性出行成本	个人出行成本	社会出行成本	边际收益（需求）
200	12.00	0.000	0.00	0.00	3.20	3.20	22.12
400	12.00	0.000	0.00	0.00	3.20	3.20	19.64
600	12.60	0.005	3.00	0.30	3.26	3.56	17.16
800	14.00	0.009	7.20	0.72	3.40	4.12	14.68
1 000	16.20	0.013	13.00	1.30	3.62	4.92	12.20
1 200	19.20	0.017	20.40	2.04	3.92	5.96	9.72
1 400	23.00	0.021	29.40	2.94	4.30	7.24	7.24
1 600	27.60	0.025	40.00	4.00	4.76	8.76	4.76
1 800	33.00	0.029	52.20	5.22	5.30	10.52	2.28
2 000	39.20	0.033	66.00	6.60	5.92	12.52	

a. 均衡车流量 = _____

b. 最优车流量 = _____

c. 拥挤税 = _____

d. 均衡车流量超过最优车流量，这是因为……

3. 这很愚蠢吗

Upton 和 Dawn 通勤的距离均为 10 英里。他们居住的城市决定征收拥挤税，税率是每英里 0.50 美元，同时削减薪酬税，以使得税收政策具有收入中性效应。考虑对拥挤税的两个反应：

• Upton："我将继续在公路上行驶，我反对征收拥挤税。该政策将使我单向出行的成本增加 5 美元。你是怎样看待我的？这很愚蠢吗？"

• Dawn："我将停止使用该收费公路，我反对征收拥挤税。该政策将使我单向出行的成本增加 5 美元。你是怎样看待我的？这很愚蠢吗？"

a. 如果这个税收政策使 Upton 的境况变得更糟糕，他的损失将[大于，小于]5 美元，这是因为……

b. 如果……这个税收政策将使 Upton 的境况变得更好。

c. 如果这个税收政策使 Dawn 的境况变得更糟糕，她的损失将[大于，小于]5 美元，这是因为……

d. 如果……这个税收政策将使 Dawn 的境况变得更好。

4. 商会和拥挤税

考虑斯纳尔斯维尔市(Snarlsville)，该城市将对征收收入中性的拥挤税的法案进行投票。考虑商会所作的如下陈述："税收对于商业活动具有阻碍作用，因此我们希望所有从事商业经营的业主投反对票。"假设"对商业活动的阻碍作用"意味着"降低销售收入"。

a. 拥挤税对于商业活动将产生[坏的，好的]影响，这是因为……

b. 纳尔斯维尔市的土地所有者将投[反对,赞成]票,这是因为……

c. 该城市附近的土地所有者将投[反对,赞成]票,这是因为……

5. 汽油税的替代效应

一个国家试图对每加仑汽油征收 2 美元的税,与该税收政策相关联的政策是每年削减 1 000 美元薪酬税。现在该国要对此提案进行投票表决。

a. 人们对汽油税投票的最乐观的预测是他的_____。

b. Petra 在上一年购买了 500 加仑汽油。汽油税将[提高,降低,不影响]其汽油消费,这是因为……

c. 用消费者选择模型描述你对问题 b 的回答。

6. 新赛尔伍德桥

考虑一下替代俄勒冈州的波特兰赛尔伍德桥所产生的问题。现在的大桥可供 600 辆汽车免费通行,在这个交通流量下个人的出行成本是 2 美元。给定均衡的通行能力是每小时 1 000 辆汽车,个人出行成本是 3 美元。现有一个替代该大桥的提案,替代之后该大桥的通行能力将提高到 1 200 辆汽车。

a. 用图形描述新桥建成后均衡交通流量与自由通行时的通行能力相同时的位置。

b. 如果_____的价格弹性等于_____,a 中图形描述的结果将会出现,其计算方法是……

7. 潜在需求

考虑下面的句子:根据皮博迪原则,道路容量的扩张增加了交通流量,足以保持私人成本不变。

a. 用一个图形描述皮博迪原则正确的情形。

b. 当道路出行需求的价格弹性在绝对值上[增加,减少]时,皮博迪原则在现实中变得更准确,因为……

8. 摩托车手反对系安全带

在 2004 年 4 月 5 日南加利福尼亚州哥伦比亚的 *The State Paper* 的一个专栏中,专栏作家 John Monk 描述了摩托车手是如何废止一项法律提案的。该提案允许警察向没有系安全带的小汽车司机和乘客征收 25 美元的费用。该法律没有应用到摩托车领域,但是有越来越多的骑士走向街头,他们佩戴着摩托车徽章,试图敦促立法者废除该法律。很显然,摩托车手反对该法律,这是因为……

9. 维普奥维尔:女士,离汽车远点

维普奥维尔拥有直升机,该直升机可以瞬时传送汽化柱,清理发生交通事故的车辆,清理道路的成本是每起事故 1 200 美元。另一种方法是使用拖车系统。使用该系统需要用 20 分钟的时间将所有的车辆清理出事故现场,其成本仅为 200 美元。为简化我们的分析,假定交通事故使交通中断,所有的机动车都不能行驶。出行时间的机会成本是每分钟 0.10 美元。作为汽化柱系统的操作人员,你必须决定什么时间使用汽化柱,什么时间等待拖车。直升机飞行员充当有用汽车还是损坏汽车的鉴定者。

a. 在交通高峰期,交通事故使 4 000 辆汽车不能行驶。使用拖车系统的成本是 200 美元加上_____。使用汽化柱系统的成本是 1 200 美元加上_____。如果_____大于

_____，你将使用汽化柱系统；如果不是这样，你将使用拖车。

b. 在非交通高峰期，交通事故使 400 辆汽车不能行驶，那么使用拖车是比较合适的，这是因为……

c. 假定可以瞬时确定哪位驾驶员要为某特定的交通事故负责。有责任的驾驶员要支付汽化柱系统或者拖车清理事故现场的费用。描述一项公共政策，该政策将允许驾驶员自己选择社会有效的方式来清理事故现场。在交通高峰期和非交通高峰期均实施该政策。

10. 速度、违背化妆规定和看不见的手

用图 10-8 作为分析的起点，描述哈泽德城中的 Duke 在选择如下速度时所产生的影响。

a. Daisy 因违背了化妆规定（Makeup Violations）而不能参加舞会，她的离开，使 Duke 失去了最好的舞伴。Duke 的速度会［提高，下降，不变］，这是因为……

b. 一个标准的乡村乐队为朋克乐队（the punk group）和亚当·斯密（Adam Smith）"看不见的手"所取代，对 Duke 来说，跳碰碰舞（slam-dangcing）所产生的效用是西部乡村舞蹈的两倍。杜克的速度会［提高，下降，不变］，这是因为……

c. 法定速度限定为每小时 40 英里，超速罚款随着出行者开车速度与该限定速度差距的拉大而提高。特别需要指出的是，该罚金等于速度差乘以 100 美元。超速汽车被监控、罚款的概率是 0.10。杜克的速度会［提高，下降，不变］，这是因为……

11. 年轻人为驾驶汽车付费

典型的年轻驾驶员（25 岁或者更年轻）驾车出行的需求可用一个曲线图来表示，其纵轴的截距是每英里 1.00 美元，横轴的截距是每周 200 英里。在初始状态下，小汽车的保险成本是固定的，它由每周固定的金额加总得到，而不依赖于汽车行驶的里程数。驾驶汽车的平均成本（汽油、保养和修理费）是固定的——每英里 0.20 美元。用表 10-5 中的数据分析交通事故的外部成本（保留两位小数）。

a. 用类似图 10-9 的图形描述典型的年轻驾驶员每英里的选择。

b. 在初始的市场均衡下，出行的距离是_____英里。

c. 出行的边际社会成本是_____美分，社会有效的出行距离是_____英里。

d. 如果保险公司将每英里的费用调整到与交通事故的边际外部成本相一致，社会从每个驾驶员那里获得的净收益是_____，其计算方法是……

■ 参考文献和补充阅读

1. Adams J. G. U. *Risk and Freedom: The Record of Road Safety Regulation*. Transport Publishing Projects, 1985.

2. Adams J. G. U. *Risk*. London: UCL Press, 1995.

3. Chouinard, Hayley, and Jeffrey M. Perloff. "Incidence of Federal and State Gasoline Taxes." *Economics Letters* 83(2004), pp. 55—60.

4. Crandall, Robert W., Howard K. Gruenspecht, Theodore E. Keeler, and Lester B. Lave. *Regulating the Automobile*. Washington DC: Brookings Institution, 1986.

5. DiRenzo, J. B. Cima and E. Barber. "Parking Management Tactics." Vol. 3, *Reference Guide*. Washing-

ton, DC: U. S. Department of Transportation, 1981.

6. Harvey A. C., and J. Durbin. "The Effects of Seat Belt Legislation on British Road Casualties: A Case Study in Structural Time Series Modeling." *Journal of the Royal Statistical Society* 149 (1986), pp. 187—227.

7. Keeler, Theodore E., and Kenneth A. Small. "Optimal Peak-Load Pricing, Investment and Service Levels on Urban Expressways." *Journal of Political Economy* 85 (1977), pp. 1—25.

8. Kraft, Gerald, and Thomas Domencich. "Free Transit." In *Readings in Urban Economics*, ed. Matthew Edel and Jerome Rothenberg. New York: Macmillan, 1972, pp. 459—480.

9. Meyer, John R., and Jose A. Gomez-Ibanez. *Autos, Transit and Cities*. Cambridge, MA: Harvard University Press, 1981. Chapter 11, pp. 185—229.

10. Miller, TR. "Costs and Functional Consequences of U. S. Roadway Crashes." *Accident Analysis and Prevention* 25 (1993), pp. 593—607.

11. Mohring, Herbert. "Congestion." Chapter 6 in *Essays in Transportation Economics and Policy*, eds. Jose A. Gomez-Ibanez, William B. Tye, and Clifford Winston. Washington DC: Brookings, 1999.

12. O'Regan, Katherine M., and John M. Quigley. "Cars for the Poor." *Access* 12 (Spring 1998), pp. 20—25.

13. Parry, Ian, and Antonio Bento. "Estimating the Welfare Effect of Congestion Taxes: The Critical Importance of Other Distortions within the Transport System." *Journal of Urban Economics* 51(2002), pp. 339—65.

14. Parry, Ian, and Kenneth Small. "Should Urban Transit Subsidies Be Reduced?" *American Economic Review* 99 (2009), pp. 700—724.

15. Parry, Ian W. H. "Comparing Alternative Policies to Reduce Traffic Accidents." *Journal of Urban Economics* 56 (2004), pp. 346—368.

16. Peltzman, Sam. *Regulation of Automobile Safety*. Washington DC: American Enterprise Institute, 1975.

17. Shoup, Donald C. "Congress Okays Cash Out." *Access* (Fall 1998), pp. 2—8.

18. Small, Kenneth A. *Urban Transportation Economics*. Philadelphia: Harwood Academic Publishers, 1992.

19. Small, Kenneth A. "Urban Economics and Urban Transportation Policy in the United States." *Regional Science and Urban Economics* 27 (1997), pp. 671—691.

20. Small, Kenneth A., and Jose A. Gomez-Ibanez. "Road Pricing for Congestion Management: The Transition from Theory to Policy." In *Road Pricing, Traffic Congestion, and the Environment*, eds. Kenneth J. Button and Erik T. Verhoef. Cheltenham, UK: Edward Elfar, 1998.

21. Small, Kenneth A., and Camilla Kazimi. "On the Costs of Air Pollution from Motor Vehicles." *Journal of Transport Economics and Policy* (1995).

22. Small, Kenneth and Erik Verhoef, *The Economics of Urban Transportation* (New York: Routledge, 2007).

23. Small, Kenneth, Clifford Winston, and Jua Yan. "Uncovering the Distribution of Motorists' Preferences for Travel Time and Reliability." *Econometrica* 73 (2005), pp. 1367—1382.

24. Small, Kenneth, Clifford Winston, and Jua Yan. "Differentiated Road Pricing, Express Lanes, and Carpools: Exploiting Heterogeneous Preferences in Policy Design." *Brookings-Wharton Papers on Urban Affairs*: 2006, pp. 53—86.

25. Texas Transportation Institute. *2002 Urban Mobility Study*. mobility. tamu. edu/ums.

26. U. S. Department of Transportation. *Summary of Travel Trends, 2001 National Household Travel Survey*. Washington DC: U. S. Department of Transportation, 2004.

第 11 章 城市交通

> 当纽瓦克、费城、匹兹堡和波士顿正为有轨电车缺少乘客和政府支持而苦恼时,迪士尼乐园却吸引了数百万的游客来乘坐不能带他们去任何地方的玩具火车。
>
> ——肯尼思·T.杰克逊（Kenneth T. Jackson）

在第 2 章城市运输中,我们探讨了城市公共交通经济学——包括公交车、轻轨、重轨。我们将从两个角度研究出行方式的选择:个人出行者和运输计划者。在美国,乘坐公共交通工具上下班的人不到 5%,但在大城市以及低收入家庭,乘坐公共交通工具则更为常见。城市公共交通得到政府的大力补贴:平均补贴超过其运营成本的 50%。下面我们将讨论交通补贴的合理性以及探讨传统补贴的替代办法。

11.1 通勤与公共交通客流量

表 11-1 显示的是美国劳动者上班的交通方式选择。总的来说,乘坐公共交通上下班的人数占 4.7%。按客流量递减排序依次是:公交车(占公共交通客流量的 53%)、地铁或者高架铁路(31%)及火车(11%)。回顾过去几十年,1950 年公共交通客流量大约是 2000 年的 2 倍。城市中心劳动者乘坐公共交通的比例是 11%,相比较而言,城市郊区的这一比例为 2%。在纽约,城市中心的劳动者乘坐公共交通的比例是 47%,芝加哥为 26%,费城为 25%。

各大都市区的公共交通客流量各不相同。在纽约大都市区,25% 的劳动者使用公共交通。芝加哥、华盛顿哥伦比亚区以及费城三个大都市区的公共交通乘坐比例为 10%—14%。八个大都市区是万亿英里俱乐部区——每年的乘客出行里程至少达万亿英里。排在首位的是纽约(18.4 万亿),紧随其后的是芝加哥(3.7 万亿)、洛杉矶(2.8 万亿)、华盛顿哥伦比亚区(2.2 万亿)、旧金山(2.1 万亿)、波士顿(1.9 万亿)、费城(1.5 万亿)和西雅图(1.0 万亿)。在全国 38 个最大的大都市区乘客出行总里程数中,这八个大都市区占 4/5。

表 11-1　上班交通工具,2000

出行方式	通勤者数量	百分比(%)
16 岁及以上劳动者	128 279 228	100.0
汽车、卡车或有篷货车	112 736 101	87.9
独自驾车	97 102 050	75.7
合伙使用汽车	15 634 051	12.2
公共交通工具	6 067 703	4.7
公共汽车或无轨电车	3 206 682	2.5
有轨电车或触轮式电车	72 713	0.1
地铁或高架铁路	1 885 961	1.5
铁路	658 079	0.5
轮渡	44 106	—
出租车	200 144	0.2
摩托车	142 424	0.1
自行车	488 497	0.4
步行	3 758 982	2.9
其他工具	901 298	0.7
在家工作	4 184 223	3.3

资料来源:U.S. Bureau of the Census, *Journey to Work*:2000. Washington DC:U.S. Government Printing Office,2004。

低收入家庭使用公共交通的比例相对较高。在相对较小的大都市区(人口少于 100 万),有超过一半的公共交通乘坐者来自收入少于 15 000 美元的家庭,仅有约 7% 的公共交通乘坐者来自收入超过 50 000 美元的家庭。在相对较大的大都市区(人口超过 100 万),25% 的公共交通乘坐者来自低收入家庭,同时还有 18% 来自高收入家庭。

11.2　出行成本和模式选择

这部分我们将从个人出行者的角度来探讨模式的选择。我们假设一个城市的出行者能够在三种出行方式之间选择:自驾车、乘坐公交车或火车(轻轨或重轨)。出行者的目的是选择一种能使全部出行成本最低的出行方式,这里说的全部出行成本包括货币成本和时间成本。出行行为学告诉了我们很多与出行成本的各个组成部分的重要性相关的事情。

全部出行成本是货币成本和时间成本的总和。时间成本可以分为两部分:一部分是与接近交通工具相关的时间(从出发到抵达交通工具所在地花费的时间),一部分是乘车时间。总成本是:

$$\text{出行成本} = m + T_a \cdot d_a + T_v \cdot d_v$$

m 表示货币成本,T_a 表示抵达交通工具所在地花费的时间,d_a 表示抵达交通工具所在地花费时间的边际负效用,T_v 表示乘车花费的时间,d_v 表示乘车花费时间的边际负效用。出行成本的第一个组成部分是货币成本。
- 出行的货币成本（m）是交通费或车辆的运行成本（气、油及损耗成本）。

出行成本的另一个组成部分是抵达交通工具所在地所花费的时间成本，这等于抵达交通工具所在地花费的时间与单位时间（每分钟）成本的乘积。
- 可达时间（access time）（T_a）是从家到公交站或者地铁站所花费的时间以及从公交站或地铁站到工作地点所花费的时间。
- 可达时间的边际负效用（d_a）是出行者为了减少一分钟可达时间而愿意支付的美元金额。另一种关于可达时间边际负效用（d_a）的解释是可达时间的机会成本。出行行为学的研究表明，d_a 平均占出行者工资的 80%。

出行成本的另一个组成部分是乘坐交通工具花费的时间成本，它等于乘坐交通工具花费的时间与单位时间（每分钟）成本的乘积。
- 乘坐交通工具的时间 T_v 是指乘坐小汽车或公交车（公共汽车、火车以及船）花费的时间。
- 乘车时间 T_v 是在一辆小汽车或公交车（公共汽车、火车及船）上花费的时间。
- 乘车时间的边际负效用（d_v）是出行者为了减少一分钟乘车时间而愿意支付的美元金额。乘车时间的边际负效用（d_v）的另一种解释是乘车时间的机会成本。出行行为学研究表明，d_v 平均占出行者工资的 50%。例如，若一个出行者的工资是每小时 18 美元或者每分钟 0.3 美元，则 $d_v = 0.15$ 美元/分钟。

一次出行的全部成本是三个组成部分之和：货币成本、可达时间成本以及乘车时间成本。

值得强调的是，可达时间的边际负效用大于乘车时间的边际负效用。与支付 50% 的工资避免增加一个小时的乘车时间相比，出行者愿意支付 80% 的工资以避免增加一个小时的可达时间，这对公交系统的设计有重要的含义。假设减少了一分钟的可达时间，增加了一分钟的乘车时间，由于可达时间的边际负效用超过乘车时间的边际负效用，从而净效益是降低了出行成本。为了减少可达时间，公共交通的权力机关应缩短公交车站之间、火车站之间的距离（减少步行时间），或者减少公交车和火车的间隔时间（减少等待时间）。

11.2.1 一个模式选择的例子

为了描述出行者的模式选择，设想 Carla——一个每天从她在郊区的家和在市中心的办公室之间单程 10 英里的通勤者（来回行程 20 英里）。她有三种行程选择：汽车、公交车及固定的铁路系统，比如旧金山的 BART、华盛顿哥伦比亚区的地铁，或者是亚特兰大的 MARTA。

表 11-2 显示了 Carla 每天上下班的货币成本和时间成本。我们假设 Carla 的工资是每分钟 0.3 美元（每小时 18 美元）。行车时间的边际负效用是她工资的一半（每分钟 0.15 美元），可达时间的边际负效用是她工资的 80%（每分钟 0.24 美元）。我们能够把在路上的时间分成两部分。

表 11-2　出行方式选择实例

	小汽车	公交车	火车
汇集和分流成本（行走和等待）（美元）	0.00	5.76	11.52
T_a：抵达时间（分钟）	0	24	48
d_a：每分钟的负边际效用（美元）	0.24	0.24	0.24
乘车成本（美元）	12.00	13.50	9.00
T_v：乘车时间（分钟）	80	90	60
d_v：每分钟的负边际效用（美元）	0.15	0.15	0.15
总时间成本（美元）	12.00	19.26	20.52
货币成本（美元）	4.00	3.00	3.00
总成本	16.00	22.26	23.52
假设			
每分钟工资（美元）	0.30		
每英里小汽车运行成本（美元）	0.20		
行程长度（英里）	20		

1. 可达时间。 Carla 的车停放在她的车库以及一个离她工作地方很近的停车场里，所以开车上下班不包含任何可达时间。公交车时间包括 24 分钟的步行和等待时间，而铁路的可达时间是它的 2 倍。铁路之所以花费较多的抵达时间，是因为我们假设火车站比公交车站离得更远。为了计算可达时间成本，我们把可达时间乘以可达时间的边际负效用（机会成本）。

2. 乘车时间。 来回 60 分钟的路程，铁路是最快的方式，因为它行驶在一个停车不频繁的排他的专用路线上。其次是自驾车，来回 80 分钟，行使在拥挤的路上。公交车行驶在拥挤的街道上，停下来上下乘客，所以公交车的行驶时间比自驾车长 10 分钟。为了计算乘车时间成本，我们将乘车时间和乘车时间的边际负效用（机会成本）相乘。

加总时间成本，我们得到的时间成本结果分别是：汽车 12 美元，公交车 19.26 美元，火车 20.52 美元。交通选择的时间成本较高，因为可达时间的边际负效用很高。例如，尽管火车的速度比较快且乘车成本低（9 美元，而自驾车为 12 美元），但其可达成本过高，达到 11.25 美元，因此其优势被较高的可达成本抵消了。

表 11-2 的第八行显示了三种出行方式的货币成本。开车上下班的货币成本是 4 美元，基于一个运营成本每英里 0.2 美元的假定（包括燃料、损耗成本及与英里数相关的市场价值的损失）。在美国，对许多开车上下班的人来说，停车不收费，所以这个例子不包含任何停车费用。交通选择的货币成本等于它的费用，假设公共汽车和火车都是 3 美元。

在这个简单的例子中，成本最低的上下班方式是开车。开车上下班的成本优势超过公共汽车 6.26 美元，超过火车 7.52 美元。尽管汽车的货币成本较高，但它的不利之处被抵达（步行和等待）成本大大地抵消了。这个简单的例子使用似乎让人信服的数字显示出开车上下班较大的成本优势，阐述了为什么对于大部分上下班者（在美国超过 75%）来说，单独驾驶是合理的上下班选择。

对少数美国的工作者来说，乘坐公交车或火车是合理的。我们可以稍微改变一下这个简单的例子,来看看数字的变化如何在有利于公交车和火车的情况下影响平衡。

1. 较低的收入。工资的减少降低了出行时间的边际负效用(出行时间的机会成本),弱化了开车上班的好处。

2. 提高交通服务。乘坐公交车出行时间的缩短将减少公交车相对于汽车的成本。例如,如果公交车的行车时间缩短到火车的行车时间(60 分钟),公交车的抵达时间缩短 1/3(至 16 分钟),那么公交车的成本将比汽车的成本低。同样,如果火车的抵达时间缩短 16 分钟,那么火车的成本将低于汽车的成本。

3. 免费交通?单独驾驶的成本低于公共交通的费用(3 美元),所以免费公交车服务不会改变我们假定的上班族的模式选择。

4. 停车费。像我们在前一章中看到的,在城市中工作地点全部的停车费大约是每天 15 美元。如果我们假定上班族支付这笔费用,那么他们将转乘公交车。

5. 汽车外部效用内生化?像我们在前一章中看到的,驾车因为拥挤、对环境有害或者事故而产生外部费用。为了内生化典型城市在行车高峰期的外部效用,驾车税将会是每英里 0.145 美元(拥挤税 = 0.085 美元,环境损害 = 0.02 美元,事故费用 = 0.04 美元)。在我们简单的例子中,驾车税是每天 2.90 美元(20 英里乘以 0.145 美元/英里),它几乎是开车上班和坐公交车上班成本差值的一半。尽管我们假定的上班族不愿意转变通勤方式,但一个成本差值小于 2.9 美元的上班族将转乘公交车。

11.2.2 公共交通的需求弹性

许多研究都检验了在价格和服务变化的情况下公共交通客流量的变化。像由 Small 和 Verhoef(2009)记录的一样,公共交通需求总的价格弹性是 − 0.40。换句话说,10% 的费用增加将减少大约 4% 的公共交通客流量。如表 11-3 所示,交通需求的价格弹性因为出行方式和每天不同时段而有所不同。一般来说,公交车的需求比火车的需求更具有价格弹性,高峰期的需求(在出行容量最大的阶段)比低峰期的需求有更小的价格弹性。

表 11-3 公交车和火车的价格需求弹性

时段	公交车	火车
高峰期需求	− 0.40	− 0.24
非高峰期需求	− 0.80	− 0.48
总需求	− 0.50	− 0.30

资料来源:摘自 Parry 和 Small (2009)。

总需求缺乏弹性对交通运营者来说有重要的意义。因为弹性绝对值小于 1.0,价格和总的费用收入之间呈正向变动关系。尽管费用的增加将减少客流量,但客流量减少的百分比小于费用增加的百分比,所以总收入还是增加的。换句话说,费用及总费用与收入呈同方向变化。

有研究表明,乘坐公共交通工具的乘客对服务质量的变化比对收费变化的反应更敏感。对波士顿上班族的研究得出的结论是,乘客数量对出行时间的弹性为 − 0.8,而乘客数量对货币成本(费用)的弹性为 − 0.5。这些弹性的含义是服务和费用的同时提高可增加乘客数量。

例如,假设一个交通运营者提高公交车的速度和频率,减少10%的平均出行时间,增加10%的费用。服务的提高将增加8%的乘坐量(对时间的弹性为-0.8),而费用提高将减少5%的乘坐量(对价格的弹性为-0.5),结果是净客流量增加了3%。

也有证据表明,乘坐公共交通工具的乘客对可达时间变化的敏感程度强于对乘车时间变化的敏感程度,这是因为步行和等待时间的边际负效用约为乘车时间边际负效用的1.6倍。考虑可达时间减少1分钟而乘车时间增加1分钟的情况,则时间成本将会降低,因为可达时间的边际负效用更大。相对于自驾车,公共交通成本的降低会增加乘坐公共交通工具的乘客的数量。

11.3 有效客流量

这一节我们将从社会的角度,探讨如何决定公共交通客流量的社会有效容量。我们首先观察公共交通的总成本结构——适用于高铁、轻轨和公交车。这三个系统都需要资金成本(铺置铁轨及购买机动车的成本)、运营成本(劳动力、燃料和维修)及乘坐成本(出行负效用或者是出行时间的机会成本)。

11.3.1 系统和乘坐成本

表11-4显示了铁路和公共系统的建造成本。高铁每英里路程的成本最高,紧随其后的是轻轨,然后是公交路线(公交车专用线),以及共享共乘车道的公交车。每天的运行成本用每天的客流量除以建造成本来计算。高铁和轻轨每天的成本大致相同,因为尽管轻轨每英里路程的成本低,但它的客流量也少。

表11-4 城市公共交通成本的建造成本

	建造成本(2005)	
	每英里路程(百万美元)	每天的行程(千美元)
重轨	202	35.73
轻轨	63	34.66
限行公交车道		
渥太华	53	3.41
匹兹堡	28	6.44
公共车道		
El Monte 公交车道,拉斯维加斯	17	4.31
Shirley 高速公路,弗吉尼亚州北部	18	3.39
I-66,弗吉尼亚州北部	32	9.73
休斯敦公共交通公路(平均)	8	6.50

资料来源:Small 和 Verhoef(2007)。

图11-1描述了交通系统中的平均成本曲线。较低的曲线AC(运营者)描述的是不同乘客水平下运营者需支付的平均成本。由于存在规模经济效应,该曲线的斜率为负:当客流量

上升时，固定成本由更多的乘客来分摊。在图 11-1 中，3 倍的客流量使平均运营成本从 s_1 降到 s_3。运营商支付的固定成本越高，其平均成本曲线就越陡峭。铁路交通系统有相对较高的固定资本投入，因此其平均运营成本曲线也会更陡峭。另一个极端的例子是，公共交通系统的资本成本相对较低，因此其平均运营成本曲线较为平坦。

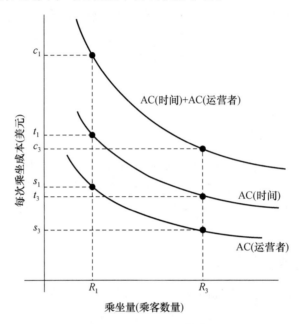

图 11-1 交通的规模经济与莫尔经济

平均运营成本曲线的斜率为负，是因为存在规模经济（需要分摊的资本成本是固定的）；平均时间成本曲线的斜率为负，是因为存在莫尔经济（较高的客流量导致更高的服务频率）。

图 11-1 中，中间的曲线，即 AC（时间），包含乘车出行时间的负效用。因为莫尔经济——以经济学家赫伯特·莫尔（Herbert Mohring）的名字命名——的存在，该曲线的斜率为负。考虑到公共交通客流量因一条特别的公交线路增加的情况。假设交通运营保持起初的承载规模（每辆公共汽车最多能容纳的乘客数），以及为了适应增加了的客流量，提高了公交车的服务频率。服务频率的增加降低了可达时间成本，减少了乘坐的出行成本。图 11-1 中，3 倍的客流量将平均时间成本由 t_1 降至 t_3。

我们可以用一个简单的例子来描述莫尔经济。设想一个公共汽车的运营者提供准时的服务。当候车的人数达到某个既定数量时，比如说 24 个，运营者才发车到这个公交车站。如果上班族出现的频率是每分钟 1 个人，公共汽车的车次间隔时间是 24 分钟，平均可达时间是 12 分钟（24/2）。如果乘客频率提高至 3 倍，即每分钟来 3 个人，则公共汽车的车次间隔时间降至 8 分钟，平均可达时间降至 4 分钟。换句话说，乘客量的增加缩短了平均可达时间，降低了乘客的平均时间成本。

图 11-1 最上方的曲线显示的是平均运营成本和平均时间成本的总和，它比其他曲线陡峭，因为客流量的增加同时降低了平均运营成本和平均时间成本。比如说，3 倍的乘客量使平均成本由 c_1 降到 c_3。

尽管我们已经从降低乘客时间成本方面解释了莫尔经济,但另一方面,增加客流量也可以节约成本。假设一条公交线路,在最初就存在剩余载客能力——一个较低的乘载因子,比如说,实际满座率仅为50%。在这种情况下,客流量翻倍并不改变总的运营成本(运营者以相同的频率经营公交车),但降低了平均运营成本,因为有更多的乘客。在真正的交通系统,客流量的增加有可能降低乘客的平均时间成本和平均运营成本。

11.3.2　最佳乘坐量和价格

图 11-2 显示了一个城市交通系统的平均成本曲线(包括运营成本和时间成本),以及边际成本曲线。如果平均成本曲线的斜率为负,则边际成本曲线位于平均成本曲线的下方。这是一个简单的计算问题:如果平均成本随客流量的增加而降低,边际成本必须低于平均成本。换句话说,如果边际成本低于平均成本,则边际成本拉低了平均成本。在公共交通运行的例子中,边际成本低于平均成本有两个原因:

1. 平均成本包括一些与客流量无关的资金成本(因此不是边际成本的组成部分)。
2. 因为莫尔经济,边际时间成本(增加一名乘客的总时间成本的变化)低于平均时间成本。增加一名乘客会带来平均时间成本和服务频率的提高,却降低了其他乘客的时间成本。换句话说,增加一名乘客加速了交通系统的运行。

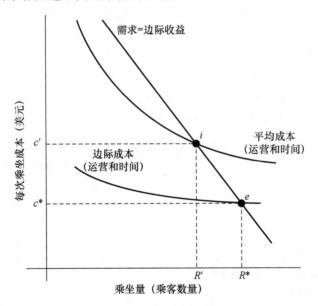

图 11-2　交通补贴的理论基础

交通的平均成本曲线的斜率为负,边际成本低于平均成本。为了平衡交通系统的预算,费用应该等于平均运营成本,从而得到出行成本 c' 以及客流量 R'。边际收益=边际成本处的社会有效产出由点 e 表示。为了达到有效点,交通运营者会减少费用以将出行成本降至点 c^*,并产生交通赤字。

值得注意的是,莫尔经济中的交通客流量的增加与导致拥挤外部效用的驾驶(车辆)的增加相反:增加一位驾驶员减缓了其他驾驶员的行驶速度,而增加一名公共交通工具乘坐者却让其他乘客的出行更快速。

我们能从图 11-2 得出预算平衡的客流量。其中，线性曲线是交通需求曲线。像其他需求曲线一样，它也是一个边际收益曲线，表示不同客流量下的边际收益（支付意愿）。从一个公共交通工具乘坐者的角度来看，交通的全部成本等于乘客的时间成本加货币成本（交通费用）。假设运营者设置的费用等于平均运营成本。图 11-2 中的平均成本曲线包括乘坐时间成本和运营成本（费用），所以它的含义是，对每个客流量来说，由单个乘客所承担的出行成本。均衡状态由平均成本曲线和需求曲线的交点来表示。在点 i，客流量是 R'，出行成本是 c'，运营者预算是平衡的。

正如本书最后的附录"微观经济学工具"中解释的一样，我们可以使用边际原则来决定社会有效客流量。在图 11-2 中，在点 e 处边际收益等于边际社会成本（由需求曲线显示），所以社会有效出行成本是 c^*，社会有效客流量是 R^*。为了从点 i 提高到点 e（将客流量从点 R' 提高到点 R^*），交通管理机构削减费用使其低于预算成本。图 11-2 得出的结论表明交通赤字是社会有效的。

11.3.3 交通补贴

纳税人为公共交通提供了大量的交通补贴。2002 年，来自联邦、州及地方政府的补贴总额是 230 亿美元，其中 140 亿美元用于补贴运营成本，其他 90 亿美元是资金补贴。联邦政府提供了大约 30% 的补贴，而州政府提供了 36%，地方政府提供了 34%。

表 11-5 显示了美国最大的 20 个交通运营商的旅客费用补贴。数字表示补贴占交通运营成本的百分比。比如，平均补贴 54%（在表中最下面一行的第四栏看得到）意味着，交通运营机构每运营一名乘客（成本平均为 1 美元），可以得到 0.54 美元的补贴。铁路的平均补贴是 44%，补贴金额从纽约城市交通的 29% 到迈阿密的 85% 不等。一般而言，公交补贴较高，平均水平为 69%，补贴金额从新泽西的 57% 到波特兰的 89% 不等。

表 11-5　美国最大的 20 个交通运营商的乘客费用补贴

	补贴占交通运营成本的百分比（%）		
	铁路	公交车	综合
MTA 纽约城市公共交通	29	59	41
新泽西公共交通公司	50	57	53
MTA 长岛铁路/公交	53	61	53
大都会北方铁路公司（纽约）	40	Na	40
华盛顿城市地区交通管理局（华盛顿特区）	40	75	55
麻省海岸交通协调部（波士顿）	57	79	64
洛杉矶地铁	78	72	73
芝加哥运输局	59	64	62
东北伊利诺伊区域通勤铁路集团公司（芝加哥）	56	Na	56
费城东南宾州捷运（费城）	50	62	57
湾区快速交通	42	Na	42
亚特兰大快速交通局	67	71	69
马里兰交通管理局（巴尔的摩）	72	74	73
金县都会交通局（西雅图）	Na	82	82

（续表）

	补贴占交通运营成本的百分比(%)		
	铁路	公交车	综合
德州哈里斯郡市公共运输局（休斯敦）	Na	82	82
俄勒冈州三县都会区交通局（波特兰）	35	89	76
迈阿密达德运输公司	85	75	77
达拉斯地区捷运局	89	87	88
丹佛地区交通区域	63	80	79
阿勒格尼县港务局（匹兹堡）	81	73	75
平均（乘客旅程数加权）	**44**	**69**	**54**

资料来源：改编自 Ian Parry and Kenneth Small, "Should Urban Transit Subsidies Be Reduced?" *American Economic Review* 99（2009），pp. 700—724。

我们可以看出，在规模经济和莫尔经济带来效率的基础上，公共交通的补贴是合理的。为描述补贴的效果，设想一个不受传统规模经济约束的公共汽车系统：平均运营成本是常数。尽管对铁路系统来说这个假设是不可能的，因为铁路服务具有内在的不可分割性成本（铁路和专线），但对公共汽车交通系统来说它是可能的。公交汽车运营方能够运用公交汽车系统调整公交车数量，如果客流量增加就增加车辆，如果客流量减少就减少车辆。

图 11-3 显示了公交系统的平均运营成本和乘客的平均时间成本。运营者的平均成本曲线是水平的，表明不存在传统的规模经济。出行时间的平均成本曲线的斜率为负，反映了莫尔经济。如果交通运营方设置一个等于平均运营成本（c_f）的费用，出行成本是乘坐者时间成

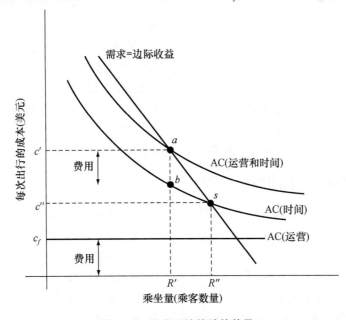

图 11-3　公交系统补贴的效用

与平均运营成本相等的交通费用平衡了交通预算，并得到出行成本 c' 以及客流量 R'。100% 的补贴使出行成本降至 c''，客流量提升至 R''。莫尔经济（由点 b 转移至点 s）使得出行成本的降低超过了费用补贴。

本(点 b 所示)和公交车成本的总额(c')。在这个出行成本中,乘坐量是 R'(点 a 所示),费用收入等于运营成本。

为了以一种最简单的方式描述补贴效益,假设 100% 的政府补贴:公交车费用减少到零。在这种情况下,乘客的出行成本是简单的乘客时间成本,客流量从 R' 提高到 R''(点 s 所示)。平均出行成本从 c' 降到 c''。因为莫尔经济,出行成本的降低超过补贴费用(货币成本的降低)。补贴增加了客流量,提高了公交车服务的频率,相应地降低了出行的时间成本,鼓励更多的人乘坐公交车。由于正常的价格效应(因货币成本的降低而引起客流量的增加)通过莫尔效应(因时间成本的降低而引起的客流量的增加)得到了强化,从而导致了一个相当大的客流量的增加。

Parry 和 Small(2009)指出,规模经济和莫尔经济的影响是明显的。对于洛杉矶公交车服务系统而言,规模经济和莫尔经济足以表明高峰期 47% 及低峰期 81% 的出行运营补贴是合理的。对华盛顿哥伦比亚区的铁路服务来说,合适的补贴分别为:高峰期 48%,低峰期 84%。对伦敦的铁路服务来说,合适的补贴分别为:高峰期 28%,低峰期 60%。

11.3.4 交通补贴的理论说明:拥挤、环境和交通事故

交通补贴的第二个理论基础是小汽车的使用能够产生外部性。像我们在前面的章节看到的,自驾出行的花费比全部社会出行成本少,所以相对于公共交通来说自驾出行的定价过低,是一个替代产品。之所以存在定价过低的现象,是因为存在拥挤外部性、环境外部性及交通事故外部性。自驾出行定价过低扭曲了人们对出行方式的选择。公共交通补贴降低了它的相对费用,一部分出行者从自驾车转到乘坐公共交通工具,增加了公共交通工具的乘坐量。换句话说,交通补贴提高了自驾车的相对费用,减少了均衡时自驾车的数量。

Parry 和 Small(2009)的研究从减轻交通堵塞、更清洁的环境及减少交通事故几个方面探索了交通补贴好处的重要性。对洛杉矶来说,外部效益足以表明,在公交车服务高峰期大约 27% 的运营补贴和铁路高峰服务期 45% 的运营补贴是合理的。对华盛顿哥伦比亚区来说,合适的补贴在公交车服务高峰期为 9%,火车服务高峰期为 37%。对伦敦来说,公交车服务高峰期的补贴是 36%,火车服务高峰期的补贴为 50%。

11.3.5 交通补贴的激励效用

尽管基于效益的公共交通补贴是合理的,但现有的交通补贴结构因为服务的垄断并不能激励成本趋向于最低。有迹象表明,由于过多的劳动补偿,政府补贴导致了相当高的运营成本、劳动力的错配(高技术工人做低技术的工作),以及无效的资金和劳动组合。正如 Parry 和 Small(2009)所说,激励问题的一个解决办法,是把对运营商的政府补贴转化成对乘客的政府补助,如此,政府对每个乘客的出行次数或每个乘客的乘车英里数给予交通运营者固定的补贴。例如,如果每个乘客每英里补贴 0.10 美元,则每年提供 2 亿旅客周转量的运营商可获得每年 2 000 万美元的补贴。

11.4 设计一个交通系统

在这部分,我们从一个运输计划者的角度,研究可选择的城市运输系统的特征和成本。我们把三种公共交通的成本(高铁、轻轨和公共汽车)和汽车/高速路系统的成本进行比较。为了描述高铁的成本,我们使用旧金山的 BART 数据。我们把一个城市运输系统的成本分成三部分:

1. **资金成本**。铺铁路和购买机动车辆的成本。
2. **运营成本**。劳动力、燃料及机动车、道路和铁轨的维护成本。
3. **时间成本**。出行时间的负效用(机会成本)。

11.4.1 公共交通的设计特征

一个城市交通系统的设计者需作出不同的决定。

不同的交通系统需要平衡以下几种关系:

1. **主线与一体化系统**。铁路系统是一个主线系统:它依靠其他方式,从居民区将乘客集中起来并搭载乘客到工作地点和其他目的地:乘客步行、驾车或者是乘坐公交车到达以及离开火车站。与之相比,一体化的公交系统是在整个行程中乘客一直乘坐这辆公交车。

2. **公交车站和火车站之间的距离**。火车站之间的距离越长,路上的停车次数就越少,行程的长途行驶部分就越快,行车的时间成本就越低;另一方面,出行者步行或乘坐其他交通工具的距离就更长,产生了相当高的可达时间成本。可达时间的负效用大约是行车时间负效用的 1.6 倍,所以时间成本的取舍不是一对一的。

3. **服务的频率**。服务的频率越高,资金成本越高(更多的车辆),运营成本也越高(更多劳动力、燃料及其他投入);另一方面,更高频率的服务降低了乘客的可达时间成本。

11.4.2 选择一个系统:小汽车、火车和公交车

Meyer、Kain 和 Wohl(1965)进行了系统选择的开创性研究。他们设想了几个系统,包括一个基于汽车的高速公路系统、一个一体化的公交车系统,以一个像旧金山的 BART 一样的高速铁路系统。他们涵盖了所有可选择系统的成本,包括资金成本(铺设轨道、修建高速路及购买机动车)、运营成本和出行时间的负效用。

Small 和 Verhoff(2007)改变了前辈研究的一些关键结论。图 11-4 显示了上班族连接居住地和高密度工作地的通勤路线的平均通勤成本。上下班的行程是 10 英里的长途路程和 2 英里的市区分散式路程。

1. **小汽车系统的成本**。小汽车系统的成本是购买和使用成本、出行时间负效用、修建优化道路系统的成本和小汽车行车的外部成本(拥挤或污染)的总和。平均成本曲线是水平的,因为作者假设:(1)平均运营成本和环境成本不依赖于交通容量;(2)长期中,公路被拓宽以便在交通工具增加时,不会带来任何行驶速度的下降。

2. **公交系统的成本**。公交系统的成本是购买和运营公交车、出行时间负效用、修建适合公交车道路的成本和公交车出行外部成本(污染)的总和。由于传统的规模经济(大量的固

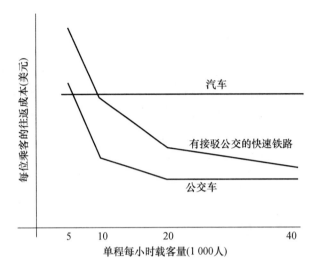

图 11-4　可选择运输系统的平均成本

小汽车系统的平均成本是固定的,因为道路可以不断被扩展以提高交通流量。通常来说,交通成本曲线的斜率为负,这是因为存在规模经济(固定成本可以由众多的乘客分摊)和莫尔经济。在客流量超过 6 000 人时,公交系统的运营成本要低于小汽车系统,但在任何客流水平上,公交系统的运营成本都低于铁路交通系统。

定成本)和莫尔经济,公交车系统的平均成本曲线是负斜率的。

3. 高铁系统的成本。高铁系统的成本是修建和维护铁路和排他的专线成本、购买和运营铁路机动车及支线公交车的成本、出行时间负效用和公共汽车外部成本的总和。铁路系统的平均成本曲线是负斜率的,因为规模经济(大量的固定成本)和莫尔经济(更高频率的服务)。对低客流量来说,因为铁路不可分隔投入的较高成本,铁路平均成本超过公交车系统的平均成本。

图 11-4 代表一个拥有典型美国城市居民密度的城市交通成本。图 11-4 的成本数据,支持了关于市场在不同运输系统中的角色的两个原则性的结论。第一,在客流量相对较低时,小汽车系统的运营成本最低。图中的例子显示,与小汽车相比,在每小时大约 6 000 名乘客的情况下,公交车具有竞争力;在每小时 10 000 名乘客的情况下,铁路具有竞争力。第二,在所有客流量中,公交系统的运营成本低于高铁系统。

这些作者也估测了居民密度相对高的城市的交通系统成本。在所给出的例子中,对 30 000 名乘客或更多客流量来说,高铁的成本低于公交车的成本。换句话说,在像芝加哥和纽约这样的大都市区,铁路交通更有效,那里道路较宽足以支持重轨系统。在其他新建重轨系统的大都市区,最新的经验证实了这个结论:新系统的客流量(华盛顿哥伦比亚区、亚特兰大、迈阿密和巴尔的摩)已经降低到更低的水平,在这个客流水平上重轨系统的运营成本要比公交系统更低。

11.4.3 对轻轨的进一步分析

尽管公交车和铁路系统都存在规模经济,也即随着客流量的增加平均成本降低,但它们的固定成本不同。如表 11-4 所示,就每英里路程的成本而言,高铁大约是轻轨的 3 倍。专用车道的公交车和公用车道的公交车每英里路程的成本较低。就每天的行程成本而言,两个铁路系统的成本大致相同,而公交车的成本更低。尽管轻轨每英里路程的修建成本低,但它的客流量少,相对于高铁,抵消了它的资金成本优势。

近些年,许多中等城市已经建成了轻轨交通系统。轻轨是建于 19 世纪末 20 世纪初的电车和有轨电车系统的升级。第一个现代的轻轨系统于 1978 年在埃德蒙顿开始使用,从那时起,巴尔的摩、布法罗、达拉斯、丹佛、洛杉矶、匹兹堡、波特兰、萨克拉门托、圣地亚哥、圣何塞和圣路易斯也陆续建立了轻轨系统。轻轨的一个关键的设计特征是如何连接铁道线路和公交系统。在许多情况下,支线公交车是铁道线路的必要补充,以减少由于等待时间和换乘烦扰而给出行者带来的成本。

Richmond(1998)考察了 11 个城市的轻轨系统,把它们的性能和公交车进行了比较。结论是轻轨不如公交车。

1. 轻轨的资金成本较高。比如,Long Beach 轻轨系统的资金成本是 8.81 亿美元,同样的一个公交系统,需要的资金成本为 1.68 亿美元。

2. 轻轨的运营成本较高。大多数关于轻轨运营成本的数据,忽略了把乘客载到轻轨站的支线公交车成本。不考虑这些成本,轻轨的平均运营成本可能比相同的公交线路高或者稍微低些。比如,对波特兰的 MAX 而言,每名乘客每英里的成本为 0.38 美元,而相应的公交线路的成本为 0.32 美元或者 0.39 美元。一旦考虑支线公交运营成本,轻轨将比相应的公交线路的成本更高。

3. 轻轨分流了公交车乘客。洛杉矶的蓝色线路,63% 的乘客曾经是公交车的乘客。在波特兰,55% 的 MAX 乘客从乘坐公交车转乘轻轨。

轻轨系统要求支线公交车转送乘客,对交通运营方来说这是很昂贵的,并会给潜在的乘客带来麻烦。在有分散工作区和零售活动的现代大都市区,很难设计比公交系统费用更低的轻轨,以使其吸引足够多的乘客。在许多例子中,公交路线和其他的 HOV 系统在提高交通客流量方面较便宜,而且更有效(Richmond,1998)。在其他案例中,在一般公交车服务中作一些简单、费用不高的改变(增加车辆、改变路线和时间表、降低费用),也许比大项目更有效。

11.4.4 密度扮演的角色

在前面关于土地利用模式的章节中,我们简单地讨论了维持公共交通的人口密度的作用。公共交通是可行的,只要公交车站和火车站周围的人口密度较高,足以吸引大量乘客从而利用传统规模经济和莫尔经济。对许多人来说,到一个公共交通车站最长的时间是 10 分钟,所以一个交通车站能够服务半径 800 米之内的家庭。

表 11-6 显示了支持不同种类交通要求的最低人口密度。一个大都市区的综合密度(built-up density)被定义为总人口除以城市土地使用量,包括居民区、工业区、商业区、道路、学校和城市公园。与之相比,居民区密度被定义为人口除以居民区面积。每小时公交车服务的最小密度是每公顷建成区面积 21 人,每公顷住宅区面积 30 人。该表的下半部分反映了

是,随着有更高的公交车服务、轻轨和高铁服务频率,所要求的最低人口密度的增加。

表 11-6 维持公众交通的最低密度

	集结密度、城市中 每公顷土地的人数	居民密度、居民区中 每公顷土地的人数
每小时一辆公交车	21	30
每小时两辆公交车	31	44
轻轨	37	53
高铁	50	71

注:公顷=2.5 英亩;中级服务=每天 40 辆公交车;高级服务=每天 120 辆公交车。
资料来源:Holzclaw, J. *Using Residential Patterns and Transit to Decrease Auto Dependence and Transit to Decrease Auto Dependence and Costs*. Washington DC:Natural Resources Defense Council, June 1994。

像我们在前面的章节看到的一样,只有很少的美国大都市区符合这些最低的密度标准。纽约(40 人/公顷)符合轻轨和公交车服务标准,火奴鲁鲁(31 人/公顷)符合中等公交车服务标准(每小时两辆公共汽车)。在 10 个人口最密集的大都市区,拥有 18 人/公顷或更高的人口密度,接近低水平的公交车服务标准。当然,这些是平均密度,这些大都市区的一些区域,人口密度足以支持交通。比如,纽约市的人口密度是 80 人/公顷。同样,在像巴塞罗那(171 人/公顷)和巴黎(88 人/公顷)这样的欧洲城市,人口密度也足够高,能支持高水平的交通服务。

地图 11-1 显示了四个大都市区的人口密度如何对应可行的公共交通要求的最低人口密

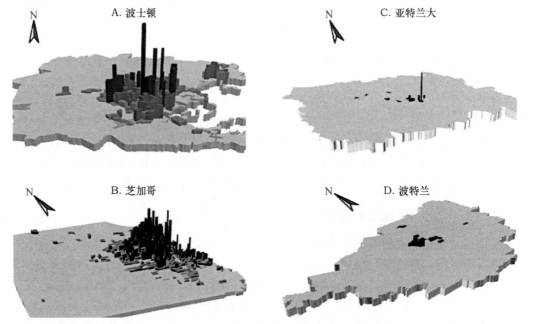

地图 11-1 人口密度和变化的公共交通

稳定状态是在 37 的高度上,它是支撑轻轨运行的最低密度。每个统计区内的突起部分显示的是实际的人口密度,同时它也暗示该地段的密度都在临界值之上。

度。每个统计地段用支持轻轨系统需要的密度表示(37 人/公顷或者 9 472 人/平方英里),该地图用高度为 37 的平面表示该统计地块所处的状态。每个地段之后又被设计成显示实际的人口密度。如果实际密度超过了初始密度,表明这个地段超出了交通平衡点。图 A、图 B 分别代表波士顿和芝加哥地区,其实际密度超过有轻轨的人口密度临界值。图 C、图 D 代表亚特兰大和波特兰地区,这两个地区的人口密度很低,在统计区内生活的居民也相对较少,这些居民大多生活在高于交通平衡点的地段。

11.5　解除管制:签订合同和构建辅助客运系统

在美国的许多城市,城市交通受到严格管制。公司被禁止提供与地方交通运营方竞争的交通服务,导致了交通服务垄断。除了禁止竞争运营方进入运输机动车市场外,地方法规还禁止出租车作为普通的承载者提供服务:无论是在由乘客还是由司机选择的路上,出租车都不能搭载其他的乘客。

限制私人企业进入城市交通市场,是为了禁止"吸脂现象"的发生。公共交通运营覆盖了大量的线路,甚至低客流量和低收入的线路。盈利多的线路收入补偿了盈利少的线路损失。如果企业自由地进入交通市场,它们将从公共交通运营商那里争夺盈利线路公共交通的生意(吸取利润),阻碍城市交叉补贴的作用。结果可能导致高费用,或者减少对低客流量线路的服务。对这一问题显而易见的解决办法是,允许私人部门竞争盈利线路,继续补贴低客流量线路,使补贴更清晰透明。

11.5.1　签订交通服务合同

解除管制的选择是签订合同让私人企业提供特别的交通服务。地方政府规定交通系统的服务特征(如行程方向、出行时间、地点和公交车站、费用),然后接受私营企业对公共交通系统的竞价。联邦交通管理总署估计,这种合同将节省 25%—30% 的运营成本。弗吉尼亚的泰德沃特市签订了在低密度地区提供公交汽车服务的合同,一个私人客运企业提供相同的交通服务,每个乘客的成本比以往低 3 美元。其他使用交通合同的城市经历了相同的成本节约。一些城市也使用签订合同的方式为电话预约服务提供补贴。

私人企业提供较低成本的交通服务有三个原因:第一,它们支付较低的工资。当 BART 接受为交通站提供支线公交车服务的投标时,竞标者的平均小时工资比公交工人的工资低 2 美元。第二,私人企业有更灵活的工作规则,它们使用分次轮班和兼职工作工人,所以在交通高峰期,它们不给无所事事的工人支付工资。第三,私人企业在低密度线路使用小公交车,以节约运营和资金成本。

11.5.2　辅助客运系统

解除管制的第二个选择是允许私人企业竞争交通消费者。解除管制可改变在大多数城市可获得的运输服务的组合形式。目前的系统有两个极端——单个乘客的出租车和大的交通机动车(大公交车和轨道车)——可能被一个用多种机动车为乘客提供多种服务的系统替代。"辅助系统"这一术语出现于 20 世纪 70 年代,描述介于私人汽车和传统公交车之间、提供广泛服务种类的系统。

- **共乘出租车(3—4个乘客)**。在第二次世界大战期间,共乘出租车在华盛顿哥伦比亚区兴盛起来。出租车司机亮出目的地的标志,允许人们在沿线叫出租车,继续他们的路程。目前许多城市允许出租车共享。
- **小巴士(6—15个乘客)**。和一个大的公交车相比,小巴士上的每个乘客的成本更低,能够提供高频率的服务。小巴士还有变换路线、变换停车点和时间表的灵活性。一些城市允许小巴士提供服务,从而产生了较低的费用,为运营者带来了一定的利润。亚特兰大城市限制小巴士的数量,1995年小巴士运营执照的市场价是16万美元。
- **预定通勤者的中小型客车和公交车(10—60个乘客)**。乘坐者提前支付通勤公交车服务。在旧金山,金门交通在郊区社区和市区金融街区之间建立了22个通勤线路。在纽约,私人公交线路每天承载大约6万劳动者到曼哈顿工作。私人运营者的公交车成本较低,因为它们支付较低的工资。

辅助交通能够弥补城市运输系统在单人乘坐的出租车和有大量乘客的公交车之间的空白。相对于接受补贴的公交车,辅助交通运营实际上获得了利润。在总结辅助交通的前景时,Cervero(1996)写道:

> 面对今天美国公共交通产业出现的财政缩减,更多企业和商业的运输服务似乎不可避免。当批评家责备穷人将承受损失时,另一种补救方法——就像对乘客进行补贴一样——能够降低不公正性。而且,商业辅助交通的历史当然不是一个忽视穷人社区的历史。对小巴士和社区公共车服务而言,低收入区一直是它们的市场基础。

11.5.3 英国解除管制的经验

在英国,1985年的《英国交通法案》解除了交通业管制。该法案放松了进入交通业的管制,将多数的交通运营者视为营利机构,引入了一些交通服务的竞争投标机制。另外,交通补贴显著缩减,导致高费用及服务减少。由于工资降低及工作规则变得宽松,产品成本变得更低,再加上一些低客流量线路服务管制的解除,导致小型货车的使用增加。

Gomez-Ibanez 和 Meyer(1990)讨论了关于英国解除管制的三点经验:第一,当地公共汽车业的相互竞争和无利润服务的补贴可能同时存在。城市能够使用竞争投标机制挑选低成本的私人服务商。第二,解除管制带来服务革新和较低的成本。第三,由于管制的大部分利润源于交通企业中间存在竞争,因此政府部门必须制定政策以确保竞争。

11.6 公共交通与土地利用模式

就像在第7章所说,城市运输技术影响城市的形态。20世纪早期的单一中心城市,产生于以下组合:(1)工人搭乘的有轨电车;(2)运输货物的落后技术(马拉货车);(3)信息传递的面对面接触。卡车和州际高速公路系统的发展促成了制造业岗位的分散化,电子信息传递的发展促成了信息领域(办公室)岗位的分散化。汽车把工人们从对步行和有轨电车的依赖中解放出来,导致居住的郊区化和低密度化。

给定交通和通信技术变化对城市形态的影响,考虑一下城市交通体系对土地利用模式的影响。像 BART 和 MARTA 这样的系统提高了毗邻交通车站的就业和居住密度吗?

亚特兰大的经验表明,对公众交通而言,供给不创造它自己的需求。在过去 20 年,亚特兰大市在公共交通方面投入很大,建立了 74 公里的高速铁路系统。尽管运输网络运行平稳安全,但还是没能吸引到就业和人口。1990—1999 年,将近 70 万人移居到亚特兰大大都市区,但是仅有一小部分新居民生活或者工作在靠近交通系统的地区。如表 11-7 的第一栏所示,新加入的居民中,只有 2% 选择靠近 MARTA 车站的地区,13% 选择了靠近公交线路的地区。如表 11-7 的第二栏所示,1% 的新工作靠近 MARTA,22% 靠近公交线路。这么少的人选择靠近公众交通地区的事实意味着,交通设计和城市形态之间只存在微弱的联系,至少在亚特兰大是如此。

表 11-7 亚特兰大新增居民及工作地点的交通易达性

	住宅	工作
在 MARTA 站 800 米内的百分比(%)	2	1
在公交线路 800 米内的百分比(%)	13	22
公众交通系统无法达到的百分比(%)	85	77

资料来源:Bertaud, Alain. "Clearing the Air in Atlanta: Transit and Smart Growth or Conventional Economics?" *Journal of Urban Economics* 54 (2003), pp.379—400。

旧金山 BART 的目标之一是增加在交通车站附近地区的就业机会。对 BART 的研究表明,交通系统对旧金山市区车站周围的就业产生了一个适度的正效用,但是在其他地区没有这样大的影响(Cervero and Landis, 1995)。这与对其他铁路系统的研究是一致的,从中可以得出两个结论(Altshuler, 1979):

1. 在一个不断增长的经济体中,铁路交通促进了市中心车站附近活跃程度的提高。这种聚集效用,在中心商业区以外的地区是不可忽视的。

2. 只有当铁路交通投资和更有力的土地使用工具相联系时,它才是明智的。如果政府运用分区和税收政策来产生一个高密度式的发展,铁路能够提供一种有效的方式运送大量的工人到密集的中心区。

■ 小结

尽管在美国的许多大都市区,交通乘坐量相当低(出行量的 5%),但在一些大的大都市区乘坐量相当高。出行乘客大部分来自低收入家庭。下面是这一章的主要观点:

1. 交通需求的价格弹性是 -0.04,服务的需求弹性的绝对值总的来说更大。

2. 平均来讲,可达时间的边际负效用(步行和等待)大约是市场工资的 80%,而行车时间的边际负效用是工资的 50%。

3. 在许多美国大都市区,公交系统比铁路系统更有效(不论是高铁还是轻轨)。像纽约和芝加哥这样的高密度大都市区则有所例外。

4. 从效率角度来说,公交的政府补贴是合理的:一方面,是因为交通取决于不可分割的规模经济和低接入成本的莫尔经济;另一方面,是因为汽车由于拥挤、环境污染和事故而产生的外部成本。

5. 从一般性的政府补贴到使用方的政府补贴的转换将激励交通运营方去控制成本。

6. 交通系统对土地利用模式存在适度的影响。

■ 问题与应用

在下面的练习题中,带"＿＿＿"的题目,需要读者在上面填上一个词或一个数字。对于带"……"的题目,需要读者用适当的词语完成该句话,并使陈述的内容与原题目相符。对于带"[ ]"的题目,需要读者用圆圈标记出括号中恰当的一个词。

1. 公交车站之间的距离

某城市缩小公交车车站之间的距离,使公交车乘客步行时间减少了20%,行车时间(长途运输)增加了10%,运营成本增加了10%。在典型的公交车线路上,最初的乘坐量是每小时1 000名乘客。假设交通乘坐量对于长途运输时间的弹性是-0.39,交通乘坐量对于接入时间的弹性是-0.71。

a. 忽略运营成本的变化,乘坐量将[增加,减少]＿＿＿%(＿＿＿乘客),计算方法为……

b. 如果交通运营方以一个增加的费用转移较高的运营成本,公交车站距离缩短和一个较高费用的组合将使乘坐量[增加,减少]＿＿＿%(＿＿＿乘客),计算方法为……

2. 交通改进和汽车容量

参看表11-1及交通需求弹性,假设总的通勤者是固定的。试想减少公共交通(否则被称为交通)长途运输时间20%,交通乘坐量对于长途运输时间的弹性是-0.39。

a. 交通通勤者的数量将[增加,减少]＿＿＿名乘客,计算方法为……

b. 非交通通勤者的数量将[增加,减少]＿＿＿名乘客,计算方法为……

c. 如果非交通通勤者的变化按比例分散到五种非公共交通选择上,汽车、卡车和面包车的通勤者将[增加,减少]＿＿＿名乘客。

3. 迪士尼交通

思考本章开篇的引述。假设你的城市运输经理雇用了设计最受欢迎的迪士尼乐园游乐设施的工作团队,请他们重新设计城市的交通系统。该城市的目的是提高乘坐量而去掉交通补助。换句话说,交通费用将抵消系统的全部成本。

a. 预测带有迪士尼理念的交通系统的特征。

b. 你认为新的交通系统可以实现该城市的目的吗?

4. 轻轨的平均成本

用与图11-4类似的图,显示长期运营的轻轨系统的平均成本。绘制一条轻轨曲线、BART曲线及一个公交系统曲线。解释你的轻轨曲线的位置。

5. 公交车对汽车的负效用

绘制图11-4中的成本曲线,作者假设乘坐一辆公交车的时间负效用和开车的时间负效用相同,基于你自己的偏好这是一个现实的假设吗?绘制一条和你的偏好一致的新成本曲线。公交车比汽车更有效率的范围将[更宽,更窄]。

6. 钻石车道的反应

Zirconium 市刚把它的汽车道上的四条快车道之一转化成钻石或 HOV 道,主要由公交车使用。这种转变使公交车的长途运输时间缩短了 10 分钟,使小汽车的长途运输时间增加了 3 分钟。结果,Buster 从自驾车转向乘坐公交车,但是 Otto 还继续驾车。

a. Buster 转向公交车,因为相对于他的_____时间的负效用,他的_____时间的负效用更大。

b. Otto 没有改变,因为相对于他的_____时间的负效用,他的_____时间的负效用更大。

7. 免费交通吗

设想一个城市的公共交通的最初费用是 1.5 美元,最初的乘坐量是 120 000 名乘客。假设城市降低交通费用至零。

a. 总的公共交通的乘坐量将[增加,减少]_____名乘客,计算方法为……

b. 绘制一张图以反映上述答案。

8. Segway 和交通赤字

假设一个大城市,拥有专有的公交车道,给它的每个公民一个 Segway——一个自我平衡的个人运输机动车,因为令人惊奇的最新的缩小化技术,这个运输工具可以被折叠成公文包大小,并能很容易地带到公交车上。这个 Segway 允许的速度是步行的四倍,在强力场的辅助下,即使在恶劣天气下也能用于舒适的旅途。公交车费用等于平均系统成本。运用图 11-2 表明 Segway 对每个行程(全部价格)均衡成本和均衡容量的影响。

9. 内生化汽车成本的外部性

设想一个城市的交通系统的固定成本是每小时 140 美元,长期运营的边际成本是一个常数:每名乘客 1 美元。需求曲线是直线,纵轴截距是 11 美元,斜率是单位乘客 0.1 美元。

a. 用一张图反映需求曲线、边际成本曲线和平均成本曲线。

b. 在边际成本定价中,价格是_____美元,乘坐量是_____个人,每名乘客的赤字是_____美元。

c. 假设该城市将汽车的外部性内在化,在每个乘坐水平下,交通支付意愿提高了 4 美元。在边际成本定价中,价格是_____美元,乘坐量是_____个人,每名乘客的赤字是_____美元。

10. 亚特兰大规划者设计的炸弹

设想把规划者设计的炸弹扔到亚特兰大大都市区的效果。这个炸弹不会伤害任何人,但它能摧毁除 MARTA 基础设施以外的所有设施(卡车、汽车和车站)。最重要的是,它摧毁了所有的建筑,所以大都市区必须完全重建。为了简化布局,设想 MARTA 轨道呈放射状,有两条线路在市中心交叉。

a. 规划者的目标是,建立与巴塞罗那一样的能容纳亚特兰大爆炸之前人口数量的交通承载水平。描述重建这个城市的规划的特征。

b. 如果规划被实现,你预计该大都市区的人口会有变化吗?

参考文献和补充阅读

1. Altshuler, Alan A. *The Urban Transportation System*. Cambridge, MA: Joint Center for Urban Studies of MIT and Harvard, 1979.

2. American Public Transit Association. *Transit Fact Book 2010*. Washington DC, 2010.

3. Bertaud, Alain. "Clearing the Air in Atlanta: Transit and Smart Growth or Conventional Economics?" *Journal of Urban Economics* 54(2003), pp. 379—400.

4. Cervero, Robert. "Commercial Paratransit in the United States: Service Options, Markets, and Performance." Working Paper No. 299, University of California Transportation Center, 1996.

5. Cervero, Robert, and John Landis. "The Transportation-Land Use Connection Still Matters." *Access* 7 (Fall 1995), pp. 2—10.

6. Gomez-Ibanez, Jose A. "A Dark Side to Light Rail?" *Journal of the American Planning Association* 51 (Summer 1985), pp. 337—351.

7. Gomez-Ibanez, Jose A., and John R. Meyer. "Privatizing and Deregulating Local Public Services: Lessons from Britain's Buses." *Journal of the American Planning Association* 56 (Winter 1990), pp. 9—21.

8. Holtzclaw, J. Using Residential Patterns and Transit to Decrease Auto Dependence and Costs. Natural Resources Defense Council, June 1994.

9. Meyer, John R., John F. Kain, and Martin Wohl. *The Urban Transportation Problem*. Cambridge MA: Harvard University Press, 1965.

10. Parry, Iran, and Kenneth Small. "Should Urban Transit Subsidies Be Reduced?" *American Economic Review* 99(2009), pp. 700—724.

11. Richmond, Jonathan E. "*New Rail Transit Investments-A Review*." Taubman Center for State and Local Government, 1998.

12. Small, Kenneth A. *Urban transportation Economics*. Philadephia: Harwood, 1992.

13. Small, Kenneth, and Erik Verhoef. *The Economics of Urban Transportation*. New York: Routledge, 2007.

第4篇

城市的教育和犯罪

第12章　教育
第13章　犯罪

4

　　本书的这一部分探讨了地方政府的两个最大的支出项目:教育和犯罪控制。美国地方政府约48%的预算用于教育支出,而约8%的预算用于犯罪审判系统支出。教育质量在城市内部和城市之间有显著的空间差异。因此,教育在家庭区位选择中扮演着重要角色。类似地,犯罪率的空间差异影响着居住区位选择。在第12章,我们引入教育生产函数的概念,并探索教育过程中的关键性投入,包括家庭环境、同龄群体以及教师对教育产出的贡献。在第13章,我们引入理性犯罪模型,并探索理性犯罪行为对公共政策的影响。

第 12 章　教育

> 人类历史已经越来越成为一场教育与灾难之间的竞争。
>
> ——H. G. 威尔斯（H. G. Wells）

　　本章将探讨教育经济学。在美国地方政府支出中，大约有一半用于地方学校建设。在 K-12（从幼儿园到高中）教育上的支出是地方政府的第二大支出项目，大概是治安支出的 7 倍。正如我们在前面的章节中讨论过的，不论在城市内部还是城市之间，教育质量都存在显著的空间差异。其结果是，地方学校质量成为影响家庭和公司区位选择的一个重要因素。由于受教育程度较高的劳动者拥有较高的生产能力和创造能力，因此地方教育影响着城市经济的增长。

　　教育的经济分析是以教育生产函数为基础的，它揭示了教育过程中投入与产出的关系。其中，投入包括由学校所控制的变量（教师、班级规模、课程）以及包括家庭环境在内的非学校控制的变量。至今，教育产出一直根据认知测试（cognitive tests）的结果来定义。而最近的前沿理论和实证工作允许我们用教育对人生收入变化的贡献来衡量教育产出。这一方法提供了有关教育投入配置变化的成本-收益分析框架。例如，班级规模的缩小（教师对每个学生投入更多的时间），提高了学生的学习成绩，但是收入增长带来的额外收益是否高于新增成本？

12.1　支出和教育成绩

　　2008 年，美国对每个 K-12 学生的平均支出为 10 981 美元。如表 12-1 所示，不同州对每个学生的平均支出具有明显的差异，从最低的 6 841 美元（犹他州）到 20 807 美元（哥伦比亚特区）。1960—2010 年，对每个学生的实际支出增长了 4 倍。而过去的几十年，学生在数学和阅读方面的认知测试的表现没有大的变化，而在科学方面的成绩下降明显（Hanushek, 2003）。

表 12-1 选定的州的学生的平均支出额(2007)

选定的州	学生的平均支出(美元)
犹他	6 842
俄克拉荷马	8 270
密西西比	8 448
田纳西	8 459
亚利桑那	8 630
康乃狄格	15 063
新泽西	18 174
纽约	18 423
哥伦比亚特区	20 807

资料来源:U.S. Department of Education (2010), Table 194。

表 12-2 提供了一个关于教育成绩的国际展望。该表显示了排位靠前国家(地区)的平均测试分数(数学和科学分数)。在以上两个测试中,60 个特定国家(地区)的平均成绩都是 500 分。在数学成绩方面,美国以 508 分的平均分数排名第九。而在科学成绩方面,美国以 520 分的平均分数排名第十一。

表 12-2 国际学生测试分数

国家(地区)	数学平均分数	科学平均分数
中国台湾地区	598	561
韩国	597	553
新加坡	593	567
中国香港地区	572	530
日本	570	554
匈牙利	517	539
英格兰	513	542
俄罗斯联邦	512	530
美国	508	520
立陶宛	506	519
捷克共和国	504	539
斯洛文尼亚	501	538
澳大利亚	496	515
瑞典	491	511

资料来源:Adapted from M.O. Martin, I.V.S. Mullis, & P. Foy (2007)。

表 12-3 分别提供了全美国、大城市组和各个选定城市的学生成绩数据。美国全国教育进程评价系统(The National Assessment of Education Progress, NAEP)衡量了学生的阅读和数学水平。从该表可以看出在 NAEP 数学测试中分数低于基准水平的八年级学生的百分比。从全国来看,有 29% 的学生低于基准水平,而大城市组的这一数字却达到了 40%。在表中列

举的大城市中,圣地亚哥、波士顿和纽约高于平均水平,而底特律、克利夫兰和巴尔的摩低于平均水平。

表 12-3 选定城市的学生水平(2009)

选取范围	低于基础水平的百分比(%)	选取范围	低于基础水平的百分比(%)
美国全国	29	亚特兰大	54
大城市	40	洛杉矶	54
圣地亚哥	32	巴尔的摩	57
波士顿	33	克里夫兰	58
纽约	40	底特律	77
芝加哥	49		

资料来源:U.S. Department of Education (2010), Table 145。

在前面的章节中,我们探讨了中心城市内不同高中学生成绩的差异。表 8-4 提供了波特兰学区内 8 个高中的学生成绩和社会经济特征。该表揭示了各高中学生成绩的本质差异:达到州数学成绩标准的学生比例为 44%—80%。经济条件较差的学生比例为 12%—70%。

四年级学生的 NAEP 测试结果表明,美国有着持续和广泛的种族间教育水平差距。可达到熟练阅读水平的白人学生的比例为 43%,而黑人仅为 12%。具有较高数学应用水平的白人学生的比例为 51%,而黑人仅为 14%。白人学生与黑人学生间教育水平的巨大差距体现在各个年级的各个学科中,并且在进入学校系统学习的过程中不断增大(Dobbie and Fryer, 2009)。虽然部分水平差距可以归因为社会经济背景的不同(包括父母的收入和教育水平),然而消除背景差异后依然存在较大的教育水平差距。

12.2 教育生产函数

教育的目的是发展认知技能、社会技能和身体技能。基础的认知技能(阅读、书写、数学、逻辑)是就业和参与民主所必需的。此外,这些技能还增强了闲暇活动带来的愉悦感:它们使人们能够阅读书籍、领会笑话或者计算保龄球得分。学校也发展社会技能:它们教会儿童如何交换想法并且进行集体决策。最后,学校还发展身体技能:它们教孩子们如何运动和游戏。

教育生产函数揭示了教育过程中投入与产出的关系。假设学习成绩被定义为特定儿童一学年内测试分数的变化。教育生产函数如下:

$$学习成绩 = f(H, P, C, E, T)$$

学习成绩由学生的家庭环境(H)、班级同龄群体(P)、总课程(C)、教育配套设施(E,包括书籍、电脑和实验器材等)以及教师质量(T)所决定。

12.2.1 家庭环境

生产函数的第一个投入要素是家庭环境(H),其通过三种方式作用于学生成绩。第一,父母制定家庭规则,建立有利于或者不利于教育的环境。比如,一个不利的环境是指在家庭中孩子们用大量的时间去看电视,而不去阅读书籍或者完成作业。第二,家长可以督促孩子阅读和学习,帮助他们完成作业和给予奖励。第三,父母可以提供教学所需的材料,诸如书籍和家庭电脑,以鼓励孩子独立学习。

家庭环境质量还部分取决于父母的收入和受教育程度。总体上说,父母更为富裕,且受教育水平更高时,其孩子会因为在家里得到更多的来自父母的鼓励和帮助而学习成绩较高,并且孩子也能从与其父母每天的交流中获得更多的语言和数学技能。而相比之下,贫困而受教育程度低的家庭中儿童在学校中的学习成绩较差。另外,贫困家庭中的儿童经常营养不良,降低了他们的学习能力。许多经验研究表明,家庭环境对学习成绩有非常显著的影响。

12.2.2　同龄人效应

生产函数的第二个投入要素是学生班级的同龄人水平(P)。如果一个孩子周边都是一些聪明的、上进的孩子,那么他将能学到更多的知识。聪明的同龄人通过合作(孩子间的相互学习)和竞争(孩子间的相互竞争)而提高学习成绩。对于上进的同龄人来说,教师可以花费更少的时间维持纪律和激励学生,花费更多的时间授课,他们的学习成绩会因此而提高。另外,不上进的学生为其他学生提供了一个负面的榜样。

近期的一些研究估算了初中(高中)内的同龄人效应。中国的学生接受两种入学考试:一种用以考取高中,而另外一种用以考取大学。为了判断同龄人的质量类型,我们可以用高中入学考试的班级平均分作为评价标准。而大学入学考试的分数可以用来度量学生高中期间的学习水平。Ding 和 Lehrer(2007)估计同龄人水平每提升1%,学习成绩提升0.088%。Sund(2009)测量了瑞典高中的同龄人效应水平:如果学生的同学的水平从中位数水平(第50百分位)增长到第84百分位,该学生的学习成绩则从中位数水平增长到第54百分位。

这里存在与同龄人效用有关的重要权衡。一个关键的政策问题是将不同能力的学生混合为一个班,还是将学生按照能力水平(能力分组或者能力轨迹)分成不同的班。假设我们将Doc(一个高水平学生)编入以下三个班级中的一个:(1) 与 Dopey 一起分在低水平班级;(2) 与 Midge 一起分在中等水平班级;(3) 与 Heidi 一起分在高水平班级。对于 Doc 来说,最佳的选择是与 Heidi 一起分在高水平班级。但是中等水平和低水平班级会因为 Doc 的加入而受益。如果 Doc 被分在中等水平班级,Midge 会因为 Doc 的溢出效应而受益。同样,如果 Doc 被分在低水平班级,Dopey 会因为 Doc 的溢出效应而受益。

有关同龄人效应的观点存在分歧。基于来自中国的数据,Ding 和 Lehrer(2007)认为中等水平学生从高水平学生所获取的收益最多,而低水平学生的收益最少。而基于美国的数据,Burke 和 Sass(2008)认为如果我们将高水平学生编入中等水平班级,则总水平将会提升:中等水平学生的收益将高于高水平学生的损失。相反,将高水平学生编入低水平班级,则总水平将会下降:因为水平相对较低的学生的收益将低于高水平学生的损失。Sund(2009)利用瑞典的数据研究此问题得出了不同的结论:低水平学生从高水平同龄人那里获得的收益最高,因此,将高水平学生编入低水平班级能提高学生的总水平。以上矛盾的结果使不同水平学生的同龄人效应的大小仍然难以确定。

12.3 学校投入:教师的重要性

若用学习成绩作为测度标准,则各学校的教育生产率存在显著的差异。该生产率的差异与环境(C)、学校设施(E)或者学校的管理方式无关。相应地,生产率的差异是由教师生产率的差异所造成的。换句话说,生产率水平最高的学校是那些教师生产率水平最高的学校。

12.3.1 教师生产率的差异

教师生产率可以用学生认知能力测试分数进行衡量。对城市中心学校进行研究时发现,在一个学年中,与低生产率教师相比,高生产率教师教授的学生的成绩要整整高出一个学年的水平(Hanushek,1992)。例如,一个学生在三年级入学时的学习成绩为2.0,刚好与教学目标相符。在一个高能力教师的教授下,在本学年结束时该学生的学习成绩达到3.5,比教学目标高出半个学年的水平。相反,在低生产率教师的教授下,该学生取得的学年成绩为2.5,低于教学计划半个学年的水平。

为了度量教师之间生产率水平差距,我们可以将一个生产率处于平均水平以上的教师与平均水平的教师相对比(Chetty et al.,2010;Hanushek,2010)。让我们将一个"高级"教师定义为学生成绩处于第84百分位水平的教师(以学生的分数进行测度,高级教师是指那些比84%教师的教学成绩更好的教师)。下面考虑一个思维实验。如果我们用一个高级教师(第84百分位水平)替换一个平均水平的教师(第50百分位水平),然后评估学生测验成绩变化的结果。典型学生的测验成绩将会从第50百分位上升到第58百分位。

我们可以将学生测验分数的变化转换为终生收入变化(Chetty et al.,2010;Hanushek,2010)。如果我们用一个高级教师替换一个普通水平的教师一年,典型的学生将从第50百分位移动到第58百分位。位于第58百分位的学生的终生收入水平大约为21 311美元,高于第50百分位水平的学生的收入,上述例子给出了测量每个学生在教师替代中受益额度的方法。对于一个有20个学生的班级,一个高级教师的经济价值与一个平均水平的教师相比要超出426 000美元。由此可见,应当关注高级教师的年度价值:一个高级教师在一年中所获得的收益。

同样的逻辑也适用于其他类型的教师替代。比如,我们用一个第69百分位的教师代替一个平均水平的教师(第50百分位)。在这种情况下,典型的学生会从第50百分位移动到第54百分位。这一教育水平的变化会使每个学生的终生收入增加10 607美元。这意味着拥有20名学生的班级的终生收入增加将超过210 000美元。在教师生产率分配的相反的方面,假设我们用一个低水平的教师,如第31百分位教师,来替代一个平均水平的教师。典型的学生将会从第50百分位移动到第46百分位,而拥有20名学生的班级的终生收入将减少210 000美元。

上面有关教师水平对终生收入影响的证据对教师个人的决定有重要的意义。将低水平的教师清除出班级会产生巨大的回报,这一过程就是著名的"教师淘汰"(deselecting teacher)。Hanushek和Rivkin(2010)估计,如果美国用平均水平的教师代替水平最低的8%的教师,学生的测验分数将会提高将近45%。这一水平提升足以弥补美国学生与其他大多数国家的差距。对于美国经济而言,淘汰水平最低的8%的教师可以使收入和年度GDP增长将近112万亿美元。

12.3.2 高生产率水平教师的特征

虽然教师生产率水平的差异是非常明显的,但要列出一个高生产率水平教师的特性也是很困难的。教学所需的精细的技能不能被简单地描述出来,因此难以预测哪一个教师有最高的生产率水平。在考察那些解释教师生产率水平差距的特性时,研究者通常关注教育水平(研究生课程年限)、经验(教学年限)和沟通技巧(语言表达能力)。

- 教育水平:没有证据表明完成研究生课程教育的教师比仅拥有学士学位的教师有更高的生产率水平。换句话说,研究生教育的课程并不能提高教师生产率水平。
- 经验:研究者发现教师经验可以提高生产率水平,但仅限于开始的几年教学。
- 语言表达能力:效率最高的教师拥有高超的交流技巧。学生从标准语言测验分数高的教师那里学到的东西更多。

12.3.3 班级规模效应

有明确的证据表明班级规模会影响学生的成绩。这也是显而易见的,其原因是规模越小的班级,教师能够在每个学生身上花费更多的时间。一些证据显示,低收入和低水平的学生的成绩在较小规模班级中会有更大的提升。然而,事实上,虽然学生在较小的班级中能够学到更多,但这并不必然意味着小规模班级就更好,因为缩小班级规模就得增加教师数量,但问题是收益是否能够超过成本。

图12-1显示了如何决定有效的教师数量以及由此决定的有效的班级规模。考虑一个学生人数为600人的学校,该学校要决定雇用多少教师。如果学校雇用t个教师,班级规模将为$(600/t)$。如果学校雇用40个教师,班级规模将为15个学生。在上面的图形中,用一个教师数量函数反映学生的学习成绩(用终生收入衡量),这意味着学生水平随着教师数量的上升而上升,但上升的速度呈递减趋势。换言之,在班级规模收缩的同时,缩小班级规模所带来的收益也在逐渐下降。下面的图形则反映了教师的边际收益,它等于新增加一个教师导致教学成绩的变化(同时也源于班级规模的缩小)。与上面的图形中的凹的总收益曲线相一致,边际收益曲线的斜率为负(意味着缩小班级的收益是递减的)。图中的水平线是教师的边际成本,它等于向教师支付的工资。

我们可以使用边际原理(在本书附录中给出了解释)来计算有效的教师数量和有效的班级规模。点e显示了效率选择,在该点教师的边际收益等于边际成本。在教师数量为t^*时,学生成绩提高带来的收益超过增加教师所需要支付的额外成本,因此对于整个社会而言,雇用这些教师是有效率的。在第t^*个教师以及班级规模$s^* = (600/t^*)$时停止雇用是有效率的,因为超过这一点,教育水平的额外收益会小于额外成本。

现实的问题是如何比较增加教师的成本和收益? Krueger(1999)提供了一个班级规模减小1/3所带来效应的例子。较小的班级在运行的4年中,对每个学生支付的额外成本大约为7 400美元。估计终生收入的增加为每个男生9 603美元、女生7 851美元。换句话说,预期收益与成本相比,男生高30%,女生高6%。正如Krueger所提到的,这些数字存在很大的不确

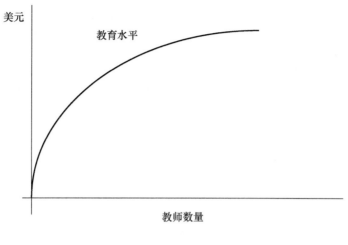

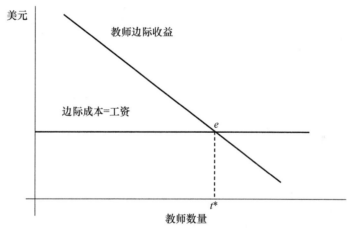

图 12-1　有效教师数量和有效班级规模

如果随着教师的增加,学校的教育水平增加量成比例地递减,则边际收益曲线是一条斜率为负的直线。有效教师数量 t^* 由边际收益曲线与边际成本曲线的交点 e 确定。有效班级规模为学校中的学生总数除以 t^*。

定性,因此他得出以下结论:"这些数字暗示了,缩小班级规模所带来的收益和成本的增加幅度基本处于相同的区间。"

12.3.4　教师薪酬

在上文中我们已经讨论过,教师是教育过程的关键投入要素,并且教师生产率水平存在巨大的差异。由此可以预期,教师的工资差异与其生产率水平的差异相吻合是一种合理的选择,也就是水平更高的教师比普通教师可以获得更高的工资。然而,教师市场则没有体现这种差异。相应地,典型教师工资的很大一部分取决于以下两个因素:教学经验(执教年限)以及教师的受教育程度。

我们考察第一个决定因素:教学经验。从全国来看,在任教前 20 年教师的平均工资每年增长约 1 000 美元。2008 年,教师的平均工资为 49 600 美元,工资范围从新进教师的 38 200

美元,到具有三年教学经验教师的 40 100 美元,再到具有 20 年教学经验教师的 57 800 美元。换言之,具有 20 年教学经验教师的收入是具有三年教学经验教师收入的 1.44 倍。在前面的章节中我们已经讨论过,对教育生产函数的研究认为,在任教的前几年中,教师的生产率水平呈上升趋势,之后将不再上升。因此,具有 20 年教学经验教师的工资与具有三年教学经验教师的工资之间存在 44% 的差距将会产生这样一个矛盾:为什么对于平均生产率并无优势但教学经验更长的教师获得了更多的工资?

图 12-2 揭示了以上矛盾。上面的图形描述了教师生产率水平,其生产率水平用学生的学习成绩来度量,它也是教师教学年限的函数。教师生产率水平在前三年上升,然后保持不变。在下面的图形中,负斜率曲线代表教学经验的边际收益,也就是每增加一年经验导致学生学习成绩的变化量。边际收益在前三年是正的,而在之后的时间里为零。水平线为教学经验的边际成本,它等于教学经验每增加一年导致教师工资的变化量。根据边际原理,合理的选择是点 e:一个有效率的学校将雇用有 y^* 年教学经验的教师,这一年限明显少于三年。在这个简单的模型中,雇用有三年以上教学经验的教师是不理性的,因为学校支付成本(更高的工资)后却不会得到任何收益。

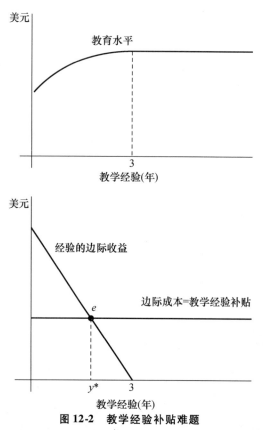

图 12-2 教学经验补贴难题

教师生产率在教师任教的前几年随着教学经验的增加而有所提升,然后保持不变。经验的边际收益曲线斜率为负,并且在几年(在这个例子中是三年)后为零。有效经验水平(y^*)由边际收益曲线和边际成本曲线的交点 e 表示。

这一简化模型抽象了学校的一些重要特征。特别是，很多教师在任教开始的一些年里从工作中学习到的东西主要来自与更有经验老师的交流互动。由此可见，向那些促进周围教师生产率提高的教师支付一个经验补贴将是有效率的。这也是教师带头人（Master-Teacher）项目背后的逻辑，在该项目下为新教师提供顾问式服务的有经验的教师应该获得更多的报酬。

考虑一下教师的教育背景。在美国，拥有硕士学位教育背景的教师获得的工资补贴（wage premium）大致为26%。平均来看，有硕士学位教师的收入比没有硕士学位的教师高26%。正像我们在本章前面所谈及的，没有证据显示研究生的课程能提高教师生产率。有关教育生产函数研究的结果已经为"为美国而教"（Teach For America，TFA）计划的经验证据所证实，其项目鼓励未受过传统教师培训的大学毕业生到班级中任教。由TFA教师指导的学生在数学测验上表现得更为优异，而在阅读测验上的表现与其他学生大致相同（Staiger and Rockoff, 2010）。

这就出现了有关教师工资的另外一个矛盾。如果研究生教育不能提高生产率水平，研究生课程的边际收益为零。相反，教师工资却随着研究生教育年限的增加而提高，因此研究生教育的边际成本为正。给定零边际收益和正边际成本，学校的理性选择是在雇用教师时不雇用拥有研究生学历的教师。矛盾在于学校为教学支付的费用——研究生课程——却不能提高学生的学习成绩。

12.4 创新：特许学校

最近K-12教育中的一些创新主要在于关注教育生产过程。一个特许学校（charter schools）在课程和管理上比传统的学校更加灵活。有些城市已经引入了"无借口"（no excuse）的特许学校，这样的学校延长了教学时间，强调纪律，对学生的成绩有更高的期望，用经常性的考试监测学生的成绩。近期的研究表明无借口学校的教学管理模式大幅提高了学生的成绩。

12.4.1 承诺学院

无借口特许学校的一个很好的案例是纽约黑人居住区的承诺学院（Promise Acedemy）。这所学校延长了日学时和学年，并且对阅读和数学课程中需要补习的内容提供课后辅导。平均来说，这个学院的学生在学校作业上花费的时间是传统学校学生的两倍。学校强调学习成绩和刻苦学习的文化。承诺学院的一个关键目标是招募和雇用更多的拥有高生产率水平的教师，并且学校使用学生的标准测试分数来衡量教师的表现并对高水平的教师进行奖励。在开办的最初几年，承诺学院在寻找高生产率教师的同时，教师的离职率也相当高（在第一年接近50%）。

最近的研究显示承诺学院取得了巨大的成功（Dobbie and Fryer, 2009）。
- 一个典型的六年级学生在进入学院时其数学和阅读成绩在纽约均排在第39百分位。当进入八年级时，该年级学生学习成绩的百分位数排名上升到了数学第74位以及阅读第53位。
- 对于中间年级的学生而言，一个典型的黑人学生进入特许学校时其数学成绩处于第

20百分位水平(80%的白人学生分数更高)。三年以后,该学院黑人学生的学习成绩达到第55百分位(45%的白人学生有更高的分数)。

该类型的学校取得了巨大的成绩,但仍需要进一步的研究来确认这一巨大的成绩及其产生的原因。Dobbie和Fryer(2009)提供了两个尝试性结论。第一,毋庸置疑,学生学习成绩的提升主要来源于他们拥有生产率水平较高的教师,这是辞退低水平教师以及雇用高水平教师的结果。第二,该成绩的取得有可能是学校综合因素共同作用的结果,包括拥有较高生产率水平的教师和关注学习的环境。

12.4.2 寄宿学校

最近关于寄宿学校(boarding schools)学生的研究关注了家庭环境的影响(Curto and Fryer,2011)。建立寄宿学校的初衷是为了使学生脱离不利的家庭环境。像许多无借口的特许学校一样,在哥伦比亚特区和巴尔的摩的种子学校(SEED school),日学时被延长了,提供广泛的课后辅导,用经常性的测试检验学习成绩,并且提高了学习成绩的预期。

据报道,种子学校对学生学习成绩的影响效应是巨大的。为了评价一个种子寄宿学校的效果,假设一个接受传统教育并且在家里居住的学生进入种子寄宿学校就读。Dobbie和Fryer(2011)的报告显示,在新式学校中其数学成绩每年提高9个百分位,阅读成绩提高8个百分位。例如,一年后,该学生的数学成绩将从第20百分位变动为第29百分位,两年后将达到第37百分位,并且以此类推,四年后达到第56百分位。学习成绩的提高幅度要比正常的无借口特许学校稍大一些。这表明寄宿学校与学习成绩提升效应有关联性。但一个有关寄宿学校成本的计算表明,学习成绩的提高并不足以抵消学生一周寄宿五天所需要支付的高昂成本。

12.5 支出不平等和公共政策

K-12教育的传统资金来源于地方财产税。20世纪70年代以来,在许多州,市民对财产税基金的合宪性提出了质疑,其原因是各学区在每名学生身上花费的资金与学生的学习成绩之间存在不平衡的问题。在大多数州的宪法里,教育被定义为全体市民的基本权利。相反,教育却没有在美国宪法中被提及。因此,教育支出不平衡并没有为美国宪法所禁止。

几个有关挑战教育财政合宪性案件的结果是,各州发展出了对K-12教育平等的替代性观点(Yinger,2004)。

1. **充足性**:每个地方学区提供的教育应当达到或者超过全州的最低标准。
2. **机会平等性**:每个学区的投票者面临同样的有效的课税基础。这意味着在给定的财产税税率下,每个学区的每名学生将产生相同的税收。
3. **平等性**:每个学区提供相同水平的教育。虽然有的法庭案件采用了一个教育平等标准,但没有法庭定义过一个州应如何度量平等性。

给定这些有关平等的替代性概念后,各州的教育财政系统有了重大变化,大多数州着眼于缩小支出不平衡以应对以上问题。

12.5.1 政府间资助：教育基金计划

很多州利用政府补贴的方式来弥补学区之间的不平等。在教育基金补贴下，每个州对于低财产税税基的学区提供更大的补贴。每名学生的教育基金补贴函数如下：

补贴额 = 教育基金水平 − 教育基金税率 × 学生人均地方财产价值

为了便于描述，假设一个州的教育基金水平为 8 000 美元，教育基金税税率为 3%（0.03），对于一个学生人均地方财产价值为 200 000 美元的学区而言，教育基金补贴为：

教育基金补贴 = 8 000 − 0.03 × 200 000 = 2 000（美元）

教育基金补贴等于教育基金水平与学区采取教育基金税税率所能获得的地方收入之间的差额。

应当注意到，教育基金补贴独立于地方税税率。继续使用上文给出的例子，表 12-4 描述了不同地方税税率下的支出选择。给定学生的人均税基为 200 000 美元，税率每提高 1%，地方税收收入和支出增加 2 000 美元。如果学区选择 2% 的税率，每个学生可以产生 4 000 美元的地方收入，加上教育基金补贴的 2 000 美元，这个学区可以为每个学生支出 6 000 美元。选择 2.5% 的税率将使地方税提高 1 000 美元，但是不改变补贴额。换句话说，如果学区教育支出超过 2 000 美元（教育基金补贴），地方在教育上付出的每 1 美元成本都要由自己承担。

表 12-4　教育基金补贴下的税收和支出选择

地方税税率（%）	地方税收收入（美元）	教育基金补贴（美元）	教育支出（美元）
2	4 000	2 000	6 000
2.50	5 000	2 000	7 000

教育基金补贴背后的指导思想是对于低税基的学区提供更多的资金支持。补贴比例随着地方财产税基的变化而呈现较大的不同，而且教育基金的税率也直接决定了该补贴比例。例如，如果教育基金的税率是 0.03，地方税基每增加 1 美元，补贴将降低 0.03 美元。对于学生人均财产价值仅 100 000 美元的学区而言，教育基金补贴为 5 000 美元：

教育基金补贴 = 8 000 − 0.03 × 100 000 = 5 000（美元）

这个学区的每个学生获得了 3 000 美元的额外补贴，是因为它的税基更低，仅为 100 000 美元（0.03 × 100 000 = 3 000）。

12.5.2 对教育基金补贴的反映

教育基金补贴对学区支出有怎样的影响呢？就像本书后面章节将讨论的，中间投票者模型预测有关地方法案的投票结果将与具有中间偏好的投票者的选择相同。在教育支出问题上，中间投票者将投票群体分为两部分：一部分希望教育支出维持在较低水平，而另一部分希望维持在较高水平。因此，为了评估教育基金补贴对特定学区教育支出的影响，我们需要预测教育补贴对中间投票者选择的影响。

图 12-3 给出了预算线和中间投票者的无差异曲线。横轴表示每名学生的支出，纵轴表示其他商品支出。预算线 ab 代表教育以及其他商品之间的初始预算约束：中间投票者对每个学生有总计 a' 的预算用于教育或者其他支出，教育支出每增加 1 美元，则其他商品支出减

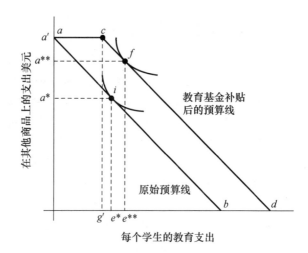

图 12-3 教育基金补贴的效应

教育基金补贴使中值投票者的预算线从 ab 移动到 acd,而效用最大化点从点 i 移动到点 f。补贴使教育支出增长了 $e^{**}-e^{*}$,而其他商品支出增长了 $a^{**}-a^{*}$。

少 1 美元。假设在教育基金补贴之前,投票者效用最大化点位于点 i(教育支出 $=e^{*}$,其他商品支出 $=a^{*}$),该点也是地方学区的支出选择。

假定教育基金补贴效应为 g'。补贴使预算线从 ab 移动到了 acd。点 c 处于新的预算约束之中,因为投票者可以用补贴购买 g' 单位的教育而将其所有的自有资金 a' 用于购买其他商品。从点 c 到点 d 连线上的一系列点构成了新的预算约束。从点 c 开始,投票者面临的是教育与其他商品之间的权衡。预算线的移动导致效用最大化点从点 i 移动到了点 f。此时,教育支出为 e^{**},其他商品支出为 a^{**}。换句话说,教育(从 e^{*} 增长到 e^{**})和其他商品(从 a^{*} 增长到 a^{**})支出都增长了。

地方社区是如何利用教育补贴提高其他商品支出的呢?学区可以将教育补贴 g' 用于教育支出 e^{**},并且仅有部分地方税收($e^{**}-g'$)用于教育支出。补贴将地方对教育支出的贡献从 e^{*} 降低到了($e^{**}-g'$),因此学区削减了地方税,这使得该地区的居民有更多的钱用于其他商品的消费。对于该地区的居民来说,教育基金补贴等同于收入增长,它提高了人们对正常商品的需求,包括教育和其他商品。学区通过降低税收的方法使居民有更多的钱用于其他商品的消费,就像中间投票者所表现的那样,这反映了居民的选择。

中间投票者模型预测教育基金补贴对于教育支出的效应与增加收入相同。其结果是,该模型预计教育基金补贴的很一小部分用于教育支出。而经验证据表明,对于政府间补贴来说,教育补贴花费在目标地方公共物品上的比例更高一些,在 40% 左右(Oates, 1999)。这就是著名的粘蝇纸效应(flypaper effect):补贴的大部分花费在其第一目标支出上(学区),而一小部分花费在其他商品上。在教育补贴问题上,花费在教育支出上的部分为 30%—65%(Card and Payne, 2002)。

教育基金补贴如何影响学区之间的教育支出不平等呢?最高额度的补贴支付给财产价值最低的学区,因此在低财富学区中补贴对教育的刺激作用最显著。经验研究表明,教育基金补贴系统的确在现实中缩小了教育支出差距(Card and Payne, 2002;Chaudhary, 2009)。

12.5.3 匹配性补贴:保证性课税基础

教育基金补贴是一种非匹配性补贴,这种补贴独立于地方税税率和地方税收。相反,匹配性补贴随着地方收入的提高而呈上升趋势,因此在地区层面上每1美元额外教育支出的成本要低于1美元。假设一个匹配性补贴的匹配比率是0.25。每额外增加0.80美元的地方税收意味着州补贴要贡献0.80美元的1/4,也就是0.20美元,使总支出达到1.00美元。在这个例子中,1美元地方教育支出的成本只有0.80美元。总而言之,地方每1美元教育支出的成本是$1/(1+m)$,其中m为匹配性补贴比例。在我们的例子里,地方每1美元教育支出的成本为$1/1.25 = 0.80$(美元)。

与教育基金补贴相比,匹配性补贴因为其同时包括收入效应和替代效应而对教育支出的刺激效应更大。就像教育基金补贴一样,匹配性补贴提高了中间投票者的实际收入,增加了包括教育在内的"正常"商品的期望支出(收入效应)。匹配性补贴同时也降低了教育支出的机会成本,引发替代效应使中间投票者用教育替代其他产品,从而增加了教育支出。比如在匹配补贴比例为0.25的情况下,教育支出的机会成本(地方成本)从1.00美元降低到了0.80美元。

在教育领域,传统的匹配性补贴项目是保障性课税基础计划(guaranteed tax base plan, GTB),也称为区域权利平衡。各州制定了每个学生的保障性税收基础,这意味着每个学区使用相同的有效税收基础,每个学生的补贴为:

GTB 补贴 = 地方税率 × (每个学生的保障性税收基础 − 每个学生的地方税收基础)

各州选择保障性税收基础,而各学区选择一个税收比例。税收比例越高,地方收入和补贴额度就越高。

为了描述以上情况,假设保障性税收基础是250 000美元,而地方税收基础是200 000美元。换言之,两种税基的差距是50 000美元。正如表12-5中显示的那样,在税率为2%时,学区的地方税收收入提高4 000美元,同时获得1 000美元的补贴,总计5 000美元。在更高的税率——2.5%——的情况下,地方税收收入提高到5 000美元,同时获得1 250美元的补贴,总计6 250美元。教育支出增加了1 250美元,但是地方税收仅仅增加了1 000美元,因此每1美元教育支出的地方成本为0.80美元。总之,在GTB计划之下,每1美元教育支出的地方成本等于地方税收基础与保障性税收基础的比值。在我们的例子中,每1美元的地方成本为$200\,000/250\,000 = 0.80$(美元)。

表 12-5 保障性课税基础计划下的选择

税率(%)	地方税收(美元)	补贴(美元)	总支出(美元)
2	4 000	1 000	5 000
2.5	5 000	1 250	6 250

12.5.4 平等计划对教育支出和学习成绩差距的影响

大量文献研究了平等计划对学区间教育支出不平等的影响。在那些由法院推动改革的州,教育支出不平等水平有了明显的下降(Evana, Murry, Schwab, 1997; Card and Payne, 2002)。在低教育支出学区,学生的人均支出有所增加,但在高支出学区却没有更多的变化,因此教育支出不平等水平的下降很大程度来源于低教育支出学区支出水平的"提高"。为了描述支出水平的提高,不同起点的学区变化如下:

- 低支出学区。对于一个处于第 25 百分位(25%的学区支出低于以上学区)的学区而言,教育支出增长了 27%。
- 中等支出学区。对于中等学区(第 50 百分位)而言,支出仅增长了 15%。
- 高支出学区。对位于第 75 百分位的学区而言,支出没有显著的变化。

那些在改革其教育财政系统过程中没有法庭限令压力的州的情况如何呢?这些州改革计划对于每个学生的支出和学区间支出的不平等都没有显著的影响。总的来说,法院的强制对于实际改革是必需的。

密歇根州是少数几个完全掌控 K-12 教育财政的州(Courany and Loeb,1997; Chaudhary, 2009)。1993 年,这个州削减地方财产税收作为教育基金的来源,并提高了销售税来弥补收入损失。除了最富裕的学区,这个州决定着所有其他学区的教育支出。改革的一揽子政策提高了较小的农村学区每个学生的教育支出,而降低了贫穷的城市学区和富裕的郊区学区每个学生的支出。这一计划显著地缩小了教育支出的不平衡。

密歇根州的一揽子改革计划同样导致了学生学习成绩的不平衡。在资金增加的学区,增加的资金用于缩小班级规模和增加教师薪金。结果,四年级的数学成绩上升了,但七年级的分数并没有变化。Chaudhary(2009)得出以下总体结论:如果增加的支出用于提高教师薪金,以提高教师生产率水平,那么教育财政改革将缩小学生学习成绩的不平衡。

在教育财政系统的改革过程中,中心城市学校的境况如何呢?就像本书早先论述的,中心城市学校的运营成本相对较高,因为其很大一部分的学生来自贫困家庭。这些学校需要将更多的时间和资源投入到安全措施、处理家庭和健康危机上来,并且这些孩子的教育基础和英语水平都较差。改革实施前,中心城市学校由于需要支付较高的成本而使得其教育支出处于平均水平以上。结果是,这些学校从教育平等计划中获得的收益相对较小,甚至会得到更少的资金支持(Courant and Loeb,1997; Duncombe and Yinger,1997)。如果在补贴公式中引入成本差异,那么一些中心城市学区将得到两倍或者三倍的补贴资金。

12.6　中心城市的教育

生产函数分析为我们理解中心城市的教育水平相对较低的现象提供了重要思路。

1. **居住条件**。就像本书前面章节所谈及的,可根据对地方公共物品的需求和房屋需求来对家庭进行分类。结果是,不同收入和教育水平的家庭往往居住在分隔的社区。在中心城市聚居的低收入者对居住环境有较低的偏好,其同龄群体质量也处于较低的水平,使得该区域内学生的学习成绩相对较低。

2. **较高的生产成本**。我们已经知道,大城市的教育成本较高,因此在相同的教育预算约束下,该较高的成本将会降低大城市学生的学习成绩。

中心城市的教育受到来自高教育成本和较低的居民收入的挑战,那么可以采取怎样的应对政策呢?教育的关键投入要素是教师,教育质量对于教师额外投入的数量和质量的变动极为敏感。在质量方面,提高教师生产率水平能够得到巨大的回报,提高生产率水平的最优方法是用水平更高的教师替代平庸的教师。在数量方面,缩小班级规模可以提升学生的学习成绩。政策所面临的问题是学习成绩提高带来的收益能否与缩小班级的成本相匹配。尽管根据承诺学院或者其他实验性的特许学校的经验得出结论尚显过早,但学习环境的改变可能是学习成绩提高策略的一个重要的组成部分。

小结

1. 生产函数总结了教育投入要素和教育水平之间的关系。最为重要的投入要素是家庭环境、同龄人群体和教师。
2. 尽管事实上教师生产率水平与研究生课程无关,并且教师最初几年的授课经验能提升生产率水平,但是教师工资会随着工作经验和研究生教育水平的提高而增加。
3. 教师的生产率水平差距巨大,用一个平均水平的教师替换一个低于平均水平的教师将使学生的终生收入水平得到巨大的提升。同样,淘汰平庸的教师会使收入有巨大的提高。
4. 缩小班级规模除了可以提升学生的学习成绩外,还增加了每个学生的学习成本。
5. 一些类型的特许学校有助于使学生取得较高的学习成绩。
6. 各州利用匹配性和非匹配性补贴缩小学区之间的支出不平衡。由于匹配性补贴同时有收入效应和替代效应,因此有巨大的刺激效果。

问题与应用

1. 对于学生混编的权衡

Hiram 是一个高水平学生,他将被编进以下三个班级中的一个:一个高水平班级,一个中等水平班级,或者一个低水平班级。下面的表格显示了 Hiram 和其同学的一些收益和损失。假设低水平班级的收益超过中等水平班级的收益。

a. 当低水平班级的收益至少为_____时,最有效率的编组方法是将 Hiram 编入低水平班级,并且低水平班级和中等水平班级的收益差距应最少为_____。

b. 当中等水平班级的收益至少为_____时,最有效率的编组方法是将 Hiram 编入中等水平班级,并且低水平班级和中等水平班级的收益差距不应超过_____。

c. 假定 b 的条件成立,则该案例中的总收益为_____,而将 Hiram 编入高水平班级的损失为_____。

收益	低水平班级	中等水平班级	高水平班级
新班级的收益			0
Hiram 的收益	−6	−2	0
总收益			0

2. 语言表达能力与经验对比

考虑教师生产率水平的两个投入要素:语言表达能力和教学经验。

a. 画出一条教育等产量线,横坐标表示以执教年限计算的教学经验,纵坐标表示教师语言表达能力(SAT 分数)。

b. 给定经验奖励政策(大约每年 1 000 美元),使用投入选择模型(等产量线和等成本线)来显示经验和语言表达能力的成本最小化组合。

c. 在何种情况下成本最小化组合将包括 10 年的教学经验,试用图表说明。

3. 语言表达能力与研究生课程对比

考虑教师生产率水平的两个投入要素:语言表达能力和研究生课程。

a. 画出一条教育的等产量线,横坐标表示研究生课程,纵坐标表示教师语言表达能力(SAT 分数)。

b. 给定课程奖励政策,使用投入选择模型(等产量线和等成本线)来显示研究生课程和语言表达能力的成本最小化组合。

4. 教师的有效规模

根据图 12-1,假设总教育水平曲线可以被描述为:教育水平 $= 120 \cdot t^{1/2}$,因此教师边际收益曲线可以被描述为边际收益 $= 60/t^{1/2}$。

a. 计算在如下工资水平下 $\{6, 10\}$ 教师的有效规模。

b. 用类似图 12-1 的图解方法进行描述。

c. 如果你了解微积分学,请说明我们应该如何用学习成绩来解释边际收益。

5. 研究生课程的收益-成本分析

分析一下经验证据所展示的研究生课程对于生产率水平以及研究生课程补贴的影响。从学校的角度,画出类似图 12-2 的图形,并用其描述研究生课程的效用水平。

6. 教育基金补贴

假设一个州的教育基金水平为 11 000 美元,并且教育基金税税率为 3% (0.03)。学区中的每个学生的财产价值为 200 000 美元。请填充下表中的空白部分。

地方税税率	地方税收收入	教育基金补贴	教育支出
2%			
3%			

7. 粘蝇纸效应

假设一个学区的中值收入为 50 000 美元,并且初始教育支出为每个学生 5 000 美元。假定州所提供的政府间补贴为每个学生 1 000 美元。假定教育需求的收入弹性为 1.0。

a. 对于中间投票者来说,教育的期望支出将提高到每个学生_____。换句话说,_____% 的补贴用于教育支出,而_____% 的补贴花费在了其他商品上。用类似图 12-3 的图形进行说明。

b. 粘蝇纸效应暗示了,每名学生的实际教育支出将大约提高_____。画出图形来说明粘蝇纸效应。

c. 如果教育需求的收入弹性是 2.0 而不是 1.0,a 的答案将如何变化?

8. 匹配性补贴的收入效应和替代效应

以图 12-3 作为分析的起点,假设州提供匹配性补贴,匹配性补贴的预算线穿过点 f(在教育基金补贴情况下中间投票者的选择)。描述一下匹配性补贴下中间投票者的选择。匹配性补贴使每名学生的支出_____[更大,更小],这是因为……

参考文献和补充阅读

1. Burke, Mary, and Tim Sass. "Classroom Peer Effects and Student Achievement," National Center for Analysis of Longitudinal Data in Education Research Working Paper 18 (2008).

2. Card, David, and Alan B. Krueger. "School Resources and Student Outcomes: An Overview of the Literature and New Evidence from North and South Carolina." *Journal of Economic Perspectives* 10, no. 4 (Fall 1996), pp. 31—50.

3. Card, David, and Abigail Payne. "School Finance Reform, the Distribution of Test School Spending, and the Distribution of Student Test Scores," *Journal of public Economics* 83(2002), pp. 49—82.

4. Chaudhary, Latika, "Education Inputs, Student Performance, and School Finance Reform in Michigan," *Economics of Education Review* 28(2009), pp. 90—98.

5. Chetty, Raj, John Friedmand, Nathaniel Hilger, Emmanueal Saez, Diane Witmore, Schanzenbach, and Danny Yagan, "How Does Your Kindergarten Classroom Affect Your Earnings? Evidence from Project STAR," NBER Working Paper (2010).

6. Courant, Paul N., and Susanna Loeb. "Centralization of School Finance in Michigan." *Journal of Policy Analysis and Management* 16, no.1 (1997), pp. 114—136.

7. Curto, Vilsa, and Roland Fryer, "Estimating the Returns to Urban Boarding Schools: Evidence from SEED," NBER Working Paper (2011).

8. Ding, Weili, and Steven Lehrer. "Do Peers Affect Student Achievement in China's Secondary Schools?" *Review of Economics and Statistics* 89 (2007), pp. 300—312.

9. Dobbie, Will and Roland Fryer. "Are High-Quality School Enough to Close the Achievement Gap? Evidence from a Bold Social Experiment in Harlem," Working Paper, Harvard University 2009.

10. Duncombe, William, and John Yinger. "Why Is It So Hard to Help Central-City Schools?" *Journal of Policy Analysis and Management* 16, no.1 (1997), pp. 85—113.

11. Evans, William N., Sheila E. Murray, and Robert M. Schwab. "Schoolhouses, Courthouses, and Statehouses after Serrano." *Journal of Policy Analysis and Management* 16, no.1 (1997), pp. 10—31.

12. Hanushek, E. A. "Throwing Money at Schools." *Journal of Policy Analysis and Management* 1 (1981), pp. 19—24.

13. Hanushek, E. A. The trade-off between child quantity and quality. *Journal of Political Economy*, 100 (1992), 84—117.

14. Hanushek, E. A. "The Failure of Input-Based Schooling Policies," *Economic Journal* 113 (2003), pp. 64—98.

15. Hanushek, E. A. "The Economic Value of Higher Teacher Quality," NBER Working Paper (2010).

16. Hanushek, E. A., and Steven G. Rivkin. "Generalizations about Using Value-Added Measures of Teacher Quality," *American Economic Review: Papers and Proceedings* 100 (2010), pp. 267—271.

17. Kreuger, Alan, "Experimental Estimates of Education Production Functions," *Quarterly Journal of Economics* (1999), pp. 497—532.

18. Martin, M. O., I. V. S. Mullis, & P. Foy. *TIMSS 2007 International Science Report: Findings from IEA's Trends in International Mathematics and Science Study at the Fourth and Eighth Grades* (2008). Chestnut Hill,

MA: TIMSS & PIRLS International Study Center, Boston College.

19. Martin, M. O., I. V. S. Mullis, & P. Foy. *TIMSS 2007 International Mathematics Report: Findings from IEA's Trends in International Mathematics and Science Study at the Fourth and Eighth Grades* (2008). Chestnut Hill, MA: TIMSS & PIRLS International Study Center, Boston College.

20. Oates, Wallace E., "An Essay on Fiscal Federalism," *Journal of Economic Literature* 37 (3) (1999), pp. 1120—1149.

21. Rivkin, Steven G., Eric A. Hanushek, and John F. Kain. "Teachers, Schools, and Academic Achievement." NBER Working Paper Number 6691 (1998).

22. Rouse, Cecilia. "Schools and Student Achievement: More Evidence from the Milwaukee Parental Choice Program." *Federal Reserve Bank of New York Economic Policy Review* (March 1998), pp. 61—76.

23. Staiger, Douglas O., and Jonah E. Rockoff. "Searching for Effective Teachers with Imperfect Information." *Journal of Economic Perspectives* 24, no. 3 (Summer 2010), pp. 97—118.

24. Sund, Krister. "Estimating Peer Effects in Swedish High School Using School, Teacher and Student Fixed Effects." *Economics of Education Review* 28 (2009), pp. 329—336.

25. U. S. Department of Education, *Digest of Education Statistics 2010*. Washington DC: National Center for Education Statistics (2010).

26. Yinger, John (ed.) *Helping Children Left Behind: State Aid and the Pursuit of Educational Equity* (2004). Cambridge: MIT Press.

第 13 章 犯罪

> 厄尔·加德纳(Erle Gardner)是一名侦探小说作家,他以写作为生,其作品中的反面人物总是在最后被一枪射死。当被问及为什么这些男主人公这样不小心,没有用前五发子弹射死罪犯时,他回答道:"在故事中,每射击一次,我都能得到3美分。当男主人公的枪里还有能使我获得15美分的子弹时,你认为我会结束战斗吗?"
>
> ——《奇闻》(Bartlett,2000)

用经济学方法评价犯罪是基于如下思路展开的,就是罪犯要根据犯罪的成本和收益作出是否犯罪的决策。作为一个社会,我们可以通过增加警察、检举人、牢房数量以及提高对犯罪的罚款额度来降低犯罪率。另外,增加教师和其他教育资源投入的数量,使那些辍学的学生能够重新回到学校继续学习。在学校就读的学生很少进行犯罪活动,因为在上学期间从事犯罪活动的法律成本比较高。因此,我们可以通过这种方法来降低犯罪率。作为一个社会,我们允许多少犯罪现象出现,这是一个很困难的选择。虽然无犯罪的环境是人们所希望的,但是我们需要消耗多少资源才能达到这个目标呢?由于要防止一些犯罪行为发生的成本是非常高的,因此犯罪的社会最优效率水平是正的。

13.1 犯罪事实

联邦调查局(the Federal Bureau of Investigation,FBI)从地方警察部门收集了六个犯罪指标的数据,他们将其分为人身犯罪和财产犯罪两类:

- **人身犯罪行为**。人身犯罪的受害者通常在生理上受到威胁。对于一些犯罪行为来说,其目标就是伤害受害者(杀人、强奸、恶意伤害)。另一些犯罪行为是以偷盗财物为目标的,但罪犯却使用暴力方式强迫受害者(抢劫)。
- **财产犯罪行为**。这是一种盗窃犯罪行为,不采用暴力手段,包括入室行窃(非法进入某一建筑物)、盗窃罪(偷钱包、扒窃口袋和偷自行车)以及偷汽车。

FBI 的数据仅描述了部分犯罪事实。在《统一犯罪报告》(the Uniform Crime Reports)中遗漏的这部分犯罪包括妨害治安行为(disorderly conduct)、从商店中偷商品(shoplifing)、纵火

(arson)、雇员盗窃(employee theft)和与毒品相关的犯罪(drug-related offense)。

表 13-1 列出了 1960—2003 年的犯罪率,其中犯罪率用每 10 万人出现的犯罪数量表示。1960—1980 年的犯罪率在上升,1980—1995 年的犯罪率出现了缓慢下降,1995—2003 年开始迅速下降。在本章后面我们将探讨 20 世纪 90 年代犯罪率出现显著下降的原因。FBI 的数据仅包括警察局报告的犯罪案件——大约占总财产犯罪的 38% 和人身犯罪的 48%。更详细的数据来源于司法部的受害者调查。该调查显示,从 1981 年起,总体犯罪水平开始下降。

表 13-1 FBI 犯罪指数(1960—2003)

	每 10 万人的犯罪数量					
	1960	1970	1980	1990	1995	2003
个人犯罪						
杀人	5.0	7.8	10.2	9.4	8.2	5.7
强奸	9.5	18.6	36.8	41.2	37.1	32.1
恶意伤害	85	177	299	424	418	295
抢劫	60	187	251	257	221	142
财产犯罪						
偷汽车	182	457	502	658	561	433
盗窃	1 024	2 124	3 167	3 184	3 045	2 415
入室行窃	504	1 152	1 684	1 236	988	741
总犯罪指数	1 870	3 949	5 950	5 820	5 278	4 064

资料来源:U.S. Federal Bureau of Investigation. *Crime in the United States*, *Various Years*. Washington DC: U.S. Government Price Office。

13.1.1 犯罪的受害者

谁将是犯罪的受害者呢?如表 13-2 所示,受伤害比例随着收入和居住区位的不同而有显著的差异。另一个影响因素是种族。

- **收入**。受暴力犯罪伤害的比例随着收入的提高而下降。例如,一个来自家庭收入低于 7 500 美元的居民受到伤害的比率,将是来自家庭收入在 75 000 美元以上的居民的 3 倍。不同收入群体受财产犯罪伤害比例的差异并不十分明显。虽然低收入群体有相对较高的受伤害比例,但是其他收入群体之间的差异性却相对较小。
- **居住区位**。在农村地区受伤害比例较低,而在城市中心这个比例却较高。城市郊区居民的受伤害比例介于这两者之间。
- **种族**。对于暴力犯罪来说,黑人受伤害的比例为 29.1%,而白人为 21.5%。黑人还经常成为财产犯罪的受害者。

表 13-2　犯罪受伤害比例(2003)

	暴力犯罪(每1 000 人)			财产犯罪(每1 000 个家庭)			
人口(万人)	总量	抢劫	人身伤害	总量	入室行窃	偷盗机动车	盗窃
家庭收入							
低于7 500 美元　　8	49.9	9.0	39.3	204.6	58.0	6.3	140.3
7 500—14 999 美元　16	30.8	4.0	25.0	167.7	42.2	7.3	118.3
15 000—24 999 美元　25	26.3	4.0	21.5	179.2	38.4	8.9	131.9
25 000—34 999 美元　24	24.9	2.2	21.8	180.7	35.3	12.3	133.1
35 000—49 999 美元　32	21.4	2.1	18.3	177.1	27.6	9.5	140.0
50 000—74 999 美元　35	22.9	2.0	20.4	168.1	24.9	8.4	134.7
75 000 美元以上　　48	17.5	1.7	15.4	176.4	20.8	11.9	143.7
地区							
东北部　　45	21.0	2.7	18.1	122.1	20.5	7.2	94.4
中西部　　56	23.6	2.7	19.4	160.2	32.5	6.9	120.9
南部　　86	21.1	2.5	17.8	160.5	32.2	7.8	120.4
西部　　52	25.2	2.1	22.5	207.4	30.6	15.2	161.6
居住地							
中心城市　　66	28.2	3.7	23.8	216.3	38.7	13.0	164.7
郊区　　116	21.3	2.3	18.1	144.8	24.0	9.3	111.6
农村　　57	18.6	1.6	16.4	136.6	30.5	4.0	102.1

资料来源：U. S. Bureau of Justice. *Criminal Victimization in the United States, 2003*. Washington DC, 2005。

13.1.2　犯罪成本

对 1992 年犯罪成本的估计值可用图 13-1 表示。给受害者带来的损失包括财产损失价值、人身伤害医药费支出、丧失工作时间的机会成本、承受的痛苦以及生命缩短的价值损失。罪犯审判系统的成本是由警察、法院和劳改设施的成本构成的。市民为采取防护措施而支出的费用大约为 390 亿美元，其中包括购买防护锁和雇用保安。受到监禁的 135 万名罪犯由于不能从事工作而产生的机会成本为 460 亿美元。总之，每年的犯罪成本约为 2 500 亿美元，相当于 GDP 的 3.8%。

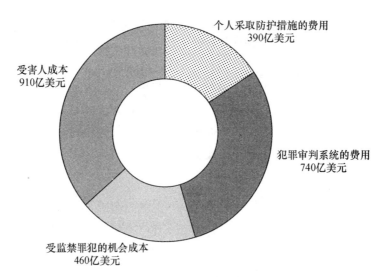

图 13-1　犯罪的成本

资料来源：基于 Richard Freeman. "Why Do So Many Young American Men Commit Crimes and What Might We Do About It?" *Journal of Economic Perspectives* 10, no.1(1996), pp.25—42。

13.2　理性的罪犯

用经济学方法评价犯罪是基于如下思路展开的,就是罪犯同其他人一样都是理性的,只要犯罪的收益大于成本,他们就会从事犯罪活动。当然,犯罪是一项具有不确定性的行动,一个潜在的罪犯必须考虑其行动将会产生的不同后果。我们将使用并排停车(double parking)这个简单的案例来讨论理性罪犯问题(至少我们当中的大多数人认为它是最简单的案例)。

13.2.1　并排停车的经济学

假设你有机会购买最后一张音乐会门票,但是为了得到它,你必须并排停车,而这违反了法律。如果音乐会门票可以给你带来 44 美元的消费者剩余,那么你将从并排停车这一违法行为中获得收益。假设你被抓住的概率为 50%,此时要支付 36 美元的罚款。并排停车是有风险的——得到 44 美元的收益和损失 36 美元的概率均为 50%——值得这么做吗?

人们对犯罪风险的偏好各不相同。当获得 44 美元的收益和损失 36 美元的概率相同时,一部分人将愿意承担风险。而另一部分人则恰好相反,只有当收益较高或者成本较低时,他们才愿意承担这一风险。例如,如果音乐会门票带来的消费者剩余是 200 美元,就会有更多的人从事犯罪活动。类似地,如果罚款和被抓住的概率足够低,会促使更多的人冲破法律限制。换句话说,当犯罪的收益相对于成本在增加时,将会有更多的人从事停车犯罪活动。

你是否相信违反法律仅是一个简单的错误行为呢?大多数人对反社会行为(如对犯罪行为)都有潜在的厌恶感,而这些从事犯罪行为的人也都要承担一个痛苦成本。我们将痛苦成本融入评价犯罪的经济方法中,来分析当人们有不同的痛苦成本时将会发生什么。

13.2.2 期望效用与犯罪决策

我们将用一组数字来描述入室行窃这一犯罪行为的决策。为了使该例子简单化和清晰,我们将使用尽量少的数字。本例子中的数字可以看作 10 年期间发生的效用,并以千美元作为计量单位。假设一个人的合法收入是 100 美元,而把每周入室行窃得到的货币当作补充收入。他的目标是最大化自己的预期效用,为此他既选择合法收入,又选择犯罪生活,无论哪一个都会给他带来最高的期望效用。

犯罪决策是基于效用最大化作出的,因此我们必须用货币数量度量效用或者满意程度。在图 13-2 中,效用曲线描述了收入(用水平轴表示)和效用(用纵轴表示)之间的相互关系。效用曲线呈凹性,说明本例中间接给出了收入边际效用递减的假设:当收入增加时,效用会随之提高,但以递减的速度提高。这意味着在效用组合中,第一个美元要比第二个美元更有价值,同时第二个美元要比第三个美元更有价值,以此类推。我们将使用下面简单的效用函数:

$$效用 = (收入)^{1/2}$$

用语言来表述,就是效用等于收入的平方根。

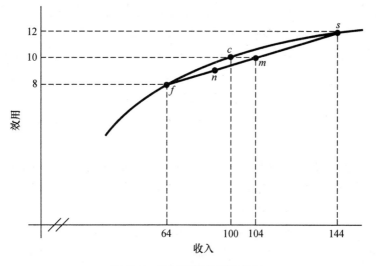

图 13-2 犯罪获得的预期效用

由于收入的边际效用是递减的,因此效用曲线呈凹性。点 c 代表确定的合法收入,其效用值 = 10。点 s 代表成功的犯罪活动产生的结果。点 f 代表失败的犯罪活动产生的后果。进监狱的概率 = 0.50,从犯罪活动中获得的预期效用平均为 12 个单位(点 s)和 8 个单位(点 f),或者 10 个单位,它由点 m(点 s 和点 f 连线的中间位置)决定。

表 13-3 的第一列给出了计算合法与违法效用的方法。前四个数字是关键参数的估计值。合法收入是 100 美元,每周入室抢劫将会带来 44 美元的收入。如果一个人从事犯罪活动,最终被抓住投送到监狱中的概率是 0.50。每个罪犯的刑期是 0.36 个时间单位(例如 10 年中的 3.6 年)。一个被抓罪犯还会损失他所盗窃的所有财物,并且在被释放后还会受到监督,这阻止了他再次犯罪。

表 13-3　犯罪的预期效用

	基线	较高的进监狱概率	较长的刑期	较低的抢劫所得	较高的收入	较低的进监狱概率
合法收入（美元）	100	100	100	100	400	100
抢劫收入（美元）	44	44	44	21	44	44
进监狱概率	0.5	0.75	0.5	0.5	0.5	0.25
刑期	0.36	0.36	0.51	0.36	0.36	0.36
合法效用 =（合法收入）$^{1/2}$	**10**	**10**	**10**	**10**	**20**	**10**
从成功的犯罪活动中获得的效用						
净收入 = 合法收入 + 抢劫收入	144	144	144	121	444	144
效用 =（净收入）$^{1/2}$	12	12	12	11	21	12
从失败的犯罪活动中获得的效用						
监禁成本 = 刑期 × 合法收入	36	36	51	36	144	36
净收入 = 合法收入 − 监禁成本	64	64	49	64	256	64
效用 =（净收入）$^{1/2}$	8	8	7	8	16	8
从犯罪活动中获得的预期效用（尤特尔）	**10**	**9**	**9.5**	**9.5**	**18.5**	**11**

我们可以计算三种可能的效用水平。首先，合法的收入是 100 美元，它可以产生 10 尤特尔（100 美元的平方根）的效用。这可以用图 13-2 中的点 c 表示。其次，从成功的犯罪活动中可以获得 144 美元的净收入（等于 100 美元 + 44 美元的抢劫收入），其获得的效用 = 12 尤特尔（点 s）。一个不成功的罪犯将在监狱中度过 0.36 个时间单位，赚取合法收入的时间仅为 0.64 个时间单位。从失败的犯罪活动中获得的净收入是 64 美元（0.64 乘以 100 美元），其效用 = 8 尤特尔（点 f）。

一个潜在的罪犯不能提早知道他的犯罪活动是否能够获得成功。但是他知道成功的效用和失败的效用以及每种情况的概率，所以我们可以计算犯罪的期望效用，它等于两种情况的平均权重值之和，带有权重的期望效用为：

$$EU\{U_1, U_2; p_1, p_2\} = p_1 \cdot U_1 + p_2 \cdot U_2$$

p_1 是产生 U_1 单位尤特尔效用的概率。在我们的例子中，犯罪的期望价值是 10 尤特尔：

$$EU\{12, 8; 0.50, 0.50\} = 0.50 \times 12 + 0.50 \times 8 = 10（尤特尔）$$

在图中，效用可以用连接两个效用点的线段的中间值（点 m 是点 s 和点 f 连线的中点）表示。它之所以是中间点，是因为出现每种结果的可能性均相同。

如果犯罪的预期效用超过了守法效用，那么这个人将选择犯罪。在这个例子中，表 13-3 第一列数字表明守法效用等于犯罪的期望效用，因此他对这两种选择具有无差异性。此人可以选择固定的 10 尤特尔的守法效用，或者选择有风险的犯罪职业，在这种选择下他获得 12 尤特尔或者 8 尤特尔的概率相同。

如果我们考虑一下犯罪活动或者守法活动获得的货币回报，将得到令人迷惑的结果。一个人在从事守法活动的情况下可以获得 100 美元的收入，或者在从事犯罪活动的情况下获取 144 美元和 64 美元的概率各占 50%。那么，在从事犯罪活动的情况下，其预期收入将是 104 美元（0.50 × 144 美元 + 0.50 × 64 美元），或者说在该情况下的收入要比从事守法活动的情况下的确定收入高 4 美元。如果犯罪活动可以为其带来较高的预期收入,那么为什么人们对于犯罪行为和守法行为没有明显的偏好呢?

无差异偏好优于对犯罪活动的显著偏好的原因是收入的边际效用呈递减趋势。以守法行为的收入为切入点进行讨论。如果此时人们采取犯罪行为,其有 50% 的概率获得 44 美元(收入从 100 美元提高到 144 美元),同时有 50% 的概率获得 36 美元(收入从 100 美元降低到 64 美元)。由于存在收入边际效用递减,其赚取 40 美元收入的愉悦程度(沿着效用曲线向上移动)等于损失 36 美元带来的不愉快程度(沿着效用曲线向下移动)。其结果是,守法行为赚取的 100 美元收入与犯罪行为获得的 144 美元或者 64 美元的收入给人们带来的效用是无差异的。由于收入边际效用递减,人们的守法行为和犯罪行为给其带来的效用将具有无差异性。即使在犯罪行为可以给人们带来较高预期收入的情况下,上述无差异性也同样会存在。

13.2.3 预防犯罪

在上述例子中,潜在的罪犯对于犯罪和守法生活的偏好是无差异的。我们可以通过改变关键变量,来使最后均衡的结果偏离犯罪行为。在表 13-3 中的第二列,进监狱的概率提高到了 0.75,这意味着罪犯更有可能丧失抢劫的收益而被抓进监狱。这种变化不影响成功犯罪和犯罪失败时的效用水平,而仅是改变了每种结果的概率——那么,犯罪的预期效用为:

$$EU\{12,8;0.25,0.75\} = 0.25 \times 12 + 0.75 \times 8 = 9(尤特尔)$$

现在,犯罪的预期效用低于合法的效用,因此这个人将不从事犯罪活动。换句话说,当惩罚力度提高时,犯罪活动就会减少。

在图 13-2 中,进监狱的概率提高使得犯罪的结果从点 m 移向了点 n。点 m 是点 s(成功)和点 f(失败)之间线段的中点,意思是说失败的概率是 50%。当失败(进监狱)的概率提高时,我们移向了点 f,就更加远离点 s。点 n 位于点 s 和点 f 之间的 3/4 处,它描述了当失败概率为 0.75 时将会产生的结果。

我们还可以通过采取提高惩罚力度的方式,来使均衡的结果偏离犯罪。在表 13-3 中的第三列,失败的罪犯获得的刑期提高到 0.51。这个变化仅影响失败的罪犯,使他进监狱的成本提高到 51 美元,净收入降低到 49 美元。其结果是,失败的罪犯获得的效用降低到 7 尤特尔。那么,犯罪的预期效用将下降到 9.5 尤特尔:

$$EU\{12,7;0.50,0.50\} = 0.50 \times 12 + 0.50 \times 7 = 9.5(尤特尔)$$

犯罪的效用现在低于合法的效用,因此这个人将不会进行犯罪活动。显然,惩罚力度的提高有利于减少犯罪活动。

我们还可以通过降低抢劫财物的价值来使平衡的结果远离犯罪。在表 13-3 中的第四列,抢劫收益从 44 美元降低到了 21 美元。抢劫收入的降低只会对成功的罪犯产生影响:净收入下降到 121 美元,效用下降到 11 尤特尔。其结果是,犯罪的预期效用下降到 9.5 尤特尔(11 尤特尔和 8 尤特尔的平均数),低于合法收入产生的效用。这意味着,降低抢劫收益会减少犯罪活动。

一个有较高收入的人更倾向于还是更厌恶犯罪行为呢? 表 13-3 的第五列给出了当一个人的收入增加 4 倍时所发生的情况。高收入者从抢劫中获得的收入与前面相同,但是服刑期间的成本是以前的 4 倍。其结果是,合法的效用(20 尤特尔)高于犯罪的预期效用(18.5 尤特尔),那么这个高收入者将不会从事犯罪活动。由于犯罪的机会成本随着收入的增加而提高,但犯罪的收益却并非如此,因此我们预期高收入者将很少进行犯罪活动。

13.2.4 道德与痛苦成本

迄今为止,我们一直假设人们不考虑犯罪的道德成本。实际上,大多数人都很厌恶反社会行为,如果他们预期犯罪成本是正的,将不会从事犯罪活动。当然,一些人对反社会行为不以为然,仍然偏好于从事犯罪活动。我们将道德因素融入反社会成本中,并用痛苦成本来代表反社会成本。例如,假设一个人的犯罪生活给他带来的痛苦成本是 2 尤特尔。在表 13-3 中,犯罪的预期效用将下降 2 尤特尔。

我们可以利用表 13-3 第六列中的数字描绘痛苦成本是如何影响犯罪的。进监狱的概率相对较低(0.25),因此在考虑痛苦成本之前,犯罪的预期效用(11 尤特尔)高于合法的效用(10 尤特尔)。如果痛苦成本是 2 尤特尔,则犯罪的预期效用就会下降到 9 尤特尔,低于合法的效用。当然,如果犯罪的收益足够高,以至于抵消了 2 尤特尔的痛苦成本时,他仍然会从事犯罪活动。例如,如果惩罚的确定性或者力度足够小,这个人将从事犯罪活动。

将道德和痛苦成本相融合,有助于解释为什么即使大多数人的犯罪收益是正的,他们仍然没有从事犯罪活动。从表 13-3 的第六列可以看出,当不考虑痛苦成本时,犯罪的预期效用要比合法的效用高 1 尤特尔。而当一个人的痛苦成本是 2 尤特尔时,他将不会从事犯罪活动,但是当他的痛苦成本仅为 0.50 尤特尔时,结果将恰恰相反。换句话说,道德因素解释了为什么两个人面对相同的收益和犯罪成本时,会作出不同的选择。

13.3 犯罪的均衡数量

我们可以利用从理性罪犯模型中获得的结果来继续探讨犯罪的均衡数量。我们将以罪犯的行为为切入点,使用他们的收益和成本曲线来描述,将有多少理性罪犯会从事犯罪活动。正如我们将要看到的,我们可以采用不同的犯罪政策来改变他们的收益曲线和成本曲线,从而达到降低犯罪的目的。为了简化所要研究的问题,我们把效用的单位转换成美元,这样就可以用货币度量犯罪的成本和收益了。

13.3.1 描述供给曲线

与其他供给曲线类似,犯罪供给曲线描述了犯罪的价格和犯罪的供给数量(从事犯罪的人数)之间的相互关系。犯罪价格用罪犯获得的收益表示,它等于犯罪期间抢劫的财物或者掠夺物。犯罪供给曲线用于描述犯罪数量是如何随着抢劫收益的提高而增加的。在图 13-3 中,点 m 是纵轴截距,它表明第一个犯罪活动可以获得 400 美元的收益。如果收益水平较低,比如 399 美元,将不会有犯罪行为发生,因为此时犯罪的收益低于犯罪的成本。当抢劫犯罪的收益增加时,犯罪活动的供给规模也将扩大:如果每次犯罪的抢劫收益是 600 美元,则将会发生 30 起犯罪活动;如果抢劫的收益达到 800 美元,则将会有 60 起犯罪活动出现。

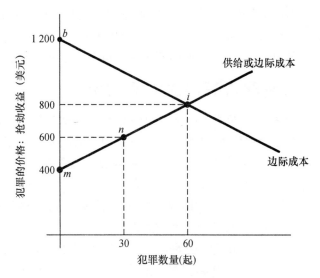

图 13-3 犯罪的均衡数量

供给曲线描述了犯罪的边际成本,它具有正斜率,这是因为潜在的罪犯具有不同的机会成本和痛苦成本。边际收益曲线具有负斜率,这是因为抢劫的目标各不相同,最有利的抢劫目标最先受到伤害。点 i 是均衡点,此时边际收益等于边际成本。

供给曲线仍然是一条边际成本曲线,本书后面的附录"微观经济学工具"2.2 部分对这个术语作了解释。犯罪供给曲线表明,对于每一个犯罪数量而言,其成本取决于边际成本。例如,点 n 反映的是有 30 个入室抢劫者,其抢劫的财物价值 600 美元。如果抢劫的财物仅价值 599 美元,第 30 起入室抢劫犯罪将不会发生,这意味着第 30 起犯罪活动的收益(599 美元)低于其成本。当抢劫犯罪收益提高到 600 美元时,第 30 起犯罪活动才会发生,因为此时的收益要高于其成本。这说明第 30 起犯罪活动的成本低于 600 美元。类似地,只有当抢劫犯罪的收益上升到 800 美元时,第 60 起犯罪活动才会发生,此时犯罪的边际成本刚刚低于 800 美元。

我们从理性罪犯模型可知,罪犯从事犯罪的成本由以下四个变量决定:
- 被抓住关进监狱的概率。
- 服刑时间的长短。
- 在监狱里的时间机会成本,它随着收入的不同而有所不同。
- 犯罪的痛苦成本,不同的人有不同的痛苦成本。

让我们假设在某一时刻,所有潜在的罪犯面临相同的被关进监狱的概率和服刑期限。

供给曲线的纵轴截距代表罪犯产生的最低犯罪成本,它可以用点 m 来表示,最低的犯罪成本是 400 美元。这个成本包含了在监狱服刑期间的时间机会成本和痛苦成本。这两项成本随着潜在罪犯的不同而有一定的差别。如果每个人都面对相同的进监狱的概率、服刑期限和痛苦成本,那么第一起犯罪活动将由机会成本最低的人执行——此人有最低的合法收入。另外,如果每个人都有相同的合法收入,那么第一起犯罪活动将由痛苦成本最低的人来执行。一般来说,供给曲线最低处的罪犯具有相对较低的收入和较低的痛苦成本。

供给曲线具有正斜率,这是因为潜在罪犯的机会成本和痛苦成本各不相同。当我们沿着供给曲线向上移动时,较高的抢劫收益使人们进入犯罪市场具有较高的机会成本和痛苦成本。例如,在点 n 处犯罪活动的数量为 30 起,人们的犯罪成本低于 600 美元。由此可见,较高的抢劫收益使人们在从事犯罪活动时,面临着更高的机会成本和痛苦成本。

13.3.2　边际收益曲线与犯罪的均衡数量

图 13-3 还给出了用于描述罪犯个人收益状况的犯罪边际收益曲线。犯罪边际收益取决于抢劫收益的高低。边际收益曲线的斜率是负的,这是因为从犯罪对象那里获取的抢劫收益不完全相同,而且实施抢劫的难度也有差异。在边际收益曲线最顶端的 b 点,是最有利的和最容易实施的犯罪目标,此处的抢劫收益是 1 200 美元,这是第一个目标,因此第一次犯罪的边际收益就是 1 200 美元。当我们沿着边际收益曲线向下移动时,罪犯开始转向稍微差一点的目标,此时抢劫的收益和实施抢劫的难度都在加大。

图 13-3 中的点 i 描述了犯罪市场的初始均衡。此时每起犯罪活动的均衡价格(抢劫收益)是 800 美元,犯罪活动的数量是 60 起。对于前 60 起犯罪活动来说,罪犯的边际收益(抢劫的收益)要高于他的边际成本,因此犯罪活动的均衡数量是 60 起。在 60 起犯罪活动这一数量处罪犯停止了犯罪活动,这是因为实施第 61 起犯罪活动的边际成本超过了抢劫犯罪的收益,因此额外增加的犯罪活动将使其得不偿失。

13.3.3　提高惩罚的确定性

对一个社会而言,通过提高惩罚的确定性可以移动犯罪供给曲线。提高关进监狱的概率就可以增加犯罪的成本,使供给曲线向上移动。在图 13-4 中,边际成本曲线向上移动了 240 美元。例如,第 60 起犯罪活动的成本现在是 1 040 美元,而原先的成本则是 800 美元。当然,要提高关进监狱的概率,我们必须使用更多的资源(警察和法官)去抓捕和审判罪犯。

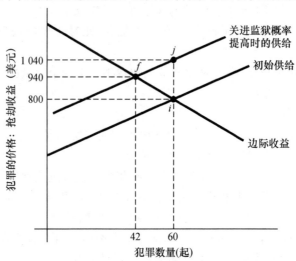

图 13-4　公共政策改变犯罪供给曲线和降低犯罪数量

当被关进监狱的概率提高时,犯罪的边际成本也会随之提高,使得供给曲线向上移动了 240 美元。犯罪活动的均衡数量下降到 42 起,此时的均衡价格(抢劫收益)提高到 940 美元。

供给曲线向上移动的同时也减少了犯罪活动的数量。新的均衡位置可用点 f 表示：犯罪活动的均衡数量从 60 起下降到 42 起。这是犯罪审判体系的一个威慑效应：当被关进监狱的概率提高时，潜在的罪犯面对较高成本的反应就是减少犯罪数量。

那么罪犯对惩罚确定性的提高又会作出何种反应呢？犯罪活动的数量相对于被关进监狱概率的弹性是 -0.30：被关进监狱的概率每提高 10%，犯罪活动的数量将下降 3%。犯罪活动的数量相对于被逮捕比率（被逮捕的人数除以从事犯罪的人数）的弹性也是 -0.30。犯罪率相对于警察数量的弹性为 -0.40 — -0.50。一般而言，有令人信服的证据表明，惩罚确定性的提高可以减少犯罪活动的数量。

13.3.4 提高惩罚力度

我们还可以通过改变服刑期限来移动供给曲线。与提高惩罚概率类似，较长的刑期意味着犯罪的边际成本较高，结果将导致供给曲线向上移动。如果其他条件不变，我们预期均衡犯罪率将下降。

但是通过对罪犯行为的研究可以发现，较长的服刑期限并不会对犯罪率产生很有效的影响。犯罪活动的数量相对于服刑期限的弹性几乎为零。较长的刑期还会导致犯罪环境发生变化，从而抵消了在监狱长时间服刑所产生的高成本：

1. 使罪犯变得更为冷酷。 罪犯对所从事的反社会行动有较低的厌恶感，较长的服刑期会进一步降低他们的厌恶感，当他们被释放后，又会从事犯罪活动。犯罪痛苦成本的降低导致供给曲线向下移动，至少部分抵消了较长服刑期限的威慑效应。

2. "监狱学校"。 如果监狱允许罪犯同其他人交流犯罪的诀窍——或者至少可以交流所犯的错误——那么较长的服刑期限意味着罪犯的犯罪技能会进一步提高。这使其再次被抓住的概率降低，从事犯罪活动的成本也随之下降。换句话说，"监狱学校"使供给曲线向下移动，至少部分地抵消了较长服刑期限的威慑效应。

13.4 合法的机会与教育

迄今为止，我们主要关注减少犯罪活动的有效措施。加大惩罚的确定性或者力度可以提高从事犯罪活动的成本。在本部分，我们将探讨另一类减少犯罪活动的策略，它以提高合法活动的价值为主要方法。正如我们在表 13-3 中看到的，工资的提高也会相应地提高犯罪的机会成本。提高工资的一个途径就是提高教育程度，尤其是要提高高中学历的比例。

13.4.1 合法的机会与犯罪

提高合法的雇佣工资水平可以增加犯罪的机会成本，降低犯罪供给。如图 13-4 所示，工资提高的影响类似于被关进监狱概率的提高所产生的影响，提高从合法活动获得的工资水平可以推动供给曲线向上移动，降低犯罪活动的均衡数量。

犯罪率对合法工作机会的变化有怎样的反应呢？首先考虑一下失业率和犯罪率之间的关系。虽然失业和犯罪之间有正相关关系，但彼此之间的互动关系相对较弱。相反，首次犯罪的罪犯的犯罪率与失业率有显著的关系。特别需要指出的是，青年人的犯罪率随着合法就业机会的增加而下降。

下面分析一下工资与犯罪之间的联系。最近的一项研究发现,犯罪对低技术工人工资的弹性相对较大,为 -1.0— -2.0(Gould, Weinberg, Mustard, 2002)。换句话说,工资每提高 10%,犯罪率下降的幅度为 10%—20%。Grogger(1991, 2000)通过研究也发现,低技术工人的工资与犯罪率呈反方向变化。近期低技术劳动者较低工资水平的发展趋势给国家政策带来了极大的挑战(Freeman, 1995):

> 如何完善美国低技术青年人的就业市场,扭转他们的收入和就业机会不断下降的趋势,是我们这个时代所面临的问题,其中隐含着犯罪和其他许多社会问题。

13.4.2 教育:防止犯罪的政策

教育通过提高获得合法就业的机会来减少犯罪活动。拥有高等学历的人赚取的收入几乎是具有高中学历的人的 2 倍,而高中学历的人赚取的收入大约是辍学学生的 1.5 倍。因此,教育与犯罪之间的联系可以被称为学历溢价效应(graduation premium):学历提高了工资,较高的工资又减少了犯罪活动。给定一个较高的学历溢价(50%)和较高的犯罪对工资的弹性(-1.0— -2.0),那么教育政策就成为一个潜在的强有力的抑制犯罪的政策。

最近的一项研究指出,高中教育投资是减少犯罪活动的一个有效的手段(Lochner and Moretti, 2004)。高中教育的影响可以通过两个途径来实现:

1. 高中学制增加一年。每增加一年高中教育时间,白人男性的犯罪率大约下降 0.10%,黑人男性的犯罪率要下降 0.40%。

2. 学历。高中学历可以降低白人男性的犯罪参与率,在暴力犯罪中这个比例大约下降了 9%,毒品犯罪的比例下降了 5%,财产犯罪的比例下降的幅度约为 10%。对于暴力犯罪来说,逮捕率对高中学历拥有率的弹性约为 -2.0;对于机动车盗窃案来说,该弹性约为 -1.3。

许多学者计算了高中学历拥有比率小幅提高对成本和收益的影响。在学校学习期间,每个学生每年的成本是 6 000 美元。如果一个学生辍学后再到学校学习一年,他的额外成本将是 6 000 美元。假定教育溢价是 50%,典型毕业生每年工作赚取的收入是 8 400 美元。另外,犯罪活动减少还会对社会产生外部性收益,在毕业生工作期间所产生的外部性收益每年约为 1 600 美元。那么,对教育一次性投入 6 000 美元,就可以使社会在未来 30—40 年内,每年得到 1 600 美元的犯罪率下降的外部收益。

13.5 应用:大城市犯罪与犯罪率下降

我们可以使用理性罪犯模型的观点分析如下两个研究结论:首先,大城市的犯罪率要比小城市高。其次,20 世纪 90 年代,暴力犯罪率和财产犯罪率大约都下降了 1/3。

13.5.1 为什么大城市有较高的犯罪率

犯罪率随着城市规模的扩大而提高。大城市(人口至少 25 万)的暴力犯罪率是小城市(人口低于 1 万)的 2 倍。以财产犯罪为例,大城市的犯罪率要比小城市高 30%。从总体来看,犯罪对城市规模的弹性是 0.15:人口增长 10%,犯罪率大约提高 1.5%(Glaeser and Sacerdote,1996)。

为什么大城市有如此高的犯罪率呢? Glaeser 和 Sacerdote(1996)给出了三个原因:

1. 更高的抢劫犯罪收益(差距为 25%)。大城市有更多的高价值目标:在人口为 100 万的城市里,每次犯罪的平均收益大约为 900 美元,相比较而言,在小城市里,该收益仅为 550 美元。

2. 较低的逮捕率(差距为 15%)。如表 13-4 所示,大城市有更低的逮捕率,其原因在于:(1)嫌疑犯的规模比较大;(2)在一个人情关系较为冷淡的城市中,守法的市民很少愿意帮助他的邻居,对警察控制犯罪的努力也不愿意提供更多的支持。

表 13-4 逮捕率与城市规模

人口(千)	25—50	50—100	100—250	250—500	500—1 000	1 000 以上
逮捕率(%)	12	11	11	10	8	7

资料来源:Edward L. Glaeser, and B. Sacerdote. "Why Is There More Crime in Cities?" NBER Working Paper #5430,1996。

3. 比例较高的女性单亲家庭(50%的差距)。有一点不是很清楚,那就是为什么单亲家庭比例较高会对犯罪有如此强烈的影响。很多研究者推测,单亲家庭的孩子有更低的劳动技能,对犯罪行为有较低的种族约束力。

自 1970 年以来,城市规模和犯罪之间的相互关系已经被弱化,最近几年,大城市的犯罪率已经有所下降。

图 13-5 描述了大城市犯罪率较高的原因。在大城市罪犯被逮捕的比率较低,因此他们犯罪的成本也相对较低。较低的成本形成了较低的供给(边际成本)曲线。另外,在大城市有

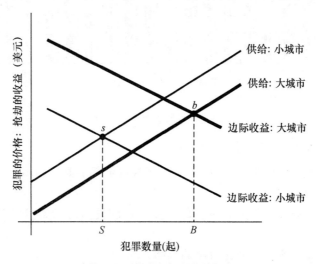

图 13-5 大城市有更多的犯罪

在大城市有更高的抢劫收益,因此犯罪的边际收益较高。大城市还有较低的逮捕率,因此犯罪的边际成本(供给曲线)较低。大城市达到均衡状态(点 b 代表 B 规模的犯罪)时,其犯罪率要高于小城市(点 s 代表 S 规模的犯罪)。

更高的抢劫收益,因此犯罪的边际收益较高。大城市的均衡状态可用点 b 表示,小城市的均衡状态可用点 s 表示。较低的边际成本和较高的边际收益相互作用,导致大城市有较高的犯罪率。

13.5.2　为什么20世纪90年代犯罪率出现下降

20世纪90年代,暴力犯罪和财产犯罪的比率都下降了大约1/3。正如图13-6所示,暴力犯罪和财产犯罪在1991年达到了最高值,在随后的十几年间开始稳步下降。

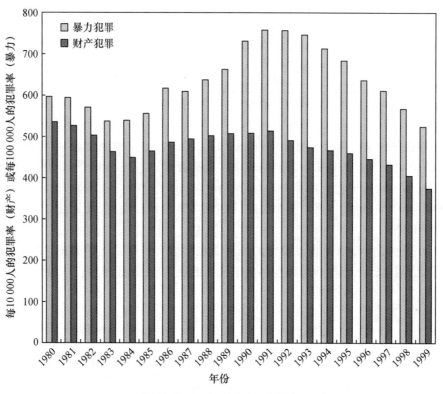

图 13-6　犯罪率(1980—1999)

资料来源:FBI Uniform Crime Reports。

最近的一项研究揭示了20世纪90年代犯罪数量下降的原因(Levitt, 2004)。图13-7总结了这些结论,具体如下:

- **繁荣的经济**。在此背景下有更多的就业岗位和更高的工资,这些因素促使财产犯罪下降了2%。
- **人口统计因素**。犯罪倾向比较高的年龄段为16—24岁,而在20世纪90年代该年龄段的人口比例在下降,这使得暴力犯罪下降了2%,财产犯罪下降了5%。
- **警察技术**。许多创新政策,包括社区警务(community policing)和对公众性损害行为(public nuisance)实行更严格的控制,使得犯罪数量有了小幅下降。
- **警察规模的扩大**。在过去10年,人均警察数量提高了14%(每年的成本是84亿美元),犯罪数量由此下降了5.5%。

- **囚犯数量在增加**。在这期间,全国监狱人口增加了1倍,暴力犯罪下降了12%,财产犯罪下降了8%。
- **快克可卡因(crack cocaine)的销量下降**。20世纪80年代,买卖快克可卡因可以获得丰厚的利润,竞相销售毒品的斗争在中心城区的所有市场展开。争夺势力范围的斗争使城市内出现了大量的暴力犯罪。20世纪90年代,快克可卡因的销售数量开始下降,暴力争夺势力范围的状况有所改变,暴力犯罪下降了3%。

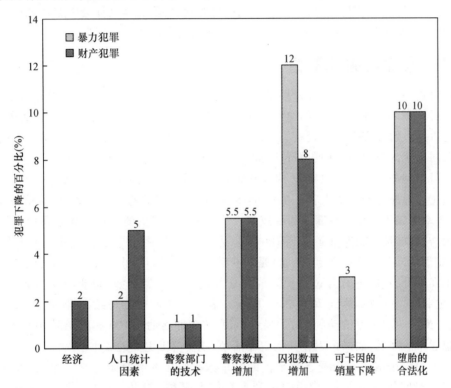

图 13-7 为什么20世纪90年代犯罪率会下降

资料来源:Steven Levitt,"Understanding Why Crime Fell in the 1990s:Four Factors That Explain the Decline, and Six That Do Not." *Journal of Economic Perspectives* 18(2004), pp.163—190。

导致低犯罪的更微观且更令人惊讶的因素是堕胎的合法化。1974年通过的《堕胎合法化法案》,减少了不愿生孩子但又不得不生孩子的家庭数量。有事实证明,没有得到父母精心照料的孩子,走上犯罪道路的比率较高。20世纪70年代,《堕胎合法化法案》被广泛接受后,孩子的数量开始下降,这使得在20世纪90年代,处于犯罪年龄段的青年人口数量下降。如图13-7所示,Levitt推断《堕胎合法化法案》导致犯罪率下降了10%。其他文献也讨论了堕胎和犯罪之间的关系,并得出了不完全一致的结论(Sen,2007)。一部分文献的经验分析支持了Levitt的结论,但其他文献则表明两者之间的关系相对较弱。

13.6 犯罪率高吗

一个社会可以使用它的资源——劳动力、资本和土地——通过不同的途径推动经济健康发展。犯罪问题使社会面临着一些残酷的选择,也就是说,一个社会必须选择它将要承受的犯罪规模。原则上说,犯罪率降低到 1/10 或者 1/100 的水平是可能的。但问题是,犯罪率达到这样一个水平能否实现社会效率。正如我们将看到的,我们容忍社会中存在如此多的犯罪活动,就是因为防止犯罪活动的成本远远高于犯罪活动本身造成的损失。

13.6.1 最优的犯罪数量

下面分析一下社会对入室行窃犯罪数量的选择。正如我们在本章前面讨论过的,公共部门可以通过利用手中的资源,比如加大惩罚的确定性和力度,来减少犯罪数量。另外,潜在的受害者可以通过增加安全设施投资,如锁、防护装置、警报器,来阻止犯罪活动。我们可以将这两种预防措施的努力统一用犯罪预防成本(crime-prevention cost)来度量。

我们可以利用边际原理决定犯罪的最优数量。本书后面的附录"微观经济学工具"1.1 部分回顾了边际原理的主要内容。在图 13-8 中,水平轴度量的是犯罪数量,取值范围是 0—100。负斜率曲线代表预防犯罪的边际成本。从点 p 开始我们的讨论。如果我们在该点不采取任何预防措施,那么犯罪数量达到 100 起。边际预防成本曲线表明,阻止一起犯罪活动的成本(使犯罪活动从 100 起降到 99 起)是 300 美元。当我们阻止了更多的犯罪活动时,边际预防成本在上升,我们将沿着边际预防成本曲线向上移动。例如,犯罪活动的数量为 90 起时,预防犯罪的边际成本达到 700 美元(用点 n 表示),边际成本持续上升,达到 13 600 美元时,阻止了最后一起犯罪活动(点 z)。换句话说,将犯罪活动从 100 起减少到 90 起相对容易,但随着犯罪率的降低,如果再阻止其他犯罪活动,就要付出更高的成本。

犯罪的另一个成本是由受害者承担的。正如我们在本章前面讨论过的,受害者成本包括丧失工作时间的机会成本、货币损失和人身伤害成本。Miller、Cohen 和 Wiersema(1996)估计了不同的犯罪成本:盗窃为 370 美元,入室行窃为 1 500 美元,汽车盗窃为 4 000 美元,武装抢劫为 13 000 美元,强奸为 15 000 美元。在图 13-8 中,我们假设每次入室行窃给社会带来的成本是 1 500 美元,因此边际伤害成本为固定的 1 500 美元。

在达到犯罪的社会有效数量时预防成本和伤害成本之和达到了最小值。也就是说,在这两条边际成本曲线相交的位置,总成本被最小化,该点用点 b 表示,此时的入室行窃数量是 72。如果我们从 100 起入室行窃犯罪活动(点 p)开始讨论,那么第 100 起入室行窃的犯罪活动的伤害成本是 1 500 美元,但是阻止犯罪的成本仅为 300 美元。我们可以花费 300 美元来节约 1 500 美元,因此犯罪的总成本将下降 1 200 美元。沿着边际预防成本曲线向上移动,直到犯罪数量达到 72 时,边际预防成本都低于边际损害成本,因此阻止犯罪的行动在犯罪数量为 72 时才会停止。如果我们移向了点 b 以外犯罪数量更少的位置,那么阻止犯罪的成本将超过它造成损害的成本,因此在点 b 的位置我们的状况可以变得更好。

不同的损害成本产生犯罪的社会有效水平也存在差异。正如在本章前面看到的,抢劫有较高的损害成本。如果它的边际预防成本与入室行窃的成本相同,那么抢劫的社会有效数量

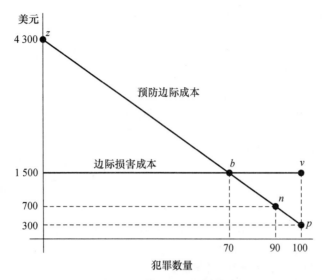

图 13-8 犯罪的社会有效数量

犯罪的社会有效数量是指边际损害成本等于边际预防成本时的犯罪数量,在本图中可用点 b 表示,此时的犯罪数量是 70。当超过该点时,预防犯罪的成本就会超过犯罪本身的损害成本。

将会变得很小。这意味着政府把更多的资源投向阻止危害更大的犯罪是明智的选择,制定更长的刑期是其所能采取的部分手段。因此,制定犯罪惩罚措施必然与一定的经济学逻辑相联系。

13.6.2 犯罪替代与边际威慑原理

罪犯也有选择权。作为一个社会来说,我们可以选择一系列犯罪惩罚措施,这些措施随着犯罪类型的不同而有所差别(例如,对入室行窃处以一年的刑期,对武装抢劫处以三年的刑期),这就相当于给罪犯提供了一个犯罪惩罚的菜单。罪犯会利用这个菜单来选择最有利的犯罪形式,从不同的犯罪活动中获得相对应的收益。这一点有非常重要的政策含义,也就是要对某一类或其他类别的犯罪活动制定"强硬"政策(get tough)。例如,如果我们把入室行窃犯罪行为的刑期提高 3 倍,使其与抢劫的刑期相同,那么这对入室行窃和武装抢劫的犯罪数量会产生什么样的影响呢?

图 13-9 描述了对入室行窃犯罪行为执行较长的刑期所产生的影响。由 60 人组成的一个团伙在入室行窃、武装抢劫和合法工作之间进行选择。他们从该活动中获得的净收益等于预期的收益(抢劫或者工资)减去预期的成本,其中预期的成本包括对犯罪的预期处罚。在均衡位置上,这三种选择的净收益都相同,也就是说对这三种选择,每个人的边际收益都是无差异的。无论选择其中的哪一种类型,净收益曲线都具有负斜率,这意味着在这次活动中,参与的人数越多,净收益就越低。初始均衡在点 b(入室行窃)、r(抢劫)和 l(合法工作)处,每项行动有 20 人参加。每项活动的净收益是每天 70 美元。

假设我们加强了对入室行窃犯罪活动的处罚力度。在图 13-9 左侧的图形中,犯罪的预期成本提高使得入室行窃的净收益曲线向下移动。如果入室行窃的犯罪数量保持在 20,那么

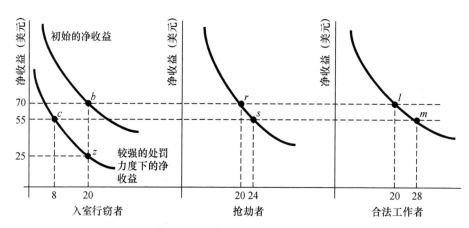

图 13-9 处罚与犯罪替代的均衡

在均衡位置上,入室行窃、抢劫和合法工作的净收益均相等。对入室行窃处罚力度的加强使得入室行窃的收益曲线向下移动。在重新恢复到均衡位置后,得到较低的净收益(从 70 美元下降到 55 美元),有较少的入室行窃者(从 20 个下降到 8 个)、更多的抢劫者(从 20 个增加到 24 个)和更多的合法工作者(从 20 个增加到 28 个)。

净收益将下降到 25 美元(用点 z 表示)。此时从事其他的活动可以获得更高的收益,因此人们将转向抢劫和合法工作。当出现这种情况时,我们将沿着入室行窃的新曲线向上移动(从点 z 到点 c),沿着抢劫的曲线向下移动(从点 r 到点 s),沿着合法工作的曲线向下移动(从点 l 向点 m)。

在新的均衡位置将有很少的入室行窃者,但会出现更多的抢劫者和合法工作者。均衡位置分别用点 c、s 和 m 表示:无论参与哪种活动,其净收益均为 55 美元。从事这三种活动的人数共计 60 人,其中,从事入室行窃的人数下降了 12 人,4 人转向抢劫,8 人选择合法工作。

加强入室行窃的处罚力度是如何影响犯罪的损害成本的呢?它取决于混合犯罪比例的变化和每种犯罪的损害成本。武装抢劫的损害成本几乎是入室行窃的 9 倍,当额外增加 1 起抢劫犯罪活动时,为使总的损害成本保持不变,入室行窃的数量就会下降 9 起。在我们的这个简单的例子中,总共额外增加了 4 起抢劫犯罪活动,而入室行窃犯罪仅减少了 12 起,因此总的伤害成本在上升。当然,这只是一个例子,如果抢劫数量增加得相对较少,入室行窃的数量减少得较多,那么总的伤害成本将下降。

边际威慑原理表明,犯罪处罚力度应该随着犯罪损害成本的上升而提高。例如,对入室行窃的处罚要低于对武装抢劫的处罚,这是因为抢劫的损害成本几乎是入室行窃的 9 倍。虽然对这两种犯罪行为实施相同的处罚将减少入室行窃的数量,但它仍然会引起更多的武装抢劫,而武装抢劫的成本是更高的。对犯罪政策的挑战是要制定一个处罚菜单,使混合犯罪活动给社会带来最低的犯罪成本。

13.7 监狱的作用

在本章的前面我们已经讨论过,把罪犯关进监狱可以降低犯罪率。在财产犯罪中,犯罪相对于监狱人数的弹性大约为 -0.25,而在暴力犯罪中,该弹性为 -0.40。在本部分,我们将探讨为什么被关进监狱可以降低犯罪率。我们尤其要分析能够降低犯罪率的三种途径:

- 威慑(deterrence)。被关进监狱的威胁可以劝告一部分人不要从事犯罪活动。
- 隔离(incapacitation)。将罪犯与潜在的受害者相隔离,从而达到预防犯罪的目的。
- 改造(rehabilitation)。监狱可以改变罪犯的态度,提高其技能,使他离开监狱后不再从事犯罪活动。

我们在本章的前面讨论了威慑问题,当惩罚的确定性提高时,它所产生的影响要比加大惩罚力度的影响更显著。根据最近的一项研究(Levitt,1998),每逮捕1个入室行窃罪犯就可以阻止2.3起入室行窃犯罪活动,每逮捕1个偷车者就可以阻止0.50起偷车犯罪活动。

13.7.1 隔离

监狱系统的第二个功能是使罪犯与外部环境隔离。监禁犯罪分子的收益等于被阻止的犯罪数量乘以每个犯罪的社会成本。对隔离效应所作的诸多研究发现,它会产生混合的结果。Dilluio(1996)指出,对典型罪犯进行的隔离每年防止发生的犯罪活动的数量为17—21起,而 Levitt(1998)认为,隔离在预防犯罪方面的作用非常有限。

最近关于得克萨斯州监狱系统的一项研究用量化的方法对监狱的影响进行了比较分析(Spelman,2005)。研究者计算了隔离收益,它可以被看作一名囚犯所避免的对受害者造成的损害成本。2000年,隔离的边际收益是每名囚犯15 000美元。研究者还对监狱监禁每名囚犯的边际成本作了估计,该成本大约是每名囚犯36 000美元,该数字包括了修建和运营监狱的成本,同时还包括把一个人关进监狱而不去工作所损失的机会成本。这些数字表明,监禁的边际成本超过了边际收益,也就是说,囚犯的数量超过了社会有效数量。

得克萨斯的研究者通过研究发现,15 000美元的边际收益不包括监禁的一些潜在收益。这些不被包括的收益主要是犯罪损失减少的费用或者保护措施节约的费用,如锁和看门狗。如果这些非损害成本足够高,监禁的边际收益就会高于或者等于其边际成本。在这种情况下,目前得克萨斯的监禁水平可以被证明是有效的。

13.7.2 改造

监狱的第三个功能是改造罪犯,其手段主要是促使罪犯提高技能、转变观念,使他们在被释放后能够从事合法的工作。大约有1/3的罪犯参加了教育和职业培训项目,1/3的罪犯参加了制药和制酒项目。如果我们增加培训项目,提供更多的生活技能培训,则大约有2/3的罪犯会参加这些改造项目。

但改造工作在实践中并不乐观。在被释放的囚犯中,大约有2/3的人在三年内又被再次逮捕,并且几乎有一半的人又重新回到了监狱。被释放的囚犯中犯有财产罪和暴力侵害罪的占10%—12%。目前有数十项研究对成人的改造项目效应进行了测度,并一致认为这些改造

项目是无效率的,其原因有以下三点:

1. 要使那些已经犯罪的人改变反社会的态度是很困难的。
2. 那些已经实施过多起犯罪活动的罪犯在监狱服刑期间,常常把自己固化在罪犯的世界里。
3. 从合法的就业机会中获得高于犯罪的收益是很困难的,要想使成人罪犯提高工作技能也是很困难的。

事实证明,以年轻人为目标的反犯罪改造项目通过了成本收益检验。较高的犯罪成本意味着即使一项相对昂贵的改造项目使犯罪率有了小幅降低,它也能通过上述检验。平均而言,青少年罪犯改造项目可以小幅降低犯罪率(Lipsey, 1992)。早期介入的项目有助于减少青少年犯罪,且其幅度能够保持在一个最优的水平上(Mendel, 1995)。

小结

理性罪犯模型说明,罪犯与其他人一样会对激励作出反应。下面是本章的主要观点:

1. 犯罪是有风险的,因为罪犯有被抓住的可能,他将得到较为严厉的惩罚。一个潜在的罪犯要权衡从合法工作获得的确定的效用和犯罪获得的预期效用。
2. 惩罚概率提高可以产生较强的威慑效应,并且该效应要比惩罚力度加大所产生的效应更显著。
3. 犯罪的最优数量位于边际伤害成本等于边际预防成本的位置。
4. 教育通过提高获得合法工作的机会来降低犯罪。获得高中学历的人,其犯罪的参与率下降了9%—10%。
5. 20世纪90年代犯罪率显著降低主要是由于警察和囚犯数量的增加、有利的人口政策(部分原因是堕胎的合法化)、快克可卡因销售量的下降和经济发展的势头较为强劲。

问题与应用

在下面的练习题中,带"_____"的题目,需要读者在上面填上一个词或一个数字。对于带"……"的题目,需要读者用适当的词语完成该句话,并使陈述的内容与原题目相符。对于带"[ ]"的题目,需要读者用圆圈标记出括号中恰当的一个词。

1. 女性与犯罪

20世纪70年代,女性犯罪率要比男性犯罪率高5倍。列举导致女性犯罪率提高的可能原因。然后检验Ann Bartel所写的"Women and Criminal"(在本章的参考书目中可以看到这篇论文)一文结论的正确性。Bartel在论文中确定了一些关键因素,这些因素在你所列举的原因当中吗?

2. 预期的效用水平

假定一个潜在罪犯的合法收入是100美元,其潜在的抢劫财物的价值是125美元,其被关押的概率是0.5,关押的期限是0.51个时间单位。请在下表中的空白处填上适当的词。

a. 犯罪的预期效用(等于_____)将[大于,小于]守法的效用(等于_____)。

b. 将表 13-3 中的数据用于本例。当在监狱关押的时间[上升,下降]时,抢劫的数量将[上升,下降]。而犯罪的预期效用将[上升,下降],这是因为与_____的变化相比,_____的变化相对较大。

守法收入(美元)	100
抢劫收入(美元)	125
被关押的概率	0.50
在监狱关押的时间	0.51
守法效用	_____
成功实施犯罪得到的效用	
净收入	_____
效用	_____
未成功实施犯罪得到的效用	
关押的成本	_____
净收入	_____
效用	_____
从犯罪中得到的预期效用(尤特尔)	_____

3. 有更严厉的惩罚措施吗

把表 13-3 的第一列当作研究的起点,把犯罪的收益改为 156 美元,犯罪的痛苦成本改为 1 尤特尔。

a. 犯罪收益(预期效用减去痛苦成本)是_____尤特尔,合法工作的收益(效用)是_____尤特尔。

b. 现在假设服刑期限提高到 0.91 个时间单位,其他没有发生变化。那么,犯罪收益将[提高,下降]_____尤特尔。

c. 现在假设在长期的服刑期间罪犯提高了犯罪技能,降低了被抓住和关进监狱的概率,即该概率从 0.50 降到 0.40,其他数字与 b 相同。那么,犯罪收益将[提高,下降]_____尤特尔。

d. 现在假设较长的刑期使痛苦成本降为零,其他数字同 c,没有发生任何变化。那么,犯罪收益将[提高,下降]_____尤特尔;该收益要[低于,高于]从事守法活动获得的收益。

4. 预算平衡使监狱发生变化

假设一个州拥有一座能容纳 1 000 人的监狱。当政府通过了一个法案,规定最短的服刑期限为 10 年(是目前平均服刑期限的 2 倍)时,州政府必须削减一半的囚犯,这样被关进监狱的概率就下降了一半。用类似于图 13-3 的图形描述该法案的影响。

a. 在服刑期限成倍提高时,边际[收益,成本]曲线将呈[上升,下降]趋势,这是因为……

b. 降低被关进监狱的概率将使边际[收益,成本]曲线呈[上升,下降]趋势,这是因为……

c. 如果服刑期限成倍提高和被关押概率下降同时存在,边际[收益,成本]曲线呈[上升,下降]趋势,这是因为……

d. 犯罪的数量将[上升,下降,不变化],这是因为……

5. 大城市犯罪

本章列出了大城市犯罪率较高的三个原因。假设其他条件不变,用类似图 13-3 的图形描述这三个原因。

a. 可以抢劫更多的财物。

b. 被逮捕的概率较低。

c. 更多的女户主家庭。

6. 存在不适当的出生日期吗

一般来说,类似于抢劫和入室行窃的犯罪人数在 17 岁时达到最高,然后开始下降。考虑两个州——A 和 J。这两个州对于成人(18 岁或者 18 岁以上)犯罪有相同的惩罚措施,但 J 对于青少年(16—18 岁)实行更轻的惩罚措施。用曲线图分别描述这两个州年龄为 16—24 岁的青少年及青年人的犯罪率,并解释这两条曲线之间的差异。

7. 受害者的成本与最优的犯罪率

以图 13-8 为研究起点,假设受害者的边际成本提高到 1 900 美元,而预防犯罪的边际成本曲线没有变化。

a. 用类似图 13-8 的曲线图描述上述变化。

b. 社会有效犯罪率减少到_____犯罪,这是因为……

8. 在低收入社区有更多的犯罪

现在考虑一个城市有两个犯罪率各不相同的社区。在低收入社区入室行窃的概率是 15%,而在高收入社区则是 5%。在这两个社区入室行窃给受害者带来的损害成本相同(1 500 美元)。假设这个结果是社会有效的结果。

a. 如果低收入社区……那么低收入社区的高犯罪率是社会有效的。

b. 用图形描述问题 a 给出的情况。

c. 产生问题 a 情形下的差异结果的一个可能的原因是低收入家庭……

9. 边际威慑:未改变的社会成本

以图 13-9 给出的初始均衡为研究起点(点 b、r 和 l),假定加大入室行窃行为惩罚力度政策使入室行窃的案件数量从 20 降到 2。如果抢劫的数量从 20[提高,降低]到_____,那么总的犯罪社会成本(包括入室行窃和抢劫)将不发生变化,这是因为……

10. 守法行为收益的下降

考虑图 13-9 给出的例子。从每个类别的犯罪行为获得的净收益是 70 美元,从事每个类别行为的人数均为 20。假定实施降低一半的采取守法行为净收益的政策,并以此政策作为提高入室行窃处罚的替代政策。这个变化在图形中表现为守法行为的净收益曲线向下移动 35 美元。

a. 如果在每个行为类别中初始人数为 20 人,那么人们将从_____转到_____和_____,这是因为_____。

b. 问题 a 描述的变化将[提高,降低]守法行为的净收益,[提高,降低]犯罪行为的净收益。

c. 在新的均衡状态下,净收益将[高于,低于]70 美元,采取守法行为的工人数量将[高于,低于]20个,入室行窃的人数将[高于,低于]20个。

d. 画出类似图13-9的图形,以三个子图形并列一组的方式描述问题a、b、c的结论。

e. 在新的均衡状态下,从事入室行窃、抢劫及采取守法行为的人数分别是_____,入室行窃的净收益将[大于,小于,等于]守法工人的净收益。

参考文献和补充阅读

1. Bartel, Ann P. "Women and Crime: An Economic Analysis." *Economic Inquiry* 42 (1979), pp. 29—51.

2. Blumstein, Alfred, and Joel Wallman. *The Crime Drop in America*. New York: Cambridge University Press, 2000.

3. DiIulio, John J., Jr. "Help Wanted: Economists, Crime, and Public Policy." *Journal of Economic Perspectives* 10 (1996), pp. 3—24.

4. Freeman, Richard B. "The Labor Market." In *Crime*, eds. J. Q. Wilson and Joan Petersilia. San Francisco: Institute for Contemporary Policies, 1995.

5. Freeman, Richard B., and Harry J. Holzer. "The Black Youth Employment Crisis: Summary of Findings." In *The Black Youth Employment Crisis*, ed. Richard B. Freeman and Harry J. Holzer. Chicago: University of Chicago Press, 1986.

6. Glaeser, Edward L., and B. Sacerdote. "Why Is There More Crime in Cities?" NBER Working Paper no. 5430, 1996.

7. Gould, Eric D., Bruce A. Weinberg, and David B. Mustard. "Crime Rates and Local Labor Market Opportunities in the United States: 1979—1997." *Review of Economics and Statistics* 84 (2002), pp. 45—61.

8. Grogger, Jeffrey. "An Economic Model of Recent Trends in Violence." Chapter 8 in *The Crime Drop in America*, eds. Alfred Blumstein and Joel Wallman. New York: Cambridge University Press, 2000.

9. Grogger, Jeffrey. "Certainty vs. Severity of Punishment." *Economic Inquiry* 29 (1991), pp. 297—309.

10. Levitt, Steven D. "Juvenile Crime and Punishment." *Journal of Political Economy* 106 (1998), pp. 1156—1185.

11. Levitt, Steven D. "The Effect of Prison Population Size on Crime Rates: Evidence from Prison Overcrowding Litigation." *Quarterly Journal of Economics* 111 (1996), pp. 319—352.

12. Levitt, Steven D. "Understanding Why Crime Fell in the 1990s: Four Factors That Explain the Decline, and Six That Do Not." *Journal of Economic Perspectives* 18 (2004), pp. 163—190.

13. Levitt, Steven D. "Why Do Increased Arrest Rates Appear to Reduce Crime: Deterrence, Incapacitation, or Measurement Error?" *Economic Inquiry* 36 (1998), pp. 353—372.

14. Lipsey, Mark. "Juvenile Delinquency Treatment: A Meta-Analysis Inquiry into the Variability of Effects." In *Meta-Analysisfor Explanation: A Casebook*, ed. Thomas D. Cook et al. Beverly Hills, CA: Sage Foundation, 1992.

15. Lochner, Lance and Enrico Moretti. *American Economic Review* 94 (2004), pp. 155—189.

16. Marvel, Thomas B., and Carlisle E. Moody. "Prison Population Growth and Crime Reduction." *Journal of Quantitative Criminology* 10 (1994), pp. 109—140.

17. Mendel, Richard A. "Prevention or Pork? A Hard-Headed Look at YouthOriented Anti-Crime Programs." Washington DC: American Youth Policy Forum, 1995.

18. Miller, Ted, Mark Cohen, and Brian Wiersema, "Victim Costs and Consequences: A New Look" (Wash-

ington DC: National Institute of Justice, 1996).

19. Raphael, Steven, and Michael Stoll. "The Effects of Prison Releases on Regional Crime Rate." Brookings-Wharton Papers on Urban Affairs 2004 (2004), pp. 207—243.

20. Sen, Anindya. "Does Abortion Lead to Lower Crime? Evaluating the Relationship between Crime, Abortion, and Fertility." *The B. E. Journal of Economic Analysis and Policy* 7, no. 1, Article 48 (2007).

21. Spellman, William. "Jobs or Jails? The Crime Drop in Texas." *Journal of Policy Analysis and Management* 24 (2005), pp. 133—165.

22. Tauchen, Helen, Ann Dryden Witte, and Harriet Griesinger. "Criminal Deterrence: Revisiting the Issue with a Birth Cohort." *Review of Economics and Statistics* 76 (1994), pp. 399—412.

23. Thaler, Richard. "Econometric Analysis of Property Crime—Interaction between Police and Criminals." *Journal of Public Economics* 8 (1977), pp. 37—51.

24. Wilson, James Q. *Crime and Public Policy*. San Francisco: Institute for Contemporary Studies, 1983.

25. Wilson, James Q. *Thinking about Crime*. New York: Basic Books, 1975.

26. Witte. Ann D. "Estimating the Economic Model of Crime with Individual Data." *Quarterly Journal of Economics* 94 (1980), pp. 57—84.

第5篇

住宅

第14章　为什么住宅具有差异性

第15章　住宅政策

5

本部分将探讨城市住宅市场经济学,并评估不同住宅政策的价值。第14章解释了为什么住宅不同于其他产品:住宅是异质品(住宅的面积、房龄、设计、区位各不相同)和耐用品,从一套住宅迁移到另一套住宅需要较高的成本。住宅市场的过滤模型解释了引起住房质量档次渐次降低以供应给收入更低家庭的经济推动力。我们在第15章将看到,联邦政府对低收入家庭的援助每年大约为300亿美元,用于公共住宅供给、私人住宅补贴和向低收入家庭提供住宅优惠券。另外,联邦政府每年还要拿出约660亿美元的税收用于补贴抵押贷款利息,但是这些收益的绝大部分被高收入家庭获得。

第 14 章　为什么住宅具有差异性

> 拥有自己住宅的人经常出入五金店。
> ——肯·哈伯德（Ken Hubbard）

> 上周我帮朋友加固了住宅。这比帮一些人搬家容易得多。我刚刚检查了他的住宅，并确信他不会用卡车运载他的物品。
> ——米奇·哈德伯格（Mitch Hedberg）

住宅自身有三个特征，这使得它与其他产品有显著的不同：第一，住宅具有异质性，不同住宅的面积、房龄、类型、内部特征、公用系统和区位都有显著的差异。第二，住宅是耐用品，随着时间的流逝，其价值可以较快或者较慢的速度递减，这取决于所有者的维护和修补决策。第三，搬迁是有成本的，因此当收入或者住宅偏好发生变化时，消费者不能迅速调整他们的住宅消费。相反，他们要一直等到理想的住宅与目前的住宅之间的差距足可弥补搬迁的巨大成本时，他们才会搬迁到新住宅。在本章，我们将探讨住宅市场这些与众不同的特征所隐含的意义。

14.1　异质性与特征价格

住宅具有异质性，每套住宅都可以提供差异化的服务。每套住宅在面积、设计、类型和公用系统（热力和电力）以及内外部质量特征等方面都有很大的差异。正如我们在"邻里选择"那一章所看到的，当你选择一套公寓或者住宅时，你同时也选择了邻里特征，它是住宅所提供的服务内容之一。不同的邻里社区在就业与社会交往机会的接近性、地方公共产品与税收以及环境质量上有很大的差异。

什么决定着住宅的均衡价格呢？利用特征价格（hedonics）评估方法，我们可以得到住宅服务束中每部分的价格。用特征价格方法研究住宅市场，可以得到如下几个方面的信息：

1. **基础价格**。平均来说，在距离城市中心 5 英里处，一套房龄为 6 年的三居室的住宅的平均价格为 200 000 美元。
2. **易达性价格**。距离市中心每增加 1 英里，住宅价格将下降 2 000 美元。

3. **面积**。每增加 1 个卧室,住宅价格将上涨 30 000 美元。
4. **房龄**。房龄每增加 1 年,住宅价格将下降 500 美元。
5. **空气质量**。空气污染每增加 1 单位,住宅价格将下降 1 000 美元。
6. **学校**。本地小学学生的测验成绩每提高 1 单位,住宅价格将上涨 2 000 美元。

为了预测特定住宅的价格,我们要在基础价格之外,增加能够反映一般性住宅与特定住宅之间差异的价格。例如,一套住宅增加第四个卧室将会使价格上涨 30 000 美元;房龄增加 1 年,住宅价格将上涨 3 000 美元;空气污染降低 4 单位,住宅价格将上涨 4 000 美元;如果本地学校的测验分数比该市的平均成绩高出 3 个点,那么住宅价格将上涨 6 000 美元。将这些特征价格加起来,预计住宅价格可以达到 243 000 美元。

Kain 和 Quigley(1970)发表了一篇有关特征价格的经典文献。他们利用 20 世纪 60 年代圣路易斯住宅市场的数据,估计了不同住宅特征的货币价值。图 14-1 描述了每个住宅特征发生 1 单位变化导致住宅月租金和住宅价值发生变化的百分比。例如,住宅内部质量特征每增加 1 单位,住宅月租金将上升 2.1%,住宅市场价值将提高 5.6%。住宅周边的外部环境质量可以用 1(恶劣)到 5(极好)之间的数字表示。住宅周边的环境质量每提高 1 单位,租金将上涨 3%,市场价值将提高 5.3%。某一街区的住宅质量每提高 1 单位,租金将上涨 6%,市场价值将提高 2.9%。

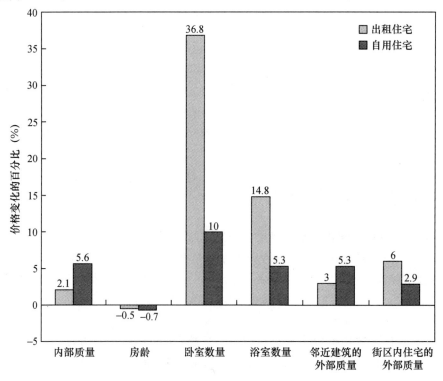

图 14-1 特征价格研究的结果

资料来源:Based on John Kain, and John Quigley. "Measuring the Value of Housing Quality." *Journal of the American Statistical Association* 65 (1970), pp.532—548。

其他关于特征价格的文献探讨了舒适特征对住宅价格的影响。在诸多邻里特征中，与就业地点的接近性、高质量的学校、交通站点和教堂对住宅价格有正向影响。相反，在高犯罪率社区、有毒废物排泄设施和嘈杂的公路附近，社区的住宅价值相对较低。

由于每套住宅都提供了不同的特征束，那么家庭是如何选择住宅的呢？大多数消费者并没有对他们的住宅市场进行特征价格分析。当他们想购买住宅时，他们会自己收集与住宅价格相关的区位、面积和设计特征方面的信息。然后，家庭会选择自己最偏好的特征束。

14.2 耐久性、质量退化与维护

住宅具有耐久性，在科学的维护下它提供住宅服务的年限可在100年以上。但是由于缺乏日常的维护和修理，住宅结构在退化，随着时间的流逝，住宅质量会不断下降。想象一下，如果住宅质量呈阶梯状，高质量的住宅在阶梯的顶端，沿着阶梯向下移动，住宅质量呈不断下降的趋势。财产所有者每年必须判断他的住宅在阶梯上所处的位置。如果所有者没有作任何维护和修理，他的住宅将位于阶梯的下端。如果对住宅进行适当的维护和修理，所有者可以使住宅质量始终保持在同一水平。为提高住宅质量，所有者还必须支付足够的货币以用于修复或者重建住宅。

14.2.1 选择质量水平

我们可以利用图14-2揭示财产所有者对现有住宅质量的判断过程。水平轴用于度量住宅质量水平，一般由住宅所提供的服务代表。图14-2上半部分的图形显示，管理和维护住宅成本的增加可以提高住宅质量。这是显而易见的，因为维护和修理成本可以抵消住宅质量降低所带来的损失。质量高的住宅需要支付更多的货币，才能使住宅质量保持不变。成本曲线呈凸性，说明随着维护成本的增加，维护住宅的收益以递减的速度增长；随着住宅质量的提高，要想使住宅质量保持在固定的水平上，维护成本要以递增的速度增加。

消费者愿意为高质量住宅支付更高的价格。对于一套用于出租的住宅来说，质量价格代表住宅质量提高1单位导致月租金的变化量。在图14-2上半部分的图形中，线性曲线代表总收益（月租金），它是住宅质量水平的函数。总收益曲线是线性的，反映出消费者的意愿支付随着住宅质量的提高而增加，两者增长的趋势呈线性关系。例如，质量提高2倍，消费者的意愿支付价格也会提高2倍，这样所有者可以获得2倍的租金收入。

住宅所有者的目标是使收入最大化，其收益等于总收益与总成本之间的差额。在图14-2上半部分的图形中，质量水平位于q^*时，该差额达到了最大值。下半部分的图形运用了边际原理，我们在本书后面的附录"微观经济学工具"1.1部分对边际原理作了介绍。当质量的边际收益等于边际成本时，质量收益达到了最大化。这里的边际收益相当于边际收入，它是质量变化1单位（总收入曲线的斜率相当于单位质量的价格）所引起的月租金的变化量，并且边际成本是总成本曲线的斜率。为获得最大化利润（总收入与总成本之间的差额），所有者将选择边际收入等于边际成本的住宅质量。

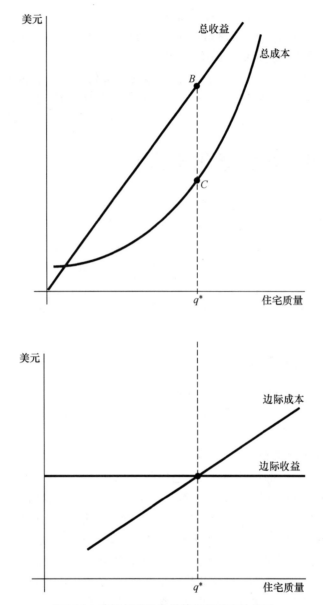

图 14-2　选择与质量阶梯等级相对应的住宅

所有者的目标是最大化收益,可用总收益与总成本之间的差距来表示。收益最大化条件下的质量水平,位于边际收益(质量价格)等于边际成本的位置:q^*。

14.2.2　质量变化与退出

图 14-2 描述了特定收入束下的质量选择和成本曲线。住宅质量的最大化利润水平受收入或者成本变化的影响。当住宅房龄、维持特定质量水平的成本增加时,边际成本曲线开始向上移动,如图 14-3 所示。在这种情况下,如果住宅价格没有改变(边际收益曲线没有发生移动),质量最大化利润将下降。在图 14-3 中,这个结果可用点 i 移向点 j 来描述。如果边际

成本继续随着房龄的增加而提高,所有者选择的质量水平也会持续下降。最终,边际成本曲线将完全位于边际收益曲线之上。在那一点上,在市场中持有住宅的成本将会超过其赚取的收入,因此这套住宅开始退出服务——退出市场。

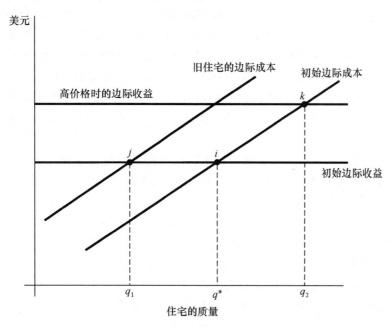

图 14-3　住宅房龄和质量水平

当住宅房龄、维护的边际成本同时增加时,质量利润最大化水平将下降(从点 i 到点 j)。住宅质量价格的提高,会导致质量利润最大化水平也随之提高(从点 i 移到点 k)。

利润最大化下的质量水平还会受到价格变化的影响。价格上涨会推动边际收益曲线向上移动,提高了质量最大化利润,此时最大化利润所在的位置从点 i 移向了点 k。在这种情况下,所有者可以花费更多的钱用于提高住宅质量,因为他从高质量住宅获得的额外收入超过了提升住宅质量所追加的额外成本。在相反的方向上,价格降低将会使边际收入曲线向下移动,从而降低了住宅质量。如果价格降低的幅度足够大,使得边际收入曲线完全位于边际成本曲线之下,那么该住宅将退出市场。

当一套住宅从住宅市场中退出时,可能会出现三种结果:

1. 用木板封闭(boarding up)。一套住宅可能会被用木板封闭起来,并且暂时离开市场。在以下两种情况下这将是最好的选择:(1)在将来的某一时刻住宅价格将上涨;(2)持有住宅而非其他财产(如银行存款)面临的机会成本相对较低。在大萧条时期,这种临时性地退出市场的现象是很普遍的。

2. 转换用途。住宅可以被转换成非住宅用途,例如作为办公楼、商店或停车场。如果从这些备选用途中获得的利润足以抵消转换的成本,那么这种转换就是有利可图的。

3. 放弃。如果最好的选择方案产生的收益都不能完全抵消转换的成本,那么所有者将放弃对住宅的所有权。

14.2.3 废弃住宅与公共政策

我们已经看到,如果持有住宅或者任何一个备选用途都不能使所有者获得收益,那么他将放弃对住宅的持有。在财产税税率不可能被改变的地区,地方税收政策也促进了住宅废弃问题的出现。当住宅沿着质量阶梯不断下降时,其获得的利润也在下降。例如,假设每年从住宅中获得的利润最初为 4 000 美元,每年的财产税支出为 3 000 美元。如果每年的利润下降到 2 000 美元,而财产税保持不变,仍然为 3 000 美元,则所有者将放弃这部分财产,这是因为所支付的财产税超过了他获得的利润;相反,如果财产税是有弹性的,将其从 3 000 美元削减到 1 500 美元,这样所有者仍然有激励持有该财产,因为他获得的利润(2 000 美元)仍然高于他所要交付的财产税。

White(1986)指出,20 世纪 80 年代纽约市的财产税是引起住宅废弃问题最重要的因素。废弃住宅的数量相对于财产税的弹性是 1.65:财产税每增加 10%,废弃住宅的数量将增加 16.5%。例如,如果布鲁克林的布朗斯维尔区的财产评估价值平均被削减 1 000 美元(下降 6%),财产税也会随之下降,其结果是住宅废弃率从每年的 17% 下降到 14.8%。给定这个较大的弹性,税收削减将导致该城市出现财政盈余。虽然每份财产的税基在下降,但直接的收入损失可以由以下两点来弥补:(1) 可以从现存的不动产获取更高的财产税收入;(2) 那些必须由政府接管或者摧毁的住宅数量将会下降。

废弃住宅会产生一些外部成本。回想一下城市经济学第三公理:

> **外部性导致无效率**

废弃的建筑物为破坏者和雕刻艺术家提供了目标,它们很快就成了废墟。它们经常成为过路人、毒品贩子的临时住所和销售地点,因此它们促进了犯罪活动。由于存在这些原因,废弃建筑降低了所在社区的吸引力,该社区的租金也随之下降,其他住宅的所有者从他们的财产中获得的租金收入也在下降。其他所有者利润的降低导致有更多的建筑物被废弃,从而形成了自我强化的恶性循环。

14.2.4 耐用性与供给弹性

住宅的耐用性对市场供给曲线和供给的价格弹性有非常重要的影响。住宅价格上涨可以扩大供给规模,该过程主要通过以下三个途径来实现:

1. 修建更多的新住宅。 价格上涨提高了新住宅的获利能力,因此将有更多的住宅被修建。

2. 提高了被使用住宅的维护成本。 较高的住宅价格使所有者愿意提供更多的资金维护和修理那些正沿着质量阶梯缓慢下降的住宅。

3. 改进被使用的住宅。 较高的价格能够激励所有者进一步提高住宅质量,他们可以采取技术改造或者重新修建住宅的方法实现上述目标。

住宅市场的容量是指在任何特定的时间内那些被使用的住宅的数量。根据一般经验,一年内新建住宅的数量占总住宅存量的比例大约为 2%—3%。因此,供给对价格增长的反应程度在很大程度上取决于被使用住宅的规模。从长期来看,被使用住宅的供给弹性几乎为零,其原因主要有以下两点:第一,质量退化的比例相对较低,因此即使维护费用的增加可以阻止住宅沿着质量阶梯向下移动,它的影响也相对较小。第二,重建和革新的成本较高,因此只有住宅价格上涨到很高的程度,重新修建住宅或者对其进行改造才是值得的。

相同的逻辑也可以应用于住宅市场价格下降的情况。如果较低的价格阻止了新项目的建设,那么供给数量每年仅仅下降2%—3%。较低的价格降低了维护支出,并使住宅质量沿着质量阶梯加速下降,此时即使是以最快的速度进行折旧,其速度也是相对较慢的。一般而言,在较长的时期内住宅供给是无弹性的。

住宅供给的价格弹性是多少呢?目前关于住宅供给的研究面临许多统计问题,因此在使用这些研究结论进行解释时必须非常小心(Olsen, 1969; Quigley, 1979)。Ozanne和Struyk(1978)估计房龄为10年的旧住宅的供给弹性为0.20—0.30。换句话说,市场价格每上升10%,旧住宅的供给数量增长的幅度为2%—3%。把10年当作一个研究期限,在这一时期内新建筑供给规模仅占住宅存量的30%,因此他们的估计适合于70%的住宅存量。De Leeuw和Ekanem(1971)在对该问题进行研究时发现,出租住宅的长期供给弹性为0.30—0.70。

14.3 搬迁成本与消费失衡

对于大多数家庭而言,住宅消费需求的变化使得他们不得不搬迁到其他住宅中,并且其搬迁成本非常高。除了移动家具和其他财产的成本外,还包括离开邻居、熟悉的朋友、学校和商店而产生的巨大的成本。社区归属的观点与此类似,也就是说搬迁到新的社区将打乱他们的社会和消费模式,使这些家庭付出高昂的成本。

我们分析一下家庭收入随着时间的推移而不断增长的住宅消费决策。与其他许多商品类似,住宅消费的最大化效用随着收入的增加而提高。特别需要指出的是,住宅需求的收入弹性大约为0.75(Ellwood and Polinski, 1979):收入增加10%将导致住宅消费规模扩大约7.5%。当收入增加时,家庭理想的住宅与其实际的住宅之间的差距在扩大,最终这个差距达到足够大时,会促使其搬迁到新的住宅中。

我们可以用消费者选择模型来反映家庭的选择。本书后面的附录"微观经济学工具"的第四部分回顾了选择模型的主要内容。图14-4中的A图以点i为起点:给定初始的收入水平,它用较低的预算线表示,在点i处达到效用最大化,此时的住宅质量水平是q^*,其他商品的质量水平是A^*。当收入增加后预算线将向东北方向移动。如果家庭仍然保持原有的住宅,其住宅消费偏好不变,此时该家庭将位于点j处。所有的额外收入都用于其他商品的消费,效用从U_0增加到U_1。搬迁到另一套质量=q_2(点k)的住宅可以获得较高的效用水平(U_2)。如果搬迁成本等于零,该家庭将立即从点i移向点k。但是如果面临较高的搬迁成本,效用的增加量(U_2-U_1)必须足够大,以至于能够抵消该家庭的搬迁成本。如果家庭的收入继续增长,最终该效用差距将扩大到足以促使其进行搬迁的水平。

下面考虑一下,一个家庭拥有的住宅质量随着时间的推移沿着质量阶梯向下移动时的住宅消费决策。如图14-4中的B图所示,当住宅质量下降时,其月租金(每单位质量的价格乘以质量水平)也会随之下降,因此该家庭将沿着初始预算线向上移动,即从点i移向点m。此时该家庭远离了效用最大化点,其获得的效用水平开始下降,在点m的位置其效用水平可用

无差异曲线 U_3 表示。为了使其效用恢复到 U_0 的水平,该家庭必须进行搬迁,但是搬迁又会产生额外的成本。该家庭将沿着预算线向上移动,直到效用差距($U_0 - U_3$)足够大,以至于可以抵消搬迁成本时为止。

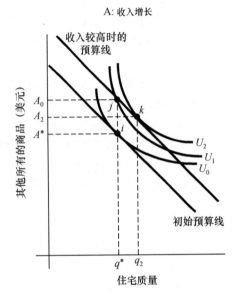 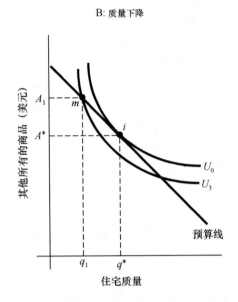

A: 收入增长　　　　　　　　　　　　B: 质量下降

收入增长促使预算线向外移动。如果消费者不搬迁住宅,她将从点 i 移到点 j,此时的效用将从 U_0 增加到 U_1。如果她进行搬迁,将达到点 k 的位置,此时的效用水平为 U_2。当效用差距($U_2 - U_1$)足够大,以至于可以抵消搬迁成本时,该家庭必定要搬迁到新的住宅。

如果住宅的质量下降,消费者将沿着预算线从点 i 向点 m 移动,此时效用将从 U_0 增加到 U_3。当效用差距($U_0 - U_3$)足够大,以至于可以抵消搬迁成本时,该所有者将搬迁到另一套住宅中。

图 14-4　搬迁成本和消费决策

从图 14-4 可以得到两条经验:第一,家庭并不会立即对环境变化(如收入增长或者住宅质量下降)作出反应;相反,它会容忍理想住宅与实际消费的住宅水平之间存在一定的差距。第二,当家庭进行搬迁时,将消除住宅间的效用差距,因此住宅消费的变化会非常大。实际上,当家庭预见到在效用最大化消费水平上将要发生的变化时,其只有提高目前的理想消费水平,才能缩小将来的理想消费水平与实际消费水平之间的差距。

14.4　住宅市场的过滤模型

住宅市场的过滤模型用于描述家庭是如何根据住宅质量和收入水平的变化来选择自己的住宅的。过滤过程有两个基本的特征:

1. 质量下降。 住宅所提供的服务规模(简称为质量)随着时间的推移而不断下降,这是因为在此期间会出现物质损耗、技术退化和住宅结构的改变。

2. 所有者收入水平下降。 当住宅沿着质量阶梯向下移动时,它将被那些收入水平不断下降的家庭占有。

14.4.1 过滤与住宅供给阶梯

图14-5描述了过滤模型的基本特征。横轴代表家庭收入,有三种类型的家庭:低收入家庭(100美元)、中等收入家庭(200美元)、高收入家庭(300美元)。纵轴代表住宅质量,有三个水平:低质量(10单位)、中等质量(20单位)、高质量(30单位)。假设住宅需求与收入水平成一定的比例,每个家庭占有住宅的质量水平等于其收入的10%。在10年内,高收入家庭选择点h,中等收入家庭选择点m,低收入家庭选择点l。

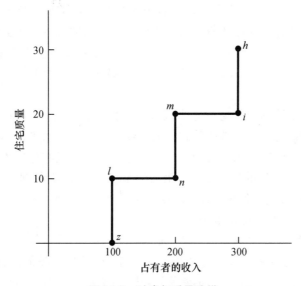

图 14-5 过滤与质量阶梯

住宅质量被假设与收入成比例,在过去10年里住宅质量下降了10单位。高收入家庭所占据的住宅从点h移向点i(质量下降),然后从点i移向点m(高收入家庭退出后搬迁到新住宅中,然后该住宅由中等收入家庭占据)。类似地,中等收入家庭从最初的位置点m移向点n,再移向点l,并且低收入家庭从点l移向点z(退出)。

我们将给出一些假设,以简化所要研究的问题,并使过滤过程更加清晰化。第一,假设不动产所有者要对住宅进行定期维护,这意味着住宅质量每年要损失1单位。第二,潜在的质量下降趋势可以被逆转,但是必须付出对其进行重新修建和技术革新所需的高昂的成本。第三,每个家庭理想的住宅质量与现实之间的差距都有最大值。一旦这个差距达到10单位,该家庭就可以通过提高现实的住宅的质量或者搬迁到新的住宅来缩小此差距。

这些假设表明所有的行动都发生在每个10年的末尾。对每个家庭而言,其理想的住宅质量与现实之间不仅存在差距,而且每个家庭所对应的差距都经历了一个扩大的过程。高收入家庭最初位于点h,但是在第10年结束时,转向了点i,其理想的住宅质量与现实之间存在10单位的差距。类似地,中等收入家庭从点m移向了点n,低收入家庭从点l移向了点z。在第10年结束时,每个家庭将选择是将住宅质量恢复到初始状态,并使其得到提升,还是迁移到另一栋住宅中。

我们首先考虑一下高收入家庭的选择。通过更换旧管道、裂缝的窗户,修理叮当响的木质品和墙壁,用最新的信息技术来翻新住宅样式,最终可以扭转住宅质量下降的趋势。在大多数情况下,新住宅的这种上升趋势是有成本的,其原因在于使用的都是新材料和现代技术。因此,大多数高收入家庭将移向更高的位置。搬迁到新住宅后,它们重新恢复到点 h,此时的质量水平 $q=30$。它们腾出原先的旧住宅,该住宅的质量 $q=20$,最后将其卖给出价最高的竞标者。

中等收入家庭也会面临类似的问题。为恢复到初始状态(从点 n 移向点 m),它必须向上移动,购买高收入家庭曾经使用过的住宅。如果这些被使用过的、质量为 20 的住宅供给规模相对较大(如果高收入家庭出售旧住宅的数量很大),那么该类型住宅的价格会足够低,使得中等收入家庭搬迁到这样的住宅比修缮其原有的住宅付出的成本低。此时,原先被高收入家庭使用的住宅开始从点 i 移向点 m。总而言之,过滤过程表现为住宅质量沿着住宅阶梯向下移动,即从点 h 移向点 i(质量下降),然后再从点 i 移向点 m(使用者的收入处于更低的水平)。

位于最后一个质量阶梯的住宅被低收入家庭占据,它或者改造现有的住宅,或者移向被中等收入家庭腾空的住宅。如果被中等收入家庭使用过的质量水平为 10 的住宅供给规模较大,其价格会足够低,此时低收入家庭购买这类住宅要比改造现有住宅更有效率。因此,该家庭从点 z 移向点 l。在点 l 处的住宅是那些沿着质量阶梯向下移动,即从点 m 移向点 n(质量降低),然后从点 n 移向点 l(使用者的收入处于更低的水平)处的住宅。被低收入家庭腾空的住宅质量为零,因此它们将退出市场。

过滤过程允许每个家庭都恢复到它理想的质量水平,并返回到各自初始的质量阶梯所在的位置。过去 10 年住宅质量沿着质量阶梯向下移动时,发生了类似的情况。新建住宅可以抵消在下述两种情况下住宅质量下降的水平:首先,住宅质量下降到质量阶梯的最低点时,它们将退出市场,此时新建住宅将位于质量阶梯较高的位置上。其次,新建住宅将被高收入家庭占据,它们同时会出售自己使用过的住宅,以使其他家庭达到自己理想的住宅水平。

这个简单的住宅模型可以产生非常有价值的结果,它说明住宅质量与家庭状况要相匹配。当然,在现实市场中事情的发展并不会如此顺畅,但是该模型抓住了过滤过程的基本特征。值得一提的是,由最富裕家庭占有的住宅并不会过滤给低收入家庭。富人通常占有大面积的住宅,它们具有奢侈的特征(如 10 英尺的天花板、华丽的室内设施、温泉式的浴室和开阔的空间),这些是中等收入家庭和低收入家庭所不需要的。由于存在这种需求的差异性,富人有激励花费大量的资金用于维护这些住宅,以避免它们向较低的质量阶梯方向发展。

14.4.2　新住宅补贴

我们可以用过滤模型探讨政府补贴对新住宅的影响。虽然新住宅被那些高收入家庭占据,但补贴政策加速了高收入家庭的住宅向低收入家庭的过滤,因此每个人都将从补贴中获益。

假设政府给新住宅提供补贴,而这些新住宅主要被高收入家庭占据。补贴降低了高收入家庭购买新住宅的价格,并且扩大了对高质量住宅的需求。图 14-6 研究的起点与图 14-5 相同,高收入家庭的初始位置用点 h 表示。假设高收入家庭理想的住宅质量从点 h 移向了点 j(质量水平为 35)。同以前的假设一样,一个家庭容忍它的理想住宅水平与现实水平之间存在 10 单位的差距。给定一个较高的理想质量水平(35),一旦该家庭原有住宅的质量从 30 下降到 25,那么它将搬迁到新的住宅中。这样,该家庭也许只在 5 年后就开始了搬迁活动,而不是在 10 年后;它所腾出的住宅质量也就是 25 而不是 20。当众多家庭可以获得新住宅补贴的权利时,它们将加快搬迁的速度,被过滤的住宅质量也会随之提高。

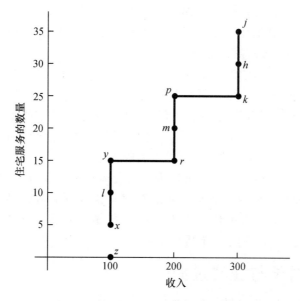

图 14-6　对新住宅提供补贴产生的影响

对新住宅提供补贴提高了高收入家庭对住宅质量的期望值,它们将提前腾空现有的住宅,搬迁到新的高质量住宅中。这些被腾空的质量较高的住宅将过滤给中等收入家庭。一般来说,住宅补贴使质量阶梯向上移动,因此住宅市场中的每个人都将获得更高质量的住宅。

这对中等收入家庭和低收入家庭有什么影响呢？现在中等收入家庭既可以选择搬迁到质量为 25 的住宅(点 p)中,也可以改造现在所居住的质量为 15 的住宅(点 r)。由于质量为 25($q=25$)的住宅存在过度供给,所以这将降低它们的价格,使其他家庭更有激励进行搬迁。这样,它们会腾出更多的质量为 15($q=15$)的住宅(因为这些家庭从点 r 移向了点 p)。类似地,低收入家庭将有激励移向质量为 15($q=15$)的住宅,因为它们已被中等收入家庭腾空了(低收入家庭将从点 x 移向点 y)。

过滤过程将住宅补贴收益通过住宅市场转移给了其他家庭。在这个简单的例子中,每一种类型的家庭的住宅质量都提高了 5 单位。补贴推动住宅质量阶梯向上移动了 5 单位:一旦每个家庭都对住宅补贴作出适当的反应,那么高收入家庭将达到点 j,而不是点 h;中等收入家庭将达到点 p,而不是点 m;低收入家庭将达到点 y,而不是点 l。

14.4.3　增长控制效应

增长控制政策减少了允许建设的新住宅的数量,下面将分析增长控制政策所产生的影响。为了简化我们的分析,假设城市禁止修建新住宅,而这些新住宅通常被高收入家庭占据。该新建住宅禁令将影响过滤过程,促使价格上涨和住宅质量下降。

由于高收入家庭是新住宅的潜在消费者,因此新建住宅禁令直接影响了这类家庭的住宅消费水平。回顾一下图 14-5,高收入家庭不可能再搬迁到新的住宅中,在第 10 年结束时住宅质量将要从 30 退化到 20,这些家庭或者承担较高的成本改造原有住宅,或者容忍现有的住宅质量与理想的住宅质量之间的差距不断扩大。无论在哪种情况下,缺少新住宅供给都意味着没有被腾空的住宅可以过滤给中等收入家庭。其结果是,中等收入家庭或者承担较高的成本来改造现有住宅,或者容忍现有的住宅质量与理想的住宅质量之间的差距继续扩大,这同时也意味着没有剩余的住宅可过滤给低收入家庭。

在我们的简单模型中,新建住宅禁令将引起市场类型发生变化,即从每个人都具有搬迁行为的市场,向没有任何人具有搬迁行为的市场转变。增长控制是有成本的,因为一部分家庭要花费大量的资金改造现有住宅,而另一部分家庭要容忍在住宅质量上存在更大的不匹配性。在这两种情况下,住宅市场中的每个人都承担了建筑禁令所带来的成本,而不仅仅是那些被禁止购买新住宅的位于质量阶梯最高处的高收入家庭。

在住宅市场更复杂的模型中,人们可以进入或者离开这个市场,因此一部分住宅将被转手。尽管如此,增长控制仍然会导致较高的价格,其原因有以下两点:第一,禁止建造新住宅减少了住宅供给,导致新住宅和旧住宅价格上涨;第二,较高的住宅价格反映了其具有较高的改造成本,这些费用支出可以阻止住宅质量退化。

14.4.4 收入增长与住宅过滤

在简单的过滤模型中,我们假定不同类型家庭的收入是固定的。而在收入不断上升的模型中,住宅需求也会随着收入的提高而增加,这表明住宅过滤甚至可以获得更高的利润。例如,假设高收入家庭理想的住宅水平从 30 提高到 40。为了通过改造原有住宅来满足这部分巨大的需求,家庭不仅再次恢复到初始的质量水平,而且其质量水平还随着结构的改变而提高。其结果是,在原有住宅基础上改造的新住宅规模会大幅扩大。类似地,如果在整个期间内中等收入家庭的收入不断提高,它们将寻找那些被高收入家庭腾空的具有较高改造价值的住宅。相同的逻辑也可以应用于低收入家庭。一般来说,当收入在整个期间内都不断提高时,住宅过滤现象可以给各家庭带来更高的收益,它同时也表明,家庭为获得高质量的住宅必须付出更高的成本。

14.4.5 增长控制对价格的影响

图 14-7 更全面地描述了增长控制政策对住宅价格的影响。假设住宅租赁市场根据住宅质量的不同可以分成三个子市场:高质量市场、质量中等市场和低质量市场。承租人的数量与住宅的供给数量是固定的。每个不动产所有者都选择一个子市场。高质量住宅的所有者有两种选择:(1) 不采取任何措施,任由住宅滑向质量中等市场;(2) 支付一定的维护费,来使住宅质量保持在较高的水平。对于质量中等的住宅所有者来说,他们有三种选择:(1) 不采取任何措施,任由住宅质量下降到更低的水平;(2) 支付适当的维护费,以使住宅质量维持在中等水平;(3) 支付高额的维护费,以使住宅向质量阶梯的更高处移动。

图 14-7 中的 A 图描述了高质量住宅租赁市场发生的若干变化,其中还包括了新住宅。如果增长控制政策禁止新建住宅,那么供给曲线将向左移动,在每个价格水平上住宅供给规模都

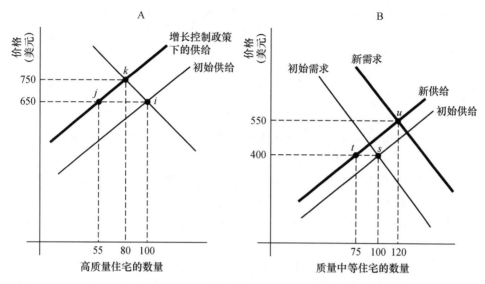

图 14-7　新建住宅禁令对住宅价格的影响

A：新建住宅禁令使高质量住宅供给曲线向左移动，此时均衡价格将上涨。
B：高质量住宅价格上涨会产生两个方面的影响：(1) 由于从高质量住宅市场过滤出的住宅数量很少，这就降低了质量中等住宅的供给规模。(2) 有一部分消费者从高质量市场转移到质量中等市场，从而扩大了质量中等市场的需求规模，最终导致均衡价格上升。

会更小。比较点 i 和点 j，原先可以修建 100 套新住宅，现在只能修建 55 套，也就是说在初始价格等于 650 美元的位置上，新住宅供给规模将减少 45 套。新的供给曲线与需求曲线相交于点 k，从而得到较高的住宅价格（750 美元）和较低的住宅供给数量（80 而不是 100）。住宅供给量的净损失是 20，而新住宅的损失数量是 45。高质量住宅拥有较高的价格，这激励了不动产所有者愿意支付更多的维护费用，以使住宅保持较高的质量水平。换句话说，维护力度的加大在很大程度上阻止了住宅向更低的质量水平移动，也部分地抵消了新建住宅禁令所造成的损失。

图 14-7 中的 B 图描述了质量中等住宅租赁市场发生的若干变化。高质量住宅价格上涨可以产生两个方面的影响：第一，正如 A 图中所描述的，仅有少量的高质量住宅过滤到质量中等的住宅租赁市场。这表明市场供给曲线将向左移动。比较点 t 和点 s，有 25 套住宅仍然保持在高质量水平，没有被过滤到下一等级的市场。从需求方面来看，两种类型的住宅具有不完全替代性，消费者可以在这两个市场之间流动。高质量住宅价格上涨（从 650 美元上涨到 750 美元），导致一部分消费者转向了质量中等的住宅。在这种情况下，质量中等住宅的需求曲线开始向右移动，此时在每一个价格水平上，都面临着一个更大的需求量。其新的均衡可用点 u 表示，质量中等住宅的价格从 400 美元上涨到 550 美元。

从图 14-7 可以得到的一般性经验是，高质量市场的供给约束将引起多个市场的住宅价格同时上涨。虽然一项增长控制政策限制了新住宅的供给，但是同样减缓了住宅过滤过程，因此它间接影响了质量中等住宅市场。另外，消费者为了避开高质量市场中较高的住宅价格，纷纷转向质量中等住宅市场，从而导致该市场需求上升。供给的下降（较少的住宅过滤）和需求的上升（逃避高价格的消费者）相互结合，推动了质量中等市场住宅价格的上涨。相同的逻辑可以应用于低质量住宅市场。质量中等住宅市场价格的上涨减缓了住宅向更低的住宅质量阶梯流动,同时也会引起部分消费者为躲避较高的住宅价格而转向低质量市场。这最终又会引起低质量住宅价格的上涨。

小结

本章探讨了住宅市场与其他市场相区别的三个特征。住宅是异质品、耐用品,具有较高的搬迁成本。下面是本章的主要观点:

1. 住宅是由住宅服务束组成的,它所提供的每项服务都有其内在价格,特征价格评估方法是以上述思想为基础的。
2. 住宅是耐用品,所有者为使其保持在某一质量阶梯上,需要支付维护费、修理费、改造费和重建费。
3. 住宅供给在长期是缺乏弹性的,这是因为存量住宅可以被持续利用。
4. 搬迁成本相对较高,因此家庭并不经常改变它们的住宅消费,一旦它们搬迁到其他的住宅中,就会使它们的生活发生巨大的变化。
5. 过滤模型解释了住宅是如何沿着质量阶梯向下移动到与低收入家庭相匹配的位置上的。
6. 由于存在过滤机制,住宅的质量水平与供给有很大的关系;同时,住宅的质量水平还与需求有关,这是因为存在消费者替代。一项降低新的高质量住宅供给的政策可以导致所有质量水平的住宅价格的上涨。

问题与应用

在下面的练习题中,带"_____"的题目,需要读者在上面填上一个词或一个数字。对于带"……"的题目,需要读者用适当的词语完成该句话,并使陈述的内容与原题目相符。对于带"[ ]"的题目,需要读者用圆圈标记出括号中恰当的一个词。

1. 教堂、焚烧炉与住宅价格

最近的城市住宅市场的特征价格研究已经得出结论,教堂附近的住宅价格较高,而靠近焚烧炉的住宅价格则很低。假设距离教堂1公里的住宅价格要比距离教堂2公里的住宅价格高7 000美元,并且上述关系是线性的。距离焚烧炉1公里的住宅价格要比距离焚烧炉2公里的住宅价格低4 000美元,并且上述关系也是线性的。假设一个城市的教堂和焚烧炉相距2公里,具体来说,假定教堂在 $x=0$ 的区位上,焚烧炉在 $x=2$ 的区位上。在 $x=0$ 时,住宅价格为200 000美元。

a. 画出 $x=0$ 到 $x=4$ 区间上的住宅价格曲线。
b. 在 $x=0$ 到 $x=2$ 区间,住宅价格曲线的斜率是每公里_____;当超过 $x=2$ 时,该斜率为每公里_____。
c. 从教堂到焚烧炉的道路上,住宅价值的昂贵水平呈现逐渐[提高,下降]的趋势。

2. 选择某一质量水平

假设住宅质量可用 1 到 10 之间的数字度量,生产特定质量住宅的月成本等于质量水平的平方:对于质量为 1 的住宅,其成本为 1 美元;对于质量为 2 的住宅,其成本为 4 美元,以此类推。住宅月租金等于每单位质量价格($P=9$ 美元)乘以质量水平。

　a. 用一个类似于图 14-2 的两部分图形来描述利润最大化的质量水平。

　b. 利润最大化数量为_____;边际成本等于_____。

3. 质量水平的改变

以图 14-2 中的两部分图形为例,并以此作为一个模型来分析住宅市场的两个变化产生的影响效应。

　a. 价格的上升[提高,降低]了_____曲线的斜率,使_____曲线[向上,向下]移动。利润最大化质量[增加,减少]。

　b. 住房维护工人(修理工、瓦工、粉刷工、木匠)工资的增加[提高,降低]了_____曲线的斜率,使_____曲线[向上,向下]移动。利润最大化质量[增加,减少]。

4. 留在原处不动还是搬迁

假设一个家庭的收入是 100 美元,住宅消费量等于 40 个质量单位。住宅需求的收入弹性是 0.75。

　a. 用类似于图 14-4 的图形描述该家庭初始的最大化效用选择(用点 i 来表示)。

　b. 假设该家庭的收入增加到 120 美元。试描述不存在搬迁成本时该家庭的选择(用点 m 表示搬迁后的结果)。当存在搬迁成本,并且该成本高到没有一个家庭愿意搬迁时,请描述这一家庭所作出的新的选择(用点 s 表示停留在原处)。

　c. 假设给定搬迁成本,当实际的住宅消费与理想的住宅消费(搬迁成本为零)之间至少存在 30% 的差距时,该家庭将进行搬迁。那么,该家庭将选择点 m 还是点 s? 这是因为……

　d. 能恰好导致家庭的搬迁活动的收入水平是_____,这是因为……

5. 搬迁与消费者剩余

考虑一个城市的典型家庭的住房需求函数是 $Q=1\,000-1\,000P$,这里的 Q 表示住房需求的平方英尺,P 表示每平方英尺的价格。

　a. 画出住房需求曲线。

　b. 当住房的初始价格是每平方英尺 0.5 美元时,典型家庭选择的数量是_____,得到的消费者剩余是_____。

　c. 假如价格降到每平方英尺 0.4 美元。如果该家庭不进行搬迁,则它的消费者剩余等于_____;如果该家庭进行搬迁,则它的消费者剩余等于_____;如果搬迁的成本是 12 美元,那么该典型家庭[会,不会]移动,这是因为……

6. 质量阶梯与瑞姆坡(Ramp)

房地产代理商在瑞姆坡威尔镇(Rampville)遇到了麻烦。虽然住宅质量随着时间的推移而不断下降,但是没有出现过滤现象:在过去 10 年,没有居民改变他们的住宅。请解释一下为什么会出现这种现象。用类似于图 14-5 的图形描述瑞姆坡威尔镇的住宅市场。

7. 对中等收入家庭的补贴

考虑住房补贴对过滤过程的影响。同以前一样,我们假设每个家庭能够容忍理想的住宅质量与实际的住宅质量之间存在10单位的差距,所有的新住宅都是为高收入家庭修建的,改造原有住宅使其达到较高的质量水平需要高昂的成本。把图14-5作为研究的起点,分别用点 l、m 和 h 表示。假设地方政府执行一项新的补贴计划,即为中等收入家庭的住房支出提供20%的补贴。住宅需求的价格弹性是 -1.0。

a. 对中等收入家庭来说,理想的住宅服务质量从_____提高到_____。一个中等收入家庭将在_____年之后达到10单位的差距,到那时,一个高收入家庭将会有_____单位的差距。

b. 为了使高收入家庭采取迁移的行动,24单位的住宅价格将[增加,降低]。

c. 为了使一个低收入家庭能够购买被中等收入家庭占有的14单位的住宅,这14单位的住宅价格将[增加,降低]。

d. 用类似于图14-6的图形描述补贴计划对住宅质量层次的长期影响。

8. 可支付住宅

假设中央政府为可支付住宅项目拨款——对低收入家庭的新住宅建设给予补贴。假设"可支付"住宅是低质量住宅。

a. 用一个图形描述可支付住宅对低质量和中等质量住宅的影响。

b. 该政策[提高,降低]了低质量住宅价格,这是因为……

c. 该政策[加速,减缓]了从中等质量住宅转向低质量住宅的过滤过程,这是因为……

d. 该政策使消费者从[低等,中等]质量市场转向[低等,中等]质量市场,这是因为……

e. 该政策[提高,降低]了中等质量住宅的价格,这是因为……

9. 卡特里娜飓风

卡特里娜飓风摧毁了新奥尔良很大一部分住宅,比较大的损失都是在低质量市场。为了使问题简单化,假设飓风摧毁的仅仅是低质量的住宅。

a. 用一个图形来描述飓风对低质量和中等质量住宅的影响。

b. 飓风[增加,降低]了低质量住宅的均衡价格,这是因为……

c. 飓风[加速,减缓]了从中等质量到低质量市场的过滤过程,这是因为……

d. 飓风会使消费者从[低等,中等]质量转向[低等,中等]质量市场。

e. 飓风[增加,降低]了中等质量住宅的价格,这是因为……

10. 签订节能契约

假定一个城市每年都有10户家庭从旧住宅(每年的能源消费=20单位)搬迁到新住宅(每年的能源消费=12单位)。假设新法规要求将来所有的住宅都要安装节能设备,这样能够使能源消费从12单位下降到9单位,但其安装成本约为5 000美元。

a. 用类似于图14-7的图形描述新法规对新住宅和旧住宅市场都会产生哪些影响。

b. Wizard女士曾坦言:"我预测新法规将会损害我们为节能所付出的努力。"请说明Wizard女士的话在什么情况下是正确的。

参考文献和补充阅读

1. De Leeuw, Frank, and Nkanta Ekanem. "The Supply of Rental Housing." *American Economic Review* 61 (1971), pp. 806—817.

2. Ellwood, David, and Mitchell Polinski. "An Empirical Reconciliation of Micro and Grouped Estimates of the Demand for Housing." *Review of Economics and Statistics* 61 (1979), pp. 199—205.

3. Follain, James R., and Emmanuel Jiminez. "Estimating the Demand for Housing Characteristics." *Regional Science and Urban Economics* 15 (1985), pp. 77—107.

4. Kain, John, and John Quigley. "Measuring the Value of Housing Quality." *Journal of the American Statistical Association* 65 (1970), pp. 532—548.

5. Olsen, Edgar O. "A Competitive Theory of the Housing Market." *American Economic Review* 59 (1969), pp. 612—622.

6. Ozanne, L., and Raymond Struyk. "The Price Elasticity of Supply of Housing Services." In *Urban Housing Markets: Recent Directions in Research and Policy*, eds. L. S. Bourne and J. R. Hitchcock. Toronto: University of Toronto Press, 1978.

7. Quigley, John M. "What Have We Learned about Housing Markets?" In *Current Issues in Urban Economics*, eds. Peter Mieszkowski and Mahlon Straszheim. Baltimore: Johns Hopkins University Press, 1979.

8. White, Michelle. "Property Taxes and Urban Housing Abandonment." *Journal of Urban Economics* 20 (1986), pp. 312—330.

第 15 章　住宅政策

> 愚者造房,智者买房。
>
> ——谚语
>
> 几乎任何男人都将为保护他自己的住宅而战斗,但没有听说过一个男人会为他寄宿的住宅而战斗。
>
> ——马克·吐温(Mark Twain)

本章主要讨论住宅政策,这些政策不仅要对高收入家庭的住宅给予补贴,而且要对低收入家庭的住宅给予补贴。对于低收入家庭来说,联邦政府每年要花费 300 亿美元为其提供公共住宅、补贴私人建造的住宅和提供购房优惠券,其中购房优惠券可以被用于支付购房款。联邦政府还实施了许多社区开发项目,用于改善地方的住宅环境和重新使社区恢复活力。对于中等收入家庭和高收入家庭来说,联邦政府每年要拿出 660 亿美元的税收用于补贴住宅所有者,这部分资金主要是通过削减抵押贷款利息税政策来实现的。

图 15-1 描述了承租住宅的家庭数量,这些家庭的住宅面积过小或者有较高的租金负担。1980—2001 年,住宅面积过小的家庭数量有了显著的降低,而支付租金超过收入 30% 的家庭数量从 990 万户增加到 1 450 万户。只有大约 30% 的家庭符合在公共住宅中居住、获得住宅补贴或者购房优惠券补助的条件。符合条件的家庭需要等待较长时间才能获得公共住宅,优惠券补贴项目并没有为所有符合条件的家庭提供必要的资助。

15.1　公共住宅

1998 年,大约有 130 万户家庭居住在公共住宅里。依据预算成本,联邦政府用于公共住宅的费用支出包括 31 亿美元的营运补贴(用于填补承租人支付的租金与项目营运成本之间的差额)和 38 亿美元的资本费用(用于维修、改良住宅质量和拆除旧住宅)。公共住宅由地方住宅管理部门管理,要服从联邦政府所制定的相关法规。承租人支付的租金不能超过其家庭收入的 30%。最近这些年,对新公共住宅的投资已经停止,公共住宅援助政策的方向已经转移到维修和翻新老旧的公共住宅上。

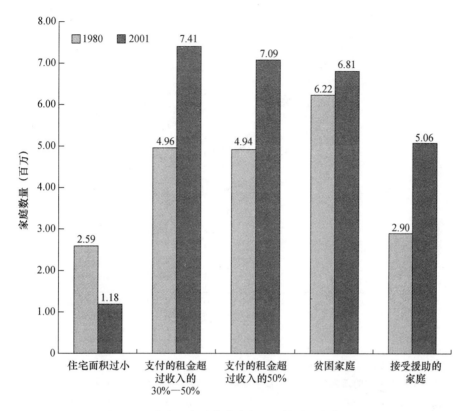

图 15-1　住宅面积过小或者舒适度较差的家庭数量

资料来源：基于 John Quigley. "A Decent Home: Housing Policy in Perspective." *Brookings-Wharton Papers on Urban Affairs* (2000), pp. 53—99; John Quigley and Steren Rafael. "Is Housing Affordable? Why Isn't It More Affordable?" *Journal of Economic Perspectives* 18 (2004), pp. 191—214。

15.1.1　公共住宅与接受者福利

图 15-2 利用消费者选择模型描述了低收入家庭的住宅选择。我们在本书后面的附录"微观经济学工具"第四部分回顾了消费者选择模型的主要内容。图 15-2 中的横轴代表住宅消费量（住宅所提供的服务数量），纵轴代表其他商品的月消费量（用美元表示）。假设家庭的月收入是 800 美元，住宅所提供的每单位服务的价格是 1 美元。初始预算线反映了家庭的选择，即住宅与其他商品之间存在 1∶1 的替代关系。在点 i 处，该家庭获得了最大化效用，此时无差异曲线与预算线相切。在该点处，住宅和其他商品的边际替代率等于价格之比，这说明该家庭已经尽其所能，使自己达到了帕累托最优状态。该家庭所占有的住宅可提供 300 单位的服务，住宅服务的总价格是 300 美元，剩余的 500 美元用于购买其他商品。

假设一套典型的公共住宅可以产生 540 单位的服务。政府收取的租金仅相当于承租人收入的 30%，即 240 美元（0.30×800 美元）。公共住宅服务规模扩大到点 j，此时他的预算集处于更高的位置。最终，该家庭仅用 240 美元就获得了 540 单位的服务。而剩下的 560 美元

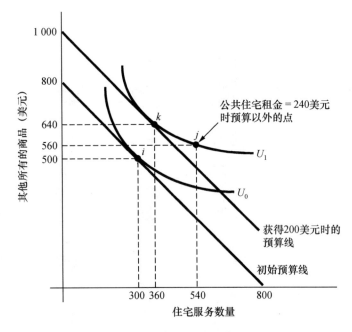

图 15-2 公共住宅效用最大化

政府向公共住宅承租人收取的费用仅占该家庭收入的 30%（240 美元），而该住宅可以提供 540 单位的服务，因此点 j 位于更高的预算集上，补贴接受者的效用从 U_0 提高到 U_1。补贴接受者获得 200 美元的现金补助时，也可以获得同样的效用水平。该家庭获得的补贴是 300 美元（540 美元 − 240 美元），因此公共住宅的价值相当于补贴的 2/3。

用于购买其他商品。在接受公共住宅的申请后，该家庭既可以消费更多的住宅和其他消费品，同时也获得了较高的效用水平（U_1 取代了 U_0）。

对于承租人来说，公共住宅的价值是多少呢？公共住宅的价值可以通过回答如下问题来进行测度：提供多少现金补助才能使现金补贴与公共住宅出价（提供 540 单位服务的住宅价格是 240 美元）所产生的效应具有无差异性？换句话说，提供多少现金补贴才能使家庭移动到无差异曲线 U_1 的位置？在图 15-2 中，200 美元的现金补贴推动预算线向上平行移动，在点 k 处该家庭获得了效用最大化，此时的无差异曲线为 U_1。换句话说，200 美元的现金补贴和 300 美元[等于 540 单位（540 美元）的住宅服务价值减去租金（240 美元）]的租金补贴对于该家庭来说具有无差异性。公共住宅的价值大约是补贴的 2/3，这与一些研究接受者获得的公共住宅的价值的结论相一致（Green and Malpezzi, 2003）。

新的公共住宅成本与私人住宅成本之间有何差异呢？公共住宅更加昂贵，其原因有两点：第一，私人部门在修建新的低收入住宅时会比公共部门更有效率。第二，市场中有大量的低质量旧住宅，因此新住宅的最低成本都要高于旧住宅。经济学家根据生产成本把住宅分成几种类型，并用这些住宅的市场价值比率来度量公共住宅的生产效率。依据 Green 和 Malpezzi (2003) 的研究，公共住宅的生产效率是 0.50，这意味着其生产成本是市场价值的 2 倍。在我们的例子中，如果政府花费 1 080 美元，可以生产出价值 540 美元的住宅，那么为得到该住宅（相当于图 15-2 中的点 j）所需付出的预算成本是 840 美元（1 080 美元减去 240 美元，其中

240 美元是承租人支付的租金)。

公共住宅支出每增加1美元会产生什么样的影响呢？换句话说，用于公共住宅支出所需的纳税人的钱每增加1美元，接受者的收益是多少呢？正如图 15-2 所示，200 美元的现金补贴和公共住宅补贴是无差异的，因此每套公共住宅可以产生相当于 200 美元的影响。如果政府对每套住宅给予 840 美元的补贴，那么1美元所产生的影响效应就是 0.24 美元(等于 200 美元/840 美元)。

15.1.2 私人住宅补贴

公共住宅政策的另一个可以选择的方案是，鼓励私人部门修建和维护低收入住宅，并构建一套与之相适应的补贴体系。政府有两个补助计划：项目 236 和项目 8——它们是计划的基础。在这两个计划下，政府为不动产所有者支付家庭承担的租金与市场公平租金之间的差额。在大多数情况下，家庭所支付的租金仅占其收入的 30%。市场公平租金主要由修建和管理不动产的成本决定，同时还要受到本地区平均市场租金水平的影响。例如，假设一套住宅的公平市场租金是 500 美元，符合补助条件的家庭收入是 800 美元。在这种情况下，家庭将支付 240 美元(800 美元的 30%)的租金，地方政府将支付 260 美元，总的支付额是 500 美元。

在这些补助项目下，联邦政府通过签订长期合同来为不动产所有者提供年度补贴。这些计划还确保不动产所有者必须是符合条件的家庭，并且要以公平的市场租金从市场中租赁住宅。1998 年，有 140 万个家庭得到了项目 8 的援助，另外还有大约 50 万个家庭得到了项目 236 的援助(Quigley，2000)。

虽然对私人住宅提供补贴的效率要高于公共住宅，但它们仍然会使住宅的市场价值低于生产成本。正如 Green 和 Malpezzi(2003)所指出的，对私人拥有的住宅提供补贴产生的效率为 0.61—0.85，中间值大约为 0.75。

15.1.3 低收入住宅税收信贷

1986 年的《税收改革法案》制订了一项税收信贷计划，鼓励为低收入家庭提供经济适用房(affordable housing)。为了获得税收信贷，所开发的项目必须保留一部分租金管制(rent restricted)住宅(设定最大化租金)和所有者限制(occupant restricted)住宅(设定所有者的最高收入)。有两个指标可以用于判断是否取消补贴资格：

1. 20/50 的比例指标。 至少有 20% 的出租住宅被那些收入不超过本地区中等收入 50% 的家庭占有。

2. 40/60 的比例指标。 至少有 40% 的出租住宅被那些收入不超过本地区中等收入 60% 的家庭占有。

在上述两种情况下，最高租金仅为具有补助资格家庭收入的 30%。低收入住宅的开发商每年可以获得相当于项目成本 9% 的信贷。例如，一个低收入住宅项目的成本是 1 000 万美元，它所产生的税收信贷额度是 90 万美元，该开发商所需支付的联邦税也将减少相同的额度。虽然上述所涉及的住宅供给约束的期限仅为 15 年，但是开发商仍可以连续 10 年获得信贷支持。

税收信贷项目已经实行了多年，到 1999 年为止，在该计划的帮助下已经修建了 70 万套低收入住宅。税收信贷额度由州住宅管理机构负责分配,这些机构是在联邦政府的严格监管下建立的。2002年,每个州允许的信贷额度为人均1.5美元,到2003年,该信贷额度提高到人均1.75美元。2003年,从收入损失来看,税收支出成本大约为35亿美元(Office of Management and Budget, 2002)。

税收信贷项目导致的收入损失相对于住宅供给规模来说是比较大的。该援助项目的复杂性和风险性使得投资者对于项目投资会要求较高的收益率。1996年,联邦政府1美元的援助仅可以修建价值0.62美元的住宅,因此税收信贷项目的运作效率要远低于提供公共住宅所产生的效率(Quigley, 2000)。DiPasquale、Fricke和Garcia-Diaz(2003)估计,在税收信贷项目下,提供一居室的成本要比没有受到资助的住宅高19%;对于两居室来说,成本差距为14%。

15.1.4 受补贴住宅的市场效应

自政府为私人建造的住宅提供补贴的政策实施以来,目前已经资助了260万套住宅。这意味着住宅补贴使得住宅存量增加了260万套吗?正如我们将要看到的,补贴住宅供给取代了非补贴住宅供给,因此补贴对住宅存量的净影响相对较小。

图15-3描述了住宅补贴对非补贴市场的影响。补贴政策实施之前,初始的均衡价格是500美元,均衡数量是300套住宅。如果在政府补贴政策下市场出现了100套新住宅,就意味着将有100个家庭离开非补贴市场,因此需求曲线向左移动了100套。由于存在过度供给,住宅价格开始下降,新的均衡点可用点f表示,此时的价格是450美元,数量是220套住宅。换句话说,非补贴住宅供给量下降了80套,部分地抵消了住宅补贴对市场造成的影响。

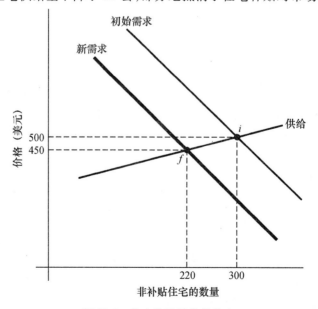

图15-3 住宅补贴的替代效应

住宅补贴缩小了非补贴低质量住宅的需求规模。其结果是,过度供给导致均衡价格从500美元下降到450美元,非补贴住宅数量从300套下降到220套。

我们再进一步分析,当价格下降时,非补贴住宅是如何沿着供给曲线向下移动的。由于我们所要分析的是低收入住宅,因此这些住宅应该在质量阶梯较低的位置上。低质量非补贴住宅数量下降的原因主要有两点:

- **更多的住宅退出市场**。低质量住宅价格的下降,降低了非补贴住宅的利润,因此有更多的住宅退出了市场,它们或者被转向其他用途,或者被废弃。
- **较低的过滤速度**。低质量住宅价格的下降会影响质量中等住宅市场,使质量中等住宅的所有者缓慢移向较低的质量阶梯。此时,所有者为使其住宅保持在质量中等住宅市场上,将愿意支付更高的维护费和修理费。

有事实能够证明补贴住宅对非补贴住宅的替代效应或者挤出效应吗?Murray(1999)通过估计发现,在较长的时期内,非补贴住宅下降的数量至少是补贴住宅增加量的1/3。他的最高估计值表明,补贴住宅与非补贴住宅之间存在1:1的挤出效应,说明在长期内住宅补贴并不会提高总的住宅存量。类似地,Malpezzi 和 Vandell(2002)对低收入税收信贷项目进行研究时发现,没有任何证据表明该补贴项目增加了总的住宅存量。

15.2 住宅优惠券

迄今为止,本章已经分析了一些能够通过扩大住宅供给来帮助低收入家庭的住宅政策。在需求政策方面,我们可以通过提供住宅优惠券或者购房优惠券,来使低收入家庭有能力购买住宅。类似于给贫困者发放的食品券,住宅优惠券允许接受者自己制定消费选择。1999年,大约有160万个家庭接受了住宅优惠券,其预算成本约为70亿美元(一些优惠券还被称作"租金凭证")。取得优惠券的家庭必须购买最低质量的住宅。优惠券的面值取决于家庭收入和都市区的公平市场租金。其计算公式为:

$$优惠券面值 = 公平的市场租金 - 0.30 \times 收入$$

公平的市场租金被定义为都市区租金的第 45 个百分位数(即45%的房屋的租金低于该值)。

15.2.1 优惠券与消费者福利

我们可以利用消费者选择模型来描述优惠券对接受者预算决策和效用的影响。与在公共住宅部分给出的例子类似,假设收入是 800 美元,住宅的单位服务价格是 1 美元,市场公平租金是 540 美元(一套住宅提供 540 单位的服务),优惠券的面值是 300 美元(等于 540 美元 − 0.30×800 美元)。

图 15-4 描述了接受者对住宅优惠券的反应。优惠券项目的实施推动家庭预算线向右移动,其幅度相当于 300 美元。点 m 是新的预算集,因为该家庭用手中的优惠券可以购买价值 300 美元的住宅(假设它是最低质量的住宅),并把自己的全部收入(800 美元)用于购买其他消费品。当住宅价格高于 300 美元时,就需要在住宅消费与其他商品消费间进行权衡。我们假设在短期内优惠券不会对住宅的市场价格产生影响。

优惠券提高了住宅消费规模和家庭的效用。新的效用最大化点可用点 v 表示,与初始的均衡点 i 相比,住宅的消费支出从 300 美元提高到 400 美元,其他商品的消费支出则提高到

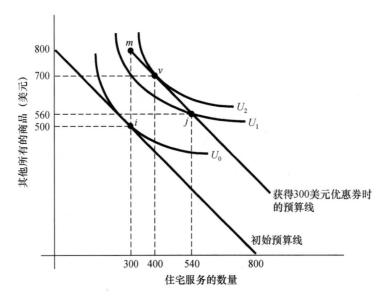

图 15-4 住宅优惠券与最大化效用

一张面值 300 美元的优惠券推动预算线向右移动,其移动幅度相当于 300 美元。接受者最终选择了点 v,此时该家庭获得的住宅服务是 400 单位,其他商品的消费支出是 700 美元。优惠券产生的效用高于提供公共住宅所产生的效用,这是因为优惠券政策给人们提供了更多的选择。

700 美元。也可以这样认为,该家庭将优惠券的 1/3 用于购买住宅,剩余的 2/3 用于购买其他消费品。将点 v 与提供公共住宅时产生的均衡点(点 j)相比,我们可以发现,在优惠券项目下家庭可以获得更高的效用。从接受者的角度来看,优惠券政策会产生更高的效率,这是因为它可以为各个家庭提供更多的选择,即家庭可以选择能使自身效用最大化的消费束。实际上,如果从住宅消费支出获得的最大化效用至少是 300 美元,那么优惠券项目就相当于提供了 300 美元的现金。

15.2.2 优惠券的市场效应

住宅优惠券会产生哪些市场效应呢?在图 15-4 中,优惠券使住宅消费规模从 300 单位提高到 400 单位。那么,该政策对住宅价格、接受者福利和其他家庭有哪些影响呢?假设一个城市有两个收入群体(低收入和中等收入)、三个住宅质量等级(质量较差、质量达标和质量中等)。所有的低收入家庭都居住在质量较差的住宅里(300 单位的住宅服务)或者质量达标的住宅里(400 单位的住宅服务)。所有的中等收入家庭都居住在质量中等的住宅里。

图 15-5 描述了优惠券项目对住宅市场的影响。在 A 图中,质量达标市场的初始均衡可用点 i 表示,此时的住宅价格是 400 美元,住宅数量是 100。优惠券项目使质量达标住宅的需求曲线向右移动,并且大多数优惠券接受者都从质量较差的市场转向了质量达标市场。其结果是市场中出现了需求过度现象,并推动住宅价格不断上涨,直到重新恢复到均衡点 f 为止,此时的住宅价格是 480 美元。质量达标的住宅供给数量则增加了 40,出现该结

果的原因主要有两点：

1. 质量中等市场的过滤速度加快。质量达标住宅的价格相对于质量中等住宅的价格而言，有了较大幅度的上涨，这样就会有更多的住宅迅速向这一较低的质量等级转移。

2. 向质量较差的住宅市场过滤的速度放慢。质量达标住宅的价格相对较高，促使住宅所有者愿意花费更多的钱来维护住宅，使其保持在质量达标的水平上，这样就会有更少的住宅转向低质量住宅市场。

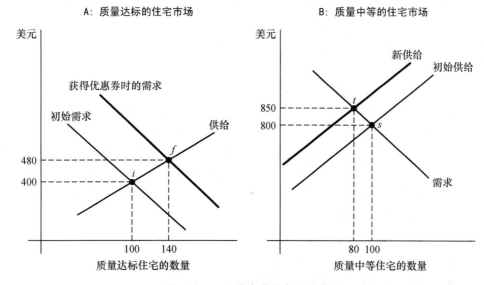

图15-5 住宅优惠券的市场效应

A：优惠券项目提高了质量达标住宅市场的需求规模，提高了住宅的均衡价格（从400美元提高到480美元）。

B：质量达标住宅价格的提高缩小了质量中等住宅的供给规模，使得有更多的住宅过滤到质量达标市场。此时，质量达标住宅的均衡价格从800美元提高到850美元。

图15-5中的B图描述了住宅优惠券对质量中等住宅市场的影响。通过提高住宅过滤速度，优惠券政策缩小了质量中等住宅的供给规模，促使该类型住宅的供给曲线向左移动。其结果是，均衡价格从800美元（点s）提高到850美元（点t）。换句话说，给低收入家庭提供住宅优惠券政策损害了中等收入家庭的利益。虽然这两种类型的家庭并不直接在质量中等市场中展开竞争，但是它们通过住宅过滤过程间接展开竞争。

那么低质量和高质量住宅市场的情况又会如何呢？在较高的质量水平上，质量中等住宅价格的上涨，会加快高质量住宅的过滤速度，其结果是缩小了高质量住宅的供给规模，并提高了其价格。在较低的质量水平上，质量达标住宅价格的上涨，会使该等级的住宅向低质量住宅市场过滤的速度下降，最终低质量住宅供给数量减少，从而提高了该类型住宅的价格。这意味着，较高的住宅价格损害了没有得到优惠券的低收入家庭的利益。一般来说，在存在过滤现象的情况下，优惠券补贴在导致需求增加的同时，也会提高所有质量水平住宅的价格。

最近一项关于90个最大都市区的研究，估计了住宅优惠券对不同住宅市场的影响（Susin，2002）。从他的研究可以看出，优惠券使低收入住宅价格提高了16%。这表明低收入住宅供给的价格弹性较小——在 0 到 0.38 之间。通过估计还发现,优惠券对中等收入住宅价格的影响相对较小(3.2%),对高收入住宅的影响几乎为零。

15.2.3　便携式优惠券:住房流动计划

一项被称作住房流动计划(moving to opportunity, MTO)的社会实践,用于检验低收入家庭在贫困率较低的社区是否可以获得更高的效用。住房援助计划的对象包括公共住宅的承租人和其他接受租金援助的低收入家庭,它们被随机分配到下面三组中的一组:

1. 住房流动计划援助组。获得租金优惠券的家庭最初只能在贫困率低于 10% 的社区居住。该政策实施一年后,优惠券使用者可以在任何地区居住。

2. 一个比较组。对优惠券的使用不受任何限制。

3. 一个控制组。获得的援助只能用于特定的公共住宅项目。

从第一阶段的研究结果可以看出,流动性增加可以提高低收入家庭孩子的学习成绩(Goering, 2003)。具有流动性的家庭(组群 1 和组群 2)可以搬迁到拥有较低的贫困率(比平均值低 15%)、低种族隔离、低犯罪率和高质量学校的社区。在具有流动性的组群中,孩子们很少有行为问题(behavioral problems)和青少年犯罪问题,同时还可以取得更好的学习成绩。另外,在具有流动性的组群中成年人变得更加健康,压力感较小,并可以规避犯罪行为。相反,在成年人就业、工作时间或者公共援助的使用方面,具有流动性的组群和受控制组群(组群 3)之间没有显著的差异。

15.3　社区开发与城市改造

社区开发(community development)包含了数十项援助项目和政策。联邦政府支持的社区开发计划要求:"联邦政府、州和地方政府要采取系统的、持续的行动,来消除城市萧条,保持和重建旧社区,改善低收入家庭和中等收入家庭的居住环境,开发新的人口增长和经济活动中心。"社区开发政策的两个主要目标是使城市衰退地区重新获得新生以及改善低收入家庭的住宅条件。

15.3.1　城市改造

城市改造(urban renewal)是美国最早的一项社区开发计划,它是在 1949 年通过的《住宅法案》的基础上建立起来的,于 1973 年被最终取消。联邦政府赋予地方政府权力,并提供资金支持,以使它们能够推倒和重建城市的部分地区。地方管理机构通过征用权获得不动产,清理了"不受欢迎的"土地利用项目(如低收入住宅和小型商业区)。然后,这部分土地或者用于修建公共设施,或者以折价的方式卖给私人开发商。地方政府在城市改造中所产生成本的 2/3 由联邦政府给予补偿,而修建住宅、政府办公楼或者商业设施的工作主要由私人开发商承担。

城市改造项目使低收入家庭能够搬迁到高收入居民聚居的、公共设施完备的以及商业活动繁华的地区。目前,已经有 60 万套住宅被推倒,在此基础上修建了 25 万套新住宅、1.2 亿平方英尺的公共设施和 2.24 亿平方英尺的商业设施。在重新修整的土地上修建的不动产评估价值提高了 4.6 倍。需要指出的是，大约有 200 万低收入者搬迁到新的居住地。该计划的支持者把目光集中到了城市改造方面，他们指出，新商业区的开发可以为中心城区的穷人提供更多的就业机会。

15.3.2 近期的社区开发计划

近期许多联邦社区开发计划避免了城市改造过程中出现的许多问题。这些新开发项目在一些较小的地块上进行，因此它们仅需要转移很少的家庭。另外，这些新项目主要为低收入家庭提供住宅。

联邦社区开发基金的大多数资金被用于社区开发街区许可项目（Community Development Block Grants, CDBG）。1997 年，CDBG 项目的预算是 47 亿美元，其中有 70% 的资金投向了中心城市和城市管辖的各县。在基金的分配上，所采用的原则是向相对破旧、住宅拥挤、高贫困率和低经济增长率的城市倾斜。这些基金被用于改善住宅、提供公共服务、促进经济发展和为新开发区提供土地。正如 Connerly 和 Liou（1998）在报告中所指出的，CDBG 基金中的 40% 用于住宅项目，其余的资金被分别用于公共就业岗位（20%）、经济发展（13%）、公共服务（10%）和其他项目。CBDG 项目仅是政府间转移补助体系（the system of intergovernmental grants）很小的一部分——该基金从来没有超过转移补助总预算的 8%。

最近开发的一些转移补助项目为地方政府提供了更具灵活性的资金（Quigley, 2000）。根据《无家可归者援助法案》，该基金要向无家可归者提供援助，向他们提供临时庇护所，并帮助其修建一套单卧室住宅。在希望Ⅳ项目（HOPE Ⅳ program）下，地方政府将获得的基金用于旧公共住宅项目的改造或者清理。住宅基金项目（HOME program）所提供的基金主要用于修建和维护低收入住宅。这三个项目都允许在地方的层次上制定决策，其决策者主要是地方官员和非营利团体组织的成员。

15.3.3 无家可归者

正如我们已经看到的，联邦政府给地方政府提供资金用于帮助无家可归者。1987 年通过的《无家可归者援助法案》对无家可归者进行了界定，这部分人是指具有以下特征的人：(1) 睡在外面；(2) 睡在不是用来睡觉的地方（例如公共建筑的大厅）；(3) 睡在临时的庇护所（一个临时性的住宅）。

表 15-1 利用 2003 年和 2005 年间不同的研究成果，对比了美国无家可归人口的构成。从许多无家可归者的背景和经历来看，他们并没有从经济发展中获得利益。几乎有一半的人在高中时期就辍学了，有超过半数的人进过监狱。大部分无家可归者有吸毒和精神问题。

表 15-1 美国无家可归者人口构成

组别	无家可归人口占比（%）	数据时间
18 岁以下	39	2003
5 岁以下	16	2003
单身男性	43	2005
单身女性	17	2005

(续表)

组别	无家可归人口占比(%)	数据时间
有小孩的家庭	33	2005
非洲裔美国人	49	2004
高加索人	35	2004
西班牙人	13	2004
美洲原住民	2	2004
亚洲人	1	2004

资料来源：National Coalition for the Homeless, *Who is Homeless? NCH Fact Sheet #3* (June 2006). http://www.nationalhomeless.org。

那么，是什么原因导致这部分人无家可归的呢？从经济角度来看，当一个人的收入相对于住宅价格足够低，他并没有购买住宅的意识，甚至没有能力购买住宅时，这个人就会成为无家可归者。这个简单的逻辑已经为有关无家可归者的研究所证实，也就是说，在低质量住宅租金相对较高的地区，无家可归者的比例也相应较高（Honig and Filer, 1993; Green and Malpezzi, 2003）。Honig 和 Filer（1993）在对两者之间的关系进行估计时发现，无家可归者的比例相对于低质量住宅租金的弹性是 1.25，这意味着住宅租金每增加 10%，将会导致无家可归者的比例提高 12.5%。

还有其他一些因素导致人们无家可归。在无家可归者数量较多的地区，一般都有较糟糕的劳动力市场（低就业增长率）、低水平的政府公共援助和较低的精神疾病治疗机构化率（low institutionalization rates for the mentally ill）。这些因素表明，无家可归者的出现并不仅仅是住房问题，而是多种因素共同作用的结果。虽然目前的住宅政策对无家可归者的帮助非常有限（Early, 1998, 1999），但事实证明，通过提高低端住宅市场的住宅功能，可以在一定程度上缓解该问题（O'Flaherty, 1996; Green and Malpezzi, 2003）。

15.4 哪项住宅政策是最优的

经济学家和政策制定者一直在争论，住宅的供给政策与需求政策哪一个更有效率。正如我们已经看到的，公共住宅和受补贴住宅的成本要高于非补贴住宅，并使接受者有更少的选择权。从市场角度来看，优惠券可以给接受者更多的选择权，并产生相对较低的住宅供给成本，但是它们将提高住宅需求和住宅价格。对于那些有资格获得住宅援助，但实际上什么也没有得到的 70% 的低收入家庭来说，较高的价格是它们所面临的特殊问题。

哪一种政策更有效率呢？Apgar（1990）和 Struyk（1990）通过分析指出，这些问题本身就是一个误导。在大都市区之间和都市区内部不同地区之间有不同的"最优"政策，这取决于市场条件。在低收入住宅供给规模和供给弹性都较大的地区，优惠券对住宅价格的影响将相对较小。相反，在低收入住宅供给相对无弹性时，优惠券将导致住宅价格有较大幅度的提高，此时地方住宅供给政策会扮演更重要的角色。鉴于新的低收入住宅有较高的成本，Struyk（1990）提倡保持现有的低收入住宅供给规模，例如，维持住宅质量所提供的补贴和取消不动产税。他还讨论了用地方政府的直接援助替代税收信贷项目。这些直接援助被直接提供给地方官员,由他们自由决定供给补贴和优惠券的最优组合。

15.5 为抵押贷款利息提供补贴

2002年,联邦政府对住宅所有者实行税收减免政策,税收总额共计减少了660亿美元(Office of Management and Budget,2002)。住宅所有者可以从他们的总收入中扣除抵押贷款利息支付,因此在家庭的边际税率一定的条件下,每1美元的抵押贷款利息支出降低了相应额度的纳税义务。例如,如果边际税率是28%,那么抵押贷款利息支出每增加1美元,纳税额将下降0.28%。这是"税式支出"*(tax expenditure)的一个例子。作为向住宅所有者提供直接货币补贴的替代政策(货币支出),政府减免了他们的部分税负。税式支出所导致的预算后果与直接补贴相类似:在这两种情况下,政府或者减少其他方面的支出,或者提高其他税种的税率。

家庭从抵押贷款税收减免政策获得的利益随着家庭收入的提高而增加,其原因主要有两点:第一,在累进税收体系下,边际税率随着收入的提高而提高,因此该家庭从每单位抵押贷款利息的增加额中获得的税收优惠,随着收入的提高而增加。第二,由于住宅需求随着收入的提高而增加,富裕家庭有较高的抵押贷款支出,这样它们就会得到更多的税收优惠。2002年,大约有62%的税收减免收益被那些家庭收入在10万美元以上的家庭获得。

15.5.1 抵押贷款补贴与效率

我们可以利用边际原理探讨抵押贷款补贴对市场效率的影响。本书后面的附录"微观经济学工具"1.1部分介绍了边际原理的主要内容。在图15-6中,需求曲线代表家庭对住宅的意愿支付价格,或者代表家庭从住宅服务中获得的边际收益。1美元的水平线代表住宅的边际社会成本(机会成本):在住宅上每花费1美元,社会其他领域的投资也会相应减少1美元(例如工厂、机器、学校)。正如点e所示,在2 000平方英尺的位置上,社会边际成本等于边际收益,因此该住宅供给数量是社会有效供给规模。对于高出该水平的住宅消费来说,边际收益低于机会成本,意味着这部分资金投资于工厂、机器或者学校可以获得更高的效率。

抵押贷款补贴可能导致无效率,这是因为个人和社会的住宅成本之间存在一定的差距。假设家庭的边际税率是28%,那么住宅消费每增加1美元将会得到0.28美元的税收优惠,这样家庭的净消费成本仅为0.72美元。在图15-6中,个人边际成本是0.72美元,住宅消费量将增加到2 420平方英尺。该数量是社会非有效住宅供给规模,其原因在于它违反了边际原理:从额外住宅供给中获得的边际收益低于机会成本(1美元)。如果在住宅消费上花费过多的资金,那么社会投资于工厂、机器和学校上的资金就会减少。阴影三角形代表住宅过度消费造成的损失。本书后面的附录"微观经济学工具"1.2部分介绍了市场剩余的计算方法。

---

* 税式支出是指国家为了达到某一特定目的而实行的税收优惠政策。——译者注

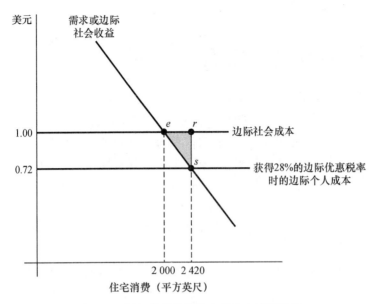

图 15-6　抵押贷款补贴扩大了住宅消费规模

住宅消费的社会有效水平可用点 e 表示,在该位置上社会边际收益等于社会边际成本。抵押贷款补贴降低了个人成本,导致过度消费现象发生。阴影三角形代表社会福利损失。

15.5.2　抵押贷款补贴与住房所有权

抵押贷款补贴还会使人们产生购买住宅而不是去租房的偏见。以百德如克(Bedrock)市为例,该市居民都生活在相同的石头房子里,每套住宅的市场价值是 10 万美元。由于不需要维护费或者维修费,因此拥有不动产的成本仅是购买住宅时所贷款项的利息。如果年利率是 8%,那么年利息成本就是 8 000 美元,因此在完全竞争的市场上,其经济利润为 0,住宅的年租金为 8 000 美元。Barney 拥有一套用于出租的不动产,他每年获得的经济利润等于 0,原因在于他的租金收入 8 000 美元正好用于支付 8 000 美元的利息。如果政府允许他把所支付的利息从总收入中扣除,他的可课税收入将为 0,因此他将不再支付税金。

抵押贷款补贴使人们产生了拥有住宅的偏好,这是因为住宅所有者可以从收入中扣除他们的利息支出,甚至由于拥有不动产而不用申报任何收入。例如,假设 Wilma 搬出了自己租用的房子,购买了一套价值 10 万美元的住宅。她每年要支付 8 000 美元的贷款利息,在扣除利息成本后,她的可课税收入是 8 000 美元,这个数字低于她租房时的可课税收入。假设其边际税率是 28%,她的纳税金额将下降 2 240 美元,因此自己拥有住宅要比租赁相同的住宅多获得 2 240 美元的收益。正如 Green 和 Vandell(1999)所指出的,抵押贷款补贴是导致过去几十年间住宅拥有率提高的一个非常重要的因素——在 1945 年,大约有一半的家庭拥有住宅,而目前拥有住宅的家庭约占家庭总数的 2/3。

政府可以通过某一途径来消除税收所引起的住宅所有权偏好。简单的、有效的途径是取消抵押贷款利息扣除政策。可供选择的方案是改变住宅所有者计算收入的方法。住宅所有者的估算租金通常被定义为拥有住宅并将其出租给自己所赚取的收入。作为一种选择,他也可以将住宅出租给其他人，以获取相应的货币收入。在我们的例子中，Wilma 每年的估算租金收入是 8 000 美元。假设她宣布 8 000 美元的估算租金收入是其总收入的一部分，这样就可以扣除 8 000 美元的抵押成本。这两点相互抵消，住宅所有权偏好将消失。无论租房还是自己拥有住宅，她的可课税收入都相同，因此她从租赁住宅和自己拥有住宅上获得的效用具有无差异性。

提供抵押贷款补贴的理由是什么呢？第一种可能是它可以将邻里外部性内部化。当我粉刷外表比较陈旧的住宅、修剪草坪或者采取其他改善住宅外部环境的措施时，社区环境都会变得更好，邻居住宅的市场价值也会随之提高。该推理的问题在于，抵押贷款补贴可以应用到住宅消费的所有方面，而不仅仅限于粉刷墙壁、修剪草坪等能够产生邻里外部性的几个有限的方面。第二种可能是通过鼓励拥有住宅所有权来保持社区的稳定性。但是，税收优惠主要被高收入家庭获得，因此对于那些年收入低于平均水平的家庭来说，该政策对其拥有住宅所有权的激励效应是很微弱的。

15.6 租金控制和租金管制

在第二次世界大战期间，联邦政府建立了一套进行租金控制的国家管理系统，以使出租的不动产获得最大的租金收益。纽约是战争结束后唯一保持租金控制的城市。20 世纪 70 年代，许多城市又重新引入了租金管制，这些城市包括波士顿、华盛顿特区、旧金山和洛杉矶。与纯粹的租金控制（设定固定的最高价格）相比较，租金管制政策则允许租金随着通货膨胀率的上升而上涨，同时也允许价格以较大的幅度上涨，抵消较高的成本，以保证投资者可以获得"公平的"或者"合理的"利润（Arnott，1995）。有一些类型的出租住宅被排除在租金管制范围之外，这些住宅包括新住宅和高租金住宅。一些管理政策规定，一旦住宅价格达到一定的水平，它们将被放松价格管制。另外一些管理政策还规定，当承租人需求发生变化时，那些不受限制的住宅价格可以随之上涨。

图 15-7 描述了纯租金控制对市场的影响。初始的均衡状态可用点 i 表示，此时的价格是 500 美元，住宅数量是 100 套。如果最大化租金限定为 400 美元，那么住宅供给数量将下降到 70 套，市场向点 s 移动，此时的需求数量是 120 套（用点 d 表示），因此住宅的过度需求规模是 50 套。住宅的均衡数量从 100 套下降到 70 套。

我们可以使用市场剩余的概念来度量租金控制政策的无效率性。我们在本书后面的附录"微观经济学工具"2.5 部分介绍了市场剩余的概念。租金控制政策降低了住宅供给数量，使其低于初始的均衡数量，从而减少了市场剩余。当住宅供给数量从初始的均衡数量 100 套下降到租金控制下的 70 套时，剩余价值损失可用这两个数字之间的需求曲线（边际收益）和供给曲线（边际成本）所围成的区域（阴影三角形）表示。

租金控制政策的受益者，是那些以较低的价格取得租金控制住宅的消费者。租金控制政策还会降低住宅使用者的收益，其原因如下：

- **搜寻成本**。假定存在住宅过度需求，空置率会变得很低，这将使人们花费很长的时间来寻找住宅。较高的搜寻成本在一定程度上抵消了较低价格带来的收益。
- **交钥匙费（key money）**。消费者之间的竞争可以把实际住宅价格抬高到控制价格之

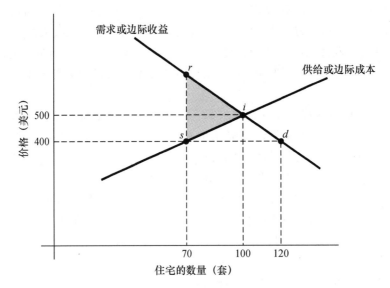

图 15-7 纯租金控制对市场的影响

纯租金控制(最大化租金水平是 400 美元)使住宅供给数量从 100 套下降到 70 套,导致在最大化租金水平上出现需求过度的现象,并且这种现象会一直持续下去:需求数量(点 d)超过供给数量(点 s),福利损失可用阴影三角形 ris 表示。

上。在一些实行租金控制的城市,不动产所有者要向承租人收取大量的交钥匙费,而其他城市则要收取不可归还的保证金。在开罗,交钥匙费用支出使实际租金水平从市场价格的 38% 提高到 71%(Malpezzi,1998)。

- **住宅质量下降**。由于出租住宅价格较低,其所有者缺乏维护和修理住宅的激励,因此住宅质量将不断下降。

在租金控制下遭受损失的家庭是那些在该政策下没有取得相应优惠资格的家庭。租金控制政策降低了住宅供给数量,原本用于出租的不动产可能被用于其他用途(被共同管理或者作为商业不动产),或者退出住宅市场。另外,某一行政区内被租金控制政策取消资格的家庭,将要转移到其他行政区,抬高当地的住宅价格,最终其他城市的居民承担了租金控制政策所带来的成本。

在租金控制政策下,不动产所有者的利益也遭受了损失。由于租金受到限制,所有者从不动产出租中获取的租金收益将下降,并最终导致不动产的市场价值下降。Olson(1972)在对纽约的租金控制计划进行研究时发现,不动产所有者的损失是消费者获得收益的 2 倍。多伦多的租金控制计划使公寓建筑的市场价值在五年内下降了 40%(Smith and Tomlinson,1981)。

租金管制与图 15-7 中所描述的纯租金控制有什么不同呢?租金控制和租金管制之间关键的不同是管制的价格更具有弹性,它可以随着通货膨胀率的提高而上涨,也可以随着生产成本的提高而上涨。另外,当特定的承租人占有住宅时,允许所有者根据新承租人的情况调整租金。其结果是,在管制政策下价格差距(均衡价格减去管制价格)会变得更小,因此它对住宅数量和质量的影响也会更弱一些。

小结

本章探讨了住宅政策效应,这些政策包括低收入家庭援助计划、中等收入家庭与高收入家庭的抵押贷款补贴计划。下面是本章的主要观点:

1. 公共住宅的生产成本要高于私人住宅的供给成本,并且会限制接受者的选择。
2. 住宅优惠券可以给接受者更多的选择机会,但它会导致住宅需求规模扩大,使优惠券接受者和非接受者的住宅价格上涨。
3. 抵押贷款补贴扩大了住宅消费规模,该消费规模超过了社会有效消费水平,并且补贴的收益主要被高收入家庭占有。
4. 与租金控制(固定的最大化价格)相比,租金管制政策在住宅管制价格方面更具弹性。

问题与应用

在下面的练习题中,带"＿＿＿＿"的题目,需要读者在上面填上一个词或一个数字。对于带"……"的题目,需要读者用适当的词语完成该句话,并使陈述的内容与原题目相符。对于带"[ ]"的题目,需要读者用圆圈标记出括号中恰当的一个词。

1. 低收入住宅税收信贷的单位资金冲击效应如何

假设你修建了一套低收入住宅,具有获得低收入住宅税收信贷的资格。修建住宅的成本是 10 万美元。

a. 10 年过后,你的税收信贷规模是＿＿＿＿,用如下式子计算得到……

b. 基于 Quigley 的研究结论,住宅的市场价值是＿＿＿＿,用如下式子计算得到……

c. 市场价值低于住宅的建造成本,是因为……

2. 公共住房的零效应

根据 Wizard 先生的说法,"如果我关于住宅生产的假设是正确的,那么公共住宅的长期市场效应是零"。修建 100 套公共住宅,既不影响住宅均衡价格,也不影响住宅均衡数量。

a. Wizard 先生的假设是指个人生产住宅的＿＿＿＿曲线是＿＿＿＿。

b. 用图形描述 100 套公共住宅对以私人生产为主的住宅市场的影响。

3. 计算优惠券的市场效应

假设政府发行住宅优惠券,这些优惠券可以使一个城市的住宅需求提高 10%。住宅的初始价格是 400 美元。住宅供给的价格弹性是 4.0,需求的价格弹性是 -1.0。

a. 用图形描述住宅优惠券的市场效应。

b. 用在第 5 章讨论过的价格变化公式,需求的提高将＿＿＿＿住宅均衡价格,其变化幅度是＿＿＿＿%(从 400 美元到＿＿＿＿),其计算方法是……

4. 过滤与价格效应

Susin(2002)在一项研究中发现,优惠券可以使低收入住宅的价格提高 16%,中等收入住宅的价格提高 3%。假设其结论中的低收入住宅改为质量达标住宅,中等收入住宅改为质量中等住宅。质量达标住宅的初始价格是 500 美元，质量中等住宅的初始价格是 1 000 美元。用类似于图 15-5 的图形描述这些影响。

5. 优惠券政策会损害其他人的利益吗

假设一个城市的低收入家庭登记了一个优惠券项目。你是一个中等收入者，在该城市租房居住。

a. 优惠券项目对你是[有正面影响的，有负面影响的]，这是因为……

b. 如果_____弹性是相对[大的，小的]，那么优惠券项目对你的负面影响将相对较大。

c. 如果自己拥有住宅，你将如何回答 a 中的问题？

6. 优惠券的价格效应与接受者福利

把图 15-4 当作研究的起点（v 代表优惠券，j 代表公共住宅）。假设 300 美元的优惠券项目使每单位住宅的价格从 1 美元提高到 1.50 美元。

a. 画出当住宅价格为 1.50 美元时的优惠券预算约束曲线。

b. 一个家庭如果要选择 300 单位的住房服务，那么它用于其他商品的消费将是_____，其计算方法是……

c. 预算线的斜率是每单位住宅_____，如果优惠券不影响住宅价格，则该预算线的斜率为_____。

d. 如果给定一个优惠券项目的价格效应，那么在公共住房领域，典型接受者的福利将变得[更好，更坏]，是因为……

7. 询问"弹性博士"

假设你对最大化穷人的福利感兴趣。你要在优惠券和公共住房补贴之间进行选择。你可以向"弹性博士"咨询，因为他知道每个经济弹性是如何测量的。

a. 你的问题是……

b. 如果对此问题的回答是一个[大，小]数目，那么优惠券是一个较好的选择。

c. 如果对此问题的回答是一个[大，小]数目，那么公共住房是一个较好的选择。

8. 抵押贷款补贴导致的社会净损失

假定工厂每平方英尺的边际价值是 1 美元，而对于 1 000 平方英尺和 1 200 平方英尺的住宅来说，每平方英尺的边际收益分别是 1 美元和 0.8 美元。假定政府提供 20% 的贷款补贴，消费者面对的住宅净价格从每平方英尺 1 美元降为 0.8 美元。

a. 用类似于图 15-6 的图形描述抵押贷款补贴所造成的社会净损失。

b. 社会净损失是_____，其计算方法是……

c. 对于典型的消费者来说，其从补贴中获得的消费者剩余是_____，其计算方法是……

d. 政府的收入损失是_____，其计算方法是……

e. 政府的收入损失[大于，小于]消费者剩余，这是因为……

9. 果蝇经济学家

会说话的果绳 Frieda 认为：今天实施的租金控制法规是一个在住宅所有者与消费者之间重新配置收入的相对简单的法规。我从来没有从该法规中看到任何社会净损失。

a. 在了解了果蝇的生命周期后,用供给和需求曲线图描述 Frieda 所表述观点的逻辑。

b. Frieda 所陈述的观点是正确的,是因为……

c. 比较 Frieda 所表述的观点与会说话的小飞象 Dumbo 的观点。用图形描述住宅市场中小飞象的图形,并给出租金控制导致的社会净损失水平。

10. 租金控制和弹性

考虑租金控制在两个城市的影响效应,其中每个城市的租金控制均规定最高租金水平是 400 美元,而均衡租金价格是 500 美元。在一个有弹性的城市(Elastic City),住宅供给的价格弹性是 5.0,而在一个刚性城市(Rigid City),住宅供给的价格弹性是 0.40。

a. 与有弹性的城市相比,租金控制法规将使刚性城市的住宅供给规模下降的幅度有[较小的,较大的]缩减,它也将使该城市遭受[较小的,较大的]社会净损失。

b. 用两个图形描述你的答案,这两个图形分别对应上述两个城市。

参考文献和补充阅读

1. Apgar, William. "Which Housing Policy Is Best?" *Housing Policy Debate* 1 (1990), pp. 1—32.

2. Arnott, Richard. "Time for Revisionism on Rent Control?" *Journal of Economic Perspectives* 9 (1995), pp. 99—120.

3. Burman, Leonard. "Low Income Housing Credit." In *Encyclopedia of Taxation and Tax Policy*, eds. Joseph Cordes, Robert Ebel, Jane Gravelle. Washington DC: Urban Institute Press, 1999, pp. 263—265.

4. Burt, Martha R. *Over the Edge: The Growth of Homelessness in the 1980s*. New York: Sage, 1992.

5. Connerly, Charles E., and Y. Thomas Liou. "Community Development Block Grants." In *The Encyclopedia of Housing*, ed. Willem Van Vliet. Thousand Oaks, CA: Sage Publications, 1998.

6. DiPasquale, Denise, Dennis Fricke, and Daniel Garcia-Diaz. "Comparing the Costs of Federal Housing Assistance Programs." *Federal Reserve Bank of New York Policy Review* (June 2003), pp. 147—166.

7. Early, Dirk. "The Role of Subsidized Housing in Reducing Homelessness: An Empirical Investigation Using Micro-data." *Journal of Policy Analysis and Management* 17 (1998), pp. 687—696.

8. Early, Dirk. "A Microeconomic Analysis of Homelessness: An Empirical Investigation Using Choice-Based Sampling." *Journal of Housing Economics* 8 (1999), pp. 312—327.

9. Goering, John. "The Impacts of New Neighborhoods on Poor Families: Evaluating the Policy Implications of the Moving to Opportunity Demonstration." *Federal Reserve Bank of New York Policy Review* (June 2003), pp. 113—140.

10. Green, Richard K., and Stephen Maipezzi. *A Primer on U.S. Housing Markets and Housing Policy*. Washington DC: Urban Institute Press, 2003.

11. Green, Richard K., and Kerry D. Vandell. "Giving Households Credit: How Changes in the U.S. Tax Code Could Promote Homeownership." *Regional Science and Urban Economics* 29 (1999), pp. 419—444.

12. Gyourko, Joseph, and Peter Linneman. "Equity and Efficiency Aspects of Rent Control: An Empirical Study of New York City." *Journal of Urban Economics* 26 (1989), pp. 54—74.

13. Honig, Marjorie, and Randall K. Filer. "Causes of Intercity Variation in Homelessness." *American Economic Review* 83 (1993), pp. 248—255.

14. Malpezzi, Stephen. "Welfare Analysis of Rent Control with Side Payments: A Natural Experiment in Cai-

ro, Egypt." *Regional Science and Urban Economics* 28 (1998), pp. 773—795.

15. Malpezzi, Stephen, and Kerry Vandell. "Does the Low-Income Housing Tax Credit Increase the Supply of Housing?" *Journal of Housing Economics* 11 (2002), pp. 360—380.

16. Murray, Michael. "Subsidized and Unsubsidized Housing Stocks 1935—1987: Crowding Out and Cointegration." *Journal of Real Estate Finance and Economics* 18 (1999), pp. 107—124.

17. National Coalition for the Homeless, *Who is Homeless? NCH Fact Sheet #3* (June 2006). http://www.nationalhomeless.org.

18. Office of Management and Budget. *Budget of the United States Government Fiscal Year 2002*, Table 8-1. Washington DC: 2002.

19. O'Flaherty, Brendan. *Making Room: The Economics of Homelessness*. Cambridge, Mass: Harvard University Press (1996).

20. Ohls, James C. "Public Policy toward Low-Income Housing and Filtering in Housing Markets." *Journal of Urban Economics* 2 (1975), pp. 144—171.

21. Olson, Edgar. "An Econometric Analysis of Rent Control." *Journal of Political Economy* 80 (1972), pp. 1081—1100.

22. Poterba, James M. "Taxation and Housing: Old Questions, New Answers." *American Economic Review* 82 (1992), pp. 237—242.

23. Quigley, John. "A Decent Home: Housing Policy in Perspective." *Brookings-Wharton Papers on Urban Affairs* (2000), pp. 53—99.

24. Quigley, John, and Steven Raphael. "Is Housing Affordable? Why Isn't It More Affordable?" *Journal of Economic Perspectives* 18 (2004), pp. 191—214.

25. Smeeding, Timothy M. "Alternative Methods for Evaluating Selected In-Kind Transfer Benefits and Measuring Their Effect on Poverty." Technical Paper no. 50. Washington DC: U.S. Bureau of the Census, 1982.

26. Smith, Lawrence, and Peter Tomlinson. "Rent Control in Ontario: Roofs or Ceilings." *American Real Estate and Urban Economics Journal* 9 (1981), pp. 93—114.

27. Stegman, Michael A. "The Excessive Costs of Creative Finance: Growing Inefficiencies in the Production of Low-Income Housing." *Housing Policy Debate* 2 (1991), pp. 357—373.

28. Struyk, Raymond J. "Comment on William Apgar's 'Which Housing Policy Is Best?'" *Housing Policy Debate* 1 (1990), pp. 41—51.

29. Susin, Scott. "Rent Vouchers and the Price of Low-Income Housing." *Journal of Public Economics* 83 (2002), pp. 109—152.

第6篇

地方政府

第16章　地方政府的职能

第17章　地方政府收入

6

本部分将探讨地方政府的职能,揭示城市居民对地方税收和政府间补贴的反应。第16章将要谈到地方政府的职责是提供地方公共产品、管理自然垄断行业和处理外部性问题。第16章还将探讨地方通过选举制定决策的过程,并解释为什么多数决定原则不能产生社会有效选择。第17章将分析地方政府的财政收入问题,重点关注两个最大的收入来源:不动产税和政府间补贴。正如我们将要看到的,应缴纳不动产税的居民可以依法将纳税义务转移给其他人,因此经济负担与法定责任有很大的区别。地方政府通过削减税收、向其他项目转移资源的方法来实施政府间的补贴,因此该补贴的一部分资金被用于公共产品支出和购买私人产品。

第 16 章 地方政府的职能

> 佩德罗(Pedro):你觉得人们会投我的票吗?
> 大人物拿破仑(Napoleon Dynamite):是的! 我会给你投票。
> 佩德罗:我有什么好的?
> 大人物拿破仑:嗯,你有一辆靓车,并且你对小孩很有一套。再有,你好像是学校里唯一一个蓄小胡子的人。
> ——电影《大人物拿破仑》(2004)

> 除了其他已经被尝试的模式之外,民主政治是一种最糟糕的政府模式。
> ——温斯顿·丘吉尔(Winston Churchill)

本章将对地方政府进行全面评述。在介绍了地方政府的现状后,我们将探讨地方政府在联邦政府体系中的角色。我们从中可以了解到,为什么地方政府提供公共产品,如公立学校、公共安全、公园和交通体系,要比私人企业或更高等级的政府提供这类产品更有效率。我们还可以了解到,为什么多数决定原则(majority rule)并不会产生社会有效决策,并探讨针对多数决定原则的无效率性我们可以采取哪些应对措施。

正如表 16-1 所示,在美国有超过 87 000 个地方政府。从总支出来看,地方政府最重要的部门是市政机构和学区(school district)(它们分别占地方政府支出的 1/3),以及郊县(约占总支出的 1/4)。一个特区会提供单一功能的服务,例如消防、国家资源管理、住宅行政管理或者社区开发项目。

表 16-1 2002 年地方政府类型

地方政府的类型	数量
县	3 034
市	19 429
镇	16 504
学区	13 506
特殊地区	35 052
总计	87 525

资料来源:U. S. Bureau of the Census. *2002 Census of Governments*。

表 16-2 给出了在通常情况下地方政府和市政府的人均支出数量。教育是由地方政府支配的项目,该项支出约占总支出的一半,其中初级教育和中等教育约占教育支出的 90%。市政府的支出更具有平均性,其中所占份额较高的部门是警察、教育、高速公路、排水系统和消防。

表 16-2 2002 年地方政府人均支出

	地方政府(美元)	市政府(美元)
教育	1 537	125
警察部门	196	129
政府行政部门	188	76
医院	179	35
高速公路	157	78
债券利息	156	56
公共福利	141	35
排水设施	107	66
健康	104	21
住宅和社区发展	99	44
消防	92	63
公园和娱乐	89	55
罪犯教养	65	11
固体废物处理	58	34
自然资源	19	1
预防检查和管理	13	9
停车场设施	4	4
交通补贴	1	1
总计	3 206	843

资料来源:U.S. Bureau of the Census. *2002 Census of Governments*。

16.1 地方政府职能

地方政府在市场经济中扮演什么角色呢? Musgrave(1980)区分了三种不同的政府职能:
1. **稳定性**。政府使用货币、财政政策控制失业和通货膨胀。
2. **收入再分配**。政府通过税收和转移支付的方法,重新分配收入和财富。
3. **资源配置**。政府制定生产什么和如何生产的决策。当政府决定生产某一特定产品或服务时,它必须决定如何分配这些资源。当政府向私人部门提供补贴或者征税时,将影响私人部门的资源配置决策。

地方政府是如何协调由这三部分所组成的政府行为的呢?

联邦政府(或国家政府)被认为负有制定稳定政策的责任,其原因有两点:第一,虽然每一个地方政府都可以发行自己的货币和执行自己的货币政策,但如果允许这样,该体系将导致无序性。相反,应由联邦政府发行货币,并制定相应的货币政策。第二,由于地方收入的很大一部分用于购买其他地区生产的产品,地方货币和财政政策仅能产生相对较弱的或者较小的影响。国家水平上的财政政策才更加有效,因为国民收入中仅有很少的一部分用于购买进口产品。

下面分析一下政府在分配领域的职能。地方政府对收入再分配的努力,常常会由于纳税人的流动性和接受者的迁移性而受阻。假设一个城市对富裕居民征税,并将其转移给穷人。为了逃避纳税义务,一些富裕家庭将离开该城市,从而导致地方税收收入下降。同时,一部分穷人家庭将搬迁到这个能够给他们带来更多补贴的城市,其结果是每个接受者获得的补贴都在下降。在更加综合的情况下,财富的转移和穷人的搬迁行动,都会弱化城市的再分配计划。由于国家间的人口流动性要比城市间的流动性弱很多,因此联邦政府的再分配计划会更有效率。

政府的第三个职能是资源配置,其中包括制定经济资源如何在不同产品和服务之间进行分配的决策。如表16-2所示,地方政府在一些产品和服务的供给上负有责任,如教育、高速公路、警察、消防、公园和排水设施。在本章的其余三个部分,我们将探讨地方政府配置资源的三种形式:提供地方公共产品、管理自然垄断和内部化外部成本。

16.2 地方公共产品:均衡规模与最优规模

地方公共产品有三个特征。第一个特征是具有非竞争性:一个人从公共产品的消费中获得收益时,并不会降低其他人的收益。相反,私人产品,例如一个热狗,就具有竞争性,因为仅有一个人可以消费它。地方政府提供的许多公共产品具有非纯粹(impure)公共产品和拥挤性(congestible)公共产品的特征,也就是说,如果有许多人使用该产品,每个人的收益都会由于其他人的加入而降低。非纯粹公共产品的一个例子是城市停车场。如果有足够多的人使用这个停车场,他们当中每个人的出行都会受到影响,就像飞碟落到了生日蛋糕上一样。我们在本书的前面讲到,在交通高峰期街道和高速公路都会出现拥挤现象,也是类似的例子。

地方公共产品的第二个特征是非排他性。换句话说,把那些不付费而使用该产品的人排除在外是不可能的或者不切实际的。再次以停车场为例。虽然向那些使用停车场的人收取一定的费用或者不允许没有交费的人使用停车场是可能的,但是用栅栏或篱笆等将停车场隔离开则需要很高的成本,另外安装十字转门*(turnstile)和监视器也需要较高的成本。虽然政府可以向那些付费的人提供消防和安全服务,但是对于消防部门和警察来说,这样一个使用者收费系统违反了多数人公平、公正的原则。

地方公共产品的第三个特征是它的收益被限定在非常小的区域内——一个自治市或者一个都市区。它与国防服务不同,国防服务可以使整个国家的居民受益,而地方警察和消防部门所提供的服务,只能使本地大多数的居民受益。类似地,本地居民可以从绝大多数地方

---

* 一种用来控制从一个公共区域到另一个公共区域的通道的机械装置,典型的形状是从中间一根垂直的柱子上放射状地伸出几根水平的旋转杆,只允许个人走路通过。——译者注

的街道和高速公路的使用中获益。公共产品的影响范围是由公共产品的"地方性"——从公共产品的使用中获得利益的范围决定的。受益的范围越大,包含所有受益者的区域也就越大。

16.2.1 地方公共产品的有效规模

在"邻里选择"那一章,我们讨论了在仅有三个居民的城市里,其公园的供给问题。图 16-1 以图 8-2 为研究的起点。有三个城市居民,他们对公园面积有不同的需求:Lois 的需求较低(其边际收益曲线用 MB_L 表示),Marian 有中等规模的需求(MB_M),Hiram 有较高的需求(MB_H)。

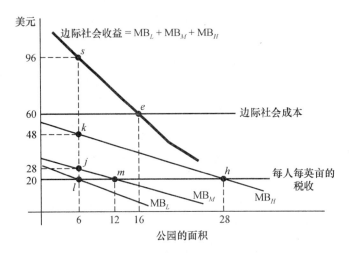

图 16-1　地方公共产品的最优规模与均衡规模

边际社会收益可用这三个居民的个人边际收益之和表示。最优规模是 16 英亩,该面积位于边际社会收益曲线与边际社会成本曲线的相交处(点 e)。在多数决定原则下,均衡规模是由中间投票者的偏好决定的(12 英亩,用点 m 表示)。

当边际社会收益等于边际社会成本时,地方公共产品达到了最优供给规模。城市公园的社会收益可用所有城市居民收益之和表示,此时边际社会收益等于所有个人边际收益之和。在图 16-1 中,第六英亩公园的边际社会收益是 96 美元(点 s),它等于该城市内三个居民的边际收益之和,其中 Lois 的边际收益是 20 美元,Marian 的边际收益是 28 美元,Hiram 的边际收益是 48 美元。其他城市公园的规模也与此类似,我们可以将个人边际收益相加从而得到边际社会收益。另外,所有个人边际收益曲线垂直相加便可以得到边际社会收益曲线。

我们可以利用边际原理确定公园的社会有效规模。本书后面的附录"微观经济学工具"1.1 部分介绍了边际原理的主要内容。在有效的水平上,公园面积的边际社会收益等于它的边际社会成本。在图 16-1 中,每英亩公园的边际成本是 60 美元,因此最优规模是 16 英亩。对于任何面积小于该数字的公园来说,每额外增加 1 英亩,城市居民的意愿支付将超过 60 美元,因此增加公园面积可以提高社会福利。例如,假设该城市的公园的初始面积是 6 英亩。在这一点上,对公园的意愿支付(在社会收益曲线上)是 96 美元,而其成本仅为 60 美元,因此公园面积额外增加1单位,将会产生净收益。相反,当公园面积超过16英亩时,每增加1英亩的公园面积,其意愿支付将会下降,并且会低于社会成本,因此一个较小规模的城市公园会更有效率。

16.2.2　中间投票者选择的均衡数量

正如我们在"邻里选择"那一章所讨论的,在多数决定原则下,均衡数量就是中间投票者所偏好的数量。如果政府按照每人每英亩20美元的标准征收人头税,那么每个城市居民都将面临每英亩20美元的边际成本(点 m)。如果地方政府可以在这三个居民的规模偏好之间进行两两选择,中间投票者将会获胜。中间投票者之所以会获胜,是因为他可以利用另外一个人来反对其他任何选择。

在图16-1中,投票均衡与最优均衡并不相同。中间投票者所偏好的供给规模低于最优规模,因此该城市将选择一个非有效的、规模较小的公园。如果该城市对于中等规模和最优规模有直接选择权,那么中等规模偏好将获胜,这是因为Lois将要与Marian联合反对最优规模。假设需求高的消费者的边际利益增加了一倍,那么就能很清楚地理解中间投票者结果的影响力和无效性。这种变化又会增加最优公园面积,但是并不会影响投票均衡规模,因为中间投票者的偏好并没有改变。

16.2.3　泰伯特模型:用脚投票

美国的大多数都市区都有数十个市政机构、学区和其他地方政府。当城市居民不满意政府所提供的地方公共产品时,他们将采取"用脚投票"(vote with their feet)的方式,搬迁到由志趣相同的人所集聚的区域。泰伯特模型(Tiebout model)隐含的一个思想是,辖区间的流动性(用脚投票)可以阻止多数决策原则所导致的无效率性。

泰伯特模型最简单的版本是基于如下五个假设对地方政府和区位作出选择的:

1. 地方政府的选择。一个家庭所选择的市政机构(或者学区或者其他辖区),必须能为其提供理想规模的公共产品。只要有足够多的市政机构,就可以确保每个家庭都能找到自己满意的行政区。

2. 完全信息和流动性。所有的城市居民都可以获得所有市政机构管辖区的信息,并且居民可以在这些辖区之间无成本地流动。

3. 管辖区之间没有溢出效应。地方公共产品的供给没有溢出效应:市政机构管辖区内的居民都可以从公共产品的供给中获益。

4. 没有规模经济。生产的平均成本与产出没有关系。

5. 人头税。市政机构用人头税支付公共产品支出:只要是城市居民,就必须支付人头税。

在泰伯特过程下,家庭将根据对公园的需求把自己划归到不同的市政管辖区。假设在一个被称为Lois镇的地方有三个低收入家庭。6英亩的边际社会收益是20美元的3倍,即60美元,公园面积的边际社会成本与此相同。当每个投票者为每英亩支付20美元的税时,他们都将偏好6英亩的公园面积,因此他们将一致投票选择最优的公园面积。类似地,如果三个与Marian相同的人构成了一个市政管辖区,他们将选择与自身状况相对应的最优的需求规模——12英亩。这种类型的选择模式消除了多数决定原则所带来的无效率性,这是因为同一个市政管辖区的每个居民,对于地方公共产品供给水平具有相同的偏好。

事实证明,在地方公共产品的需求方面,城市居民通常自己作决定。Heikkila(1996)指出,在洛杉矶各社区的居民对地方公共产品的需求几乎是相同的。Fisher和Wassmer(1998)指出,一个都市区家庭对地方公共产品的潜在需求的差别越大,在都市区内对市政管辖区和学区数量的需求就越大。从国际范围来看,国家的种族差异性越大,公共部门就越呈现出分散性(Panizza,1999)。

16.2.4 收益税

由于地方公共产品需求具有差异性,为此泰伯特通过建立均质的市政管辖区消除了这种多样性。一个备选的方案是制定与多样性的需求相对应的等级纳税体系。从林达尔法则(Lindahl approach,以经济学家埃里克·林达尔(Erik Lindahl)的名字来命名)可知,税收与人们对地方公共产品的意愿支付成正比关系。

图16-2描述了林达尔法则或者收益税是如何实施的。假设政府知道居民的边际收益曲线,并能确定公共产品的最优规模——在我们的例子中公园的最优规模是16英亩。政府可以根据居民的意愿支付(边际收益)来分配公共产品的成本。Hiram的纳税义务是每英亩38美元,而Marian的纳税义务是16美元,Lois的纳税义务则是6美元。面对每英亩38美元的边际成本,Hiram所偏好的公园规模是16英亩,这是最优规模。类似地,Lois的边际成本是6美元,也是其所偏好的最优规模。在开征收益税的条件下,居民要为其所获得的较多的收益缴纳较高的税,并且需求的多样化与等级纳税义务相对应。

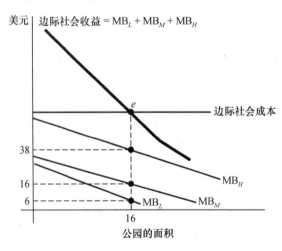

图 16-2　林达尔法则或者收益税的实施

在开征收益税的条件下,每个家庭为每英亩公园所缴纳的税金,与社会有效规模(16英亩)下的个人边际收益相等,并且每个人都偏好于最优规模。此时,Lois的纳税义务是每英亩6美元,Marian的纳税义务是16美元,而Hiram的纳税义务则是38美元。

收益法则有实际经验的支撑吗？一个问题是政府并不知道居民的边际收益曲线，因此也不能准确地确定收益税的税率。由于每个居民都有激励隐藏自己的意愿支付信息——愿意支付较低的税，因此政府不能直接询问城市居民，来揭示这些人的意愿支付。但是对于一些公共产品来说，例如消防或者公共安全，从地方公共产品中获取的收益可以与不动产价值成一定的比例，因此不动产税可以被当作收益税使用。类似地，如果从地方公共产品中获取的收益随着收入的提高而增加，那么收入税可以被当作收益税使用。

16.3 自然垄断

地方政府控制着自然垄断行业，例如供水系统和废物处理系统。如果生产的规模收益的增加与产品的需求有很大的相关性，就会出现自然垄断。回想一下城市经济学第四公理：

生产受规模经济的影响

污水处理服务供给包括巨大的管网系统和大量的处理设施，因此独立要素投入规模和成本都非常高。在图 16-3 中，污水处理服务的长期平均成本具有负斜率，它反映了这些独立要素投入固定成本的变化趋势。当产出提高时，这些独立要素投入成本可由更多数量的产品来承担，因此它的平均成本将下降。

我们可以利用边际原理来确定污水处理服务的社会有效水平。本书后面的附录"微观经济学工具"1.1 部分介绍了边际原理的主要内容。有效产出是指边际收益等于边际成本时污水处理服务的供给规模。需求曲线可用边际收益曲线代表，因此需求曲线与边际成本曲线的交点就是有效产出点（点 e），此时污水处理服务的有效供给规模是 S^* 单位。现在有一个问题，就是企业按照有效产出进行生产时，它将损失一部分利润。为使消费者获得 S^* 单位污水处理服务，企业收取的价格必须为 P^*，它低于提供 S^* 单位服务的平均成本。阴影部分代表在社会有效产出规模下企业的赤字水平。

为减少赤字政府可以有多种选择。第一，政府可以自己提供这些服务，收取的价格仍然为 P^*，但这些赤字将由税收弥补。第二，政府可以补贴提供污水处理服务的私人企业：企业将收取有效供给水平下的价格（P^*），政府用税收弥补企业的亏损。第三，政府允许私人企业收取价格 P'，用它来取代价格 P^*。在较高的价格下，供给数量将下降到 S'，此时其平均成本等于价格，因此企业的收益完全可以抵消其成本。在这个方案下，产出规模（S'）要低于社会有效产出规模。

地方政府对于其他自然垄断行业也有同样的选择。在公共交通那一章，我们讨论了公共交通的定价与管理，并讨论了交通赤字的补贴问题。对于其他自然垄断行业来说，如供水系统和固体废物处理，地方政府既可以自己提供这些服务，也可以采用对私人企业进行管制的方案。

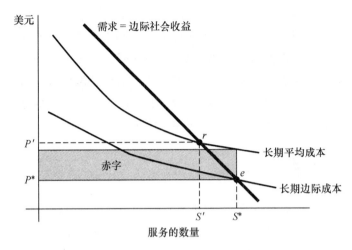

图 16-3　污水处理服务的自然垄断

污水处理服务属于自然垄断,其长期平均成本曲线具有负斜率。社会有效产出位于边际社会收益等于边际成本的位置(点 e)。在该数量水平上,其价格低于平均成本,出现了赤字。政府可以提供此类服务,并用税收收入抵补这部分赤字。作为一种备选方案,政府还可以通过控制私人企业,来提供这类服务。

16.4　外部性

政府的另一个职能是将外部性内部化。回想一下城市经济学第三公理:

外部性导致无效率

在前面的章节中,我们已经介绍了一系列外部性问题,并探讨了将它们内部化的途径。驾驶汽车会导致三种外部性——拥挤、污染和交通事故——对驾驶汽车征税可以将外部性内部化;在交通高峰期征收拥挤税,可以将拥挤的外部性内部化;而征收污染税可以将污染导致的外部性内部化;根据汽车车主的年龄来确定每英里的税额,可以将交通事故外部性内部化。在本部分我们将探讨教育和公共安全(警察和消防)所导致的外部性问题。

16.4.1　公共教育外部性与优惠券

正如我们在前面的章节中所讨论的,教育可以产生外部收益,这是因为它可以使人们更具团队协作精神,改进民主程序,降低犯罪率。政府的一个选择就是承担提供教育的责任。免费的义务教育体系可以鼓励居民接受更多的教育。另外一个可选择的方案是给私人教育提供补贴,这种补贴可以通过税收信贷或者教育优惠券的形式,来部分地或者全部抵补私人教育成本。

在一个纯粹的教育优惠券补贴体系(education-voucher system)下,每个孩子都可以获得一张优惠券或者优惠票证,这些票证可以用于支付公立或者私立学校的教育费用。优惠券的票面价值等于公立学校每名学生的教育成本(例如 6 000 美元),允许家庭选择公立学校或者私立学校(上学的费用均为6 000美元)。学校从它的学生那里收集优惠券,然后再到州政府兑换这些优惠券。为了证明优惠券政策的有效性,学校被要求教授基础知识和技能,并要为所有种族、性别和宗教的学生提供受教育的机会。

教育优惠券可能导致的后果是什么呢?如果优惠券政策促使公立学校同私立学校为争夺生源而展开竞争,那么该竞争可以使公立学校更具效率、更能反映家长的期望。如果真是如此,学校的教学成绩将提高,最终学生会继续选择公立学校。优惠券的反对者认为,选择学校的机会越多,就越容易提高收入分隔、种族隔离和知识技能分隔的程度。虽然得到优惠券的家长可以选择任何一所学校——公立的或者私立的——但并不是所有的家长都会作这样的选择。很显然,拥有最高学历和最高收入的家长更希望改换学校(Levin,1997),因此与原先的受教育环境或者学习成绩相比,来自低收入家庭孩子的受教育环境会更加恶化。

大多数教育优惠券仅提供给低收入家庭。近几年,密尔沃基、克利夫兰、纽约、代顿和华盛顿特区都是以收入状况来确定优惠券的归属。在把低收入家庭作为补贴的对象时,优惠券项目并不会导致收入分隔现象出现,因此它就成为教育补贴的通常做法。实际上,如果优惠券的面值足够高,它仍然会激励私立学校接收更多的低收入学生,从而推动不同收入的家庭相互融合,而不是相互分隔。

定向优惠券补贴(targeted vouchers)对学习成绩有怎样的影响呢?Rouse(1998)利用密尔沃基的数据进行研究后发现,受到优惠券补贴的学生的数学考试分数较高,而在阅读成绩方面则相同。另外,低收入学生进入公立学校较低的年级后,他们的成绩要等于或者优于那些持有优惠券但就读于私立学校的学生。这说明优惠券补贴政策之所以会提高学习成绩,部分原因在于它缩小了班级规模。

正如我们在前面章节中讨论教育生产函数时所看到的,教师是影响学生学习成绩的关键因素。Rivkin、Hanushek和Kain(1998)在研究中发现,学校间最大的差别就在于教师素质的不同,而并非学校组织管理或者其他教育资源的差异。因此,教师是一个关键因素,如果为争夺生源而展开的竞争促使学校雇用更优秀的教师,那么优惠券政策就可以提高学生成绩。

16.4.2 公共安全计划的外部性

下面分析公共安全政策所导致的外部性。警察服务支出可以产生正的和负的外部性。这两种外部性均源于这样一个事实,即罪犯具有流动性:他们可以从一个管辖区转向另一个管辖区。

- **抓捕的外部性**。当一个市政机构花费一定的资源抓捕罪犯时,将产生一个正的外部性。通过抓获罪犯并使其停止在街道上犯罪,该市政机构的行为会给周边的市政管辖区带来外部收益:警察开支的边际社会收益会超过地方(市政)获得的边际收益。
- **追赶的外部性**。当一个市政机构的打击犯罪行动导致罪犯向其他市政管辖区转移时,将产生负的外部性。在这种情况下,警察的开支正好使犯罪行为向周边地区转移,因此边际地方收益要高于边际社会收益。

罪犯的流动性越高,就越需要在更大的管辖区内打击犯罪活动,因为管辖区内的所有居民都会受到该活动的影响。在美国,为了应对这些正的和负的外部性产生的影响,警察服务一般由市级政府来提供。

其他公共安全服务，如消防，同样也会产生外部性问题。出现火灾时，火可以从一栋住宅烧到另一栋住宅，因此消防的边际社会收益要高于个人的边际收益。在大多数都市区，消防是由地方政府提供的，而一些市政管辖区则同私人企业签订合同，由这些企业提供消防服务。

16.5 联邦制度和都市区政府

在联邦政府体系下，国家、州及地方政府具有提供公共产品的责任。一些产品，如国防和空间探索，主要由国家提供。其他的公共产品，例如教育和警察保护，主要由地方政府提供。Oates(1972)讨论了地方政府提供公共产品的优势与劣势。

1. 需求的多样性。正如我们在讨论泰伯特模型时所看到的，地方政府可以提供多种公共产品，以满足不同的消费需求，这样可以提高社会效率。

2. 外部性。对于一些地方政府提供的公共产品来说，市政管辖区或者学区以外的居民仍然可以享受到它的溢出收益。在这种情况下，本地投票者将忽视外部人获得的这部分收益，因此他们将会作出一些无效率的选择。

3. 规模经济。如果公共产品的供给存在规模经济，那么一个较小的地方政府体系将会产生相对较高的公共产品供给成本。

如果地方政府提供公共产品的优势超过劣势，那么地方政府提供公共产品的这种制度安排就是有效率的。换句话说，在满足下列条件时，地方政府提供公共产品是有效率的：(1)多样性需求非常大；(2)在某一地理区位上，公共产品的外部性较小；(3)规模经济相对较小。

有哪些事实可以证明地方公共产品供给存在规模经济效应呢？众多学者对公共产品的生产成本与管辖区规模之间的相互关系进行了研究。从这些研究结果中可以得出一个事实，水供给和污水处理服务存在一定程度的规模经济效应。其原因在于，这些服务需要大量的固定资本投入，其平均成本随着人口的增加而降低。相反，关于其他一些地方公共产品(警察、消防、学校)的研究则表明，规模经济效应因人口数量相对较少(大约10万人)而变得非常弱。许多小城市通过签订政府间协定或者联合服务协定，共同使公共产品服务供给达到规模经济。

在提供地方公共产品时需要重点关注需求多样性与外部性之间的关系。如果管辖区内的溢出效应相对于需求的多样性来说非常大，此时都市区政府提供公共产品要比地方政府更有效率。在这种情况下，小规模地方政府的优势(为多样化需求提供地方公共产品的能力)相对较小，其劣势(公共产品的外部性会扩展到行政边界以外，其供给是非有效性的)相对较大。因此，都市区政府承担公共产品的供给会更有效率。

溢出效应问题的一个解决方案是由较高一级的政府提供补贴。如果市政管辖区获得的补贴等于公共产品的边际外部性收益，那么它将以产品的边际社会收益为基础制定供给决策。在下一章，我们将探讨政府间转移支付对地方支出的影响。

由于城市问题往往跨越市政边界，因此应对溢出效应的另一个方案是授予政府处理特殊城市问题的权力。许多经济学家和地理学家相信，都市区——不是市政管辖区或者州——是当今经济体中最重要的空间单位。用Anthony Downs(1998)的话来说，在整个都市区内建立

政策制定组织是很明智的:

> 由于每个都市区的空间区域都不同,因此它们相互连接可以形成一系列紧密的网状结构。这些网状结构打破了大多数独立社区之间的界限,但还没有达到州一级的水平。

这些网络主要由街道和高速公路、供水系统、污水处理系统、学校系统、气域(airsheds)和流域(watersheds)组成。跨辖区边界也会产生一些城市问题,如公路拥挤、空气污染、犯罪和低教育水平。在目前的行政体制下,处理这些问题的权力被分配到许多小的管辖区,它们当中的大部分仅有少量的居民,也就是说受上述问题影响的居民很少。在两个都市区——俄勒冈州的波特兰以及明尼苏达州的双城(Twin Cities)——政府部门拥有处理跨管辖区所发生的一系列城市问题的权力。

16.6 进一步分析中间投票者结果

本书前面的章节已经讨论过在有三个居民参与的直接选举中中间投票者的作用。在本部分,我们将进一步探讨选举问题,描述中间投票者结果的一般适用性和局限性。许多地方管辖区——包括大多数中心城市——有大量的不同种类的人口,公共产品决策主要通过选举投票来确定,而不是用脚投票。

16.6.1 一系列预算投票

中间投票者结果可以广泛应用于不同的选举投票中。下面以学区为例,分析决定预算的一系列投票活动。该学区提出了一项预算,并通过投票的形式确定是否通过它。如果一项特定的预算申请未能得到大多数人的同意,学校理事会将使它的预算降低10美元,然后举行另外一次投票。这个过程一直持续到大多数居民都投票赞同该预算提案为止。在这个投票体系下,学区将选择得到最多数人支持的预算。

表16-3描述了学区内投票者的偏好。投票者A所偏好的预算是49美元,而投票者B的偏好是56美元,等等。假设该学区以所提交的90美元的预算为起始点。投票者知道,如果90美元的预算没有得到大多数人的支持,下一个预算提案将是80美元。如果一个居民认为90美元的预算优于80美元的预算,那么他将投票同意该预算,在这种情况下,居民的预算偏好将高于85美元。如果投票者F所偏好的预算是84美元,那么他将投票反对90美元的预算,因为80美元的预算更接近于他所偏好的预算。投票者G是唯一投票同意90美元预算的人,因此第一个预算提案最终以6:1的比例被否决。第二个提案(80美元)以4:3的比例被否决,这是因为从投票者A到D,他们所偏好的预算都低于75美元,因此更偏好于70美元的预算。相反,中间投票者(70美元)所偏好的预算最终以4:3的比例获胜。中间投票者联合其他有较高预算偏好的投票者,通过了中间投票者所偏好的预算。

表 16-3　一系列学校预算投票中的中间投票者

投票者	偏好的预算（美元）	对 90 美元预算的投票	对 80 美元预算的投票	对 70 美元预算的投票
A	49	赞同	赞同	赞同
B	56	赞同	赞同	赞同
C	63	赞同	赞同	赞同
D	70	赞同	赞同	不赞同
E	77	赞同	不赞同	不赞同
F	84	赞同	不赞同	不赞同
G	91	不赞同	不赞同	不赞同

在上面这个例子中，学区预算提案降低的幅度是 10 美元，从 90 美元下降到中间投票者所偏好的预算规模。如果学校理事会降低预算的幅度是 1 美元，也会产生相同的结果。类似地，要是学区颠倒预算的顺序，同样会产生相同的结果。如果以较低的预算为起点，不断向较高的预算移动，最终中间投票者仍然会获胜。

16.6.2　民主体制下的中间投票者

在民主体制下，预算决策通常由选举官员制定。城市居民间接参与预算决策的制定，这些选民对预算的观点与他们自己的偏好一致。假设一个城市仅提供单一的地方公共产品（警察服务）。有两个市长候选人：Penny（注重节约的人）和 Buck（不注重节约的人）。选举中唯一的话题是警察预算，它需要由市长决定。候选人分别提交自己的预算，每个市民都将把票投给与自己所偏好的预算最接近的候选人。

图 16-4 描述了不同投票者的预算偏好。横轴代表警察预算，纵轴代表偏好于某一给定预算的投票者数量。例如，有 6 个居民的预算偏好是 2 美元，而有 12 个居民的预算偏好是 3 美元，等等。预算偏好分布具有对称性，中间预算（将所有投票者分成两个相等的部分）是 6 美元。

如果候选人采用一般的方法，列出不同的预算规模，选举的结果将不分胜负。假设 Penny 最初提交的预算是 4 美元，Buck 是 8 美元。Penny 最终将获得 75 张选票：

- 60 张选票来自预算偏好低于或者等于 5 美元的投票者。
- 15 张选票来自预算偏好是 6 美元的投票者，该类型的投票者共计 30 人。这些人所偏好的预算位于两个候选人预算的中间部分，因此候选人可以平分这些投票者。

投票者的分布具有对称性，因此 Buck 也可以得到 75 张选票（60 张选票来自预算偏好高于或等于 7 美元的投票者，另外 15 张选票来自预算偏好是 6 美元的投票者）。换句话说，选举的结果将不分胜负。

这并不是一个均衡，因为每个候选人都有激励向中间预算移动。Penny 可以通过将提交的预算提高到 5 美元来增加她获选的机会。如果她这样做，她将得到预算偏好为 6 美元的投票者的支持，这部分人的数量是 30 人，这是因为她所提交的 5 美元的预算要比 Buck 的 8 美元更接近中间投票者。此时 Penny 将以 90 张选票（6 + 12 + 18 + 24 + 30）对 Buck 的 60 张选

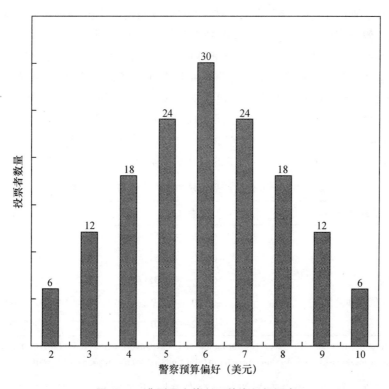

图 16-4　典型民主体制下的中间投票者

如果 Penny 提交的预算是 4 美元，Buck 提交的预算是 8 美元，选举的结果将不分胜负：两个候选人在 6 美元处将投票者平分为两个相等的部分，Penny 得到低预算偏好选民的支持，Buck 则得到高预算偏好选民的支持。通过靠近中间预算，Penny 可以提高获选的机会。在均衡状态下，两个候选人都提交与中间投票者的偏好相类似的预算（6 美元）。

票（24 + 18 + 12 + 6）而获胜。如果 Buck 决定将其预算降低到 7 美元，那么选举的结果同样会不分胜负。Penny 和 Buck 会不断地修正他们的预算，直到每个候选人的预算都非常接近中间投票者所偏好的预算（6 美元）为止。

这个例子表明，在典型的民主体制下将会产生中间投票者的结果。在均衡状态下，两个候选人都提交中间投票者偏好的预算。由于两个投票者提交的预算相同，因此无论哪个候选人获胜，对于投票者来说都具有无差异性。无论是哪种情况，中间投票者最终决定着警察机构的预算规模。

16.6.3　中间投票者规则的隐含意义

中间投票者规则具有非常重要的隐含意义。第一，正如我们在前面所看到的，没有理由相信，通过投票可以使公共产品供给达到社会有效的水平。第二个隐含意义与我们预测选举结果的能力有关。为预测投票结果，我们首先需要确定中间投票者，然后估计他所偏好的预算。然而，在实际应用中，很难确定中间投票者。一种确定方法是假设期望支出与收入有关系，因此中等收入群体就是中间投票者。当然，期望支出还受到其他变量（家庭规模、年龄、政治理念）的影响，因此用这种方法进行预测仅能得到粗略的结果。

中间投票者规则的第三个隐含意义是指，我们可以利用这个投票选举结果来估计公共产品的需求弹性。假设有两个城市，一个城市的警察机构预算较低（人均100美元），其居民的中等收入水平较低（1 000美元）；另一个城市拥有较高的警察机构预算（人均125美元），其居民的中等收入水平较高（1 200美元）。假设这两个城市警察服务的价格（花费在警察机构上的机会成本）相同。警察服务需求的收入弹性被定义为，收入的百分比变化导致警察机构预算发生变化的百分比。城市L的高收入人群约占20%，该城市居民中有25%的人偏好高警察预算，因此需求的收入弹性是1.25（25%除以20%）。表16-4概述了基于中间投票者模型所进行的经验研究。大多数公共产品需求的收入弹性都低于1.0。

表16-4　地方公共产品需求的价格弹性和收入弹性

公共产品或者服务	价格弹性	收入弹性
总支出	-0.23— -0.56	0.34—0.89
教育	-0.07— -0.51	0.24—0.85
公园和娱乐	-0.19— -0.92	0.99—1.32
公共安全（警察和消防）	-0.19— -1.0	0.52—0.71
公共工程	-0.92— -1.0	0.79

资料来源：Robert Inman. "The Fiscal Performance of Local Governments." In *Current Issues in Urban Economics*, eds. Peter Mieszkowski and Mahlon Straszheim. Baltimore: Johns Hopkins University Press, 1979。

如果市政管辖区内地方公共产品的价格存在差异，我们就可以利用中间投票者模型描述地方公共产品的需求曲线并计算需求的价格弹性。为了绘制地方支出的需求曲线，我们需要有关价格（地方支出的机会成本）和数量（地方支出水平）的信息。如表16-4所示，地方公共产品需求对价格是无弹性的，价格弹性低于或者等于1.0的绝对值。

16.6.4　中间投票者模型的局限性

中间投票者模型有一系列非现实的假设。虽然它为分析地方政府决策提供了一个有价值的框架，但下面三个假设仍然限制了该模型的应用性：

1. 无意识形态。政治家仅关心赢得选举，因此他们拼命地追随投票者的偏好。事实上，候选人应当将他们的立场置于一定的意识形态上，利用竞选活动来使投票者相信他们的立场是正确的，并将发挥领导作用，而不是作为一个追随者。

2. 单一的话题。如果有一系列选举话题（例如警察机构预算、公园预算、对待无家可归者的政策），候选人将向投票者提供大量的处理方案，并且中间投票者将会消失。

3. 所有居民都参与投票。在实际的选举中，仅有一部分符合条件的投票者真正参与投票。在如下集中情况下，投票的收益将非常小：（1）候选人之间非常接近，无论谁获胜都没有显著的差异（投票者无差异性）；（2）最好的候选人总是与居民的期望有很大偏差，因此选民渐渐远离了选举过程（投票者疏远）。如果一些居民放弃投票，中间投票者结果将不会发生。

小结

本章探讨了地方政府在联邦政府体系中的职能。下面是本章的主要观点:

1. 地方政府的职能是分配资源——提供地方公共产品、管理自然垄断和内部化地方外部性。
2. 多数决定原则的无效率鼓励居民用脚投票,因而会建立新的市政管辖区,在那里居民可以得到他们所偏好的地方公共产品。
3. 解决用脚投票问题的一个方案是开征收益税,居民的纳税义务与地方公共产品的收益成比例。
4. 满足如下条件时,公共产品的地方供给才具有效率:(1)地方公共产品的需求多样性相对较大;(2)外部性相对较小;(3)规模经济相对较小。
5. 中间投票者模型适用于连续的预算选举以及典型政府的选举。

问题与应用

在下面的练习题中,带"_____"的题目,需要读者在上面填上一个词或一个数字。对于带"……"的题目,需要读者用适当的词语完成该句话,并使陈述的内容与原题目相符。对于带"[ ]"的题目,需要读者用圆圈标记出括号中恰当的一个词。

1. 自主阅读模式(U-Read)与广泛流行的图书

为什么我们有公共图书馆?为什么没有人从企业那里租赁图书,而他们可以租赁卡车、耕田机和 DVD 光盘?我们有租赁汽车自主运货的模式(U-Haul),但为什么没有自主阅读的模式呢?我们有在线视频租赁商(Netflix),但为什么没有图书在线租赁商(Netbooks)呢?

2. Hattie 不喜欢公园

下面以图 16-1 所描述的内容为例,假设 Lois 离开了城镇,取代她的是 Hattie,其公园面积的边际收益为负:-16 美元/英亩。

a. 用类似图 16-1 的图形描述公园的社会有效规模,这个有效公园规模是_____英亩。

b. 在不同的公园规模之间预测两两选择的结果:

	投票赞成小规模	投票赞成大规模
0 还是 12	_____	_____
12 还是 28	_____	_____

c. 在多数决定原则下,城市选择的公园规模为_____英亩,它将[小于,大于]公园的最优规模。

d. 如果 Hiram 支付_____英亩,Marian 支付_____英亩,Hattie 支付_____英亩,那么林达尔税收方案将有助于推动公园达到社会有效规模。

3. 为防洪付费

假设一个城市将花费 2 100 美元修建防洪堤,它可以使一个由三个住宅组成的社区发生水灾的概率从 0.03 降到 0.02。假设水灾将毁坏这三个住宅,且该社区不能获得水灾保险。这三个住宅的市场价值分别是 60 000 美元、120 000 美元和 240 000 美元。

a. 防洪堤的社会收益 = _____ = _____ + _____ + _____

b. 防洪堤是社会[有效的,无效的],这是因为……

c. 收益-成本比率是_____。

d. 设计一套税收方案,使其能够支持防洪堤的修建。

4. 中间投票者的权利

以图 16-1 作为起点,假定 Hiram 愿意为公园支付 3 倍的价格。

a. 最优的公园面积将[增加,减小,不变],这是因为……

b. 在多数决定原则下被选定的公园面积将[增加,减小,不变],这是因为……

5. 私立学校和预算选举

以表 16-3 为起点,考虑私立学校对本地区学校预算选举的影响。假定家庭 F 和 G(见表 16-3)在私立学校登记,试图把孩子送到这类学校学习。他们所偏好的预算约束是 44 美元(F)和 51 美元(G)。预测两种情况下的选举结果:

a. 如果 F 和 G 放弃有关学校预算的投票,那么获胜的预算将是_____,这是因为……

b. 如果 F 和 G 参与投票,那么获胜的预算将是_____,这是因为……

6. 投票者的变化

在表 16-3 给出的例子中,获胜的预算是 70 美元。预测下面的变化将如何影响获胜的预算水平。表 16-3 给出了每种情形下投票者的分布状况,它们是本例子研究的起点。

a. 如果四位年老的投票者迁移到学区内,他们所偏好的预算分别为 20 美元、25 美元、30 美元、35 美元,那么获胜的预算将是_____,这是因为……

b. 如果每个家庭的预期支出提高 5 美元,那么获胜的预算将是_____,这是因为……

7. 巡警:追击罪犯

假设一个都市区有许多市政管辖区。在蔡斯威尔镇(Chaseville),警察的边际收益曲线的垂直截距是 140 美元,每个警察的斜率是 -10 美元。每个警察的边际成本是固定值 60 美元。

a. 用图形描述蔡斯威尔镇将如何决定雇用多少警察。

b. 蔡斯威尔镇将雇用_____警察,这是因为……

c. 假设警察可以到另一个市政管辖区追击罪犯,每增加一个警察将导致其他地区的犯罪成本提高。蔡斯威尔镇雇用的每个警察都将使犯罪成本提高 30 美元。在蔡斯威尔镇,社会最有效的警察规模是_____,这是因为……

d. 假设你已经被其他市政机构雇用,这些市政机构又与蔡斯威尔镇达成协议,共同雇用社会有效的警察规模。作为一个整体,其他市政机构愿意为该协议支付_____,其计算方法是……

e. 蔡斯威尔镇愿意雇用的有效的警察规模至少是_____,其计算方法是……

f. 其意愿支付超过其所能承担的费用,这是因为……

8. 福里博格市

现在引入福里博格市(Fleeburg)的例子,该市的政策是限制居民迁出。在高中毕业后,20%的学生离开该区域。用图形描述在教育上的均衡支出和最优支出水平。

9. 疏远的投票者

下面以图 16-4 所描述的内容为例,分析典型民主体制下的投票选举问题。如果最优的候选人的预算与居民所偏好的预算相差 2 美元,那么该居民将放弃投票。换句话说,如果该差距小于或者等于 2 美元,居民将参与投票。

a. 如果每个候选人均选择中间投票者的立场,那么 Buck 获得的票数将是_____,Penny 获得的票数将是_____。

b. 如果 Buck 将预算立场提高到 8 美元,那么 Buck 获得的票数将是_____,Penny 获得的票数将是_____。

假设投票者的分布发生变化。假设有 10 个投票者,他们的预算为 3—9 美元。另外,在两个极端的情况下(2 美元和 10 美元)都各有 12 个投票者。中间预算保持相同的规模(6 美元)。

c. 如果每个候选人均选择中间投票者的立场,那么 Buck 的预算值是_____,Penny 的预算值是_____。

d. 如果 Buck 提高了他的预算立场,达到 8 美元,那么他获得的票数将是_____,Penny 获得的票数将是_____。

10. 为无差别所累

下面以图 16-4 所描述的内容为例,分析典型民主体制下的投票选举问题。如果两个候选人之间的预算差距过小,那么将有一半的投票者放弃投票。同样,我们可以假定,如果这两个候选人的预算差距小于 2 美元,就会有一半的投票者放弃投票。如果预算差距大于或者等于 2 美元,每个人都将参与投票。

a. 如果每个候选人均采取中间投票者的立场,那么 Buck 获得的票数将是_____,Penny 获得的票数将是_____。

b. 如果 Buck 将其预算提高到 8 美元,那么他获得的票数将是_____,Penny 获得的票数将是_____。

参考文献和补充阅读

1. Downs, Anthony. "The Devolution Revolution: Why Congress Is Shifting a Lot of Power to the Wrong Levels." *Brookings Policy Brief*, no.18. Washington DC: Brookings Institution, 1998.

2. Fisher, Ronald C., and Robert W. Wassmer. "Economic Influences on the Structure of Local Government in U.S. Metropolitan Areas." *Journal of Urban Economics* 43 (1998), pp. 444—470.

3. Heikkila, Eric J. "Are Municipalities Tieboutian Clubs?" *Regional Science and Urban Economics* 26 (1996), pp. 203—226.

4. Inman, Robert P. "The Fiscal Performance of Local Governments: An Interpretive Review." In *Current Is-*

sues in *Urban Economics*, eds. Peter Mieszkowski and Mahlon Straszheim. Baltimore: Johns Hopkins University Press, 1979, pp. 270—321.

5. Levin, Henry. "Educational Vouchers: Effectiveness, Choice and Costs." *Journal of Policy Analysis and Management* 17, no. 3 (1997). pp. 373—392.

6. Musgrave, Richard A., and Peggy B. Musgrave. *Public Finance in Theory and Practice*. New York: McGraw-Hill, 1980.

7. Oates, Wallace E. *Fiscal Federalism*. New York: Harcourt Brace Jovanovich, 1972.

8. Panizza, Ugo. "On the Determinants of Fiscal Centralization: Theory and Evidence." *Journal of Public Economics* 74 (1999), pp. 97—140.

9. Rivkin, Steven G., Eric A. Hanushek, and John F. Kain. "Teachers, Schools, and Academic Achievement." NBER Working Paper Number 6691 (1998).

10. Rouse, Cecilia. "Schools and Student Achievement: More Evidence from the Milwaukee Parental Choice Program." *Federal Reserve Bank of New York Economic Policy Review* (March, 1998), pp. 61—76.

11. U. S. Bureau of the Census. *Census of Government 2002*.

第17章 地方政府收入

> 索尼亚(Sonja):你有什么建议?消极抵抗吗?
> 鲍里斯(Boris):不,我建议积极逃避。
>
> ——电影《生与死》(1975)

本章将探讨地方政府的两个最主要的收入来源:不动产税和政府间补贴。我们主要分析与这些收入相关的两个关键问题:

1. 谁将承担不动产税的成本

我们将用供给与需求模型描述法定纳税人的特征,如土地所有者、资本所有者和消费者。

2. 地方政府是如何对特定补贴计划(如特殊教育)作出反应的

我们将使用中间投票者模型来描述地方政府是如何把补贴用于减税计划和提高其他地方公共产品支出的。图17-1描述了地方政府不同类型收入的分布情况。对于地方政府来说,41%的收入来源于政府间补贴,36%来源于地方税收,其余22%的收入来源于收费和其他收入。学区的费用支出严重依赖于政府间补贴,而特定区域的支出主要依赖于收费和其他收入。

图17-2描述了地方政府收入中不同税种所占的比例。不动产税一般约占地方税收的3/4以及政府收入的1/2。销售税几乎是个人所得税的3倍。企业所得税占地方税收的比重较低。

17.1 谁支付住宅不动产税

没有一个人喜欢纳税,而一旦一个税种被征收,人们就会改变自己的行为,以尽可能避免纳税。其结果是,税收收入中至少有一部分被转移给了其他人。正如我们将看到的,不动产税被转移给了土地所有者、资本所有者和消费者。

表17-1给出了一些城市住宅不动产税的税率。这些经过挑选的城市,分别是其所在州最大的城市。有效税率被定义为不动产的纳税总额除以它的市场价值。由于许多地方政府偏好于低估不动产价值,使得其评估价值低于市场价值,这样有效税率将低于名义税率(由不

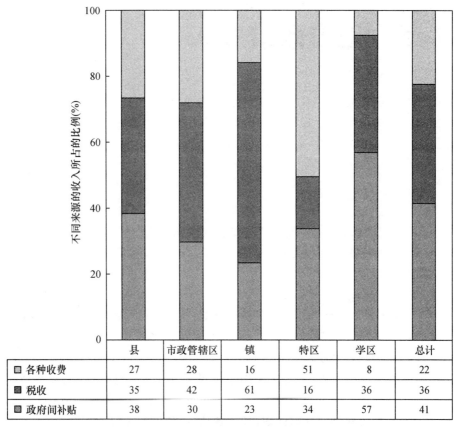

图 17-1 地方政府收入分布状况

资料来源：U.S. Bureau of Census. *Census of Governments 2002*。

动产评估价值决定的税率)。从该表中可以看出,不动产税的有效税率为 0.37%—3.86%,其中檀香山为 0.38%,康涅狄格州的布里奇波特(Bridgeport)为 3.86%。

表 17-1 部分城市不动产税的有效税率(2002)

城市	有效税率(%)	城市	有效税率(%)
布里奇波特	3.86	波士顿	1.10
纽华克	2.95	明尼阿波利斯	1.27
密尔沃基	2.67	洛杉矶	1.08
得梅因	2.28	菲尼克斯	1.82
休斯敦	2.62	芝加哥	1.69
费城	2.64	纽约	0.93
杰克逊维尔	1.96	丹佛	0.56
孟菲斯	1.76	檀香山	0.37
波特兰	1.46		

资料来源：U.S. Census Bureau. *Statistical Abstract of the United State*. Washington DC (2004)。

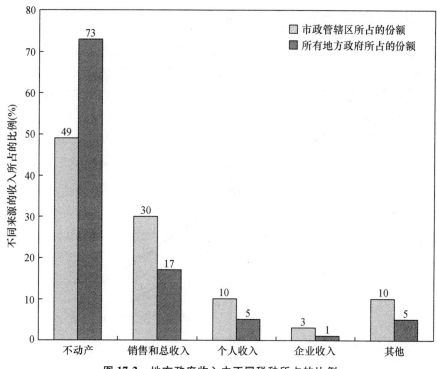

图 17-2　地方政府收入中不同税种所占的比例

不动产税是指每年对住宅、商业和工业不动产征收的一个税种。某一特定不动产的总价值由其建筑物价值和土地价值构成。例如，假设一个不动产的市场价值是 10 万美元，其建筑物价值是 8 万美元，土地价值是 2 万美元。如果征收 1% 的不动产税，每年的纳税金额将是 1 000 美元，其中建筑结构价值的纳税金额是 800 美元，土地价值的纳税金额是 200 美元。

下面以一个被称为塔克斯顿(Taxton)的居住型城市为例，该城市的所有土地都被用于修建移动式住宅，并且这些住宅都用于出租。住宅出租产业是完全竞争的，在均衡状态下，每个企业的经济利润均为零。住宅企业建造出租型住宅需要两种投入：建筑物(资本)和土地。

- **建筑物**。移动式住宅是一种物质资本，它的原材料是住宅供给企业从其他地区的资本所有者那里租借过来的。移动式住宅可以无成本地从一个城市移动到另一个城市。
- **土地**。住宅企业从在外土地业权人(absentee landowners)那里获得移动式住宅建造所需要的土地。土地规模是固定的。

住宅企业出租住宅(移动式住宅和土地)给消费者。初始的(税前)住宅租金是每年 5 000 美元，其中建筑物租金是 4 000 美元，土地租金是 1 000 美元。

我们假设住宅企业依法缴纳不动产税。为了简化所研究的问题，假设每个移动式住宅的不动产税是 800 美元，每块土地的不动产税是 200 美元。换句话说，此处的不动产税是从量税(unit tax)，要优于从价税(tax based on value)。我们所感兴趣的是，不动产税对四种类型的人将产生怎样的影响：住宅企业所有者、住宅消费者、土地所有者和资本所有者。

17.1.1 不动产税中的土地部分

下面首先分析不动产税中的土地部分。在图 17-3 中,土地供给完全无弹性,其供给量固定为 900 个地块。住宅企业是土地的主要需求者,它们把土地作为一种投入,生产用于出租的住宅。需求曲线与供给曲线相交于点 i,此时初始租金为每块土地 1 000 美元。

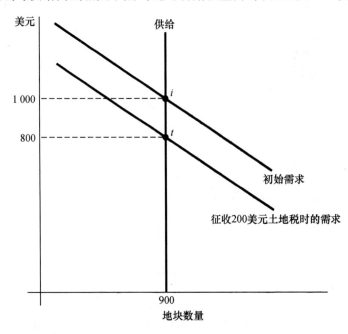

图 17-3　不动产税土地部分的市场效应

每块土地征收 200 美元的土地税降低了住宅企业对土地所有者的意愿支付,意愿支付值下降的幅度同样是 200 美元。因为土地供给完全无弹性,故其均衡租金将下降 200 美元,这意味着土地所有者支付了全部土地税。

需求曲线描述了住宅企业愿意向土地所有者支付的每块土地的价格。如果企业为每块土地支付 200 美元的税,那么它向土地所有者支付的租金就会减少 200 美元。在图 17-3 中,200 美元的土地税推动需求曲线向下移动 200 美元,新的均衡点用点 t 表示,此时的土地租金为 800 美元。税收降低了支付给土地所有者的土地租金,下降的幅度与缴纳的土地税相同。换句话说,住宅企业将土地税完全转嫁给了土地所有者。这种情况之所以会发生,是因为土地供给完全无弹性。如果土地所有者拒绝将土地租金削减 200 美元,住宅企业所支付的土地净价格(租金加上土地税)将高于 1 000 美元。此时,土地需求数量将低于其固定供给量 900 个地块。土地供给过度会导致租金不断下降,直到租金达到 800 美元时为止。

17.1.2 建筑物部分:局部均衡方法

下面分析不动产税的建筑物部分。我们将以局部均衡为研究的起点,探讨在某一城市(塔克斯顿市)投入品市场(建筑物)中税收的影响效应。该分析之所以被称为局部分析,是因为它忽略了税收对其他城市和市场的影响。

图17-4描述了建筑物市场中的初始均衡。移动式住宅的初始供给曲线是水平的,每单位建筑物价值4 000美元。正如我们在本书附录"微观经济学工具"2.2部分中所解释的,供给曲线同时也是边际成本曲线。回想一下,住宅企业从资本所有者那里租赁移动式住宅,每年支付的租金——资本收益——是企业向消费者提供建筑物的唯一成本。因此,建筑物供给曲线代表住宅企业提供每单位移动住宅的成本。水平的供给曲线表明,资本收益(企业提供每单位移动住宅的成本)是固定的4 000美元。为了获得移动式住宅,无论在塔克斯顿内有多少移动式住宅被使用,住宅企业必须向资本所有者支付4 000美元。初始的供给曲线与需求曲线相交于点i,此时建筑物数量是900套,单位建筑物的租金是4 000美元。

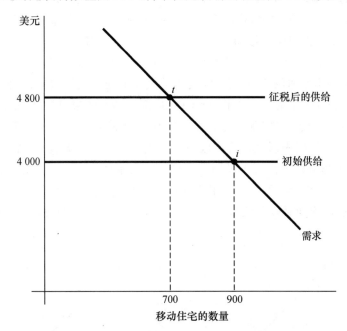

图17-4 建筑物税对局部均衡的影响

建筑物供给曲线代表企业提供每套移动式住宅的成本,出租一套移动式住宅的成本来源于资本所有者。建筑物税使得供给曲线向上移动,其上移幅度与税额相同。如果资本收益是固定的,那么建筑物供给曲线就是水平的,税收提高了建筑物租金,其上升幅度与税收数量相同。

在图17-4中,800美元的建筑物税使供给曲线向上移动了同样的距离。该税收提高了住宅企业的边际成本,其增加额与所支付的建筑物税数量相同。住宅企业为得到一个建筑物,必须向资本所有者支付4 000美元的建筑物费用,向政府支付800美元的建筑物税,因此企业获得一个建筑物的边际成本现在是4 800美元。新的均衡可以用点t表示,此时的价格是4 800美元,住宅数量是700套。换句话说,消费者承担了全部的建筑物税,他们为获得住宅必须多支付800美元。

那么,住宅企业就不用支付任何不动产税了吗?它们将土地税转移给了土地所有者,将建筑物税转移给了消费者。它们用收取的租金支付1 000美元的不动产税,其中土地所有者少获得200美元的租金,消费者多支付800美元的租金。这种情况不仅仅在住宅市场中出现,而是竞争性产业税收效应的一个一般性规律。税收的一部分负担转嫁给了要素供给者,另一部分转嫁给了消费者,最终所有生产者获得的经济利润均为零,与征税前的状况相同。

17.1.3 建筑物部分:一般均衡方法

迄今为止,我们已经分析了在征税城市中建筑物税的影响效应。这个局部均衡分析忽略了税收对外部城市居民的影响。图17-4描述了一个更一般的分析方法。在塔克斯顿市,税收使建筑物的供给规模从900套下降到700套。那么,移动式住宅到哪里去了呢?它所产生的经济后果是什么呢?一般均衡分析将回答这些问题。

我们可以通过在本地区引入第二个城市来扩展我们的例子(该城市不征收不动产税)。在塔克斯顿市征收不动产税之前,这两个城市是同质的:每个城市都有900套移动式住宅,均衡租金是4 000美元。我们假设移动式住宅可以在这两个城市之间无成本地流动,但不能离开这个地区。换句话说,本地区的建筑物供给(资本)是固定的。

为逃避塔克斯顿市的纳税负担,有200套移动式住宅迁往其他城市,在我们的一般均衡分析中必须解释这部分住宅的影响。在图17-5中,局部均衡的结果可用A图中的点 t 表示。此时,塔克斯顿市的建筑物数量是700套(从点 i 的900套下降到700套),消费者为每套建筑物支付4 800美元,其中包括4 000美元的资本收益、800美元的税。在B图中,如果有200套住宅迁往不征税的城市(安塔克斯市),那么市场需求将从需求曲线上的点 u 移动到点 w,资本收益从4 000美元下降到3 200美元。资本收益下降的原因在于,为使安塔克斯市的消费者购买额外增加的移动式住宅,住宅企业必须降低租金;否则,一些移动式住宅将会被空置,产生零租金。

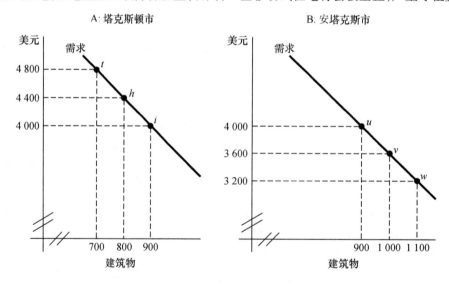

图17-5 建筑物税的一般均衡效应

在塔克斯顿市,局部均衡结果可用点 t 表示。消费者为建筑物支付的租金是4 800美元,其中包括4 000美元的建筑物资本收益和800美元的建筑物税。为逃避塔克斯顿市的纳税负担,有200套移动式住宅搬迁到不征税的安塔克斯市(点 w),并使得该市的建筑物数量增加了200套,其资本收益则降低到3 200美元。一般均衡要求两个城市的资本收益相等,在塔克斯顿市用点 h 表示(建筑物租金=4 400美元,建筑物资本收益=3 600美元),在安塔克斯市用点 v 表示(建筑物租金=建筑物资本收益=3 600美元)。征收建筑物税使资本收益从4 000美元下降到3 600美元。

移动式住宅从塔克斯顿市向安塔克斯市移动,使得两个城市之间出现了一个资本收益差。在塔克斯顿市,资本收益是 4 000 美元:住宅企业从消费者手中获得 4 800 美元,其中 800 美元用于支付建筑物税,资本所有者获得 4 000 美元。在安塔克斯市,移动式住宅供给增加使得资本收益下降到 3 200 美元。这并不是一个均衡,因为资本所有者有激励将他们的移动式住宅移向塔克斯顿市。在均衡状态下,这两个城市的资本收益相同。

移动式住宅的第二次移动——从安塔克斯市向塔克斯顿市移动——主要表现为:沿着安塔克斯市的需求曲线向上移动,沿着塔克斯顿市的需求曲线向下移动。如果有 100 套移动式住宅进行了搬迁,安塔克斯市的需求将从点 w 移向点 v,资本收益提高到 3 600 美元。在塔克斯顿市,需求将从点 t 移向点 h,资本收益下降到 3 600 美元(消费者支付的 4 400 美元租金减去 800 美元的税)。比较点 v 和点 h,其资本收益相同,因此市场达到了均衡状态,塔克斯顿市的住宅数量是 800 套,而安塔克斯市的住宅数量是 1 000 套。

我们的结论是建筑物税主要由本地区的资本所有者承担。如果一个城市对每套住宅征收 800 美元的建筑物税,那么它将使整个地区每套住宅的资本收益下降 400 美元。这项税收完全转嫁给了资本所有者,因为本地区的资本供给被假设为固定的。回想一下,土地税之所以被完全转嫁给土地所有者,是因为土地供给是固定的。相同的逻辑可以应用于建筑物税:如果要素投入的供给是固定的,那么税收将主要由要素所有者承担。

消费者又会怎样呢?我们假设消费者可以无成本地在这两个城市之间移动。如果住宅租金正好抵消企业的成本,住宅企业将获得零经济利润:

$$住宅租金 = 资本收益 + 建筑物税 + 土地租金$$

假设此时的土地租金固定为 1 000 美元,具体如表 17-2 所示。从中可以看出,在塔克斯顿市住宅租金是 5 400 美元(3 600 美元 + 800 美元 + 1 000 美元),与之形成对比的是,在安塔克斯市住宅租金仅为 4 600 美元(3 600 美元 + 1 000 美元)。其结果是,消费者有激励从塔克斯顿市移向安塔克斯市。

表 17-2　两个城市建筑物税的一般均衡效应　　　　　　　　　　　　　　　　　　　　(单位:美元)

	塔克斯顿市				安塔克斯市		
	资本收益	建筑物税	土地租金	住宅租金	资本收益	土地租金	住宅租金
初始状态	4 000	0	1 000	**5 000**	4 000	1 000	**5 000**
土地租金变化之前	3 600	800	1 000	**5 400**	3 600	1 000	**4 600**
土地租金变化之后	3 600	800	600	**5 000**	3 600	1 400	**5 000**

消费者的区位均衡要求这两个城市的住宅租金相同。回想一下城市经济学第一公理:

通过调整价格实现区位均衡

在这种情况下,土地价格将进行调整,直到住宅租金相同,并使这两个城市的消费者具有无差异性为止。从表 17-2 的第三行可以看出,如果塔克斯顿市的土地租金下降到 600 美元,安塔克斯市的土地租金上升到 1 400 美元,那么这两个城市住宅租金的差距将会缩小。土地租金出现这种改变后,每个城市的住宅租金均达到 5 000 美元,因此这两个城市的消费者就具有了无差异性。这意味着,建筑物税导致塔克斯顿市的土地所有者每块土地损失 400 美元,安塔克斯市的土地所有者每块土地获得400美元的收益。

那么,谁将承担不动产税中建筑物部分的成本呢?回想一下,我们曾假设本地区内的资本(建筑物)供给是固定的。

- 资本所有者承担税负。在这两个城市中,每套住宅的资本收益均下降400美元。
- 该地区的土地所有者经历着土地租金的零和变化(zero-sum change),不征税城市的土地所有者获得的收益,正好是征税城市土地所有者所损失的。
- 消费者支付相同的住宅价格,因此他们并不承担任何税负。
- 住宅企业获得零经济利润。在征税的城市,住宅企业要支付800美元税收,在企业获得零经济利润的约束下,资本所有者和土地所有者将各自承担400美元的税负。在不征税的城市,资本所有者将少获得400美元的收益,而土地所有者则将获得400美元的收益。

17.1.4 改变假设条件

在简单的一般均衡模型中,我们使用了许多假设条件,这些假设使我们得到了清晰的结论。如果我们修正这些假设条件,情况可能会发生相当大的变化。

第一个关键的假设是资本总供给(建筑物)是固定的。实际上,我们知道较低的资本收益将会降低资本供给的数量。例如,那些希望能够逃避纳税责任的住宅,将会退出市场而不是简单地搬迁到不征税的城市。如果是这样,不征税城市住宅供给过度的现象在初始阶段就不会非常严重,资本收益也不会大幅下降。在均衡状态下,住宅租金将高于5 000美元,这意味着一部分建筑物税转嫁给了消费者,仅有很少的部分由资本所有者承担。

第二个关键的假设是消费者在两个城市之间可以自由流动。在此条件下,城市内住宅租金的任何差别都会随着土地租金的变化而消失。如果居民不具有流动性,住宅租金的差距将会持续下去。再回到表17-2,假设消费者不具有流动性,在第二行的位置上,塔克斯顿市的消费者为获得住宅将要多支付800美元。总之,当消费者具有完全流动性时,土地租金的变化将产生零和变化;当消费者不具有流动性时,住宅租金将产生零和变化。在这两个极端情况之间,消费者并不完全具有流动性,住宅租金和土地租金都将发生改变。

第三个关键的假设是本地区仅有2个城市。如果本地区有10个城市,那么塔克斯顿市的建筑物税效应将扩大5倍。其结果是,资本收益下降的幅度将是原先的1/5;资本收益将下降80美元,而不是400美元。表17-3描述了建筑物税所产生的影响。为使两个城市的租金相等,不征税城市的土地租金将上涨80美元,而征税城市的土地租金则会下降720美元。值得注意的是,本地区内土地租金的变化具有零和效应:9个城市的土地租金均上升80美元,另外1个城市的土地租金则下降720美元。

表17-3　10个城市的建筑物税　　　　　　　　　　(单位:美元)

	塔克斯顿市				安塔克斯市		
	资本收益	建筑物税	土地租金	住宅租金	资本收益	土地租金	住宅租金
初始状态	4 000	0	1 000	5 000	4 000	1 000	5 000
土地租金变化之前	3 920	800	1 000	5 720	3 920	1 000	4 920
土地租金变化之后	3 920	800	280	5 000	3 920	1 080	5 000

17.2 从模型到现实

为解释不动产税对不同类型人群的影响，我们使用了大量假设条件，这极大地限制了结果的适用性。但实际上，我们可以把从模型中获得的结论应用到现实中，以检验这些结论的正确性。下面分别针对不动产所有者和政策制定者探讨这些结论。

17.2.1 出租型不动产所有者与自住型不动产所有者境况的差异

我们的住宅市场模型有四个经济主体：消费者、住宅企业所有者、土地所有者和资本所有者。在现实的住宅市场中，这些主体可以合并为两类：拥有不动产（土地和建筑物）的住宅企业以及从企业那里租赁住宅的消费者。在私人房屋所有者市场中，市场主体被合并成一个，在这里可以把所有的消费者看作不动产所有者。在出租型不动产所有者和自住型不动产所有者承担的税负方面，一般均衡模型都给予了哪些解释呢？

在征收不动产税的城市，不动产所有者作为土地和资本所有者要遭受一定的损失。他们作为土地所有者要遭受损失是因为：（1）土地税降低了土地租金；（2）一部分建筑物税转嫁给了土地。另外，本地区的其他资本所有者与此类似，他们也将遭受损失，这是因为资本收益在下降。一般来说，不动产税可以导致不动产的市场价值下降。这是显而易见的，因为现在不动产需要缴纳不动产税，因此潜在购买者的意愿支付值自然会下降。

虽然其他城市的不动产所有者并没有法定纳税义务，但他们还是受到征税城市的影响。此时，土地所有者将获得收益，因为他们所在城市的土地租金不断上升，直到两个地区的住宅租金相等为止。该城市的资本所有者与此类似，他们也将遭受损失，这是因为区域性资本收益在下降。因此，这些对他们的收入和不动产市场价值的净影响（net effect）是不确定的。

17.2.2 对政策制定者的实践导向

我们已经用不同的模型和假设条件探讨了住宅不动产税的影响效应。如果一个官员问，谁将支付不动产税？恰当的回答取决于这位官员考虑问题的角度。我们将分别从城市和国家的视角讨论该问题。

假设一个市长想预测她所在城市的建筑物税对该城市居民的影响。她的城市是一个区域经济体的50个城市中的1个。正如我们在表17-3中所看到的，在由10个城市组成的区域中，资本收益下降的幅度是税收的1/10（80美元），土地租金下降的幅度是税收的9/10（720美元/800美元）。对于由50个城市组成的区域来说，资本收益下降的幅度是税收的1/50，土地收益下降的幅度是税收的49/50。因此，该市长预期本地土地所有者将承担大部分税收。当然，如果家庭并不具有完全的流动性，住宅消费者将与土地所有者共同承担建筑物税，这与前面的分析一致。

假设某总统想预测一下，全国征收统一的不动产税会产生怎样的影响。所有的城市的税率都相同，没有哪一套住宅可以逃避城市不动产税。如果在全国水平上资本供给是固定的，全部的税收都将由资本所有者承担。在这种情况下，资本所有者不能将税收转嫁给其他任何人，因为这些人并不会对税收产生反应：他们不能在两个城市之间移动他们的资本，也不能在全国范围内降低资本数量。当然,如果资本供给是变动的,而不是固定的,资本所有者可以将税收转嫁给本地区住宅租金较高的家庭。

表 17-4 概述了我们对不动产税建筑物部分的分析。它明确表述了在税收、家庭流动性和资本供给类型的不同假设下,谁将承担这部分税收。该表还把城市类型区分为征税城市和不征税城市。

表 17-4 谁将支付不动产税中的建筑物部分

仅有一个独立的城市征税
征税城市的福利效应
  1. 家庭具有流动性:土地所有者获得较低的土地租金。
  2. 家庭不具有流动性:消费者支付较高的住宅租金。
不征税城市的福利效应
  1. 家庭具有流动性:土地所有者获得较高的土地租金。
  2. 家庭不具有流动性:消费者支付较低的住宅租金。
区域福利效应
  1. 资本所有者获得较低的资本收益。
  2. 流动性家庭和固定的资本:土地租金产生零和变化。
  3. 无流动性家庭和固定的资本:住宅租金的零和变化。
  4. 流动性家庭和不固定的资本供给:消费者支付较高的住宅租金;资本收益下降幅度较小。
所有的城市都征税(全国性的不动产税)
  1. 固定的资本供给:资本所有者承担全部的税负。
  2. 不固定的资本供给:税收中的一部分转嫁给了住宅消费者。

17.2.3 商业不动产税的情况如何

验证不动产税效应的基本逻辑还可以应用于对商业不动产的分析(商业和工业)。当然,这里将用征税产业的产出替代住宅服务,这些产出包括图书、理发、服装和其他制成品。用一般均衡方法进行分析时显示,当一个区域内的独立的城市征收商业不动产税时,该税收的建筑物部分将由本地区内的所有资本所有者承担,这是因为资本所有者为避税不得不离开征税的城市。它与住宅不动产税的情况类似,对消费者的影响取决于他们的流动性——他们有能力将税收转嫁给不征税地区的销售者。

税收输出是指某市政管辖区以外的居民承担该税收的过程。如果其他城市的居民消费某一城市的一部分产品,那么该城市可以利用商业不动产税,向其他城市的居民转移税负。当然也有一些限制条件。当一个城市输出产品的价格上涨、需求下降时,将会降低税基。另外,企业还有激励迁往不动产税较低的城市。当一个城市可以为出口型企业提供较好的区位,使得该城市具有一定的生产优势时,税收输出会更有效率。

17.3 泰伯特模型与不动产税

正如我们在"邻里选择"那一章所看到的,居民依据对公共产品的需求进行自我分类。如果地方公共产品主要通过不动产税来融资,家庭仍然会依据住宅消费类型进行自我分类。这对于不动产税来说有重要的意义,具体如表 17-5 所示。

表 17-5 基于税收目的形成的市政管辖区

	税率	税收		
		Juan (10万美元的 住宅)	Tupak (30万美元的 住宅)	Thurl (50万美元的 住宅)
混合的市政管辖区	0.020	2 000 美元	6 000 美元	10 000 美元
所有 10 万美元的住宅	0.060	6 000 美元	—	—
所有 30 万美元的住宅	0.020	—	6 000 美元	—
所有 50 万美元的住宅	0.012	—	—	6 000 美元

假设一个都市区内的家庭对于公共产品有相同的偏好水平(6 000 美元),但是他们住宅的市场价值存在一定的差异。表 17-5 的第一行描述了当税率为 0.02(市场价值的 2%)时,混合市政管辖区将要发生的一些情况。Juan 的住宅价值 10 万美元,他支付的不动产税是 2 000 美元。另一个极端的情况是,Thurl 的住宅价值 50 万美元,他所支付的不动产税也相应增加 5 倍。Thurl 支付的税额要高于税收给他带来的福利,因此他有激励同其他拥有高价值住宅的所有者共同建立新的市政管辖区。

表 17-5 的最后三行描述了,当居民根据住宅价值将自己划分到不同的市政管辖区时所发生的情况。高价值住宅所在的市政管辖区仅征收 0.012 的不动产税率就能获得 6 000 美元的税金,而这 6 000 美元正好能够满足公共机构为每个家庭提供公共服务所需要的资金。在 Juan 这一类型的家庭所在的市政管辖区和 Thurl 这一类型的家庭所在的市政管辖区,虽然这两类家庭拥有的住宅价值不同,但它们都有相同的纳税义务。住宅价值较低的家庭有较高的税率,它们同样也支付 6 000 美元的税金。

由于同类型的家庭自己集聚到同一社区内,因此不动产税是一种使用费,而不是一种传统税(conventional tax)。家庭缴纳不动产税的义务是由它所消费的公共产品的数量决定的,而不是由其不动产的价值决定的。在泰伯特的世界中,家庭获得的与它们支出的相同,因此谁将支付不动产税这一问题就变得很简单:就像一个消费者支付 2 美元得到一个热狗一样,一个家庭支付 6 000 美元的不动产税将得到价值 6 000 美元的地方公共产品。这时,税收并没有发生转移,因为不动产税是一种使用费。

泰伯特模型与不动产税的使用费观点的现实性又如何呢?假设在典型的都市区内有大量的市政管辖区,家庭可以在这些市政管辖区和地方政府之间进行选择。但是分类过程并不是完美的,在城市郊区更是如此。显然,泰伯特模型在市中心没有应用价值,因为在那里唯一的市政机构要向大量的且分散的人口提供服务。在大中心城市,不动产税并不是一种使用费,而是一种传统税。

17.4 限制不动产税

对不动产税的限制政策始于 19 世纪 70 年代起,目前有 44 个州正在实行这样的限制政策。大约有 2/3 的州对地方政府征收的特殊税种的税率进行了限制,大约有 1/4 的州政府从总体上限制地方政府征收的税率。大多数税率下降的范围为 10—20 密尔(估计价值的 1%—

2%)。大约有1/2的州对不动产税收的年增长率进行了限制,限制区间为4%—6%。一些州实行税收增长率钉住通货膨胀率的政策。在许多州,地方政府有权以投票的方式决定不动产税的税率,而不必考虑州政府对此的限制。

不动产税最初的反对者来自大萧条时期(the Great Depression),这是由于不动产税缴纳义务与居民对地方公共服务的意愿支付之间存在非匹配性。正如图17-6所示,不动产税占收入的份额在1929—1932年提高了2倍,在1932年达到11.3%。在这三年间,个人收入下降了1/2,而不动产税收入仅下降了9%。城市居民在不动产税上支付能力的下降几乎使拖欠率上升为原来的3倍。由于害怕出现大范围的市政公债拖欠现象,商业团体采取了一些措施来鼓励人们积极纳税,这些措施包括为购买襟章、群发邮件和游行提供资助。游行队伍由战争英雄的后代组成,这些人举着牌子号召人们积极参与纳税。

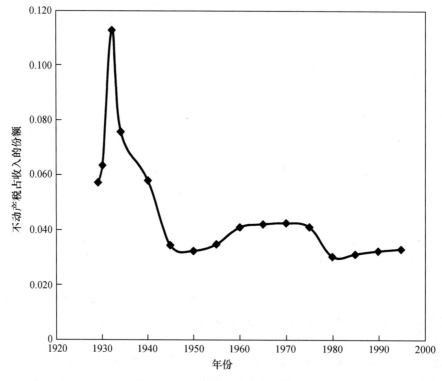

图17-6 不动产税占收入的份额

资料来源:Arthur O'Sullivan. "Limits on Local Property Taxation." Chapter 7 in *Property Taxation and Local Government Finance*, ed. Wallace E. Oates. Cambridge MA:Lincoln Institute, 2001。

1933年,有超过3 000个地方税收联盟要求进行税制改革。其主要内容是缩小税收规模,建立与大萧条时期较低的收入相适应的税制。用一个鼓动者的话说就是:"我购买更少的食品、更少的香烟,更少地从事娱乐活动,我也希望购买更小的政府。"(Beito,1989)在税收联盟组织的集会上,市民要求取消地方服务,包括除草巡视员和乡村护士。

20世纪30年代的税收革命使政府通过了限制税收的政策,居民的税收负担有所减轻。1932—1933年,有16个州通过了税收限制政策,其中大部分限制政策都对地方不动产税设定了最高上限。正如图17-6所示,1932—1940年不动产税占收入的份额呈下降趋势。税收比重下降是收入增长和税收限制综合作用的结果。到1940年,个人收入几乎达到1930年的水平,不动产税占收入的比例为5.8%,而在1930年该比例为6.3%。

1978年,加利福尼亚通过了一项严格限制政府征收不动产税的法案,即所谓的"第13号法案"(Proposition 13),标志着现代税收革命的开始。正如图17-6所示,1960—1975年,不动产税占国民收入的比例达到了历史最高水平,大约为4.2%,而在20世纪40年代末和20世纪50年代该比例仅为3.4%。到1995年,有数十个州颁布了新的税收限制政策,不动产税占收入的比例进一步下降到3.3%,恢复到了20世纪40年代和20世纪50年代的水平。

对比早期的税收革命,现代税收限制政策支持者希望地方政府用更少的钱提供相同水平的服务。在加利福尼亚州,有38%的市民相信,州和地方政府可以削减40%的税收,但不会影响政府提供服务的水平。在马萨诸塞州,有82%的人支持"21/2号法案"(Proposition 21/2),他们认为削减税收并不会降低地方政府公共服务的质量。在密歇根州,3/4的《亨德利修正案》(Headlee Amendment)的支持者认为,削减税收可以使政府变得更有效率。

20世纪90年代,有两个州改变了自己的不动产税收体系。伊利诺伊州在芝加哥大都市区制定了不动产税收增长率限制政策。最高的增长率为通货膨胀率或者每年5%,取两者之间的最大值。1995年,密歇根州改革了它的教育财政体系。州政府削减了一半的不动产税收,并通过增加销售税、烟草税和不动产交易税来抵补这部分损失。

事实证明,现代税收限制政策降低了不动产税。正如图17-6所示,从1978年发起的现代税收革命开始,不动产税占收入的份额在不断下降。不动产税限制政策使人均实际税收降低了3%—6%(Advisory Committee on Intergovernmental Relations, 1995; Shadbegian, 1998)。还有一些收入替代的事实,也就是说从其他渠道获得的收入,至少可以抵消不动产税的损失。一个渠道就是州政府提高政府间补贴。第二个渠道是提高非税收收入。Shadbegian(1999)进行估计时发现,县级政府税收每下降1美元,混合收入将提高0.27美元。

17.5 政府间补贴

本部分将探讨政府补贴经济学,并检验地方政府对来自上一级政府的资金转移行为作何种反应。正如我们在前面的章节所看到的,政府间补贴大约占了地方政府收入的2/5、市政管辖区收入的1/4。这些补贴资金的一半以上用于教育支出,其余部分用于支持公共福利、住宅与社区发展、高速公路、医疗保健服务等地方项目。在市政管辖区这个水平上,大约有1/5的资金用于支持地方政府的日常运营,另外1/5用于教育补贴。还有两个再分配项目——公共福利、住宅与社区发展——这部分支出大约占市政机构获得补贴的1/4。

为什么地方政府不自己支付这些费用呢?或者说,为什么地方政府不用地方税收补贴这些项目支出呢?首先,正如之前的章节中已经探讨过的,政府间补贴可以内部化管辖区之间的溢出效应。其次,如果地方公共产品的预期支出增长快于本地区税基(如不动产价值和零售额)的变化幅度,那么预期支出与地方税收之间就会出现不匹配性。在全国的水平上,税收随着收入快速增长时,它便有机会将剩余的资金转移给地方政府。当然,地方政府应对不匹配性问题更直接的方法是提高地方税税率。

我们将探讨地方政府对两种类型补贴的反应。定额补贴(lump-sum grant)是一种固定补贴形式,它独立于地方政府对本地公共产品的支出。相反,在等额补贴(matching grant)下,上一级政府将为地方政府支出提供对等的补贴,例如,地方政府支出1美元,上一级政府就会提供1美元的补贴。

17.5.1 定额补贴

政府间的定额补贴大部分都是有附加条件的。有条件补贴(conditional grant)或者专项补贴(categorical grant)必须用于特定项目支出。有条件补贴常用于教育、公共福利、医疗保健与医院、高速公路、住宅和社区发展。每一个支出群组都是特定的补贴项目。例如,给予地方政府的教育补贴主要用于补充读物、学校图书馆、特殊教育和其他项目的支出。我们将以特定教育补贴为例进行分析。

我们可以利用消费者选择模型来探讨补贴效应。我们在本书后面的附录"微观经济学工具"的第四部分,对消费者选择模型的主要内容作了介绍。图17-7给出了Marian的预算线,她是格兰特伯格(Grantburg)的一个中间投票者。在特殊教育项目上每多支出1美元,在其他商品上的支出将减少1美元,这里的其他商品包括地方公共产品和私人产品。该图中的无差异曲线说明,Marian可以在特殊教育项目和其他商品之间进行选择。给定初始的预算线(ab)和她的无差异曲线,她的效用最大化点应位于点i。我们从前面的章节中可以了解到,在多数决定原则下,城市将选择中间投票者所偏好的预算。在这种情况下,该城市的每个家庭在特殊教育项目上的支出均为25美元,Marian在其他商品上的支出为45美元。

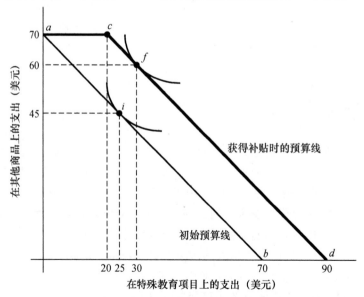

图 17-7 地方政府对定额补贴的反应

人均20美元的定额补贴使得中间投票者的预算线从 ab 向 acd 移动,并且效用最大化点也从点 i 移向了点 f。补贴使特定项目(特殊教育)的支出增加了5美元,对其他商品的支出增加了15美元。

假设州政府给该城市的特殊教育项目的定额补贴是人均 20 美元。该补贴使预算线从 ab 移向 acd。点 c 在新的预算集（budget set）上，因为 Marian 可以在特殊教育项目上花费 20 美元，而将剩下所有的资金用于其他商品支出。为使特殊教育项目的支出高于 20 美元，她需要在特殊教育项目与其他商品之间进行等额货币替代。新的效用最大化点位于点 f，这意味着补贴使 Marian 在特殊教育项目上的期望支出值提高到 30 美元（增加 5 美元），对其他消费品的期望支出值提高到 60 美元（增加 15 美元）。换句话说，1/4 的补贴花费在特殊教育项目上，其余补贴用于其他商品支出。

为什么 20 美元的额外补贴使得补贴对象的支出低于 20 美元呢？该城市之所以把一部分补贴用于其他商品支出，是因为它自己可以降低特殊教育项目的支出。在实施补贴政策之前，地方税收中的 25 美元用于特定教育项目支出，而在实施补贴政策之后，在特殊教育项目上的支出提高到了 30 美元，其中包括 20 美元的补贴和 10 美元的地方税收。补贴政策使地方税收节省了 15 美元，地方政府可以把节省的这部分资金用于购买地方公共产品和私人产品。

17.5.2　等额补贴

在等额补贴政策下，针对地方特定公共产品每 1 美元的支出，政府给予一定数量的补贴。例如，在一对一的等额补贴政策下，如果地方政府有 1 美元的支出，上一级政府就将给其 1 美元的补贴。等额补贴降低了地方公共产品的机会成本：由于实行一对一的等额补贴政策，本地居民仅花费 0.50 美元就可以得到价值 1 美元的地方公共产品（0.50 美元的地方支出加上 0.50 美元的补贴）。

图 17-8 描述了一对一的等额补贴政策对特殊教育项目的影响。补贴政策降低了 Marian 预算线的斜率，使她的预算线斜率从 1 美元下降到 0.50 美元。给定新的预算线，Marian 的效用最大化点从点 i 移至点 g，而在特殊教育项目上的支出则从 25 美元提高到 40 美元。在一对一的补贴政策下，该城市 40 美元的特殊教育项目支出中的 20 美元来源于州政府。

等额补贴政策比同等规模的定额补贴政策更能激励人们提高特殊教育项目的支出。尽管州政府每种类型补贴的金额都相同（20 美元），但等额补贴还是可以使特殊教育项目支出达到 40 美元，而在定额补贴政策下仅为 30 美元（图 17-7）。两种补贴都使 Marian 的收入提高了 20 美元，并且会提高她对特殊教育项目和其他商品的需求。等额补贴还会产生替代效应，因为它导致特殊教育项目的机会成本（价格）下降了一半。特殊教育项目相对价格的下降，引起消费者用特殊教育费用支出取代其在其他商品上的支出。

对其他商品的支出又怎样呢？在一对一的等额补贴政策下，40 美元的特殊教育项目预算中，地方政府的预算仅占 20 美元，而消费者在其他商品上的支出为 50 美元，这些产品包括其他地方公共产品和私人产品，在实施补贴政策之前，这些商品的消费量是 45 美元。换句话说，该城市得到的等额补贴的 1/4 用于其他产品的消费。与定额补贴类似，等额补贴提高了人们在其他商品上的花费，这是因为地方政府削减了其在特定项目上的支出，而这部分费用由补贴来弥补。

到目前为止，我们都假设等额补贴没有上限。在许多情况下，政府设定了最高补贴规模，这种类型的补贴被称为限额配给补贴（closed-ended matching grant）。如果实施补贴政策之

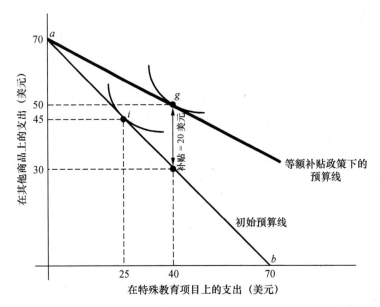

图 17-8　地方政府对等额补贴政策的反应

一对一的等额补贴政策使得中间投票者的预算线向外扩展,并使其变得更加倾斜,此时效用最大化点的位置从点 i 移至点 g。补贴政策提高了在特定项目(特殊教育)上的支出,支出增加的幅度是 15 美元,同时导致在其他商品上的支出增加了 5 美元。等额补贴政策要比定额补贴政策更具有激励性,因为它降低了特定项目支出的机会成本。

后,期望支出低于该限额,那么补贴结果与限额配给没有显著相关性,此时限额配给补贴等同于无限制补贴。如果期望支出无论怎样都超过限额,那么它将产生一个约束力,使得有限额补贴时的支出要低于无限额补贴时的支出。

17.5.3　总结:补贴的激励效应

正如前面的章节所看到的,地方政府使用政府间的补贴来提高对地方公共产品和其他产品的支出,其中包括私人产品。此时,私人产品支出在增加,这是因为地方政府可以采取削减税收的政策。有多少补贴资金被用于额外的地方支出呢？它在多大程度上提高了私人产品的消费呢？对补贴政策影响的经验研究表明,非等额补贴每增加 1 美元,地方政府支出将提高大约 0.40 美元(Oates,1999)。相反,家庭收入每增加 1 美元,将使地方政府支出增加大约 0.10 美元。换句话说,地方补贴政策极大地促进了地方支出的增加。这就是我们所熟知的粘蝇纸效应:补贴货币黏附在它最初落脚的地方(地方政府),而以低税收的形式传递给家庭的资金仅占很少的部分。

怎样解释粘蝇纸效应呢？大多数理论都假设政府官僚希望使城市的预算最大化(Filimon,Romer,Rosenthal,1982)。如果政府官僚不向市民公布补贴的金额,则投票者更倾向于赞成较高数额的预算。州政府可以直接投票确定地方预算,但是投票的结果经常反映的是有关税基的信息,而很少反映政府间补贴的信息。

17.5.4 福利改革：从等额补贴转向定额补贴

1996 年进行的福利制度改革的主要内容是,用定额补贴(被看作固定的补贴)替代联邦政府的等额补贴。在传统的补贴体系下,每个州都选择一定的福利支出水平,联邦政府用等额补贴的方式支持地方政府。对于收入水平较低的州,联邦政府为每 1 美元福利支出的折扣是 0.78 美元,这样从该州的角度来看,福利支出上每花费 1 美元,该州政府仅承担 0.22 美元。在收入水平较高的州,其获得的折扣水平也相应较低,对这些州主要采取一对一的等额补贴的方式。在新的补贴体系下,联邦政府补贴不再取决于各州的福利支出水平。取消了等额补贴政策后,各州 1 美元福利支出的价格也为 1 美元。

图 17-9 利用消费者选择模型描述了福利改革对收入水平较低的州的预算选择的影响。在等额补贴政策下,中间投票者的预算线较为平缓,反映出地方的福利支出价格较低。投票者的初始偏好(也可以看作州的初始选择)可用点 i 表示,此时在福利上的支出是 2.1 亿美元,在其他产品上的支出是 2.6 亿美元。新的定额补贴为 1.4 亿美元,因此新的预算线可用点 g、m、i 的连线表示。定额补贴足够大,以至于中间投票者可以选择初始点 i。如果可以选择初始点,那么州政府将会作出怎样的选择呢?

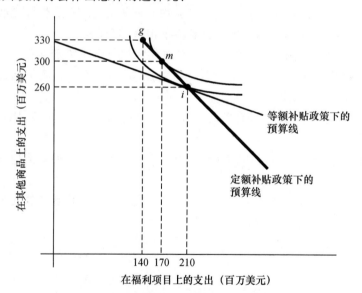

图 17-9　等额补贴转向定额补贴降低了福利支出

用 1.4 亿美元的定额补贴替代等额补贴将使最大化点从点 i 移向点 m。政策变化降低了目标项目(福利)的支出,这是因为用于福利支出的机会成本从原先的 0.22 美元提高到 1.00 美元。

在定额补贴政策下,州政府对福利项目的实际支出会更低一些。为最大化中间投票者的效用,州政府选择无差异曲线的斜率(边际替代率)与预算线斜率(价格比率)相等的位置:

效用最大化法则:边际替代率 = 价格比率

对于初始的选择(点 i)而言,边际替代率等于价格比率(0.22 美元)。转向定额补贴使福利支出的价格上升到 1 美元,因此为获得最大化效用,中间投票者移向了点 m,在那里边际替代率等于 1.0。换句话说,中间投票者选择在福利项目上花费较少的钱,而把更多的钱用于其他产品的消费上。将点 m 与点 i 进行对比,该州在福利项目上的支出要比初始点减少了 4 000 万美元,而在其他产品(其他公共产品和私人产品)上的支出则增加了 4 000 万美元。总而言之,转向定额补贴提高了福利支出价格,它所产生的替代效应降低了中间投票者对福利项目的支出。

福利支出的预期变化是非常大的。对于收入水平较低的州来说,价格从 0.22 美元提高到 1.00 美元,可以使福利支出降低 40%—66%(Inman and Rubinfeld,1997)。对于收入水平较高的州来说,价格增长的幅度相对较小(从 0.50 美元提高到 1.00 美元),并且转向定额补贴之后,福利支出降低的水平为 1%—18%。国会已经意识到,福利改革将导致州政府削减它们的福利支出规模。法律要求州政府继续进行福利项目投入,该金额至少是等额补贴政策下的 80%。

小结

地方政府收入的两个最大的来源是不动产税和政府间补贴。

1. 土地供给的固定性使得不动产税中的土地部分主要由土地所有者来承担。
2. 在对不动产税中的建筑物部分进行一般均衡分析时,如果资本(建筑物)供给在区域水平上是固定的,那么整个区域的资本所有者将承担这部分税负。
3. 建筑物税可以使不同城市间的土地租金或住宅租金产生零和变化。如果消费者可以在两个城市之间自由流动,他们将不受建筑物税的影响,但是在不征税城市的土地所有者赚取的收益将与征税城市的土地所有者损失的利润相同。
4. 在泰伯特的世界中,家庭不动产税支出独立于它的住宅消费规模,因而此时的不动产税是一种使用费。
5. 从中间投票者模型可以得知,直接补贴的部分资金用于购买其他地方公共产品和私人产品。
6. 等额补贴降低了目标产品支出的机会成本,因此它对该类型产品支出的激励作用要大于定额补贴。

问题与应用

在下面的练习题中,带"_____"的题目,需要读者在上面填上一个词或一个数字。对于带"……"的题目,需要读者用适当的词语完成该句话,并使陈述的内容与原题目相符。对于带"[ ]"的题目,需要读者用圆圈标记出括号中恰当的一个词。

1. 对移动住宅占用的土地征税

移动住宅的所有者拥有自己的住宅和从土地所有者那里租赁的土地(移动住宅占用的土地)。在佩得威尔市(Padville),所有土地最初都被移动住宅占据,每个家庭租赁 1 英亩土地(一个标准地块)。每个土地所有者都有 1 英亩土地。该城市最初有 100 个居民,占据着 100 英亩的土地,土地价格是每英亩 200 美元。假设该城市对每英亩土地征收 40 美元的税,它由合法的土地占有者(居民)支付。每英亩土地的税收是固定的,不考虑土地如何被利用。

a. 用供求曲线描述税收对土地市场的影响。

b. 土地税将[提高,降低,不改变]居民向土地所有者支付的租金;土地税将[提高,降低,不改变]居民获得土地的净成本,该净成本等于土地所有者获得的租金加上40美元的税收。

c. 土地税将[提高,降低,不改变]土地所有者的收入。

d. 在整个经济活动中,税收是由[居民,土地所有者]支付的,这与前一章的_____规则一致。

2. 税收收入与总负担

下面对土地税(图17-3)进行分析并对建筑物税(图17-4)进行局部均衡分析。

a. 对于土地税来说,土地所有者的损失是_____,其计算公式为……从土地税中获得的收入是_____,其计算公式为……

b. 对于建筑物税来说,消费者的损失是_____,其计算公式为……从建筑物税中获得的收入是_____,其计算公式为……

c. 建筑物税导致了一个无谓损失,这是因为……

d. 相反,土地税不会导致无谓损失,这是因为……

3. 消极抵抗还是积极逃避

本章的格言来自一部著名的电影,在这部电影里Boris被迫参加战争。与他的朋友Sonja互换后,Boris爬到门外,企图躲避军队的征兵人员。这个场景与缴纳税收的居民所面临的问题有怎样的相关性?

4. 卡塔托尼亚与弗里特兰德

假设在卡塔托尼亚州(the state of Catatonia)有两个城市(Cat1和Cat2),人们不能从一个城市搬迁到另一个城市。在弗里特兰德州(the state of Fleetland),居民可以在该州的两个城市(Flee1和Flee2)之间自由流动。你恰好发现每个州都有一个城市(Cat1和Flee1)将在下周征收建筑物税,你是唯一知道即将要征税的人。目前,你在这四个城市中的每个城市都拥有10英亩土地。

a. 如果你想在卡塔托尼亚州保持20英亩的土地,你将采取怎样的对策?

b. 如果你想在弗里特兰德州保持20英亩的土地,你将采取怎样的对策?

5. 房地产税对不同个人的影响

考虑房地产税中有关建筑物部分的一般均衡的观点。以本章中的塔克斯顿-安塔克斯的税收政策为例,计算建筑物税对下面不同个人的长期影响。假设资本的区域供给是固定的,消费者在本地区内的不同城市之间是完全自由流动的。

a. Rene在一个征税的城市租房居住,他将[获得,损失,不受影响]_____美元,其计算方法是……

b. Landry在塔克斯顿拥有自己的土地(3块),他将[获得,损失,不受影响]_____美元,其计算方法是……

c. Loren在安塔克斯拥有自己的土地(2块),他将[获得,损失,不受影响]_____美元,其计算方法是……

d. Cap在塔克斯顿拥有5个建筑物,他将[获得,损失,不受影响]_____美元,其计算方法是……

e. Talulah 在安塔克斯拥有 5 个建筑物,他将[获得,损失,不受影响]_____美元,其计算方法是……

6. 消费者流动性和税收转嫁

考虑房地产税中有关建筑物部分的一般均衡的观点。

a. 消费者的流动性对_____消费者是有好处的,但对于_____消费者是不利的,这是因为……

b. 消费者的流动性对_____土地所有者是有好处的,但对于_____土地所有者是不利的,这是因为……

7. 角点解

以图 17-7 为研究起点,假设特殊教育的初始最大化效用支出是 5 美元而不是 25 美元。如同前面的分析,对特殊教育领域的总条件补贴是 20 美元。特殊教育的需求弹性是 1.0。

a. 当点 j 为新的效用最大化点时,描述中等收入家庭对补贴的反应。

b. 补贴使得特殊教育领域的支出提高了_____,而对其他商品的支出则提高了_____。

c. 这个例子给我们的教训是,当……时,补贴的激励效应是相对较大的。

8. 教育彩票

假设某一城市的总预算是 1 亿美元,其公共教育的预算是 2 000 万美元,中间投票者的偏好具有连续性。居民对公立学校需求的收入弹性是 1.0。假设该城市开设了一种新的彩票,并从该彩票的销售中获得 1 500 万美元的收入,同时法律还规定从彩票销售中获得的所有收入(1 500 万美元)必须用于公共教育。

a. 用类似图 17-7 的图形预测彩票收入对州政府的公共教育支出和其他公共产品支出的影响。

b. 用于公立学校的支出从_____变为_____,而在其他公共产品领域的支出则从_____变为_____。

c. 换句话说,彩票收入的_____%将用于公立学校支出,_____%将用于其他公共产品支出。

9. 图书管理员补贴

考虑一个城市图书管理员的雇佣情况。图书管理员每天的成本是 100 美元,该城市最初雇用 7 名管理员,他们的工资总额为 700 美元。该图书馆的预算是 2 500 美元,扣除工资支出后,其用于其他领域的支出为 1 800 美元。在条件补贴下,该市所在的州给该市图书馆的补贴为 500 美元。

a. 假设在补贴政策支持下,该城市雇用管理员的数量提高到 10 名。用类似图 17-7 的图形描述城市对补贴政策的反应,补贴之前的选择用点 i 表示,补贴之后的选择用点 c 表示(条件补贴)。如果该城市雇用 10 名图书管理员,那么其他公共产品支出将为_____。

b. 假设该州政府把对图书管理员的补贴转变为一对一的等额补贴,请画出等额补贴的预算线。

c. 等额补贴预算线将[经过,位于上方,位于下方]点 c。从定额补贴转向等额补贴[提高,降低,没有改变]图书管理员的数量,这是因为……

参考文献和补充阅读

1. Advisor Commission on Intergovernmental Relations. *Tax and Expenditure Limitations on Local Government*. Washington DC: U. S. Government Printing Office (1995).

2. Beito, David T. *Taxpayers in Revolt*. Chapel Hill, NC: University of North Carolina Press, 1989.

3. Citrin, Jack. "Do People Want Something for Nothing: Public Opinion on Taxes and Spending." *National Tax Journal* 32 (1979), pp. 113—130.

4. Courant, Paul, Edward Gramlich, and Daniel Rubinfeld. "Why Voters Support Tax Limitations: The Michigan Case." *National Tax Journal* 38 No. 1 (1980), pp. 1—20.

5. Courant, Paul N., and Susanna Loeb. "Centralization of School Finance in Michigan." *Journal of Policy Analysis and Management* 16 (1997), pp. 114—135.

6. Duncombe, William, and John Yinger. "Why Is It So Hard to Help CentralCity Schools?" *Journal of Policy Analysis and Management* 16 (1997), pp. 85—113.

7. Dye, Richard, and Therese McGuire. "The Effect of Property Tax Limitation Measures on Local Government Fiscal Behavior." *Journal of Public Economics* 66 (1997), pp. 469—487.

8. Early, Dirk. "An Empirical Investigation of the Determinants of Street Homelessness." *Journal of Housing Economics* 14 (2005), pp. 27—47.

9. Early, Dirk. "The Determinants of Homelessness and the Targeting of Housing Assistance." *Journal of Urban Economics* 55 (2004), pp. 195—214.

10. Evans, William N., Sheila E. Murray, and Robert M. Schwab. "Schoolhouses, Courthouses, and Statehouses after Serrano." *Journal of Policy Analysis and Management* 16 (1997), pp. 10—31.

11. Filimon, R., T. Romer, and H. Rosenthal. "Asymmetric Information and Agenda Control: The Bases of Monopoly Power and Public Spending." *Journal of Public Economics* 17 (1982), pp. 51—70.

12. Inman, Robert P., and Daniel L. Rubinfeld. "Rethinking Federalism." *Journal of Economic Perspectives* 11:4 (Fall 1997), pp. 43—65.

13. Oates, Wallace. "An Essay on Fiscal Federalism." *Journal of Economic Literature* 37 (1999), pp. 1120—1149.

14. O. Sullivan, Arthur. "Limits on Local Property Taxation." Chapter 7 in *Property Taxation and Local Government Finance*, ed. Wallace E. Oates. Cambridge MA: Lincoln Institute, 2001.

15. Sexton, Terri, Steven M. Sheffrin, and Arthur O. Sullivan. "Proposition 13: Unintended Effects and Feasible Reforms." *National Tax Journal* 52 (1999), pp. 99—112.

16. Shadbegian, Ronald. "Do Tax and Expenditure Limitations Affect Local Government Budgets? Evidence from Panel Data." *Public Finance Review* 26 (1998), pp. 218—236.

17. Shadbegian, Ronald. "The Effect of Tax and Expenditure Limitations on the Revenue Structure of Local Government, 1962—1987." *National Tax Journal* 52 (1999), pp. 221—236.

18. Zodrow, George R. "The Property Tax as a Capital Tax: A Room with Three Views." *National Tax Journal* 54 (2001), pp. 139—156.

附录 微观经济学工具

本附录将回顾本书不同章节中所使用的一些微观经济学基本工具。主要分为五个部分:

1. 边际决策。边际原理能够告诉我们,在边际收益等于边际成本时一项经济活动的规模。

2. 产出市场。供给和需求模型描述了消费者价格是如何决定的。我们在分析市场均衡的同时,还将探讨市场效率问题。

3. 劳动力市场。劳动力供给和需求模型分析了工资、就业水平是如何被决定的。我们将在该模型的基础上探讨市场均衡和市场效率问题。

4. 消费者选择。消费者选择模型描述了当消费者面临收入和消费价格约束时,他们是如何最大化自身效用的。

5. 投入选择。投入选择模型与消费者选择模型类似。它用于描述企业如何选择才能使生产成本最小化。

1. 边际原理

边际原理提供了一个简单的决策规则,它可以帮助个人和组织制定决策。经济活动的边际收益是指经济活动的少量增加获得的额外收益的数量。例如,理发店多开一个小时所获得的额外收益。边际成本是指经济活动的微小增加所导致的额外成本的增加额。例如,理发店多开一个小时所发生的额外支出。因此,边际原理可以被定义为:

> 如果一项经济活动的边际收益超过边际成本,该经济活动的供给规模会进一步扩大。最终将选择边际收益等于边际成本时的供给水平。

边际原理可以用于解释理发师所面临的问题。如果理发师多营业一个小时获得的收益至少等于他额外付出的成本,该理发师将多营业一个小时。

考虑一下,如何在边际水平上微调我们的决策。我们可以使用边际原理来确定增加一单位某一特定变量是否可以使我们的境况变得更好。就像理发师可以决定是否多营业一个小时一样,你可以决定是否为了心理学期中考试而多学习一个小时,一个企业可以决定是否需要多雇用一个工人。当边际收益等于边际成本时,微调的作用便会显现出来。

1.1 例子：要拍多少部续集电影

为了举例说明边际原理，假设电影生产商必须决定要拍多少部续集电影。假设该电影最初的方案是非常成功的，我们预期拍续集也是有利可图的。如果拍续集能够产生一定的利润，生产者不得不作出是否拍摄第三部、第四部电影等决策。生产者可以利用边际原理计算出停止的时间，这样就可以避免香蕉问题（banana problem）：拼字者在初学时知道怎样开始拼读单词 banana，但是经常不知道什么时候停止拼读——ba-na-na-na-na……

图 A-1 有两条曲线，一条代表一个系列电影的边际收益，另一条代表边际成本。首先分析收益曲线。从商业电影运作的一般经验法则来看，一部续集获取的收入要比第一部电影的收入低大约 30%。如果继续拍摄续集，收入还将下降。在图 A-1 中，边际收益是指每部电影产生的收入，从第一部（最初的）电影的 3 亿美元（点 b）下降到第二部电影的 2.1 亿美元（点 a），第三部电影则下降到 1.25 亿美元（点 y）。

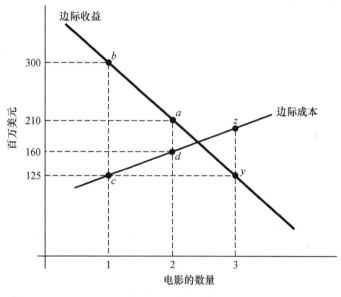

图 A-1 边际原理

系列电影的边际收益随着续集电影拍摄数量的增加而降低，而边际成本却在上升，因为演员需要更高的酬金。前两部电影的边际收益超过了边际成本，因此生产商拍摄两部系列电影是理性的，但是不会再拍摄第三部。

下面分析图 A-1 中的成本曲线。一部典型的电影制作成本大约为 5 000 万美元，其营销成本大约为 7 500 万美元。在成本曲线上的点 c，第一部电影的边际成本是 1.25 亿美元。随着续集电影数量的增加，其边际成本也随之提高，这是因为在续集电影中影星一般要求更高的酬金。例如，安吉丽娜·朱莉（Angelina Jolie）在拍摄《古墓丽影 2》（*Tomb Raider 2*）时的片酬要高于拍摄《古墓丽影》时的酬金。另外，拍摄《霹雳娇娃 2》（*Charlie's Angels 2*）《律政俏佳人 2》（*Legally Blond 2*）和《绝地战警 2》（*Bad Boys 2*）的演员也是如此。边际成本曲线具有正斜率，拍摄第二部电影的成本是 1.6 亿美元（点 d），第三部电影的成本甚至更高（点 z），这说明拍摄续集电影时雇用影星的成本在大幅提高。

在这个例子中,前两部电影获得了盈利,但是第三部电影出现了亏损。第一部电影的边际收益(3亿美元)超过了边际成本(1.25亿美元),产生了1.75亿美元的利润。虽然第二部电影有更少的收益和更高的成本,但是它仍然获得了盈利,这是因为边际收益仍然比边际成本高5 000万美元(2.1亿美元 - 1.6亿美元)。相反,第三部电影的边际成本(点 z 处的1.95亿美元)超过边际收益(点 y 处的1.25亿美元),因此第三部电影出现了亏损。在这个例子中,生产商在拍摄完第二部电影后就将停止拍摄后续电影。

虽然这个例子表明在一个系列电影中仅有两部获得了盈利,但产生其他结果仍然是可能的。如果第三部电影的收入较高或者成本较低,即边际收益超过边际成本,则第三部电影仍然会获得盈利。实际上,有许多续集或前续电影(movies with multiple sequels and prequels)的例子,包括《粉红豹》(*The Pink Panther*)、《星球大战》(*Star Wars*)和《洛奇》(*Rocky*)。相反,有许多盈利的电影并没有拍摄续集。在这些例子中,生产商预期收入的下降和成本的大幅上升,并认为拍摄续集电影不会产生盈利。在图 A-1 中,如果边际收益曲线和边际成本曲线都非常陡峭,那么第二部电影的边际收益将低于边际成本,因此生产商拍摄续集将不会获得盈利。

1.2 度量剩余

边际的方法允许我们计算某一特定经济活动的净收益或者净剩余。在电影这个例子中,剩余等于两部电影产生的利润之和。该利润可以用边际收益与边际成本之间的差距表示。对于第一部电影来说,该差距是1.75亿美元(3亿美元 - 1.25亿美元);对于第二部电影来说,该差距是0.5亿美元(2.1亿美元 - 1.6亿美元)。因此,拍摄续集电影获得的总剩余是2.25亿美元。在一般情况下,我们将一定产量下的边际收益与边际成本之间的差距相加,便可以计算剩余或者净收益。

图 A-2 描述了当产量非常大时应该如何计算剩余。我们可以变换一下例子,以连载文学或者连环漫画册为例。1836年和1837年,查尔斯·狄更斯(Charles Dickens)写完了每月连载的小说《皮克威克外传》(*The Pickwick Papers*),他每个月都在思考是否要写下一期的内容。最近,连环漫画册生产商每个月都需要决定是否要出版《超人》(*Superman*)或者《唐老鸭》(*Donald Duck*)下一期的内容。在图 A-2 中,当出版数量增加时,边际收益将下降,而边际成本则将提高。在点 e 处满足边际原理,此时的出版数量是100。

边际收益和边际成本曲线之间的区域代表从一系列经济活动中获取的实际剩余。为计算实际剩余,我们将第一次出版的剩余(边际收益与边际成本之间的差距)、第二次出版的剩余,一直到第100次出版的剩余相加。阴影部分的面积(深色三角形 aeb)是一个极限值,因为此时出版的数量相对较大。

如果超过边际原理所确定的点,将会出现什么情况呢?例如,假设连载小说的出版商正面临香蕉问题(他不知道什么时候停止),出版的数量是140。超出的数量所导致的损失可用边际原理确定的点之外的边际成本与边际收益曲线之间的差距表示。例如,第101个出版物到第140个出版物之间的损失可以用浅色阴影面积(三角形 ezy)表示。从整套出版物中获取的净收益或者剩余,等于三角形 aeb 的面积(出版最初100个出版物获得的收益)减去三角形

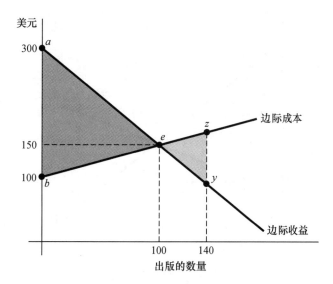

图 A-2 计算剩余

某一经济活动的净收益或者剩余可用边际收益与边际成本曲线之间的面积表示,并且该面积位于边际原理所确定的数量之内。三角形 *aeb* 代表在边际原理所确定的最优点 *e* 之内获得的剩余。三角形 *ezy* 代表经济活动供给量过大所导致的损失。

ezy 的面积(出版更多的出版物产生的损失)。

2. 产出市场均衡与效率

经济学家用供给和需求模型确定均衡价格与数量。在本书中,一些章节使用该模型探讨了公共政策对产品价格和数量的影响。

2.1 产品需求

图 A-3 描述了观看马戏的市场需求曲线。需求曲线具有负斜率,表明观看马戏的人数随着票价的上涨而下降。产生这一结果的原因有两点:

● **替代效应**。门票价格上升使得观看马戏的成本相对于其他的消费品成本来说比较高。其结果是,消费者将减少观看马戏的次数,取而代之的是看更多的电影、读更多的书,或者去动物园或参加幽默俱乐部。

● **收入效应**。提高价格意味着消费者不再有能力支付马戏和其他消费品(食品、住宅和娱乐)的费用。换句话说,价格上涨降低了消费者的实际收入。消费者必须削减一部分消费,马戏是其削减消费的一部分。如果观看马戏被看作一个正常商品,则当实际收入增加时,其消费量也将提高;而当实际收入下降时,其消费量也随之下降。

正常商品的需求曲线具有负斜率,这是因为收入效应增强了替代效应。当价格上涨时,这两个效应趋向于降低需求数量。

需求曲线代表消费某一产品的边际收益,因此它也是一条边际收益曲线。为了对其进行

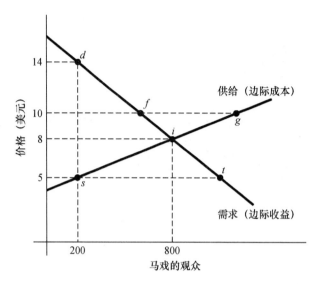

图 A-3　马戏市场的供给、需求与均衡

需求曲线是一条边际收益曲线,供给曲线是一条边际成本曲线。均衡点位于点 i,此时的需求数量等于供给数量,均衡价格为 8 美元。如果价格较低(例如 5 美元),将会产生过度需求,可分别用点 s 和点 t 表示;如果价格较高(例如 10 美元),将会产生过度供给,可分别用点 f 和点 g 表示。

分析,假设在点 d 的位置上价格是 14 美元,观看马戏的人数是 200 人。如果价格有小幅度的提高(例如 14.02 美元),那么第 200 个人将不再观看马戏表演,因为他的收益低于 14.02 美元的成本。但是当价格低于 14 美元时,该消费者将继续观看马戏表演,因为他获得的收益高于 14 美元的成本。因此,在这种情况下,第 200 个消费者的边际收益必定等于 14.01 美元,或者不断接近近似值 14 美元。类似地,当价格下降到 8 美元时,第 800 个人将进入马戏市场,因此第 800 个消费者的边际收益是 8 美元。

2.2　产品供给

图 A-3 还描述了马戏表演的市场供给曲线。供给曲线具有正斜率,表明价格上涨也将增加观看马戏表演的人数:企业将扩大表演规模和表演舞台,因此会吸引更多的人前来观看。在较高的价格下,供给规模也将有较大幅度的扩大。

供给曲线同时也是一条边际成本曲线,表示观看马戏表演的边际成本。为了对其进行分析,假设在点 s 的价格是 5 美元,企业将为 200 个观众表演节目。如果价格有小幅度的降低(例如 4.98 美元),将没有企业愿意为第 200 个观众提供服务,因为 4.98 美元的价格并不能抵消企业的边际成本。当价格上涨到 5 美元时,企业将愿意为第 200 个观众服务,因为现在的价格较高,足以抵消它的成本。因此,在这种情况下,企业的边际成本必定为 4.99 美元,或者是 5 美元的近似值。类似地,当价格达到 8 美元时,企业将愿意为第 800 个观众提供服务,由此可以得知为第 800 个观众提供服务的边际成本是 8 美元。

为什么供给曲线具有正斜率呢?供给曲线是一条边际成本曲线,而边际成本是不断增加的,因此它具有正的斜率。在长期的情况下,马戏团企业可以改变所有的投入,包括劳动力和资本。有吸引力的马戏表演者,如空中飞人表演者、训象表演者和戏法表演者都非常稀缺。当马戏表演数量增加时,马戏团需要更多的这种类型的表演者。在这种情况下,马戏团之间为争夺表演者而进行的竞价行为,抬高了马戏表演者的价格。例如,随着马戏产业的扩张,胡须女士(bearded ladies)变得更加稀缺,她们将赚取更高的工资。

从一般性的观点来看,供给曲线具有正斜率,是因为产业扩张引发的企业间竞争抬高了稀缺的投入品的价格。在本书中,我们所讨论的一些市场也同样面临投入品价格上涨的问题,这些市场包括住宅和汽油。

- **住宅和土地价格**。在住宅建造过程中,土地是稀缺的投入品,随着住宅建造数量的增加,土地价格也将随之上涨。
- **汽油和原油**。原油是汽油生产过程中的稀缺投入品,其价格将随着汽油生产规模的扩大而上涨。

2.3 产出市场的均衡

与其他的市场类似,产出市场的均衡可以用供给曲线与需求曲线的交点表示。在图 A-3 中,这一点发生在点 i,此时的价格是 8 美元,观看马戏表演的观众数量是 800 人。在其他任何价格下,需求的数量与供给的数量均不同,便会形成价格上涨或者下降的压力。

首先分析当价格低于均衡水平时将会发生什么。例如,当价格是 5 美元时,需求数量(点 t)要大于供给数量(点 s),因此该市场将出现过度需求。一些倾向于在较低的价格上观看马戏表演的消费者将不能实现自己的愿望。在长期内这些失望的消费者将产生抬高价格的压力。当价格上涨时,我们将沿着供给曲线向上移动。作为企业,它将在更大的舞台上进行表演。与此同时,我们也将沿着需求曲线向上移动:在较高的价格水平上,会有较少的消费者希望观看马戏表演。该价格会持续上涨,直到超额需求在点 i 处完全消失为止。

下面分析当价格位于均衡水平之上时将会发生什么情况。例如,在价格等于 10 美元时,供给数量(点 g)将会超过需求数量(点 f),即出现过度供给。换句话说,此时在马戏表演的看台上没有足够多的消费者。企业间的竞争将引起价格下降。当价格出现下降时,我们沿着需求曲线向下移动,因为在较低价格的激励下,会有更多的消费者去观看马戏表演。与此同时,由于马戏团缩减了表演规模,或者改在较小的舞台上表演,或者停止商业演出,我们将沿着供给曲线向下移动。价格将持续下降,直到过度供给在点 i 处完全消失为止。

2.4 曲线移动

在其他条件相同(ceteris paribus)的情况下(其他所有的变量均为固定的),需求曲线描述了马戏服务需求的数量与价格之间的相互关系。在绘制某一曲线时,其他影响变量的值是固定的吗?一旦我们确定了其他影响条件,就可以列出其他影响变量(非价格),这些变量的值决定着曲线的位置。当这些变量中的某个变量的值发生变化时,曲线将移向新的位置。

从市场的需求方面来看,在某一特定需求曲线上,一些变量值是固定的。当这些变量中的某个变量的值发生变化时,曲线将发生移动。

- **消费者收入**。收入增加提高了对所有正常商品的需求,推动需求曲线向右移动。
- **替代品的价格**。替代品(例如电影或者图书)价格上涨,将会降低观看马戏的相对价格,提高马戏的需求量,此时的需求曲线将向右移动。
- **互补品的价格**。互补品(例如花生或者爆米花)价格上涨,将会增加马戏团在下午表演时的成本,从而降低马戏的需求量,使得需求曲线向左移动。
- **偏好或者口味**。偏好的变化,例如更喜欢观看变戏法和胡须女士,将使需求曲线向右移动。
- **人口**。如果市场是按照地理区位来界定的,那么人口数量的增加将会推动需求曲线向右移动。

图 A-4 中的 A 图描述了需求增长的影响效应。需求曲线向右移动,并且当初始的价格为 8 美元时,存在过度需求:现在需求数量(用点 j 表示)高于供给数量(用点 i 表示)。在新的均衡状态下(用点 k 表示),价格是 9 美元,数量是 1 000。

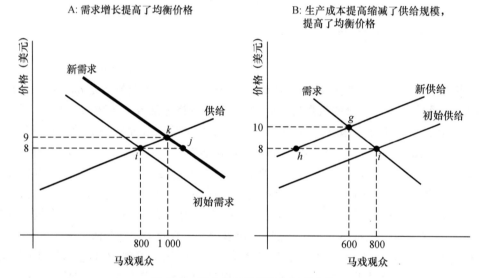

图 A-4 马戏市场的供给和需求变化

A:需求的增加推动需求曲线向右移动,产生过度需求,使均衡价格从 8 美元(点 i)提高到 9 美元(点 k)。
B:生产成本的增加推动供给曲线向左移动,产生过度需求,使均衡价格从 8 美元(点 i)提高到 10 美元(点 g)。

从市场的供给方面来看,在绘制供给曲线时,大量的影响变量保持固定不变:
- **投入品价格**。在产出数量一定的条件下,导致生产成本提高的任何变量都会提高生产的边际成本,使供给曲线向上移动。在每一个产出水平上,导致生产成本提高的因素主要包括较高的原材料价格(动物饲料和燃料)、较高的资本成本(帐篷和升降车)、较高的工资。当生产成本提高时,在既定的价格水平上,企业将缩减产出规模,因此供给曲线将向左移动。
- **劳动生产率**。劳动生产率的提高意味着生产每一单位产出,将花费更少的劳动时间。因此生产成本将下降,并导致供给曲线向右移动。
- **技术**。创新可以降低生产成本,推动供给曲线向右移动。

图 A-4 中的 B 图描述了生产成本提高产生的影响。此时,供给曲线向左上方移动,初始价格为 8 美元,这样就会产生过度需求:现在需求数量(用点 i 表示)超过了供给数量(用点 h

表示)。在新的均衡水平上(用点 g 表示),均衡价格是 10 美元,均衡数量是 600。

2.5 市场剩余

在本附录的前面,我们使用边际收益和边际成本曲线度量了一项经济活动的剩余。我们可以利用供给与需求曲线度量马戏表演市场的剩余或者总价值。需求曲线代表马戏表演给个体消费者带来的边际收益。假设观看马戏表演不能获得额外的收益,该边际收益同时也是马戏表演的边际社会收益。供给曲线代表马戏表演的边际成本,假设不存在外部成本,那么该边际成本同时也代表马戏表演的边际社会成本。

图 A-5 所描述的市场均衡将最大化市场剩余,因为其满足边际原理。在点 i 处,边际收益曲线(需求曲线)与边际成本曲线(供给曲线)相交,市场剩余可用需求曲线与供给曲线之间的阴影三角形 aib 表示。这是我们所能做到的最好的选择。如果我们的选择低于均衡数量,那么增加一单位马戏表演所获得的边际收益要高于边际成本,因此我们可以通过移向市场均衡点来提高市场剩余。如果我们的选择超过均衡数量,边际成本将超过边际收益,因此我们可以通过返回市场均衡点来提高市场剩余。

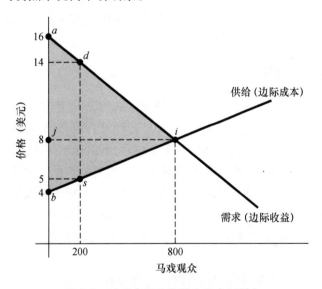

图 A-5 马戏市场均衡最大化市场剩余

如果没有外部成本或者收益,市场均衡将满足边际原理,市场均衡将最大化市场剩余,此时市场剩余可用需求(边际收益)与供给(边际成本)曲线之间的面积表示。消费者剩余用三角形 aij 表示,生产者剩余用三角形 jib 表示。

2.6 消费者剩余与生产者剩余

我们可以将市场剩余分成两部分:一部分由消费者获得,另一部分由生产者获得。消费者个人获得的剩余可用消费某种产品获得的收益与消费者支付的价格之间的差额表示。需求曲线代表消费者的边际收益。在图 A-5 中,第 200 个消费者获得的边际收益是 14 美元(点

d),支付的价格是 8 美元,因此消费者剩余是 6 美元。

我们可以将所有的消费者个人获得的剩余收益相加,得到市场消费者剩余。在图 A-5 中,市场消费者剩余可以用需求(边际收益)曲线与均衡价格 8 美元所对应的虚线之间的面积表示。换句话说,市场消费者剩余等于三角形 aij 的面积。这个三角形的面积等于它的底乘以高所得到的值的一半,或者表示为 $0.50 \times (16 - 8) \times 800 = 3\,200$(美元)。

生产者剩余适用于度量生产者的市场净收益。对于单个的生产者来说,其获得的剩余等于产品的价格减去生产的边际成本。供给曲线代表生产的边际成本。在图 A-5 中,企业为第 200 个消费者服务产生的边际成本是 5 美元(点 s),产品的价格是 8 美元,因此生产者剩余是 3 美元。我们可以将所有生产者剩余相加得到市场生产者剩余。在图 A-5 中,市场生产者剩余可以用供给(边际成本)曲线与均衡价格 8 美元相对应的虚线之间的区域表示。换句话说,市场生产者剩余等于三角形 jib 的面积。这个三角形的面积等于它的底乘以高所得到的值的一半,或者表示为 $0.50 \times (8 - 4) \times 800 = 1\,600$(美元)。

2.7 外部性导致的无效率

当产品生产产生外部成本时,市场均衡并不能最大化市场剩余。回想一下城市经济学第三公理:

外部性导致无效率

正如我们在图 A-5 中所看到的,在不存在外部性的情况下,市场均衡是有效率的,在这种情况下它可以使市场剩余最大化。然而,当存在外部性时,将产生不同的结果。

下面以汽油市场为例。使用汽油作为汽车的燃料,将引起空气污染,并产生温室气体,因此汽油的边际社会成本超过了生产企业的边际成本。汽油生产企业向要素供给者支付费用,这些要素供给者包括工人和原油供给者,因此供给曲线(边际成本曲线)也包括这些成本。供给曲线并不与企业产生的实际成本相一致,因此汽油消费的边际社会成本要高于个人的边际成本。在图 A-6 中,边际社会成本曲线位于供给曲线之上,两者之间的差距等于污染的边际外部成本。

我们可以利用图 A-6 来描述汽油的有效社会供给数量。为了满足边际原理,我们必须选择汽油的边际收益(用需求曲线表示)等于边际社会成本时的汽油供给量,这一均衡的数量位于点 e,其所对应的汽油供给量是 9 000 万加仑。市场总剩余可用社会有效供给规模下需求曲线与边际社会成本曲线之间的区域表示。在图形中可以用浅色阴影三角形 aeb 表示。

当我们位于点 e 之外,并且达到市场均衡点 i 时,将会发生什么情况呢?对于最后 1 000 万加仑汽油的供给来说,边际社会成本超过边际收益,因此市场剩余随着供给数量的增加而减少。供给过度所造成的损失可用深色阴影三角形 eci 表示,该阴影三角形可由边际社会成本曲线与需求曲线所围成的面积表示,在有效数量(9 000 万加仑汽油)与均衡数量(1 亿加仑汽油)之间。点 i 违反了边际原理,三角形 eci 代表过度供给导致的社会损失。

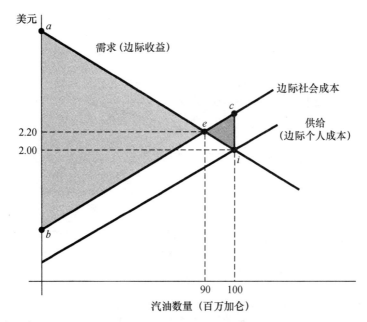

图 A-6 外部成本与无效率

点 e 满足边际原理,因此市场的总剩余可用三角形 aeb 表示。在点 i 处,市场达到均衡状态,此时市场存在过度供给,这些过多的产品所带来的损失可用三角形 eci 表示。

3. 劳动力市场

经济学家利用劳动力供给与需求模型来确定均衡工资和就业。在本书的一些章节中,我们利用该模型探讨了劳动力市场所出现的各种问题。

3.1 劳动力需求

图 A-7 描述了劳动力市场需求曲线。劳动力需求来源于企业和其他生产者,可以根据产品的需求进行分类。劳动力需求曲线具有负斜率,表明随着劳动力需求数量的下降,其工资水平会相应提高。产生这种结果的原因主要有两点:

- **替代效应**。工资上涨将导致企业用其他投入品(资本、土地、原材料)替代价格相对昂贵的劳动力。
- **产出效应**。工资上涨提高了生产成本,产品的价格也将随着劳动力工资的上涨而提高。消费者对较高的产品价格的反应是减少产品的购买量,因此企业的产出量和雇用工人的数量最终都会下降。

需求曲线具有负斜率,这是因为工资的上涨会产生替代效应和产出效应。

需求曲线同时也是边际收益曲线。从图中可以看出,在点 d 的位置上,当工资水平为 26 美元时,企业所雇用的工人总数仅为 60 人。如果工资水平再略微高一些(例如 26.02 美元),企业将不会再雇用第 60 个工人,因为工资水平超过了企业从工人那里获得的收益(生产的产

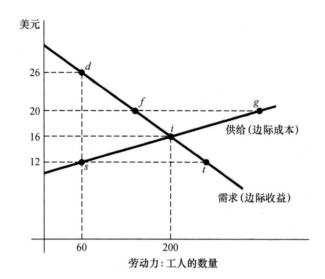

图 A-7 劳动力市场均衡

需求曲线是一条边际收益曲线,供给曲线是一条边际成本曲线。均衡点位于点 i,此时需求数量等于供给数量。均衡工资是 16 美元。对于较高的工资(例如 20 美元),将存在劳动力过度供给,此时劳动力需求与供给数量分别用点 f、点 g 表示。

品的价值)。但是,当工资水平达到 26 美元时,企业将雇用该工人,因为它获得的收益正好高于支付的工资。因此,在这种情况下,雇用工人的边际收益必定等于 26.01 美元,或者是 26 美元的近似值。类似地,当工资水平下降到 16 美元时,企业将雇用第 200 个工人,因此第 200 个工人的边际收益是 16 美元。

3.2 劳动力供给

劳动力供给来自那些有一定劳动技能、能够胜任某项工作的劳动者。在图 A-7 中,市场供给曲线具有正斜率,表明工资的上涨提高了劳动力的供给数量。供给曲线反映的是不同的工资水平上工人的数量,其中假设每个工人工作的时间都相同,与工资水平无关。这个假设简化了我们所讨论的问题,因为我们必须明确每个工人的工作时间,只有这样才能确定工人的数量。从有关劳动力供给的经验研究中可知,工资上涨对总的工作时间有负向影响:一部分人会增加工作时间,另一部分人将减少工作时间,但是平均来说,人们将工作相同的时间。

为什么劳动力供给曲线具有正斜率呢?如果我们忽视空间和地理的因素,那么产生正斜率的原因主要表现为,人们工作时间的机会成本有很大的不同。在供给曲线较低的位置上,当工资水平达到 12 美元时,第 60 个工人将进入劳动力市场。沿着供给曲线向上移动到点 i 的位置时,第 200 个工人进入了劳动力市场,此时的工资水平是 16 美元,说明工人们面临着较高的机会成本。一般来说,当工资水平上升时,市场将吸引更多的工人,他们自己的机会成本也将具有累进性。

在一个地理区域内,供给曲线还能反映不同城市之间劳动力流动的状况。当一个城市的工资水平提高时,该城市相对于其他城市而言更有吸引力。其结果是,工人将向工资水平较高的城市搬迁,从而增加了该城市的劳动力供给数量,并使其沿着该城市的劳动力供给曲线向上移动。在这种情况下,正斜率表明较高的工资会从其他城市吸引更多的工人。

对于工人来说,供给曲线同时也是一条边际成本曲线。从图中可以看到,在点 s 的位置上,工资水平是 12 美元,此时将会有 60 名工人进入劳动力市场。如果工资水平有小幅下降(例如 11.98 美元),第 60 个工人将不会进入市场,因为他的机会成本超过了工资。但是当工资增加到 12 美元时,该工人就会加入劳动力队伍,因为现在的工资水平已经超过了他的机会成本。因此,在这种情况下,第 60 个工人的边际成本必定是 11.99 美元,或者是 12 美元的近似值。类似地,当工资达到 16 美元时,第 200 个工人将进入市场,因此工人的边际成本是 16 美元。

3.3 劳动力市场均衡

与其他市场类似,劳动力市场均衡位于供给曲线与需求曲线的交点处。在图 A-7 中,市场均衡点位于点 i,此时工资为 16 美元,工人数量为 200 人。在其他工资水平上,需求数量都将与供给数量不同,它导致工资水平不断发生变化。

下面首先分析工资低于均衡水平时将会出现什么情况。例如,当工资为 12 美元时,需求数量(点 t)超过了供给数量(点 s),因此市场出现了劳动力过度需求现象。一些企业将不能雇用到他们所需要的工人数量,企业间为争夺工人相互竞价的结果是抬高了工资水平。当工资上涨时,我们将沿着供给曲线向上移动,因为此时在较高工资的吸引下,会有更多的工人进入劳动力市场。与此同时,我们将沿着需求曲线向上移动,因为在较高的工资水平下,企业将减少对工人的需求数量。工资将持续上涨,直到过度需求在点 i 处消失为止。

下面分析工资高于均衡水平时将会出现的情况。在点 f 和点 g 所在的位置上,劳动力供给数量超过需求数量。由于存在劳动力过度供给,因此一部分人将找不到工作。工人之间为争夺相对较少的就业岗位而展开竞争,其结果是降低了工资水平。当工资水平下降时,我们将沿着需求曲线向下移动,而此时企业将雇用更多的工人。与此同时,我们将沿着供给曲线向下移动,一部分工人将退出劳动力市场。工资将持续下降直到过度供给在点 i 处完全消失为止。

3.4 曲线移动

在上述情况下,供给曲线和需求曲线代表的是工资与劳动力供给或需求数量之间的相互关系,这里假定其他条件均相同(所有其他情况是固定的)。在绘制曲线时,取值固定的其他变量都有哪些呢?一旦知道了那些取值固定的影响因素,我们就可以列出这些变量,并根据它们的值来确定曲线的位置。当其中的一个变量值发生变化时,曲线将移向新的位置。

回想一下,需求曲线是一条边际收益曲线,代表雇用工人获得的收益。下面所给出的一些条件将提高雇用工人的边际收益,推动需求曲线向上移动:

- **产出价格**。如果工人生产的产品价格上升,那么每个工人都将给企业带来额外的收益。
- **劳动生产率**。如果每个工人的产出上升,那么每个工人也都将为企业带来额外的收益。劳动生产率提高的途径包括劳动技能的改进或者工人人均资本(机器和设备)的增加。

这些变化也会推动需求曲线向右移动:在工资水平给定的情况下,企业可以获得它希望雇用的更多的工人。

图 A-8 中的 A 图描述了需求增加时的影响效应。需求曲线向右上方移动。初始的价格为 16 美元,此时存在过度需求:需求数量(用点 j 表示)超过供给数量(用点 i 表示)。新的均衡水平用点 k 表示,此时的价格是 18 美元,数量是 260。

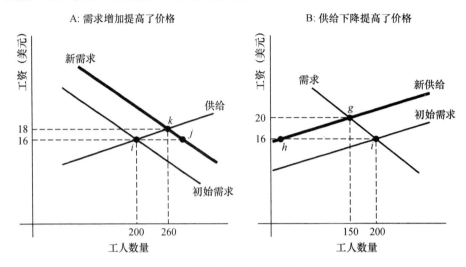

图 A-8　劳动力供给和需求的变化

A:需求增加推动需求曲线向右移动,导致过度需求,并使均衡工资从 16 美元(点 i)提高到 18 美元(点 k)。

B:供给下降推动供给曲线向左移动,使均衡工资从 16 美元(点 i)提高到 20 美元(点 g)。

在市场的另一方面,劳动力供给曲线代表在每一个工资水平上有多少个工人愿意加入劳动力市场。在一个城市中,提高城市相对吸引力的任何事情(除了工资之外),都将推动整个曲线向右移动:更多的工人愿意在该城市工作。如果一个城市降低了污染或者改善了公共服务水平,它将变得更具有吸引力。相反,任何降低城市相对吸引力的事情,都将推动劳动力供给曲线向左移动。

在图 A-8 的 B 图中,劳动力供给下降将推动供给曲线向左上方移动。在初始价格为 16 美元的水平上,存在过度需求现象:现在需求数量(用点 i 表示)超过供给数量(用点 h 表示)。新的均衡状态用点 g 表示,此时的价格是 20 美元,数量是 150。

3.5　市场剩余

我们可以用供给与需求曲线度量剩余或者劳动力市场的总价值。需求曲线代表工人给雇用他的企业带来的边际收益。假设劳动力不会产生外部收益,这个边际收益同时也是劳动力的边际社会收益。供给曲线代表工人自己承担的边际成本,在不存在外部成本时,它也代表着劳动力的边际社会成本。

市场均衡可以最大化市场剩余,因为它满足边际原理。在图 A-9 的点 i 处,边际收益曲线(需求曲线)与边际成本曲线(供给曲线)相交,市场剩余可用需求曲线与供给曲线之间的阴影三角形表示。这是我们所作出的最好的选择。如果我们选择的数量低于均衡数量,那么增加一个工人的边际收益将超过边际成本,因此我们可以通过向均衡位置移动来增加剩余;

如果我们选择的数量超过了均衡数量,边际成本将高于边际收益,因此我们可以通过向市场均衡位置移动来增加剩余。

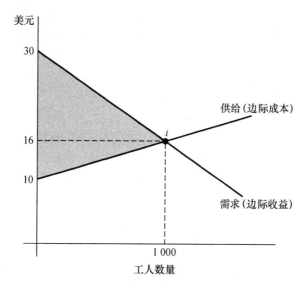

图 A-9 劳动力市场均衡最大化市场剩余

如果没有外部性,市场均衡将满足边际原理,并且市场均衡也将最大化市场剩余,它可以用需求(边际收益)曲线与供给(边际成本)曲线之间的面积表示。

4. 消费者选择模型

消费者选择模型描述了消费者如何制定购买多少产品的决策。其思想是在产品价格和消费者的收入满足限定条件的情况下,消费者最大化他的效用。为了举例说明,我们分析一下 Maxine 的决策,她作为一个消费者,必须制定每月观看多少部电影、购买多少本书的决策。她每月的收入固定,这些收入主要用于购买两种产品,因此她的决策受到预算的限制。为了决定如何支配她的收入,她采取了两步行动:

1. 她计算了决策菜单,列出在其预算范围内所能购买的书与电影的任何一种可能的选择。

2. 她选择能够给其带来最高满意度的书与电影购买量的最优组合。

我们将开始讨论她的预算选择,然后讨论她的偏好。

4.1 消费者约束:预算线

首先分析消费者面临的约束。Maxine 的收入以及她所购买的书与电影的价格,限制了她对这两种产品的购买能力。假设她每月有固定的收入 30 美元,这部分收入完全用于看电影和买书。电影的价格是 3 美元,书的价格是 1 美元。

预算线描述了消费者花费完全部预算所购买的这两种产品的所有组合。在图 A-10 中,如果 Maxine 将其所有的收入都用于买书,那么她将得到 30 本书,看零部电影(点 y)。在另一种极端的情况下,她可以用所有的收入看电影,可以看 10 部电影(点 x)。这两种极端的情况之间的所有点都是可支付点。例如,她可以在点 b(1 部电影,27 本书),此时在电影上花费 3 美元,在买书上花费 27 美元;或者点 c(2 部电影,24 本书)。消费者的预算集是指购买这两种产品所有可支付的组合。预算集包括预算线(花费完所有预算所得到的产品组合),同时也包括预算线以内的所有组合。在图 A-10 中,Maxine 的预算集可用阴影三角形表示。在预算线以下的所有区域都是她的可支付组合,而在预算线以外的区域则是不可支付组合。

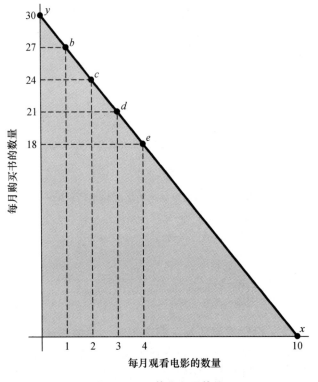

图 A-10　预算集和预算线

预算集(阴影面积)代表了所有可支付的书与电影的组合,预算线(端点分别为 x 和 y)代表花费完全部预算所能购买的这两种产品的组合。

预算线描述了消费者在书与电影之间的市场权衡(market trade-off)。从预算线上的任何一个点开始,如果 Maxine 多观看 1 部电影,其购买书的资金将减少 3 美元,即其购买书的数量将减少 3 本。市场权衡等于价格比率:电影的价格(3 美元)除以书的价格(1 美元),或者把它看作每部电影可以换取 3 本书。市场权衡的比率同时也等于预算线的斜率,或者等于增加额(书数量的变化)除以变化量(电影数量的变化)。如果所有的消费者对这两种产品都支付相同的价格,那么他们将有相同的市场权衡结果,即每部电影换取 3 本书。

4.2　消费者偏好:无差异曲线

我们已经探讨了消费者预算集,它代表消费者所有可能支付的组合。下一步我们将探讨消费者选择问题,看看消费者在想些什么,什么样的选择更能提高消费者的效用。一旦可以确定消费者的偏好，我们就能够描述消费者如何制定自己的决策，在预算线内选择最优的组合。

我们可以用无差异曲线描述消费者偏好。无差异曲线背后的思想是，消费者可以有多种途径达到某一特定的满意水平或效用。无差异曲线描述了两种产品间的不同选择，并使其获得相同的效用水平。在图 A-11 中，无差异曲线通过点 b、z、m 和 n，并将书与电影的组合分成三组：

- **较优的组合**。所有的组合都位于无差异曲线的上方，所获得的效用要高于曲线上的组合。相对于点 z 而言，Maxine 更偏好于点 h，因为在点 h 处她对这两种产品的消费量会更多。
- **较次的组合**。所有的组合都位于无差异曲线的下方，所获得的效用要低于曲线上所有组合的效用。相对于点 r 而言，Maxine 更偏好于点 m，因为在点 m 处她可以获得更高的效用。
- **等同的组合**。所有的组合都位于无差异曲线上，具有相同的效用。因此，Maxine 在点 b、z、m 和 n 之间都具有无差异性。

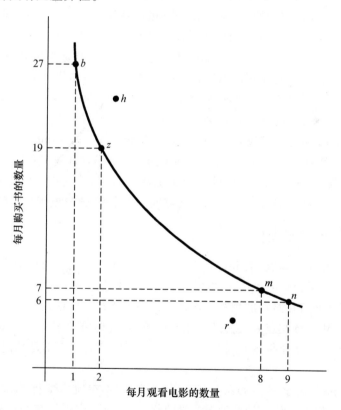

图 A-11　无差异曲线与边际替代率

无差异曲线代表在相同的效用水平下书与电影的不同消费组合。其斜率等于两种产品之间的边际替代率。点 b 和点 z 之间的边际替代率等于每部电影换取 8 本书，但在点 m 和点 n 之间，边际替代率等于每部电影换取 1 本书。

无差异曲线代表了个人消费者的偏好，因此各个消费者的无差异曲线是不同的。尽管如此，所有消费者的无差异曲线都具有两个特征：都具有负斜率，并且当我们沿着某一无差异曲线向下移动时，它会变得更加平缓。

为什么无差异曲线具有负斜率呢？如果 Maxine 增加一单位电影消费量，而书的消费量不发生变化，那么她的效用将提高。为恢复初始的效用水平，我们必须减少书的消费量，这种变化将发生在无差异曲线上。为保持固定的效用水平，书和电影的消费量之间必须呈负向关系，因此无差异曲线具有负斜率。无差异曲线的斜率可以被称为两种产品之间的边际替代率（MRS），它是消费者愿意用一种产品替代另一种产品的比率。在图 A-11 中，如果 Maxine 从点 b 出发多观看 1 部电影，为使其继续保持在相同的无差异曲线上，她必须放弃购买 8 本书。因此，从点 b 开始，她的边际替代率等于每部电影换取 8 本书。当她仅观看 1 部电影，而书的购买量较多时，她愿意用较多的书进行交换，以使自己能多观看 1 部电影。

当我们沿着曲线向下移动时，无差异曲线变得更加平缓。这可以反映出如下假设，即消费者更偏好于均衡消费，而不是极端消费。当我们沿着 Maxine 的无差异曲线向下移动时，电影观看量在增加，而书的购买量在下降。在一种极端情况下（观看较少的电影、购买较多的书），她愿意放弃较多的书换取更多的电影：边际替代率非常大，并且无差异曲线更为陡峭。例如，以点 b 为起点，她的 MRS 等于每部电影换取 8 本书。但是当她观看的电影越来越多（获得的书越来越少）时，她将不再愿意以较多的书换取更多的电影。其结果是，她的 MRS 值下降，无差异曲线变得更加平缓。例如，在点 m 和点 n 之间，MRS 等于每部电影换取 1 本书。

一个无差异曲线图（indifference map）是由一系列无差异曲线组成的，每条无差异曲线的效用都不同。图 A-12 描述了三条无差异曲线：U_1、U_2 和 U_3。当 Maxine 从无差异曲线 U_1 上的一个点移到 U_2 上的任意一点时，她的效用得到了提升。这是显而易见的，因为她可以在 U_2 上观看更多的电影、购买更多的书，因此她获得了更高的效用。一般来说，当 Maxine 移向东北方向更高的无差异曲线时，如从 U_1 移向 U_2，再移向 U_3，等等，她的效用也将随之提高。

4.3　效用最大化法则

Maxine 的目标是在预算值、电影和书的价格一定的条件下实现效用最大化。她可以在书与电影的众多可支付组合中进行选择，并从中选择能给她带来最高效用水平的组合。从图形中可以看出，Maxine 必将在给定的预算集内选择最高的无差异曲线。

在图 A-13 中，Maxine 在点 e 处获得了最大化效用，此时将观看 4 部电影、购买 18 本书。她得到的效用水平与无差异曲线 U_3 相一致。为什么她选择点 e 而不是其他点，如点 z、b 或者 w 呢？

- **点 z**。Maxine 不选择该点的原因有两个：首先，它不在预算线上，因此在该点上并不能用完所有的预算。其次，它位于较低的无差异曲线上，而点 e 位于较高的无差异曲线上，因此点 z 的效用水平较低。

- **点 b**。虽然在点 b 处，Maxine 用完了所有的预算，但是它相对于点 e 来说，位于较低的无差异曲线上，因此该点的效用较低。从点 b 开始，Maxine 可以重新配置她的预算：观看更多的电影，减少书的购买量。当她沿着预算线向下移动时，她可以移向较高的无差异曲线，最终达到无差异曲线 U_3 上点 e 所在的位置。

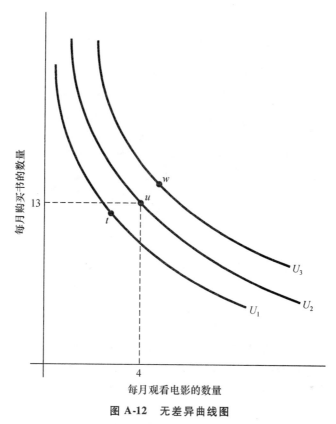

图 A-12　无差异曲线图

一个无差异曲线图代表一系列无差异曲线,当我们向东北方向更高的无差异曲线移动(从 U_1 移向 U_2,再移向 U_3)时,所获得的效用值也会随之提高。

- **点 w**。虽然点 w 位于较高的无差异曲线上,并且所获得的效用也高于点 e,但是它位于 Maxine 的预算集之外,因此该点是一个不可支付的消费组合。

在点 e 处,Maxine 位于其预算集内最高的无差异曲线上。值得注意的是,在点 e 处,无差异曲线接触——而不是穿过——预算线。换句话说,无差异曲线是与预算线相切的。

那么,相切条件的经济学解释是什么呢? 在切点处,无差异曲线的斜率等于预算线的斜率。预算线的斜率等于观看电影的机会成本,可以用电影的价格(3 美元)除以书的价格(1 美元),或者表述为每部电影可以换取 3 本书。无差异曲线的斜率等于 MRS,因此如果两条曲线相切于点 e,MRS 也等于每部电影换取 3 本书。换句话说,消费者在两种产品之间进行权衡的结果,将等于市场在这两种产品之间进行权衡的结果(价格比率):

$$MRS = 电影的价格 / 书的价格$$

为了解释为什么切点是效用最大化点,假设 Maxine 暂时选择 MRS 不等于价格比率的点。例如,在点 b 附近,无差异曲线较为陡峭,其 MRS 等于每部电影换取 8 本书:她为观看 1 部电影愿意放弃 8 本书。但是,经过市场权衡之后,她为观看 1 部电影仅愿意放弃 3 本书,因此她将沿着预算线向下移动,此时将观看更多的电影。相同的逻辑也可以应用于其他任何一个 MRS(消费者自己进行的权衡)不等于价格比率(市场进行的权衡)的组合。在任何情况下,

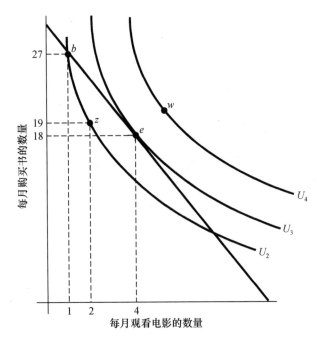

图 A-13　最大化效用：MRS = 价格比率

为了达到效用最大化，消费者选择的书和电影的组合必须位于预算线与无差异曲线相切处。在效用最大化组合处（点 e），MRS（消费者自己进行的权衡，可用无差异曲线的斜率表示）等于这两种产品价格的比率（市场进行的权衡，可用预算线的斜率表示）。

Maxine 自己愿意交换的比率都与市场权衡的比例不同，这可以促使她选择最有利于自己的组合。交换的收益仅仅在 MRS 等于价格比率时才停止。在图 A-13 中，这种情况发生在点 e 处。

5. 投入选择模型

要素投入选择模型描述了企业是如何选择最优的要素投入组合的。企业生产某一特定产品的方式有许多种，这是因为企业可以选择劳动力与资本（机器、建筑物和设备）的不同组合进行生产。要素投入选择模型背后的逻辑是，企业将选择能使其产出成本最小化的要素投入组合。下面举例进行说明：Minnie 生产一种被称为猫薄荷老鼠（catnip mice，猫的一种玩具）的产品，其每小时的产量是 100 个。她使用两种投入品：资本和劳动力。她的目标是在产出水平一定的条件下最小化其生产成本。

5.1　等产量线

等产量线（isoquant）与消费者的无差异曲线类似。它反映生产过程中一系列要素投入组合，也就是说，生产相同数量的产品可以有不同的要素投入组合（在希腊语中，iso 是等于的意思）。在图 A-14 中，等产量线描述了为生产 100 个玩具所需资本与劳动力的各种不同投入组合。例如，Minnie 可以使用 36 台机器和 2 个工人（点 b）或者 30 台机器和 3 个工人（点 z）。

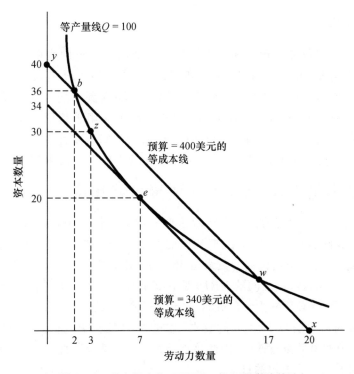

图 A-14　成本最小化:MRTS = 投入要素价格比

等产量线用于描述产出规模一定($Q=100$)的条件下,所有投入要素的组合。等成本是指在固定的预算内不同要素组合所需的成本相同。企业的目标是达到最低的等成本线——与等产量线相切的那条等成本线。在点 e 处,生产固定数量产出的最小成本是 340 美元,而在点 b 处或者点 w 处是 400 美元。MRTS(等产量线的斜率)等于投入要素价格之比(等成本线的斜率)。

在等产量线的下方,点 e 和点 w 描述了生产同样数量的产品可能存在的其他投入组合。

等产量线的斜率是边际技术替代率(MRTS),它类似于 MRS。MRTS 表明单位劳动力的增加抵消了资本降低产生的影响。例如,比较点 b 和点 z,如果企业增加 1 个工人(从 2 个工人增加到 3 个工人),在这种选择下资本的使用量下降了 6 单位(从 36 降到 30),产出的数量则没有发生变化。但一个企业增加更多的工人,MRTS 将继续降低。例如,在点 e 处,MRTS 可以表述为每个工人需要 2 单位资本;在点 w 处,MRTS 则小于 1,因为每个工人所需的资本小于 1 单位。

当我们沿着等产量线向下移动时,为什么 MRTS 也会随之下降?沿着等产量线向下移动时,劳动力需求量在增加,而资本使用的数量在减少。从一个极端的情况开始(使用大量的机器,而仅用很少量的工人),如果此时增加 1 个工人将会大幅扩大产出规模,因此为了达到初始的产出规模,我们可以削减较多的机器:此时 MRTS 较高且等于等产量线的斜率。例如,在点 b 和点 z 之间,MRTS 等于 6,即每个工人需要 6 单位资本。但是当我们沿着等产量线向下移动时,将会雇用更多的工人,使用更少的机器,这使得每个工人占用更少的资本,因此额外增加 1 个工人仅会导致产出以更小的幅度增长。因此,为使产出保持一定的水平,资本下降的幅度也在缩小,例如,在点 e 处仅减少 2 单位机器。

5.2 等成本线

等成本线类似于消费者的预算线。它描述了在全部预算范围内所有要素投入的组合。假设 Minnie 可以每小时 10 美元的价格租赁机器,也可以每小时 20 美元的价格雇用工人。在图 A-14 中,两条等成本线中较高的一条描述了预算为 400 美元时所有支付投入要素的组合。在一个极端的情况下,Minnie 可以把她全部的资金 400 美元用于租赁机器(点 y);在另一种极端的情况下,她可以将全部资金都用于雇用工人,此时她可以雇用 20 个工人(点 x)。在点 b,她在机器上的支出为 360 美元(10 美元 × 36),在工人上的支出为 40 美元(20 美元 × 2)。

5.3 成本最小化:MRTS = 投入要素价格比率

企业的目标是在产出固定的情况下实现生产成本最小化。Minnie 的产出目标是 100 个玩具,因此她想在最低的等成本线上生产相同的产量($Q = 100$)。假设她从点 b 开始,位于 400 美元的预算线上,此时租赁机器的数量是 36 台,雇用 2 个工人。如果从点 b 移向点 z,她的境况会变得更好。在这两点之间的 MRTS 是 6,即每个工人占据 6 单位机器,因此她多雇用一个工人(+20 美元)就必须减少 6 台机器(-60 美元),总成本下降了 40 美元。如果她从点 z 继续移向点 e,她可以再削减 20 美元的成本,总成本下降到 340 美元。在点 e 处,她达到了最低的等成本线,但产量并没有改变,因此该点是她的最优选择。此时,等成本线与等产量线相切,她因此实现了成本最小化的目标。

那么,相切条件的经济学解释是什么呢?在切点处,等产量线的斜率等于等成本线的斜率。在消费者预算线一定的情况下,等成本线的斜率等于价格之比。劳动力的价格是资本价格的 2 倍,因此等成本线的斜率等于 2,即每个人占据 2 台机器。等产量线的斜率等于边际技术替代率,因此如果两条曲线相切于点 e,MRTS 也等于 2,即每个劳动力占据 2 单位资本。换句话说,两种投入品之间的生产过程权衡(production trade-off)等于这两种投入要素之间的市场权衡(market trade-off):

$$\text{MRTS} = \frac{劳动力价格}{资本价格}$$

为了解释在切点处是最优选择的原因,假设 Minnie 暂时选择点 b。在该位置上,等产量线要比等成本线更陡峭,此时的 MRTS = 6,即每个工人占据 6 台机器,而市场权衡的结果是每个工人占据 2 台机器。为使产出保持固定的水平,她可以为多雇用 1 个工人而削减 6 台机器(MRTS = 6),因为工人的价格仅比机器价格高 2 倍(价格比是 2),因此用工人替代机器可以降低她的成本。她将持续地进行要素替代,直到生产过程权衡的结果与预算权衡的结果相匹配,即达到每个工人占据 2 台机器为止。这种情况发生在点 e,该点的 MRTS 等于投入要素价格之比。

影印版教材可供书目

经济学精选教材·英文影印版/双语注释版

	书号	英文书名	中文书名	版次	编著者	定价
1	23793	Microeconomic Theory: Basic Principles and Extensions	微观经济理论:基本原理与扩展(双语版)	第11版	Walter Nicholson/著	75.00元
2	23654	Public Finance: A Contemporary Application of Theory to Policy	财政学:理论、政策与实践(双语版)	第10版	David N. Hyman/著	78.00元
3	24422	Economics: Principles and Policy	经济学:原理与政策	第11版	William J. Baumol 等/著	88.00元
4	12633	World Trade and Payments: An Introduction	国际贸易与国际收支	第10版	Richard E. Caves, Jeffrey A. Frankel 等/著	68.00元
5	09693	Macroeconomics: Theories and Policies	宏观经济学:理论与政策	第8版	Richard T. Froyen/著	48.00元
6	14529	Econometrics: A Modern Introduction	计量经济学:现代方法(上)	第1版	Michael P. Murray/著	54.00元
7	14530	Econometrics: A Modern Introduction	计量经济学:现代方法(下)	第1版	Michael P. Murray/著	41.00元

管理学精选教材·英文影印版/双语注释版

	书号	英文书名	中文书名	版次	编著者	定价
8	23303	Communicating at Work: Principles and Practices for Business and the Professions	商务沟通:原理与实践(双语版)	第10版	Ronald B. Adler 等/著	65.00元
9	24739	Excellence in Business Communication	卓越的商务沟通	第10版	John V. Thill 等/著	85.00元
10	22511	Management: Skills and Application	管理学:技能与应用(双语版)	第13版	Leslie W. Rue 等著	65.00元
11	12091	Operations Management: Goods, Services and Value Chains	运营管理:产品、服务和价值链	第2版	David A. Collier 等/著	86.00元
12	18139	Management Fundamentals: Concepts, Applications, Skill Development	管理学基础:概念、应用与技能提高	第4版	Robert N. Lussier/著	68.00元
13	06380	E-Commerce Management: Text and Cases	电子商务管理:课文和案例	第1版	Sandeep Krishnamurthy/著	47.00元

金融学精选教材·英文影印版/双语注释版

	书号	英文书名	中文书名	版次	编著者	定价
14	23025	International Corporate Finance	国际财务管理(双语版)	第11版	Jeff Madura/著	75.00元
15	23024	Financial Markets and Institutions	金融市场和金融机构	第10版	Jeff Madura/著	79.00元
16	21898	Money, Banking and Financial Markets	货币金融学(双语版)	第3版	Stephen G. Cecchetti/著	86.00元
17	20606	International Financial Management	国际金融管理(双语版)	第2版	Michael B. Connolly/著	49.00元
18	16314	Investments: Analysis and Behavior	投资学:分析与行为(双语版)	第1版	Mark Hirschey 等/著	68.00元
19	12306	Fundamentals of Futures and Options Markets	期货与期权市场导论	第5版	John C. Hull/著	55.00元
20	12040	Financial Theory and Corporate Policy	金融理论与公司决策	第4版	Thomas E. Copeland 等/著	79.00元
21	09657	Bond Markets: Analysis and Strategies	债券市场:分析和策略	第5版	Frank J. Fabozzi/著	62.00元
22	09767	Takeovers, Restructuring and Corporate Governance	接管、重组与公司治理	第4版	J. Fred Weston 等/著	69.00元
23	13206	Management of Banking	银行管理	第6版	S. Scott MacDonald 等/著	66.00元
24	05965	Principles of Finance	金融学原理(含CD-ROM)	第2版	Scott Besley 等/著	82.00元
25	10916	Risk Management and Insurance	风险管理和保险	第12版	James S. Trieschmann 等/著	65.00元

会计学精选教材 · 英文影印版

	书号	英文书名	中文书名	版次	编著者	定价
26	17348	Advanced Accounting	高级会计学	第10版	Paul M. Fischer 等/著	79.00元
27	14752	Advanced Accounting	高级会计学	第9版	Joe Ben Hoyle 等/著	56.00元
28	17344	Management Decisions and Financial Accounting Reports	中级会计：管理决策与财务会计报告	第2版	Stephen P. Baginski 等/著	56.00元
29	13200	Financial Accounting: Concepts & Applications	财务会计:概念与应用	第10版	W. Steve Albrecht 等/著	75.00元
30	13201	Management Accounting: Concepts & Applications	管理会计:概念与应用	第10版	W. Steve Albrecht 等/著	55.00元
31	13202	Financial Accounting: A Reporting and Analysis Perspective	财务会计：报告与分析	第7版	Earl K. Stice 等/著	85.00元
32	12309	Financial Statement Analysis and Security Valuation	财务报表分析与证券价值评估	第3版	Stephen H. Penman/著	69.00元
33	12310	Accounting for Decision Making and Control	决策与控制会计	第5版	Jerold L. Zimmerman/著	69.00元
34	05416	International Accounting	国际会计学	第4版	Frederick D. S. Choi 等/著	50.00元
35	14536	Managerial Accounting	管理会计	第8版	Don R. Hansen 等/著	79.00元

营销学精选教材 · 英文影印版/双语注释版

	书号	英文书名	中文书名	版次	编著者	定价
36	23015	Essentials of Marketing Management	营销管理精要（双语版）	第1版	Greg W. Marshall/著	56.00元
37	20285	Marketing for China's Managers: Current and Future	市场营销学	第2版	Noel Capon 等/著	56.00元
38	16713	Consumer Behavior	消费者行为学	第5版	Wayne D. Hoyer 等/著	64.00元
39	13205	Services Marketing: Concepts, Strategies, & Cases	服务营销精要：概念、战略与案例	第3版	K. Douglas Hoffman 等/著	63.00元
40	13203	Basic Marketing Research	营销调研基础	第6版	Gilbert A. Churchill, Jr. 等/著	66.00元
41	12305	Selling Today: Creating Customer Value	销售学:创造顾客价值	第10版	Gerald L. Manning, Barry L. Reece/著	52.00元
42	11213	Analysis for Marketing Planning	营销策划分析	第6版	Donald R. Lehmann 等/著	32.00元
43	09654	Market-based Management: Strategies for Growing Customer Value and Profitability	营销管理：提升顾客价值和利润增长的战略	第4版	Roger J. Best/著	48.00元
44	09655	Customer Equity Management	顾客资产管理	第1版	Roland T. Rust 等/著	55.00元
45	09662	Business Market Management: Understanding, Creating and Delivering Value	组织市场管理：理解、创造和传递价值	第2版	James C. Anderson 等/著	45.00元
46	24397	Marketing Strategy: A Decision Focused Approach	营销战略：以决策为导向的方法	第7版	Orville C. Walker, Jr., John W. Mullins/著	55.00元
47	10983	Principles of Marketing	市场营销学	第12版	Louis E. Boone 等/著	66.00元
48	11108	Advertising, Promotion, & Supplemental Aspects of Integrated Marketing Communication	整合营销传播：广告、促销与拓展	第7版	Terence A. Shimp/著	62.00元
49	11212	Marketing Research: Methodological Foundations	营销调研:方法论基础	第9版	Gilbert A. Churchill, Jr. 等/著	68.00元

人力资源管理精选教材·英文影印版

	书号	英文书名	中文书名	版次	编著者	定价
50	08536	Human Relations in Organizations: Applications and Skill Building	组织中的人际关系：技能与应用	第6版	Robert N. Lussier/著	58.00元
51	08131	Managerial Communication: Strategies and Applications	管理沟通：策略与应用	第3版	Geraldine E. Hynes/著	38.00元
52	07408	Human Resource Management	人力资源管理	第10版	Robert L. Mathis 等/著	60.00元
53	07407	Organizational Behavior	组织行为学	第10版	Don Hellriegel 等/著	48.00元

国际商务精选教材·英文影印版

	书号	英文书名	中文书名	版次	编著者	定价
54	14176	International Business	国际商务	第4版	John J. Wild 等/著	49.00元
55	12886	International Marketing	国际营销	第8版	Michael R. Czinkota 等/著	65.00元
56	06522	Fundamentals of International Business	国际商务基础	第1版	Michael R. Czinkota 等/著	45.00元
57	11674	International Economics: A Policy Approach	国际经济学：一种政策方法	第10版	Mordechai E. Kreinin/著	38.00元
58	06521	International Accounting: A User Perspective	国际会计：使用者视角	第2版	Shahrokh M. Saudagaran/著	26.00元

国际工商管理精选教材·英文影印版

	书号	英文书名	中文书名	版次	编著者	定价
59	25309	Analysis for Financial Management	财务管理分析	第9版	Robert C. Higgins/著	58.00元

MBA精选教材·英文影印版

	书号	英文书名	中文书名	版次	编著者	定价
60	12838	Quantitative Analysis for Management	面向管理的数量分析	第9版	Barry Render 等/著	65.00元
61	18426	The Economics of Money, Banking, and Financial Markets	货币、银行和金融市场经济学	第8版	Frederic S. Mishkin/著	85.00元
62	21243	A Framework for Marketing Management	营销管理架构	第4版	Philip Kotler/著	49.00元
63	20916	Understanding Financial Statements	财务报表解析	第9版	Lyn M. Fraser 等/著	38.00元
64	10620	Principles of Operations Management	运作管理原理	第6版	Jay Heizer 等/著	72.00元
65	21546	Introduction to Financial Accounting	财务会计	第10版	Charles T. Horngren 等/著	79.00元
66	21781	Introduction to Management Accounting	管理会计	第15版	Charles T. Horngren 等/著	89.00元
67	11451	Management Communication: A Case-Analysis Approach	管理沟通：案例分析法	第2版	James S. O'Rourke/著	39.00元
68	10614	Management Information Systems	管理信息系统	第9版	Raymond McLeod 等/著	45.00元
69	10615	Fundamentals of Management	管理学基础：核心概念与应用	第4版	Stephen P. Robbins 等/著	49.00元
70	10874	Understanding and Managing Organizational Behavior	组织行为学	第4版	Jennifer M. George 等/著	65.00元
71	15177	Essentials of Entrepreneurship and Small Business Management	小企业管理与企业家精神精要	第5版	Thomas W. Zimmerer 等/著	68.00元
72	11224	Business	商务学	第7版	Ricky W. Griffin 等/著	68.00元
73	11452	Strategy and the Business Landscape: Core Concepts	战略管理	第2版	Pankaj Ghemawat/著	18.00元
74	13817	Managing Human Resources	人力资源管理	第5版	Luis R. Gomez-Mejia 等/著	60.00元
75	09663	Financial Statement Analysis	财务报表分析	第8版	John J. Wild 等/著	56.00元

经济学前沿影印丛书

	书号	英文书名	中文书名	版次	编著者	定价
76	09218	Analysis of Panel Data	面板数据分析	第2版	Cheng Hsiao/著	48.00元
77	09236	Economics, Value and Organization	经济学、价值和组织	第1版	Avner Ben-Ner 等/著	59.00元
78	09217	A Companion to Theoretical Econometrics	理论计量经济学精粹	第1版	Badi H. Baltagi/著	79.00元
79	09680	Financial Derivatives: Pricing, Applications, and Mathematics	金融衍生工具:定价、应用与数学	第1版	Jamil Baz 等/著	45.00元

翻译版教材可供书目

重点推荐

	书号	英文书名	中文书名	版次	编著者	定价
1	06693	The World Economy: A Millennial Perspective	世界经济千年史	第1版	安格斯·麦迪森(Angus Maddison)/著	58.00元
2	14751	The World Economy: Historical Statistics	世界经济千年统计	第1版	安格斯·麦迪森(Angus Maddison)/著	45.00元
3	14749	A Monetary History of The United States, 1867—1960	美国货币史(1867—1960)	第1版	米尔顿·弗里德曼(Milton Friedman)等/著	78.00元
4	18236	American Economic History	美国经济史	第7版	Jonathan Hughes 等/著	89.00元
5	10004	Fundamental Methods of Mathematical Economics	数理经济学的基本方法	第4版	蒋中一(Alpha C. Chiang)等/著	52.00元
6	23259	Essentials of Economics	经济学基础	第6版	曼昆(N. Gregory Mankiw)/著	68.00元
7	25690	Principles of Economics	经济学原理(微观经济学分册)	第7版	曼昆(N. Gregory Mankiw)/著	72.00元
8	25688	Principles of Economics	经济学原理(宏观经济学分册)	第7版	曼昆(N. Gregory Mankiw)/著	56.00元
9	25768	Study Guide for Principles of Economics	曼昆《经济学原理》学习指南	第7版	大卫·R.哈克斯(David R. Hakes)/著	58.00元(估)

国际经典教材中国版系列

	书号	英文书名	中文书名	版次	编著者	定价
10	23120	Financial Statement Analysis and Security Valuation	财务报表分析与证券定价	第3版	Stephen H. Penman,林小驰,王立彦/著	85.00元
11	22803	Integrated Marketing Communication in Advertising and Promotion	整合营销传播:广告与促销	第8版	Terence A. Shimp,张红霞/著	82.00元
12	19263	Public Finance: A Contemporary Application of Theory to U.S. and Chinese Practice	财政学:理论在当代美国和中国的实践应用	第9版	David N. Hyman,张进昌/著	69.00元
13	14516	Investments: Analysis and Behavior	投资学:分析与行为	第1版	Mark Hirschey, John Nofsinger,林海/著	58.00元
14	11227	International Financial Management	国际金融管理	第1版	Michael B. Connolly,杨胜刚/著	38.00元

经济学精选教材译丛

	书号	英文书名	中文书名	版次	编著者	定价
15	23322	Introduction to Spatial Econometrics	空间计量经济导论	第1版	James Lesage 等/著	45.00元
16	15917	Microeconomics	微观经济学	第1版	B. Douglas Bernheim 等/著	89.00元
17	13812	Macroeconomics: Theories and Policies	宏观经济学:理论与政策	第8版	Richard T. Froyen/著	49.00元
18	13815	World Trade and Payments: An Introduction	国际贸易与国际收支	第10版	Richard E. Caves 等/著	69.00元

19	13814	Macroeconomics	宏观经济学	第2版	Roger E. A. Farmer/著	46.00元
20	12289	Microeconomic Theory: Basic Principles and Extensions	微观经济理论：基本原理与扩展	第9版	Walter Nicholson/著	75.00元
21	11222	Economics: Principles and Policy	经济学:原理与政策(上、下册)	第9版	William J. Baumol 等/著	96.00元
22	24787	The History of Economic Thought	经济思想史	第8版	Stanley L. Brue 等/著	68.00元
23	13800	Urban Economics	城市经济学	第6版	Arthur O'Sullivan/著	49.00元

管理学精选教材译丛

	书号	英文书名	中文书名	版次	编著者	定价
24	24625	Innovation Management: Context, Strategies, Systems and Processes	创新管理:情境、战略、系统和流程	第1版	Pervaiz Ahmed 等/著	68.00元
25	22968	Management: Skills and Application	管理学:技能与应用	第13版	Leslie W. Rue 等/著	69.00元
26	14519	Operations Management: Goods, Services and Value Chains	运营管理:产品、服务和价值链	第2版	David A. Collier 等/著	79.00元
27	11210	Strategic Management of E-business	电子商务战略管理	第2版	Stephen Chen/著	39.00元
28	10005	Management Fundamentals: Concepts, Applications, Skill Development	管理学基础:概念、应用与技能提高	第4版	Robert N. Lussier/著	82.00元
29	16772	Applied Multivariate Statistical Analysis	应用多元统计分析	第2版	Wolfgang Härdel 等/著	65.00元

会计学精选教材译丛

	书号	英文书名	中文书名	版次	编著者	定价
30	25288	Financial Accounting: A Business Process Approach	财务会计:企业运营视角	第3版	Jane L. Reimers/著	76.00元
31	23288	Intermediate Accounting	中级会计学:基础篇	第17版	Earl Stice 等/著	79.00元
32	24454	Intermediate Accounting	中级会计学:应用篇	第17版	Earl Stice 等/著	78.00元
33	23159	Auditing Cases: An Interactive Learning Approach	审计案例:一种互动学习方法	第5版	Mark S. Beasley 等/著	54.00元
34	14531	Fundamentals of Financial Accounting	财务会计学原理	第2版	Fred Phillips 等/著	82.00元
35	14532	Managerial Accounting	管理会计	第8版	Don R. Hansen 等/著	99.00元
36	16780	Introduction to Management Accounting	管理会计	第14版	Charles T. Horngren 等/著	99.00元
37	20091	Advanced Accounting	高级会计学	第9版	Joe B. Hoyle 等/著	66.00元

金融学精选教材译丛

	书号	英文书名	中文书名	版次	编著者	定价
38	23074	Corporate Finance: A Focused Approach	公司金融:理论及实务精要	第4版	Michael C. Ehrhardt 等/著	89.00元
39	24817	International Corporate Finance	国际财务管理	第11版	Jeff Madura/著	89.00元
40	25314	Principles of Finance	金融学原理	第5版	Scott Besley 等/著	69.00元
41	12317	Management of Banking	银行管理	第6版	S. Scott MacDonald 等/著	78.00元
42	12316	Multinational Business Finance	跨国金融与财务	第11版	David K. Eiteman 等/著	78.00元
43	10007	Capital Budgeting and Long-Term Financing Decisions	资本预算与长期融资决策	第3版	Neil Seitz 等/著	79.00元
44	10609	Money, Banking, and Financial Markets	货币、银行与金融市场	第1版	Stephen G. Cecchetti/著	75.00元
45	11463	Bond Markets, Analysis and Strategies	债券市场:分析和策略	第5版	Frank J. Fabozzi/著	76.00元

	书号	英文书名	中文书名	版次	编著者	定价
46	10624	Fundamentals of Futures and Options Markets	期货与期权市场导论	第5版	John C. Hull/著	62.00元
47	09768	Takeovers, Restructuring and Corporate Governance	接管、重组与公司治理	第4版	J. Fred Weston 等/著	79.00元

营销学精选教材译丛

	书号	英文书名	中文书名	版次	编著者	定价
48	24879	Essentials of Marketing Management	营销管理精要	第1版	Greg W. Marshall 等/著	68.00元
49	24405	Marketing Strategy: A Decision-Focused Approach	营销战略:以决策为导向的方法	第7版	Orville C. Walker, Jr., John W. Mullins/著	64.00元
50	19303	Consumer Behavior	消费者行为	第5版	Wayne D. Hoyer 等/著	79.00元
51	13808	Basic Marketing Research	营销调研基础	第6版	Gilbert A. Churchill, Jr. 等/著	78.00元
52	12301	Principles of Marketing	市场营销学	第12版	Dave L. Kurtz 等/著	65.00元
53	15716	Selling Today: Creating Customer Value	销售学:创造顾客价值	第10版	Gerald L. Manning/著	62.00元
54	13795	Analysis for Marketing Planning	营销策划分析	第6版	Donald R. Lehmann/著	35.00元
55	13811	Services Marketing: Concepts, Strategies, & Cases	服务营销精要:概念、战略与案例	第2版	K. Douglas Hoffman 等/著	68.00元
56	12312	Customer Equity Management	顾客资产管理	第1版	Roland T. Rust 等/著	65.00元
57	16316	Marketing Research: Methodological Foundations	营销调研:方法论基础	第9版	Gilbert A. Churchill, Jr. 等/著	62.00元
58	11229	Market-based Management: Strategies for Growing Customer Value and Profitability	营销管理:提升顾客价值和利润增长的战略	第4版	Roger J. Best/著	58.00元
59	11226	Business Market Management: Understanding, Creating and Delivering Value	组织市场管理:理解、创造和传递价值	第2版	James C. Anderson 等/著	52.00元

人力资源管理精选教材译丛

	书号	英文书名	中文书名	版次	编著者	定价
60	16619	Human Relations in Organizations: Applications and Skill Building	组织中的人际关系:技能与应用	第6版	Robert N. Lussier/著	75.00元
61	10276	Human Resource Management	人力资源管理	第10版	Robert L. Mathis/著	68.00元
62	15982	Fundamentals of Organizational Behavior	组织行为学	第11版	Don Hellriegel 等/著	56.00元
63	09274	Managerial Communication: Strategies and Applications	管理沟通:策略与应用	第3版	Geraldine E. Hynes/著	45.00元
64	10275	Supervision: Key Link to Productivity	员工监管:提高生产力的有效途径	第8版	Leslie W. Rue 等/著	59.00元

国际商务精选教材译丛

	书号	英文书名	中文书名	版次	编著者	定价
65	16334	International Economics: A Policy Approach	国际经济学:政策视角	第10版	Mordechai E. Kreinin/著	45.00元
66	25306	International Business	国际商务	第7版	John J. Wild 等/著	69.00元
67	10001	Fundamentals of International Business	国际商务基础	第1版	Michael R. Czinkota 等/著	58.00元

国际工商管理精选教材·翻译版

	书号	英文书名	中文书名	版次	编著者	定价
68	25839	Managerial Economics: A Problem Solving Approach	管理经济学：一种问题解决方式	第3版	Luke M. Froeb 等/著	45.00元

全美最新工商管理权威教材译丛

	书号	英文书名	中文书名	版次	编著者	定价
69	24752	Excellence in Business Communication	卓越的商务沟通	第10版	John V. Thill, Courtland L. Bovée/著	89.00元
70	19036	Managing Human Resources	人力资源管理	第5版	Luis R. Gomez-Mejia 等/著	79.00元
71	18646	Contemporary Business Statistics with Microsoft Excel	基于Excel的商务与经济统计	第1版	Thomas A. Williams 等/著	76.00元
72	16318	Essentials of Managerial Finance	财务管理精要	第14版	John V. Thill 等/著	88.00元
73	16319	Understanding and Managing Organizational Behavior	组织行为学	第5版	Jennifer M. George 等/著	75.00元
74	13810	Crafting and Executing Strategy: Concepts and Cases	战略管理：概念与案例	第14版	Arthur A. Thompson 等/著	48.00元
75	14518	Management Communication: A Case-Analysis Approach	管理沟通：案例分析法	第3版	James S. O'Rourke/著	44.00元
76	16549	Quantitative Analysis for Management	面向管理的数量分析	第9版	Barry Render 等/著	85.00元
77	13790	Case Problems in Finance	财务案例	第12版	W. Carl Kester 等/著	88.00元
78	13807	Analysis for Financial Management	财务管理分析	第8版	Robert C. Higgins/著	42.00元
79	22456	Understanding Financial Statements	财务报表解析	第9版	Lyn M. Fraser 等/著	36.00元
80	13809	Strategy and the Business Landscape	战略管理	第2版	Pankaj Ghemawat/著	25.00元
81	16171	Principles of Operations Management	运作管理原理	第6版	Jay Heizer 等/著	86.00元
82	11609	Management: The New Competitive Landscape	管理学：新竞争格局	第6版	Thomas S. Bateman 等/著	76.00元
83	09690	Product Management	产品管理	第4版	Donald R. Lehmann 等/著	58.00元
84	12885	Entrepreneurial Small Business	小企业创业管理	第1版	Jerome A. Katz 等/著	86.00元
85	16780	Introduction to Management Accounting	管理会计	第14版	Charles T. Horngren 等/著	99.00元

增长与发展经济学译丛

	书号	英文书名	中文书名	版次	编著者	定价
86	05742	Introduction to Economic Growth	经济增长导论	第1版	Charles I. Jones/著	28.00元
87	05744	Development Microeconomics	发展微观经济学	第1版	Pranab Bardhan 等/著	35.00元
88	05743	Development Economics	发展经济学	第1版	Debraj Rag/著	79.00元
89	06905	Endogenous Growth Theory	内生增长理论	第1版	Philippe Aghion 等/著	75.00元

其他教材

	书号	英文书名	中文书名	版次	编著者	定价
90	21378	International and Comparative Employment Relations	国际与比较雇佣关系	第5版	Greg Bamber,赵曙明 等/编	59.00元
91	24364	Management Innovation: A Casebook	管理创新案例集	第1版	Christopher Williams 等/编译	52.00元

尊敬的老师:您好!

感谢您对麦格劳-希尔教育出版公司的关注和支持! 我们将尽力为您提供高效、周到的服务。与此同时,为帮助您及时了解我们的优秀图书,便捷地选择适合您课程的教材并获得相应的免费教学课件,请您协助填写此表,并欢迎您对我们工作提供宝贵的建议和意见!

教师服务中心
美国麦格劳-希尔教育出版集团

★ 基本信息

姓		名		性别	
学校		院系			
职称		职务			
办公电话		家庭电话			
手机		电子邮箱			
省份		城市		邮编	
通信地址					

★ 课程信息

主讲课程-1		课程性质	
学生年级		学生人数	
授课语言		学时数	
开课日期		学期数	
教材决策日期		教材决策者	
教材购买方式		共同授课教师	
现用教材 书名/作者/出版社			

★ 教师需求及建议

提供配套教学课件 (请注明作者/书名/版次)	
推荐教材 (请注明感兴趣的领域或其他相关信息)	
其他需求	
意见和建议(图书和服务)	
是否需要最新图书信息		感兴趣领域	
是否有翻译意愿		感兴趣领域或意向图书	

填妥后请选择电邮或传真的方式将此表返回,谢谢!

北京大学出版社经济与管理图书事业部
北京市海淀区成府路 205 号 100871
电话:010-62767312/62767348
传真:010-62556201
QQ:552063295
邮箱:em@pup.cn　em_pup@126.com
网址:http://www.pup.cn

麦格劳-希尔教育出版公司教师服务中心
北京市海淀区清华科技园科技大厦 A 座 906 室 100084
电话:010-62790299-108
教师热线:800-810-1936
传真:010-62790292
邮箱:instructorchina@mcgraw-hill.com
网址:http://www.mcgraw-hill.com.cn,www.mhhe.com